Csaba Szépfalusi - Karel Kriz ▪ Skitouren Wiener Hausberge

Für Alex, Berta und Helene

Impressum

www.bergundkarte.at

Verlag Berger, Horn/Wien
www.verlag-berger.at

Druck
Druckerei Berger, Wiener Straße 80, 3580 Horn
ISBN 978-3-85028-513-1

Titelseite
Große Proles, Übergang zum Gipfel (Tour 10.12)

Kleine Bilder Innenseite
links: Aufstieg durchs Rauchtal (Tour 13.16)
Mitte: Waldpowder am Hochtürnach (Tour 14.1)
rechts: Aufstieg zum Kleinen Königskogel (Tour 10.13)

Bild S. 4: Gipfelbereich Hochtürnach (Tour 14.1)
Bild S. 11: Aflenzer Staritzen (Tour 13.7)
Bild S. 431: Narrndattlrinne (Tour 6.5),

Fotos
Patrick Nairz (S. 24,25), Julia Kund (S. 116), Jürgen Wein (S. 212),
alle übrigen Fotos: Csaba Szépfalusi, Karel Kriz

Umschlaggestaltung: Ben Nausner
Kartografie: Daniel Nell
Gesamtgestaltung: Ben Nausner,
berg&karte, IfGR, Universität Wien

Csaba Szépfalusi ▪ Karel Kriz

Skitouren
Wiener Hausberge

vom Wienerwald bis zum Hochschwab

Edition berg&karte
Verlag Berger

Skitouren aus Leidenschaft!

Die schneeweiße Winterlandschaft vom Wienerwald bis zum Hochschwab hat es uns angetan! Unsere Hausberge sind in Griffweite und erlauben es uns, über den gesamten Winter Skitouren ohne großem Reiseaufwand zu unternehmen, aus Freude am Augenblick oder als Training für größere Touren weiter westlich im Alpenbogen. In den Hausbergen fühlen wir uns wohl, da kennen wir uns gut aus, da können wir unbeschwerter an die Sache herangehen, weil wir eine innere Sicherheit verspüren, die anderswo in fremden Gegenden nicht zum Tragen kommt.

Was macht eine Skitour aus? Schatten und Kälte unten, Licht und angenehme Wärme in den sonnigen Höhen. Wir freuen uns auf den Aufstieg aus eigener Kraft in selbst gezogener oder schon vorhandener Spur. Schritt für Schritt entspannt sich der Geist und findet im gleichmäßigen Gleiten der Skier innere Ruhe. Vergessen ist der Alltag, die Seele baumelt! Wir plaudern mit Freunden, lachen über lustige Hoppalas, fachsimpeln über die neueste Ausrüstung, freuen uns auf die Abfahrt. Im Aufstieg haben wir uns schon Gedanken darüber gemacht, wo und wie wir unsere eleganten Schwüngen im Pulver oder im Firn, auf den sanft geneigten Wiesen oder in den steilen Bergflanken talwärts ziehen wollen. Nach dem Abschwingen noch ein letzter zufriedener Blick zurück zu den Spuren, die wir hinterlassen haben. Auf zum Après! In der warmen Stube, bei Kaffee und Kuchen oder bei einer ausgiebigen Mahlzeit wird reflektiert und die nächste Tour vereinbart.

Was trägt zum Gelingen einer Tour bei? Skitourengehen ist eine Bergsportart mit mehreren Risikofaktoren und erfordert ein hohes Maß an Kenntnissen in unterschiedlichen Bereichen sowie eine gewissenhafte Vorbereitung und Durchführung. Die Wahl der richtigen Ausrüstung, das Lesen der Tourenbeschreibung, die Interpretation der Wetterlage, der Umgang mit dem komplexen Thema Lawinen, die Aufgaben, die uns die Orientierung im freien Gelände stellt, und die ehrliche Einschätzung des Eigenkönnens seien besonders hervorgehoben. Aus unterschiedlichen Quellen können wir für unser Vorhaben relevante Informationen abrufen.

Dieses Buch stellt 175 Touren zwischen dem Wienerwald und dem Hochschwab vor, die wir, die Autoren, persönlich recherchiert, dokumentiert und aufbereitet haben. Neben der klassischen gedruckten Präsentation werden dabei auch die Möglichkeiten, die sich durch zeitgemäße Darstellungsformen und moderne Kommunikationstechniken bieten, umgesetzt. Das Ergebnis ist kompakte, benutzerfreundlich aufbereitete Information, wobei die Kombination von Buch, Internet-Portal und Mobilem Zugang neue Dimensionen in der Planung und Durchführung von Skitouren erschließt.

Unser Vorhaben ist es, einen zeitgemäßen und hochwertigen Beitrag zu Ihrem erlebnisreichen, erfolgreichen und sicheren Aufenthalt am Berg zu leisten. Nicht mehr und nicht weniger. Die eigenverantwortliche Letztentscheidung bei der Planung und auf Tour müssen wir aber Ihnen überlassen. Wir betrachten das als einen wichtigen Aspekt, der viel mit der Freiheit am Berg zu tun hat und unseren Aufenthalt in der Natur bestimmt.

Wir wünschen Ihnen schöne Skitouren in den Wiener Hausbergen!

Csaba Szépfalusi & Karel Kriz

Inhalt

Zum Gebrauch des Buches

Jede Tour besteht aus einem Infoblock, einer Einstimmung, Anmerkungen zu Lawinengefahr, Orientierung, Zufahrt, sowie aus der genauen Beschreibung von Aufstieg und Abfahrt samt möglicher Varianten. Abschließend sind noch, je nach Veranlassung, Tipps angefügt.

Infoblock Der Infoblock bietet eine Zusammenfassung der wichtigsten technischen Daten zur Tour, um eine optimale Planung zu gewährleisten:

⊙	**Ausgangspunkt**	Übergeordnete Region mit Ortsbezeichnung des Starts.
○	**Starthöhe**	Höhe des üblichen, im Text beschriebenen Ausgangspunkts.
△	**Gipfelhöhe**	Höhe des Gipfels bzw. des höchsten Punktes der Tour.
	Exposition	Es werden nur die vier Haupthimmelsrichtungen angegeben, wobei immer der entsprechende Sektor gemeint ist, z.B. N steht für Nordwest bis Nordost, N-O steht also für Nordwest bis Südost.
	Höhenmeter	Höhenunterschied im Aufstieg inklusive aller Gegensteigungen, wenn vorhanden.
	Aufstiegszeit	Dauer ohne Pausen, bei durchschnittlichem Tempo und einer Aufstiegsleistung von ca. 400 hm/Std. Berücksichtigt sind auch Gegensteigungen, sodass es zu Unterschieden zwischen der Aufstiegszeit zum Gipfel und der Gesamtaufstiegszeit kommen kann, wenn z.B. im Zuge der Abfahrt noch ein Gegenanstieg mit Auffellen vorkommt.
	Einkehr	Bewirtschaftete Einkehrmöglichkeit während der Tour. Die Hüttenöffnungszeiten während der Skitourensaison sind angeführt.
	Aufstiegslänge	Distanz basierend auf der GPS-Aufzeichnung der Aufstiegsroute. Bei Überschreitungen gilt der Punkt, wo die Hauptabfahrt ins Tal beginnt.
	Steilheit	Steilster Geländeabschnitt auf der beschriebenen Hauptroute. Die Steilheit ist in vier Klassen unterteilt: mäßig steil (bis 30°), steil (30-35°), sehr steil (35-40°), extrem steil (über 40°).
	Anspruch	Gesamtbeurteilung der Tour unter Berücksichtigung von Länge, Höhenunterschied im Aufstieg, Steilheit, Lawinengefahr, Gefahrenbereiche, spezielle Anforderungen. Die Einteilung basiert auf vier farbcodierten Klassen: I *leicht*, II *mittel*, III *schwierig*, IV *sehr schwierig*

Einstimmung Kurzcharakteristik zur Tour unter Berücksichtigung ihrer Eigenschaften, Vorzüge, Besonderheiten, Kriterien und auch Gefahren. Unbedingt lesen, hier können wichtige Hinweise stehen!

Lawinengefahr Eine allgemeine Beurteilung der Hauptroute und der Varianten hinsichtlich ihres Gefährdungspotentials. Diese Angaben können aber die eigenverantwortliche Beurteilung und Entscheidungsfindung vor Ort nicht ersetzen.

Orientierung Eine Beurteilung der Anforderungen an den Orientierungssinn, verbunden mit besonderen Eigenschaften der Route. Zumeist werden die Kriterien und Gefahren bei schlechter Sicht (Nebel) berücksichtigt, aber auch im unübersichtlichen Waldgelände können Schwierigkeiten angesprochen sein. In der Karte nachvollziehbare Gelände- und Vegetationsmerkmale, Höhenkoten und Wegverläufe werden bewusst erwähnt. Zusätzlich sind selbst ermittelte Höhenangaben angeführt.

Anmerkung: Der richtige Umgang mit den verfügbaren Orientierungshilfsmitteln (Karte, Höhenmesser, Kompass, GPS-Gerät) ist eine Grundvoraussetzung für jede erfolgreiche Skitour! Die Beschreibungen in diesem Führer beinhalten eine Reihe von Informationen, die den Gebrauch eines Höhenmessers (Höhenangaben) sowie eines Kompasses (Richtungsangaben) voraussetzen. Ideal geeignet ist für diesen Zweck eine moderne Outdoor-Uhr mit den entsprechenden Funktionen.

Zufahrt Beschreibung der Anreise mit Privat-Pkw auf den gängigen Hauptrouten bis zu den erlaubten Parkmöglichkeiten. Alle Richtungsangaben (links, rechts) gelten im Sinne der Fahrtrichtung. Zur Anreise mit Öffis siehe die (i) Informationsseite im Internet-Portal.

Aufstieg (und Varianten) Genaue Beschreibung des Aufstiegs mit allen wichtigen Angaben hinsichtlich Orientierung, Spuranlage, Lawinengefahr und sonstiger Kriterien auf der Hauptroute und der erwähnten Varianten. Alle Richtungsangaben (links, rechts) gelten im Sinne der Aufstiegsrichtung

Abfahrt (und Varianten) Genaue Beschreibung der Abfahrt mit allen wichtigen Angaben hinsichtlich Orientierung, Spuranlage, Lawinengefahr und sonstiger Kriterien auf der Hauptroute und der erwähnten Varianten. Alle Richtungsangaben (links, rechts) gelten im Sinne der Fahrtrichtung

Tipp Besondere Hinweise, z.B. auf Kombinationsmöglichkeiten von Touren

Karten Hinweis auf die bestgeeignete verfügbare Kartengrundlage für die jeweilige Tour. Bei der ÖK 50 wurde zusätzlich zur aktuellen Ausgabe mit UTM-Gitter auch die erst seit kurzem überholte Version mit BMN-Gitter angeführt, da sicherlich noch einige SkitourengeherInnen mit dieser Ausgabe auf Tour unterwegs sind. Wir empfehlen aber den Farbausdruck des Kartenausschnittes im Internet-Portal oder aus der A-Map DVD.

Aprés Tour Eine Auswahl empfehlenswerter Einkehrmöglichkeiten für den Tagesausklang in der näheren Umgebung.

Infos Verweis auf die Internetseite der lokalen oder regionalen Tourismusinfo.

Internet-Portal 3 in 1

Durch den Kauf dieses Skitourenführers haben Sie auch eine Eintrittskarte zu einem Internet-Portal samt Anbindung zu Handy und Smartphone erworben. Zahlreiche Extras können Ihre Tourenplanung jetzt nachhaltig unterstützen und komplettieren. Umfangreiches Kartenmaterial, 3D-Ansichten, zusätzliche Fotos, GPS Tracks, sowie die Möglichkeit einer Anreiseplanung von einem frei wählbaren Ausgangspunkt zum Startpunkt jeder Skitour sind nur einige Besonderheiten, die über das Portal angeboten werden. Probieren Sie es aus, es lohnt sich!

Registrierung

In jedem gekauften Buch gibt es eine Rubbelkarte, auf der sich ein Code für die Registrierung befindet. Sie benötigen diesen Code, um den Zugang zum Internet-Portal einmalig freizuschalten. Den Code finden Sie auf der Innenrückseite dieses Buches. Sie werden über die berg&karte Startseite **www.bergundkarte.at** auf die entsprechende Stelle zur Registrierung hingeführt und zur Eingabe Ihres Codes aufgefordert. Nachdem Sie Ihren persönlichen Code eingetragen haben erhalten Sie Ihre Zugangsdaten per eMail. Bewahren Sie diese sicher auf! Falls diese abhandenkommen, ist jederzeit eine neuerliche Zusendung über Ihre registrierte eMail-Adresse möglich. Ohne persönliche Registrierung ist im Demo-Modus nur die Ansicht von drei Touren möglich.

Login Bereich des Internet-Portals

Internet-Portal

Das Internet-Portal besteht im Wesentlichen aus drei Hauptbereichen: **Karte, Tourenliste** und **Information**. Diese sind im rechten oberen Teil der Applikation angesiedelt und können wahlweise zur Tourensuche und Informationsfindung aufgerufen werden.

Über die **Karte**, die zugleich die Einstiegsansicht des Internet-Portals darstellt, bekommen Sie ei-

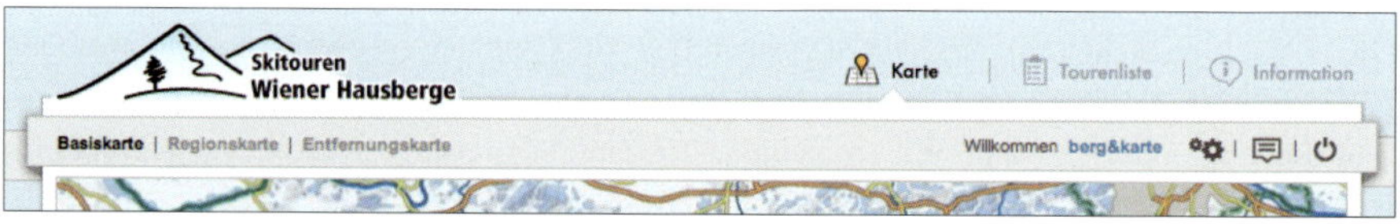

Navigationsleiste des Internet-Portals

nen schnellen räumlichen Überblick über die Lage der einzelnen Skitouren (blaue Punktsignaturen). Dabei gibt die Nummer innerhalb des Symbols Auskunft über die Anzahl der Skitouren, die in einem Gebiet vorkommen. Die Karte ist über mehrere Maßstabsebenen navigierbar (zoomen +/-, Ausschnitt verschieben). Durch hineinzoomen lässt sich der Detailgrad der Tourenpositionen vergrößern und zusätzliche topographische Anhaltspunkte werden sichtbar. Von der Kartenansicht lassen sich durch anklicken der Punktsymbole in der Karte einzelne Touren auswählen, um Detailinformationen anzeigen zu lassen. Zusätzliche kartographische Darstellungen können links oben ausgewählt werden: Die **Basiskarte** enthält die wichtigsten Orientierungsmerkmale, wie beispielsweise Verkehrswege, Siedlungen, administrative Einheiten, Gewässer und Gebirgsnamen. Die **Regionskarte** zeigt die von den Autoren für diesen Skitourenführer gewählte Gliederung der Regionen. Die **Entfernungskarte** visualisiert, in welcher ungefähren zeitlichen Distanz die Touren von einem auswählbaren, zentralen Knotenpunkt (z.B. Wien-Süd, Autobahnknoten-Linz, Graz-

Nord) liegen. Diese zeitlichen Größen verstehen sich als Näherungswerte, die von den jeweiligen Verkehrs- und Wetterverhältnisse abhängen.

Im linken unteren Bereich des Kartenfensters steht eine Tabelle mit allen derzeit im Kartenausschnitt sichtbaren Touren zur Verfügung. Bewegen Sie die Maus darüber, werden in der Karte die entsprechenden Touren angezeigt. Darüber hinaus kann die Farbe des Skitourensymbols variieren. Neben dem neutralen Blau zeigt rot die gerade ausgesuchte Skitour an, orange die zuletzt besuchte und grün jene Touren, die Sie eventuell über die Tourenliste ausgewählt haben.

Die **Tourenliste** wird über das gleichnamige Symbol und den Schriftzug im rechten oberen Bereich aktiviert und zeigt standardmäßig alle Touren und ihre Eigenschaften nach der jeweiligen Regionszuordnung. Diese Tabelle erleichtert Ihnen die Auswahl geeigneter Touren anhand bestimmter Kriterien und unter Berücksichtigung von Kondition und skifahrerischem Können. Sie haben die Möglichkeit, die Touren nach unterschiedlichsten Merkmalen (z.B. Aufstiegslänge, Exposition, Dauer,...) mittels eines Klicks auf das jeweilige Symbol über der Tabelle zu sortieren. Über die Eingabe eines bestimmten Begriffs (z.B. Teile eines Namens) im Eingabefeld links oben können Sie die Liste der Touren entsprechend einschränken. Ein Klick auf den Namen der Skitour führt Sie zur Detailansicht der jeweiligen Tour mit zusätzlichen Informationen.

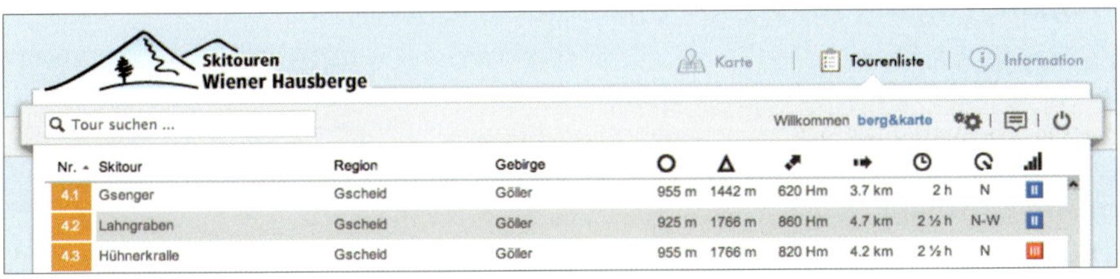

Tourenliste

In der **Detailansicht** werden alle Informationen, die zur ausgewählten Tour vorliegen, angezeigt. Neben den wichtigsten Charakteristika, wie beispielsweise Höhendifferenz, Exposition, Aufstiegslänge und -dauer, gibt es in diesem Bereich zahlreiche zusätzliche Materialien zur Planung und Durchführung der Tour. Aussagekräftige Fotos sowie großmaßstäbiges Kartenmaterial, Hangneigungskarten und 3D-Ansichten ermöglichen Ihnen eine besonders anschauliche Einstimmung und Vorbereitung auf das Gelände und den Routenverlauf. Sämtliche Grafiken und Informationen können ausgedruckt werden. GPS-Tracks stehen im GPX-Format zur Verfügung und können somit auf den meisten handelsüblichen GPS-Geräten zum Einsatz gebracht werden. Zusätzlich bietet sich Ihnen die Möglichkeit, das Gelände mit allen kartographischen Materialien direkt über ein KMZ-File in Google Earth™ zu laden. Dadurch können Sie sich vorab ein detailliertes Bild vom Tourenverlauf und von den Geländebesonderheiten in dreidimensionaler Form machen. Voraussetzung dafür ist jedoch die Verfügbarkeit von Google Earth™ auf Ihrem Rechner.
Der Link "Anfahrt planen" ermöglicht Ihnen darüber hinaus die Anfahrtsroute von jedem beliebigen Punkt, etwa Ihrer Haustüre, darstellen zu lassen. Zusätzliche Links zum zuständigen Lawinenwarndienst, zum Bergwetter, zu regionalen Tourismusverbänden sowie zu lokalen Hütten und Gastronomiebetrieben verweisen auf Informationen, die rund um die Tourenplanung von großer Bedeutung sind. Ein weiterer Vorteil: Das komplette Tourenblatt inklusive Beschreibung des Aufstiegs und der Abfahrt kann hier - wortgleich wie die Tourenbeschreibung im Buch - betrachtet und ausgedruckt werden.

Über den Bereich **Information** des Internet-Portals werden wichtige weiterführende Informationen und Verweise (**Links**) zu Themen wie Tourenplanung, Alpine Vereine, Lawinen, Wetter, Bergrettung oder öffentlicher Verkehr angeboten. Häufig gestellte Fragen zum Umgang mit dem Internet-Portal werden über die **FAQs** (Frequently Asked Questions) beantwortet. Hier sind wesentliche Fragen in Themengruppen gegliedert und werden entsprechend erläutert. Sollten Sie dennoch weitere Fragen haben, oder möchten Sie einen Kommentar oder eine Anregung abgeben, dann ist dies über das **Feedback**-Symbol im rechten oberen Bereich möglich. Änderungen Ihrer persönlichen Einstellungen, wie etwa eMail oder Passwort, sind über das **Einstellungen**-Symbol durchführbar. Um Ihre persönlichen Daten zu schützen, sollten Sie das Internet-Portal immer über das **Logout** Symbol, ganz rechts, verlassen. Falls Sie dies jedoch einmal vergessen sollten, werden Sie nach einer bestimmten Zeit der Inaktivität automatisch abgemeldet.

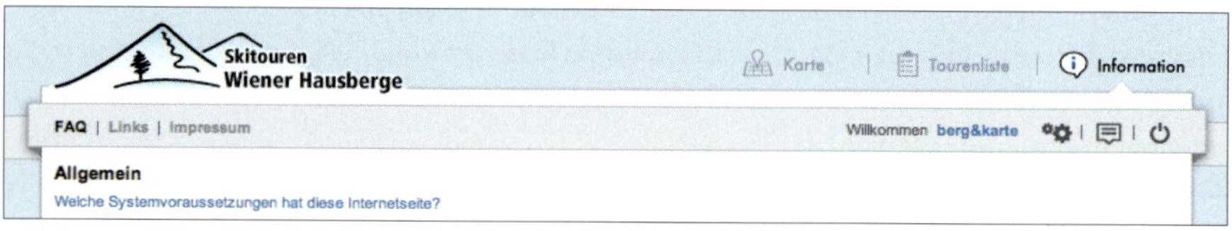

Informationsbereich

Mobiler Zugang für Handy und Smartphone

Der mobile Zugang ist eine schlanke, jedoch ebenbürtige Variante des Internet-Portals. Er bietet Ihnen die wesentlichsten Detailinformationen der Touren (Beschreibungen und topographische Karten), um Ihnen "am Berg" jederzeit Zugriff auf alle relevanten Informationen zu ermöglichen. Der mobile Zugang kann herstellerunabhängig auf den meisten mobilen Geräten, die Internetzugang besitzen, genutzt werden. Es ist hierfür keine zusätzliche Installation einer herstellerspezifischen "App" notwendig!

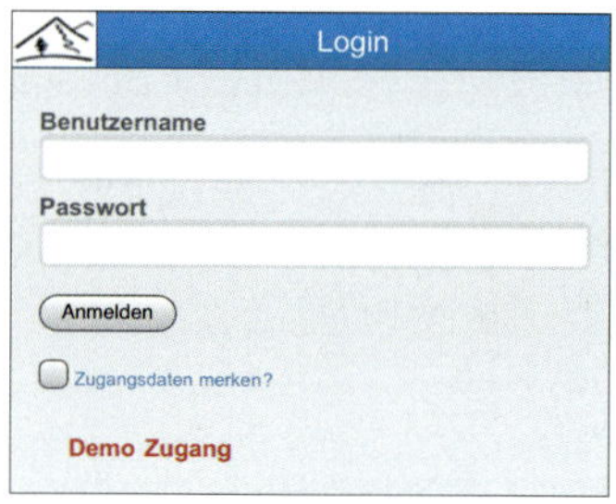

Login-Bereich für Handy und Smartphone

Von Kopf bis Ski

Nützliche und praktische Tipps zur Ausrüstung und zu ihrem Gebrauch.

Lawinenverschütteten-Suchgerät Das LVS dient dem Orten von verschütteten Personen.

- Bei Tourstart erfolgt in der Gruppe eine gegenseitige Funktionskontrolle (senden/ empfangen). Achten Sie auf Tour auf die Aufrechterhaltung des Sendemoduses, auch nach Umziehen, Hüttenrast, Gipfelrast, WC, etc., bis zum Tourende.
- Das LVS-Gerät entweder am Körper unter einer geschlossenen Schicht oder in der "gesicherten Hosentasche" (Zippverschluss, keine aufgenähte Tasche) tragen. Das LVS-Gerät ist auf Tour also nicht sichtbar!
- Batterien: keine Akkus (Ladezustand trügerisch) und keine Zink-Kohle-Batterien (zu schwach) verwenden. Am besten sind frische leistungsfähige Alkali-Batterien (Duracell & Co). Batterien nicht aus anderen Geräten (z.B. TV-Fernbedienung, ...) "ausborgen"!
- Batterien nicht kalt lagern (LVS-Gerät also nicht in der Winternacht im Auto lassen!).
- Das LVS-Gerät nicht hart fallen lassen (Antennen können zu Bruch gehen).

Lawinensonde Die Sonde dient der Bestätigung des Ortungsergebnisses mit dem LVS-Gerät (Widerstand beim Sondieren) und daran anschließend zur Markierung der Verschüttungsstelle.

Lawinenschaufel Die Schaufel dient zur Bergung der Verschütteten. Schaufel und Sonde möglichst im Rucksack verstauen, nicht außen anbringen. Insbesondere das Schaufelblatt kann bei einem Sturz zu Verletzungen am Kopf und im Nackenbereich führen!

LVS-Gerät, Schaufel und Sonde gehören zur Standardausrüstung. Ihre Mitnahme darf nicht Gegenstand von Überlegung und Abwägungen sein, sondern muss unreflektiert und automatisch erfolgen. Nur die Einheit aus LVS-Gerät, Schaufel und Sonde bietet eine effiziente Möglichkeit, eine/n Verschüttete/n in der knapp bemessenen Zeit aus dem Lawinenschnee zu befreien. Üben Sie den Umgang mit den Geräten immer wieder! Siehe dazu die (i) Informationsseite im Internet-Portal.

(Teleskop)Stöcke Die Klammer ist bewusst gesetzt. Der Sinn von verstellbaren Teleskopstöcken ist bei Skitouren umstritten. Zumeist wird unterwegs die Länge nicht verändert und damit der Vorteil der Verstellbarkeit nicht genutzt. Was bleibt, ist aber der Nachteil von nicht klaglos funktionierenden Arretierungen (Verschleiß, Verschmutzung) und von geringerer Bruchfestigkeit. Manche haben gar nicht die Kraft, den Stock so zuzuschrauben, dass er bei starkem Druck nicht nachgibt. Eine bessere Wahl sind da statt der Schraubmechanismen (meist teurere) Klemmsysteme. Und nicht vergessen: Im Winter gehören die Winterteller auf die Stöcke!

Felle

- Mit Universal-Trockenwachs einreiben: Felle gleiten dadurch besser und stollen weniger an.
- Berührung mit Wasser vermeiden (z.B. bei Bachquerungen), damit sie nicht vereisen.
- Nach dem Aufstieg nicht an der Sonne und nach der Tour nicht zu nahe an Heizkörpern trocknen.
- Klebeflächen zu 100% abdecken (zusammenklappen und Schutzfolie verwenden).

Ski & Bindung

- Skier möglichst nicht in der Kälte lassen (z.B. über Nacht vor der Hütte oder im Auto), die Felle haften auf kaltem Belag schlechter.

- Gewachselte Beläge haben bessere Gleiteigenschaften und eine höhere Lebensdauer. Außerdem verklebt der Fellkleber den Belag nicht beim Abziehen der Felle, primär im wärmeren Frühjahr, wenn er aufgeweicht ist.
- Achten Sie auf eine korrekt eingestellte Bindung: richtiger Auslösewert und Anpressdruck.
- Rückholfeder: Sofern sie eingebaut ist, empfehlen wir ihren Ausbau! Das erleichtert die Ausführung von Spitzkehren und spart Kraft im Aufstieg.

Harscheisen Die leichten Krallen gehören immer in den Rucksack! Selbst bei einem halben Meter Pulver am Ausgangspunkt können unterwegs oder im Gipfelbereich Verhältnisse herrschen, die ohne Harscheisen sehr unangenehm bis gefährlich sind. Die Verwendung von Harscheisen gibt Sicherheit und spart Kraft!

Steigeisen Frühjahrstouren locken mit fantastischen Firnabfahrten, haben aber auch die weniger erfreuliche Eigenschaft, dass der Schnee oft nicht mehr bis zum Ausgangspunkt reicht und daher die Skier geschultert oder auf dem Rucksack mehr oder weniger lang auf dem Wanderweg oder auf der Forststraße bis zum Schnee getragen werden müssen. Manchmal bietet sich auch die Möglichkeit, verschneite steilere felsdurchsetzte Steige oder Firnflanken zu begehen, wo Steigeisen wertvolle Dienste für einen trittsicheren Aufstieg leisten. Da die Verhältnisse nicht immer genau abgeschätzt werden können, empfiehlt sich bei solchen Touren immer die Mitnahme von Steigeisen.

Werkzeug Ein kleines Werkzeugset (Multitool, Kabelbinder, Schrauben) kann hilfreich sein. Aber bitte nicht den halben Werkzeugkoffer einpacken!

Helm Noch vor wenigen Jahren waren SkitourengeherInnen mit Helm Ausnahmeerscheinungen. Nach einer Reihe von tragischen Skiunfällen auf Pisten hat aber ein fundamentaler Umdenkprozess eingesetzt und leichte Ski(touren)helme haben rasch Verbreitung gefunden. Sie schützen den Kopf vor Verletzungen bei Abfahrten zum Beispiel im Wald, bei geringer Schneelage, bei herausragenden Felsen, auf hartem Firn und generell bei Stürzen. Außerdem sind sie warm, dafür können im Frühjahr bei vielen Modellen die Ohrenschützer abgenommen werden. Es spricht also eigentlich alles für die Verwendung eines Helms auf Tour!

Skibrille Bei guter Sicht und guter Wetterprognose ist die Mitnahme einer Skibrille Geschmackssache. Wer aber bei der Abfahrt leicht Tränen in den Augen bekommt, wird die Skibrille bei jedem Wetter verwenden. Bei Wind und starkem Schneefall ist sie sowieso fast unentbehrlich, denn dann reicht eine Sonnenbrille nicht aus. Zu beachten ist, dass die Skibrille zum Helm passen muss: nicht (nur) ästhetisch, sondern was die Form betrifft.

Sonnenbrille Die stark reflektierende Schneeoberfläche macht die Verwendung von qualitativ hochwertigen Sonnenbrillen (ab Klasse 3) im Winter unverzichtbar, selbst bei Nebelwetter. Mehr ist dazu nicht zu sagen!

Haube Die Haube schützt vor Wärmeverlust über den Kopf. Es mag eigenartig klingen, aber wer kalte Zehen hat, sollte eine Haube aufsetzen, das kann helfen! Bei kaltem Wind sollte man oft auch dann nicht auf die Haube verzichten, wenn man sich anstrengt und schwitzt. Dann wird eine Reservehaube gute Dienste leisten. Haben Sie Ihre Haube zu Hause vergessen, können Sie sich mit der Anorakkapuze oder dem Halstuch zur Not aushelfen.

Gesichtsmaske Die Gesichtsmaske gehört insbesondere im Hochwinter zur Standardausrüstung. Denn dann sind Skitouren über der Baumgrenze gerade am windanfälligen östlichen Alpenrand selbst bei Schönwetter für die Gesichtshaut sehr gefährlich, weil diese sehr anfällig auf Erfrierung ist. Ziehen Sie Mütze, Gesichtsmaske, warme Handschuhe, Pulli und Kapuze rechtzeitig, also noch vor dem Sturm, an. Im Sturm neigt man gerne dazu, auf den Stopp zu verzichten, nur um rascher weiterzukommen und merkt womöglich gar nicht, dass bereits erste Erfrierungserscheinungen (weiße Haut) auftreten.

(Reserve)Handschuhe Ohne Handschuhe keine Skitour. Das leuchtet ein! Selbst im warmen Frühjahrssulz sollte man auf Handschuhe nicht verzichten, denn im Falle eines Sturzes können die aggressiven Skikristalle Hände und Finger ganz schön aufkratzen. Eigentlich gehören auch Reservehandschuhe immer in den Rucksack als Backup, falls das erste Paar z.B. vom Wind verweht wurde, oder für den Fall, dass das dünne Paar, das beim Aufstieg gute Dienste geleistet hat, im windigen Gipfelbereich und für die schnelle Abfahrt doch nicht ausreicht.

Wechselwäsche Ein trockenes Leiberl, dass wir auf dem Gipfel statt dem schweißnassen kalten Aufstiegsshirt anziehen, steigert die Pausenqualität ungemein! Es sollte daher immer im Rucksack mitgeführt und dort vor Feuchtigkeit geschützt sein.

Thermosflasche mit gezuckertem Heißgetränk Damit ist eigentlich alles gesagt! Im Winter wollen wir ein wärmendes Getränk, und ideal ist gezuckerter Tee. Wer auf Zucker verzichtet, verzichtet auch auf Kalorien- und daher Energiezufuhr. Aber auf Tour (ver)brauchen wir Energie! Da wir zu wenig, aber nie zu viel Flüssigkeit aufnehmen können, sollten wir mit dem Trinken nicht sparen und (je nach Tourenlänge) eher zu einer größeren Flasche (1 Liter) greifen. Im Frühjahr, wenn der Aufstieg schweißtreibender ausfällt, darf's auch mehr sein bzw. erfreut uns auf dem Gipfel auch ein kühler Schluck Frucht- oder Mineraldrink!

Biwaksack Jeder/Jede hat Recht auf einen Biwaksackplatz! Nach diesem Prinzip sollte die Anzahl der mitgeführten Biwacksäcke ausgelegt sein. Der Biwaksack kann im Notfall (bei einem Unfall, im Schlechtwetter, bei Verirren) überlebenswichtig sein. Darüber hinaus hat er auch praktischen Nutzen, z.B. wenn eine Pause gut täte, aber der kalte Gipfelwind dagegen spricht. Der Biwaksack ist rasch ausgepackt, man kann es sich in ihm recht gemütlich machen und eine windstille Pause allein oder zu zweit einlegen um Kräfte für die Fortsetzung der Tour oder für die Abfahrt zu sammeln.

Erste Hilfe Ein alpines Erste-Hilfe-Set (Verbandsmaterial + Rettungsdecke) sollte zumindest ein Mitglied einer Gruppe mitführen. Weniger ist in diesem Fall sicher nicht mehr, aber der Umfang sollte sich im zumutbaren Rahmen halten. Wer für jede Eventualität vorsorgen möchte, wird sein Rucksackgewicht stark in die Höhe treiben und das geht auf Kosten des leichtfüßigen Aufstiegs und der genussvollen Abfahrt. Machen Sie aus Ihrem Rucksack keine Intensivstation!

Handy am Berg Das Handy bietet die einfachste und schnellste Möglichkeit, um im Ernstfall Hilfe anzufordern. Dazu braucht man Empfang und Akkuleistung. Empfang im eigenen Netz ist nicht immer gegeben. Tipp: Handy ausschalten und statt dem Pincode gleich 112 eingeben. Das ist die Nummer des Euro-Notrufs, es meldet sich die Polizei. So hat man die Chance (aber nicht die Garantie), in einem Fremdnetz erfolgreich zu sein. Am Berg gibt es aber auch Bereiche, wo gar kein Netzempfang besteht. Dann bleibt nichts anderes übrig, als es anderswo zu versuchen (meist bergauf oder überhaupt auf der anderen Seite des Berges) oder auf konventionellem Weg Hilfe anzufordern (Abfahrt ins Tal). Und noch etwas darf nicht überschätzt werden: nicht immer kann der Helikopter aufsteigen bzw. am Notfallort landen!

Akkuleistung ist im Notfall viel wert. Gehen Sie daher mit aufgeladenem Akku auf Tour, und geben Sie Ihrem Handy Körperwärme! Im kalten Rucksack kann die Akkuleistung rasch nachlassen. Gleiches gilt für den Fall, dass kein Netzempfang besteht, denn da macht sich ihr Handy auf Netzsuche und verbraucht dabei viel Akkuleistung, die Ihnen im Ernstfall abgehen könnte. Also Handy ausschalten, warmhalten und am besten in einem Etui versorgen, denn aggressiver Körperschweiß tut ihm gar nicht gut!

Stirnlampe Mit einer konventionellen LED-Stirnlampe können Sie zwar keine Abfahrt ausleuchten, aber für den Notfall vorsorgen und in langsamer Pflugfahrt wieder zurück zum Ausgangspunkt gelangen. Ob die Leuchtkraft Ihrer Stirnlampe dafür ausreicht, sollten Sie vorab ausprobieren und sich notfalls doch eine leuchtstärkere Lampe zulegen.

Karte "Eine Karte sagt mehr als tausend Worte." Frei nach dem alten Sprichwort ist dieses graphische Abbild der Erdoberfläche eine gute Investition für jede Skitour. Nicht nur im Vorfeld für die Planung, sondern auch für unterwegs können großmaßstäbige topographische Karten hervorragende Dienste leisten. Vorausgesetzt man hat die Richtige mit, und die Qualität passt (zu achten ist insbesondere auf den Abstand der Höhenlinien von 20 m, den Maßstab 1:25.000 bis 1:50.000 und das Erscheinungsjahr). Der Nutzer muss natürlich in der Lage ist, die Karte korrekt zu interpretieren. Daher unbedingt immer wieder Kartenlesen üben. Halten Sie die Karte auf Tour immer griffbereit, dann werden Sie oft und gerne einen Blick auf sie werfen!

GPS GPS steht für Global Positioning System und ist aus unserem motorisierten Alltag oft nicht mehr wegzudenken. Viele von uns haben schon ein "Navi" im Auto in Verwendung, aber nur die Wenigsten wissen, dass diese Technik mit outdoortauglichen Geräten am Berg gewisse Besonderheiten aufweist, die gerade in Notsituationen zu beachten sind! GPS braucht Strom, freie Sicht zu mindestens vier Satelliten (Wind, Wolken, Schnee, Dunkelheit sind kein Problem, enge Täler, Schluchten oder Felswände zum Teil schon), hat eine Genauigkeit von +/- 10 m (Absolutmessung) und erfordert Grundkenntnisse in Koordinatensystemen und Kartenprojektionen. Nicht schrecken, man kann auch GPS ohne höhere Mathematik verwenden! Die Kombination von GPS-Geräten mit digitalen Karten ist im Kommen und auf jeden Fall zu begrüßen, man sollte auch hier die Bedienung öfter üben und die im Einsatz befindlichen Karten (vor dem Kauf) genau begutachten, um nicht im Ernstfall überrascht zu sein.

Wie schwer ist jetzt Ihr Rucksack? Ein überlegt gepackter Tagesrucksack mit der Skitouren-Standardausrüstung wiegt 7 bis 8 kg. Mehr muss nicht sein. Natürlich gibt es Gewichtsunterschiede bei allen Gegenständen (das schlägt sich auch im Preis nieder) und schon beim Rohgewicht des Rucksacks kann man einen Kilo zu viel aufladen, wenn dieser zu groß, zu üppig ausgestattet ist oder aus schwererem Material ist.

Praxis auf Tour

Tipps für unterwegs

Warm anziehen? -15° im Talschluss am Ausgangspunkt, Schattenparker haben's kalt! Logisch, dass man sich warm anzieht. Beim Aufstieg kommt der körpereigene Motor aber bald auf Touren, die Kälte wird erträglich und bald beginnt man immer stärker zu schwitzen. Jetzt wird es besser sein, sich rasch von einer oder von mehreren Schichten zu trennen, sonst ist alles patschnass und der Kopf hochrot! Das Kälteempfinden ist eine subjektive Sache, keine Frage! Aber erfahrungsgemäß sind viele SkitourengeherInnen bergauf zu warm bekleidet unterwegs. Weniger ist da oft mehr, beziehungsweise besser. Wichtig ist aber, auf eine winddichte Außenschicht zu achten, denn wenn der kalte Windhauch über die schweißnasse Haut streift, dann wird's erst wirklich unangenehm und auch gesundheitsgefährdend.

Kleinkram bei der Hand Für den Touralltag wichtige Gegenstände sollten möglichst griffbereit sein (im Anorak, in der Hosentasche): Karte, Fotoapparat, Taschentücher, Sonnenbrille, Sonnencreme, Lippenschutz, Handy, Handschuhe, Mütze und schnelle Kalorien (Riegel). Dann muss man nicht wegen jeder Kleinigkeit stehen bleiben und im Rucksack kramen.

Die gute Spur Merkmale einer guten Spur sind die bestmögliche Ausnutzung der vorgegebenen geeigneten Geländeformen, eine moderate Steilheit und möglichst wenige Spitzkehren. Dann kann sich ein angenehmer, gleichmäßiger Gehrhythmus ausbilden. Lassen Sie sich nicht dazu verleiten, mit höchster Steighilfe der Direttissima-Spur nachzugehen, nur weil es sie gibt. Scheuen Sie sich nicht, eine vorhandene Spur zu verlassen und zu verbessern, wenn Sie Ihnen zu steil wird. Oft sind Spitzkehren zu steil angelegt. Das kann leicht entschärft werden, wenn man ein zwei Schritte weitergeht und diese flacher anlegt. Meiden Sie Abkürzer, die wegen ihrer Steilheit oder weil sich Ihnen dort Hindernisse in den Weg legen, den Gehrhythmus brechen können. Es ist vernünftiger und angenehmer, z.B. eine Forststraßenkehre oder eine Abfolge von Kehre auszugehen, als diese abzukürzen und dabei ins Schnaufen und Schwitzen zu kommen.

Ohne Handschlaufen? Wir empfehlen den Verzicht auf Handschlaufen, da die Vorteile überwiegen: Im Sturzfall ist man den Stock gleich los und auf Tour kann man ihn bei Pausen einfach wegstellen und muss sich nicht mit dem lästigen Handschuhwiderstand herumplagen. Der größte Vorteil liegt aber darin, dass man unterwegs je nach Geländeneigung höher oder tiefer und damit immer optimal greifen kann. Für diesen Zweck haben schon viele Stöcke verlängerte Greifbereiche am Rohr. Dadurch reduziert sich auch die Gefahr, dass man z.B. bei längeren Querungen an der bergseitigen Hand kalte Finger bekommt, nur weil diese in der Stockschlaufe blockiert ist, dadurch lange hochgehalten wird, was die Blutzirkulation hemmt.

Pausentaktik Günstig sind mehrere kurze Pausen unterwegs, wobei der Ortswahl große Bedeutung zukommt. Der Pausenplatz soll sicher (auf dem Rücken und nicht im steilen Graben oder Hang) und möglichst windgeschützt sein. Wenig geeignet sind weiters Stellen direkt vor einer steilen Passage, besser ist eine Pause danach. Vermeiden sollte man auch Stopps mitten im Hang. Mit einem gleichmäßigen Rhythmus kann man diesen langsam überwinden und erst dann rasten.

Rund um Lawinen

Die langjährige Erfahrung zeigt, dass eine gute Tourenplanung, lawinengemäßes Verhalten, entsprechende Notfallausrüstung sowie Grundkenntnisse in der Schnee- und Lawinenkunde die beste Lebensversicherung für SkitourengeherInnen darstellen.

Tourenplanung

Für eine gute Planung stehen inzwischen zahlreiche Informationsquellen zur Verfügung. Vor Beginn einer jeden Tour sollte der aktuellen Lawinenlagebericht (LLB) konsultiert werden, in dem zusätzlich immer auch auf wichtige Wettertrends eingegangen wird. Lawinenwarndienste (LWDs) bieten deren LLB meist über sämtliche verfügbaren Medien, so auch über mobile Endgeräte, an. Sorgfältig erstellte Tourenführer mit exakten Routenbeschreibungen und perfekt aufbereitetem Kartenmaterial stellen in Folge ein wichtiges Bindeglied zwischen dem Lawinenlagebericht und der angepeilten Tour dar. Das Ziel muss es sein, anhand der im LLB ausgegebenen, regional gültigen Gefahrenstufe, eine der Situation angepasste Tour auszuwählen. Dabei helfen diverse Strategien. Vor Ort gilt es dann, das Wissen um die Schnee- und Lawinenkunde einfließen zu lassen. Insbesondere geht es um das Erkennen von Hangsteilheiten, Expositionen und Gefahrenzeichen, aber auch um richtige Orientierung und lawinengemäßes Verhalten. Auf letzteres wird später noch kurz eingegangen.

Die Gefahrenstufen

Seit 1993 verwenden die europäischen Lawinenwarndienste eine einheitliche 5-teilige Gefahrenstufenskala (1 = gering, 2 = mäßig, 3 = erheblich, 4 = groß, 5 = sehr groß / extrem). Das System, vor allem die zunehmende Regionalisierung hat sich auch in Zusammenhang mit der Anwendung von Strategien bewährt. Dennoch wissen wir, dass WintersportlerInnen mit der Interpretation der Gefahrenstufen trotz intensiver Aufklärungsarbeit mitunter immer noch Probleme haben.

Die fünfteilige Gefahrenstufenskala

Die fünfteilige Gefahrenstufenskala

Die Gefahrenstufe wird durch die Einbeziehung verschiedener Faktoren bestimmt. Entscheidend sind einerseits die räumliche Verteilung von Gefahrenstellen im Gelände, andererseits die Auslösewahrscheinlichkeit von Lawinen in Abhängigkeit der dafür notwendigen Zusatzbelastung. Je häufiger man auf Gefahrenstellen trifft, und je leichter man Lawinen auslösen kann, desto gefährlicher ist es, desto höher ist auch die ausgegebene Gefahrenstufe. Umgekehrt herrschen bei vereinzelten Gefahrenstellen im extrem steilen Gelände, die nur durch große Zusatzbelastung gestört werden können, günstige Verhältnisse bei geringer Lawinengefahr. Ein weiterer Faktor bezieht sich auf die Anzahl, Art und Größe der zu erwartenden Lawinen: Zahlreiche spontane, trockene Lockerschneelawinen mittlerer Größe sind deutlich günstiger zu werten, als zahlreiche spontane, trockene Schneebrettlawinen gleicher Größe. Dies hat unmittelbar mit dem später erläuterten Auslösemechanismus der jeweiligen Lawinenart zu tun.

Gefahrenstufen werden für Gebiete (Regionen) mit einer Mindestgröße von 100 km² ausgegeben. Innerhalb dieser Regionen erfolgt häufig eine Differenzierung der Gefahrenstufe nach Höhenlage und Tageszeit. Wichtig erscheint, dass es innerhalb jeder Gefahrenstufe sowohl kritische als auch weniger kritische Bereiche mit unterschiedlicher Gewichtung gibt, die im LLB im Detail näher angeführt sind. Wenn z.B. unterhalb von 2000 m mäßige Lawinengefahr herrscht, so gibt es dort Bereiche - so genannte "Kernzonen" - in denen die Schneedecke schlechter aufgebaut ist. Gleichzeitig findet man aber auch Bereiche mit einem (deutlich) besseren Schneedeckenaufbau. In der Gefahrenstufenskala steht deshalb auch bei "mäßig": "Die Schneedecke ist an einigen Steilhängen nur mäßig verfestigt, ansonsten allgemein gut verfestigt." Zur Verdeutlichung dieses Unterschiedes bedienen sich die LWDs der Hangrose, in denen die besonders gefährdeten Bereiche ("Kernzonen") grafisch hervorgehoben werden. "Kernzonen" und jene Bereiche mit einem günstigeren Schneedeckenaufbau sind somit immer Teil einer (!) Gefahrenstufe. Es geht - wie oben erläutert - um die räumliche Betrachtungsweise von Gefahrenstellen und der Auslösewahrscheinlichkeit innerhalb einer Region! Für die Praxis bedeutet dies, dass eine kleinräumigere Betrachtungsweise der Situation nicht über die Gefahrenstufe, sondern über den im LLB geschilderten Schneedeckenaufbau erfolgen soll! Ganz klar kann und soll sich der Skitourengeher in den offensichtlich günstigeren Bereichen so verhalten, wie es den Maßnahmen der niedereren Gefahrenstufe entspricht.

Was für ein tiefergreifendes Verständnis der jeweiligen Situation hilft, sind aktuelle, ausführlich bebilderte Situationsbeschreibungen im Internet (www.lawinen.org), aber auch die Beschäftigung mit Lawinen-Gefahren-Mustern (NAIRZ, MAIR, 2010).

Der Lawinenlagebericht

Die europäischen Lawinenwarndienste treffen sich regelmäßig, um deren Produkte zu harmonisieren. Ein Kernthema betrifft dabei natürlich den LLB. Es geht darum, den Kunden zumindest europaweit mit möglichst einheitlich aufbereiteten Informationen zu versorgen. Nach Einführung der 5-teiligen Lawinengefahrenskala bemühte man sich um eine vermehrte Regionalisierung und vereinheitlichte Struktur des LLB. Inzwischen präsentiert sich der LLB zwecks bestmöglicher Verständlichkeit in optimiertem Outfit. Wichtiges wird vorangestellt, Karten helfen, sich schnell einen Überblick zu verschaffen. Ständig gilt es dabei auch, sich mit neuesten Entwicklungen zu beschäftigen. So bieten immer mehr LWDs ihre Produkte via Podcast, RSS, Twitter, iPhone, Facebook bzw. allgemein über die zunehmend gefragte mobile Schiene an. Einen Überblick über sämtliche Bezugsmöglichkeiten findet man am raschesten über das Internet (www.lawinen.org).

Für die Erstellung der Lawinenlageberichte fließen inzwischen eine Vielzahl unterschiedlichster Daten ein. Entscheidend für eine gute Qualität der Berichte ist u.a. auch ständiger Praxisbezug der Lawinenprognostiker. Lawinenwarndienste sind immer für Rückmeldungen dankbar, insbesondere auch dann, wenn jemand mit dem Lawinenlagebericht nicht einverstanden ist.

Lawinenarten

Ca. 95% sämtlicher Lawinenopfer kommen in Schneebrettlawinen ums Leben, welche sie zumeist selbst ausgelöst haben. Der Rest entfällt auf Lockerschnee- und Gleitschneelawinen. Diese Untergliederung in Schneebrett-, Lockerschnee- und Gleitschneelawinen ist praxisbezogen und bezieht sich auf den Auslösemechanismus der jeweiligen Lawinenart. Ein weiteres wichtiges Kriterium betrifft den Anriss: Lockerschneelawinen lösen sich punktförmig. Schneebrett- und Gleitschneelawinen brechen scharfkantig und flächig ab. Der Unterschied zwischen Schneebrett- und Gleitschneelawinen bezieht sich auf den erwähnten Auslösemechanismus. Schneebrettlawinen benötigen eine aus Schnee bestehende Schwachschicht, Gleitschneelawinen gleiten unmittelbar auf festem, glatten Untergrund ab. Während Schneebrettlawinen durch Zusatzbelastung zu stören sind, gilt dies bei Gleitschneelawinen nicht (NAIRZ, 2010). Ansonsten fallen bei beiden Lawinenarten Gemeinsamkeiten auf: Die Neigung muss passen - typischerweise brechen diese Lawinen in Hängen, die steiler als 30° abfallen. Für beide Lawinen muss der oberhalb der Gleitfläche lagernde Schnee gebunden sein (Vom Wind verfrachteter Schnee, so genannter Triebschnee, ist immer gebunden!). Nur so können Kräfte über größere Flächen hinweg übertragen werden. Das gefährliche an den Schneebrettlawinen ist deren abrupter Abgang, sobald eine Schwachschicht durch Zusatzbelastung (Wintersportler, Schneefall, Sprengung, ...) gestört wird. Zu den gefährlichsten Schwachschichten zählen übrigens Schwimmschnee, kantige Formen und Oberflächenreif. Diese bilden sich vermehrt während langer Kälteperioden durch die so genannte aufbauende Umwandlung der Schneedecke. Dies ist mit ein Grund, warum es nach Schneefällen unter Windeinfluss gefährlich

Schneebrett, Mutterberger Seespitze

wird, wenn es zuvor längere Zeit sehr kalt war. Lockerschneelawinen benötigen übrigens - wie der Name schon sagt - lockeren Schnee. Es handelt sich dabei um Schnee, bei dem die Kristalle untereinander noch nicht verbunden sind. Typischerweise lagert sich lockerer Schnee bei kalten Temperaturen ohne Windeinfluss ab. Lockerschneelawinen lösen sich bei Neigungen von mindestens 40°. Sämtliche Lawinenarten können trocken oder nass sein. Aus sämtlichen trockenen Lawinenarten können sich bei entsprechend steiler und langer Sturzbahn zerstörerische Staublawinen entwickeln.

Strategien und lawinengemäßes Verhalten

Analysen von Lawinenunfällen zeigen einen deutlichen Zusammenhang zwischen der Hangsteilheit und der Auslösewahrscheinlichkeit von Lawinen in Abhängigkeit der Gefahrenstufe. So lassen sich beispielsweise bei großer Lawinengefahr Schneebrettlawinen vermehrt auch in flacheren Bereichen auslösen. Man spricht dabei von Fernauslösung. Weiters zeigt die Statistik, dass in schattseitigen Hängen mehr Unfälle passieren als in sonnenbeschienenen Hängen. Dies hat wiederum mit dem tendenziell ungünstigeren Schneedeckenaufbau in schattigen Hängen zu tun. Diese Erkenntnisse stellen eine Grundlage von Verhaltensstrategien dar. Grobe Planungsfehler können z.B. vermieden

Lockerschneelawine Silvretta

werden, wenn man in Abhängigkeit der Gefahrenstufe auf Gelände einer bestimmten Neigung verzichtet. Die so genannte "elementare Reduktionsmetode", die als erster Check in die "stop or go"-Methode eingebaut ist, empfiehlt z.B. bei Gefahrenstufe 2 nur Gelände aufzusuchen, welches unter 40° geneigt ist. Bei Stufe 3 sollte die Neigung unter 35° und bei Stufe 4 unter 30° betragen. Für ständig verspurtes Gelände - dazu zählen z.B. viel begangene Standardtouren oder aber Variantengelände - werden diese Verhaltensempfehlungen mitunter gelockert.

Zum lawinengemäßen Verhalten zählen aber auch der Check sämtlicher Lawinenverschüttetensuchgeräte (LVS-Geräte) am Ausgangspunkt, die Einhaltung von Entlastungsabständen von 10 m ab einer Neigung von 30° während des Aufstiegs sowie Standardabstände von 30 m bei der Abfahrt. Ab 35° Neigung wird bei der Abfahrt immer einzeln von sicherem Punkt zu sicherem Punkt abgefahren (Beachte: Lawinen können mitunter sehr weite Auslauflängen haben!) Ebenso gehören neben dem LVS-Gerät immer auch eine Schaufel, Sonde, (Airbag), Handy, Erste-Hilfe-Paket sowie ein Biwaksack in den Rucksack. Nicht zu vernachlässigen ist der Faktor Mensch, der nicht nur bei der Planung (Gruppengröße, Verfassung, Können) sondern auch während der Tour mit einzubeziehen ist. Klare Kommunikation sowie das Wissen um psychologische Faktoren (Gruppendruck) zählen dabei zu weiteren wichtigen Bausteinen einer sicheren Tour.

Zum Schluss noch mein persönlicher Tipp: **Hör auch auf dein Gefühl! Äußere eventuelle Bedenken innerhalb der Gruppe und verzichte im Zweifel auf den Gipfel oder eine verlockende Abfahrtsroute!**

Ansonsten wünsche ich zahlreiche erlebnisreiche Skitouren sowie viel Freude mit diesem perfekt aufbereiteten Skitourenführer!

Patrick Nairz – Lawinenwarndienst Tirol

Mair, R. und P. Nairz (2010) lawine. Die 10 entscheidenden Gefahrenmuster erkennen. Tyrolia (Verlag).

Nairz, P. (2009) (blatt)form für schnee und lawinen des tiroler lawinenwarndienstes 08/09. Amt der Tiroler Landesregierung, Abteilung für Zivil- und Katastrophenschutz, Lawinenwarndienst (Hrsg.)

Rund um Karten

Ganz ehrlich, wann haben Sie das letzte Mal eine Karte im Gelände benutzt? Wozu eigentlich, werden Sie wahrscheinlich antworten: "Ich gehe meistens mit jemanden mit, der sich auskennt!" Eine Skitour soll primär Spaß bereiten, unterhaltsam sein und nicht unbedingt in einer Orientierungsübung ausarten. Doch hin und wieder ist das Kartenstudium vor, während oder auch nach einer Tour, um beispielsweise kritische Bereiche schon im Vorfeld zu erkennen, sehr nützlich. Auch eine genaue Standortbestimmung im Gelände ist manchmal vorteilhaft, um etwa bei Nebel zum Ausgangspunkt zurück zu finden, oder nach einem kleinen Abstecher wieder auf die richtige Spur zu kommen. Karten (digital oder analog) können einem dabei unterstützen, sofern man sie richtig einsetzt und nicht nur - wenn überhaupt - im Rucksack mitführt.

Wo bin ich? Experten und Einheimische fragen!

Skitouren im Gebirge erfordern eine überlegte Routenwahl, profunde Planung sowie ein gewisses Maß an Erfahrung, um sich einerseits sicher durch das winterliche Gelände zu bewegen, andererseits das Optimum an Genuss und Spaß zu erreichen. Heutzutage steht dem Alpinisten genügend Informationsmaterial für eine verantwortungsvolle Tourenplanung zur Verfügung: Lawinenlagebericht, Tourenbeschreibungen, großmaßstäbige topographische Karten, GPS Daten und persönliche Berichte, um nur einige Ressourcen zu nennen. Man muss diese Hilfsmittel nur abrufen, um sie für die Entscheidungsfindung richtig einzusetzen. Dies gilt insbesondere auch für Karten, die nicht nur zur Orientierung, sondern auch zur Beurteilung von Gefahrenbereichen herangezogen werden können.

Ein wesentliches Ziel dieser Publikation ist es, dem Nutzer ein breites Spektrum an unterschiedlichsten Kartenansichten anzubieten, um die Entscheidungsfindung im Rahmen einer verantwortungsvollen Tourenplanung sowie -umsetzung zu unterstützen.

Neben den klassischen, großmaßstäbigen Kartendarstellungen mit Routeninformation werden erstmalig auch Hangneigungsdarstellungen angeboten. Diese heben potenzielle Gefährdungsbereiche im Gelände hervor. Abgerundet wird das Angebot mit sogenannten Vogelperspektiven (3D-Karten und Orthofotodarstellungen) der Tourengebiete.

Die essentiellen Elemente einer Karte

Karten sind Modelle der Wirklichkeit, die nach möglichst exakten, nachvollziehbaren Konstruktionsregeln erstellt werden. Sie haben die Aufgabe, räumliche Zusammenhänge fassbar zu machen. Karten sind demnach als raumbezogene, strukturierte, maßstabsabhängige Modelle zu betrachten.

Kartographische Modelle ermöglichen eine vereinfachte Sichtweise der Wirklichkeit und tragen zum Verständnis des Raumes bei. Dabei ist der Vereinfachungsmechanismus - die Generalisierung - ein wesentlicher Bestandteil des Entstehungsprozesses jeder Karte. In Abhängigkeit vom Darstellungsmaßstab werden Objekte hervorgehoben oder weggelassen. Im Gegensatz zum Luftbild, das eine ungeneralisierte Momentaufnahme der Wirklichkeit darstellt, ist die Karte durch den Kartographen manipuliert. Je nach der thematischen Fragestellung und bedingt durch systemspezifische Erfassungsmethoden können verschiedene Produkte in unterschiedlichen Genauigkeitsstufen entstehen.

Als gängige Grundlagen für die Orientierung im Gelände dienen großmaßstäbige, topographische Karten, die primär das Ziel haben, das Gelände maßstabsadäquat wiederzugeben und dabei vor allem ein gut lesbares, geometrisch genaues Abbild der Geländeoberfläche zu vermitteln.

Da nicht alle Elemente maßstabstreu darzustellen sind und gewissen graphischen Regeln und Restriktionen unterliegen, müssen einige Elemente oft übertrieben - etwas vergrößert - oder sogar versetzt dargestellt werden. Dadurch werden andere Elemente von ihrer tatsächlichen Lage verdrängt. Bereiche wo solche Verdrängungen in topographischen Karten auftreten können, sind beispielsweise in engen Tälern, wo die Situation (z.B. Straßen, Siedlungen) die Höhenlinien verdrängt, oder in sehr steilen Felswänden, wo Felsgebiete, die durch ihre Darstellung in der Karte praktisch keinen Platz in Anspruch nehmen, etwas verbreitet dargestellt werden müssen. Diese Diskrepanzen werden bewusst in Kauf genommen, dies sollte jedem Kartennutzer bewusst sein!

Entscheidend für das Arbeiten im Gelände sind demnach primär die generalisierten, "vereinfachten", möglichst lagerichtigen, kartographischen Grundelemente (Gewässer, Höhenlinien, Situation,...) und die Fähigkeit des Benutzers, diese in der Karte richtig zu lesen bzw. zu interpretieren. Die Kartometrie - das Messen in der Karte - und die gesicherte Informationsgewinnung aus Karten spielt insbesondere in der großmaßstäbigen Kartographie eine wichtige Rolle.

Karten und kartenverwandte Darstellungen

Alle großmaßstäbigen Karten sowie kartenverwandte Darstellungen (Perspektiven), die in dieser Publikation vorkommen, basieren auf Grundlagen des BEV (Bundesamt für Eich- und Vermessungswesen). Die perspektivischen Ansichten wurden durch Überlagerungen der Karten und Orthofotos erstellt.

Die Grundlagen für die topographischen Karten sind aus der Österreichischen Karte 1:50.000 (ÖK50) Stand 2010 abgeleitet. Um die Lesbarkeit zu erhöhen, wurden bestimmte Elemente aus der Originaldarstellung des BEV angepasst. Der Wald wurde beispielsweise in einem blauen Ton eingefärbt, um einen winterlichen Eindruck zu erzeugen. Wegmarkierungen und administrative Grenzen, die häufig mit Wegen verwechselt werden, sind eliminiert worden. Die Geröllldarstellung wurde ebenfalls entfernt, da sie im Winter ohnehin meistens unter der Schneedecke liegt.

Dort, wo eine unzureichende Orthofoto-Abdeckung vorlag, sind Farborthofotos vom BEV mit einer Bodenauflösung von 2 m herangezogen worden. Diese sind nicht immer aktuell und können unter Umständen bis zu sieben Jahre alt sein.

Die Hangneigung

Die Hangneigungsdarstellungen basieren auf generalisierte Daten des Digitalen Höhenmodells (DHM) vom BEV mit einer Bodenauflösung von 25 m. Dieses Modell stellt, im Gegensatz zu anderen im Internet kursierende Grundlagen, gegenwärtig flächendeckend für ganz Österreich den qualitätsvollsten Datensatz in diesem Maßstab dar. Die Erfassung der Modelldaten erfolgte durch eine photogrammetrische Auswertung mit einer Verdichtung durch markante Geländestrukturen. Die Höhengenauigkeit richtet sich stark nach der Geländeform, der Bodenbedeckung und der Erfassungsmethode. Für unterschiedliche Geländeformen kann daher der mittlere Fehler der Datenerfassung bis zu +/- 20 m betragen.

Führende Lawinenexperten sind sich einig, dass die Topographie und hier insbesondere die Hangneigung für die Entstehung von Lawinen eine zentrale Rolle spielt. Dabei ist immer wieder von der kritischen Marke 30° zu hören, jene Hangneigung, ab der die Auslösung von Lawinen signifikant ansteigt. Um dieser Tatsache Rechnung zu tragen und wissend um die Genauigkeiten der kartographischen Grundlagen, wurden im Rahmen dieser Publikation bewusst nur zwei Klassen zur Unterscheidung von steilem und sehr steilem Gelände verwendet. Die Klasse "steiles Gelände > 25°" umfasst jene Flächen, die um 30° liegen mit der Bandbreite von +/-5°. Die zweite Klasse "sehr steiles Gelände > 35°" beschreibt alle Flächen über 35°. Durch diese Zusammenlegung sowie der kontrastierenden, violetten Einfärbung in der Karte ist die visuelle Aufnehmbarkeit sehr hoch und der Betrachter erkennt auf einem Blick, wo ausgewiesene Gebiete liegen.

Wie genau sind Karten?

Nicht alle Informationen, die für die Beurteilung der Lawinengefahr eines Hanges notwendig wären, können aus Karten entnommen werden. Es gilt, die maßstabsbedingte Vereinfachung (Generalisierung) des Geländes bei der Interpretation richtig zu deuten. Meter-Genauigkeiten und Hangneigungsunterschiede in Grad-Bereichen, beispielsweise aus einer topographischen Karte 1:25.000 herauszulesen - auch wenn die Karte noch so "genau" erscheint - sind nicht möglich. Alleine schon die Breite einer Höhenlinie in solchen Karten (z.B. eine 100er-Höhenlinie hat in etwa 0,4 mm) kann umgerechnet bis zu 10 m in der Natur betragen. Die topographische Karte, die über geländespezifische, räumliche Formen und Zusammenhänge eines Gebietes Auskunft geben kann, ist daher für den Benutzer immer nur ein (wertvoller) Kompromiss. Sie gibt in vereinfachter Weise die relevanten Formen des Geländes maßstabsgetreu, plastisch, vor allem aber so genau wie möglich wieder.

Beurteilung der Lawinengefahr

Die Beurteilung der Lawinengefahr ist schwierig, da die Faktoren Schnee- und Wetterverhältnisse (meteorologische Komponente), das Gelände (topographische Komponente) und letztendlich der Mensch selbst miteinander eng in Verbindung stehen.

Ab einer gewissen Neigung eines Hanges steigt die Wahrscheinlichkeit eines Lawinenabgangs an. Statistiken belegen, dass die meisten tödlichen Lawinenunfälle durch Lawinen in Hängen von über 30° Geländeneigung ausgelöst wurden. Dabei ist immer die steilste Stelle des Hanges und nicht unbedingt der Ort der Auslösung ausschlaggebend. Aus diesem Grund können auch in weitaus flacheren Gebieten Lawinenereignisse auftreten.

Doch wie bestimmt man eigentlich die Neigung einer Fläche in der Natur und wie groß soll diese sein? Die Geländeneigung in der Natur kann nur näherungsweise ermittelt werden und wird durch die Bestimmung eines Durchschnittswerts für eine gewählte Fläche gewonnen. Je homogener und größer die Fläche ist, umso repräsentativer und genauer ist die Messung. Erfahrungsgemäß - aus der Sicht des Winterbergsteigens - werden größere Flächen zur Bestimmung herangezogen.

Die Geländeneigung ist bis zu einer bestimmten Genauigkeit auch aus topographischen Karten mit Höhenlinien ableitbar und bezieht sich primär auf die durchschnittliche Neigung einer bestimmten Hangpartie. Dabei wird in der Falllinie der Abstand der Höhenlinien als Basis für die Berechnung bzw. Messung der Geländeneigung herangezogen. Das Ergebnis dieser Messung bezieht sich immer nur auf die Verbindungslinie zwischen den ausgewählten Höhenlinien. Die Genauigkeit des Ergebnisses ist daher abhängig vom Kartenmaßstab, von der Äquidistanz (Abstand) der Höhenlinien und von der Höhen- und Lagegenauigkeit der ausgewerteten Höhenlinien.

Die Karte als ständiger Begleiter bei jeder Skitour

Hilfreich für die Extraktion der Geländeneigung und letztendlich für die Beurteilung der potenziellen Lawinengefahr eines Hanges ist daher eine Karte, in der die Geländeneigung klassifiziert, visuell leicht auffassbar und vor allem flächenhaft dargestellt wird.

Mit Hilfe solcher Karten ist es möglich, einen erweiterten Eindruck des Geländes zu gewinnen. Wie bei allen qualitativen, topographischen Karten wird auch bei den in dieser Publikation verwendeten Karten das Gelände generalisiert dargestellt. Es gilt daher, die Karte richtig zu interpretieren und sie für die Beurteilung der potenziellen Lawinengefahr als weitere Grundlage zu nutzen.

Die Karten in dieser Publikation zeigen NICHT an, welche Gebiete lawinensicher respektive lawinengefährdet sind, sondern heben nur jene Geländebereiche hervor, die unter bestimmten Verhältnissen eine größere, potenzielle Lawinengefahr aufweisen können.

Die Nutzung und Erwartungshaltung

Durch die Integration und Klassifizierung der Hangneigung wurde eine graphische und vor allem zusammenhängende Betrachtung der Neigungsverhältnisse des Geländes verwirklicht. Diese Darstellungsform ermöglicht eine präzisere Planung im Vorfeld der Tour sowie eine bessere und zuverlässigere Abschätzung der Situation im Gelände. Darüber hinaus helfen karten- und fotoperspektivische Ansichten, die Vielfältigkeit des Geländes besser zu zeigen. Gerade mithilfe der perspektivischen Darstellungen bekommt der Nutzer einen gesamtheitlichen, interaktiven Eindruck der Touren und kann dadurch die Situation besser abschätzen.

Alle Touren im Überblick

Abkürzungen

A1/ S6	Autobahn/ Schnellstraße, jeweils mit Nummer
B35	Bundesstraße mit Nummer
BEV	Bundesamt für Eich- und Vermessungswesen
Bhf	Bahnhof
BMN	Bundesmeldenetz
Di	Dienstag
Do	Donnerstag
Fr	Freitag
FT	Feiertag
GH	Gasthaus
GPS	Global Positioning System
GPX-Format	GPS Exchange Format
hm	Höhenmeter
HU	Höhenunterschied
km^2	Quadratkilometer
KMZ	datenkomprimierte KML(Keyhole Markup Language)-Datei
LLB	Lawinenlagebericht
LVS-Gerät	Lawinen-Verschütteten-Suchgerät
LWD	Lawinenwarndienst
m	Meter
Mi	Mittwoch
Mo	Montag
N	Norden
NO	Nordosten
Nr.	Nummer
NW	Nordwesten
O	Osten
ÖK	Österr. Karte 1:50 000 des BEV
Pkt.	Punkt (bezieht sich auf eine Höhenkote in der Karte)
RT	Ruhetag
S	Süden
Sa	Samstag
So	Sonntag
SO	Südosten
Std.	Stunden
SW	Südwesten
UTM	Universal-Transversal-Mercator-System
W	Westen
WE	Wochenende
WH	Wirtshaus
WWW	Weitwanderweg

Weblinks

www.lawine.at	Lawinenlageberichte
www.zamg.at	Wetterbericht
www.oebb.at	Österreichische Bundesbahnen
www.bergrettung.at	Österreichische Bergrettung
www.alpenverein.at	Österreichischer Alpenverein
www.oeav-events.at	Portal des Oesterr. Alpenvereins in Wien
www.naturfreunde.at	Touristenverein Die Naturfreunde
www.touristenklub.at	Österreichischer Touristenklub

1 Wienerwald

Sind Skitouren im Wienerwald etwas Besonderes?

In der heutigen Zeit schon, früher war das anders. In der Zwischenkriegszeit gab es sogar eigene Alpinliteratur mit dutzenden beschriebenen Wienerwaldskitouren und wohl auch genug Schnee! Jetzt sind die Winter schneeärmer und wir sind so mobil, dass wir ohne großem zeitlichen Aufwand dorthin fahren können, wo die Schneelage und das Tourenziel attraktiver sind. Wenn es aber selbst im Wienerwald passt, dann heißt es gleich raus und diese exklusiven Touren erleben. Als TourengeherIn werden Sie dann sicher nicht allein unterwegs sein, andere wissen diese einmalige Gelegenheit auch zu schätzen!

Es braucht eigentlich gar nicht viel: eine gute Unterlage, ein halber Meter wäre super, und dann noch eine frische Neuschneeschicht darüber, das wäre perfekt! Wohin? Es geht schon in den Weingärten Wiens (!), besser aber z.B. auf der Nordseite des Hermannskogels, noch besser am Höllenstein oder am Peilstein (da gab's früher Skirennen!). Bekannt sind die Touren auf den Hohen Lindkogel, immerhin mit einem Höhenunterschied an die 600 m! Der Schöpfl hat auch seinen Reiz, der Genuss ist aber kürzer.

Die Touren sind natürlich alle vom Wald und seinem wechselnden Baumbestand geprägt, einzelne Lichtungen sorgen für Aufhellungen und Gipfelhütten für eine gemütliche Einkehr. Die Abfahrten haben Light-Charakter und sind kurzweilig. Lust auf einen zweiten Aufstieg?

Aufstieg durch den Wald

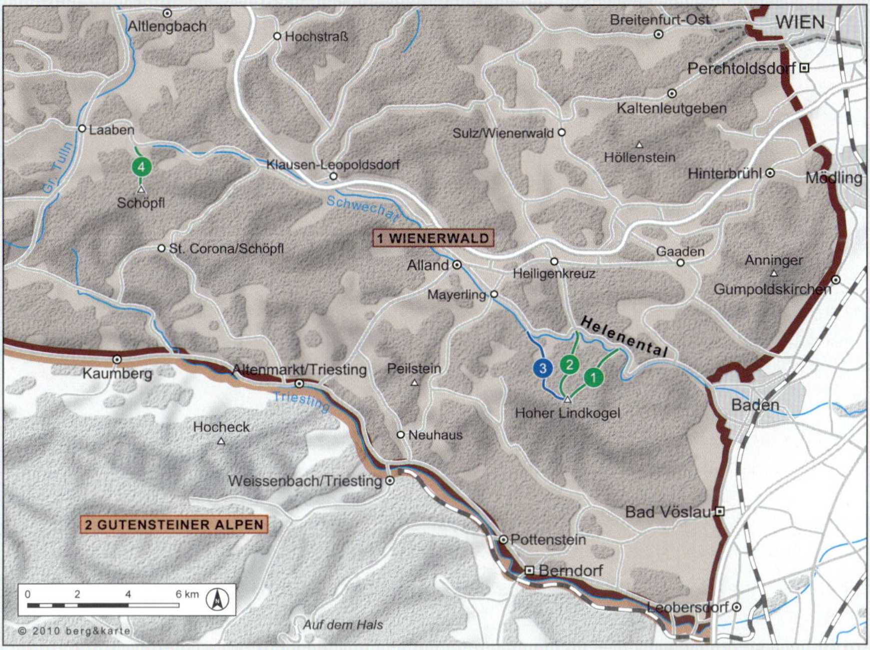

Anspruch: *leicht* *mittel* *schwierig* *sehr schwierig*

Regionskarte Wienerwald

Nr	Skitour	Gipfelhöhe	Höhenmeter	Aufstiegszeit	Exposition	Anspruch	Seite
1	Hoher Lindkogel-Langes Tal	834 m	565 hm	1 ½ h	N-O	I	38
2	Hoher Lindkogel-Sattelbach	834 m	550 hm	1 ¾ h	N	I	40
3	Hoher Lindkogel-Orchideenwiese	834 m	540 hm	1 ¾ h	N	II	42
4	Schöpfl	893 m	330 hm	1 ¼ h	N	I	44

1.1 Hoher Lindkogel-Langes Tal

Schöne direkte Waldgrabentour aus dem Helenental zur Gipfelhütte, zunächst auf einem Waldweg, dann im Buchenhochwald

Ausgangspunkt Helenental, Augustinerhütte

Starthöhe	270 m	**Gipfelhöhe**	834 m	**Exposition**	N-O
Höhenmeter	565 hm	**Aufstiegszeit**	1 ½ h	**Einkehr**	✓
Aufstiegslänge	2.9 km	**Steilheit**	mäßig steil	**Anspruch**	I

Einstimmung Eine Skitour auf den Hohen Lindkogel kann nicht jeder in seiner Sammlung vorweisen und gerade darin liegen die Exklusivität und der Reiz dieser Tour. Oft ist sie mehrere Jahre hintereinander wegen der mageren Schneelage nicht möglich. Wenn dann der Winter im Wienerwald einmal so richtig einzieht, muss man diese Chance daher sofort nutzen. Die leichte Erreichbarkeit spricht für sich und auch die Einkehr in der Gipfelhütte samt Besteigung der Aussichtswarte hat ihren Charme. Das Lange Tal bietet den direktesten Aufstieg auf den Hohen Lindkogel und auch die rasanteste Abfahrt zurück ins Helenental. Zu Beginn warten schöne Hochwaldschwünge, dann geht es in ungebremster Fahrt auf einem Forstweg zurück zur Augustinerhütte.

Lawinen Kein Thema!

Orientierung Einfach.

Zufahrt A2 bis Baden, B210 an Baden vorbei ins Helenental und kurz nach dem Hotel Krainerhütte links abzweigen, auf einer Brücke über die Schwechat und zur Augustinerhütte, Parkplatz. Oder A21 nach Alland bzw. Heiligenkreuz und ins Helenental.

Felsformation bei der Forststraße, 500 m

Aufstieg Nach der Augustinerhütte nach SW auf einem Forstweg ins Lange Tal und gemütlich talein zu einer Forststraße, 500m (oberhalb Felsformationen). Weiter im Grabengrund zur nächsten Forststraße, 610 m. Nun im Hochwald genau nach W, die folgende Forststraße, 700 m, wieder kreuzen und etwas steilerer Anstieg nach SW über einen schwach ausgeprägten Rücken zum Schutzhaus Eisernes Tor auf dem Gipfel. 1 ½ Std.

Beginn der Schussfahrt auf dem Forstweg, 610 m, ins Lange Tal

Variante Bei guter Schneelage ist auch ein Anstieg auf dem Steinigen Weg über den das Lange Tal östlich begrenzenden Bergrücken interessant.

Abfahrt Wie Aufstieg: zunächst im schönen Hochwald, dann in anregender Schussfahrt (Vorsicht wintertouristischer Gegenverkehr!) auf dem Forstweg zur Augustinerhütte.

Einkehr unterwegs Schutzhaus Eisernes Tor, 834 m (Mo Ruhetag)

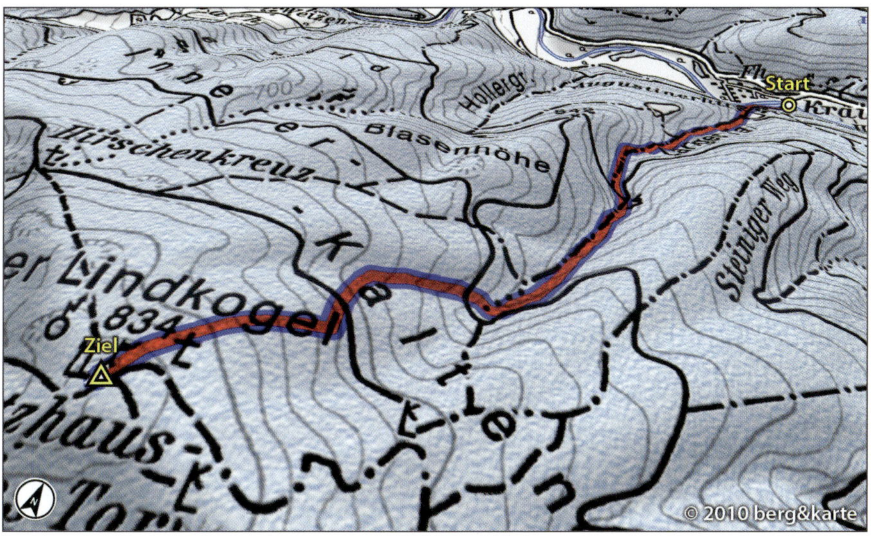

Aufstieg *Abfahrt*

Kartenperspektive

Karten ÖK 50 UTM 5325 (BMN 58)
Après Tour Gastronomie im Helenental, in Baden und in Alland
Infos www.baden.at

Schöne kürzere Wald- und Wiesentour zur Gipfelhütte. Oft nur an wenigen Tagen im Winter befahrbar, dann gilt es die Gelegenheit zu nützen!

Ausgangspunkt Helenental, Sattelbach

Starthöhe	284 m	**Gipfelhöhe**	834 m	**Exposition**	Nord
Höhenmeter	550 hm	**Aufstiegszeit**	1 ¾ h	**Einkehr**	✓
Aufstiegslänge	3.6 km	**Steilheit**	mäßig steil	**Anspruch**	I

Einstimmung Der dritthöchste Gipfel im Wienerwald bietet die längsten Abfahrten dieser "Gebirgsgruppe", wobei die Betonung auch auf der Mehrzahl liegt! Ins Helenental gibt es mehrere lohnende Waldpowderstrecken, diejenige nach Sattelbach lockt mit immerhin gut 400 hm im durchgehend mittelsteilen Gelände. Im Aufstieg kann man die kritischen Passagen genau studieren und auf dem Gipfel bei der gemütlichen Einkehr im Schutzhaus Eisernes Tor nochmals durchgehen. Oder man nimmt alles doch eher auf die leichte Schulter, wie es sich für eine Wienerwald-Skitour gehört!

Lawinen Kein Thema!

Orientierung Einfach.

Zufahrt A2 bis Baden, B210 an Baden vorbei ins Helenental nach Sattelbach, Parkmöglichkeit. Oder A21 nach Alland bzw. Heiligenkreuz und weiter nach Sattelbach.

Aufstieg im Wald

Aufstieg Auf der Brücke über die Schwechat, dann an einem Anwesen rechts entlang und auf einem Wiesenrücken zu einer Forststraße. Diese kreuzen, dann direkt über den Waldrücken nach

S auf einem Waldweg zu einer Forststraße, 550 m. Nun nach SW weiter über den Rücken auf eine Kuppe, 710 m. Jenseits kurz hinab, eine Straße kreuzen und schnurstracks über einen flachen Boden zum Hirschenkreuz, 750 m. Dort links ansteigen (rote Markierung, einfache Mastenreihe) genau nach SO zum Gipfel (kurz vorher rechts im Wald ein Sendemast). 1 ¾ Std.

Blick von der Sina-Warte nach W

Abfahrt Im Allgemeinen wie Aufstieg. Von der Kuppe, 710 m, direkt über den stumpfen Hochwaldrücken zurück zum Ausgangspunkt.

Einkehr unterwegs Schutzhaus Eisernes Tor, 834 m (Mo Ruhetag)

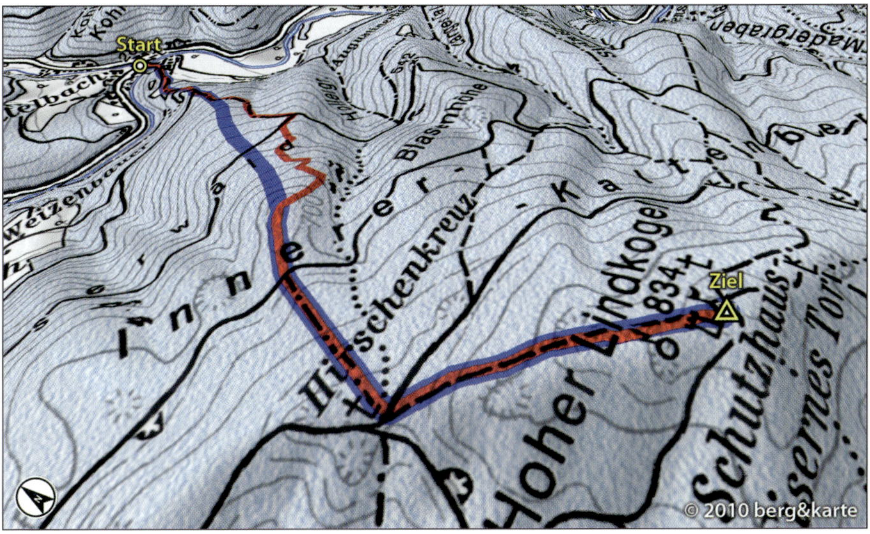

Aufstieg *Abfahrt*

Kartenperspektive

Karten ÖK 50 UTM 5325 (BMN 58)
Après Tour Gastronomie im Helenental, in Baden und in Alland
Infos www.baden.at

1.3 Hoher Lindkogel-Orchideenwiese

Wald- und Wiesentour mit skifahrerisch durchaus ansprechender Waldgrabenabfahrt!

Ausgangspunkt Helenental, Siedlung Schwechatbach

Starthöhe	300 m	**Gipfelhöhe**	834 m	**Exposition**	Nord
Höhenmeter	540 hm	**Aufstiegszeit**	1 ¾ h	**Einkehr**	✓
Aufstiegslänge	4.4 km	**Steilheit**	steil	**Anspruch**	II

Einstimmung Wer die berühmteste Wienerwaldskitour erleben und auch genießen will, muss sich in Geduld üben, den richtigen Moment abwarten und dann sofort zuschlagen! Wer kann heute schon von sich behaupten, den Lindkogel mit Skiern bestiegen und auch erst wieder beim Ausgangspunkt abgeschwungen zu haben? Ein Ziel ist das allemal, hoffentlich bleibt es nicht in der Planungsphase stecken. Wäre schade um die vielen schönen Hochwintereindrücke, die eine Wienerwald-Skitour vermitteln kann. In diesem Fall sind auch sehr gute Abfahrtsstrecken eingelagert, wie es sich für eine Lindkogel-Tour eben gehört! Die so genannte Orchideenwiese spielt da inzwischen eine untergeordnete Rolle, das Gelände lebt von ganz anderen, abfahrtstechnisch interessanten Passagen.

Skilauf-Reminiszenz im Schutzhaus Eisernes Tor

Lawinen Kein Thema!

Orientierung Einfach.

Zufahrt A2 bis Baden, B210 an Baden vorbei ins Helenental. Auf halber Strecke zwischen Sattelbach und Mayerling auf einer Brücke über die Schwechat, eingeschränkte Parkmöglichkeit. Oder A21 nach Alland und über Mayerling ins Helenental.

Waldimpression

Aufstieg Von der Brücke auf einer Zufahrt nach SO ansteigen. Nach einem ersten Rechtsbogen noch vor dem Anwesen links ab, im Wald in einen Graben und raus auf eine Wiesenfläche. Über diese aufwärts, an einem Hof rechts vorbei und weiter hinauf nach SW. Durch einen kurzen Waldabschnitt zu einer Forststraße und auf der folgenden Wiese in einen Sattel, 570 m, südlich vom Sulzriegel, und zu einer nahen Gabelung. Dort schräg links nach SO leicht ansteigend zu einer Kehre, 645 m, weiter nach SO zum Pkt. 697 m und nach S auf einer Forststraße zum Hauptrücken (rote Markierung) und links zum Hirschenkreuz, 750 m. Nun der einfachen Mastenreihe folgend genau nach SO zum Gipfel (kurz vorher rechts im Wald ein Sendemast). 1 ¾ Std.

Abfahrt Wie Aufstieg bis zum Pkt. 697 m. Dort bei sehr guter Schneelage direkt nach N in den zunehmend steilen Waldgraben, dann auf die vom Aufstieg bekannte Wiesenfläche und zurück zum Ausgangspunkt. Oder bei ausgezeichneter Schneelage unterhalb der Wiese weiter im romantischen Grabengrund, zuletzt an einem Wochenendhaus links vorbei ins Helenental und links zurück zum Ausgangspunkt.

Einkehr unterwegs Schutzhaus Eisernes Tor, 834 m (Mo Ruhetag)

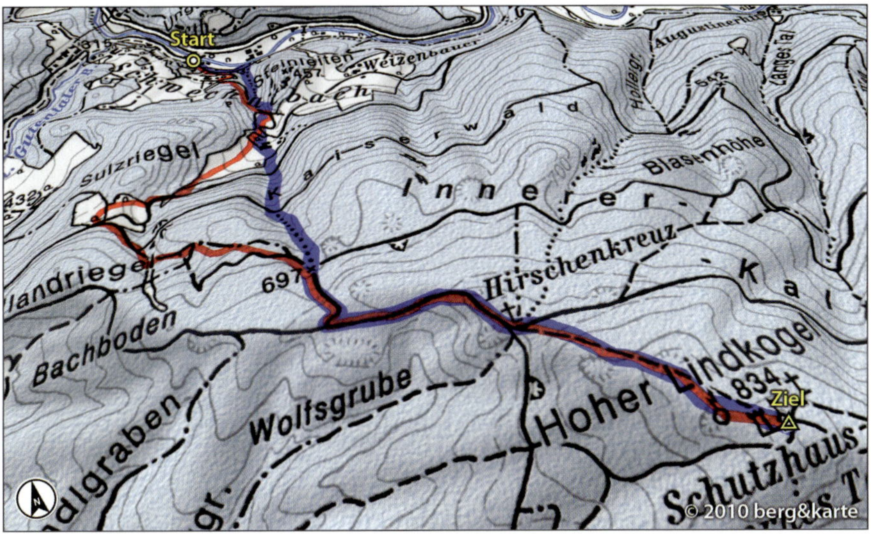

Aufstieg *Abfahrt* *Kartenperspektive*

Karten ÖK 50 UTM 5325 (BMN 58)
Après Tour Gastronomie im Helenental, in Baden und in Alland
Infos www.baden.at

1.4 Schöpfl

Kurze Waldtour auf den höchsten Gipfel des Wienerwaldes mit gemütlicher Hütte und historischer Aussichtswarte

Ausgangspunkt Laaben, Forsthof

Starthöhe	564 m	**Gipfelhöhe**	893 m	**Exposition**	Nord
Höhenmeter	330 hm	**Aufstiegszeit**	1 ¼ h	**Einkehr**	✓
Aufstiegslänge	2.8 km	**Steilheit**	steil	**Anspruch**	I

Einstimmung Nicht mehr, aber auch nicht weniger als eine kleine feine Tour auf den höchsten Gipfel des Wienerwaldes. Da die Schneelage nur selten ausreichend gut ist (ideal wäre eine solide Unterlage und darüber eine Schicht Neuschnee auch im Wald), muss man jede Gelegenheit beim Schopf - oder besser Schöpfl - packen! Die gemütliche Gipfelhütte und die Aussichtswarte mit einer Rundschau von Wien über Schneeberg und Ötscher bis ins Tote Gebirge sind auch im Winter einen Besuch wert!

Wienerwaldblick beim Schöpfl-Schutzhaus

Lawinen Kein Thema!

Orientierung Einfach.

Zufahrt A1 bis Altlengbach, B19 nach Laaben, dort abzweigen Richtung Klausen-Leopoldsdorf und auf einer Bergstrecke zum Forsthof, Parkmöglichkeit. Oder von O A21 nach Alland und über Klausen-Leopoldsdorf sowie Schöpflgitter zum Forsthof.

Aufstieg Nach S auf oder neben der Zufahrt zum Islandpferdezentrum. Weiter der roten Markierung folgend zum Waldrand und Anstieg auf dem Pensionistensteig (meist durch Wanderer gespurt). Im Wald mittelsteil höher, vorbei an einer Quelle, dann über eine freie Fläche zur Hütte, ansteigend vorbei an einem Kreuz und weiter zur Matraswarte auf dem höchsten Punkt. Besteigung der Warte im Winter mitunter heikel! 1 ¼ Std.

Variante Bei guter Schneelage auch steilerer Direktaufstieg auf dem Heinrich-Gith-Steig zur Quelle und weiter wie oben.

Wegweiser beim Islandpferdezentrum

Abfahrt Von der Warte kurz weiter nach SW, dann rechts im lichten Waldbereich zu einem Fahrweg. Auf diesem rechts zu einem Rücken und links hinab wieder bis zu einem Fahrweg (zuletzt Böschung). Dort wieder kurz rechts, dann genau nach N in einen schönen Hochwald und leicht rechts haltend zu einer Lichtung mit Haus. Auf der Zufahrt rechts (leichte Gegensteigung) zum Islandpferdezentrum und weiter zum Ausgangspunkt.

Einkehr unterwegs Schöpfl-Schutzhaus, 870 m (Mo Ruhetag, außer wenn Feiertag, dann Di Rt, im Jänner ab 6. geschlossen, im Februar nur an Sa + So bewirtschaftet)

Aufstieg *Abfahrt*

Kartenperspektive

Karten ÖK 50 UTM 4330 (BMN 57)

Après Tour GH Forsthof ▪ Gastronomie in Laaben

Infos www.brand-laaben.at

2 Gutensteiner Alpen

Wald und Wiesen und erste große Aussichten

Der Bergraum zwischen Wienerwald und Schneeberg und zwischen Baden und Lilienfeld ist hochwintertypisches Wald- und Wiesen-Skitourengelände mit Höhenunterschieden bis immerhin 900 m. Der Grundcharakter ist lieblich, Aufstiege und Abfahrten sind großteils mäßig steil, es gibt aber auch einige rassige Passagen und im Powderwald viel Raum für individuelle Lösungen. Der Lawinengefahr sollte man schon Aufmerksamkeit schenken!

Die höchste Erhebung ist die Reisalpe, 1399 m, Handlesberg und Unterberg sind kaum niedriger. Die Berge über dem Triestingtal erreichen zum Teil nicht einmal die Tausendmetermarke (Sengenebenkogel, Hainfelder Kirchberg), das Hockeck ist - von Osten betrachtet - der erste 1000er der Alpen! Auch wenn man sich meist im schützenden Wald bewegt, so kann in den Gipfelregionen und an den Bergkämmen ein rauer Wind wehen. Auf einigen Gipfeln laden an Wochenenden bewirtschaftete Hütten zu einer wärmenden Einkehr ein. Die höheren baumfreien Berge bieten bereits eine umfassende Aussicht mit großartigen Panoramen zwischen Schneeberg und Ötscher.

Die Nähe zum Großraum Wien, zu den Städten St. Pölten und Wr. Neustadt und die gute Erreichbarkeit tragen mit bei zur großen Beliebtheit der Standardrouten, besonders bei genussorientierten SkitourengeherInnen. Hauptzeit ist natürlich der Hochwinter, in der zweiten Märzhälfte ist meist Saisonschluss.

 Auf dem Gipfelkamm des Unterbergs

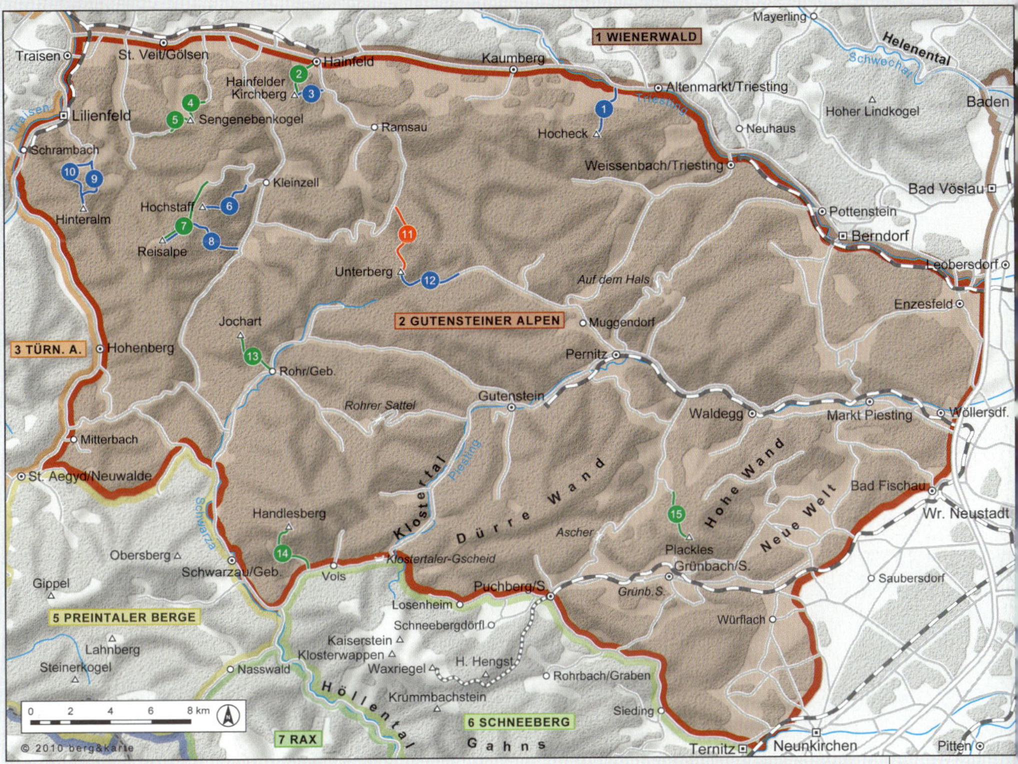

Anspruch: leicht mittel schwierig sehr schwierig

Regionskarte Gutensteiner Alpen

Nr	Skitour	Gipfelhöhe	Höhenmeter	Aufstiegszeit	Exposition	Anspruch	Seite
1	Hocheck	1037 m	625 hm	1 ¾ h	N	II	48
2	Hainfelder Kirchberg-Nord	922 m	500 hm	1 ½ h	N	I	50
3	Hainfelder Kirchberg-Ost	922 m	500 hm	1 ½ h	O	II	52
4	Sengenebenkogel-Ost	990 m	450 hm	1 ¼ h	N-O	I	54
5	Sengenebenkogel-West	990 m	425 hm	1 ½ h	S-W	I	56
6	Hochstaff	1305 m	775 hm	2 ½ h	O	II	58
7	Reisalpe-Nord	1399 m	450 hm	2 h	N-O	I	60
8	Reisalpe-Ost	1399 m	900 hm	3 h	N-O	II	62
9	Kloster-Hinteralm	1311 m	600 hm	2 h	N-O	II	64
10	Muckenkogel-Ost	1311 m	600 hm	2 h	N-O	II	66
11	Unterberg-Nord	1342 m	800 hm	2 ¾ h	N-O	III	68
12	Unterberg-Ost	1342 m	800 hm	2 ½ h	S-O	II	70
13	Jochart	1266 m	600 hm	2 h	S	I	72
14	Handlesberg	1370 m	735 hm	2 h	S-O	I	74
15	Plackles	1132 m	750 hm	2 h	N	I	76

2.1 Hocheck

Schöne Waldtour zu einer Gipfelhütte mit Aussichtswarte. Bei guten Schneeverhältnissen durchaus rassige Direktabfahrt

Ausgangspunkt Hainfeld, Thenneberg

Starthöhe	412 m	**Gipfelhöhe**	1037 m	**Exposition**	Nord
Höhenmeter	625 hm	**Aufstiegszeit**	1 ¾ h	**Einkehr**	✓
Aufstiegslänge	3.9 km	**Steilheit**	steil	**Anspruch**	II

Einstimmung Beliebte nordseitige Hochwinter-Voralpentour mit bewirtschafteter Gipfelhütte und Aussichtswarte, die den Blick öffnet auf den östlichen Alpenrand, von Wien und dem Wienerwald über den Schneeberg bis zum Ötscher. Der sehr schöne stimmungsvolle Hochwald im Aufstieg und ein 400 hm langer, baumfreier mittelsteiler Abfahrtshang ergeben eine durchaus lohnende Halbtagstour, die bei sehr guter Schneelage und entsprechender Motivation auch einen zweiten Aufstieg rechtfertigen. Ach ja, und da ist noch was: Das Hocheck ist, von O betrachtet, der erste Tausender im Alpenbogen zwischen Wien und Nizza!

Lawinen Außer bei Extremverhältnissen keine Bedrohung.

Orientierung Einfach.

Zufahrt A21 bis Alland, B11 über den Hafnerberg zur B18 und über Altenmarkt nach Thenneberg, Parkplatz bei der Kirche. Alternativ A2 bis Leobersdorf, B18 durch das Triestingtal über Berndorf nach Thenneberg.

Aufstieg zum Waldsattel, 840 m, südwestlich vom Mittagskogel

Aufstieg Von der Kirche nach S (Ski anfangs tragen, rote Markierung, Weg. Nr. 448) aus dem Ort zum Doppelhof, Pkt. 466 m, und rechts zum Waldrand. Dort bald links ab in einen zunächst schwach ausgeprägten Waldgraben und durch diesen in allgemein südlicher Richtung, Forststraßen mehrmals kreuzend, in einen Sattel, 840 m, am Bergrücken südwestlich vom Mittagskogel. Nun nach W zu einer langgestreckten Lichtung, 930 m (Aussicht nach S), und weiter am Rand der Gipfelwiese hinauf zur Hütte. Vorsicht: Rutschgefahr bei der Besteigung der nahen Aussichtswarte! 1 ¾ Std.

Variante Im Hochwald sind verschiedene individuelle Lösungen möglich, auch auf der markierten Forststraße gelangt man in den Sattel auf 840 m.

Blick von der Aussichtswarte nach SO

Abfahrt Zunächst über die Gipfelwiese zurück (oder links davon im oft lustig verwechteten Hochwald) und bald links (auf 980 m) hinaus zum Bergrücken. Dort direkt nach N über eine ideal geneigte Schneise, die bereits aus dem Triestingtal auffällt. In schöner Fahrt abwärts (event. links in den Hochwald ausweichen), Forststraßen mehrmals kreuzen, dann auf 580 m auf einer Forststraße rechts. Bald mit der roten Markierung links, durch den Wald auf die Lichtung beim Doppelhof und zurück zur Wallfahrtskirche in Thenneberg.

Variante Abfahrt der Aufstiegsspur entlang ebenfalls sehr lohnend bei gutem Waldpowder. Vorteilhaft vor allem dann, wenn am Nordrücken der Schnee windgepresst ist.

Einkehr unterwegs Hocheck-Schutzhaus, 1030 m (Di + Mi Ruhetag)

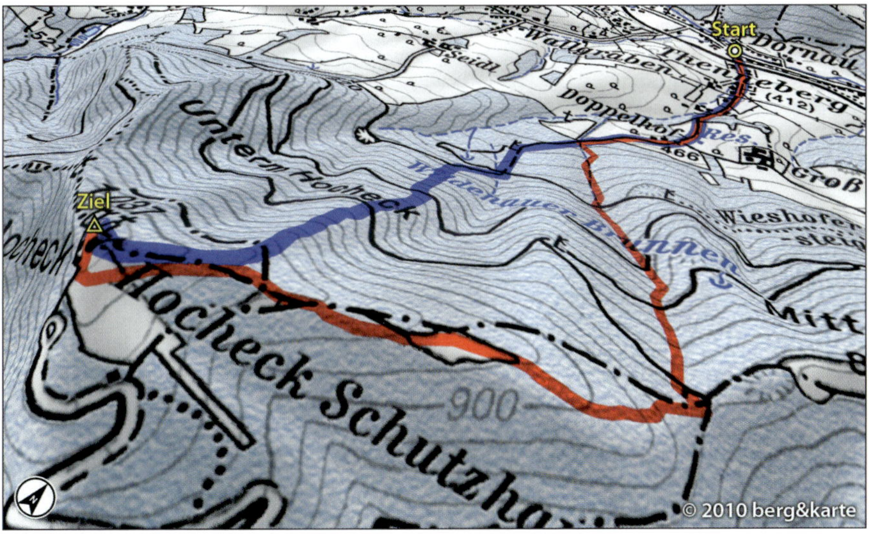

Aufstieg *Abfahrt* *Kartenperspektive*

Karten ÖK 50 UTM 4206 + 4330 (BMN 57 + 75)
Après Tour GH Zur Dornaustube in Thenneberg
Infos www.altenmarkt-triesting.gv.at

2.2 Hainfelder Kirchberg-Nord

Wald- und Wiesentour zu einer beliebten Gipfelhütte. Schöner Aufstieg und eine meist pistenartig ausgefahrene flotte Abfahrt

Ausgangspunkt Hainfeld, Kirche

Starthöhe	435 m	**Gipfelhöhe**	922 m	**Exposition**	Nord
Höhenmeter	500 hm	**Aufstiegszeit**	1 ½ h	**Einkehr**	✓
Aufstiegslänge	2.9 km	**Steilheit**	steil	**Anspruch**	I

Einstimmung Beliebter Voralpenklassiker für AnfängerInnen und GenießerInnen mit romantischem Aufstieg über Wiesen und durch schöne Wälder und Einkehrmöglichkeiten auf dem Gipfel und im Zuge der Abfahrt. Durch die Nordlage hält sich der Schnee im Hochwinter recht gut, trotzdem sollten Tiefschneetage sofort genutzt werden, denn die Abfahrt ist recht bald pistenartig ausgefahren.

Lawinen Keine Gefahr!

Orientierung Bei Beachtung der Beschreibung einfach.

Zufahrt A1 bis Altlengbach, B19 über Laaben und die Klammhöhe zur B18 und nach Hainfeld. Parken im Umkreis der Kirche. Alternative Zufahrt A21 bis Alland, über den Hafnerberg nach Altenmarkt und den Gerichtsberg nach Hainfeld oder von W über Traisen nach Hainfeld.

Auf dem Bergrücken zum Gipfel

Abfahrt durch die Waldschneise

Aufstieg Zwischen Kirche und Friedhof unter Strom genau nach W, am Unter- und am Oberkirchenbauer-Hof jeweils rechts vorbei und nach SW den stumpfen Rücken gemütlich höher. Auf einem Waldweg (blaue Markierung) mal im Wald, mal über kleine Lichtungen zu einem Kreuz, 715 m. Ab hier im dichten Wald steiler zum Bergrücken, 850 m, und links, nun wieder weniger steil, dafür zuletzt mit roter, gelber und blauer Markierung, zum Gipfel mit der Hainfelder Hütte. 1 ½ Std.

Variante Ein Direktaufstieg durchs Kirchtal und über die Abfahrtsschneise ist möglich, aber weniger empfehlenswert und auch nicht ungefährlich (Gegenverkehr!)

Abfahrt Einige Schwünge nach NO auf der Gipfelwiese, bis diese abflacht. Nun links kurz durch Wald, dann auf der sportlich-steilen Idealschneise zu einer Forststraße auf 650 m. Auf dieser rechts flach zur Lichtung mit der Liasnböndlhütte. Durch eine weitere schmale Waldschneise in einen Graben und auf der Straße in gemütlicher Fahrt talaus zurück zum Ausgangspunkt.

Einkehr unterwegs Hainfelder Hütte, 922 m (Sa, So, feiertags bewirtschaftet), Liasnböndlhütte, 649 m (Sa, So, feiertags bewirtschaftet),

Tipp Kombination mit der wenig bekannten Abfahrt nach O, siehe Tour 2.3

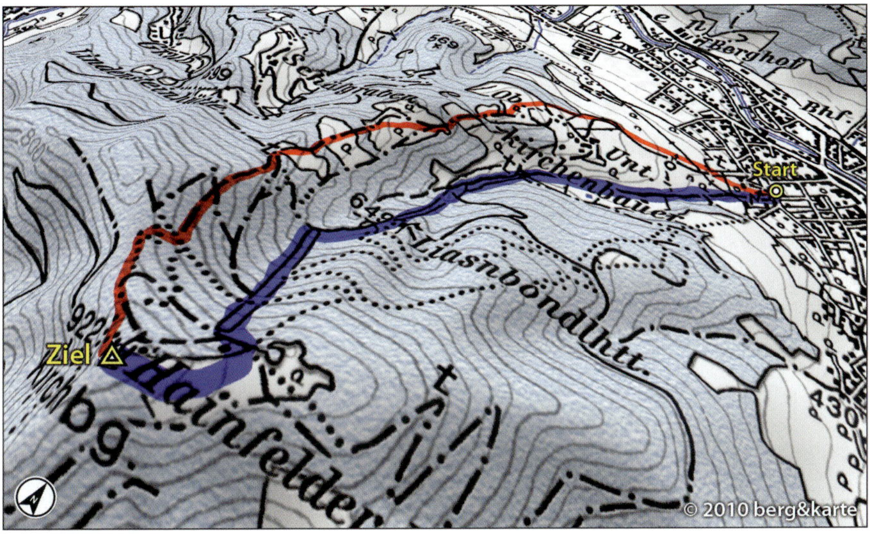

Aufstieg Abfahrt *Kartenperspektive*

Karten ÖK 50 UTM 4330 (BMN 56)
Après Tour Gastronomie in Hainfeld
Infos www.hainfeld.at

2.3 Hainfelder Kirchberg-Ost

Wenig bekannte Waldtour zu einer beliebten Gipfelhütte. Bei Pulver eine wirklich genussvolle Abfahrt

Ausgangspunkt Hainfeld, Landstal

Starthöhe	440 m	**Gipfelhöhe**	922 m	**Exposition**	Ost
Höhenmeter	500 hm	**Aufstiegszeit**	1 ½ h	**Einkehr**	✓
Aufstiegslänge	2.2 km	**Steilheit**	steil	**Anspruch**	II

Einstimmung Lohnende Insidertour durch ideal geneigte Hochwälder zur beliebten Hainfelder Hütte, die von Hainfeld aus im Winter gerne besucht wird. Nur bei ausreichend Neuschnee mit guter Unterlage empfehlenswert, dann aber ein großer Skigenuss, der sich gut mit einer zusätzlichen Abfahrt nach Hainfeld verbinden lässt.

Lawinen Keine Gefahr!

Orientierung Einfach.

Zufahrt A1 bis Altlengbach, B19 über Laaben und die Klammhöhe zur B18 und nach Hainfeld. Bei der Ampel abzweigen nach Ramsau und 1,7 km zu einer Brücke bei der Fabrikseinfahrt (Fa. Schmid-Schrauben), Parkmöglichkeit. Alternative Zufahrt A21 bis Alland, über den Hafnerberg nach Altenmarkt und den Gerichtsberg nach Hainfeld oder von W über Traisen nach Hainfeld.

Aufstieg Mit der gelben Markierung kurz nach S, dann scharf rechts in ein Tälchen und auf dem Waldweg nach W hinauf zu einer länglichen Lichtung. Diese rauf, dann weiter im sich aufsteilenden Hochwald in Spitzkehren, dabei immer wieder Forststraßen kreuzen, und aus dem Wald auf eine flache Lichtung, 850 m. Nun leicht hinab in einen Sattel und über die Gipfelwiese zur Hainfelder Hütte. 1 ½ Std.

Abfahrtsvariante Richtung Heugraben

Abfahrt Im Allgemeinen wie Aufstieg

Variante Auch der Rücken mit dem Höhenbauer-Hof eignet sich als Abfahrt: vom unteren Rand der Gipfelwiese nach SO durch Wald auf die freie Fläche und am linken Waldrand zum Ende der Lichtung auf 720 m. Dort durch den Hochwald nach O, zuletzt über eine Wiese in den Talboden zurück zum Ausgangspunkt.

Einkehr unterwegs Hainfelder Hütte, 922 m (Sa, So, feiertags bewirtschaftet)

Hochwald-Powdergenuss

Tipp Kombination mit der Standardabfahrt nach Hainfeld, siehe Tour 2.2

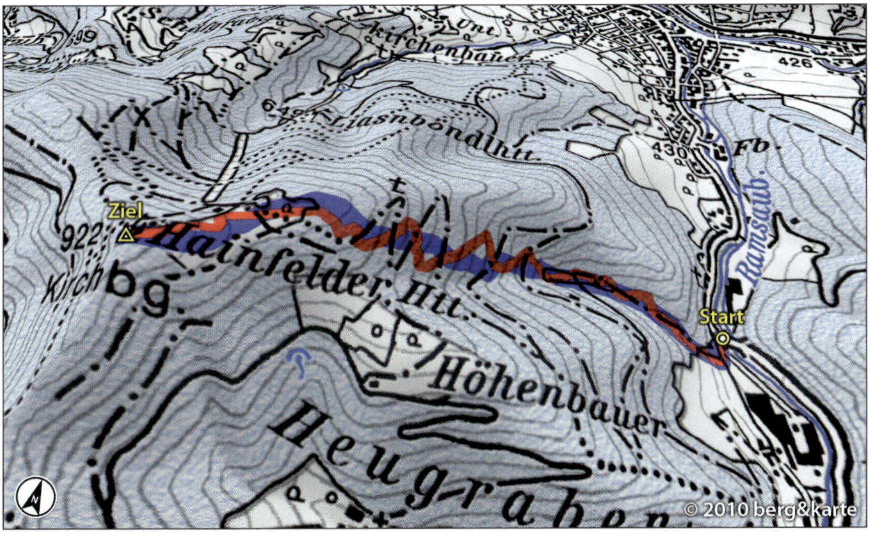

Aufstieg *Abfahrt*

Kartenperspektive

Karten ÖK 50 UTM 4330 (BMN 56)
Après Tour Gastronomie in Hainfeld
Infos www.hainfeld.at

2.4 Sengenebenkogel-Ost

Zunehmend beliebte kurze Wald- und Wiesentour mit feiner Aussicht und lässiger Abfahrt

Ausgangspunkt St. Veit an der Gölsen, Pfenningbach-Hirtze

Starthöhe	545 m	**Gipfelhöhe**	990 m	**Exposition**	N-O
Höhenmeter	450 hm	**Aufstiegszeit**	1 ¼ h	**Einkehr**	nein
Aufstiegslänge	2.1 km	**Steilheit**	mäßig steil	**Anspruch**	I

Einstimmung Kurze Hochwinter-Voralpentour, bei Insidern zu Recht beliebt. Schöne freie Hänge mit bester Neigung, kaum Wald und eine nette Gipfelaussicht. Der Gipfel ist in der ÖK nicht bezeichnet, es handelt sich um die bewaldete Kuppe zwischen Eckerkogel und Sengenebenberg. Die Benennung Sengenebenkogel hat sich eingebürgert. Ein Übergang zum ebenfalls bewaldeten Sengenebenberg, 1104 m, ist möglich, bringt aber skitouristisch wenig. Wer jedoch den nördlichsten Tausender der Alpen in seine Sammlung aufnehmen möchte, der ist auf dem Sengenebenberg genau richtig!

Lawinen Bei Abfahrt im Bereich der Aufstiegsspur keine Gefährdung, die steileren Varianten könnten mitunter kritisch sein, vor allem gleich nordöstlich vom Gipfel gibt es eine heikle Einfahrt auf die Wiese oberhalb des Sengeneben-Hofs.

Orientierung Einfach.

Abfahrt auf der Wiese beim Sengeneben-Hof

Erste Schritte auf die Wiesenmulde nach Verlassen des Hirtze-Hofs

Zufahrt Von O A1 bis Altlengbach, B19 über Laaben und die Klammhöhe zur B18 und nach Hainfeld. Weiter auf der B18, kurz nach Rainfeld abzweigen ins Pfenningbachtal und bis zum Straßenende, Gehöft Hirtze, 540 m, wegen dem Parken vor der Hofeinfahrt fragen! Von W A1 bis St. Pölten, B20 nach Traisen. Beim Kreisverkehr B20 Richtung Hainfeld. Nach der Umfahrung von St. Veit an der Gölsen nach S abzweigen ins Pfenningbachtal und weiter wie oben.

Aufstieg Vom Hirtze nach W durch die Wiesenmulde in Richtung des Sattels beim Brandstätter-Hof (dieser bleibt rechts). Vor dem Sattel nach SW einschwenken, durch einen Baumstreifen und etwas steiler links hinauf zu einem Fahrweg. Auf diesem flach links weiter und um ein Felseck zu einer Wiese, 800 m, vor dem Sengeneben-Hof. Rechts über die Wiese genau nach SW in den Sattel, 900 m, zwischen Eckerkogel und Sengenebenkogel. Nach S zum westlichen Gipfelrücken (schöne Ausblicke von einer Lichtung) und in Kürze auf die bewaldete Gipfelkuppe. 1 ¼ Std.

Abfahrt Wie Aufstieg. Kleine Varianten sind nach Belieben möglich: z.B. vom Gipfel direkt nach N durch steilen Wald auf die Wiese, dann von dieser wiederum nach N ganz schön steil (nur bei genug Powder) zum oberen Rand der herrlichen Wiesenmulde, die zum Ausgangspunkt zurückführt. Und weil's so schön war: Wie wär's mit einem zweiten Aufstieg oder mit einer Kombination mit Tour 2.5?

Tipp Kombination mit der Westabfahrt zum Steigenbauer, Tour 2.5

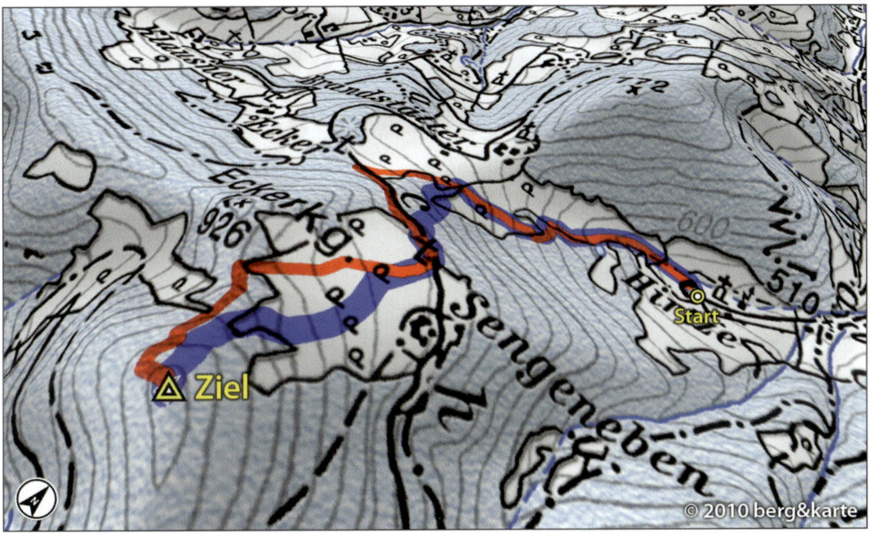

Aufstieg *Abfahrt* *Kartenperspektive*

Karten	ÖK 50 UTM 4330 (BMN 56)
Après Tour	Gastronomie in St. Veit an der Gölsen
Infos	www.st-veit-goelsen.gv.at

2.5 Sengenebenkogel-West

Südexponierte kurze Wald- und Wiesentour in einer lieblichen Landschaft, bei Pulverschnee besonders zu empfehlen

Ausgangspunkt Wiesenbach, Steigenbauer

Starthöhe	570 m	**Gipfelhöhe**	990 m	**Exposition**	S-W
Höhenmeter	425 hm	**Aufstiegszeit**	1 ½ h	**Einkehr**	nein
Aufstiegslänge	1.7 km	**Steilheit**	mäßig steil	**Anspruch**	I

Einstimmung Ideale kurze, südexponierte Hochwintertour in einer lieblichen, skitouristisch noch unberührten Landschaft. Das Ziel liegt knapp unter 1000 m auf einer bewaldeten Kuppe zwischen Eckerkogel und Sengenebenberg. Bei Pulverschnee ein Muss für Powderfreaks. Wer Lust auf mehr hat, macht vom Gipfel einen Abstecher nach O zum Hirtze-Hof mit Wiederaufstieg (siehe Tour 2.4). So wird aus der Halbtagstour eine konditionell anspruchsvollere Tour mit fast 1000 hm.

Blick vom Muckenkogel zum Sengenebenkogel (links der Bildmitte)

Lawinen Praktisch auf der gesamten Tour nur geringe Gefährdung.

Orientierung Einfach.

Zufahrt Von O A1 bis Altlengbach, B19 über Laaben und die Klammhöhe zur B18 und nach Hainfeld. Weiter auf der B18 über St. Veit an der Gölsen nach Wiesenfeld und dort ins Wiesenbachtal. Im immer enger werdenden Tal nach S, an einem Steinbruch vorbei zum Schweighofer. Gleich nach der Brücke links in den Steigengraben (Zufahrt zum Steigenbauer für SkitourengeherInnen gestattet!) und 2 km talein (unterwegs eine romantische Engstelle) zum Steigenbauer, 570 m, Parkmöglichkeit. Von W A1 bis St. Pölten, B20 nach Traisen und beim Kreisverkehr Richtung Hainfeld. Nach 2,5 km in Wiesenfeld kurz nach der Brücke über den Wiesenbach nach S abzweigen ins Wiesenbachtal und weiter wie oben.

Aufstieg Vom Steigenbauer nach NO auf einem ausgeprägten, blau markierten Weg am rechten Wiesenrand bis zum Wald. Dort auf dem Weg etwas steiler weiter und auf knapp unter 800 m zu einer großen, trichterförmigen Wiese. Diese dreht nach O ein und führt bis knapp unter den Sattel zwischen Eckerkogel und Sengenebenkogel. Dort nach SO zuerst im offenen Gelände, dann durch lichten Wald auf die bewaldete Gipfelkuppe. 1 ½ Std.

Aufstieg knapp vor der Gipfelkuppe

Abfahrt Allgemein wie Aufstieg. Vom tiefsten Punkt der trichterförmigen Wiese bei hoher Schneelage auch Weiterfahrt direkt im Wald möglich. Dann auf 700 m vor Erreichen der Wiese nach rechts (W) und 200 m auf der flachen Forststraße über einen Graben bis zur Wiese folgen. Der kurze Abstecher wird nun mit einer idealen, in der Falllinie angelegten Abfahrt bis zum Ausgangspunkt belohnt.

Tipp Kombination mit der Ostabfahrt zum Gehöft Hirtze, Tour 2.4.

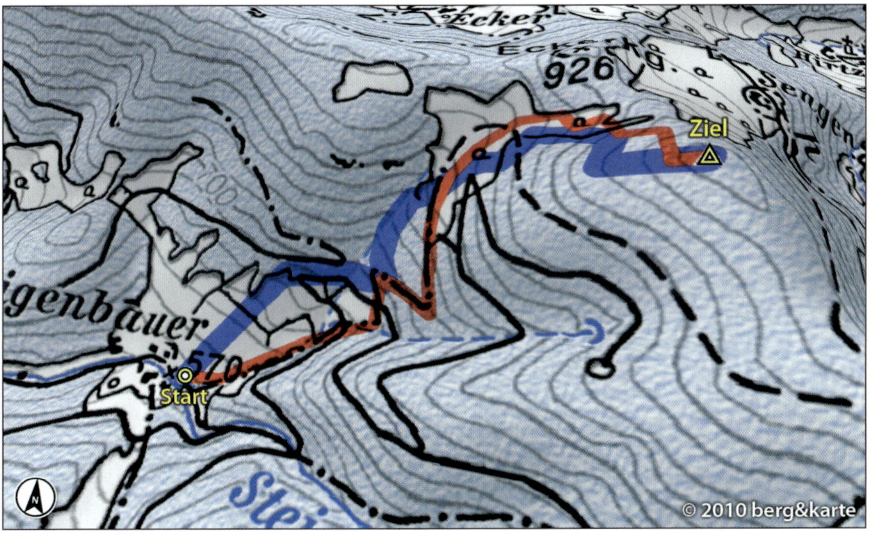

Aufstieg *Abfahrt* *Kartenperspektive*

Karten ÖK 50 UTM 4330 (BMN 56)
Après Tour Gastronomie in St. Veit an der Gölsen
Infos www.st-veit-goelsen.gv.at

2.6 Hochstaff

Beliebte Waldtour auf einen feinen Aussichtsgipfel. Schöne Abfahrt, meist über sanft geneigte Wiesen

Ausgangspunkt Kleinzell, Schneidergraben

Starthöhe	530 m	**Gipfelhöhe**	1305 m	**Exposition**	Ost
Höhenmeter	775 hm	**Aufstiegszeit**	2 ½ h	**Einkehr**	nein
Aufstiegslänge	4.1 km	**Steilheit**	mäßig steil	**Anspruch**	II

Einstimmung Klassische beliebte Voralpentour mittlerer Länge, mit sehr schönen landschaftlichen Eindrücken im Hochwald und auf einer Abfolge idyllischer Lichtungen. Ideal bei hochwinterlichen Verhältnissen, wobei aber ein Übermaß an Neuschnee auf den oberen, eher flachen Lichtungen zu sehr bremsen würde! Auf dem windexponierten Gipfel gute Aussicht nach S und W. Lohnende Abfahrtsvarianten und Kombinationsmöglichkeiten mit der benachbarten Reisalpe (Tour 2.7, 2.8)

Blick vom Hochstaff nach S, hinter dem Kreuz die Reisalpe, links der Göller, rechts der Ötscher

Lawinen Auf der Standardabfahrt keine Gefährdung. Die Südabfahrten zur Kleinzeller Hinteralm bzw. nach SO zur Zeißlalm können bei ungünstigen Verhältnissen abschnittsweise heikel sein.

Orientierung Bei Beachtung der Beschreibung einfach.

Zufahrt A1 bis Altlengbach, B19 über Laaben und die Klammhöhe zur B18 und durch Hainfeld. Dann bei erster Gelegenheit links abzweigen Richtung Kleinzell, über eine Anhöhe zur B27 und nach Kleinzell. Dort rechts abzweigen Richtung Ebenwaldhöhe und in den Schneidergraben. Parkmöglichkeit bei einer Kapelle. Alternative Zufahrt A21 bis Alland, über den Hafnerberg nach Altenmarkt und den Gerichtsberg nach Hainfeld oder von W über Traisen Richtung Hainfeld, jeweils auf die B27 und weiter wie oben.

Auf der Gipfelwiese

Aufstieg Auf einer Zufahrt (nicht geräumt, Holzschilder) in Kürze durch Wald zur Lichtung mit dem Anwesen Solleneck. An diesem rechts vorbei und auf der Wiese leicht linkshaltend zum

Wald. Ansteigend mit blauer Markierung zu einem Forstweg, dort links (oberhalb zwei markante Felsformationen). Dann über einen sanft geneigten Rücken nach SW, eine erste Forststraße kreuzen, dann weiter durch Wald und auf der folgenden Forststraße zu den Wiesen der Weißenbachalm, 910 m. 1 ¼ Std.

Zunächst am Waldrand höher, dann leicht links abdriften über die freie Fläche zum westlichen Waldrand, 1060 m. Auf einem Forstweg nach W in den Wald und direkt über den Rücken auf eine Lichtung. Diese aufwärts, dann über die Gipfelwiesen rechts haltend (links eine Scheune) hinauf zum Gipfelkreuz, Vorsicht auf Abbrüche nach W. 1 ¼ Std.

Abfahrt Wie Aufstieg, wobei im Hochwald und unter Benutzung der Forststraße (z.B. nach der Weißenbachalm) einige Varianten möglich sind. Karte studieren!

Variante Vom Hochstaff zur Kleinzeller Hinteralm: Auf dem Rücken nach S (leicht links halten, rechts Abbrüche) bis 1200 m. Dann ein dichtes Waldstück und die nächste Lichtung. An ihrem südlichen unteren Rand kurz durch Wald steil hinab auf die Almfläche und rechtshaltend Schrägfahrt auf die weite Sattelfläche. Weiter auf die Reisalpe (siehe Tour 2.7) oder Gegenanstieg im Bereich der Abfahrtsspur oder etwas östlich ausholend zurück auf den Hochstaff.

Tipp Die Kombination mit einer Besteigung der Reisalpe (siehe Abfahrtsvariante) ergibt eine ausgefüllte Tagestour (kürzer bei Start auf der Ebenwaldhöhe und Waldaufstieg über den steilen Nordrücken auf den Hochstaff).

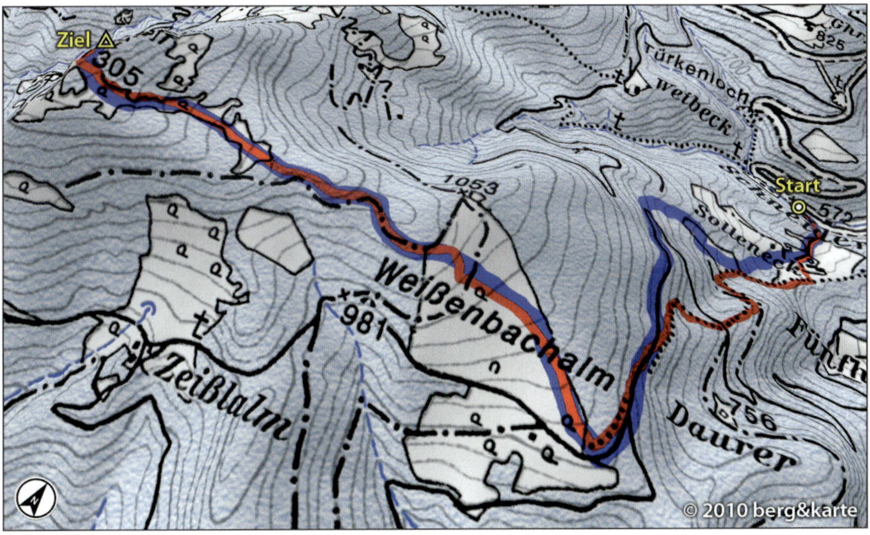

Aufstieg *Abfahrt*

Kartenperspektive

Karten ÖK 50 UTM 4206 (BMN 74)
Après Tour GH Gaupmann an der Straße zur Ebenwaldhöhe ▪ Gastronomie in Kleinzell
Infos www.kleinzell.gv.at

2.7 Reisalpe-Nord

Beliebte Kurztour mit hoch gelegenem Ausgangspunkt auf einen herrlichen Aussichtsberg mit gelegentlich geöffneter Gipfelhütte

Ausgangspunkt Kleinzell, Ebenwaldhöhe

Starthöhe	1020 m	**Gipfelhöhe**	1399 m	**Exposition**	N-O
Höhenmeter	450 hm	**Aufstiegszeit**	2 h	**Einkehr**	✓
Aufstiegslänge	4.5 km	**Steilheit**	steil	**Anspruch**	I

Einstimmung Beliebte kürzere Voralpentour auf den höchsten Gipfel der Gutensteiner Alpen mit schneesicherem hoch gelegenem Ausgangspunkt. Auf der weitläufigen windexponierten, weil baumfreien Gipfelkuppe sensationelles 360° Panorama! Mit etwas Glück hat auch das Reisalpen-Schutzhaus an Winterwochenenden geöffnet. Zur Kleinzeller Hinteralm sehr schönes Abfahrtsgelände über Rasenflächen, die gerne schon nach dem ersten Schnee befahren werden, da keine Steine drohen. Einen kleinen Wermutstropfen bildet danach der sanfte, aber längere Gegenanstieg zwischen Kleinzeller Hinteralm und Ebenwaldhöhe. Lohnende Kombinationsmöglichkeiten mit dem benachbarten Hochstaff (Tour 2.6).

Lawinen Bei sehr ungünstigen Verhältnissen kann die Querung der steilen westseitigen Wandhänge des Hochstaffs zwischen Ebenwaldhöhe und Kleinzeller Hinteralm kritisch sein. Die direkte Abfahrt von der Reisalpe zur Kleinzeller Hinteralm kann bei ungünstiger Spurwahl kritisch sein.

Orientierung Bei Nebel und Sturm kann's auf der weitläufigen Gipfelfläche der Reisalpe ziemlich ungemütlich und unangenehm werden, und auf der Kleinzeller Hinteralm kann bei schlechter Sicht das Finden der Forststraße, die zurück zur Ebenwaldhöhe führt, kleine Probleme bereiten.

Panorama nach W, hinter dem Reisalpen-Schutzhaus links Hochschwab und Gesäuse, rechts der Ötscher

Zufahrt A1 bis Altlengbach, B19 über Laaben und die Klammhöhe zur B18 und durch Hainfeld. Dann bei erster Gelegenheit links abzweigen Richtung Kleinzell, über eine Anhöhe zur B27 und nach Kleinzell. Dort rechts abzweigen und Auffahrt auf Bergstrecke (eventuell Schneeketten erforderlich) auf die Ebenwaldhöhe, geräumter Parkplatz. Alternative Zufahrt A21 bis Alland, über den Hafnerberg nach Altenmarkt und den Gerichtsberg nach Hainfeld oder von W über Traisen Richtung Hainfeld und jeweils auf die B27 und weiter wie oben.

Aufstieg Vom Parkplatz Ebenwaldhöhe nach S kurz durch ein Wäldchen, dann auf der Lichtung auf der Zufahrt Richtung Graser-Hof, bald aber schräg links auf einer Straße über eine Anhöhe und mit geringem Höhenverlust zum Waldrand. Im Wald weiterhin leicht fallend auf der sich um einige Gräben schlängelnden Straße (steile westseitige Waldhänge des Hochstaffs) bis zur Einmündung einer Forststraße, 980 m. Ab nun wieder ansteigend bald hinaus in einen Sattel am Beginn der Kleinzeller Hinteralm, Pkt. 1012 m. ¾ Std.

An der Almhütte vorbei und nach S abdriftend durch idyllische Baumgruppen zum Waldrand, 1160 m. Dort rechts und über den Rücken (blaue Markierung) weiter. Unterwegs das Winterweg-Schild ignorieren (also gerade weiter), dann steilerer Anstieg in Kehren im Bereich einer baumfreien Schneise zur Geländekante, 1350 m. Auf der mitunter sturmumtosten Gipfelfläche nach SW, rechts zunächst vorbei an einem Militärgebäude, dann an der Marienandacht und jenseits der Gipfelkuppe mit geringem Höhenverlust in Kürze zum Reisalpen-Schutzhaus (offener Winterraum). 1 ¼ Std.

Abfahrt Allgemein wie Aufstieg. Von der Waldschneise nach der Geländekante, 1350 m, kann man bei guten Schneeverhältnissen nach NO weiterfahren auf die Kleinzeller Hinteralm. Danach bei der Forststraßeneinmündung auf 980 m besser wieder anfellen für den zwar nur schwach ansteigenden, aber längeren Gegenanstieg zurück zur Ebenwaldhöhe.

Einkehr unterwegs Das Reisalpen-Schutzhaus ist im Winter an Wochenenden fallweise bewirtschaftet. Info: Tel. 0664/ 5052108

Tipp Kombination mit einer Besteigung des Hochstaffs (siehe Tour 2.6, Gegenanstieg von der Kleinzeller Hinteralm)

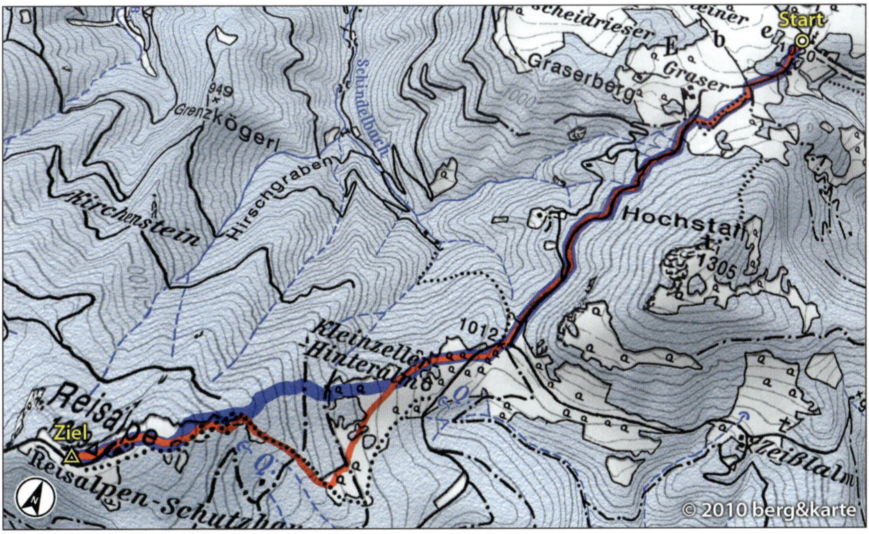

— *Aufstieg* — *Abfahrt* *Kartenperspektive*

Karten	ÖK 50 UTM 4205 + 4206 (BMN 74)
Après Tour	GH Gaupmann an der Straße zur Ebenwaldhöhe ▪ Gastronomie in Kleinzell
Infos	www.kleinzell.gv.at

2.8 Reisalpe-Ost

Beliebte mittellange Tour, meist auf Forstwegen, auf einen herrlichen Aussichtsberg mit gelegentlich geöffneter Gipfelhütte

Ausgangspunkt Kleinzell, Traisenbeck

Starthöhe	500 m	**Gipfelhöhe**	1399 m	**Exposition**	N-O
Höhenmeter	900 hm	**Aufstiegszeit**	3 h	**Einkehr**	✓
Aufstiegslänge	6.2 km	**Steilheit**	steil	**Anspruch**	II

Einstimmung Beliebte mittellange Hochwintertour mit einmaliger Aussicht vom höchsten Gipfel der Gutensteiner Alpen. Recht lange, anfangs ansprechende Abfahrt, die ab der Kleinzeller Hinteralm auf einem Almweg verläuft. Die Tour wird gerne auch bei Schlechtwetter unternommen, da kaum baumfreies Gelände besteht, und mit etwas Glück hat auch das Reisalpen-Schutzhaus an Winterwochenenden geöffnet. Nach S lohnende Abfahrtsvarianten zur Brennalm und im Alpenwald.

Das Marienbildnis auf der Gipfelkuppe

Lawinen Die direkte Abfahrt von der Reisalpe zur Kleinzeller Hinteralm kann bei ungünstiger Spurwahl kritisch sein.

Orientierung Bei Nebel und Sturm kann's auf der weitläufigen Gipfelfläche der Reisalpe ziemlich ungemütlich und unangenehm werden.

Zufahrt A1 bis Altlengbach, B19 über Laaben und die Klammhöhe zur B18 und durch Hainfeld. Dann bei erster Gelegenheit links abzweigen Richtung Kleinzell, über eine Anhöhe zur B27, nach Kleinzell und nach weiteren 4 km zum Anwesen Traisenbeck, Parkmöglichkeit rechts an der Straße (Holzlagerplatz). Alternative Zufahrt A21 bis Alland, über den Hafnerberg nach Altenmarkt und den Gerichtsberg nach Hainfeld oder von W über Traisen Richtung Hainfeld und jeweils auf die B27 und weiter wie oben.

Aufstieg Auf einer Forststraße nach W zwischen den Häusern in Traisenbeck durch und ins Tal des Traisenbachs. Im Bereich der Alm, Pkt. 567 m, öffnet sich der Graben. Weiter auf der Forststraße in einem Linksbogen bis 640 m. Dort rechts über eine Brücke und auf einem Almweg deutlicher ansteigend bald einen ersten Graben kreuzen. Danach immer auf dem Almweg, zuletzt durch einen Graben auf die Kleinzeller Hinteralm, Pkt. 1012 m. 1 ¾ Std.

Nach SW an der Almhütte vorbei und nach S abdriftend durch idyllische Baumgruppen zum Waldrand, 1160 m. Dort rechts und über den Rücken (blaue Markierung) weiter. Unterwegs das Winterweg-Schild ignorieren (also gerade weiter), dann steilerer Anstieg in Kehren im Bereich einer baumfreien Schneise zur Geländekante, 1350 m. Auf der mitunter sturmumtosten Gipfelfläche nach SW, rechts zunächst vorbei an einem Militärgebäude, dann an der Marienandacht und jenseits der Gipfelkuppe mit geringem Höhenverlust in Kürze zum Reisalpen-Schutzhaus (offener Winterraum). 1 ¼ Std.

Abfahrt Allgemein wie Aufstieg. Von der Waldschneise nach der Geländekante, 1350 m, kann man direkt weiterfahren auf die Kleinzeller Hinteralm. Dort nach S über die abfallende Wiese zum Almweg und auf diesem (Vorsicht auf wintertouristischen Gegenverkehr) zurück zum Ausgangspunkt.

Variante Nach S zur Brennalm: vom Reisalpen-Schutzhaus zunächst nach W, dann nach SW über schöne sanft geneigte Wiesenböden bis zur so genannten Nagellandalm, 1050 m. Von dort auf einer Straße nach O hinab zur Brennalm, 988 m (Schneebergblick). Kurz danach eine kleine Lichtung: anfellen und links weiter auf der windungsreichen Forststraße (gelbe Markierung) sanft ansteigend durch den Alpenwald in einen wenig ausgeprägten Sattel, 1150 m, nördlich der Waldkuppe, Pkt. 1156 m, und abfellen. Weiter auf der Forststraße in langsamer Fahrt nach NO fast bis zur Kleinzeller Hinteralm. Nach der markanten Linkskurve auf 1030 m über eine steile Schneise zum Almweg und weitere Abfahrt zurück nach Traisenbeck. Vorherige Direktabfahrten aus dem Alpenwald nach O je nach Verhältnissen möglich, allerdings wächst der Wald immer mehr zu. ▪ Lohnende Powderabfahrt vom Gipfel nach SO, dann nach S durch den Alpenwald in den Sattel, 1150 m, nördlich der Waldkuppe, Pkt. 1156 m, und weiter wie oben.

Einkehr unterwegs Das Reisalpen-Schutzhaus ist im Winter an Wochenenden fallweise bewirtschaftet. Info: Tel. 0664/ 5052108

Tipp Kombination mit einer Besteigung des Hochstaffs (siehe Tour 2.6, Gegenanstieg von der Kleinzeller Hinteralm)

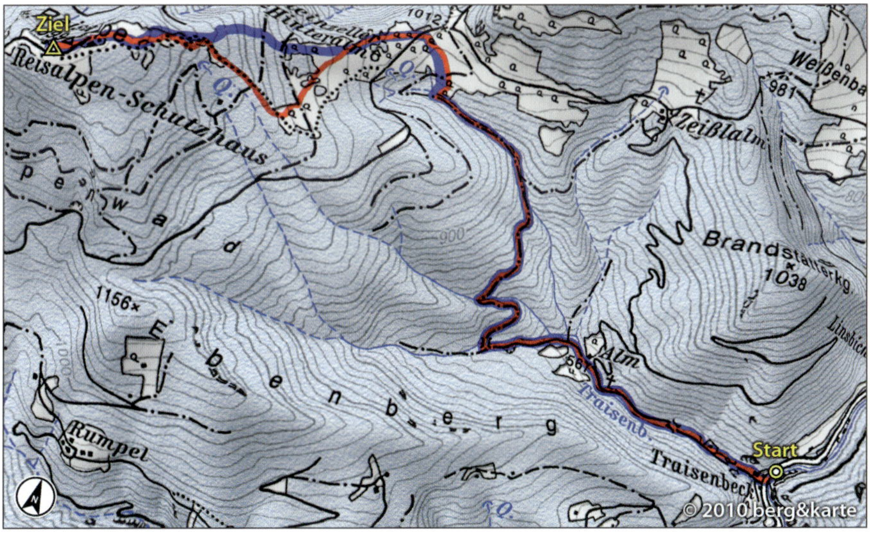

▬ *Aufstieg* ▬ *Abfahrt* *Kartenperspektive*

Karten ÖK 50 UTM 4205 + 4206 (BMN 74)
Après Tour Gastronomie in Kleinzell
Infos www.kleinzell.gv.at

2.9 Kloster-Hinteralm

Reizvolle Hochwintertour mit Panorama-Gipfelhütte und sportlicher Abfahrt auf einer ehemaligen Piste

Ausgangspunkt Lilienfeld, GH Billensteiner

Starthöhe	720 m	**Gipfelhöhe**	1311 m	**Exposition**	N-O
Höhenmeter	600 hm	**Aufstiegszeit**	2 h	**Einkehr**	✓
Aufstiegslänge	4.4 km	**Steilheit**	steil	**Anspruch**	II

Einstimmung Überaus dankbares und leicht erreichbares Hochwinterziel in einem ehemaligen Skigebiet, dass jetzt vermehrt TourengeherInnen - nicht nur bei Schlechtwetter - für sich entdecken. Weithin auffällig ist die Postrichtfunkstation auf dem Muckenkogel, skitouristisch interessanter ist die aussichtsreiche Kloster-Hinteralm mit der Traisner Hütte ganz auf dem Gipfel. Auf der Strecke liegen je nach gewählter Aufstiegs- und Abfahrtsvariante die Lilienfelder Hütte und die Klosteralpe als weitere willkommene Einkehrstationen. Dazwischen liegen ein abwechslungsreicher Aufstieg und eine lawinensichere Abfahrt, die bei guter Schneelage viel Freude bereiten kann. Und auch für das kulinarische Après ist gesorgt.

Lawinen In der Regel keine kritischen Bereiche, bei starker Durchfeuchtung können aber die steilen Rasenpistenhänge heikel werden.

Orientierung An sich einfach, aber auf der Almfläche zwischen Lilienfelder Hütte und Bergstation kann man bei Nebel schon mal die Orientierung ein wenig verlieren.

Zufahrt A1 Ausfahrt St. Pölten, B20 nach Lilienfeld. Im Ort bei der Ampel abbiegen zum Lift, am Kloster vorbei, dann nicht rechts zum Lift, sondern gerade weiter auf Bergstrecke (Kehren, eventuell Schneeketten erforderlich) zum Gasthaus Billensteiner, Parkmöglichkeit.

Auf dem verwechteten Waldweg

Aufstieg Vom Billensteiner auf der Kolmstraße flach Richtung Lilienfelder Hütte (Weg Nr. 622) zu einer Kehre bei einer Lichtung (bis hierher event. Zufahrt möglich). Nun auf der Forststraße links (oder abkürzend im Wald direkt nach W aufwärts), dann im Wald die Sesselllifttrasse kreuzen und zu einer steilen Pistenschneise. Diese hinauf zur Almfläche, 1050 m, und linkshaltend bedeutend flacher Richtung Bergstation. Über den Rücken weiter und bei einem Sender, 1160 m, in den Wald. Auf der Forststraße östlich um den Muckenkogel herum in einen Sattel (zuletzt geringer Höhenverlust, Bergziegen gibt es auch!). Dann flacher Anstieg genau nach S auf meist stark verwehtem Weg (nicht den markierten Wanderweg am Kamm benutzen!). Am Waldrand, 1270 m, scharf links und in Kürze hinauf zur Traisner Hütte. 2 Std.

Variante Alternativer Zugang bei ausreichend Schnee: Beim Krankenhaus Lilienfeld durch das Stille Tal in den Glatzwiesensattel und weiter auf der Piste. Dadurch insgesamt über 900 Aufstiegsmeter!

Abfahrt Wie Aufstieg

Variante Zur Talstation des Sessellifts diverse Pisten: von der Bergstation nach NW zunächst flach zur Lilienfelder Hütte, dort Rechtsknick und via Glatzwiesensattel zur Talstation.

Einkehr unterwegs Traisner Hütte, 1311 m (Nov. - April Mi - So bew.), Lilienfelder Hütte, 956 m (Nov. - April Do - So und Feiertags bew.), Almgasthaus Klosteralm, 1060 m (Mo Ruhetag)

Vor der Traisner Hütte

Tipp Kombination mit einer Hangabfahrt wie am Beginn der Tour 2.10. und Gegenanstieg zurück zum Muckenkogel

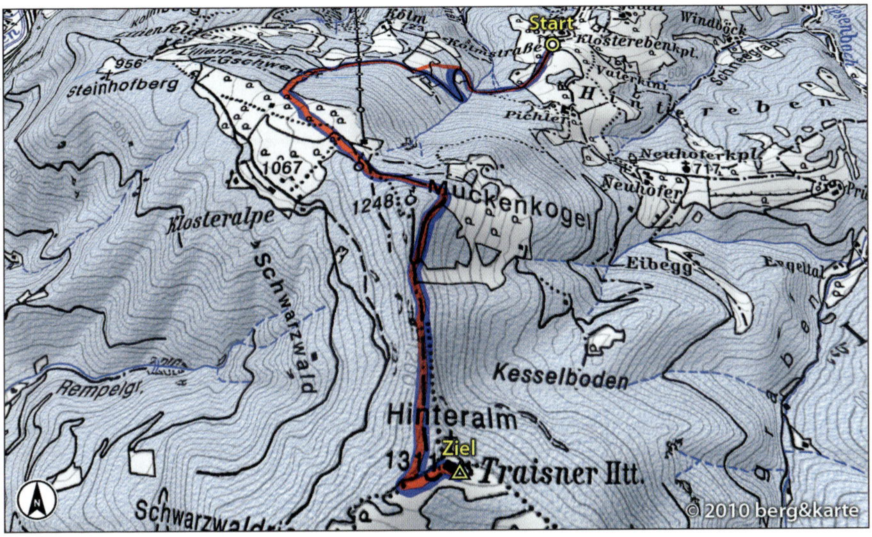

Aufstieg *Abfahrt*

Kartenperspektive

Karten ÖK 50 UTM 4205 (BMN 74)

Après Tour Almgasthaus Billensteiner (Di, Mi Ruhetag) ▪ GH Zum weißen Hahn und Konditoreien in Lilienfeld

Infos www.lilienfeld.at

2.10 Muckenkogel-Ost

Selten begangene Tour durch Wald und über ehemaliges Pistengelände zu einer Panorama-Gipfelhütte

Ausgangspunkt Lilienfeld, GH Billensteiner

Starthöhe	720 m	**Gipfelhöhe**	1311 m	**Exposition**	N-O
Höhenmeter	600 hm	**Aufstiegszeit**	2 h	**Einkehr**	✓
Aufstiegslänge	4.9 km	**Steilheit**	mäßig steil	**Anspruch**	II

Einstimmung Wenig bekannte Variante zu den klassischen pistennahen Aufstiegen auf die Kloster-Hinteralm. Angenehmer dank Windschatten bei der meist vorherrschenden Nordwest-Schlechtwetterlage. Von der Gipfelhütte fantastische Aussicht vom Schneeberg bis zu Ötscher und Hochschwab. Herrlicher freier 200-Höhenmeter-Hang, der natürlich besonders bei Hochwinter-Powder großen Spaß macht und eine zweite Abfahrt wert ist!

Lawinen Im Allgemeinen keine kritischen Bereiche, bei starker Durchfeuchtung können aber die steilen Rasenhänge heikel werden.

Orientierung Bei Beachtung der Beschreibung einfach.

Zufahrt A1 Ausfahrt St. Pölten, B20 nach Lilienfeld. Im Ort bei der Ampel abbiegen zum Lift, am Kloster vorbei, dann nicht rechts zum Lift, sondern gerade weiter auf Bergstrecke (Kehren, eventuell Schneeketten erforderlich) zum Gasthaus Billensteiner, Parkmöglichkeit.

Aufstieg Gleich nach dem Billensteiner links ab ("Pichlersteig"), nach S über eine Wiese zu einer Waldinsel und zum Pichler-Hof. Weiter nach S, bald rechts über die Lichtung hinauf zum Waldrand (Zaun) und im Wald weiter zu einer Forststraße. Auf dieser ansteigend in den Kesselboden und in Kehren zum unteren Rand einer Lichtung östlich unter dem Muckenkogel. Über die Wiesenhänge nach rechts ausholend hinauf zur Forststraße und links in einen Sattel (zuletzt geringer

Aufstieg über den Muckenkogel-Ostrücken

Ostabfahrt vom Muckenkogel: so macht Tiefschneefahren Spaß!

Höhenverlust, Bergziegen gibt es auch!). Dann flacher Anstieg genau nach S auf meist stark verwehtem Weg (nicht den markierten Wanderweg am Kamm benutzen!). Am Waldrand, 1270 m, scharf links und in Kürze hinauf zur Traisner Hütte. 2 Std.

Variante Wie bei Tour 2.9

Abfahrt Zunächst wie Aufstieg. Bald nach dem Sattel mit der kurzen Gegensteigung rechts in den wunderbaren freien Hang einfahren (oder über den Aufstiegshang). Dann auf der Forststraße (oder anfangs auf einem Ziehweg abkürzend) in schöner Fahrt zurück zum Pichler-Hof und weiter zum Billensteiner.

Variante Verlockend bei ganz sicheren Verhältnissen ist die teils baumfreie sehr steile NO-Flanke, die vom SO-Rücken der Kloster-Hinteralm in den Kesselboden abfällt (im Aufstieg gut einsehbar).

Einkehr unterwegs Traisner Hütte, 1311 m (Nov. - April Mi - So bew.)

Tipp Kombination mit Tour 2.9

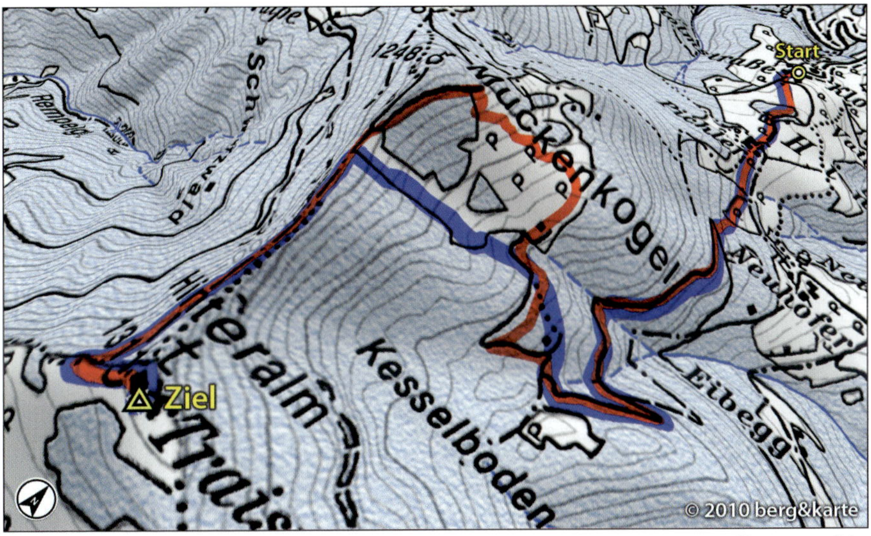

— *Aufstieg* — *Abfahrt* *Kartenperspektive*

Karten ÖK 50 UTM 4205 (BMN 74)

Après Tour Almgasthaus Billensteiner (Di, Mi Ruhetag) ▪ GH Zum weißen Hahn und Konditoreien in Lilienfeld

Infos www.lilienfeld.at

2.11 Unterberg-Nord

Längerer Waldgrabenaufstieg auf einen beliebten Voralpengipfel in Hüttennähe. Rassige steile Grabenabfahrt für gehobene Ansprüche

Ausgangspunkt Hainfeld, Adamstal

Starthöhe	541 m	**Gipfelhöhe**	1342 m	**Exposition**	N-O
Höhenmeter	800 hm	**Aufstiegszeit**	2 ¾ h	**Einkehr**	✓
Aufstiegslänge	5.3 km	**Steilheit**	steil	**Anspruch**	III

Einstimmung Beliebte durchaus sportliche Unternehmung auf einen klassischen voralpinen Skitourengipfel. Schöner längerer waldreicher Aufstieg, dann am Rand des Skigebiets Übergang zum Gipfel und ein naheliegender Abstecher zum Unterberghaus (die Gegensteigung zurück zum Gipfel wird man verkraften!). Die steile Abfahrt durch die so genannte Rutsch ist bei günstigen und sicheren Hochwinterverhältnissen eine wahre Freude und eine skifahrerische Herausforderung, zumal in der engen Waldschneise mit einer unruhigen Buckelpiste zu rechnen ist!

Lawinen Die Rutsch ist wegen ihrer Steilheit kritisch zu beurteilen, auch bei Durchfeuchtung (Schneemäuler!).

Orientierung Im steileren oberen Wallerbachtal etwas verwinkelter Wegverlauf.

Zufahrt A1 bis Altlengbach, B19 über Laaben und die Klammhöhe zur B18 und nach Hainfeld. Bei der Ampel abzweigen nach Ramsau und 10 km bis Adamstal, Parkmöglichkeit (Golfanlage). Alternative Zufahrt A21 bis Alland, über den Hafnerberg nach Altenmarkt und den Gerichtsberg nach Hainfeld oder von W über Traisen nach Hainfeld und weiter wie oben.

Aufstieg im Wallerbachgraben

Aufstieg Auf dem gelb markierten Weg nach SO ins Wallerbachtal (Golfanlage), dann bei Loch 16 weiter im Waldgraben auf einem Forstweg. Bei einer Rechtskehre gerade weiter im Graben und schöner Waldanstieg zu einem Felsriegel. Um diesen herum und zu einer Forststraße, 770 m. Ab nun etwas verwinkelter Wegverlauf (weiterhin gelbe Markierung), zunächst im lichten steilen Wald, dann aus dem Graben nach links auf einen Rücken (Abstecher zum Adamstalblick) und weiter in einigen engen Kehren. Nach einer Steilstufe an den Rand einer Aufforstung (Felsformation). Danach viel gemütlicher im lichten Wald in einer seichten Mulde genau nach S zu einer Forststraße. Diese kreuzen und ansteigend hinaus auf den Hauptrücken, 1040 m, Kontakt mit einer roten Markierung. 1 ¾ Std.

Nach W auf dem runden Rücken (ab hier vereinzelt gelb-orangefarbene Markierung an Bäumen) über die freie Fläche, dann im Wald. Ab 1120 m flacher durch eine verträumte Hochwinterlandschaft, und hinaus ins Unterberger Skigebiet, 1230 m. Am rechten Pistenrand zunächst flach, dann ansteigend (Windschutz) zum höchsten Punkt (Schlepplift-Bergstation) und Übergang zum nahen Gipfelkreuz. 1 Std.

Variante Nach Erreichen des Hauptrückens, 1040 m, besteht die Möglichkeit, in einer flachen Querung (rote Markierung, kreuzt das Skigebiet) direkt zum Unterberghaus zu gelangen. ▪ Vom Unterberghaus auf der Piste oder rechts im Hochwald nach N auf den Gipfel, ½ Std.

Abfahrt Über den Gipfelrücken nach NW zur Bergstation des Schneidlifts. Dort links ab (genau nach NW!) im Wald zu einer Forststraße. Links in Kürze zu einer Kehre (kleiner Hochstand). Weiter abwärts nach NNW über den abflachenden Rücken auf den Lackenboden und dort zweimal Forststraßen kreuzen. Dann rechts in den sich ausbildenden steilen Waldgraben. Im baumfreien Grabengrund zu einer querenden Forststraße, dort kurz links ausweichen und weiter im Graben zu einer Forststraßenkehre, 670 m. Kurz links, dann bei der Gabelung auf dem rechten Ast gemütlich ins Wallerbachtal und zurück zum Start.

Variante Vom Gipfelkreuz genau nach S zunächst auf dem baumfreien runden Bergrücken, dann auf der ehemaligen Piste auf einen Boden (vorne die Kapelle Maria Einsiedl) und links zum Unterberghaus, 1187 m

Einkehr unterwegs Unterberghaus (im Winter ab Dezember durchgehend bewirtschaftet)

Tipp Das Aufstiegsgelände eignet sich nicht als Abfahrt!

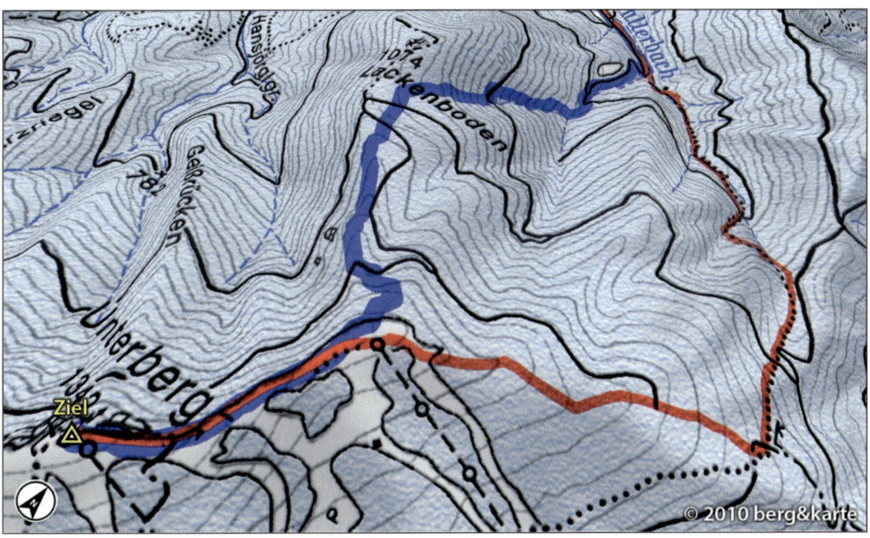

▬ *Aufstieg* ▬ *Abfahrt* *Kartenperspektive (Ausschnitt Wallerbachtal - Unterberg)*

Karten ÖK 50 UTM 4206 (BMN 74 + 75)
Après Tour Gastronomie in Hainfeld
Infos www.hainfeld.at

2.12 Unterberg-Ost

Aussichtsreicher Aufstieg auf einen beliebten Voralpengipfel in Hüttennähe. Schöne genussvolle Naturschnee-Pistenabfahrt

Ausgangspunkt Pernitz, Lamwegtal-Ramsental

Starthöhe	647 m	**Gipfelhöhe**	1342 m	**Exposition**	S-O
Höhenmeter	800 hm	**Aufstiegszeit**	2 ½ h	**Einkehr**	✓
Aufstiegslänge	5.7 km	**Steilheit**	mäßig steil	**Anspruch**	II

Einstimmung Sehr beliebte, aus dem Wiener Becken leicht erreichbare schneesichere Voralpentour mit vielen Varianten und Kombinationsmöglichkeiten. Ideal auch für gemütliche TourengeherInnen. Landschaftlich sehr schöner Aufstieg, wobei der Höhenverlust nach dem Kirchwaldberg nicht ins Gewicht fällt. Vom Gipfel sehr schöne Aussicht und im nahen Unterberghaus gemütliche Einkehr! Prinzipiell auch bei Schlechtwetter lohnende Tour, allerdings ist ab dem Kirchwaldberg der Übergang sehr windexponiert. Im Naturschnee-Skigebiet am Unterberg Optionen für unterschiedliche Ski-plus-Lösungen zwecks Skitechniktraining oder ganz einfach zur Erleichterung des Anstiegs.

Lawinen Bei vernünftiger Spuranlage keinerlei Gefährdung.

Orientierung Im Gipfelbereich bei Nebel etwas unangenehm.

Zufahrt A2 bis Wöllersdorf, B21 durch das Piestingtal nach Pernitz, dort abzweigen zum Unterberg und über Thal ins Lamwegtal zum ersten ausgewiesenen Parkplatz (Nr. 5) bei der Abzweigung ins Ramsental, Pkt. 647 m.

Aufstieg im Ramsental

Aufstieg Auf der Forststraße ins Ramsental. Bei der ersten Rechtskehre, 740 m, je nach Schneelage auf der Forststraße oder abkürzend direkt im Grabengrund weiter (grüne Markierung). Auf 820 m im Waldgraben höher, dann links rausqueren zu einer Forststraße, 900 m (auch bis hierher auf dieser bleibend möglich, Karte beachten wegen Straßenverlauf!). Kurz nach SW und nach einer scharfen Rechtskehre zu einer Wiese. An ihrem linken Rand zum Waldschutzdenkmal und im Wald flacher in den Sattel mit dem Bettelmannkreuz, Pkt. 952 m. Mit roter Markierung links über den Waldrücken ansteigen zum Kirchwaldberg, 1067 m. Der Weg führt rechts um den felsigen Gipfelaufbau herum (danach Abstecher von SW über den freien Rücken auf den Gipfel, feine Aussicht zu Kieneck, Unterberg und Schneeberg). Nun längere sanft geneigte Fellabfahrt mit kurzen Gegenanstiegen über den Rücken (pittoreske Wechtenbildungen), großteils im Wald, dazwischen auch über Lichtungen in einen Sattel, Pkt. 969 m (direkt vorher an einer kleinen Felsbildung links vorbei). Dann ansteigend weiter über den Rücken nach W, bald an einer Forststraße vorbei zur Einmündung des Anstiegs von N aus dem Wallerbachgraben (siehe Tour 2.11), 1040 m. 1 ½ Std.

Weiter nach W auf dem runden Rücken (ab hier vereinzelt gelb-orangefarbene Markierung an Bäumen) über die freie Fläche, dann im Wald. Ab 1120 m flacher durch eine verträumte Hochwinterlandschaft und hinaus ins Unterberger Skigebiet, 1230 m. Am rechten Pistenrand zunächst flach, dann ansteigend (Windschutz) zum höchsten Punkt (Schlepplift-Bergstation) und Übergang zum nahen Gipfelkreuz. 1 Std.

Variante Aufstieg vom Großparkplatz: zunächst ins Trattal (Achtung Shuttlebus), dann auf 900 m rechts auf den Karrenweg direkt in den Sattel, Pkt. 969 m, und weiter wie oben (erspart Höhenverlust nach dem Kirchwaldberg). Oder talein ins Lamwegtal (Gegenverkehr durch Skifahrer) und nach der Myralucke rechts ansteigend (rote Markierung) zur Talstation des Karnerbodenlifts und weiter zum Unterberg.

Abfahrt Vom Gipfelkreuz genau nach S zunächst auf dem baumfreien runden Bergrücken, dann auf der ehemaligen Piste auf einen Boden (vorne die Kapelle Maria Einsiedl) und links zum Unterberghaus, 1187 m. Weiter nach S auf der mäßig geneigten Piste zur Talstation des Karnerbodenlifts. Nun in einen schönen engeren Waldgraben, dort eine Forststraße kreuzen, dann eine romantische Passage durch die felsumrahmte Heurissklamm mit einer kurzen Steilstufe (Vorsicht bei geringer Schneelage auf Steine). Weiter talaus in flotter Fahrt. Bei einer Gabelung in den linken Ast, vorbei an der unscheinbaren Myralucke und die letzten Meter zum Großparkplatz. Zu Fuß auf der Straße 1 km zurück zum Ausgangspunkt.

Variante Sportlicher vom Gipfel auf der "FIS-Piste Michaela Dorfmeister" zum Bergrestaurant Herzog, auf der Karnerschlag-Piste in den Karnerboden und weiter wie oben.

Einkehr unterwegs Unterberghaus (im Winter ab Dezember durchgehend bewirtschaftet)

Tipp Kieneck, 1106 m, Enzianhütte: Vom Bettelmannkreuz kurz nach N einige Meter hinab zu einer Forststraße, auf dieser rechts und am Waldhang um einen unbenannten Gipfel, 1065 m, in den Sattel, 980 m. Anstieg nach N, dann nach NO über den Rücken durch lichten Wald und über idyllische Wiesen zum Gipfel mit der Enzianhütte (im Winter an Wochenenden bewirtschaftet). Auf gleicher Strecke retour und vom Bettelmannkreuz weiter wie oben auf den Unterberg (dann ausgefüllte Tagestour). Oder Abfahrt durch das Ramsental zurück zum Ausgangspunkt, also auch als eigenständige einfache Kurztour möglich! Dann aber lohnender mit Aufstieg auf die unbenannte Kuppe, 1065 m, und sehr schöne Powderabfahrt ins Ramsental.

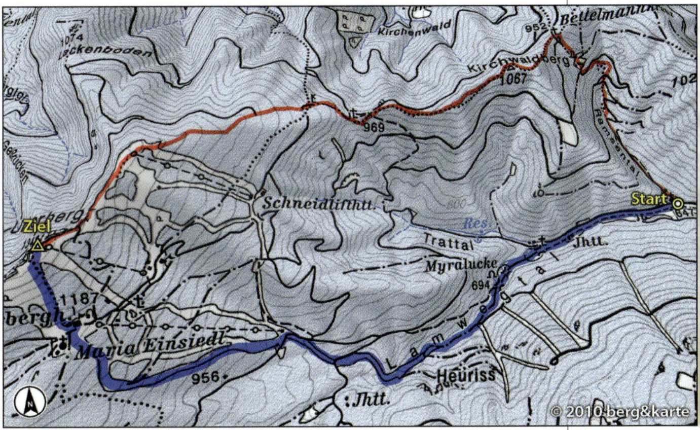

Aufstieg *Abfahrt* *Kartenperspektive*

Karten ÖK 50 UTM 4206 (BMN 74 + 75)
Après Tour GH Karnerwirt und GH Zur Myra in Muggendorf-Thal ▪ Gastronomie in Pernitz
Infos www.pernitz.at

2.13 Jochart

Kürzere idyllische Waldtour auf einen stillen Aussichtsberg mit einer gemütlichen Einkehr direkt am Ausgangspunkt

Ausgangspunkt Schwarzau im Gebirge, Rohr im Gebirge

Starthöhe	675 m	**Gipfelhöhe**	1266 m	**Exposition**	Süd
Höhenmeter	600 hm	**Aufstiegszeit**	2 h	**Einkehr**	nein
Aufstiegslänge	3.8 km	**Steilheit**	mäßig steil	**Anspruch**	I

Einstimmung Reizvolle sonnseitige Kurztour auf einen einsamen Voralpenberg mit sehr schönem Gipfelpanorama. Ideal natürlich bei tief winterlichen Verhältnissen, primär für das Plaisirpublikum, das eine einfache Tour mit einer gemütlichen Einkehr direkt am Ausgangspunkt verbinden will. Sportliche TourengeherInnen können die Variante in die Öd oder eine zweite Tour in der Nachbarschaft miteinbeziehen.

Lawinen Die Querung der steilen Waldhänge nach dem Sattel, 770 m, kann bei ungünstigen Verhältnissen heikel sein. Ansonsten bei vernünftiger Spuranlage keine Gefährdung.

Orientierung Einfach.

Zufahrt A1 bis Altlengbach, B19 über Laaben und die Klammhöhe zur B18 und durch Hainfeld. Dann bei erster Gelegenheit links abzweigen Richtung Kleinzell, über eine Anhöhe zur B27 und über Kleinzell zur Kalten Kuchl. Jenseits des Sattels in Kürze zu einer Abzweigung zur B21 und nach Rohr im Gebirge, Parken z.B. beim Hotel Kaiser Franz Josef. Alternative Zufahrt A2 bis Wöllersdorf, B21 über Gutenstein und den Rohrer Sattel, oder von S B27 aus dem Höllental jeweils nach Rohr im Gebirge.

Blick vom Gipfel nach W zum Ötscher

Aufstieg Vom Hotel nach W in Kürze runter zur Straße, jenseits rauf zu einem Bauernhof und auf der Zufahrt (oder daneben auf der Wiese) nach NW zum Schacherbauer. Weiter auf der Straße (rote Markierung) zum Wald, und nach einer Doppelkehre eine Gabelung in einem Sattel, 770 m (Kreuz). Nun nach NW ansteigende Querung (unterwegs eine Felsformation) zu einer Lichtung, 900 m. Nach N in Spitzkehren im Hochwald aufwärts, dann über den Rücken raus auf eine Wiese. Über eine Anhöhe nach N und mit geringem Höhenverlust in einen Sattel, 1125 m. Weiter über die Wiese aufwärts, dann an ihrem Ende etwas links halten und zum Gipfelkreuz (oft bizarre Verwechtungen). 2 Std.

Abfahrt Zunächst wie beim Aufstieg zurück in den Wiesensattel, 1125 m, und auf die folgende Anhöhe. Jenseits im Wald direkt nach S durch eine Schneise zu einer Forststraße. Auf ihr kurz flach links, dann schräg rechts hinab auf eine ebene Lichtung mit Jagdhaus, Pkt. 887 m. Nach O schieben, dann rechts haltend auf einer Forststraße in einem Rechtsbogen oberhalb eines Grabens zurück zum Sattel, 770 m, oder bei ausreichend Schnee schon vorher steil links ab in den Wald, im Grabengrund zum Schacherbauer und zurück zum Ausgangspunkt.

Direktabfahrt nach S von der Anhöhe beim Sattel, 1125 m

Variante Aus dem Wiesensattel, 1125 m, nach O über freie Flächen, dann im Hochwald und auf der Forststraße in die Öd, talaus zum Klausbach und zurück nach Rohr im Gebirge. Auch als eigene Tour mit Start bei der Abzweigung in die Öd lohnend.

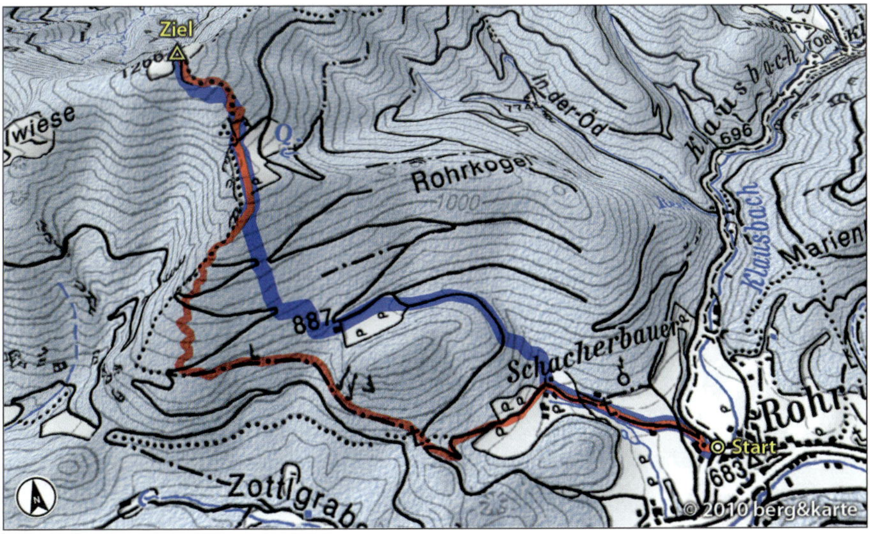

Aufstieg *Abfahrt* *Kartenperspektive*

Karten ÖK 50 UTM 4206 (BMN 74)
Après Tour Hotel Kaiser Franz Josef und Forellenhof Schiefer in Rohr im Gebirge
Infos www.rohr-gebirge.at

2.14 Handlesberg

Wenig bekannte, dafür sehr abwechslunsgreiche Tour mit schöner Gipfelschau

Ausgangspunkt Schwarzau im Gebirge, Vois

Starthöhe	635 m	**Gipfelhöhe**	1370 m	**Exposition**	S-O
Höhenmeter	735 hm	**Aufstiegszeit**	2 h	**Einkehr**	nein
Aufstiegslänge	4.2 km	**Steilheit**	mäßig steil	**Anspruch**	I

Einstimmung Einsame, sehr lohnende sonnseitige Hochwintertour mit lieblichem Voralpencharakter. Landschaftlich viele gute Momente auf Wiesen und im Hochwald, sehr schöner Schneeberg-Blick und ein wildromantischer Grabenabschnitt. Skifahrerisch viele interessante Passagen und kaum Leerläufe. Es kann nur an der verhältnismäßigen Abgelegenheit der Vois liegen, dass der Bekanntheitsgrad und die Besucherfrequenz nicht höher sind!

Lawinen Auf der Standardstrecke unbedenklich. Vorsicht ist geboten bei der Einfahrt von der Freudentaler Mauer in die Mulde.

Orientierung Einfach.

Zufahrt Von S A2, dann S6 bis Ausfahrt Gloggnitz. B27 über Reichenau an der Rax durch das Höllental bis zum ehem. GH Singerin. Kurz darauf rechts abzweigen Richtung Gutenstein und in die Vois. Parken an der Landstraße beim Höchbauer. Oder von W A2 Ausfahrt Wöllersdorf, B21 durch das Piestingtal nach Gutenstein und über das Klostertaler Gscheid in die Vois.

Aufstieg Auf der Zufahrt nach N (oder auf der Wiese daneben) zu einer nahen Gabelung vor einem Haus. Links in den Graben und in Kürze auf einer Wiese schräg aufwärts zum ehemaligen

Blick vom Handlesberg zum Ötscher

Schacherbauer-Hof. An diesem links vorbei zum Waldrand und auf einem Karrenweg in den Wald und zu einem Graben. Durch diesen (Mastenschneise) genau nach W aufwärts, unterwegs über eine längliche Lichtung, und in einen Sattel, Pkt. 965 m, Andacht, Zufahrt zum Hansl im Berg. 1 Std.

Genau nach N über die Wiese (Aussicht!) und bald ganz flach zum Wald. Auf einem Weg zu einer Gabelung, dort gerade weiter und leicht links zu einem Graben. Nach N auf der Forststraße durch das Steinritzel (überraschend reizvoller felsiger Einschnitt), dann in Kehren zu einer Lichtung, 1150 m. Links höher, weiter auf dem Karrenweg in Kehren zur nächsten Lichtung und nach O auf ein Plateau, 1300 m. Nun nach N im lichten Wald zum Gipfelkreuz (Vorsicht Abbrüche nach N). 1 Std.

Abfahrt Allgemein wie Aufstieg. Im Gipfelbereich sind Varianten vom Plateau, 1300 m, nach W möglich. Nach dem Steinritzel nicht gerade weiter (Wildfütterung), sondern wie beim Aufstieg links halten.

Variante Übergang vom Gipfel zum westlichen Nachbarberg, 1340 m (Freudentaler Mauer) und Abfahrt nach SO durch eine schöne Mulde zurück zur Aufstiegsspur bei der Lichtung, 1150 m.

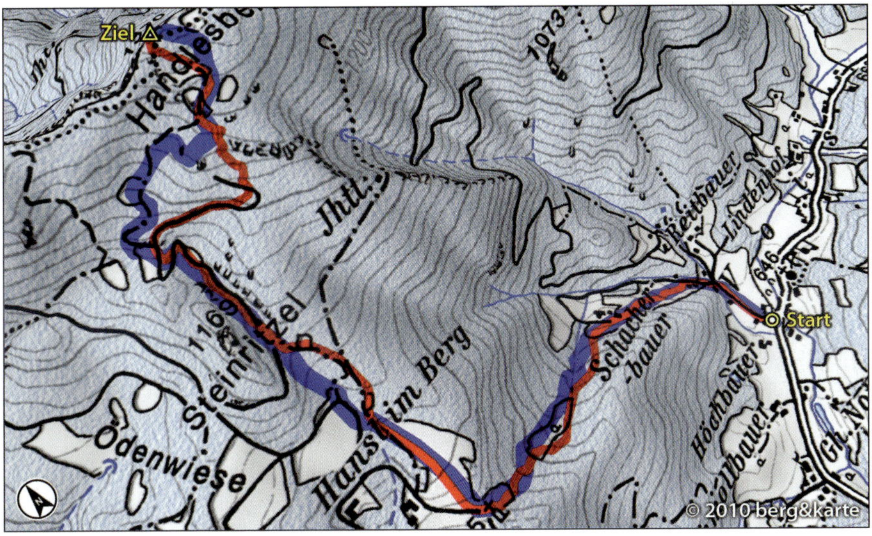

Aufstieg ▬ Abfahrt

Kartenperspektive

Karten ÖK 50 UTM 4206 (BMN 74)
Après Tour Gastronomie in Schwarzau im Gebirge und Gutenstein
Infos www.schwarzauimgebirge.at

2.15 Plackles

Kaum bekannte Skitour in mäßig steilem Gelände mit herrlicher Powder-Waldabfahrt

Ausgangspunkt Hohe Wand, Scheuchenstein

Starthöhe	600 m	**Gipfelhöhe**	1132 m	**Exposition**	Nord
Höhenmeter	750 hm	**Aufstiegszeit**	2 h	**Einkehr**	nein
Aufstiegslänge	4.4 km	**Steilheit**	mäßig steil	**Anspruch**	I

Einstimmung Wer die Hohe Wand von S oder O betrachtet wird sich fragen, wie man in so einem Gelände überhaupt eine vernünftige Skitour anlegen kann. Für die Einen ist die Hohe Wand ein Kletterparadies, für die Anderen eine faszinierende Hochfläche, die primär zum Wandern und Langlaufen einlädt. Und doch gibt es sie, die Skitour auf den höchsten Punkt der Hohen Wand, den Plackles! Sie ist eine kaum bekannte Tour im mäßig steilen Waldgelände mit einem rassigen Abstecher in den Aschergraben. Freunde des Naturslaloms kommen hier voll auf ihre Kosten. Man fährt zwar im Wald, kann jedoch genüsslich Schwingen, da sich immer wieder einladende Schneisen anbieten und die Bäume nicht zu eng stehen. Skitechnisch mäßig schwierige Abfahrt - sicheres Fahren im Wald vorausgesetzt - über schöne nicht zu steile Hänge mit nur geringer Lawinengefahr.

Lawinen Praktisch auf der gesamten Tour geländebedingt nur geringe Gefährdung.

Orientierung Einfach, jedoch im Wald besonders auf die geländespezifischen Orientierungsmerkmale achten.

Zufahrt Von N A2 bis Wöllersdorf, B21 vorbei am Markt Piesting und Waldegg bis Reichental. Dort nach links über die Bahn ins Miesenbachtal Richtung Puchberg. Nach ca. 4.5 km in Miesenbach links ab Richtung Scheuchenstein (Abzweigung nicht übersehen!). Über Serpentinen hinauf in den Ort und weiter Richtung Hausberg. Nach den letzten Häusern (200 m) in der Kurve begrenzte Parkmöglichkeit. Von S S6 bis Gloggnitz oder Neunkirchen und B26 über Ternitz nach Puchberg am Schneeberg. Durch den Ort und in Pfennigbach (Gipswerk) Richtung Pernitz und über den Ascher nach Miesenbach. Dort rechts Richtung Scheuchenstein und weiter wie oben.

Am Übergang zwischen Wandwiese und Plackles mit Schneebergblick

Aufstieg Vom Parkplatz kurz die Ski zur Forststraße tragen und dieser gemütlich folgen. Abkürzer durch den Graben sind je nach Schneelage möglich. Auf 780 m auf der Forststraße scharf links und flach nach O, dann nach einer Kurve nach S weiter. Rechts wird eine Jagdhütte sichtbar und danach geht der Weg in einem deutlich ausgeprägten Graben weiter. Zwei Forststraßen werden gekreuzt, und schließlich wird der Waldhang hinauf zur Wandwiese erkennbar. In lang angesetzten Kehren wird die nordöstliche Zaunecke der Wandwiese erreicht, Pkt. 1111 m. Sanft bergab nach SO, und auf der alten Piste auf den Plackles. 2 Std.

Abfahrt Vom Gipfel auf der alten Piste abfahren und nach der Lichtung rechts in den Aschergraben (zweite Rinne) einfahren. Achtung - nicht zu früh einbiegen, da sich der Wald im unteren Teil verdichtet. In der ausgeprägten, etwas steileren Rinne, zwei Forststraßen kreuzend, bis zur Forststraße, 900 m im Aschergraben. Bei Pulverschnee ein Genuss! Wiederaufstieg etwas rechts der Rinne und zuletzt nach W Richtung Wandwiese-Zaunecke queren. Abfellen und nach N eine entsprechende Waldschneise auswählen und genießen. Vorbei an der Jagdhütte zur Forststraße. Entweder weiter im Graben oder der Aufstiegspur entlang zurück zum Ausgangspunkt.

Elegantes Schwingen im Aschergraben

— *Aufstieg* — *Abfahrt*

Kartenperspektive

Karten	ÖK 50 UTM 4206, 5201 (BMN 75)
Après Tour	Gastronomie in Scheuchenstein und Miesenbach
Infos	www.miesenbach.at

3 Türnitzer Alpen

Hochwintergefühle und Tiefschneegarantie

Westlich der Gutensteiner Alpen setzt sich der voralpine Landschaftscharakter mit Wäldern und Wiesen in den Türnitzer Alpen fort. Diese umfassen das Gebiet zwischen St. Pölten und Mariazell und zwischen Lilienfeld und Scheibbs. Die Gipfel reichen bis 1400 m (Großer Sulzberg), die maximalen Höhenunterschiede liegen bei 900 hm. Die Mariazeller Bundesstraße über den Annaberg unterteilt die Region in eine nördliche und südliche Hälfte. Dies- und jenseits befinden sich auch die wichtigsten Skitourenziele. Einige wie Tirolerkogel und Eisenstein sind dank der bewirtschafteten Hütten wahre Publikumsmagneten, andere einsamer und haben daher das Zeug zum Geheimtipp. Der Schneereichtum ist durch die günstige Lage an der Alpennordseite beachtlich und erlaubt im Hochwinter eine Vielzahl landschaftlich und skitechnisch wirklich lohnender Touren und unterschiedliche Varianten. Von den zumindest teilweise baumfreien Gipfelbereichen reicht die Sicht vom Schneeberg bis zum Hochschwab, an klaren Tagen sogar bis zum Toten Gebirge. Man befindet sich schon in Tuchfühlung mit den höheren Gipfeln der Nördlichen Kalkalpen!

Obwohl man sich meist "auf der sicheren Seite" bewegt, sollte die Beachtung der Lawinengefahr selbstverständlich sein. Der NÖ-Lawinenwarndienst wurde vor wenigen Jahren nach einem tödlichen Unfall östlich des Tirolerkogels eingerichtet!

Im Übergang vom Tirolerkogel zur Kalten Kuchl

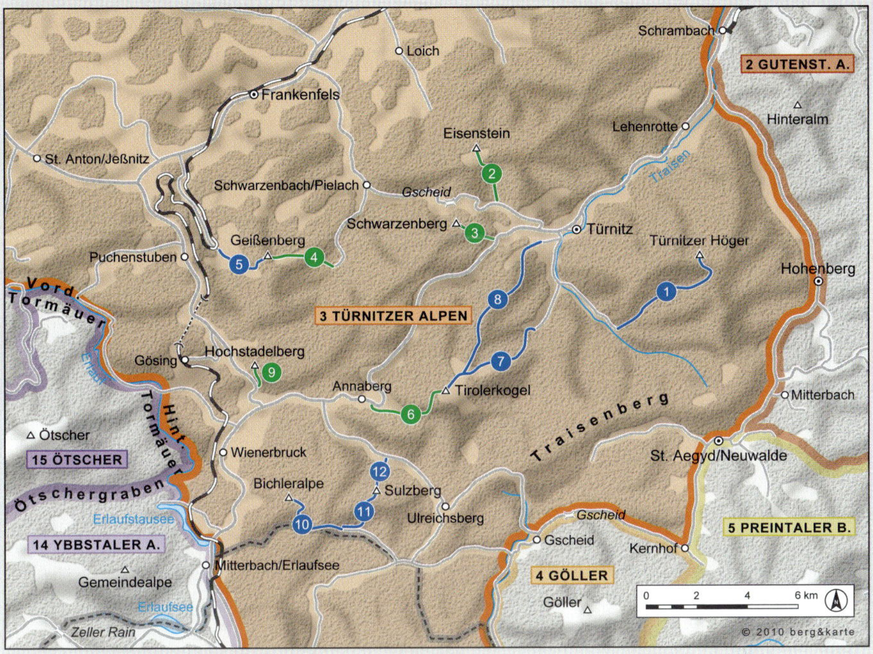

Anspruch: *leicht* *mittel* *schwierig* *sehr schwierig*

Regionskarte Türnitzer Alpen

Nr	Skitour	Gipfelhöhe	Höhenmeter	Aufstiegszeit	Exposition	Anspruch	Seite
1	Türnitzer Höger	1372 m	850 hm	3 h	S-W	II	80
2	Eisenstein	1185 m	600 hm	2 h	S	I	82
3	Schwarzenberg	1096 m	600 hm	1 ¾ h	S-O	I	84
4	Geißenberg-Ost	1177 m	605 hm	1 ¾ h	O	I	86
5	Geißenberg-West	1177 m	580 hm	2 h	W	II	88
6	Tirolerkogel-Annaberg	1380 m	420 hm	1 ½ h	S-W	I	90
7	Tirolerkogel-Kalte Kuchel	1380 m	870 hm	2 ¾ h	N-O	II	92
8	Tirolerkogel-Eibl	1380 m	1030 hm	4 h	N-O	II	94
9	Hochstadelberg	1285 m	330 hm	1 ¼ h	S	I	96
10	Bichleralpe	1378 m	500 hm	1 ¾ h	S	II	98
11	Sulzberg-Süd	1400 m	525 hm	1 ¾ h	S	II	100
12	Sulzberg-Nord	1400 m	480 hm	1 ½ h	N	II	102

3.1 Türnitzer Höger

Wenig bekannte, längere Grabentour mit hohem Forststraßenanteil und fantastischem Panoramafinale

Ausgangspunkt Türnitz, Traisenbachrotte

Starthöhe	525 m	**Gipfelhöhe**	1372 m	**Exposition**	S-W
Höhenmeter	850 hm	**Aufstiegszeit**	3 h	**Einkehr**	nein
Aufstiegslänge	6.7 km	**Steilheit**	mäßig steil	**Anspruch**	II

Einstimmung Der Türnitzer Höger ist einer der besten Aussichtsberge der NÖ Voralpen, als Winterziel wird er aber sehr vernachlässigt. Die Erklärung dafür ist einfach: ein langer Grabenhatscher, oben die schon erwähnte tolle Aussicht, dann ein nettes Gipfelhangerl und schon geht's wieder im Geradeausschuss talaus. Also nicht gerade das Idealbild einer Genusstour, aber als Ausdauer-Trainingsprogramm mit Panorama-Bonus hat die Tour durchaus ihren besonderen Reiz!

Lawinen Keine kritischen Bereiche.

Orientierung Bei Beachtung der Beschreibung einfach.

Zufahrt A1 Ausfahrt St. Pölten, B20 über Lilienfeld nach Türnitz. Dort links abzweigen Richtung ehemalige Eibl-Lifte, dann nach S in den Traisengraben. Nach guten 2 km (Pkt. 483 m) links über eine Brücke und im Traisengraben weitere 3 km bis zum Ebner-Hof (km 5,9). Begrenzte Parkmöglichkeit.

Aufstieg Der roten Markierung (Weg Nr. 34) folgend auf dem Fahrweg (meist geräumt, aber nicht gestreut) in das Tal des Högerbaches, zunächst am Ebner vorbei, dann nach einer engeren Passage zum Högerhof (Jagdhaus). Bald darauf bei einer Gabelung, Pkt. 549 m, links, im Talgrund gemütlich weiter (Fütterungen) und durch einen klammähnlichen Abschnitt. Auf 700 m schwenkt der Graben deutlich nach rechts ein und ab einer Lichtung geht's endlich richtig aufwärts! Bald die letzte Fütterung und damit das Ende der geräumten Strecke, 750 m. Auf der Forststraße weiter, dann auf 880 m auf einem engen Ziehweg direkt im Graben abkürzen. Danach nicht mehr der Markierung folgen, sondern im Graben bleiben und schließlich nach O raus auf eine Lichtung (Ötscherblick) und in einen weiten Sattel, 1044 m. 2 Std.

Im oberen Bereich der Gipfelwiese

Blick von der Türnitzer Hütte zum Schneeberg

Nach N wieder mit roter Markierung Richtung Türnitzer Höger in einem weiten Linksbogen über den zunehmend aussichtsreichen Rücken zur Gipfelwiese (vorher ein kurzer steilerer Abschnitt) und zur Türnitzer Hütte (kleiner offener Winterraum). 1 Std.

Abfahrt Von der Türnitzer Hütte genau nach S über die Gipfelwiese, dann durch eine schmale Schneise und links zu einer Forststraße. Auf dieser schräg links durch einen Waldabschnitt zurück zum Sattel, Pkt. 1044 m. Weitere Abfahrt wie Aufstieg: Achtung auf dem schmalen Ziehweg (kann auf der Forststraße umfahren werden). Dann in anfangs schneller Fahrt auf der geräumten Forststraße (Achtung auf möglichen Gegenverkehr wegen der Fütterungen) ins flache Tal und zurück zum Start.

Tipp Alternativ ist auch ein Zustieg von O von Hohenberg durch das Steinparztal (Ende der Fahrmöglichkeit je nach Schneelage) zur Gschwendthütte, 1072 m (im Winter an Wochenenden und Feiertagen bew.), möglich. Von dort etwas langwierig über den Stadelberg, 1226 m (Gegenanstieg beim Rückweg!) in den Sattel, Pkt. 1044 m, und weiter auf den Türnitzer Höger.

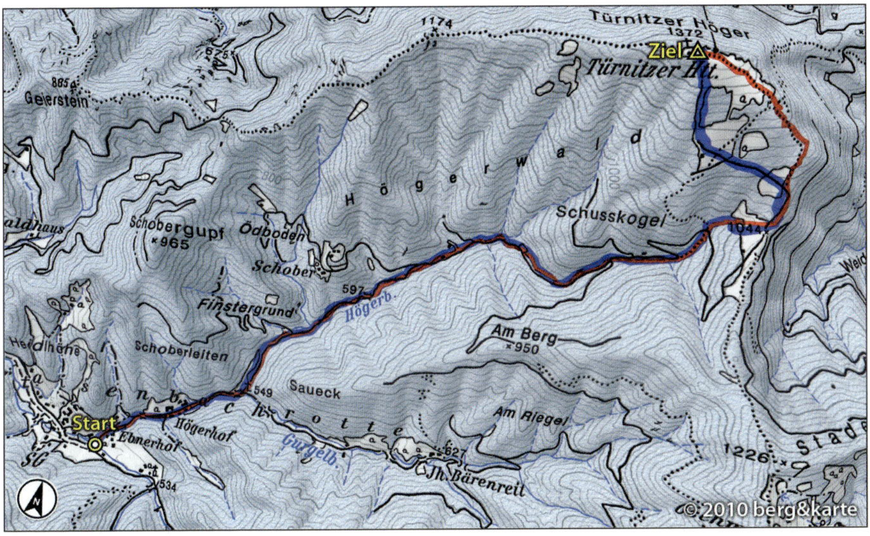

Aufstieg *Abfahrt* *Kartenperspektive*

Karten	ÖK 50 UTM 4205 (BMN 73)
Après Tour	Hotel Goldener Löwe in Türnitz
Infos	www.tuernitz.at/gemeinde

3.2 Eisenstein

Beliebte sonnseitige Hochwinter-Wald- und Wiesentour mit uriger Gipfelhütte und feiner Aussicht

Ausgangspunkt Türnitz, Mühlhofgraben

Starthöhe	595 m	**Gipfelhöhe**	1185 m	**Exposition**	Süd
Höhenmeter	600 hm	**Aufstiegszeit**	2 h	**Einkehr**	✓
Aufstiegslänge	3.5 km	**Steilheit**	mäßig steil	**Anspruch**	I

Einstimmung Das Musterbeispiel für eine einfache, wunderschöne Genusstour, genau richtig für EinsteigerInnen: kurz und trotzdem abwechslungsreich, sonnseitig und zunehmend aussichtsreich, mit gemütlicher Gipfelhütte zum Einkehren. Der Eisenstein bietet all das und daher ist dieser leicht erreichbare Voralpenberg an schönen Hochwinter-Wochenendtagen bei Pulverschneelage eine sehr gute Wahl!

Lawinen Bei vernünftiger Spurwahl keine kritischen Bereiche.

Orientierung Bei dichtem Nebel auf der Gipfelwiese ist das punktgenaue Finden der Hütte gar nicht so einfach!

Zufahrt A1 Ausfahrt St. Pölten, B20 über Lilienfeld nach Türnitz. Westlich vom Ort rechts abzweigen nach Schwarzenbach und nach kurzer Auffahrt zum Knedelhof, Pkt. 595 m, bei der Abzweigung in den Mühlhofgraben. Parkmöglichkeit. Zufahrt zum Ortbauer gestattet, dort wegen Parken fragen!

Aufstieg Vom Knedelhof im Talboden links neben dem Bach talein in den Mühlhofgraben über Lichtungen und durch ein kurzes Waldstück, dann an einem Bauernhof vorbei zum Ortbauer.

Erste Schwünge von der Julius-Seitner-Hütte. Ganz links der Türnitzer Höger, dann der Schneeberg und ganz rechts der Gippel

Dort beim Wegweiser links über die Wiese aufwärts und nicht versäumen, bald rechts abzubiegen. Im Wald auf dem Weg zu einer Forststraße. Diese kreuzen und auf einer langgestreckten Lichtung nach N wieder zur Forststraße. Auf dieser ansteigende Waldhangquerung. Dann auf 880 m mit der roten Markierung rechts auf einen Waldweg abzweigen, bald durch einen deutlicher ansteigenden Graben auf die sonnige Gipfelwiese und allgemein nach N hinauf zur Julius-Seitner-Hütte auf dem Gipfel. 2 Std.

Variante Bei ungünstiger Schneelage vom Ortbauer durchgehend auf der Forststraße bis zur Abzweigung auf 880 m und weiter wie oben.

Abfahrt Abfahrt wie Aufstieg. Bei guter Schneelage nach der langgestreckten Lichtung weiter direkt nach S durch ein dichteres Waldstück, dann auf der Wiese zum Ortbauer.

Einkehr unterwegs Julius-Seitner-Hütte auf dem Eisenstein, 1185 m (Sa, So und feiertags bewirtschaftet)

Tipp Eine Kombination mit Tour 3.3 ergibt einen ausgefüllten Tourentag!

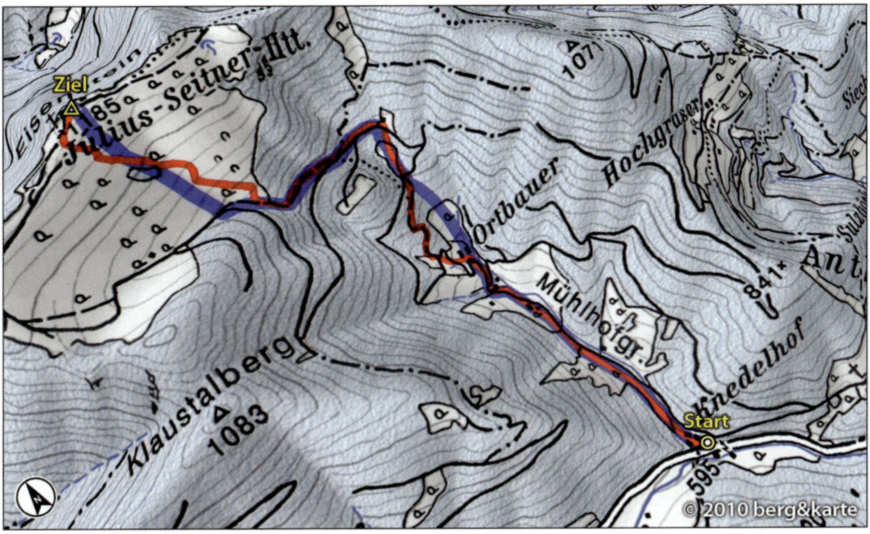

Aufstieg *Abfahrt* *Kartenperspektive*

Karten ÖK 50 UTM 4205 (BMN 73)
Après Tour Hotel Goldener Löwe in Türnitz
Infos www.tuernitz.at/gemeinde

3.3 Schwarzenberg

Hochwinter-Klassiker mit einer schönen Abfolge zunehmend aussichtsreicher Wiesen

Ausgangspunkt Türnitz, Steinbachrotte

Starthöhe	510 m	**Gipfelhöhe**	1096 m	**Exposition**	S-O
Höhenmeter	600 hm	**Aufstiegszeit**	1 ¾ h	**Einkehr**	nein
Aufstiegslänge	2.2 km	**Steilheit**	mäßig steil	**Anspruch**	I

Einstimmung Beliebte Insider-Powdertour auf einen nicht gerade hohen, aber sehr dankbaren Voralpen-Skigipfel. Recht direkter, naturbelassener Aufstieg über Wiesen und durch lichte Wälder und eine mittelsteile Abfahrt, die auch sportlichere AbfahrerInnen erfreuen wird. Auf dem baumfreien Gipfel eine umfassende Aussicht und der optische Lockruf vieler weiterer Skitourenziele!

Lawinen Bei vernünftiger Spurwahl keine kritischen Bereiche.

Orientierung Einfach.

Zufahrt A1 Ausfahrt St. Pölten, B20 über Lilienfeld nach Türnitz. Weiter Richtung Annaberg und 2 km nach der Abzweigung nach Schwarzenbach im enger werdenden Graben eine Rechtskurve mit Parkmöglichkeit auf einem Holzlagerplatz (nicht immer geräumt).

Auf der Torstallwiese, im Hintergrund Türnitz und der Türnitzer Höger

Aufstieg Vom Holzlagerplatz über die Straße und jenseits einige Schritte nach links. Rechts auf einem Fahrweg zunächst steil aufwärts (rechts steile Böschung, Vorsicht bei der Abfahrt!), dann in einem Tälchen vorbei an Felsen und zur ersten länglichen Wiese (Wildfütterung, Ruine). Oberhalb der Wiese im lichten Wald zu einer Forststraße. Diese kreuzen und weiter durch den stumpfen Graben auf die Torstallwiese (Schneebergblick). An Heustadeln vorbei zu einer Terrasse, die Forststraße kreuzen und an einer Baumreihe entlang (Zaun) zum Wald. In diesem (Übergang von Buchen- zu Fichtenbestand) eine Forststraße kreuzen und nach einem dichteren Waldabschnitt auf die idyllische Gipfelwiese und zum bereits sichtbaren Kreuz. 1 ¾ Std.

Gipfelkreuz und dahinter der Ötscher

Abfahrt Wie Aufstieg. Achtung bei der Böschung direkt oberhalb der Bundesstraße: kontrolliert in die Rechtskurve einfahren, lebensgefährlicher Abbruch!

Tipp Eine Kombination mit Tour 3.2 ergibt einen ausgefüllten Tourentag!

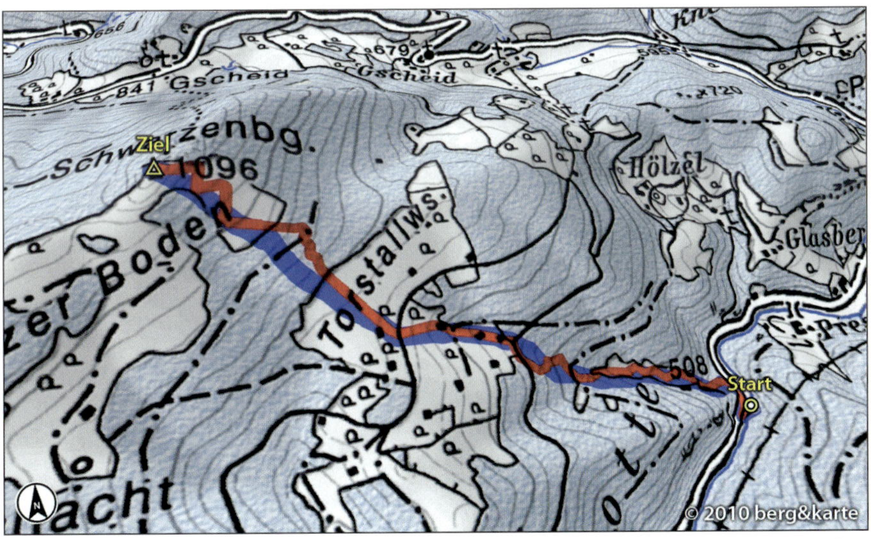

Aufstieg *Abfahrt* *Kartenperspektive*

Karten	ÖK 50 UTM 4205 (BMN 73)
Après Tour	Hotel Goldener Löwe in Türnitz
Infos	www.tuernitz.at/gemeinde

3.4 Geißenberg-Ost

Beschauliche Hochwinter-Wiesentour durch eine parkähnliche Kulturlandschaft und ein fantastischer Ötscherblick

Ausgangspunkt Pielachtal, Schwarzenbachgegend

Starthöhe	575 m	**Gipfelhöhe**	1177 m	**Exposition**	Ost
Höhenmeter	605 hm	**Aufstiegszeit**	1 ¾ h	**Einkehr**	nein
Aufstiegslänge	3.3 km	**Steilheit**	mäßig steil	**Anspruch**	I

Einstimmung Eine etwas abgelegene Hochwinter-Wald- und Wiesentour der Extraklasse durch eine parkähnliche Kulturlandschaft. Besonders eindrucksvoll bei tiefwinterlichen Verhältnissen und guter Weitsicht bis zu Ötscher und Co. Wer mit der einen Tour nicht ausgelastet ist, kann entweder die Südabfahrt anhängen oder gleich nach W abfahren (Tour 3.5) und dadurch dem Tourentag eine noch sportlichere Note verleihen.

Lawinen Bei vernünftiger Spurwahl keine kritischen Bereiche.

Orientierung Das stark gegliederte Wiesengelände kann bei Nebel unübersichtlich werden, Himmelsrichtung beachten!

Zufahrt A1 Ausfahrt St. Pölten, kurz B20 Richtung Traisen, dann bei der Ampel rechts auf die B39 ins Pielachtal. 9 km nach Kirchberg an der Pielach abzweigen nach Schwarzenbach an der Pielach. Dort rechts (Haslaurotte), bei der nächsten Gabelung rechts und im hintersten Pielachtal bis zum Kowald-Hof, Parkmöglichkeit.

Blick vom Gipfelrücken zum Ötscher

Aufstieg Durch den Kowald-Hof durch und auf einem geräumten Weg nach NW zu einer nahen Rechtskehre. Dort gerade weiter im Tälchen über die Wiese, im oberen Bereich links halten und im Wald nach WNW links eines Grabens zu einer Forststraße. Diese kreuzen und weiter zum verlassenen Geißenberg-Hof, 868 m. Nun durch die verträumte Wiesenwinterlandschaft nach W sanft ansteigen, dann über einige Geländewellen geduldig höher zum Gipfelbereich (Ötscherblick!). Der höchste, kaum ausgeprägte Punkt befindet sich rechts im Wald bei einer kleinen Jagdhütte (Gipfelbuch). 1 ¾ Std.

Aufstieg über den gewellten Bergrücken

Abfahrt Wie Aufstieg.

Variante Lohnende Zugabe: im Bereich der Schneeries Südabfahrt über Wiesen, dann durch ein Wäldchen (Wegschneise) zu einer Jagdhütte, 908 m. Gegenanstieg nach NW neben einem Graben zurück zur Hauptabfahrt.

Tipp Eine Kombination mit Tour 3.5 ergibt einen ausgefüllten Tourentag!

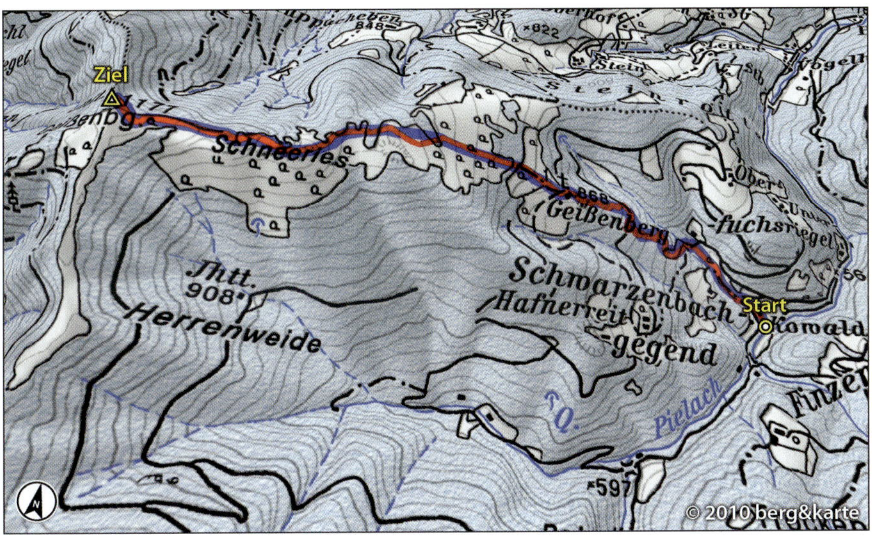

Aufstieg *Abfahrt*

Kartenperspektive

Karten	ÖK 50 UTM 4204 + 4205 (BMN 72 + 73)
Après Tour	Gastronomie im Pielachtal
Infos	www.dirndltal.at

3.5 Geißenberg-West

Unbekannte wunderbare Wald- und Wiesentour mit einigen recht rassigen Abschnitten

Ausgangspunkt Pielachtal, Bergrotte

Starthöhe	600 m	**Gipfelhöhe**	1177 m	**Exposition**	West
Höhenmeter	580 hm	**Aufstiegszeit**	2 h	**Einkehr**	nein
Aufstiegslänge	3.6 km	**Steilheit**	steil	**Anspruch**	II

Einstimmung Der kaum bekannte Westabfall des Geißenbergs birgt eine überraschend sportliche Abfahrt, die nach abwechslungsreichem Aufstieg und den geißenbergtypischen gipfelnahen Landschaftseindrücken einer wirklich empfehlenswerten Tour ihren Höhenpunkt aufzusetzen vermag. Wäre die Zufahrt nicht so aufwändig, hätte die Tour sicher einen weit größeren Bekanntheitsgrad. Und wem sie zu kurz ist, der kann ja zunächst nach O abfahren (Tour 3.4) und dadurch den Tourentag ausreichend ausfüllen.

Lawinen Der steile 200 hm-Südhang zum Westrücken des Geißenbergs erfordert sichere Verhältnisse, er kann aber westlich umfahren werden.

Orientierung Bei Beachtung der Beschreibung einfach.

Zufahrt A1 Ausfahrt St. Pölten, kurz B20 Richtung Traisen, dann bei der Ampel rechts auf die B39 ins Pielachtal. Über Kirchberg an der Pielach nach Frankenfels. 5 km danach abzweigen Richtung Bahnhof Laubenbachmühle und weiter talein. Kurz nach der Unterführung unter der Mariazeller Bahn zu einem geräumten Parkplatz bei einer Brücke.

Blick vom Gipfelbereich zum Ötscher

Aufstieg Über die Brücke und gleich rechts auf der Wiese am Bach entlang auf einem Weg, dann nach SO durch ein Wäldchen an einer Fütterung vorbei und ansteigend auf eine Lichtung (Bildstock) mit drei Gebäuden. An ihrem Ende links hinauf und durch ein Wäldchen an den unteren Rand einer großen Wiesenfläche. Über diese genau nach O (links der Tannenmann-Hof) zu ihrem oberen Rand (unterwegs eine Fahrstraße kreuzen). Im Wald an einem Holzhaus vorbei und leicht rechts haltend hinauf zu einem Fahrweg. Diesem nach rechts folgen, vorbei an einem Wasserbehälter und, einen eindrucksvoll-steilen Waldhang querend, zum unteren Rand eines überraschend steilen, baumfreien 200 hm-Südhangs. Diesen in Spitzkehren hinauf, zuletzt angenehmer auf einem Fahrweg nach rechts ausweichen und zurück zum Westrücken des Geißenbergs (Aussicht). Nun genau nach O anfangs über eine Lichtung, dann durch einen etwas unübersichtlichen Waldabschnitt auf die flache Gipfelwiese und zum Hauptrücken. Der höchste, kaum ausgeprägte Punkt befindet sich links im Wald bei einer kleinen Jagdhütte (Gipfelbuch). 2 Std.

Variante Nach der Wiese beim Tannenmann-Hof bequemer durchgehend auf dem Waldweg zum Westrücken des Geißenbergs.

Abfahrt Abfahrt wie Aufstieg

Variante Vom Tannenmann-Hof auf der Zufahrt 300 m nach N, dann links über eine Wiese zum Wald, durch diesen auf einen Wiesenrücken und zurück zum Ausgangspunkt.

Tipp Eine Kombination mit Tour 3.4 ergibt einen ausgefüllten Tourentag!

Aufstieg *Abfahrt* *Kartenperspektive*

Karten	ÖK 50 UTM 4204 (BMN 72)
Après Tour	Gastronomie im Pielachtal
Infos	www.dirndltal.at

3.6 Tirolerkogel-Annaberg

Beliebte leichte, Hochwinter-Kurztour mit aussichtsreicher Gipfelhütte

Ausgangspunkt Annaberg, Tirolerkogel-Parkplatz

Starthöhe	965 m	**Gipfelhöhe**	1380 m	**Exposition**	S-W
Höhenmeter	420 hm	**Aufstiegszeit**	1 ½ h	**Einkehr**	✓
Aufstiegslänge	4.1 km	**Steilheit**	mäßig steil	**Anspruch**	I

Einstimmung Beliebte, leicht erreichbare Kurztour mit gemütlicher Gipfelhütte und einer fantastischen Aussicht. Gipfelbereich bei Schlechtwetter nicht unterschätzen! Viele Erweiterungsoptionen, auf denen zusätzliche Abfahrtsmeter gesammelt werden können.

Lawinen Im Aufstieg zur Hütte auf der Forststraße auf 1150 m eine mitunter heikle Querung eines steilen, felsdurchsetzten Berghanges (beschildert).

Orientierung Im Gipfelbereich des Tirolerkogels kann's bei Sturm und Nebel unangenehm werden. Beim Verlassen der Hütte bei Nebel Himmelsrichtung beachten!

Zufahrt A1 Ausfahrt St. Pölten, B20 über Traisen, Lilienfeld und Türnitz nach Annaberg. Zuletzt kurvenreiche Bergstrecke (eventuell Schneeketten erforderlich). Kurz vor Annaberg rechts der geräumte große Tirolerkogel-Parkplatz.

Die letzten Meter zum Annaberger Haus

Forstwegabfahrt zum Gscheid

Aufstieg Jenseits der Bundesstraße auf einem Fahrweg (gespurte Loipe) bald an einer Schottergrube vorbei und gemütlich unter den steilen Waldhängen des Scheiblingbergs aufs Gscheid (Sattel, 1020 m). Nach dem Kreuz links und auf dem Weg weiter nach O über die Lichtung in den Wald. Bald folgt links ein großer Schlag (ehem. Abfahrtsvariante vom Ahornberg, aktuell wegen Aufforstung nicht befahren!), dann eine Linkskurve um einen Rücken (Lawinenwarnschild!) und Querung eines sehr steilen felsdurchsetzten Waldhanges. Nach einem weiten Rechtsbogen raus auf den baumfreien Bergrücken. Über diesen, oder weiter auf der Straße (bei starkem Wind verweht, Stangen) nach NO zur Gipfelhütte. 1 ½ Std.

Variante Bei der Auffahrt nach Annaberg auf 900 m begrenzte Parkmöglichkeit in einer Kehre. Von dort nach SO über die Wiesen der Postalm aufs Gscheid. Bei sehr guter Schneelage kann der Aufstieg auch schon vom unteren Liftparkplatz auf 750 m gestartet werden.

Abfahrt Direkt nach W über freie, mitunter aber verblasene Almflächen in den Sattel vor dem Ahornberg. Dort links durch eine schöne Mulde (Einwehungen und Wechten kann leicht ausgewichen werden), die Forststraße kreuzen, dann vor dem Wald rechts rausqueren zurück zur Straße und auf dieser wie beim Aufstieg (Vorsicht auf wintertouristischen Gegenverkehr!) zurück zum Ausgangspunkt.

Variante Abfahrt wie Aufstieg.

Einkehr unterwegs Annaberger Haus auf dem Tirolerkogel (im Winter Mi bis So bewirtschaftet)

Tipp Erweiterungsmöglichkeiten: Törlstein, 1186 m, Lindkogel, 1300 m, Ebenbaueralm, Ahornberg, 1353 m

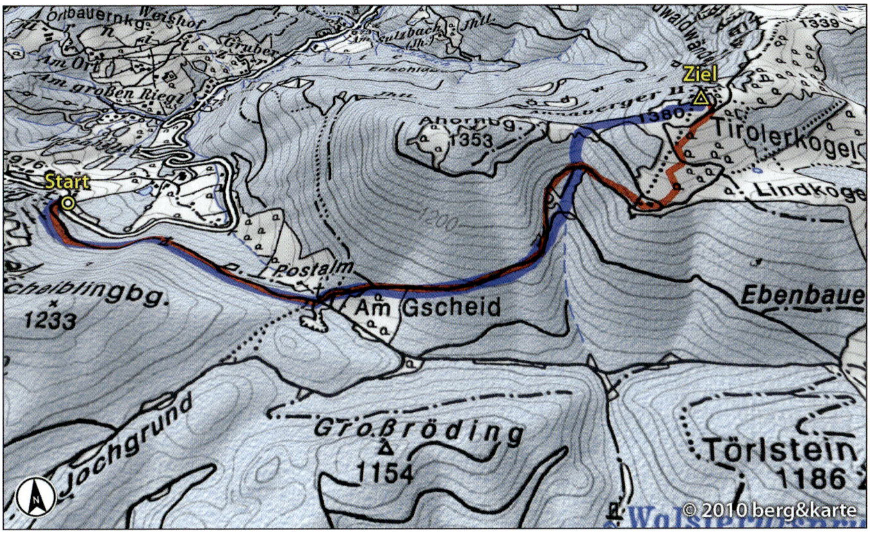

Aufstieg *Abfahrt*

Kartenperspektive

Karten ÖK 50 UTM 4205 (BMN 73)
Après Tour GH Meyer und GH zur Post in Annaberg
Infos www.annaberg.info

3.7 Tirolerkogel-Kalte Kuchel

Großartiger, zurecht beliebter Voralpen-Klassiker mit aussichtsreicher Gipfelhütte und steilen Abfahrtsoptionen

Ausgangspunkt Türnitz, Weidenaurotte

Starthöhe	515 m	**Gipfelhöhe**	1380 m	**Exposition**	N-O
Höhenmeter	870 hm	**Aufstiegszeit**	2 ¾ h	**Einkehr**	✓
Aufstiegslänge	5.3 km	**Steilheit**	steil	**Anspruch**	II

Einstimmung Lohnende Alternative zu den üblichen Tirolerkogel-Spuren von Annaberg bzw. der Überschreitung nach Türnitz über den Eibl. Für einen Voralpenberg beachtlicher Höhenunterschied. Auf dem Gipfel bewirtschaftete Hütte und eine wunderbare Aussicht. Verschiedene Abfahrtsvarianten, die teils einmaligen Powdergenuss bieten. Die Kalte-Kuchel-NO-Rinne ist ein versteckter Leckerbissen, der abfahrtsorientierte TourengeherInnen garantiert beglücken wird!

Lawinen Im Aufstieg durchs Sterngassl im oberen Teil von rechts Bedrohung durch steile Schneebrettflanken zwischen schütterem Baumbestand (ausweichen möglich). Bei der Abfahrt durch die Kalte-Kuchel-NO-Rinne heikle Abschnitte im Einfahrtsbereich und bei der folgenden Steilstufe.

Orientierung Auf der Hochfläche bei Nebel stark erschwerte Orientierung, die gesetzten Schneestangen reichen nicht aus!

Zufahrt A1 Ausfahrt St. Pölten, B20 über Lilienfeld nach Türnitz. Dort links abzweigen Richtung Eibl-Lifte und der Traisen entlang nach S. Bei der Gabelung, Pkt. 483 m, gerade weiter in die Weidenau bis kurz vor dem Straßenende beim Hauptretzhof (Parkmöglichkeit).

Ausstieg aus dem Sterngassl auf die Hochfläche

Aufstieg Am Hauptretzhof rechts entlang, dann flach nach W und am Tortalhof vorbei zum Beginn des Anstiegs über Wiesenflächen. Auf 760 m auf einem Forstweg links und um einen Rücken in den unteren Grabenabschnitt des Sterngassls. In diesem höher (links bald großflächige Waldrodungen) und auf 1040 m die Stelle, wo die Route Richtung Eibl abzweigt (Schild). 1 ¾ Std.

Weiter durchs zunehmend steile muldenartige Sterngassl, zuletzt - je nach Lawinensituation - besser etwas links in den Wald ausweichen und raus auf den baumfreien Höhenrücken. Zunächst kurz in einer Mulde nach SW, dann über die Kuppe, Pkt. 1339 m, hinweg (Zaun mit Abzweigung des Sommerwegs zum Eibl, ab hier Schneestangen). Dann nach SW einschwenkend flach weiter, an der Kuppe mit dem Ring-Gedenkkreuz rechts vorbei und nach einem Waldstück der kurze Schlussanstieg zur Gipfelhütte. 1 Std.

Variante Ein Aufstieg über die Abfahrtsstrecke ist möglich, aber langwierig und daher nicht empfehlenswert.

Abfahrt Zunächst wie beim Aufstieg zurück auf die Kuppe, Pkt. 1339 m, vor der Einfahrt ins Sterngassl. Kurz weiter nach O, dann nach NO mit geringem Höhenverlust zu zwei kleinen

Auf der steilen Lichtung im oberen Teil der Kalte-Kuchel-NO-Rinne

Almhütten (schöner Baumbestand). Weiter zu einem Gedenkkreuz am Waldrand und auf eine unscheinbare Kuppe, Pkt. 1305 m. Dort Beginn der eigentlichen Abfahrt: zunächst sanft, dann etwas steiler über schöne Hänge nach W, dabei nicht nach rechts abdriften! Durch ein kurzes Waldstück, dann linkshaltend zum unteren Rand der Lichtung (Gebäude) und zu einer Forststraße, 910 m. Auf dieser in langer Schussfahrt (Kehren) zum Tortalhof und rechts zurück zum Start. Bei guten und sicheren Schneeverhältnissen sind rassige Direktvarianten durch lichten Wald ab 910 m möglich und sehr lohnend (ab 620 m auf der Forststraße bleiben!).

Variante Kalte Kuchel NO-Rinne: Von der Kuppe, Pkt. 1305 m, nach NO und an geeigneter Stelle (Achtung Einwehungen) in den Steilwald. Bald eine heikle Steilstufe (Vorsicht) im Bereich einer Lichtung (ausweichen im Wald möglich), dann weiter in anhaltend fantastischer Fahrt durch die baumfreie Rinne (unterwegs Kreuzung von zwei Forststraßen) bis 720 m. Dort rechts auf einen Fahrweg (zwei Kehren) zurück in den Talboden und in flacher Fahrt zum Start.

Einkehr unterwegs Annaberger Haus auf dem Tirolerkogel (im Winter Mi bis So bewirtschaftet).

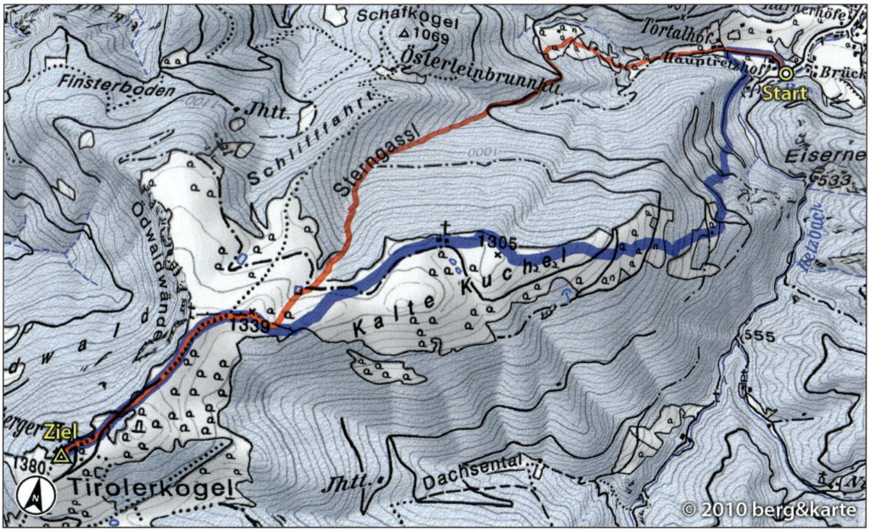

Aufstieg *Abfahrt* *Kartenperspektive*

Karten ÖK 50 UTM 4205 (BMN 73)
Après Tour Hotel Goldener Löwe in Türnitz
Infos www.tuernitz.at/gemeinde

3.8 Tirolerkogel-Eibl

Landschaftlich perfekte längere Voralpen-Überschreitung zu einer aussichtsreichen Gipfelhütte. Bei der Abfahrt schöne Abschnitte und kurze Gegensteigungen

Ausgangspunkt Türnitz, Parkplatz Eibl-Lifte

Starthöhe	500 m	**Gipfelhöhe**	1380 m	**Exposition**	N-O
Höhenmeter	1030 hm	**Aufstiegszeit**	4 h	**Einkehr**	✓
Aufstiegslänge	8.4 km	**Steilheit**	steil	**Anspruch**	II

Einstimmung Beliebter mittellanger landschaftsorientierter voralpiner Überschreitungs-Klassiker via Eibl und Karnerhofspitze zum Tirolerkogel. Skitechnisch schöne Abschnitte im Sterngassl, bei der Abfahrt von der Karnerhofspitze sowie beim Finale über die ehemaligen Eibl-Pisten nach Türnitz. Dazwischen aber auch einige kurze Gegensteigungen. Wer es gemütlicher haben will, begnügt sich mit dem Aufstieg auf den Eibl (Teichhütte) oder dreht spätestens auf der Karnerhofspitze um. Bei Tourstart in Annaberg skiplusartig wenig Aufwand und viel Ertrag, aber Transfer vorsehen: Taxi, Bus oder zweites Auto.

Lawinen Die Querung zwischen Österleinbrunnhütte und Sterngassl ist abschnittsweise von Schneerutschen bedroht (nach starkem Neuschneefall und bei Durchfeuchtung). Im oberen Teil des Sterngassls von W Bedrohung durch steile Schneebrettflanken zwischen schütterem Baumbestand (ausweichen im Wald möglich).

Orientierung Auf der Karnerhofspitze bei schlechter Sicht erschwerte Bedingungen. Auf der Hochfläche des Tirolerkogels nach Verlassen des Sterngassls bei Nebel ebenso schwierige Orientierung, die gesetzten Schneestangen reichen nicht aus!

Zufahrt A1 Ausfahrt St. Pölten, B20 über Lilienfeld nach Türnitz. Dort links abzweigen Richtung Eibl-Lifte und alsbald rechts zur Talstation der ehem. Eibl-Lifte, großer Parkplatz.

Aufstieg Vom Parkplatz nach S und am Waldrand zu einer Pistenschneise. Diese weiter nach W, dann SW über einen Rücken aufwärts, durch ein Waldstück gefolgt von einer schönen Mulde zu einem Kreuz, 800 m. Weiter über die Schneise in einen Sattel, 920 m. Kurzer Anstieg im Wald nach S (rote Markierung), dann mit etwas Höhenverlust in einen Sattel mit Ruine einer ehem. Schlepplift-Bergstation. Nach S zu einer Forststraße und auf dieser (nicht mehr der roten Markierung folgen) sanft ansteigend um einen stumpfen Waldrücken zu einer Lichtung. Bald darauf von der Forststraße rechts abdriften und über die idyllischen Almflächen mit solitärem Bergahornbestand (unterwegs ein Zaun) auf die wenig ausgeprägte Kuppe der Karnerhofspitze, 1124 m. 2 ¼ Std.

Blick von der Karnerhofspitze zum verwechteten Kamm, im Hintergrund rechts der Ötscher, links die Gemeindealpe

Nun eine schwungvolle Fellabfahrt nach SW über einen teilweise verwechteten Kamm, dann eine kurze Gegensteigung und im Wald (rote Markierung) zu einer Felsformation. An ihr rechts vorsichtig entlang abwärts (markante Passage) in einen weiteren Sattel. Westlich um den Schafkogel herum (nicht zu tief geraten) und Fellabfahrt in den Sattel mit der Österleinbrunnhütte der Bergrettung, 1020 m. Jenseits der Lichtung auf einem schmalen Waldsteig waagrechte Querung nach SO um einen Rücken, dann nach SW den steilen Waldhang traversieren (Vorsicht an einigen Stellen) und Einmündung ins Sterngassl. ¾ Std.

Weiter durchs zunehmend steile muldenartige Sterngassl, zuletzt - je nach Lawinensituation - besser etwas links in den Wald ausweichen und raus auf den baumfreien Höhenrücken. Zunächst kurz in einer Mulde nach SW, dann über die Kuppe, Pkt. 1339 m, hinweg (Zaun mit Abzweigung des Sommerwegs zum Eibl, ab hier Schneestangen). Nach SW einschwenkend flach weiter, an der Kuppe mit dem Ring-Gedenkkreuz rechts vorbei und nach einem Waldstück der kurze Schlussanstieg zur Gipfelhütte. 1 Std.

Variante Natürlich ist auch eine Kombination mit dem Aufstieg aus der Weidenau, siehe Tour 3.7, möglich und lohnend.

Abfahrt Wie Aufstieg. Aus dem Sterngassl auf 1040 m links ausscheren (Schild, am besten schon hier anfellen) und via Österleinbrunnhütte auf die Karnerhofspitze. Dort abfellen und Abfahrt in den Sattel, 900 m. Wieder anfellen, über den Rücken nach N zur nahen Ruine der ehem. Schlepplift-Bergstation und nach links sanft ansteigende Querung um eine Waldkuppe auf eine Lichtung. Nun entweder Abfahrt auf der Piste, oder weiter rauf auf den nahen Eibl-Gipfel, 1002 m, und von dort auf ideal geneigten Pisten entspannter Ausklang zurück zum Start.

Einkehr unterwegs Eibl-Teichhütte (im Winter Sa, So, feiertags sowie in den Ferien geöffnet, bei guter Schneelage auch wochentags). Annaberger Haus auf dem Tirolerkogel (im Winter Mi bis So bewirtschaftet)

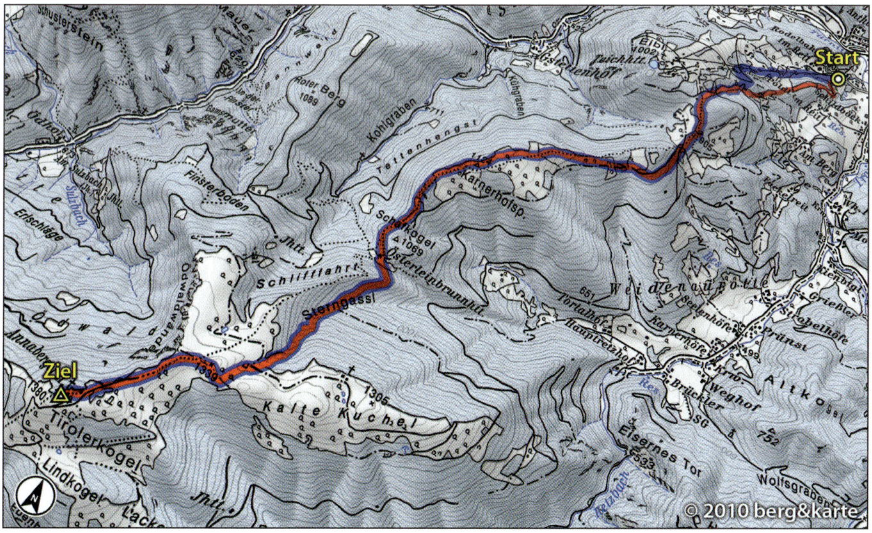

▬ *Aufstieg* ▬ *Abfahrt* *Kartenperspektive*

Karten ÖK 50 UTM 4205 (BMN 73)
Après Tour Hotel Goldener Löwe in Türnitz
Infos www.tuernitz.at/gemeinde

3.9 Hochstadelberg

Sehr kurze Hochwinter-Tour auf einen super Aussichtsberg. Viele schöne Eindrücke im Aufstieg und in der Abfahrt

Ausgangspunkt Annaberg, B28 zwischen Wastl am Wald und Reith

Starthöhe	972 m	**Gipfelhöhe**	1285 m	**Exposition**	Süd
Höhenmeter	330 hm	**Aufstiegszeit**	1 ¼ h	**Einkehr**	nein
Aufstiegslänge	1.7 km	**Steilheit**	mäßig steil	**Anspruch**	I

Einstimmung Lohnende Kurztour auf einen Aussichtsriesen, besonders empfehlenswert bei hoher Neuschneelage. Dann heißt es aber schnell rauf, denn die Südhänge verlieren bei Sonneneinstrahlung rasch ihre positiven Eigenschaften! Der Gipfelhang lohnt mehrere Abfahrten, und wer mit einem Gipfel nicht genug hat, der kann ja einen Sprung zum Hennesteck am Rande des Annaberger Skigebiets machen.

Lawinen Keine spezielle Gefährdung, außer in Extremsituationen.

Orientierung Keine speziellen Kriterien, lediglich der Gipfelbereich kann bei Nebel etwas verwirren.

Zufahrt A1 Ausfahrt St. Pölten, B20 über Traisen, Lilienfeld und Türnitz nach Annaberg (eventuell Schneeketten erforderlich) und weiter Richtung Mariazell bis kurz vor Reith. Abzweigen auf die B28 Richtung Puchenstuben und Auffahrt zur Linkskurve, Pkt. 972 m, begrenzte Parkmöglichkeit.

Übergang vom Ost- zum Westgipfel

Aufstieg Auf der Forststraße zu einer nahen Lichtung, diese links hinauf durch einen seichten Graben. Auf der folgenden Lichtung rechts und jenseits der Forststraße im Wald nach N auf die nächste Lichtung mit neuem Jagdhaus, 1140 m. Dort entweder links über die Wiese hinaus zum

Gipfelhang oder bei der Hütte in den Wald, dann leicht nach rechts tendierend zu einer Lichtung mit Hochstand und von ihrem oberen linken Rand etwas verzwickter steiler Anstieg über den Rücken auf den Ostgipfel, 1280 m, und mit einer seichten Welle zum Westgipfel mit dem Kreuz. 1 ¼ Std.

Variante Natürlich ist auch ein Direktaufstieg auf der Abfahrtsstrecke möglich.

Abfahrt Über den schönen Südhang (bei pulverguten Verhältnissen bitte mehrfach befahren!) zu einer Forststraße, 1140 m. Diese kreuzen und schräg links weiter durch den Wald zu einer weiteren Forststraße. Auf dieser links, zurück zur Aufstiegsspur und zum Start.

Blick zum tief verschneiten Gipfelhang

Tipp Wer mehr aus der Tour herausholen will, fährt vom Ostgipfel über den Rücken nach NO zur Lichtung Auf dem Eck und besteigt nach O das Hennesteck, 1334 m.

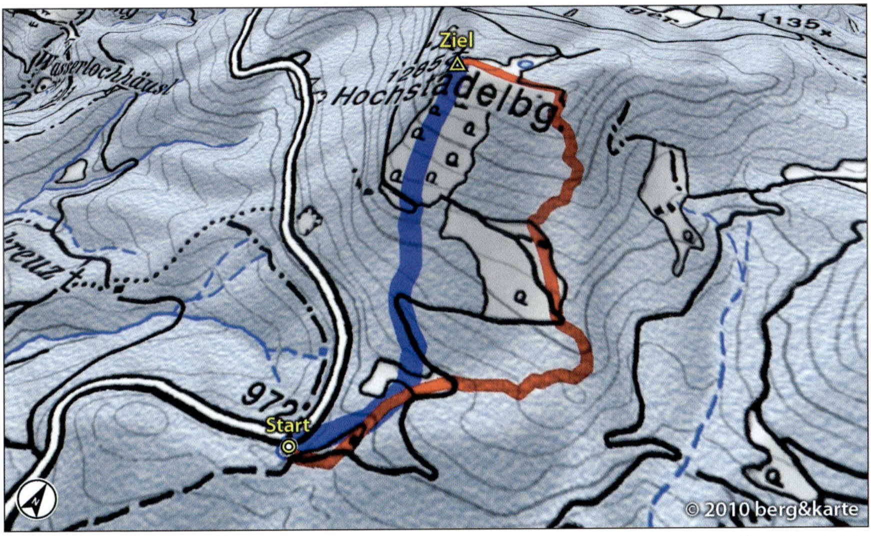

Aufstieg *Abfahrt*

Kartenperspektive

Karten ÖK 50 UTM 4204 (BMN 72)
Après Tour Schaglhof in Joachimsberg ▪ GH Meyer und GH zur Post in Annaberg
Infos www.annaberg.info

3.10 Bichleralpe

Wenig bekannte Kurztour auf einen lohnenden Aussichtsgipfel. Besonders interessant im Hochwinter, bei Sonne oder weniger gutem Wetter

Ausgangspunkt Ulreichsberg, Fadental

Starthöhe	900 m	**Gipfelhöhe**	1378 m	**Exposition**	Süd
Höhenmeter	500 hm	**Aufstiegszeit**	1 ¾ h	**Einkehr**	nein
Aufstiegslänge	3.6 km	**Steilheit**	steil	**Anspruch**	II

Einstimmung Sehr lohnende Kurztour in typisch voralpinem Ambiente über Wiesen und durch Waldabschnitte. Das Fadental gilt als absolutes Schneeloch, Powderfreuden sind also fast garantiert. Vom Gipfel überraschend schöne Ausblicke nach O zu Göller und Schneeberg und vor allem nach W bis ins Gesäuse. Bei der Abfahrt wartet auch eine sportliche Einlage, die einen zweiten Aufstieg lohnt!

Blick vom Gipfel nach O, rechts der Göller, links der Schneeberg

Lawinen Auf der Aufstiegsroute unter dem Reutriegel bei ungünstigen Verhältnissen heikel. Die Direktabfahrt erfordert sichere Verhältnisse.

Orientierung An sich einfach, der Gipfelbereich ist wegen der dichteren Bewaldung etwas unübersichtlich.

Zufahrt A1 Ausfahrt St. Pölten, B20 über Traisen, Lilienfeld und Türnitz nach Annaberg (eventuell Schneeketten erforderlich) und weiter Richtung Mariazell bis Sägemühle. Dort links abzweigen Richtung Gscheid, in Ulreichsberg rechts abzweigen und am Rottenbach, dann bei einer Gabelung rechts am Otterbach entlang (also nicht zur Wuchtelwirtin!) auf geräumter Straße, zuletzt über einen kleinen Sattel, zur Siedlung Fadental, 899 m, Parkmöglichkeit. Alternative Zufahrt über die B21 und das Kernhofer Gscheid nach Ulreichsberg und weiter wie oben.

Sonnenuntergang auf der Bichleralpe, rechts die Gemeindealpe, im Hintergrund das Gesäuse

Aufstieg Vom ehem. GH Labenbacher weiter nach W in ein Tälchen (Loipe, Grenze NÖ-Stmk., rote Wegmarkierung). Sanft aufwärts, bei der zweiten Lichtung schert die Loipe rechts aus. Nach einer Verengung auf eine längliche nach N führende Lichtung. Auf dieser an ihrem rechten Rand aufwärts, zunehmend steil zum oberen Reutriegel. Über den Rücken nach NW auf eine Kuppe, 1325 m, dann mit geringem Höhenverlust in einen Sattel, jenseits über den folgenden Aufschwung und im etwas dichteren Wald (links schöne Wiese) nach W zum nach S baumfreien Gipfel mit seinem sehr einfachen Kreuz. 1 ¾ Std.

Abfahrt Zunächst wie beim Aufstieg zurück zur Kuppe, 1325 m. Dort nach SW an den rechten unteren Rand der Lichtung, durch ein steiles Waldstück und über den folgenden Hang auf die längliche Lichtung. Der Aufstiegsspur folgend zurück zum Ausgangspunkt.

Variante Vom Gipfel der Aufstiegsspur entlang zurück zum Ausgangspunkt.

Tipp Kombination mit Tour 3.11. Auch eine Überschreitung nach O zum Sulzberg via Sattel, Pkt. 1066 m, und dem Schwaighüttenboden, Pkt. 1321 m, ist sehr empfehlenswert!

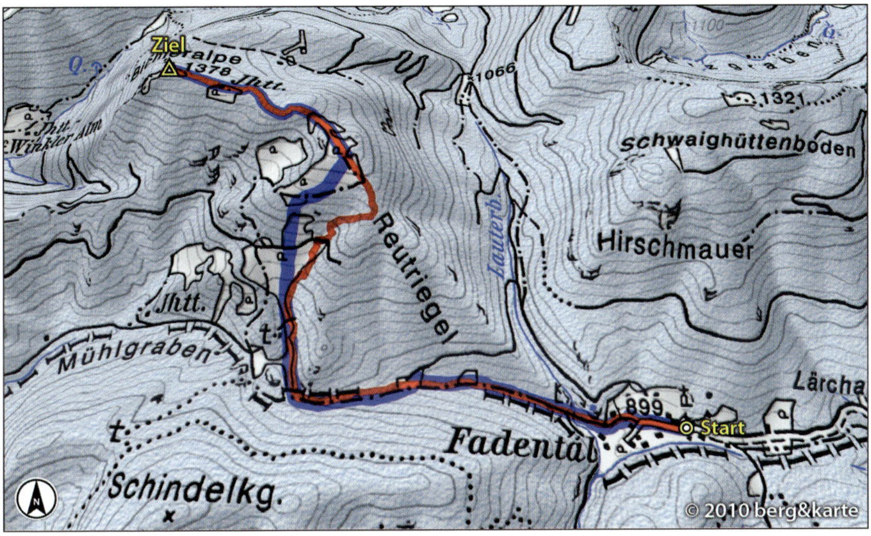

Aufstieg ▬ Abfahrt

Kartenperspektive

Karten	ÖK 50 UTM 4205 (BMN 73)
Après Tour	Wuchtelwirtin in der Walstern ▪ GH Meyer und GH zur Post in Annaberg
Infos	www.mariazell.at

3.11 Sulzberg-Süd

Beliebte Hochwinter-Waldtour auf einen tollen Aussichtsberg, mit bei ausreichend Schneeunterlage sportlich-steiler Direktabfahrt

Ausgangspunkt Ulreichsberg, Fadental

Starthöhe	900 m	**Gipfelhöhe**	1400 m	**Exposition**	Süd
Höhenmeter	525 hm	**Aufstiegszeit**	1 ¾ h	**Einkehr**	nein
Aufstiegslänge	3.8 km	**Steilheit**	steil	**Anspruch**	II

Einstimmung Beliebte Kurztour in typisch voralpinem Ambiente durch stimmungsvollen Hochwald auf den höchsten Berg der Türnitzer Alpen. Das Fadental gilt als absolutes Schneeloch, Powderfreuden sind also fast garantiert! Vom Gipfel seit einigen Jahren windbruchbedingt sehr schönes Rundumpanorama zwischen Schneeberg und Gesäuse. Bei viel Schnee lohnt sich die abenteuerliche Direktabfahrt, sonst besser der Aufstiegsspur folgen. Interessant ist auch die Kombination mit einer Nordabfahrt, siehe Tour 3.12, oder mit einem Besuch der Bichleralpe, Tour 3.10.

Lawinen Entlang der Aufstiegsspur keine besondere Gefährdung. Je sportlich-steiler die Abfahrt angelegt wird, umso eher müssen die Verhältnisse passen, z.B. bei den direkten Gipfeleinfahrten und im steilen unteren Abschnitt der Abfahrt.

Orientierung Keine besonderen Kriterien.

Zufahrt A1 Ausfahrt St. Pölten, B20 über Traisen, Lilienfeld und Türnitz nach Annaberg (eventuell Schneeketten erforderlich) und weiter Richtung Mariazell bis Sägemühle. Dort links abzweigen Richtung Gscheid, in Ulreichsberg rechts abzweigen und am Rottenbach, dann bei einer Gabelung rechts am Otterbach entlang (also nicht zur Wuchtelwirtin!) auf geräumter Straße, zuletzt über einen kleinen Sattel, zur Siedlung Fadental, 899 m, Parkmöglichkeit. Alternative Zufahrt über die B21 und das Kernhofer Gscheid nach Ulreichsberg und weiter wie oben.

Blick vom Gipfel zum Schneeberg

Hochwinterpowder in den gipfelnahen Südhängen

Aufstieg Von der Siedlung Fadental auf der Zufahrt zurück über den kleinen Sattel und zu einer Abzweigung, Pkt. 877 m. Auf dem Forstweg nach links (meist geräumt wegen naher Fütterung, bald ein Schranken) und nach N durch ein Tälchen zwischen niedrigen Felsformationen leicht ansteigend dahin. Dann ein Bogen nach rechts zu einer Gabelung. Weiter genau nach O auf eine Lichtung, dann auf dem Forstweg ein weiter Linksbogen und nach W bis 1100 m (vorne eine markante Felsformation an der Straße). Nun rechts ab und im steilen Hochwald zu einer Forststraße, 1150 m. Diese kreuzen und weiter aufwärts über den stumpfen Rücken zu einer Jagdhütte, 1280 m. An dieser links vorbei und im stimmungsvollen Hochwald, dann über den lichten Rücken rechts hinauf (spektakuläre Wechtenbildungen) zum Gipfelkreuz. 1 ¾ Std.

Abfahrt Vom Gipfel zunächst nach SW durch lichte, steilere Waldflächen, dann auf 1250 m nach W, die Aufstiegsspur kreuzen und zur Forststraße auf 1150 m. Hinab zur zweiten Forststraße westlich der markanten Felsformation. Dort in den anfangs leicht verwachsenen Graben, dann über eine kurze Steilstufe (braucht viel Schnee!), rechts an einem Felsabbruch vorbei und zum Forstweg auf 1000 m. Auf diesem links zur Aufstiegsspur und zurück nach Fadental.

Variante Bei lawinenkritischen Verhältnissen bzw. bei zu geringer Schneelage ab 1100 m besser der Aufstiegsspur folgend zurück nach Fadental.

Tipp Kombination mit Tour 3.10 oder Tour 3.12. Auch eine Überschreitung nach W zur Bichleralpe via Schwaighüttenboden, Pkt. 1321 m, und dem Sattel, Pkt. 1066 m, ist sehr empfehlenswert!

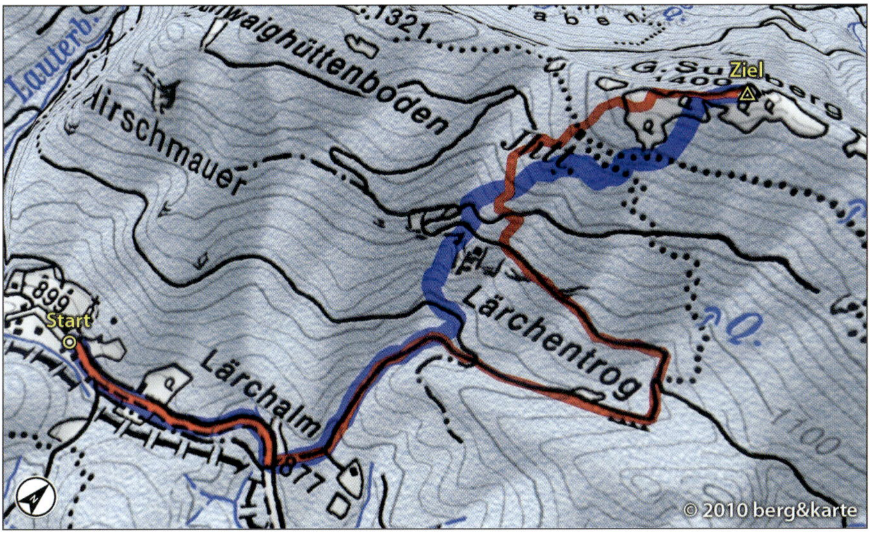

— *Aufstieg* — *Abfahrt* *Kartenperspektive*

Karten ÖK 50 UTM 4205 (BMN 73)
Après Tour Wuchtelwirtin in der Walstern ▪ GH Meyer und GH zur Post in Annaberg
Infos www.mariazell.at

3.12 Sulzberg-Nord

Kurze, geniale Tiefschneetour durch lichten Steilwald auf einen großartigen Aussichtsberg

Ausgangspunkt Ulreichsberg, Pfarralm

Starthöhe	924 m	**Gipfelhöhe**	1400 m	**Exposition**	Nord
Höhenmeter	480 hm	**Aufstiegszeit**	1 ½ h	**Einkehr**	nein
Aufstiegslänge	2.1 km	**Steilheit**	steil	**Anspruch**	II

Einstimmung Durch Windbruch entstandene, sehr lohnende, kürzere steile Waldpowdertour auf den höchsten Berg der Türnitzer Alpen. Jetzt noch ein Insidertipp, aber die Nachricht verbreitet sich rasant! Vom Gipfel sehr schönes Rundumpanorama zwischen Schneeberg und Gesäuse. Interessant ist die Kombination mit einer Südabfahrt, siehe Tour 3.11, oder ein zwei- oder sogar mehrmaliger Aufstieg. Für Spurverliebte ist genug Platz in der breiten Nordflanke!

Lawinen Der steile Gipfelhang kann heikel sein und muss daher kritisch beurteilt werden. Auch die beiden eingelagerten Gräben können ihre Tücken haben!

Orientierung Keine besonderen Kriterien.

Zufahrt A1 Ausfahrt St. Pölten, B20 über Traisen, Lilienfeld und Türnitz nach Annaberg (eventuell Schneeketten erforderlich) und weiter Richtung Mariazell bis Sägemühle. Dort links abzweigen Richtung Ulreichsberg und nach 4 km (kurz vorher Doppelkehre) Parkmöglichkeit rechts an der Straße auf der Lichtung der Pfarralm (jenseits der Straße Wildfütterungsbereich). Alternative Zufahrt über die B21 und das Kernhofer Gscheid.

Aufstieg durch den lichten Hochwald des Gipfelhanges

Abfahrt durch den lichten Hochwald des Gipfelhanges

Aufstieg Von der Pfarralm auf der Forststraße (Schranken) nach S, dann nach SW gemütlich in den Wald und in einen schwach ausgeprägten Sattel, 1000 m. Nun immer genau nach S, anfangs die Kehren der Forststraße abschneiden, dann im Bereich eines Grabens steiler ansteigend hinaus auf die breite Nordflanke mit ihrem gelichteten Hochwaldbestand. In Spitzkehren über den steilen Waldhang auf den Gipfelkamm und rechts in Kürze zum Kreuz, das etwas jenseits des höchsten Punktes steht. 1 ½ Std.

Abfahrt Wie Aufstieg, im breiten Gipfelhang ist viel Platz zum Auspowdern!

Tipp Kombination mit Tour 3.11

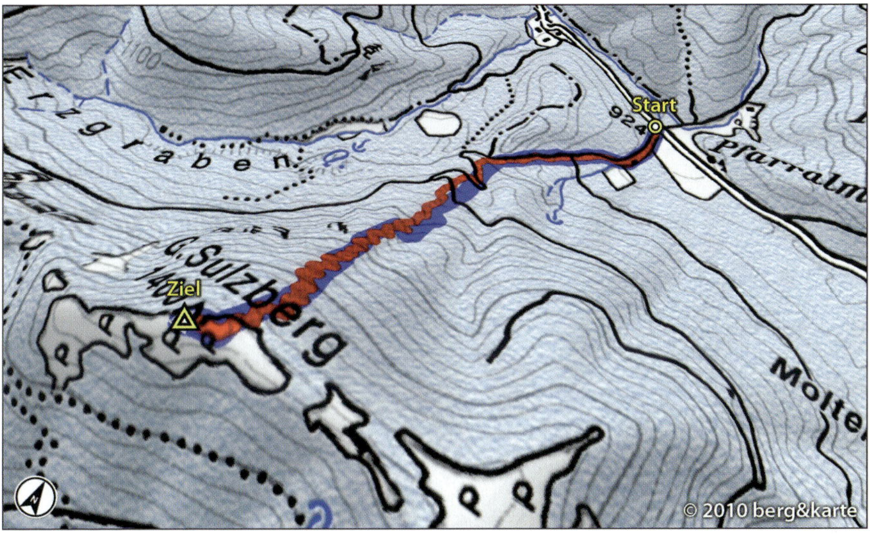

▬ *Aufstieg* ▬ *Abfahrt* *Kartenperspektive*

Karten ÖK 50 UTM 4205 (BMN 73)
Après Tour GH Meyer und GH zur Post in Annaberg
Infos www.annaberg.info

4 Göller

Ein großer Berg mit viel Skitourenphantasie

Der Göller ist Bestandteil der Mürzsteger Alpen, als Skitourenberg aber so prominent, dass er in diesem Kontext eine gesonderte Behandlung verdient. Seine eigenständige Erscheinung und seine Höhe heben ihn aus der Umgebung hervor, auf halbem Weg zwischen Ötscher und Schneeberg hat er von beiden etwas. Die exponierte Lage an der Alpennordseite beschert ihm viel Niederschlag und daher eine lange Skitourensaison vom Hochwinter bis in den Frühling hinein. Nord- und südseitig bietet sich eine große Auswahl an zwar nicht langen, aber sehr ansprechenden Abfahrten über steile Karflanken in Waldgräben und schöne Almböden. Auch ein Schaukeln von Nord nach Süd und zurück ist verlockend und ermöglicht im Frühjahr die Nutzung der jeweils besten Verhältnisse bei Firn und Pulver. Die Lawinensituation muss immer kritisch beurteilt werden, schließlich verlaufen die meisten Abfahrten durch steiles baumfreies Gelände. Die beliebten und an schönen Wochenenden stark frequentierten Standardaufstiege (von Süden vom Lahnsattel und von Norden vom Gscheid) verlaufen anfangs durch Wald, dann zunehmend aussichtsreich über Bergrücken, und unter dem großen Gipfelkreuz reicht die Sicht bis zum Dachstein! Wer mit dem Wetter weniger Glück hat, der erlebt die negativen Seiten in voller Stärke: Niederschlag, Sturm und Nebel können göllertypisch grauslich sein und die Tour vermiesen.

Aufstieg von Osten auf den Göller

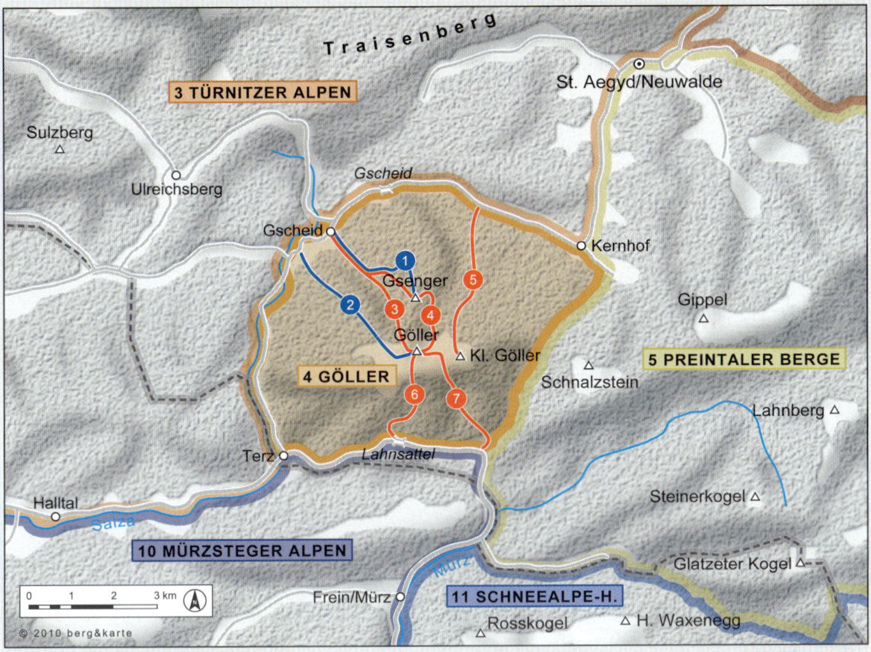

Anspruch: ● *leicht* ● *mittel* ● *schwierig* ● *sehr schwierig*

Regionskarte Göller

Nr	Skitour	Gipfelhöhe	Höhenmeter	Aufstiegszeit	Exposition	Anspruch	Seite
1	Gsenger	1442 m	620 hm	2 h	N	II	106
2	Lahngraben	1766 m	860 hm	2 ½ h	N-W	II	108
3	Hühnerkralle	1766 m	820 hm	2 ½ h	N	III	110
4	Schindlergraben	1766 m	1050 hm	3 ¼ h	N	III	112
5	Wurzboden	1673 m	940 hm	2 ¾ h	N	III	114
6	Eisgrube	1766 m	755 hm	2 ¼ h	S	III	116
7	Karlgrube	1766 m	900 hm	3 ½ h	S-O	III	118

4.1 Gsenger

Wenig bekannte, aber bei Tiefschnee sehr lohnende, kürzere Waldtour, bedingt durch Wildfütterungssperre mit Gegenanstieg

Ausgangspunkt Gscheid, Gscheidkapelle

Starthöhe	955 m	**Gipfelhöhe**	1442 m	**Exposition**	Nord
Höhenmeter	620 hm	**Aufstiegszeit**	2 h	**Einkehr**	nein
Aufstiegslänge	3.7 km	**Steilheit**	steil	**Anspruch**	II

Einstimmung Wenig bekannte und daher zumeist unverspurte Nordabfahrt von einem Gipfel, der beim nordseitigen Standardaufstieg auf den Göller im Vorbeigehen gerne mitgenommen (oder übersehen) wird. Bei gutem Waldpowder ein ideales Ausweichziel, wenn es auf dem Göller zu sehr stürmt. Der Gegenanstieg mag die Tour etwas versalzen, aber die Wildfütterung ist nun mal zu respektieren! Und wem das Programm zu kurz ist, der kann ja immer noch auf den Göller gehen.

Blick vom Gsenger zu Gippel und Schneeberg

Lawinen Bei vernünftiger Spuranlage keine kritischen Bereiche.

Orientierung Bei Beachtung der Markierung einfach.

Zufahrt Von N A1 Ausfahrt St. Pölten, B20 über Lilienfeld nach Freiland, dann B214 über St. Aegyd am Neuwalde aufs Gscheid (eventuell Schneeketten erforderlich). Oder von W B21 von Mariazell über Terz aufs Gscheid bzw. von S S6 Ausfahrt Mürzzuschlag, B23 über Mürzsteg und den Lahnsattel nach Terz und B21 aufs Gscheid. Parken am Eingang des Göllergrabens bei der Gscheidkapelle, Pkt. 963 m.

Aufstieg Vom Parkplatz nach N mit wenigen Schritten zum Wegweiser und rechts auf dem rot markierten Weg (Nr. 622, 655) in den Wald. Zunächst aufwärts, dann wellig flach immer nach SO (kaum Höhengewinn) über den Rücken dahin. Ab 1150 m deutlicher ansteigend in einen kleinen Sattel, 1430 m, südlich des Gsengers und scharf links zum höchsten Punkt (Achtung auf Wechten nach O). 1 ½ Std.

Im Graben nach dem Kreuzen der Forststraße

Abfahrt Vom Gipfel direkt nach N (oder etwas westlich durch eine Grabenrinne) teils im steilen Wald, teils über freie Flächen zu einer querende Forststraße, 1200 m. Weiter in herrlicher Fahrt im Graben, dann im Hochwald flacher auslaufend zu einer Jagdhütte, 1030 m. Nun nicht weiter im Tal des Rotenbachs (Wildfütterung), sondern anfellen und scharf links nach SW in ein Tal. Durch dieses bis 1100 m, dann links raus auf eine freie Fläche und an ihrem linken Rand hinauf zu einer Forststraße. Diese kreuzen und über den Waldrücken zum Hauptkamm, 1240 m, abfellen (Gegensteigung ½ Std.). Der Aufstiegsspur entlang bis 1160 m abfahren. Dort nach links einen lichten Waldhang hinab, dann links auf einen schmalen Rücken. Genau diesem folgen (nicht rechts in den Graben!) und nach einer kurzen Steilstufe in den Göllergraben. Durch das romantische Bachbett in langsamer Fahrt zu einer Forststraße und talaus zurück zum Ausgangspunkt.

Tipp Nach der Gsenger-Nordabfahrt und dem Gegenanstieg weiter auf den Göller, Tour 4.3.

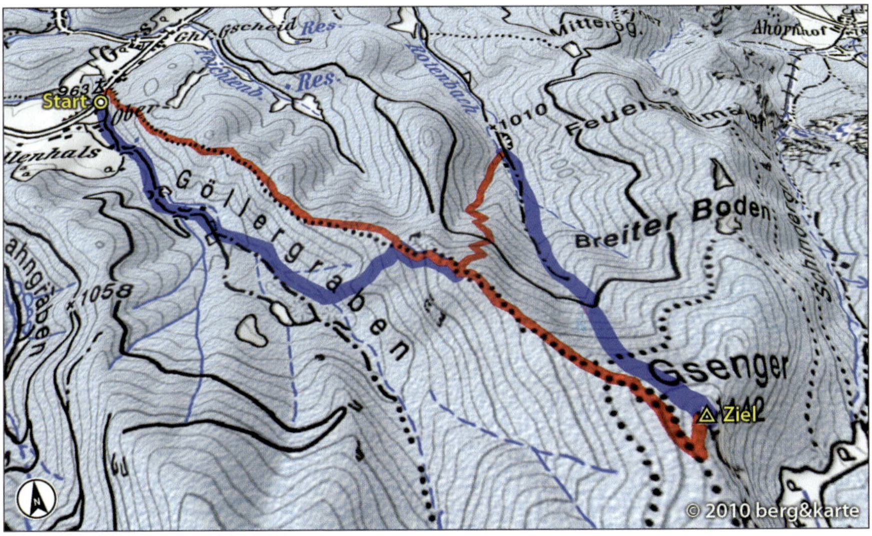

Aufstieg   Abfahrt   *Kartenperspektive*

Karten ÖK 50 UTM 4205 (BMN 73)
Après Tour GH Am Gscheid und Alpengasthof Gruber am Gscheid · GH Gnedt in Kernhof · GH Freinerhof in Frein an der Mürz · GH Meyer in Annaberg
Infos www.staegyd.at

4.2 Lahngraben

Selten befahrene, obwohl sehr lohnende Grabenabfahrt. Abwechslungsreicher Aufstieg über einen zunehmend aussichtsreichen Rücken

Ausgangspunkt Gscheid, Göllerlift

Starthöhe	925 m	**Gipfelhöhe**	1766 m	**Exposition**	N-W
Höhenmeter	860 hm	**Aufstiegszeit**	2 ½ h	**Einkehr**	nein
Aufstiegslänge	4.7 km	**Steilheit**	steil	**Anspruch**	II

Einstimmung Eine zu Unrecht wenig beachtete steile Nordflanken-Rinne am Göller, die im Frühjahr lange befahrbar ist und sogar mit einer Lifthilfe aufwartet. Bei sicheren Verhältnissen auch im Hochwinter lohnend. Landschaftlich sehr schöner Aufstieg über den Terzer Göller. Dorthin vor Beginn der Abfahrt eine kurze Gegensteigung. Aus dem Lahngraben ist es bei zu wenig Schnee günstiger, wieder zur Piste rauszuqueren.

Lawinen Vorsicht abschnittsweise im steilen Aufstieg über den Rücken zum Hohen Bäreneck. Der Lahngraben ist kritisch, aber nicht überkritisch zu beurteilen.

Orientierung Ab dem Erreichen des Kammes beim Hohen Bäreneck bei Nebel unangenehm bis gefährlich (Wechten). Die Kuppe des Terzer Göllers ist bei schlechter Sicht unübersichtlich, gleiches gilt in noch höherem Maße für das Gipfelplateau des Göllers.

Zufahrt Von N A1 Ausfahrt St. Pölten, B20 über Lilienfeld nach Freiland, dann B214 über St. Aegyd am Neuwalde aufs Gscheid (eventuell Schneeketten erforderlich). Oder von W B21 von Mariazell über Terz aufs Gscheid bzw. von S S6 Ausfahrt Mürzzuschlag, B23 über Mürzsteg und den Lahnsattel nach Terz und B21 aufs Gscheid, Parkplatz Göllerlifte, 925 m.

Aufstieg Vom Liftparkplatz (eigener Bereich für Tourengeher) entweder mit dem Schlepplift oder am Pistenrand zur Bergstation am Gschieß, 1250 m. 1 Std.

Im Lahngraben

Blick vom Hohen Bäreneck nach W, rechts hinten der Ötscher

Über den Rücken zunächst flach weiter, dann nach einer kleinen Lichtung steilerer Anstieg, teilweise auch in die Flanken ausweichend (Vorsicht). Zuletzt über zugeschneite Latschenfelder auf den Kamm etwas westlich vom Hohen Bäreneck, 1597 m. Nach O auf das Hohe Bäreneck und in den Sattel dahinter (Achtung auf Wechten nach S). Weiter am aussichtsreichen, nach rechts ziehenden Rücken auf den Terzer Göller (der höchste Punkt bleibt südwestlich). Nun nach O in einen nahen Sattel und jenseits der letzte Anstieg zum großen Kreuz auf dem weitläufigen Gipfelplateau des Göllers. 1 ½ Std.

Abfahrt Vom Gipfelkreuz nach W zurück in den Sattel vor dem Terzer Göller, kurz hinaufstaffeln und nach NW durch eine feine hängende Mulde oder rechts davon direkt über den Rücken (Wechten nach NO) zu einer vorgelagerten Schulter (der Rücken wendet sich hier nach W). Dort direkte Einfahrt nach NW in den Lahngraben. Durch lichten Baumbestand genussvoll losschwingen, dann hinein in den sich deutlicher ausprägenden Graben. Dieser flacht ab 1300 m ab und führt zu einer Forststraße, 1160 m. Nun entweder immer auf der Forststraße via Pkt. 1058 m, dort scharf links zurück in den Graben und raus zum Unterknollenhals-Hof, oder besser auf der Forststraße links und über den Wasserkargraben hinweg am Waldhang, zuletzt leicht ansteigend, hinaus zur Piste, 1160 m, und auf dieser zurück zum Start.

Tipp Wasserkargraben: Einfahrt westlich vom Hohen Bäreneck. Auf 1140 m links rausqueren und auf der Forststraße zur Piste.

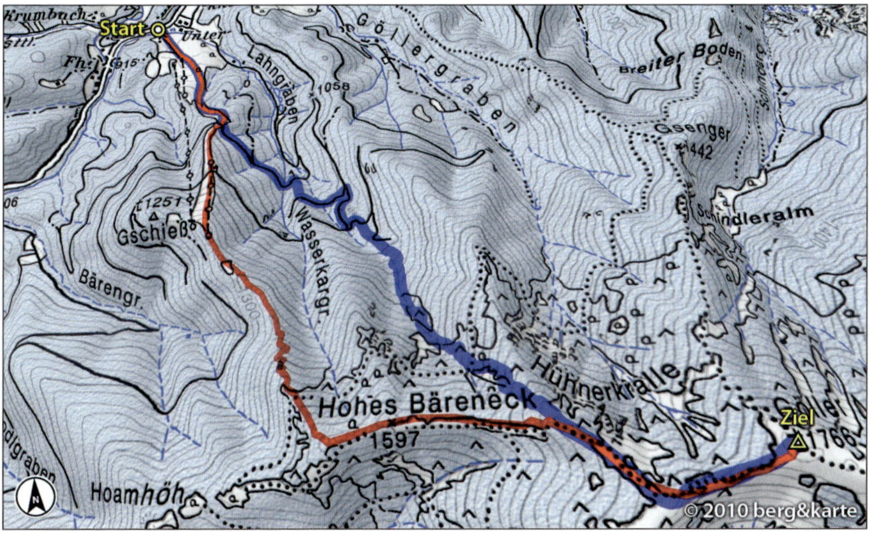

— *Aufstieg* — *Abfahrt* *Kartenperspektive*

Karten ÖK 50 UTM 4205 + 4211 (BMN 73)
Après Tour GH Am Gscheid und Alpengasthof Gruber am Gscheid ▪ GH Gnedt in Kernhof ▪ GH Freinerhof in Frein an der Mürz ▪ GH Meyer in Annaberg
Infos www.staegyd.at

4.3 Hühnerkralle

Der Nordklassiker am Göller. Schöner Aufstieg über einen Rücken und eine eindrucksvolle, oben sehr steile Grabenabfahrt

Ausgangspunkt Gscheid, Gscheidkapelle

Starthöhe	955 m	**Gipfelhöhe**	1766 m	**Exposition**	Nord
Höhenmeter	820 hm	**Aufstiegszeit**	2 ½ h	**Einkehr**	nein
Aufstiegslänge	4.2 km	**Steilheit**	sehr steil	**Anspruch**	III

Einstimmung Die klassische Hochwinter- bis Frühjahrstour auf der Göller-Nordseite. Landschaftlich sehr schön und dank des relativ kurzen Aufstiegs auch für gemütliche TourengeherInnen, die über eine gute Abfahrtstechnik verfügen, empfehlenswert. Aufgrund der exponierten Lage kann es auf dem Gipfelplateau des Göllers bei Schlechtwetter grauslich zugehen, wenn aber die Sicht frei ist, blickt man sogar bis zum Dachstein! Namensgebend sind drei Latschenschneisen im amphitheatralen Hochkar, die im Winter hühnerkrallenartig hervortreten.

Lawinen Der gesamte Kartrichter der Hühnerkralle muss kritisch beurteilt werden.

Orientierung Das weitläufige Gipfelplateau ist bei Nebel sehr unübersichtlich, Himmelsrichtungen genau beachten!

Zufahrt Von N A1 Ausfahrt St. Pölten, B20 über Lilienfeld nach Freiland, dann B214 über St. Aegyd am Neuwalde aufs Gscheid (eventuell Schneeketten erforderlich). Oder von W B21 von Mariazell über Terz aufs Gscheid bzw. von S S6 Ausfahrt Mürzzuschlag, B23 über Mürzsteg und den Lahnsattel nach Terz und B21 aufs Gscheid. Parken am Eingang des Göllergrabens bei der Gscheidkapelle, Pkt. 963 m.

Auf dem Göller, im Hintergrund die Schneealpe und links die Rax

Aufstieg Vom Parkplatz nach N mit wenigen Schritten zum Wegweiser und rechts auf dem rot markierten Weg (Nr. 622, 655) in den Wald. Zunächst aufwärts, dann wellig flach immer nach SO (kaum Höhengewinn) über den Rücken dahin. Ab 1150 m deutlicher ansteigend in einen kleinen Sattel, 1430 m, südlich des Gsengers. Lohnender Abstecher zum höchsten Punkt (Achtung, Wechten nach O). 1 ½ Std.

Weiter über den bald baumfreien Rücken auf eine Schulter, 1600 m. Dann der letzte steilere Aufschwung direkt zum Gipfelkreuz am Rand des Gipfelplateaus. Eventuell zuletzt nicht über den meist abgewehten Rücken, sondern rechts in die Flanke (Latschen) ausholen. 1 Std.

Variante Liftunterstützter Aufstieg über das Hohe Bäreneck, siehe Tour 4.2. Nach der Abfahrt durch den Göllergraben 1 km zu Fuß auf der Straße zurück zum Göllerlift.

Abfahrt Vom Kreuz kurz auf dem Plateau nach SW und beliebig rechts in die latschendurchsetzte Flanke (je weiter westlich die Einfahrt in die Hühnerkralle erfolgt, umso steiler ist das Gelände, am steilsten direkt vom Terzer Göller). Genussvoll hinab in den Grabengrund und über eine Geländestufen hinweg allmählich in den Wald. Dort bei einer Quelle links ausweichen, dann ab 1100 m auf einem Waldweg in schöner Fahrt weiter, an einer Fütterung vorbei und im Göllergraben flach raus zurück zum Start.

Tipp Kombination mit Tour 4.1 ▪ Göllerschaukel: Nordanstieg vom Gscheid - Eisgrube runter, Südanstieg rauf (Tour 4.6) - Hühnerkralle runter

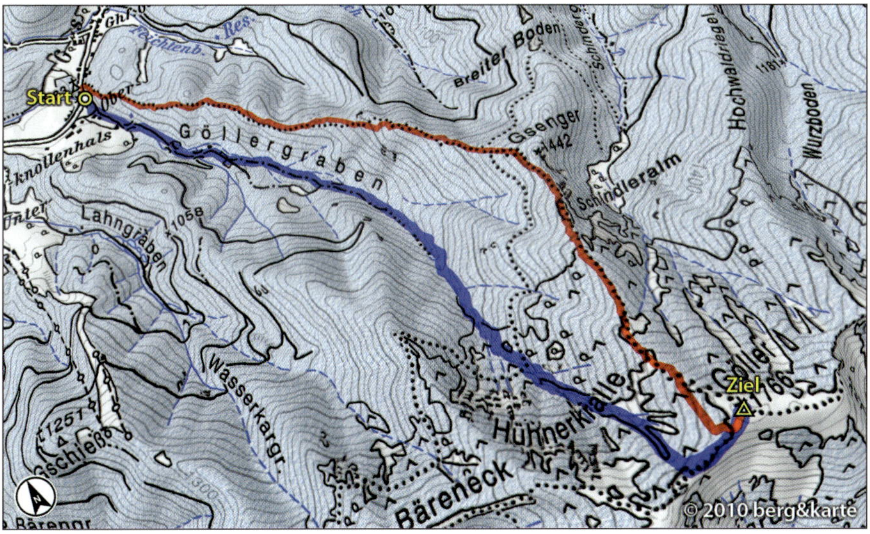

▬ *Aufstieg* ▬ *Abfahrt* *Kartenperspektive*

Karten	ÖK 50 UTM 4205 + 4211 (BMN 73)
Après Tour	GH Am Gscheid und Alpengasthof Gruber am Gscheid ▪ GH Gnedt in Kernhof ▪ GH Freinerhof in Frein an der Mürz ▪ GH Meyer in Annaberg
Infos	www.staegyd.at

4.4 Schindlergraben

Eindrucksvolle Firnflankenabfahrt, die in einen abenteuerlichen Graben überleitet. Gegenanstieg als kleiner Wermutstropfen

Ausgangspunkt Gscheid, Gscheidkapelle

Starthöhe	955 m	**Gipfelhöhe**	1766 m	**Exposition**	Nord
Höhenmeter	1050 hm	**Aufstiegszeit**	3 ¼ h	**Einkehr**	nein
Aufstiegslänge	5.3 km	**Steilheit**	sehr steil	**Anspruch**	III

Einstimmung Die rassigste Steilabfahrt auf der Göller-Nordseite, idealerweise direkt vom Gipfel über die Nordflanke in einen unten wildromantischen Graben. Suboptimal: Der untere Schindlergraben mündet in eine felsdurchsetzte Wasserfallschlucht und ist nichts für SkifahrerInnen! Also ist ein Gegenanstieg fällig. Ideale Zeit ist das Frühjahr, aber auch im Hochwinter kommt die Tour bei guten Verhältnissen infrage. Routiniers entdecken in der breit gefächerten Nordflanke mehrere Abfahrtsvarianten.

Lawinen Die Nordflanke und der Lawinen kanalisierende Schindlergraben verlangen sichere (Firn-)Verhältnisse und sind daher kritisch zu beurteilen.

Orientierung Das weitläufige Gipfelplateau und die Göller-Nordflanke sind bei Nebel sehr unübersichtlich, Himmelsrichtungen genau beachten!

Zufahrt Von N A1 Ausfahrt St. Pölten, B20 über Lilienfeld nach Freiland, dann B214 über St. Aegyd am Neuwalde aufs Gscheid (eventuell Schneeketten erforderlich). Oder von W B21 von Mariazell über Terz aufs Gscheid bzw. von S S6 Ausfahrt Mürzzuschlag, B23 über Mürzsteg und den Lahnsattel nach Terz und B21 aufs Gscheid. Parken am Eingang des Göllergrabens bei der Gscheidkapelle, Pkt. 963 m.

Aufstieg Siehe Tour 4.3. 2½ Std.

Variante Liftunterstützter Aufstieg über das Hohe Bäreneck, siehe Tour 4.2. Nach der Abfahrt 1 km zu Fuß auf der Straße zurück zum Göllerlift.

Durch die steile Engstelle raus zur Schindleralm

Abfahrt Vom Gipfelkreuz kurz auf dem Plateau nach O und links abdriften in die sehr steile Nordflanke. Es bilden sich allmählich zwei anfangs schwach ausgeprägte breite Rinnen aus, die beide für die weitere Abfahrt infrage kommen. Die Rinnen münden in den gestuften Hauptgraben ein, welcher sich stark verengt und von Felswänden begrenzt wird. Nach einer engen Steilstufe geht es im Schuss raus auf die Lichtung der Schindleralm, 1220 m.

Gegenanstieg zum Gsenger: Über die Lichtung genau nach N, dann durch eine kleine Aufforstung zu einem Waldweg. Auf diesem links und bald nach einer Kehre schwach links abdriften und die zunehmend steile Waldflanke (Vorsicht, Schneerutsche) zum NO-Rücken des Gsengers traversieren. Über diesen im Hochwald auf eine Kuppe und jenseits nach geringem Höhenverlust steiler zur freien Gipfelkuppe (Felsabstürze und Wechten nach O). ¾ Std. Weitere Abfahrt der Aufstiegsspur folgend bis 1160 m. Dort nach links einen lichten Waldhang hinab, dann links auf einen schmalen Rücken. Genau diesem folgen (nicht rechts in den Graben!) und nach einer kurzen Steilstufe in den Göllergraben. Durch das romantische Bachbett in langsamer Fahrt zu einer Forststraße und talaus zurück zum Ausgangspunkt.

Im Schindlergraben

Variante Über das Göller-Plateau an seinen Ostrand (Stange), Abfahrt im Bereich des Ostrückens (Achtung Wechten nach S) in den Sattel, 1640 m, vor dem Kleinen Göller, und links in den Graben (weniger steil als die beiden Gipfelrinnen).

Tipp Statt zum Gsenger kann man von der Schindleralm auch durch den Schindlergraben nach SO in den Sattel zwischen Göller und Kleinem Göller und von dort wieder zum Göller aufsteigen, um anschließend durch die Hühnerkralle (Tour 4.3) abzufahren.

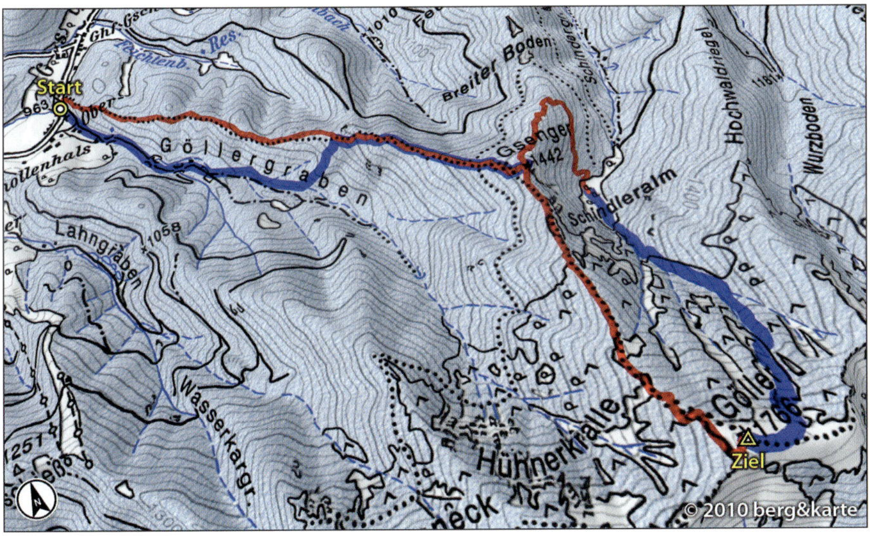

Aufstieg   Abfahrt

Kartenperspektive

Karten	ÖK 50 UTM 4205 + 4211 (BMN 73)
Après Tour	GH Am Gscheid und Alpengasthof Gruber am Gscheid ▪ GH Gnedt in Kernhof ▪ GH Freinerhof in Frein an der Mürz ▪ GH Meyer in Annaberg
Infos	www.staegyd.at

4.5 Wurzboden

Abwechslungsreiche Frühjahrstour mit pittoreskem Zustieg und sportlich-steiler Flanken- und Grabenabfahrt

Ausgangspunkt Gscheid, Kernhof-Ahornhof

Starthöhe	748 m	**Gipfelhöhe**	1673 m	**Exposition**	Nord
Höhenmeter	940 hm	**Aufstiegszeit**	2 ¾ h	**Einkehr**	nein
Aufstiegslänge	4.1 km	**Steilheit**	sehr steil	**Anspruch**	III

Einstimmung Wunderschöne göllertypische Nordkarabfahrt mit geländebedingten Abstrichen, die sich auf die Besucherfrequenz auswirken. Ideal im späten Frühjahr, denn der Zustieg führt über einen wenig skitourenfreundlichen steilen Steig. Dort sehr schöne Landschaftseindrücke im Bereich der Turmmauer und auch der weitere Aufstieg mit Ski sorgt für viel Abwechslung und Aussicht. Wer sich mit dem Kleinen Göller nicht zufrieden geben will, kann zum großen Bruder weiter. Verlockend sind auch die Schaukeloptionen.

Lawinen Die im Frühjahr üblicherweise apere Querung aus dem Sattel bei der Turmmauer in den Graben kann bei Schneelage sehr heikel sein. Das gesamte Nordkar des Kleinen Göllers ist kritisch zu beurteilen.

Orientierung Ab der Göllerwiese bei Nebel zunehmend unangenehm und heikel (Wechten nach S).

Zufahrt A1 Ausfahrt St. Pölten, B20 über Lilienfeld nach Freiland, dann B214 über St. Aegyd am Neuwalde und Kernhof zum Ahornhof, Pkt. 748 m, parken an der Straße (fragen!).

Aufstieg Am Ahornhof vorbei und kurz weiter auf der Forststraße, bei einer Brücke links und gleich rechts auf einem Feldweg nach W zum Waldrand. Dort bei einer Gabelung links in den Wald und bei der nächsten Gabelung wieder links zum Beginn des eigentlichen Anstiegs (Windbruchschäden). Auf dem zunehmend steilen Steig mühsam neben einer Grabenrinne in einen Sattel, 1080 m, am Fuß der eindrucksvollen Turmmauer. Nun nach S ebene Querung einer steilen Waldflanke (gefährlich bei Schneelage) in den Grabengrund und zu einer Forststraße. Auf dieser (oder direkt in der Mulde) talein zu einer Kehre, Pkt. 1181 m. 1 ¼ Std.

Zustieg im unteren Wurzboden, mit Blick zur Nordflanke des Kleinen Göllers

Dort teilt sich der Graben. Über den trennenden Waldrücken zunächst sanft, dann deutlicher ansteigend nach S zu einer Forststraße (in der aktuellen ÖK nicht eingetragen). Diese kreuzen und weiter aufwärts, zuletzt durch lichteren Wald raus auf die Göllerwiese. Nach rechts über den aussichtsreichen Rücken durch Latschenfelder (Wechten nach S!) und nach einem Linksschwenk nach SW hinauf zum Kreuz auf dem Kleinen Göller (Rosskopf). 1 ½ Std.

Variante Übergang vom Kleinen Göller auf den Göller siehe Tour 4.7

Einfahrt in die Nordflanke, in der Bildmitte der Wurzboden, rechts oben die Turmmauer

Abfahrt Vom Kleinen Göller beliebig direkt nach N Einfahrt in die steile Flanke (göllertypisch umso steiler und gefährlicher, je mehr nach NO gerichtet). Zwischen verschneiten Latschenfeldern in den sich ausbildenden Graben und in schönen Firnschwüngen über die Geländestufen in den Wurzboden. Dort die Skier auslaufen lassen zur Forststraßenkehre. Im Grabengrund nach dem Forststraßenende je nach Schneelage weiter bis 1060 m (Achtung: bald danach Steilabbruch mit Wasserfall, wildromantisches Naturerlebnis, Absturzgefahr!). Links im steilen Wald in Kürze hinauf zur Querung, zurück in den Sattel bei der Turmmauer und Abstieg zum Ahornhof (bei guter Schneelage eventuell in der steilen Grabenrinne).

Tipp Göllerschaukel: Wurzboden rauf, Karlgrube runter, Saugraben rauf (Tour 4.7), Wurzboden runter

Aufstieg Abfahrt *Kartenperspektive*

Karten ÖK 50 UTM 4205 + 4211 (BMN 73)
Après Tour GH Gnedt in Kernhof ▪ Gastronomie in St. Aegyd am Neuwalde
Infos www.staegyd.at

4.6 Eisgrube

Beliebteste Frühjahrs-Steilabfahrt am Göller mit einem bequemen kürzeren Zustieg. Firnt wegen Südlage bald auf, rechtzeitig einfahren!

Ausgangspunkt Frein, Lahnsattel

Starthöhe	1015 m	**Gipfelhöhe**	1766 m	**Exposition**	Süd
Höhenmeter	755 hm	**Aufstiegszeit**	2 ¼ h	**Einkehr**	nein
Aufstiegslänge	3.2 km	**Steilheit**	sehr steil	**Anspruch**	III

Einstimmung Der Steilflanken-Klassiker auf der Göller-Südseite: Sehr beliebt (das beweist an schönen Wochenenden der Parkplatz), häufig gespurt und mitunter pistenartig ausgefahren, obwohl sehr viel Platz ist im weitläufigen Steilkar. Bei unsicheren Verhältnissen bietet auch die Aufstiegsspur eine lohnende Abfahrtsvariante. Auf dem Gipfel fantastische Aussicht bis zum Dachstein, bei Schlechtwetter verkürzt sich der Aufenthalt auf das Wesentliche. Die Einfahrt in die Eisgrube bietet viel Spielraum für gemäßigte bis waghalsige Lösungen, die Lawinenlage muss aber immer im Auge behalten werden!

Lawinen Die gesamte Eisgrube ist stark lawinengefährdet: Im Hochwinter wegen der Einwehungen aus N, im Frühjahr bei starker Sonneneinstrahlung und Tageserwärmung. Eine kritische Beurteilung der Verhältnisse ist also immer erforderlich. Nicht von den vielen Befahrungsspuren täuschen lassen!

Orientierung Beim Aufstieg auf den Terzer Göller ab der Baumgrenze bei Nebel unangenehm und stellenweise gefährlich (Wechten nach S). Die Kuppe des Terzer Göllers ist bei schlechter Sicht unübersichtlich, gleiches gilt in noch höherem Maße für das Gipfelplateau des Göllers.

Einfahrtsvariante vom östlichen Plateaurand zur Eisgrube

Zufahrt A2, dann S6 bis Ausfahrt Mürzzuschlag. B23 über Mürzsteg und Frein an der Mürz auf den Lahnsattel, großer Parkplatz. Alternativ von N aus dem Raum Mariazell (B21) oder St. Pölten (B20-B214-B21) jeweils auf den Lahnsattel.

Aufstieg Jenseits der Straße (Wildschutz-Infotafel) auf der Forststraße (bald Schranken) in den Wald und bei ausreichend Schnee alsbald rechts ab auf einen Waldweg. Nach einer Linkskurve eine steile Rampe nach N, dann rechts haltend über eine Lichtung zur Forststraße (oder diese vom Lahnsattel aus durchgehen: dann bei der erster Gabelung rechts halten). Kurz darauf beim Sender links zum bezeichneten Aufstieg (gelbe Tafeln) zum Göller. Über den Waldrücken (Windbruchschäden) nach N gleichmäßig ansteigen zu einer Forststraße. Diese kreuzen und im Wald und über lichte Bereiche (oft zu steil angelegte Spur!) zunehmend aussichtsreich höher. Im baumfreien Gelände in Spitzkehren auf den Terzer Göller, 1729 m (der höchste Punkt kann rechts umgangen werden). Auf der Gipfelfläche nach NO, dann nach O in einen nahen Sattel (Wechten!) und jenseits der letzte Anstieg zum großen Kreuz auf dem weitläufigen Gipfelplateau des Göllers. 2 ¼ Std.

Variante Die Aufstiegsvariante über den Fleck kommt aus Wildschutzgründen nicht mehr infrage!

Abfahrt Beliebig je nach Lust und Verhältnissen aus dem Bereich zwischen Terzer Göller und Göller-Gipfelplateau nach S in die Eisgrube einfahren (Vorsicht auf Wechten!). Am wenigsten heikel ist eine Einfahrt ganz von O (keine Wechten, anfangs über einen Rücken), am heikelsten ganz im W. In schöner steiler Fahrt durch die breite Eisgrube (mitunter eingelagerte Schneemäuler!) zum Waldrand. Nun entweder rechts im Wald oder weiter im Grabengrund zu einer querenden Forststraße, 1200 m. Auf dieser rechts über den Rücken zurück zum Sender und zum Lahnsattel.

Variante Abfahrt wie Aufstieg: häufig gewählte Route, vor allem wenn die Verhältnisse in der Eisgrube unsicher sind. ▪ Aus der Eisgrube weitere Abfahrt durch den Lahngraben nach Lahnsattel-Ort, Brücke, Pkt. 956 m. Dann kurzer Gegenanstieg auf der Straße zum Lahnsattel. Auch als Ausgangspunkt möglich, allerdings kaum Parkmöglichkeit. ▪ Terzer Grube: direkte Südabfahrt vom Terzer Göller bis zur Forststraße beim Sender. Sehr lohnend bei sicheren Firnverhältnissen, ansonsten eine Lawinenbahn.

Tipp Göllerschaukel: Nordanstieg vom Gscheid (Tour 4.3), Eisgrube runter, Südanstieg zum Göller, Hühnerkralle runter

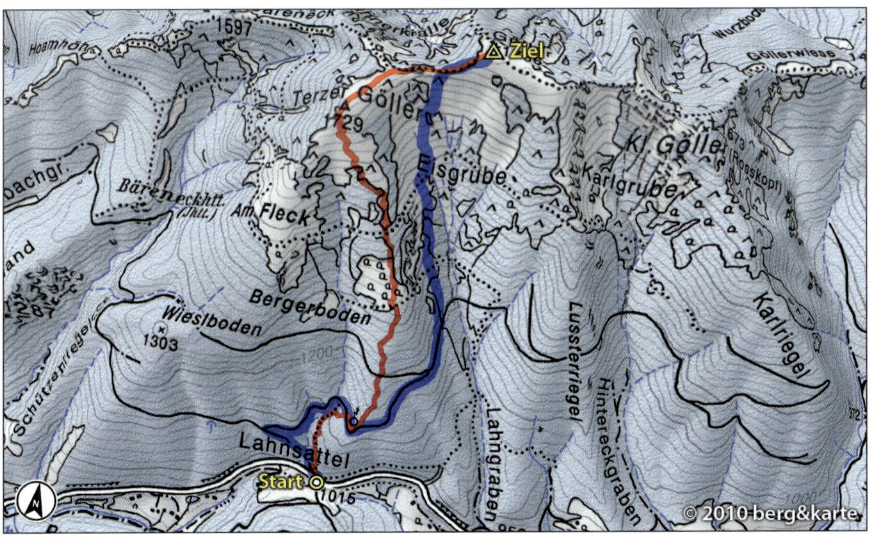

▬ Aufstieg ▬ Abfahrt *Kartenperspektive*

Karten ÖK 50 UTM 4211 (BMN 73)
Après Tour GH Freinerhof in Frein an der Mürz ▪ GH Am Gscheid und Alpengasthof Gruber am Gscheid ▪ GH Gnedt in Kernhof
Infos www.hochsteiermark.at ▪ www.freinerhof.at

4.7 Karlgrube

Zu Unrecht vernachlässigtes Südkar mit aussichtsreichem, längerem Aufstieg und Abfahrt bis zum Ausgangspunkt

Ausgangspunkt Frein, Donaudörfl

Starthöhe	920 m	**Gipfelhöhe**	1766 m	**Exposition**	S-O
Höhenmeter	900 hm	**Aufstiegszeit**	3 ½ h	**Einkehr**	nein
Aufstiegslänge	7 km	**Steilheit**	sehr steil	**Anspruch**	III

Einstimmung Neben der Eisgrube die zweite große südseitige Karabfahrt am Göller und trotzdem bedeutend seltener befahren. Ideal im Frühjahr bei butterweichem Firn, aber auch im Hochwinter herrschen manchmal schon günstige Verhältnisse. Durch den längeren Aufstieg ein tagesfüllendes Unternehmen. Landschaftlich wunderschöner, anfangs beschaulicher Aufstieg über das Göllerhaus, dann eine spektakuläre Überschreitung des Kleinen Göllers mit sehr schönen Blicken in die Karlgrube und zum Göller. Dort natürlich die maximale Panoramaschau, dann die Idealabfahrt durch die nur unmittelbar im Einfahrtsbereich sehr steile Mulde. Das große Abfahrtsvergnügen schließt mit einer flotten Schussfahrt zum Ausgangspunkt ab. Was will man mehr?

Lawinen Die Karlgrube ist von den steilen Flanken im W und O stark lawinengefährdet, und auch die überwechtete Einfahrt aus dem Sattel erfordert sichere Verhältnisse. Die weitere Abfahrt ist bei vernünftiger Spurwahl weniger kritisch.

Orientierung Ab der Göllerwiese bei Nebel zunehmend unangenehm und heikel (Wechten nach S), und auf dem weitläufigen Gipfelplateau des Göllers ist dann beim Übergang zum Gipfelkreuz Schluss mit lustig!

Zufahrt A2, dann S6 bis Ausfahrt Mürzzuschlag. B23 über Mürzsteg und Frein an der Mürz zum Donaudörfl (Kurve nach der NÖ-Grenze). Parken bei der Abzweigung oder etwas weiter bei einer Schottergrube. Alternativ von N aus dem Raum Mariazell (B21) oder St. Pölten (B20-B214-B21) jeweils über den Lahnsattel.

Einfahrt in die Karlgrube

Aufstieg Auf der Zufahrtstraße nach NO ins Donaudörfl. Dort vor der Brücke über den Stangelbach links (beschilderte Umleitung wegen einer Wildfütterung) und durch die verträumte Siedlung zum letzten Haus, Ende der Schneeräumung. Gerade weiter über die Wiese, dann rechts zum Wald und auf einer kleinen Holzbrücke über den Bach zur Forststraße. Nun im Saugraben (rote Markierung) flach talein zu einer Gabelung, Pkt. 972 m, Wegweiser. Auf dem linken Ast weiter und alsbald auf einer kleinen Lichtung wieder nach NO in den oberen Saugraben. Auf 1120 m eine Kehre (kann abgekürzt werden), bald darauf nach N ausscheren und über den Hochwaldrücken hinaus auf eine baumfreie Kuppe, 1350 m, Talstation der

Materialseilbahn des Göllerhauses. Nun links über einen steileren Rücken zum Göllerhaus, 1440 m. 1 ¾ Std.

Hinter der Hütte kurze Fellabfahrt in einen Sattel, dann über die aussichtsreiche Göllerwiese und allmählich durch Latschenfelder ansteigen (Wechten nach S!). Nach einem Linksschwenk nach SW über den Rücken aufwärts. Auf 1620 m nordseitige Querung des verschneiten Latschenhangs unter dem Gipfel des Kleinen Göllers zum jenseitigen Rücken (Kreuz). Über den schmalen Wechtenkamm auf eine Kuppe und jenseits vorsichtig hinab in den Sattel mit der Einfahrt in die Karlgrube. Am Gegenhang steilerer Anstieg auf den Göller, wobei gut in die Nordflanke ausgewichen werden kann. Vom Ostrand des Gipfelplateaus (Stange) Übergang nach WNW zum Gipfelkreuz. 1 ¾ Std.

Variante Auch der direkte (und daher kürzere) Aufstieg durch die Karlgrube selbst ist möglich und empfehlenswert. Sehr steil ist dabei der Ausstieg in den überwechteten Sattel (eventuell die letzten Meter abschnallen).

Abfahrt Vom Gipfel zurück in den Sattel zwischen Göller und Kleinem Göller. Als Variante ist es auch möglich, im oberen Teil der Göller-Nordflanke einige Schwünge zu ziehen und dann rechts in den Sattel zu queren. Aus dem Sattel (Achtung auf Wechten) an geeigneter Stelle (meist östlich) sehr steile Einfahrt in die Karlgrube. In der Mulde in freier Firnfahrt genussvoll dahin, dann auf 1480 m über eine Anhöhe. Auf 1400 m teilt sich der Graben. Beliebig im linken oder rechten Ast weiter durch teils lichten Wald zu einer Forststraße, 1200 m. Nun am besten auf dieser links schieben zum Beginn eines Schlages. Über diesen rechts hinab zurück in den waldigen Graben. Dort auf einem Forstweg talaus in gemütlicher Schussfahrt durch den Hintereckgraben zurück ins Donaudörfl und zum Start.

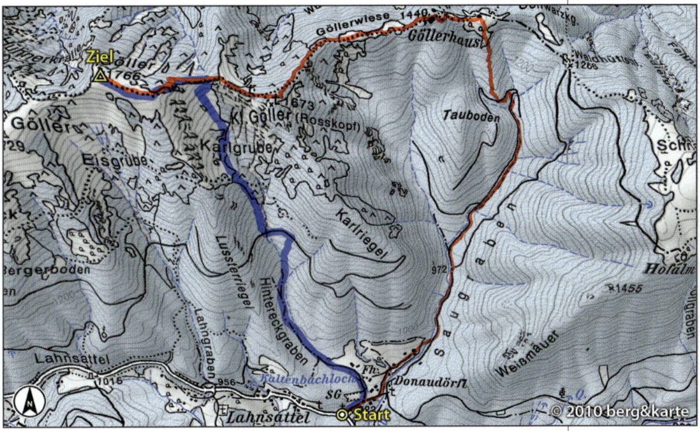

— Aufstieg — Abfahrt *Kartenperspektive*

Variante Wer sich den Göller schenken will, kann sich mit dem Kleinen Göller begnügen und gleich in die Karlgrube einfahren.

Tipp Göllerschaukel: Wurzboden rauf (Tour 4.5), Karlgrube runter, Saugraben rauf, Wurzboden runter.

Karten	ÖK 50 UTM 4211 (BMN 73)
Après Tour	GH Freinerhof in Frein an der Mürz ▪ GH Am Gscheid und Alpengasthof Gruber am Gscheid ▪ GH Gnedt in Kernhof
Infos	www.staegyd.at ▪ www.freinerhof.at

5 Preintaler Berge

Genusstouren abseits des Mainstreams

Preintaler Berge: Nie gehört? Gemeint sind die Berge zwischen Schneeberg und Göller einerseits, zwischen Schneealpe und Gutensteiner Alpen andererseits. Sie führen ein bergtouristisches Schattendasein, haben aber als Skitourenziele doch einen gewissen Stellenwert. Vielleicht erleben sie durch diese Würdigung in einem eigenen Kapitel eine kleine Renaissance!

Die Lage ist prominent, die Erreichbarkeit auch gut, die echten Highlights fehlen aber. Forststraßen im Wald dominieren den Aufstiegsalltag, die Gipfelbereiche bieten schöne Aussichten und bei Winterpowder werden die mittellangen Abfahrten sehr genussvoll. Einige Passagen sind durchaus lawinenkritisch, das geübte Auge findet aber meist Umfahrungsmöglichkeiten. Es muss ja nicht immer die Direttissima sein!

Neben einigen Touren mit einem höheren Bekanntheitsgrad gibt's auch echte Raritäten wie den Steinerkogel (der zum Tourengebiet von Frein an der Mürz zählt, aus Gründen der geografischen Correctness aber hier angeführt wird) sowie den Glatzeter Kogel, die beide Einsamkeitsgaranten sind und neue Einblicke in bekanntere benachbarte Gebirgsgruppen offenbaren.

Powder-Genuss am Schnalzstein

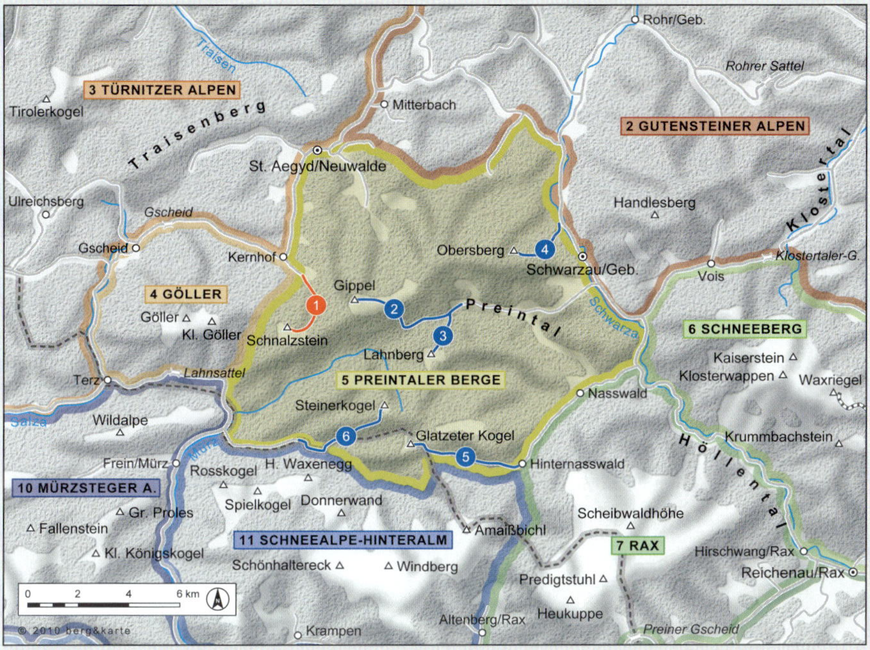

Anspruch: *leicht* *mittel* *schwierig* *sehr schwierig*

Regionskarte Preintaler Berge

Nr	Skitour	Gipfelhöhe	Höhenmeter	Aufstiegszeit	Exposition	Anspruch	Seite
1	Schnalzstein	1546 m	830 hm	2 ½ h	N-O	III	122
2	Perschkogel-Gippel	1669 m	1100 hm	3 ½ h	S-O	II	124
3	Lahnberg	1594 m	830 hm	2 ½ h	N	II	126
4	Obersberg	1467 m	855 hm	2 ½ h	O	II	128
5	Glatzeter Kogel	1594 m	900 hm	3 h	O	II	130
6	Steinerkogel	1589 m	665 hm	2 ¼ h	S-W	II	132

5.1 Schnalzstein

Schattseitige Insidertour durch einen kleinen Karkessel auf einen schönen Aussichtsberg zwischen Gippel und Göller

Ausgangspunkt Kernhof, Hinterbichler-Hof

Starthöhe	720 m	**Gipfelhöhe**	1546 m	**Exposition**	N-O
Höhenmeter	830 hm	**Aufstiegszeit**	2 ½ h	**Einkehr**	nein
Aufstiegslänge	5.2 km	**Steilheit**	sehr steil	**Anspruch**	III

Einstimmung Herrliche Voralpentour auf einen im Schatten von Gippel und Göller stehenden Sandwichgipfel. Schöne Powderwälder, eine steile Ostflanke und eine Aussicht, die man sich von diesem Berg sicher nicht erwartet hätte. Allerdings führt der Aufstieg zum Aussichtsgenuss zwingend durch einen mitunter lawinengefährdeten Kessel unter der Gamsmauer. Also doch nicht so harmlos voralpin, die Tour! Zumindest nicht von N. Von S, ausgehend vom Donaudörfl, schaut die Sache wieder ganz anders aus, aber dafür werden dort die abfahrtsorientierten SkitourengeherInnen kaum auf ihre Rechnung kommen. Es hat eben alles seine zwei Seiten.

Lawinen Die Ostflanke ist stark lawinengefährdet und erfordert sichere Verhältnisse.

Orientierung Auf dem weitläufigen Gipfelplateau Vorsicht bei Nebel.

Zufahrt A1 Ausfahrt St. Pölten, B20 über Lilienfeld nach Freiland, dann B214 über St. Aegyd am Neuwalde nach Kernhof. Im Ort links abzweigen (Schild zum Gippel), um ein Fabriksgelände herum, dann rechts und im flachen Talboden zu einer Gabelung. Rechts über eine Brücke und in Kürze zum Hinterbichler-Hof (parken bei der Scheune).

Abfahrt im oberen Teil der Ostflanke

Aufstieg Nach S (eventuell Loipe) zum Waldrand und allgemein nach SO auf einer Forststraße sanft ansteigen in den Grabengrund, 880 m, wo man den Graben erreicht, welcher nach SW Richtung Gamsmauer zustrebt. Nun weiter auf der Forststraße (Abkürzung durch den Graben möglich, aber recht mühsam und daher nicht lohnend) den Fadenwald aufwärts (Kehren), dann eine lange Querung zurück zum Graben, in Kürze auf eine Lichtung und über eine Steilstufe in eine Mulde, 1260 m, guter Rastplatz. 1 ¾ Std.

Auf dem Ostrücken des Schnalzsteins, rechts der Gippel

Hier beginnt der mitunter lawinengefährdete Abschnitt: nach W in den sich aufsteilenden Kessel und bald nach rechts abdriften zum Nordostrücken, 1450 m. Über den mitunter verwechteten Rücken auf eine Anhöhe und flacher Übergang zum Gipfelplateau (Kreuz). ¾ Std.

Abfahrt Im Allgemeinen wie Aufstieg. Bei guten und sicheren Verhältnissen direkte steile Einfahrt in die Ostflanke möglich. Nach dem Rastplatz im Wald, 1260 m, zahlreiche Varianten im Graben oder besser im Wald östlich davon. Zuletzt wieder auf der Forststraße ungebremst talaus zurück zum Start.

Tipp Der Schnalzstein kann auch leicht vom Donaudörfl (Tour 4.7) über den Waldhüttsattel erreicht werden: Schöne landschaftsorientierte Anfängertour mit hohem Forststraßenanteil.

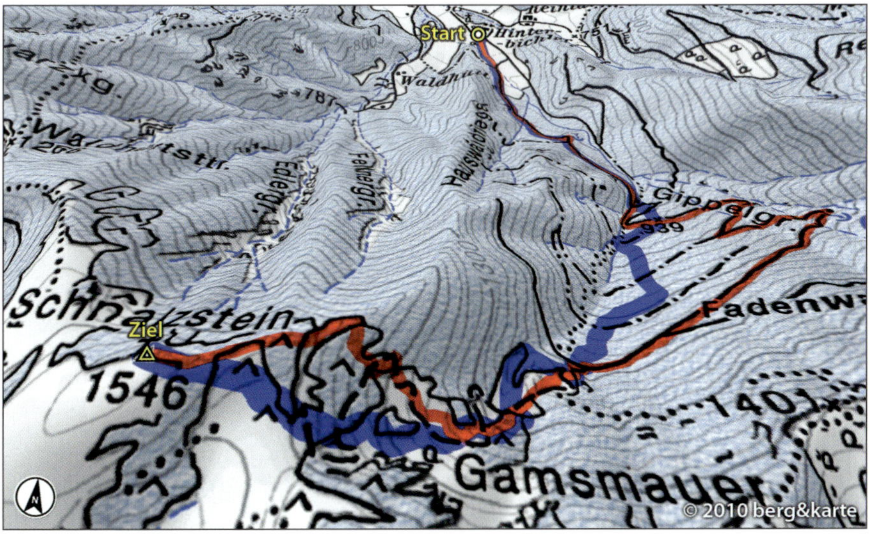

Aufstieg *Abfahrt* *Kartenperspektive*

Karten ÖK 50 UTM 4205 + 4211 (BMN 73)
Après Tour GH Gnedt in Kernhof • Gastronomie in St. Aegyd am Neuwalde
Infos www.staegyd.at

5.2 Perschkogel-Gippel

Beliebte Waldpowder-Tour mit landschaftlich reizvoller Verlängerung zum Gippel. Insbesondere gleich nach Neuschneefall lohnend

Ausgangspunkt Preintal, Hinteres Preintal

Starthöhe	770 m	**Gipfelhöhe**	1669 m	**Exposition**	S-O
Höhenmeter	1100 hm	**Aufstiegszeit**	3 ½ h	**Einkehr**	nein
Aufstiegslänge	6.6 km	**Steilheit**	steil	**Anspruch**	II

Einstimmung Paradebeispiel einer beliebten steilen Waldpowdertour, die viel Schnee braucht und wegen ihrer südseitigen Ausrichtung im Hochwinter sofort nach Neuschneefall befahren werden muss, will man den vollen Genuss auskosten. Der Übergang zum Gippel spricht das landschaftsorientierte Publikum an und ist eine lohnende Zugabe bei gutem Wetter. Die Abfahrt vom Perschkogel bietet einigen Spielraum für diverse kleine Varianten, ab der Gscheidlhöhe geht's dann im Schuss zurück zum Start oder schnell noch auf den Lahnberg vis à vis!

Lawinen Vorsicht im südseitigen, eingewehten steilen Gipfelhang des Perschkogels (kann vermieden werden).

Orientierung Bis zum Perschkogel einfach, der Übergang zum Gippel ist bei Nebel etwas unangenehm.

Zufahrt A2, dann S6 bis Ausfahrt Gloggnitz. B27 über Reichenau an der Rax durch das Höllental nach Schwarzau im Gebirge. Alternativ von N B27 von Hainfeld über die Kalte Kuchl oder von O B21 von Wöllersdorf nach Gutenstein und über das Klostertaler Gscheid. Knapp südlich von Schwarzau im Gebirge abzweigen ins Preintal. Bergstrecke zum Eckbauer (eventuell Schneeketten erforderlich), dann hinab ins Preintal und talein zum Straßenende, parken bei der Kapelle nach dem Reiterhof.

Blick vom Perschkogel zum Schneeberg

Aufstieg Auf der Forststraße, dann auf dem guten Gehweg (rote Markierung, Weg Nr. 406, zahlreiche Tafeln der Pilgerwanderer nach Mariazell) gemütlich talein am Preinbach entlang zur Gscheidlhöhe, 1134 m, zwei kleine Lichtungen. 1 ¼ Std.

Von der zweiten Lichtung nach N im dichteren Wald und bald raus an den Rand einer Aufforstung. Neben dieser in Kehren zügig aufwärts, dann die allgemeine Richtung beibehaltend im Wald an den unteren Rand des freien Gipfelhanges und rechts ausholend auf den Perschkogel. 1 ¼ Std.

Übergang zum Gippel: Fellabfahrt nach N in den Ochsenboden und weiter nach W durch eine Mulde bis 1500 m. Dann ebene Querung zum felsigen Gippeltörl (1533 m, Postkasten!) und knapp links unter der Kammhöhe aussichtsreicher Anstieg zum Gippelkreuz. ½ Std.

Variante Im Aufstieg zum Gippel kann der Perschkogel östlich umgangen werden, um direkt in den Ochsenboden zu gelangen.

Abfahrt Zurück zum Perschkogel (kurzer Gegenanstieg mit Fellen aus dem Ochsenboden). Knapp östlich vom höchsten Punkt über freie Flächen einschwingen, dann im Hochwald und über die Schläge genussvoll zur Gscheidlhöhe. Weitere flotte Abfahrt zurück zum Ausgangspunkt.

Tipp Der Gippelgraben ist verwachsen und daher als Abfahrt wenig interessant.

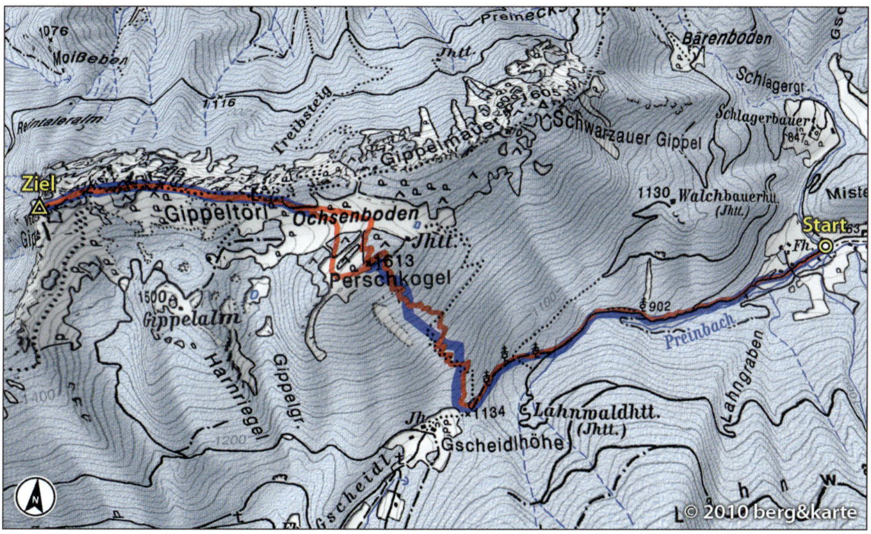

— *Aufstieg* — *Abfahrt* *Kartenperspektive*

Karten ÖK 50 UTM 4211 (BMN 73 + 74)
Après Tour Gastronomie in Schwarzau im Gebirge
Infos www.schwarzauimgebirge.at

5.3 Lahnberg

Herrliche hindernisfreie nordseitige Grabenabfahrt. Nicht harmlos, aber auch nicht so gefährlich wie es der Name vermuten lässt

Ausgangspunkt Preintal, Hinteres Preintal

Starthöhe	770 m	**Gipfelhöhe**	1594 m	**Exposition**	Nord
Höhenmeter	830 hm	**Aufstiegszeit**	2 ½ h	**Einkehr**	nein
Aufstiegslänge	4.6 km	**Steilheit**	steil	**Anspruch**	II

Einstimmung Landschaftlich und abfahrtstechnisch sehr lohnende kürzere Tour mit einer beliebten nordseitigen Steilabfahrt durch einen Lawinengraben, der guten Pulverschnee (kon)serviert. Wer mehr aus dem Tag herausholen will, kann auch die Kombination mit dem Perschkogel (Tour 5.1) ins Auge fassen. Vom Gipfel umfassende Aussicht vom Schneeberg bis zum Hochschwab und eindrucksvolle Ansichten des verwechteten Kamms zum Donnerkogel.

Lawinen Der Name suggeriert eine größere Gefährdung, allerdings darf der Graben auch nicht unterschätzt werden. Heikle Passagen können gut vermieden werden. Bei kritischen Verhältnissen besser direkt vom Gipfelkreuz bzw. etwas östlich davon einfahren.

Orientierung Einfach.

Zufahrt A2, dann S6 bis Ausfahrt Gloggnitz. B27 über Reichenau an der Rax durch das Höllental nach Schwarzau im Gebirge. Alternativ von N B27 von Hainfeld über die Kalte Kuchl oder von O B21 von Wöllersdorf nach Gutenstein und über das Klostertaler Gscheid. Knapp südlich von Schwarzau im Gebirge abzweigen ins Preintal. Bergstrecke zum Eckbauer (eventuell Schneeketten erforderlich), dann hinab ins Preintal und talein zum Straßenende, parken bei der Kapelle nach dem Reiterhof.

Übergang zum Gipfelkreuz, im Hintergrund der Schneeberg

Aufstieg Auf der Forststraße, dann auf dem guten Gehweg (rote Markierung, Weg Nr. 406, zahlreiche Tafeln der Pilgerwanderer nach Mariazell) gemütlich talein am Preinbach entlang bis zu einer Gabelung auf 1000 m. ¾ Std.

Dort die Markierung verlassen und links weiter auf der Forststraße zunächst flach, dann in Kehren an der Lahnwaldhütte vorbei. Bald darauf je nach Schneelage direkte Abkürzer über freie Rodungsflächen nach SO möglich. Danach beim oberen Waldrand links halten zu einem Rücken, über diesen zum weniger steilen Gipfelkamm und flacher Übergang (Wechten nach NO) zum Gipfelkreuz. 1 ¾ Std.

Powderfreuden in Perfektion im Lahngraben

Abfahrt Direkt vom Kreuz, oder etwas östlich über den Rücken ausholend (oder bei sicheren Verhältnissen auch vom überwechteten Gipfelkamm) in die lichte Grabenmulde einfahren. Der Graben bildet sich immer mehr aus und bietet ein ideales Skigelände bis zu einer zweiten Forststraße auf 1070 m. Nach den Kehren auf der Forststraße weiter zu einem nahen Rücken und direkt über diesen nach N hinab (anfangs etwas verwachsen, bald eine schmale Schneise). Dann auf einem Ziehweg zu einer Kehre der Forststraße, auf dieser in den Talgrund, neben dem Preinbach zu einer Brücke und in Kürze zurück zum Start.

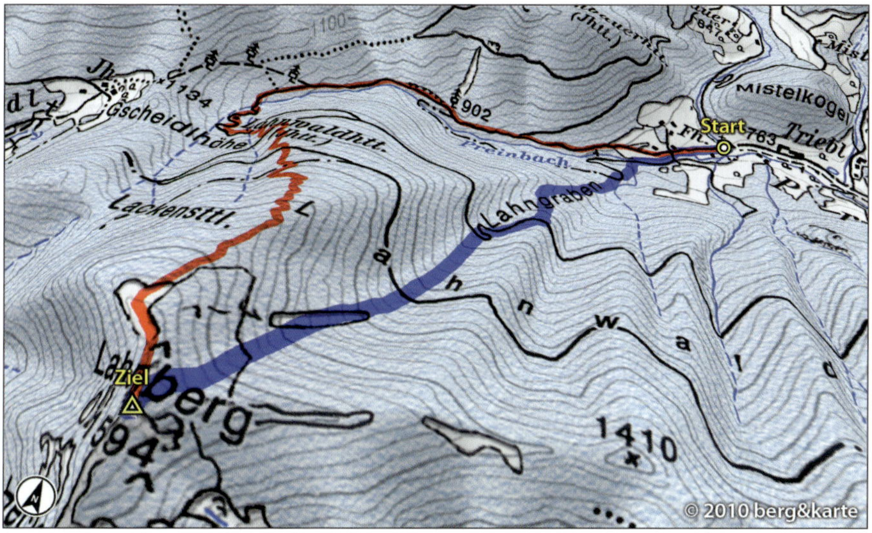

Aufstieg ■ Abfahrt

Kartenperspektive

Karten ÖK 50 UTM 4211 (BMN 74)
Après Tour Gastronomie in Schwarzau im Gebirge
Infos www.schwarzauimgebirge.at

Schöner steiler Waldrückenaufstieg, dann eine großartige Gipfelschau und eine schwungvolle Grabenabfahrt

Ausgangspunkt Schwarzau im Gebirge, B27 1.5 km nördlich vom Ortskern

Starthöhe	615 m	**Gipfelhöhe**	1467 m	**Exposition**	Ost
Höhenmeter	855 hm	**Aufstiegszeit**	2 ½ h	**Einkehr**	nein
Aufstiegslänge	4.1 km	**Steilheit**	steil	**Anspruch**	II

Einstimmung Waldreiche mittellange Hochwintertour auf einen aussichtsreichen Gipfel mit klassischem Schneebergblick. Nach einem Forststraßen-Warm up anhaltend steiler, etwas mühsamer Anstieg über einen Waldrücken. Schöne Powderabfahrt durch eine Grabenmulde, dann Forststraßenstrecken, die je nach Schneelage im Hochwald und über freie Flächen abgekürzt werden können.

Blick von der Waldfreundehütte zum Schneeberg

Lawinen Die gipfelnahe Ostmulde ist meist schneebrettgefährdet und verlangt absolut sichere Verhältnisse! Ihr kann aber gut ausgewichen werden.

Orientierung Einfach. Vorsicht bei Nebel beim letzten Anstieg an der überwechteten Ostmulde entlang zur Waldfreundehütte.

Zufahrt A2, dann S6 bis Ausfahrt Gloggnitz. B27 über Reichenau an der Rax durch das Höllental nach Schwarzau im Gebirge. Alternativ von N B27 von Hainfeld über die Kalte Kuchl oder von O B21 von Wöllersdorf nach Gutenstein und über das Klostertaler Gscheid. 1.5 km nördlich vom Ortskern (zwischen Steinach und Rossböck) zu zwei Brücken, Parkmöglichkeit.

Aufstieg Zwischen den beiden Brücken auf einer Zufahrt kurz nach W, dann links über die Wiesenfläche nach S. Ab dem Waldrand auf einer Forststraße, die vom Steinach-Hof kommt, zu einer

Gabelung auf 720 m. Dort links und weiter auf der Forststraße (mehrere Kehren) zu einer weiteren Gabelung, 970 m. Hierher Abkürzer durch den steilen Wald ab 800 m möglich. Gerade weiter und in Kürze zu einem Waldrücken (ab hier rote Markierung). 1 Std.

Über diesen nach W bei anhaltender Steilheit und daher etwas mühsam höher. Erst ab 1350 m wird es wieder gemütlicher: an der Ostmulde entlang nach NW einschwenken in lichten Wald, dann über freie Flächen zur Waldfreundehütte, 1450 m, offener Winterraum. Zum höchsten Punkt kurz weiter nach W am Kamm entlang (Kreuz, schöner Ausblick, vor allem nach SO zum Schneeberg). 1 ½ Std.

Variante Auch ein Aufstieg durch die Ostmulde ist möglich, im Gipfelbereich rechts auf den Rücken ausweichen!

Abfahrt Von der Waldfreundehütte Einfahrt in die Ostmulde (Vorsicht!), bei ungünstigen Verhältnissen besser direkt von der Hütte nach O zunächst über den Rücken und erst weiter unten nach rechts in die Mulde. Dort genussvoll durchschwingen, unterwegs eine Lichtung, dann weiter zu einer Forststraße, 1100 m. Diese kreuzen und nach einem etwas steileren und engeren Waldgraben wieder auf eine Forststraße. Auf dieser wie beim Aufstieg im Schuss dahin, eine scharfe Linkskehre, dann nach einem Graben bis 900 m. Dort bei guter Schneelage rechts ab auf den Waldrücken und im lichten Hochwald zur Gabelung, 720 m. Nun wie beim Aufstieg zurück zum Start.

Variante Kurzes Extra: Abfahrt zur Obersberger Alm und wieder hinauf zur Waldfreundehütte.

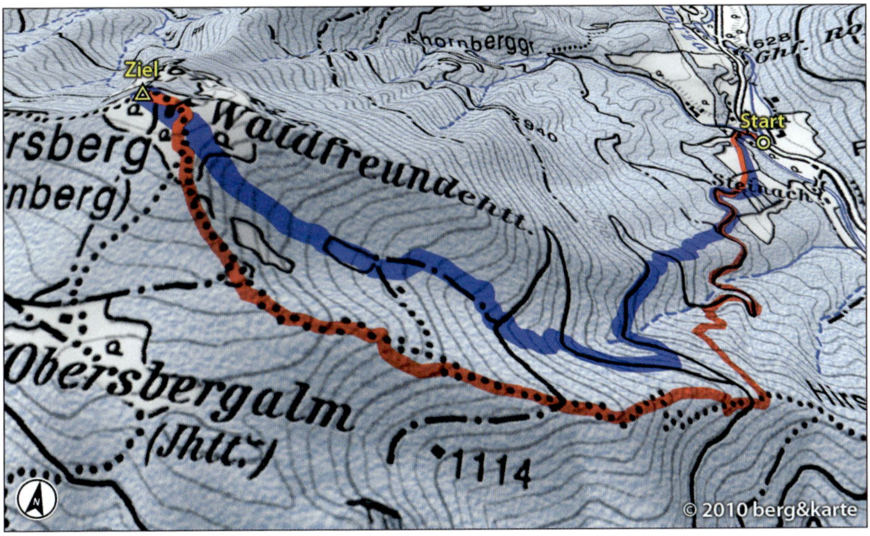

Aufstieg *Abfahrt* *Kartenperspektive*

Karten ÖK 50 UTM 4205 + 4206 (BMN 74)
Après Tour Gastronomie in Schwarzau im Gebirge
Infos www.schwarzauimgebirge.at

5.5 Glatzeter Kogel

Kaum bekannte, landschaftlich sehr schöne Tour mit längerem Forststraßenanteil

Ausgangspunkt Hinternasswald, Parkplatz

Starthöhe	712 m	**Gipfelhöhe**	1594 m	**Exposition**	Ost
Höhenmeter	900 hm	**Aufstiegszeit**	3 h	**Einkehr**	nein
Aufstiegslänge	6.1 km	**Steilheit**	steil	**Anspruch**	II

Einstimmung Ein vollkommen unbekannter Nachbar des Sonnleitsteins. Im Winter eine durchaus reizvolle Tour mit allerdings recht hohem Forststraßenanteil vom Start weg. Im oberen Abschnitt besonders lohnend bei Waldpowder. Für Ambitionierte ist auch die Kombination mit dem anspruchsvolleren Sonnleitstein sehr interessant.

Lawinen Bei ungünstigen Verhältnissen ist der letzte Abschnitt des Gipfelkamms heikel.

Orientierung Einfach.

Zufahrt A2, dann S6 bis Ausfahrt Gloggnitz. B27 über Reichenau an der Rax durch das Höllental bis zum ehemaligen GH Singerin. Dort abzweigen und über Nasswald nach Hinternasswald, geräumter Parkplatz.

Aufstieg Vom Parkplatz auf der Straße weiter talein Richtung Sonnleitstein (rote Markierung, Weg Nr. 440). Beim Forsthaus rechts ab (Schranken) und Beginn des Anstiegs. Im Haselgraben vorbei an der Abzweigung zum Sonnleitstein und weiter auf der Straße gleichmäßig höher im Sonnleitenwald. Nach vier Kehren (bei guter Schneelage Abkürzer möglich) zu einem markanten Eck, 1135 m. 1 ½ Std.

Blick vom Amaißbichl nach N, rechts der Sonnleitstein, ganz links der Glatzeter Kogel, in der Ebene dahinter der Gippelkamm

Danach in einem Graben wieder eine Abzweigung zum Sonnleitstein. Die folgenden Kehren können abgekürzt werden, dann auf 1280 m mit der Markierung von der Forststraße links abdriften und nach W in einen weiten Sattel, 1330 m (Lichtung, schöner Blick zur Schneealpe). Nun nach N im bald recht steilen Wald zum teilweise überwechteten Gipfelkamm und nach W zum Gipfelbereich. Dort Depot bei einer südseitigen Steilflanke (nicht queren!). Weiter zu Fuß über den engen baumbestandenen Kamm zum nicht eindeutig ausgeprägten höchsten Punkt (kein Kreuz). Beste Aussicht noch etwas weiter westlich. 1 ½ Std.

Abfahrt Zunächst am Gipfelkamm etwas nach O zurück und beliebig im Steilwald in den Sattel, 1330 m. Weiter wie im Aufstieg: die vier Kehren können genussvoll abgekürzt werden, dann flotte Schussfahrt auf der ideal geneigten Forststraße zurück zum Start.

Variante Nur bei gutem Firn: vom Gipfel direkt nach S, dann Gegenanstieg zurück in den Sattel, 1330 m.

Tipp Variante Sonnleitstein: Im Aufstieg vor dem Sattel, 1330 m, rechts weiter auf der Forststraße und am Hang nach NO zu einer Lichtung westlich vom Ohnemoaßkogel. Diese aufwärts, dann im Wald etwas links haltend steil zum Bergrücken. Um den felsigen Gipfelaufbau rechts herum und steil zum Gipfelkreuz, 1639 m (letztes Stück zu Fuß und nur im Frühjahr bei festem Firn, eventuell Steigeisen mitnehmen). Retour zum Rücken und über diesen sehr aussichtsreich (verwechtet) nach W, zwischendurch über eine langgestreckte Kuppe, 1519 m, dann über den Gipfelkamm zum Glatzeter Kogel. Abfahrt wie oben.

Blick vom Glatzeter Kogel zum Sonnleitstein (Variante)

Aufstieg *Abfahrt* *Kartenperspektive*

Karten ÖK 50 UTM 4211 (BMN 104)
Après Tour WH Zum Raxkönig in Nasswald
Infos www.schwarzauimgebirge.at

5.6 Steinerkogel

Wenig bekannte Waldtour mit sehr interessanter Gipfelschau. Abfahrt anfangs sehr genussvoll, dann Forststraßenhighway

Ausgangspunkt Neuwald, Jausenstation Leitner

Starthöhe	926 m	**Gipfelhöhe**	1589 m	**Exposition**	S-W
Höhenmeter	665 hm	**Aufstiegszeit**	2 ¼ h	**Einkehr**	nein
Aufstiegslänge	5.3 km	**Steilheit**	steil	**Anspruch**	II

Einstimmung Der Steinerkogel steht etwas abseits, als kürzere Hochwinter-Skitour ist er den meisten unbekannt und wird relativ selten durchgeführt. Der Zugang beginnt mit einer kontemplativen Flachstrecke, dann folgen aber schöne Gräben, Hochwälder und Lichtungen. Überraschend ist die Gipfelschau, vor allem nach Süden, wo die Schneealpe interessante Einblicke gewährt. Und bei Waldpowder gibt's natürlich auch hier den großen Abfahrtsgenuss!

Lawinen Bei ungünstigen Verhältnissen kann die Abfahrt vom Gipfel nach S bis zur ersten Forststraße heikel sein.

Orientierung Lediglich im Gipfelbereich bei Nebel ein wenig Aufmerksamkeit erforderlich.

Zufahrt A2, dann S6 bis Ausfahrt Mürzzuschlag. B23 über Mürzsteg nach Frein an der Mürz. 2.5 km danach rechts abzweigen nach Neuwald und im Tal bis zum Straßenende bei der Jausenstation Leitner, Pkt. 926 m. Geräumter Parkplatz nach der Brücke über die Kalte Mürz. Alternativ von N aus dem Raum Mariazell (B21) oder St. Pölten (B20-B214-B21) jeweils über den Lahnsattel.

Blick vom Gipfelkamm zur Rax, ganz links der Schneeberg

Aufstieg Auf der meist geräumten Forststraße rechts der Kalten Mürz 1.3 km talein. Dort am Ende der Lichtung links ab zu einer versteckten Holzbrücke (Vorsicht beim Überqueren) und nach N in das Tal des Grassgrabenbachs. Bei einer Gabelung, 980 m (rechts im Wald eine kleine Jagdhütte), links ab in den zunächst flachen Lanxengraben, dann ansteigend zum Straßenende, 1040 m. Weiter im Wald zu einer Grabenteilung. Im rechten Ast genau nach O und im Hochwald in Spitzkehren höher, am besten etwas links vom Grabengrund. Dann im bald wieder flacheren Gelände zu einer Forststraße und in Kürze zur Lichtung der ehemaligen Mitterhofalm, 1340 m. 1 ¾ Std.

Erste Schwünge vom Gipfel nach S

Dort links zum oberen Rand der Lichtung und leicht rechts haltend zu einer Forststraße. Danach steilerer Anstieg zum unteren Rand der Lanxenalm. Über einen Boden, dann durch eine Mulde (oder an ihrem rechten Rand) aufwärts an die Geländekante (eindrucksvoller Blick in die Steinerkogel-Ostflanke). Über den Rücken zum schwach ausgeprägten Gipfelbereich (kein Kreuz), bessere Aussicht etwas weiter westlich. ½ Std.

Abfahrt Vom Gipfelkamm genau nach S zunächst durch lichte Flächen, dann im Wald steiler zur querenden Forststraße. Genussvoll im Hochwald weiterschwingen zur Mitterhofalm und wie beim Aufstieg in den Lanxengraben und zurück zum Ausgangspunkt.

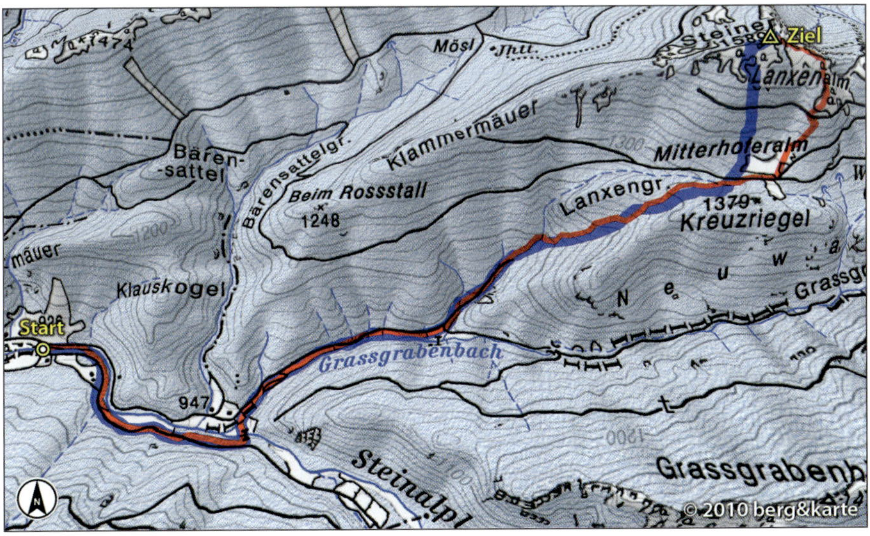

— *Aufstieg* — *Abfahrt*

Kartenperspektive

Karten ÖK 50 UTM 4211 (BMN 73 + 74 + 103)
Après Tour Jausenstation Leitner in Neuwald • GH Freinerhof in Frein an der Mürz
Infos www.hochsteiermark.at

6 Schneeberg

Das erste Skitourenhighlight am östlichen Alpenrand

Am Schneeberg kann man sich vom Anfänger zum Vollprofi entwickeln. Was für ein Glück für alle Skitourenfans am östlichen Alpenrand, dass ihnen so ein vielfältiges Angebot an Touren aller Art auf so engem Raum geboten wird!

Von allen Seiten geht's entweder auf den Kaiserstein mit der Fischerhütte oder aufs Klosterwappen mit der großen Funkstation. Im Idealfall dauert die Saison von November bis Mai - also ein halbes Jahr! Das Spektrum reicht von klassischen Standardtouren über Abenteuertouren bis zu extremen Steilrinnen für wahre Könner. Die Aufstiege sind meist 1200 bis 1600 hm lang, lediglich von Losenheim kann der Sessellift zur Edelweisshütte den Einsatz von Körperkraft etwas reduzieren. Abfahrten ins Höllental auf 550 m werden nur bei wirklich guter Schneelage möglich sein, dahingegen ermöglicht die schattige Kunstschneepiste auf der Ostseite schneesichere Abfahrten nach Losenheim bis weit in den April hinein.

Der Schneeberg erscheint von Osten wie der Mt. McKinley Niederösterreichs und so ist auch sein Mikroklima: rau, kalt, windig bis stürmisch. Wer den Gipfel windstill erlebt, sollte sich diesen Tag gut merken, er wird nicht so bald wiederkommen! Der Berg ist den vorherrschenden Nordwestwetterlagen schutzlos ausgeliefert. Die Orientierung ist auf den Hauptanstiegen durch recht eng gesetzte Stangen einfach, abseits aber schwierig bis gefährlich, denn es drohen einerseits tiefe Dolinengruben, andererseits überwechtete Felsabbrüche. Bei Nebel sollte man beim Verlassen der Fischerhütte genau auf den gelungenen Start achten: Es ist viel leichter die Fischerhütte zu treffen als von ihr losfahrend die gewünschte Abfahrt zu finden!

Einkehrmöglichkeit gibt's beim Standardanstieg von Losenheim in der Edelweisshütte. Die Fischerhütte auf dem Kaiserstein verfügt über einen kleinen offenen Aufenthaltsraum, der mit Euro-Münzen beheizt werden kann.

Noch ein Wort zu Lawinen: Da bekanntlich der Wind der Baumeister von Lawinen ist, verheißt das am Schneeberg nichts Gutes! Also muss diesem Umstand die entsprechende Aufmerksamkeit gewidmet werden. Selbst der Standardaufstieg von Losenheim über den Fadenweg hat seine kleinen Tücken, und bei kritischen Verhältnissen sollte man auch den Wurzengraben meiden und stattdessen über den Schauerstein aufsteigen. Alle anderen Wege zum Schneeberg erfordern eine gewissenhafte Beurteilung der Lawinenlage und der Schneesituation.

Abfahrt durch die Rote Schütt

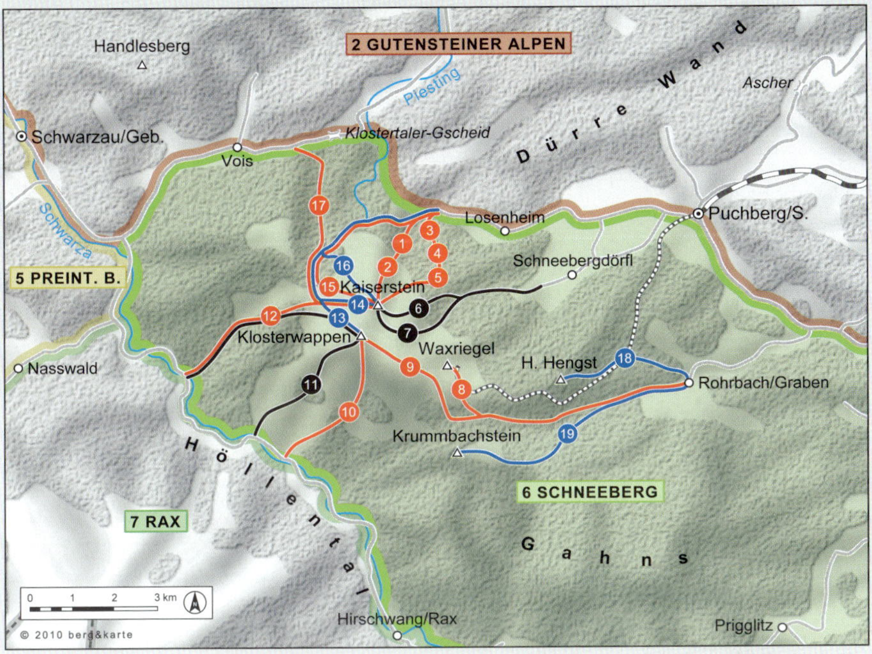

Anspruch: ● *leicht* ● *mittel* ● *schwierig* ● *sehr schwierig*

Regionskarte Schneeberg

Nr	Skitour	Gipfelhöhe	Höhenmeter	Aufstiegszeit	Exposition	Anspruch	Seite
1	Lahningries	2061 m	1200 hm	3 ½ h	N	III	136
2	Rote Schütt	2061 m	1200 hm	3 ½ h	N	III	138
3	Rote-Schütt-Flanke	2061 m	1200 hm	3 ½ h	N-O	III	140
4	Breite Ries	2061 m	1200 hm	3 ½ h	N-O	III	142
5	Narrndattlrinne	2061 m	1200 hm	3 ½ h	N-O	III	144
6	Krumme Ries	2061 m	1345 hm	4 h	O	IV	146
7	Schneidergraben	2061 m	1345 hm	4 h	N-O	IV	148
8	Waxriegel-Kuhplacken	1888 m	1260 hm	4 h	S-O	III	150
9	Saugraben	2076 m	1700 hm	5 ½ h	S-O	III	152
10	Bockgrube-Stadelwandgraben	2076 m	1540 hm	4 ½ h	S-W	III	154
11	Kaligraben-Lahngraben	2076 m	1530 hm	4 ¾ h	S-W	IV	156
12	Fronbachgraben	2061 m	1500 hm	4 ½ h	W	III	158
13	Schneegraben	2076 m	1260 hm	4 h	N-W	II	160
14	Wurzengraben	2061 m	1230 hm	3 ¾ h	N-W	II	162
15	Salvisgraben	2061 m	1200 hm	3 ½ h	N	III	164
16	Hoyosgraben	2061 m	1200 hm	3 ½ h	N	II	166
17	Tränkwiesenabfahrt	2061 m	1350 hm	4 ¼ h	N-W	III	168
18	Hoher Hengst	1450 m	820 hm	2 ¾ h	S-O	II	170
19	Krummbachstein	1602 m	980 hm	3 ¼ h	O	II	172

6.1 Lahningries

Der wunderbare Steilfirnklassiker am Schneeberg mit eindrucksvoller Einfahrt und Schneegarantie bis weit ins Frühjahr

Ausgangspunkt Losenheim, Talstation Sessellift

Starthöhe	872 m	**Gipfelhöhe**	2061 m	**Exposition**	Nord
Höhenmeter	1200 hm	**Aufstiegszeit**	3 ½ h	**Einkehr**	✓
Aufstiegslänge	4.5 km	**Steilheit**	sehr steil	**Anspruch**	III

Einstimmung Die nördlichste der klassischen Steilrinnen auf der Ostseite des Schneebergs und für viele der Einstieg in die Liga der Abfahrten "40° und steiler". Berühmt-berüchtigte Einfahrt, danach ungehinderte Abfahrt mit gleich bleibender Steilheit über 600 hm! Wegen der Nordostlage länger als andere Schneeberg-Rinnen befahrbar. Unten raus ohne extra Aufwand in einem Zug auf der Piste zurück zum Start. Nicht zu früh in der Saison angehen, der Schnee firnt nicht auf und die Tour ist gefährlich (Lawinen). Wird von SkibergsteigerInnen auch gerne im Aufstieg begangen (Steigeisen!). Üblicher Aufstieg im Frühjahr auf dem Fadensteig, wobei die Ski meist ab der Edelweisshütte getragen werden (Steigeisen sicherheitshalber mitnehmen!).

Lawinen Nur bei sicheren Firnverhältnissen einfahren. Reine Frühjahrstour, im Hochwinter gefährliche Lawinenbahnen!

Orientierung Ab dem Ausstieg aus dem Fadensteig auf die Hochfläche, Pkt. 1723 m, bis zur Fischerhütte der sehr guten Stangenmarkierung folgen. Einfahrt in die Lahningries bei Nebel schwierig zu treffen.

Zufahrt A2 Ausfahrt Wiener Neustadt West, B26 über Grünbach nach Puchberg am Schneeberg und weiter nach Losenheim. Bis zum GH Forellenhof flach, dann eine steile Rampe zum Straßenende bei der Talstation des Sessellifts, Parkplätze. Alternativ auch A2 Ausfahrt Wöllersdorf, B21 ins Piestingtal bis Reichental und über den Ascher nach Puchberg oder S6 Ausfahrt Neunkirchen und von Neunkirchen B26 nach Puchberg.

Aufstieg Von der Talstation des Sessellifts entweder mit dem Lift hinauf oder im Bereich der Piste (Möglichkeiten: entweder ganz am linken schattigen Pistenrand oder mehr rechts über einen vormittags sonnseitigen baumfreien Rücken, teils auch auf Pisten) zur Edelweisshütte. Ohne Lift 1 Std.

Von der Edelweisshütte mit wenigen Schritten zur ehemaligen Sparbacherhütte und noch vor ihr links nach SW auf dem gelb markierten Fadensteig (Ski tragen) anfangs durch Wald, dann unter Felsen rechts vorbei (einige ganz leichte Klettereinlagen) und auf einen Rücken, 1450 m. Über diesen höher, dann rechts um eine Felswand und in einer Rinne (Sicherungen) aufwärts. Nun eine mitunter heikle Querung einer Steilflanke (zwei schlappe Stahlseile, diese aber eventuell unter Schnee, Vorsicht). Weitere Querung zu einem ausgesetzten Eck (Sicherungen). Dann wieder steiler ansteigen und zuletzt über Steilschrofen (Steigeisen?) zum Ausstieg auf die Hochfläche bei Pkt. 1723 m, super Aussicht und guter Rastplatz (falls nicht der kalte Wind bläst). 1 ¼ Std.

Weiter der sehr guten Stangenmarkierung folgend zur Fischerhütte bzw. direkt nördlich davon auf den ganz nahen Kaiserstein (Denkmal, Tiefblick ins Puchberger Becken, Vorsicht auf Wechten). 1 Std.

Variante Von der Edelweisshütte auf dem Fadenweg, dann durch den Hoyosgraben, Tour 6.16, zur Fischerhütte ▪ Von der Edelweisshütte auf dem Fadenweg zur Heinrich-Krempel-Hütte und durch den Wurzengraben, Tour 6.12, oder über den Schauerstein, Tour 6.14, zur Fischerhütte

Abfahrt Von der Fischerhütte wie beim Aufstieg über den Fadensteig den Stangen folgen bis 1900 m. Dort von O Einmündung einer blauen Markierung (Nandlgrat), nach W die Einfahrt in den nördlichen Ast des Hoyosgrabens. An dieser Stelle von den Stangen rechts weg auf einen Boden, alsbald links in eine seichte Mulde und durch diese (links Felsen) flach nach N zur nahen verwechteten Einfahrt. Schauriger Tiefblick in die sehr steile Lahningries. Beste Einfahrt meist ganz links, dann in der zunächst engen, dann breiteren Rinne zunehmend genussvolle, hindernisfreie Steilabfahrt. Auf 1450 m von rechts Einmündung der Roten Schütt. Weiter abwärts und je nach Schneesituation ab 1250 m (Querung des Nördlichen Grafensteigs) eventuell links ausweichen in den lichten Wald. Bei ausreichend Schnee weiter in der Rinne. Spätestens auf 1080 m links auf einem Forstweg zur nahen Piste und zurück zum Ausgangspunkt.

Die Einfahrt in die Lahningries

Einkehr unterwegs Edelweisshütte, 1235 m, knapp oberhalb der Bergstation des Sessellifts. Im Winter und Frühjahr bewirtschaftet, Di Ruhetag. Fischerhütte, 2049 m, beim Kaiserstein, offener Aufenthaltsraum, bewirtschaftet erst ab Ende April.

Aufstieg — Abfahrt

Kartenperspektive

Karten	ÖK 25 Schneeberg und Rax, ÖK 50 UTM 4212 (BMN 74)
Après Tour	GH Forellenhof in Losenheim ▪ Gastronomie in Puchberg am Schneeberg
Infos	www.zauberberge.at

6.2 Rote Schütt

Einfahrtsvariante in die weit bekanntere Lahningries. Steht dieser an Steilheit und Attraktivität kaum nach!

Ausgangspunkt Losenheim, Talstation Sessellift

Starthöhe	872 m	**Gipfelhöhe**	2061 m	**Exposition**	Nord
Höhenmeter	1200 hm	**Aufstiegszeit**	3 ½ h	**Einkehr**	✓
Aufstiegslänge	4.5 km	**Steilheit**	sehr steil	**Anspruch**	III

Einstimmung Etwas versteckt liegende Nachbarrinne der Lahningries, in welche sie auch einmündet. Weniger bekannt und befahren als diese, aber praktisch gleich steil und auch skitechnisch gleichwertig mit ebenso ungehinderter Abfahrt. Bis weit ins Frühjahr befahrbar, wegen der Nordostlage länger als andere Schneeberg-Rinnen. Unten raus ohne extra Aufwand in einem Zug auf der Piste zurück zum Start. Nicht zu früh in der Saison angehen, der Schnee firnt nicht auf und die Tour ist gefährlich (Lawinen). Üblicher Aufstieg im Frühjahr auf dem Fadensteig, wobei die Ski meist ab der Edelweisshütte getragen werden (Steigeisen sicherheitshalber mitnehmen!).

Lawinen Nur bei sicheren Firnverhältnissen einfahren. Reine Frühjahrstour, im Hochwinter gefährliche Lawinenbahnen.

Orientierung Ab dem Ausstieg aus dem Fadensteig auf die Hochfläche, Pkt. 1723 m, bis zur Fischerhütte der sehr guten Stangenmarkierung folgen. Einfahrt in die Rote Schütt bei Nebel schwierig zu treffen.

Zufahrt A2 Ausfahrt Wiener Neustadt West, B26 über Grünbach nach Puchberg am Schneeberg und weiter nach Losenheim. Bis zum GH Forellenhof flach, dann eine steile Rampe zum Straßenende bei der Talstation des Sessellifts, Parkplätze. Alternativ auch A2 Ausfahrt Wöllersdorf, B21 ins Piestingtal bis Reichental und über den Ascher nach Puchberg oder S6 Ausfahrt Neunkirchen und von Neunkirchen B26 nach Puchberg.

Blick vom Aufstieg zur Edelweisshütte: rechts die Lahningries und links die Rote Schütt

Aufstieg Wie bei Tour 6.1 zur Fischerhütte. 3 ½ Std.

Variante Von der Edelweisshütte auf dem Fadenweg, dann durch den Hoyosgraben, Tour 6.16, zur Fischerhütte ▪ Von der Edelweisshütte auf dem Fadenweg zur Heinrich-Krempel-Hütte und durch den Wurzengraben, Tour 6.12, oder über den Schauerstein, Tour 6.14, zur Fischerhütte.

Abfahrt Von der Fischerhütte wie beim Aufstieg über den Fadensteig den Stangen folgen bis 1900 m. Dort von O Einmündung einer blauen Markierung (Nandlgrat), nach W die Einfahrt in den nördlichen Ast des Hoyosgrabens. An dieser Stelle von den Stangen rechts weg auf einen Boden und nach NO an die Geländekante und sehr steil hinab in eine markante Scharte, 1880 m, Tafel, und damit zur Einfahrt in die Rote Schütt. Nach NO verläuft die gleichmäßig sehr steile und anfangs enge Rinne. Auf 1450 m Einmündung in die untere Lahningries. Weiter abwärts und je nach Schneesituation ab 1250 m (Querung des Nördlichen Grafensteigs) eventuell links ausweichen in den lichten Wald. Bei ausreichend Schnee weiter in der Rinne. Spätestens auf 1080 m links auf einem Forstweg zur nahen Piste und zurück zum Ausgangspunkt.

Einkehr unterwegs Edelweisshütte, 1235 m, knapp oberhalb der Bergstation des Sessellifts. Im Winter und Frühjahr bewirtschaftet, Di Ruhetag. Fischerhütte, 2049 m, beim Kaiserstein, offener Aufenthaltsraum, bewirtschaftet erst ab Ende April.

Aufstieg *Abfahrt* *Kartenperspektive*

Karten	ÖK 25 Schneeberg und Rax, ÖK 50 UTM 4212 (BMN 74)
Après Tour	GH Forellenhof in Losenheim ▪ Gastronomie in Puchberg am Schneeberg
Infos	www.zauberberge.at

6.3 Rote-Schütt-Flanke

Lohnende etwas steilere Alternative zur klassischen Einfahrt in die Breite Ries. Firnt bald auf, daher früh einfahren!

Ausgangspunkt Losenheim, Talstation Sessellift

Starthöhe	872 m	**Gipfelhöhe**	2061 m	**Exposition**	N-O
Höhenmeter	1200 hm	**Aufstiegszeit**	3 ½ h	**Einkehr**	✓
Aufstiegslänge	4.5 km	**Steilheit**	sehr steil	**Anspruch**	III

Einstimmung Nördliche schärfere Einfahrtsvariante in die Breite Ries und im Frühjahr weniger zerfahren als diese. Drängt sich auch für Kombinationen auf, z.B. mit der Roten Schütt. Von der Geländekante direkte noch steilere Einfahrt möglich. Firnt wegen der Südostlage zeitig auf und besticht durch eine hindernisfreie lange Steilabfahrt.

Lawinen Nur bei sicheren Firnverhältnissen einfahren. Reine Frühjahrstour, im Hochwinter gefährliche Lawinenbahnen.

Orientierung Ab dem Ausstieg aus dem Fadensteig auf die Hochfläche, Pkt. 1723 m, bis zur Fischerhütte der sehr guten Stangenmarkierung folgen. Einfahrt in die Rote-Schütt-Flanke bei Nebel schwierig zu treffen.

Zufahrt A2 Ausfahrt Wiener Neustadt West, B26 über Grünbach nach Puchberg am Schneeberg und weiter nach Losenheim. Bis zum GH Forellenhof flach, dann eine steile Rampe zum Straßenende bei der Talstation des Sessellifts, Parkplätze. Alternativ auch A2 Ausfahrt Wöllersdorf, B21 ins Piestingtal bis Reichental und über den Ascher nach Puchberg oder S6 Ausfahrt Neunkirchen und von Neunkirchen B26 nach Puchberg.

Aufstieg Wie bei Tour 6.1 zur Fischerhütte. 3 ½ Std.

Variante Von der Edelweisshütte auf dem Fadenweg, dann durch den Hoyosgraben, Tour 6.16, zur Fischerhütte ▪ Von der Edelweisshütte auf dem Fadenweg zur Heinrich-Krempel-Hütte und durch den Wurzengraben, Tour 6.12, oder über den Schauerstein, Tour 6.14, zur Fischerhütte

Die direkte Einfahrt in die Rote-Schütt-Flanke

Aufstieg durch die Rote-Schütt-Flanke

Abfahrt Von der Fischerhütte wie beim Aufstieg über den Fadensteig den Stangen folgen bis 1900 m. Dort von O Einmündung einer blauen Markierung (Nandlgrat), nach W die Einfahrt in den nördlichen Ast des Hoyosgrabens. An dieser Stelle von den Stangen rechts weg auf einen Boden und nach NO an die Geländekante und sehr steil hinab in eine markante Scharte, 1880 m, Tafel. Einfahrt nach SO in die anfangs enge, sehr steile Rinne. Diese öffnet sich dann bald und gibt die Fahrt frei zur Einmündung in die Breite Ries, 1550 m. In dieser hindernisfrei weiter bis 1330 m zu einem großen Jausenstein. Im nahen Wald in Kürze zur Einmündung in den rot markierten Zustieg zur Bürklehütte und auf dem guten Steig bis 1100 m. Dort nach einer Kehre links auf einem schmalen Steig (rote Markierung) um einen Rücken, dann ebene Querung zu einem Waldweg auf 1060 m. Auf diesem weiter zur Piste und rechts nach Losenheim.

Einkehr unterwegs Edelweisshütte, 1235 m, knapp oberhalb der Bergstation des Sessellifts. Im Winter und Frühjahr bewirtschaftet, Di Ruhetag. Fischerhütte, 2049 m, beim Kaiserstein, offener Aufenthaltsraum, bewirtschaftet erst ab Ende April.

— Aufstieg — Abfahrt *Kartenperspektive*

Karten ÖK 25 Schneeberg und Rax, ÖK 50 UTM 4212 (BMN 74 + 75)
Après Tour GH Forellenhof in Losenheim ▪ Gastronomie in Puchberg am Schneeberg
Infos www.zauberberge.at

6.4 Breite Ries

Das Steilabfahrts-Highlight schlechthin am östlichen Alpenrand, mit berühmter Einfahrt!

Ausgangspunkt Losenheim, Talstation Sessellift

Starthöhe	872 m	**Gipfelhöhe**	2061 m	**Exposition**	N-O
Höhenmeter	1200 hm	**Aufstiegszeit**	3 ½ h	**Einkehr**	✓
Aufstiegslänge	4.5 km	**Steilheit**	sehr steil	**Anspruch**	III

Einstimmung Der Klassiker schlechthin unter den Steilabfahrten am östlichen Alpenrand. Verleiht der Ostseite des Schneebergs ihr besonderes Erscheinungsbild und führt unmittelbar aus dem Gipfelbereich ins Tal. Landschaftlich einmalig, nicht extrem, aber mit einer eindrucksvollen Einfahrt, die es schon mancher/m kalt über den Rücken laufen ließ. Vor allem vom Gipfel des Kaisersteins wirkt sie optisch viel steiler, als sie ist. Sehr beliebt und daher im Frühjahr oft buckelpistenartig ausgefahren, trotzdem verlangt sie gewissenhafte Vorgangsweise und darf nicht unterschätzt werden. Mitunter auch im Hochwinter befahren, obwohl da die Schneeverhältnisse selten Sinn machen. Firnt im Frühjahr wegen der Ostlage rasch auf. Nach der Einfahrt ein engerer Abschnitt, dann öffnet sich der endlose Idealhang. Im Frühjahr recht lange guter Schnee bis Höhe Grafensteig, 1270 m. Dann wohl ein Abschnitt zu Fuß und zuletzt wieder Chance auf Schnee auf dem Waldweg, der zurück zur Piste führt.

Lawinen Nur bei sicheren Firnverhältnissen einfahren. Typische Frühjahrstour, im Hochwinter nur selten günstige Schnee- und Lawinenverhältnisse.

Orientierung Ab dem Ausstieg aus dem Fadensteig auf die Hochfläche, Pkt. 1723 m, bis zur Fischerhütte der sehr guten Stangenmarkierung folgen. Die Einfahrt in die Breite Ries ist bei Nebel schwierig zu treffen.

Zufahrt A2 Ausfahrt Wiener Neustadt West, B26 über Grünbach nach Puchberg am Schneeberg und weiter nach Losenheim. Bis zum GH Forellenhof flach, dann eine steile Rampe zum Straßenende bei der Talstation des Sessellifts, Parkplätze. Alternativ auch A2 Ausfahrt Wöllersdorf, B21 ins Piestingtal bis Reichental und über den Ascher nach Puchberg oder S6 Ausfahrt Neunkirchen und von Neunkirchen B26 nach Puchberg.

Erste Schwünge in der Breiten Ries

Aufstieg Wie bei Tour 6.1 zur Fischerhütte. 3 ½ Std.

Variante Von der Edelweisshütte auf dem Fadenweg, dann durch den Hoyosgraben, Tour 6.16, zur Fischerhütte. ▪ Von der Edelweisshütte auf dem Fadenweg zur Heinrich-Krempel-Hütte und durch den Wurzengraben, Tour 6.12, oder über den Schauerstein, Tour 6.14, zur Fischerhütte.

Abfahrt Von der Fischerhütte wie beim Aufstieg über den Fadensteig den Stangen folgen. Vorbei an der Abzweigung nach links (grüne Stangen des Schauerstein-Rückens) und alsbald rechts zum Plateaurand und zur direkten Einfahrt (Eisenstange). Zur üblichen Einfahrt ein wenig weiter in einen seichten Sattel, 2000 m. Schrägfahrt in die steile Rinne und durch sie tiefer. Nach einer Verengung hindernisfrei durch die im wahrsten Sinne breite Ries. Im Laufe des Frühjahres apern die Mittelrücken aus, besser in der linken Bahn bis 1330 m zu einem großen Jausenstein. Dann im Wald in Kürze zur Einmündung in den rot markierten Zustieg zur Bürklehütte und auf dem breiten Steig bis 1100 m. Dort nach einer Kehre links auf einem schmalen Steig (rote Markierung) um einen Rücken, dann ebene Querung zu einem Waldweg auf 1060 m. Auf diesem weiter zur Piste und rechts nach Losenheim.

Variante Privatries: für Spezialisten die extrem steile Einfahrt in die Breite Ries, knapp nördlich vom Kaiserstein. Zunächst eine steile Flanke rechts haltend hinab, dann sehr steil in eine Mulde. Weiter zu einer extrem steilen kurzen Engstelle (apert gerne aus, dann abschnallen und vorsichtig abklettern). Anschließend in freier Fahrt in die Breite Ries, 1880 m, und in dieser weiter wie oben.

Einkehr unterwegs Edelweisshütte, 1235 m, knapp oberhalb der Bergstation des Sessellifts. Im Winter und Frühjahr bewirtschaftet, Di Ruhetag. Fischerhütte, 2049 m, beim Kaiserstein, offener Aufenthaltsraum, bewirtschaftet erst ab Ende April.

Tipp Die Breite Ries wird natürlich zumeist nur als Abfahrt gefahren, kann aber von guten SkitourengeherInnen (Spitzkehren!) auch im Aufstieg bewältigt werden (Harscheisen sowieso und Steigeisen sicherheitshalber zusätzlich mitnehmen, falls abgeschnallt werden muss).

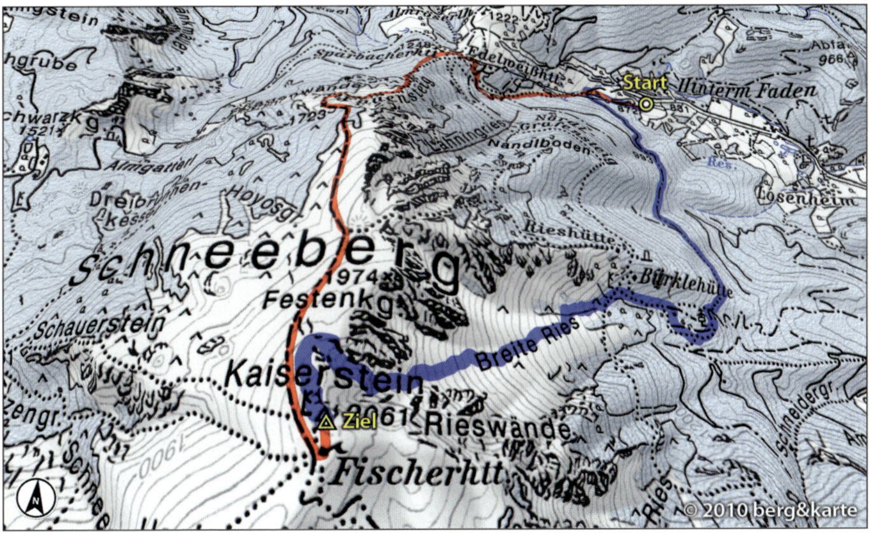

— *Aufstieg* — *Abfahrt* *Kartenperspektive*

Karten ÖK 25 Schneeberg und Rax, ÖK 50 UTM 4212 (BMN 74 + 75)
Après Tour GH Forellenhof in Losenheim ▪ Gastronomie in Puchberg am Schneeberg
Infos www.zauberberge.at

6.5 Narrndattlrinne

Sehr steile, aber selten befahrene Einfahrtsvariante in die Breite Ries mit schöner Gipfelmulde zum Einschwingen

Ausgangspunkt Losenheim, Talstation Sessellift

Starthöhe	872 m	**Gipfelhöhe**	2061 m	**Exposition**	N-O
Höhenmeter	1200 hm	**Aufstiegszeit**	3 ½ h	**Einkehr**	✓
Aufstiegslänge	4.5 km	**Steilheit**	extrem steil	**Anspruch**	III

Einstimmung Rassige sehr lohnende südliche Einfahrtsvariante in die Breite Ries. Nordseitig, firnt daher im oberen Abschnitt später auf als z.B. die Breite Ries selbst. Weit seltener befahren als diese, daher auch nicht so zerfahren. Auch in der Breiten Ries selbst sind die im Sinne der Abfahrt rechten Hänge meist unangetastet. Direkte Abfahrt von der Fischerhütte durch die genussvolle Hausries, dann nicht ganz evidente Traverse zur Einfahrt.

Lawinen Nur bei sicheren Firnverhältnissen einfahren. Reine Frühjahrstour, im Hochwinter gefährliche Lawinenbahnen.

Orientierung Ab dem Ausstieg aus dem Fadensteig auf die Hochfläche, Pkt. 1723 m, bis zur Fischerhütte der sehr guten Stangenmarkierung folgen. Die Einfahrt in die Narrndattlrinne ist bei Nebel schwierig zu treffen.

Zufahrt A2 Ausfahrt Wiener Neustadt West, B26 über Grünbach nach Puchberg am Schneeberg und weiter nach Losenheim. Bis zum GH Forellenhof flach, dann eine steile Rampe zum Straßenende bei der Talstation des Sessellifts, Parkplätze. Alternativ auch A2 Ausfahrt Wöllersdorf, B21 ins Piestingtal bis Reichental und über den Ascher nach Puchberg oder S6 Ausfahrt Neunkirchen und von Neunkirchen B26 nach Puchberg.

Aufstieg Wie bei Tour 6.1 zur Fischerhütte. 3 ½ Std.

Erste Schwünge in die Narrndattlrinne

Variante Von der Edelweisshütte auf dem Fadenweg, dann durch den Hoyosgraben zur Fischerhütte, siehe Tour 6.16. ▪ Von der Edelweisshütte auf dem Fadenweg zur Heinrich-Krempel-Hütte und durch den Wurzengraben oder über den Schauerstein zur Fischerhütte, siehe Tour 6.12 oder Tour 6.14.

Abfahrt Von der Fischerhütte nach SO in die gut einsehbare so genannte Hausries und in schöner Fahrt - ideal zum Einschwingen - in einen offenen Graben bis 1900 m. Allmählich nach links eindrehen und auf 1860 m nach N halten (nicht weiter hinab in der Mulde zur Einfahrt der Krummen Ries) und flach zu einem kleinen Absatz am Fuß einer Felszone. Einfahren in die enge und sofort sehr steile Rinne. Diese dreht bald nach rechts ein und gibt den Blick frei in die Breite Ries. Durch die nun breite Rinne hinaus in die Breite Ries und in dieser immer mit Linksdrall nach Belieben abwärts bis 1330 m zu einem großen Jausenstein. Dann im Wald in Kürze zur Einmündung in den rot markierten Zustieg zur Bürklehütte und auf dem guten Steig bis 1100 m. Dort nach einer Kehre links auf einem schmalen Steig (rote Markierung) um einen Rücken, dann ebene Querung zu einem Waldweg auf 1060 m. Auf diesem weiter zur Piste und rechts nach Losenheim.

Firngenuss in der Breiten Ries

Einkehr unterwegs Edelweisshütte, 1235 m, knapp oberhalb der Bergstation des Sessellifts. Im Winter und Frühjahr bewirtschaftet, Di Ruhetag. Fischerhütte, 2049 m, beim Kaiserstein, offener Aufenthaltsraum, bewirtschaftet erst ab Ende April.

▬ Aufstieg ▬ Abfahrt *Kartenperspektive*

Karten	ÖK 25 Schneeberg und Rax, ÖK 50 UTM 4212 (BMN 74 + 75)
Après Tour	GH Forellenhof in Losenheim ▪ Gastronomie in Puchberg am Schneeberg
Infos	www.zauberberge.at

6.6 Krumme Ries

Großartige lange Extremtour in einer eindrucksvollen Felskarlandschaft mit interessanten Varianten im Aufstieg und bei der Abfahrt

Ausgangspunkt Puchberg am Schneeberg, Schneebergdörfl

Starthöhe	719 m	**Gipfelhöhe**	2061 m	**Exposition**	Ost
Höhenmeter	1345 hm	**Aufstiegszeit**	4 h	**Einkehr**	✓
Aufstiegslänge	5.5 km	**Steilheit**	extrem steil	**Anspruch**	IV

Einstimmung Der Extrem-Klassiker auf der Schneeberg-Ostseite: landschaftlich wild und sehr einsam, schon im Aufstieg skibergsteigerisch anstrengend und in der Abfahrt skitechnisch anspruchsvoll und auch hinsichtlich Lawinen heikel. Die nach Osten gerichtete Einfahrt firnt zeitig auf, im Kar selber ist es aber im Frühjahr meist schattig, das verspricht mitunter recht kompromissträchtige Schneeverhältnisse. Beschrieben sind der Aufstieg durch die Geheime Krumme Ries (Steigeisen!), die Standardabfahrt sowie als Variante die Wilde Krumme Ries.

Lawinen Nur bei absolut sicheren Firnverhältnissen aufsteigen und einfahren.

Orientierung Ab dem Ausstieg auf die Hochfläche im Übergang zur Fischerhütte bei schlechter Sicht erträglich, wenn man himmelsrichtig nach W zur Stangenmarkierung vordringt. Die Einfahrt in die Krumme Ries ist bei Nebel schwierig zu treffen.

Zufahrt A2 Ausfahrt Wiener Neustadt West, B26 über Grünbach nach Puchberg am Schneeberg und weiter Richtung Losenheim. Beim GH Hofwirt links abzweigen nach Schneebergdörfl, durch das Dorf, dann vorbei an der Abzweigung ins Mieseltal, Pkt. 719 m, und bald darauf parken an der Straße. Alternativ auch A2 Ausfahrt Wöllersdorf, B21 ins Piestingtal bis Reichental und über den Ascher nach Puchberg oder S6 Ausfahrt Neunkirchen und von Neunkirchen B26 nach Puchberg.

Aufstieg durch die Geheime Krumme Ries, Blick zur Engstelle in der Wilden Krummen Ries (in Bildmitte)

Aufstieg Auf der Straße (Fahrverbot) zum Schwabenhof. Weiter talein ins Schrattental (blaue Markierung) neben einer Weide. Dann im Wald nach W an einer Quelle vorbei zu einer Forststraße, 973 m. Diese kreuzen und auf dem Steig zur nächsten Forststraßenkehre, 1090 m, im unteren Schneidergraben. Auf der Forststraße rechts zunächst flach queren unter einer felsigen Böschung (Steinschlag!) und weiter auf den bewaldeten Ehoadnboden. Im Frühjahr meist ab hier Schneelage. Am besten noch auf der Forststraße zu einer Rechtskehre auf 1180 m. 1 ½ Std.

Nun im lichten Wald nach W (oberhalb Felswände) ins grandiose, oben stark verästelte Kar. Im zentralen Kargrund aufwärts in allgemein SW-Richtung zu einer Felsinsel, 1550 m. Nun genau nach W an den Fuß einer Felsrippe und in der rechten Rinne aufwärts (spätestens ab hier zu Fuß und mit Steigeisen). In der Rinne leicht links zu einer steilen Engstelle, eventuell aper, dann eine kurze ganz leichte Klettereinlage. Weiter durch die Rinne, die sich nach oben etwas verbreitert und raus auf die Hochfläche. 1 ¾ Std.

Südlich um die Kuppe Pkt. 1926 m zum grün markierten Fischerweg (gute Stangen) und zwischen Hackermulde und Hausries über einen Rücken zur Fischerhütte. ¾ Std.

Variante Natürlich kommen auch die Standard-Abfahrt und die Wilde Krumme Ries als Aufstieg infrage.

Abfahrt Von der Fischerhütte nach SO in die gut einsehbare so genannte Hausries und in schöner Fahrt - ideal zum Einschwingen - in einen offenen Graben bis 1900 m. Allmählich nach links eindrehen und zu einer flacheren Stelle mit Latscheninseln. Dahinter die flankenartige Einfahrt in die extrem steile Krumme Ries. Zunächst rechts halten (wichtig!) über eine seichte Rippe in die nächste Flanke und durch diese tiefer. Nach einer weiteren Steilstufe hindernisfrei raus in den großen nördlichen Karast und zum Waldrand, 1220 m. Im Wald in Kürze zur Forststraße und auf dieser zurück zum unteren Schneidergraben und zum Ausgangspunkt.

Variante Wilde Krumme Ries (Achtung auf Nassschneerutsche, weil stärker der Sonne ausgesetzt): An der Latscheninsel links vorbei und jenseits der Mulde am Rand der Felsen zur Einfahrt in die Flanke. Tiefblick in eine markante Engstelle, die einen eindrucksvollen Durchschlupf bildet, aber auch trichterförmig Schneerutsche kanalisiert! Durch die Engstelle (wohl eher seitlich abrutschend, geht sich mit längeren Skiern gerade noch aus!), dann befreit raus ins große Kar und weiter wie oben. ▪ Aus dem Ehoadnboden nach N um einen Rücken zu den Ausläufern der Breiten Ries (zunächst gelbe, dann rote Markierung) und wie bei Tour 6.4 ins Skigebiet Losenheim. Dadurch ergibt sich die Möglichkeit, von Losenheim aufzusteigen, um die Krumme Ries zu befahren.

Einkehr unterwegs Fischerhütte, 2049 m, beim Kaiserstein, offener Aufenthaltsraum, bewirtschaftet erst ab Ende April.

Tipp Kombination im Auf- und Abstieg mit dem Schneidergraben, Tour 6.7.

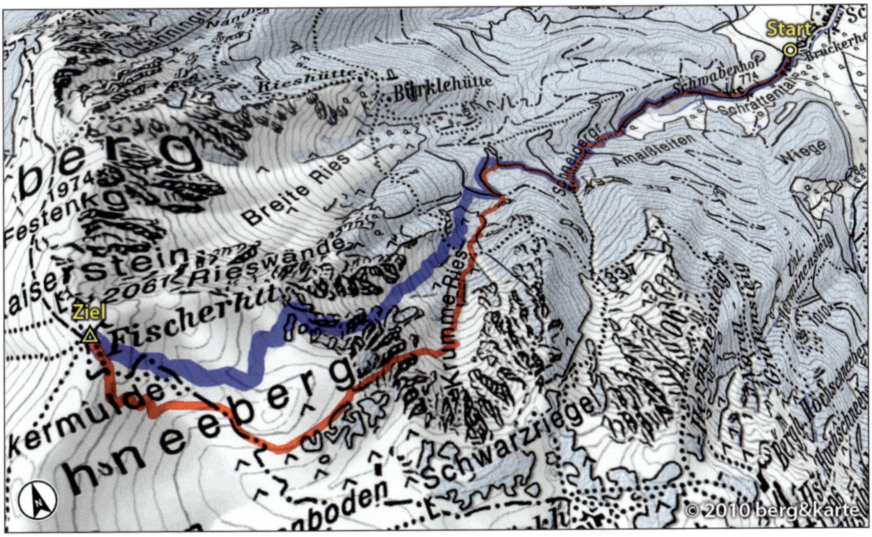

Aufstieg *Abfahrt* *Kartenperspektive*

Karten	ÖK 25 Schneeberg und Rax, ÖK 50 UTM 4212 (BMN 74 + 75)
Après Tour	GH Zum Schneeberg in Schneebergdörfl ▪ GH Wasserfallwirt in Sonnleiten ▪ Gastronomie in Puchberg am Schneeberg
Infos	www.zauberberge.at

6.7 Schneidergraben

Großartige, lange Tour mit extrem steiler Einfahrt und Abfahrt in einer eindrucksvollen Felskarlandschaft

Ausgangspunkt Puchberg am Schneeberg, Schneebergdörfl

Starthöhe	719 m	**Gipfelhöhe**	2061 m	**Exposition**	N-O
Höhenmeter	1345 hm	**Aufstiegszeit**	4 h	**Einkehr**	✓
Aufstiegslänge	5.8 km	**Steilheit**	extrem steil	**Anspruch**	IV

Einstimmung Eine der wertvollsten, wenngleich zu Unrecht vernachlässigten großen Steilabfahrten auf der Schneeberg-Ostseite. Steht z.B. der Breiten Ries um nichts nach, ist landschaftlich faszinierend und skitechnisch auch anspruchsvoll. Wird am besten auch im Aufstieg begangen (Steigeisen!). Der Schneidergraben liegt im Frühjahr wegen seiner Nordostlage bald im Schatten und ist daher heikel, was das Erwischen der günstigen Firnverhältnisse betrifft. Man sollte daher auch mit härterer Unterlage vertraut sein und zurechtkommen. Die steilste Stelle ist gleich bei der Einfahrt, und nach einer Engstelle folgt der große schneebergtypische Karrausch.

Lawinen Nur bei absolut sicheren Firnverhältnissen aufsteigen und einfahren. Der Schneidergraben ist ganz offensichtlich eine Lawinenbahn.

Orientierung Ab dem Ausstieg auf die Hochfläche im Übergang zur Fischerhütte bei schlechter Sicht erträglich, wenn man himmelsrichtig nach SW zur Stangenmarkierung vordringt. Das gilt auch für das Treffen der Einfahrt bei der Abfahrt.

Zufahrt A2 Ausfahrt Wiener Neustadt West, B26 über Grünbach nach Puchberg am Schneeberg und weiter Richtung Losenheim. Beim GH Hofwirt links abzweigen nach Schneebergdörfl, durch das Dorf, dann vorbei an der Abzweigung ins Mieseltal, Pkt. 719 m, und bald darauf parken an der Straße. Alternativ auch A2 Ausfahrt Wöllersdorf, B21 ins Piestingtal bis Reichental und über den Ascher nach Puchberg oder S6 Ausfahrt Neunkirchen und von Neunkirchen B26 nach Puchberg.

Aufstieg Auf der Straße (bald Fahrverbot) zum Schwabenhof. Weiter talein ins Schrattental (blaue Markierung) neben einer Weide. Dann im Wald nach W an einer Quelle vorbei zu einer Forststraße, 973 m. Diese kreuzen und auf dem Steig in den ab 1050 m baumfreien Graben (meist ab hier im Frühjahr Schnee). Im Graben gleichmäßig steil aufwärts zu einer schwach ausgeprägten Schwelle, Pkt. 1337 m, Kreuzung des Grafensteigs. 1 ¾ Std.

Aufstieg durch den Schneidergraben, etwas links der Bildmitte die Aufstiegsrinne und die Unterbrecherstelle

Danach weitet sich der Graben, dreht nach SW ein und die Ausstiegsrinne wird sichtbar. Zu ihrem Ansatz bzw. maximal bis zur Engstelle mit Skiern (Harscheisen!). Dann zu Fuß (Steigeisen!) durch die Rinne auf die Hochfläche. 1 ¼ Std.

Über das Plateau nach S vorbei an zwei Gruben zum grün markierten Fischerweg (Stangen) oder über den Schwarzriegel, 1865 m, (schöner Einblick in die Krumme Ries). Vorbei an den Stallungen der Hochschneeberg-Alm und an einer Kuppe, Pkt. 1926 m, und immer im Bereich der Stangen (zwischen Hackermulde und Hausries) über einen Rücken zur Fischerhütte. 1 Std.

Abfahrt Von der Fischerhütte durch die Hackermulde nach S in den Ochsenboden und den Stangen folgen Richtung Damböckhaus. Kurz vor der verschneiten Hütte scharf nach N und an zwei Gruben rechts vorbei zur Einfahrt. Mutig in die sehr steil abfallende Rinne und bald zur Engstelle (event. links ausweichen). Dann durch das hindernisfreie Kar, die große Freiheit genießend, talwärts soweit der Schnee reicht. Mit der blauen Markierung durch den unteren Schneidergraben zurück zum Ausgangspunkt.

Einkehr unterwegs Fischerhütte, 2049 m, beim Kaiserstein, offener Aufenthaltsraum, bewirtschaftet erst ab Ende April.

Tipp Kombination im Auf- und Abstieg mit der Krummen Ries, Tour 6.6.

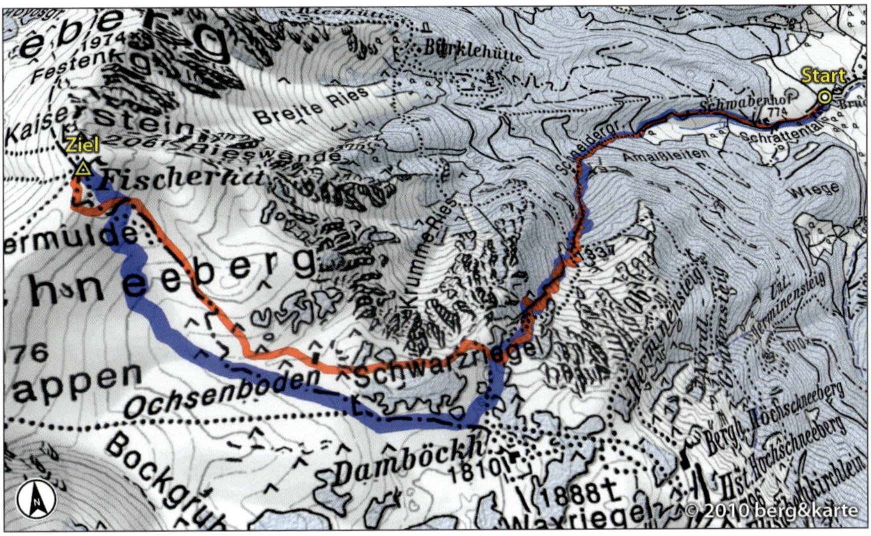

— Aufstieg — Abfahrt *Kartenperspektive*

Karten	ÖK 25 Schneeberg und Rax, ÖK 50 UTM 4212 (BMN 74 + 75)
Après Tour	GH Zum Schneeberg in Schneebergdörfl ▪ GH Wasserfallwirt in Sonnleiten ▪ Gastronomie in Puchberg am Schneeberg
Infos	www.zauberberge.at

6.8 Waxriegel-Kuhplacken

Langer, sehr abwechslungsreicher Anstieg, dann eine großartige Steilflankenabfahrt gefolgt von einem schönen, langen Grabenausklang

Ausgangspunkt Rohrbachgraben, Rohrbach im Graben

Starthöhe	630 m	**Gipfelhöhe**	1888 m	**Exposition**	S-O
Höhenmeter	1260 hm	**Aufstiegszeit**	4 h	**Einkehr**	nein
Aufstiegslänge	7.1 km	**Steilheit**	sehr steil	**Anspruch**	III

Einstimmung Landschaftlich sehr abwechslungsreiche lange Tour auf der abgelegenen Südostseite des Schneebergs. Die Kuhplacken bietet eine schöne Firnabfahrt, im Hochwinter fährt man besser über die Aufstiegsspur retour oder hält sich an die empfohlenen Varianten. Im Grunde sehr zu Unrecht vernachlässigte Seite des Schneebergs mit sehr schönen Momenten beim Aufstieg und auch bei der Abfahrt. Vor allem die ruhige Fahrt durch den Nesselgraben ist eine echte Bereicherung.

Im Nesselgraben mit Blick zur Wilden Placken

Lawinen Nur bei sicheren Firnverhältnissen einfahren, Tageserwärmung beachten!

Orientierung Ab dem Verlassen der Waldgrenze bei schlechter Sicht unangenehm (Wechten nach O). Die Einfahrt in die Kuhplacken ist bei Nebel schwierig zu treffen.

Zufahrt A2 Ausfahrt Wiener Neustadt West, B26 über Grünbach nach Puchberg am Schneeberg und Richtung Ternitz. Beim GH Edenhof abzweigen nach Rohrbach im Graben und dort am Straßenende parken. Alternativ auch A2 Ausfahrt Wöllersdorf, B21 ins Piestingtal bis Reichental und über den Ascher nach Puchberg oder S6 Ausfahrt Neunkirchen und von Neunkirchen B26 Richtung Puchberg zum GH Edenhof und nach Rohrbach im Graben.

Aufstieg Vom Parkplatz nach N auf einem Weg zur Klamm (Schild, blaue Markierung), an einem Haus vorbei und am Waldrand aufwärts. Durch die kurze Felsklamm (nur bei guter Schneelage mit Ski, ansonsten kurz Skier tragen) und im schönen Waldgraben zu einer Forststraße. Auf dieser gemütlich weiter, eine Kehre abkürzen und bald darauf über eine Lichtung (links Scheune). Bei der folgenden Gabelung gerade weiter Richtung Ternitzer Hütte. Diese befindet sich linker Hand am Beginn einer Lichtung auf 1200 m. Nun über die schöne Wiese in den Kaltwassersattel mit der Adolf-Kögler-Hütte, 1333 m, und schönem Blick zum Elisabethkirchlein. 2 ¼ Std.

Auf der Trasse der Zahnradbahn zur Haltestelle Baumgartner und noch ein Stück weiter. Auf 1510 m vor dem Waldrand rechts rauf zu einem baumfreien Rücken. Ab hier dementsprechend aussichtsreich weiter (Blick ins Wiener Becken, Wechten nach NO). Bald durch eine Brandstatt und über den zunehmend runden Rücken, zuletzt etwas steiler zum markanten Elisabethkirchlein, 1796 m. Dahinter der Bergbahnhof der Zahnradbahn. Rechts zur Terrasse des Berghotels, eindrucksvoller Blick in die Hotelries. Darüber nach W den Hang hinauf auf den Waxriegel, großes Kreuz (oder dorthin weniger steil gleich vom Bergbahnhof). 1 ¾ Std.

Abfahrt Vom Waxriegel nach S zurück zum Bergbahnhof, rechts vom Elisabethkirchlein durch eine ganz seichte Einsattlung und nach S über den runden Rücken zu einem verschneiten Tunnelportal (Holzverkleidung) und damit zur steilen Einfahrt in die Kuhplacken. Durch diese in schöner Firnfahrt tiefer. Unten raus weniger steil auf Höhe des ehemaligen Baumgartnerhauses, 1440 m, auf eine Lichtung. Nun nicht weiter im engen Graben, sondern schräg links in den Wald und hinab in den Krummbachsattel, 1333 m. Nach O in die breite und baumfreie Mulde. Immer im Grabengrund in ruhiger Fahrt dahin, dabei zweimal Forststraßen kreuzen. Im Nesselgraben wird's ab 1100 m enger und dunkler. Dann eine etwas steilere Passage mit Felsblöcken und raus auf die Waldwiesen. Im Talgrund auf einem Weg wieder in den Wald und auf 950 m rechts rausqueren auf eine Lichtung (kurz schieben). Weiter am besten mit der roten Markierung auf dem Waldweg (oder auf der Forststraße mit Kehren) zum Schmalleiten-Hof und zurück zum Ausgangspunkt.

Variante Wilde Placken (östlich der Kuhplacken) bzw. im Steilwald zwischen Wilde Placken und Kuhplacken: weniger kritisch und daher auch im Hochwinter empfehlenswert bei gutem Powder. Den flachen Nesselgraben aber nicht nach zu viel Neuschnee befahren, dann geht abschnittsweise nichts weiter!

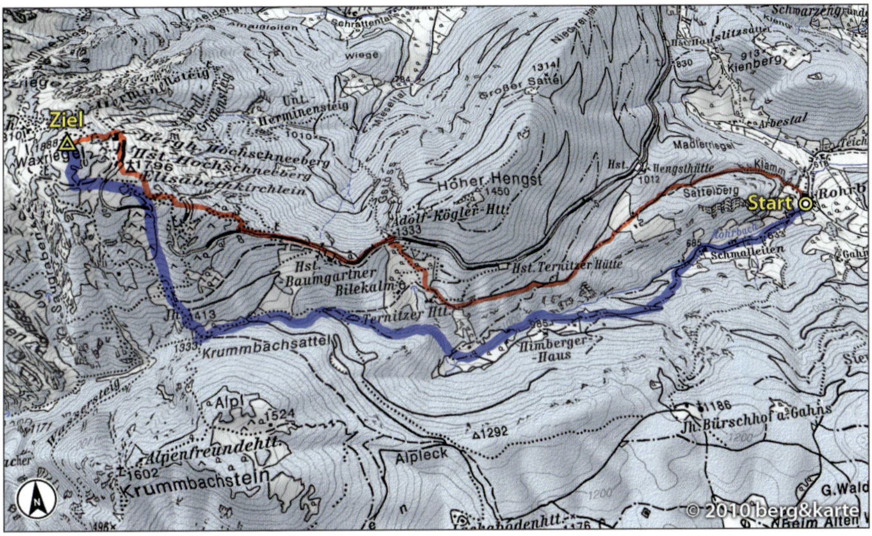

▬ *Aufstieg* ▬ *Abfahrt* *Kartenperspektive*

Karten	ÖK 25 Schneeberg und Rax, ÖK 50 UTM 4212 (BMN 74 + 75 + 105)
Après Tour	Marias-Land-Stüberl in Rohrbach im Graben ▪ GH Edenhof bei der Abzweigung von der B26 nach Rohrbach im Graben
Infos	www.zauberberge.at

6.9 Saugraben

Sehr langes und sehr eindrucksvolles, sonnseitiges Schneebergerlebnis der Extraklasse. Zu unrecht selten ausgeführt!

Ausgangspunkt Rohrbachgraben, Rohrbach im Graben

Starthöhe	630 m	**Gipfelhöhe**	2076 m	**Exposition**	S-O
Höhenmeter	1700 hm	**Aufstiegszeit**	5 ½ h	**Einkehr**	nein
Aufstiegslänge	10.5 km	**Steilheit**	sehr steil	**Anspruch**	III

Einstimmung Großartige, haargenau nach S ausgerichtete sehr steile Firnabfahrt, Einfahrt ganz in der Nähe des Damböckhauses. Wermutstropfen der Tour und Grund für ihre Exklusivität ist der lange Aufstieg. Der Gipfelgang aufs Klosterwappen ist dabei nur Fleißaufgabe. Und da es sich um eine reine Frühjahrsabfahrt handelt, wird's mit einem Abschwingen am Ausgangspunkt auch nichts, Skier tragen ist angesagt! Feinspitze wissen aber, was sie bei dieser Tour erwartet und wo ihre besonderen Meriten liegen.

Lawinen Nur bei ganz sicheren Firnverhältnissen einfahren, Tageserwärmung beachten! Der Saugraben ist extrem lawinengefährdet, vor allem durch nach SO ausgerichtete Flanken.

Orientierung Im Aufstieg ab dem Verlassen der Waldgrenze bei schlechter Sicht unangenehm (Wechten nach O). Vom Elisabethkirchlein gute Stangenmarkierung zum Klosterwappen (Wegverlauf beachten). Abfahrt bei Nebel bis zur Einfahrt in den Saugraben sehr problematisch.

Zufahrt A2 Ausfahrt Wiener Neustadt West, B26 über Grünbach nach Puchberg am Schneeberg und Richtung Ternitz. Beim GH Edenhof abzweigen nach Rohrbach im Graben und dort am Straßenende parken. Alternativ auch A2 Ausfahrt Wöllersdorf, B21 ins Piestingtal bis Reichental und über den Ascher nach Puchberg oder S6 Ausfahrt Neunkirchen und von Neunkirchen B26 Richtung Puchberg zum GH Edenhof und nach Rohrbach im Graben.

Blick vom Krummbachstein zum Saugraben

Aufstieg Bis zum Waxriegel siehe Tour 6.8. 4 Std.

Kurze Fellabfahrt nach NW zum tief verschneiten Damböckhaus, 1810 m, und guten Stangen folgend (zunächst grüne, dann gelbe Markierung) zunächst flach über den Ochsenboden, zuletzt deutlicher ansteigend zur auffälligen militärischen Sendeanlage auf dem Klosterwappen. 1 Std.

Variante Vom Damböckhaus für Klosterwappen-Verweigerer in Kürze nach SW zur Einfahrt in den Saugraben.

Abfahrt Vom Klosterwappen wie beim Aufstieg in schöner Fahrt über den Gipfelhang zurück in eine Senke, 1930 m. Dort hart links an einer Kuppe entlang und nach SW in den muldenartigen harmlosen Wolfsgraben, bis sich dieser auf 1770 m verliert. Nun scharf nach S in eine zunächst wieder nur sanft geneigte Mulde. Dann aber geht's abrupt los! Bald nach der Einfahrt in den Saugraben eine enge, leicht geschwungene Steilstufe, dann ungehindert im zunehmend eindrucksvollen, von Felsformationen garnierten Graben, bis dieser in den oberen Krummbachgraben, 1100 m, einmündet. Nun Gegenanstieg nach O in den Krummbachsattel, 1333 m. Weitere Abfahrt siehe Tour 6.8.

Tipp Konditionsstarke GeherInnen kombinieren den Saugraben mit einem Aufstieg durch den Schneidergraben, Tour 6.7, und steigen nach der Südabfahrt via Krummbachsattel wieder zum Damböckhaus auf, bevor es wieder durch den Schneidergraben ins Schneebergdörfl geht.

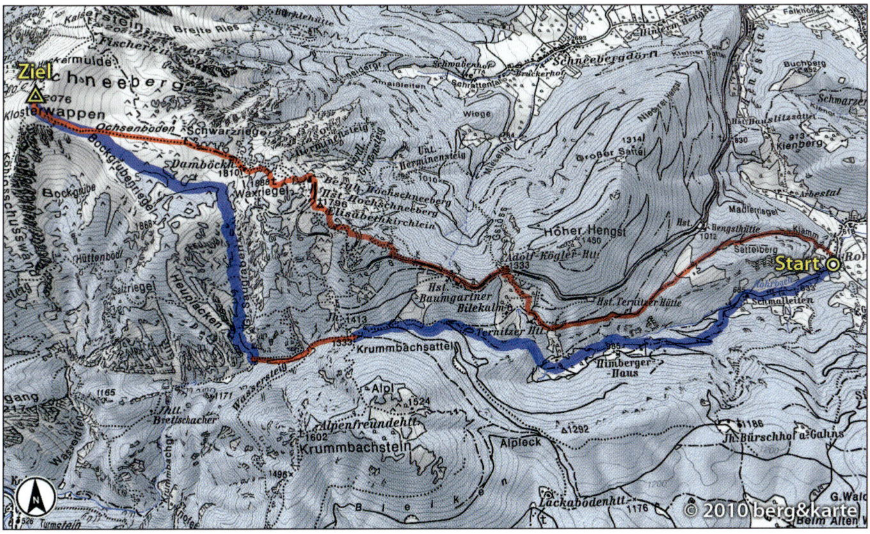

— *Aufstieg* — *Abfahrt* *Kartenperspektive*

Karten ÖK 25 Schneeberg und Rax, ÖK 50 UTM 4212 (BMN 74 + 75 + 104 + 105)

Après Tour Marias-Land-Stüberl in Rohrbach im Graben ▪ GH Edenhof bei der Abzweigung von der B26 nach Rohrbach im Graben

Infos www.zauberberge.at

6.10 Bockgrube-Stadelwandgraben

Sehr lange, südseitige, reich gegliederte und anhaltend steile Tour mit einmaligen Eindrücken

Ausgangspunkt Höllental, Stadelwandgraben

Starthöhe	550 m	**Gipfelhöhe**	2076 m	**Exposition**	S-W
Höhenmeter	1540 hm	**Aufstiegszeit**	4 ½ h	**Einkehr**	nein
Aufstiegslänge	4.9 km	**Steilheit**	sehr steil	**Anspruch**	III

Einstimmung Weithin sichtbare südseitige Karflanke (z.B. bei der Fahrt von Hirschwang ins Höllental, aber auch von der S6) direkt südlich vom Klosterwappen. Ideale Frühjahrsfirnhänge, die aber bei sicheren und guten Schneeverhältnissen auch gerne im Hochwinter befahren werden. Dabei wird zumeist bis zur Kreuzung mit dem Grafensteig, 1477 m, abgefahren. Nach dem Wiederaufstieg zum Klosterwappen erfolgt dann die Abfahrt nach Losenheim, wodurch sich ein ausgefüllter Tourentag ergibt. Die integrale Abfahrt durch die Bockgrube und anschließend durch den Stadelwandgraben ist nur bei ausreichend Schnee im Hochwinter realistisch, stellt dann aber ein anspruchsvolles Skitourenhighlight der Extraklasse dar, das bei Insidern sehr begehrt ist.

Lawinen Die Bockgrube erfordert sichere Firnverhältnisse, die sich aber dank der Südlage bald einstellen. Kritisch zu beurteilen sind die Steilstufen in der Bockgrube, die Querung in den Stadelwandsattel und die Abfahrt durch den Stadelwandgraben.

Orientierung Heikel und nicht ungefährlich ist die Querung aus dem Stadelwandsattel in die Bockgrube. Sie erfordert Gespür für die richtige Geländewahl. In der Bockgrube ab 1500 m bei Nebel zunehmend unangenehm. Auch die Einfahrt ist dann schwierig zu treffen.

Zufahrt A2, dann S6 bis Ausfahrt Gloggnitz. B27 über Reichenau an der Rax und Hirschwang ins Höllental. 1.5 km nach Kaiserbrunn vor einer Brücke rechts kleiner Parkplatz am Eingang in den Stadelwandgraben.

Aufstieg Vom Parkplatz alsbald in den schattigen, wildromantischen Graben und bald über einige Geländestufen höher. Links tauchen die Felswände der Vorderen Stadelwand auf, ab 900 m wird der Blick frei auf die großartige Felswildnis der Stadelwand. Nun im Graben oder rechts im Hochwald in Kehren in den bewaldeten Stadelwandsattel, 1120 m, zwischen Hochgang und Stadelwand. 1 ½ Std.

Blick von der Kreuzung mit dem Grafensteig zur Bockgrube

Vom Sattel waagrechter Übergang nach O, dann mehr nach NO sanft steigende weitere Querung der steilen Flanke (Geröllfelder und Rinnen, Vorsicht!) in die Bockgrube oberhalb eines Abbruches, 1200 m. Nun nach N Felsabbrüchen links ausweichend im steilen Wald auf einen Boden, 1300 m. Aus diesem linkshaltend über eine steile Flanke hart unter eine Felswand und in ansteigender Querung in den nächsten Boden, 1477 m, Kreuzung des Südlichen Grafensteigs, schöner Blick in die obere Bockgrube. 1 ¼ Std.

Über eine engere Steilstufe auf 1570 m und nach NO ausscherend über einen stumpfen breiten Rücken auf den Bockgrubenriegel, 1900 m. An der Geländekante entlang nach NW, zuletzt in Begleitung von Stangen (mitunter unter Schnee) aufs Klosterwappen. 1 ¾ Std.

Variante Von Losenheim oder Schneebergdörfl über einen der ostseitigen Schneebergaufstiege aufs Klosterwappen (wenn nur die obere Bockgrube befahren wird, mit Rückkehr aufs Klosterwappen).

Blick vom Klosterwappen zur Einfahrt in die Bockgrube

Abfahrt Vom Klosterwappen zunächst über den stumpfen Rücken den gelben Stangen nach in einen schwach ausgeprägten Sattel, 1940 m, vor einer unscheinbaren Kuppe. Von dort ungehinderte Einfahrt nach SW und bei allmählich nachlassender Steilheit in die weitläufige Bockgrube, die flach ausläuft auf einen Boden, 1570 m. Über die folgenden Geländestufen in eine Mulde, 1300 m. Dort nach rechts queren (wichtig!) und hinab im steilen Wald auf 1200 m. Nun die längere heikle Traverse zurück in den Stadelwandsattel und wie beim Aufstieg zurück ins Höllental.

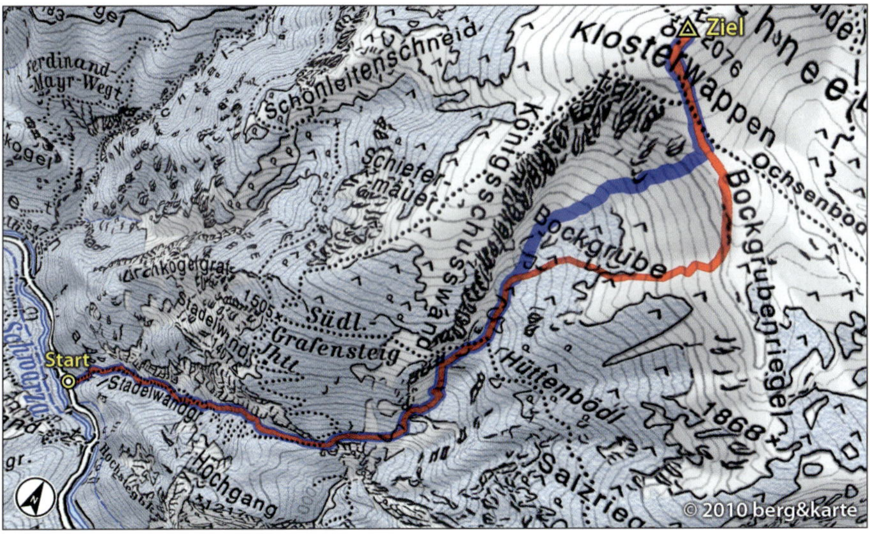

▬ *Aufstieg* ▬ *Abfahrt* *Kartenperspektive*

Karten	ÖK 25 Schneeberg und Rax, ÖK 50 UTM 4212 (BMN 74 + 104)
Après Tour	Gastronomie in Hirschwang, Reichenau an der Rax und Payerbach
Infos	www.zauberberge.at

6.11 Kaligraben-Lahngraben

Abenteuerliche Rundtour für komplette SkibergsteigerInnen durch großartige Grabenlandschaften mit einer spektakulären Abseileinlage

Ausgangspunkt Höllental, Fronbachgraben

Starthöhe	566 m	**Gipfelhöhe**	2076 m	**Exposition**	S-W
Höhenmeter	1530 hm	**Aufstiegszeit**	4 ¾ h	**Einkehr**	✓
Aufstiegslänge	7.8 km	**Steilheit**	sehr steil	**Anspruch**	IV

Einstimmung Das ultimative große Schneeberg-Abenteuer für gute SkibergsteigerInnen mit Sinn für das exklusive Bergerlebnis! Großartige Landschaftseindrücke beim Aufstieg, dann eine sehr genussvolle 1500 hm-Abfahrt ohne besonders steile Kriterien, aber gespickt mit einem hohem Felsabbruch, der nur mittels Abseilfahrt zu bewältigen ist. Also müssen Seil, Gurt, Helm und Abseilgerät mit auf Tour. Ideal sind 2 x 50 m Seile, dann kommt man mit einmal abseilen wieder zum Schnee und verlässt die weder schneerutsch-, noch steinschlagsichere Zone früher. Es gibt aber auch eingerichtete Zwischenstände. Vom Weichtalhaus muss für den Transfer zurück zum Ausgangspunkt vorgesorgt werden!

Lawinen Der steile Juliengraben ist zwischen 1100 und 1500 m kritisch zu beurteilen (Schneerutsche und Wechten aus den Fronbachwänden). Auch der Wurzengraben hat heikle Passagen. Im Kaligraben können kritische Stellen gut umfahren werden. Der untere Lahngraben wird seinem Namen bei ungünstigen Verhältnissen gerecht und auch die Abseilstelle ist nicht schneerutschsicher.

Orientierung Der Ausstieg aus dem Juliengraben zur Heinrich-Krempel-Hütte ist unübersichtlich und bei Nebel schwierig zu treffen. Auch der Weiterweg zum Beginn des eigentlichen Wurzengrabens ist bei schlechter Sicht nicht evident. Achtung auf Wechten nach O beim Übergang zum Klosterwappen. Der Beginn des Kaligrabens ist bei Nebel besonders heikel wegen starker Verwechtungen.

Zufahrt A2, dann S6 bis Ausfahrt Gloggnitz. B27 über Reichenau an der Rax und Hirschwang ins Höllental. Auf halber Strecke zwischen Weichtalhaus und Singerin zu einer Brücke, Pkt. 566 m, begrenzte Parkmöglichkeit.

Aufstieg Auf der Forststraße in den Fronbachgraben zu einer nahen Fütterung (bis hierher geräumt). Dann weiter im Grabengrund und in Kehren zu einer Gabelung, 749 m. Nach N, dann mehr nach O sanft steigende Querung zurück in den Graben auf einen flachen Boden. Die Straße verlassen und im Grabengrund zu einer Kehre auf 970 m. 1 ½ Std.

Nun nach O zunehmend steil in den so genannten Juliengraben, zunächst im Wald, dann in der offenen Rinne, links oberhalb zunehmend bedrohlich die Felsen der Roten Wand. Unter den Wänden (oder rechts im steilen Hochwald) in zahlreichen Spitzkehren höher, zuletzt steil zwischen Bäumen raus zur gelben Markierung des Grafensteigs und nach NO zur nahen Heinrich-Krempel-Hütte. 1 ½ Std.

Im Kaligraben

Zum Wurzengraben in der flachen Mulde nach OSO, dann in den sich ausbildenden Graben unter den Schauerstein-Wänden (nach SO öffnet sich der Schneegraben) anhaltend steil höher. Auf 1740 m das Törl (Engstelle mit eventuell wenig Schnee), dann weiter in der schön gewundenen Grabenmulde. Auf 2000 m öffnet sich das Gelände, flacht ab und zuletzt geht es genau nach O zur nahen Fischerhütte (bei Nebel und Sturm Richtung beibehalten, Stangen, dann eine orangefarbene Boje). 1 ½ Std.

Zum Klosterwappen nach SW in eine ganz schwach ausgeprägte Senke, dann über den flachen, welligen Rücken (Stangen, Wechten nach O) zur großen militärischen Sendeanlage (vorher schon eine kleine Anlage und ein Gipfelkreuz). ¼ Std.

Variante Von der Heinrich-Krempel-Hütte über den Schauerstein, Tour 6.14, zur Fischerhütte bzw. direkt durch den Schneegraben, Tour 6.13, zum Klosterwappen.

Abfahrt Vom Klosterwappen nach SW über den runden Rücken zu einem Kreuz, 1960 m, und damit zur Einfahrt in den Kaligraben. Wegen der starken Verwechtung besser etwas rechts ausweichen in der steilen Flanke, dann an geeigneter Stelle in den bald genussvoll befahrbaren Graben. Dieser dreht nach S ein, dort auf 1480 m die Kreuzung des Grafensteigs. Weiter im zunehmend von Felsen flankierten Lahngraben zur Abbruchstelle auf 1160 m. Direkt beim Abbruch rechts an einem Felsblock die eingerichtete Abseilstelle (Bohrhaken und Gamsschädel!). Abseilen durch eine steile Rinne zum Schnee (enge, nicht steinschlagsichere Stelle). Anschließend wieder super Hänge, ab 750 m im Wald hinab in die Weichtalklamm, 600 m. In der unteren Klamm (Schmelzwasser) zum Weichtalhaus und zum nahen Parkplatz.

Einkehr unterwegs Heinrich-Krempel-Hütte, 1561 m (an Wochenenden beaufsichtigte Bergrettungshütte, keine Bewirtschaftung). Fischerhütte, 2049 m, beim Kaiserstein, offener Aufenthaltsraum, bewirtschaftet erst ab Ende April.

Tipp Wer sich die Abseilaktion sparen will (kann auch durch Schneemangel im unteren Lahngraben begründet sein), steigt den Kaligraben wieder auf zum Klosterwappen. Damit ist die Tour auch von der Schneeberg-Ostseite von Losenheim durchführbar, wird aber noch länger!

Aufstieg ▬ Abfahrt ▬ *Kartenperspektive*

Karten ÖK 25 Schneeberg und Rax, ÖK 50 UTM 4212 (BMN 74 + 104)
Après Tour Gastronomie in Hirschwang, Reichenau an der Rax und Payerbach
Infos www.zauberberge.at

6.12 Fronbachgraben

Sehr eindrucksvolle lange Grabentour mit toller Felsszenerie und perfektem Aussichtscrescendo

Ausgangspunkt Höllental, Fronbachgraben

Starthöhe	566 m	**Gipfelhöhe**	2061 m	**Exposition**	West
Höhenmeter	1500 hm	**Aufstiegszeit**	4 ½ h	**Einkehr**	✓
Aufstiegslänge	7 km	**Steilheit**	sehr steil	**Anspruch**	III

Einstimmung Landschaftlich einmalige, westseitige Schneebergtour mit großem Höhenunterschied. Besonders lohnend natürlich bei guter Schneelage bis ins Höllental, sowohl im Hochwinter als im Frühjahr. Sehr abwechslungsreich im Aufstieg und skitechnisch mit einigen steilen Leckerbissen versehen: oberer Abschnitt durch den klassischen Wurzengraben, dann anhaltend steile Hänge und Mulden im Juliengraben und Ausklang auf einer Forststraße.

Lawinen Der steile Juliengraben ist zwischen 1100 und 1500 m kritisch zu beurteilen (Schneerutsche und Wechten aus den Fronbachwänden). Der Wurzengraben hat mitunter heikle Passagen im gewundenen Mittelteil zwischen 1700 und 1900 m.

Orientierung Der Ausstieg aus dem Juliengraben zur Heinrich-Krempel-Hütte ist unübersichtlich und bei Nebel schwierig zu treffen. Auch der Weiterweg zum Beginn des eigentlichen Wurzengrabens ist bei schlechter Sicht nicht evident. Am Beginn der Abfahrt von der Fischerhütte genau nach W losfahren!

Aufstieg im Juliengraben unter den Felsen der Roten Wand

Zufahrt A2, dann S6 bis Ausfahrt Gloggnitz. B27 über Reichenau an der Rax und Hirschwang ins Höllental. Auf halber Strecke zwischen Weichtalhaus und Singerin zu einer Brücke, Pkt. 566 m, begrenzte Parkmöglichkeit.

Aufstieg Wie bei Tour 6.11. zur Fischerhütte. 4 ½ Std.

Variante Von der Heinrich-Krempel-Hütte über den Schauerstein, Tour 6.13, zur Fischerhütte.

Abfahrt Wie Aufstieg. Im unteren Fronbachgraben bei guter Schneelage Abkürzer von der Forststraße möglich.

Variante Von der Fischerhütte Übergang zum Klosterwappen, Abfahrt durch den Schneegraben, Tour 6.13, zur Heinrich-Krempel-Hütte und weiter wie oben.

Einkehr unterwegs Heinrich-Krempel-Hütte, 1561 m (an Wochenenden beaufsichtigte Bergrettungshütte, keine Bewirtschaftung). Fischerhütte, 2049 m, beim Kaiserstein, offener Aufenthaltsraum, bewirtschaftet erst ab Ende April.

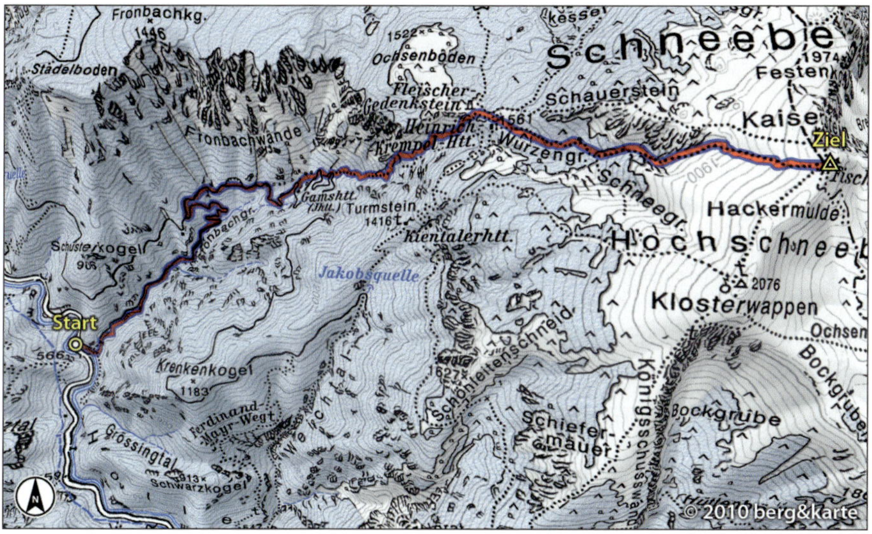

▬ *Aufstieg* **▬** *Abfahrt* *Kartenperspektive*

Karten ÖK 25 Schneeberg und Rax, ÖK 50 UTM 4212 (BMN 74)
Après Tour Gastronomie in Hirschwang, Reichenau an der Rax und Payerbach
Infos www.zauberberge.at

6.13 Schneegraben

Lohnende Abfahrts-Alternative zum mitunter stark frequentierten Wurzengraben

Ausgangspunkt Losenheim, Talstation Sessellift

Starthöhe	872 m	**Gipfelhöhe**	2076 m	**Exposition**	N-W
Höhenmeter	1260 hm	**Aufstiegszeit**	4 h	**Einkehr**	✓
Aufstiegslänge	8 km	**Steilheit**	steil	**Anspruch**	II

Einstimmung Was der Wurzengraben für den Kaiserstein, ist der Schneegraben für das Klosterwappen: die Standardtour im Hochwinter wie im Frühjahr. Das Gelände weist eine ideale Abfahrtsneigung auf, es geht gleichmäßig steil und hindernisfrei gut 500 hm dahin. Allerdings sind die Schneeverhältnisse windbedingt schwankend. Und auch der Gipfelbereich ist wenig attraktiv. Also geht es hier viel ruhiger zu als in dem an schönen Wochenenden stark frequentierten Wurzengraben und in der dann übervölkerten Fischerhütte. Das hat auch seine guten Seiten! Gleiches gilt für den Schauerstein-Rücken: dieser bietet einen lawinensicheren Zustieg zur Fischerhütte und ist außerdem bedeutend aussichtsreicher als der beengte Wurzengraben. Allerdings ist er stärker windexponiert und daher schneeärmer.

Lawinen Auf dem Fadenweg ist auf 1260 m eine Stelle nicht lawinensicher. Der Schneegraben ist nur selten heikel.

Orientierung Zwischen Almgatterl und Heinrich-Krempel-Hütte genau auf den Wegverlauf achten. Auf dem Rücken des Schauersteins bei schlechter Sicht Achtung auf Abbrüche nach W und die verwechteten Schneelöcher auf 1880 m. Achtung auch beim Übergang zum Klosterwappen auf Wechten nach O. Bei der Abfahrt im Auslauf des Schneegrabens auf 1600 m nach rechts halten zurück zur Heinrich-Krempel-Hütte.

Zufahrt A2 Ausfahrt Wiener Neustadt West, B26 über Grünbach nach Puchberg am Schneeberg und weiter nach Losenheim. Bis zum GH Forellenhof flach, dann eine steile Rampe zum Straßenende bei der Talstation des Sessellifts, Parkplätze. Alternativ auch A2 Ausfahrt Wöllersdorf, B21 ins Piestingtal bis Reichental und über den Ascher nach Puchberg oder S6 Ausfahrt Neunkirchen und von Neunkirchen B26 nach Puchberg.

Aufstieg Von der Talstation des Sessellifts entweder mit dem Lift hinauf oder im Bereich der Piste (Möglichkeiten: entweder ganz am linken schattigen Pistenrand oder mehr rechts über einen vormittags sonnseitigen baumfreien Rücken, teils auch auf Pisten) zur Edelweisshütte, 1235 m. Ohne Lift 1 Std.

Beginn des Aufstiegs über den Schauerstein-Rücken

An der nun privaten ehemaligen Sparbacherhütte rechts vorbei auf einem Fahrweg in den Wald (unterwegs eine Passage mit geringem Höhenverlust) bis 1300 m. Dann ein Flachstück und ab einer Linkskurve flotte Fellabfahrt auf dem Fahrweg zur Einmündung in eine Forststraße, 1250 m. Ab hier der gelben Markierung folgend sanft ansteigende Querung unter den Fadenwänden (eine Stelle nicht lawinensicher). Vorbei an der Abzweigung in den Hoyosgraben, dann ein langer Rechtsbogen und nach einer Linkskurve hinaus auf eine Lichtung (Almgatterl, Schranken). Auf der Straße (oder eine Kehre abkürzen) im Wald zu einer Kurve, 1470 m (Wegweiser, Bergrettungshäuschen mit Schlitten). Dort genau nach S kaum ansteigend durch den romantischen Nadelwald (gelbe Markierung je nach Schneelage an den Bäumen mitunter nicht gut sichtbar). Über einige Lichtungen zu derjenigen mit dem Fleischer-Gedenkstein. Dort links einschwenken in eine Mulde nach SO und in dieser aufwärts. Bald taucht rechterhand die Heinrich-Krempel-Hütte auf. 1 ¼ Std.

An dieser Stelle, 1550 m, aus der Mulde nach links ausscheren und den sich ausbildenden Schauerstein-Rücken (Latschen) entlang in Kehren aufwärts genau nach O. Ab 1840 m wird das Gelände flacher: rechts die Flanken und Abbrüche in den Wurzengraben, links verwechtete Dolinen ("Schneelöcher", Vorsicht bei Nebel!). Ab 1900 m (grüne Markierung, Stangen) wieder deutlicher ansteigen zu den Fadensteig-Stangen und rechts in Kürze zur Fischerhütte. 1 ½ Std.

Zum Klosterwappen nach SW in eine ganz schwach ausgeprägte Senke, dann über den flachen welligen Rücken (Stangen, Wechten nach O) zur großen militärischen Sendeanlage (vorher schon eine kleine Anlage und ein Gipfelkreuz). ¼ Std.

Variante Von der Heinrich-Krempel-Hütte durch den Wurzengraben, Tour 6.12, zur Fischerhütte.

Abfahrt Vom Klosterwappen kurz retour in einen Sattel und nach W einfahren in die Flanke, dann ab 2000 m in den sich ausbildenden Graben. Ab 1700 m flacht der Graben ab, auf 1600 m, nicht links weiter (da geht's in den Juliengraben, Tour 6.12), sondern nach rechts in die Nachbarmulde rechts der Heinrich-Krempel-Hütte. Weitere Abfahrt wie Aufstieg. Bei der flotten Abfahrt auf der Forststraße Achtung auf wintertouristischen Gegenverkehr! Auf 1250 m alternativ statt der Gegensteigung zur ehemaligen Sparbacherhütte weiter der gelben Markierung folgen in den Wald. Anfangs flach, dann fallend, dann auch hier mit geringer Gegensteigung zur Sparbacherhütte. Weitere Abfahrt auf der Piste zurück zum Ausgangspunkt.

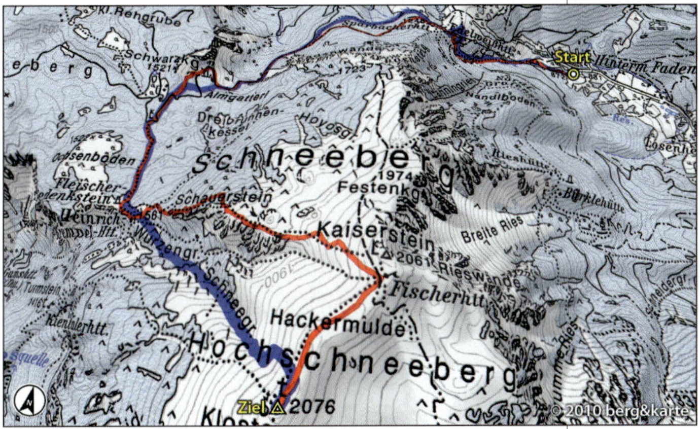

Aufstieg ▬ Abfahrt Kartenperspektive

Einkehr unterwegs Edelweisshütte, 1235 m, knapp oberhalb der Bergstation des Sessellifts. Im Winter und Frühjahr bewirtschaftet, Di Ruhetag. Heinrich-Krempel-Hütte, 1561 m (an Wochenenden beaufsichtigte Bergrettungshütte, keine Bewirtschaftung). Fischerhütte, 2049 m, beim Kaiserstein, offener Aufenthaltsraum, bewirtschaftet erst ab Ende April.

Karten ÖK 25 Schneeberg und Rax, ÖK 50 UTM 4212 (BMN 74)
Après Tour GH Forellenhof in Losenheim ▪ Gastronomie in Puchberg am Schneeberg
Infos www.zauberberge.at

6.14 Wurzengraben

Beliebteste Tour am Schneeberg und daher meist gut ausgefahrener Graben. Bei Nebel auf richtige Einfahrt achten!

Ausgangspunkt Losenheim, Talstation Sessellift

Starthöhe	872 m	**Gipfelhöhe**	2061 m	**Exposition**	N-W
Höhenmeter	1230 hm	**Aufstiegszeit**	3 ¾ h	**Einkehr**	✓
Aufstiegslänge	7.2 km	**Steilheit**	steil	**Anspruch**	II

Einstimmung Die große klassische Skitour am Schneeberg, sehr beliebt, sehr viel begangen, daher meist gut gespurt und auch pistenartig ausgefahren. Landschaftlich sehr schön und abwechslungsreich. Im unteren Teil dank der Piste nach Losenheim bis ins Frühjahr hinein gute Abfahrtsbedingungen. Wird gerne unterschätzt, ohne Sesselliftthilfe sind es satte 1200 hm bis zur Fischerhütte, und die Lawinensituation sollte man auch im Auge behalten! Sehr lohnend in Kombination mit einem Aufstieg über den aussichtsreichen und lawinensicheren Schauerstein-Rücken. Bei schlechter Sicht am Beginn der Abfahrt von der Fischerhütte genau auf die Himmelsrichtung achten!

Lawinen Auf dem Fadenweg ist auf 1260 m eine Stelle nicht lawinensicher. Der Wurzengraben hat mitunter heikle Passagen im gewundenen Mittelteil zwischen 1700 und 1900 m.

Orientierung Zwischen Almgatterl und Heinrich-Krempel-Hütte genau auf den Wegverlauf achten. Auf dem Rücken des Schauersteins bei schlechter Sicht Achtung auf Abbrüche nach W und die verwechteten Schneelöcher auf 1880 m. Am Beginn der Abfahrt von der Fischerhütte genau nach W losfahren! Im unteren Grabenabschnitt, wo sich dieser öffnet, bei Nebel sehr unübersichtliches Gelände bis zur Heinrich-Krempel-Hütte.

Zufahrt A2 Ausfahrt Wiener Neustadt West, B26 über Grünbach nach Puchberg am Schneeberg und weiter nach Losenheim. Bis zum GH Forellenhof flach, dann eine steile Rampe zum Straßenende bei der Talstation des Sessellifts, Parkplätze. Alternativ auch A2 Ausfahrt Wöllersdorf, B21 ins Piestingtal bis Reichental und über den Ascher nach Puchberg oder S6 Ausfahrt Neunkirchen und von Neunkirchen B26 nach Puchberg.

Aufstieg durch den Wurzengraben

Ausfahrt aus dem Wurzengraben

Aufstieg Bis zur Fischerhütte siehe Tour 6.13. 3 ¾ Std.

Variante Wurzengraben im Aufstieg, Tour 6.12; Hoyosgraben, Tour 6.16.

Abfahrt Von der Fischerhütte genau (!) nach W (anfangs Stangen und orangefarbene Boje) in den sich zögernd ausbildenden, zunächst eher muldenartigen Graben. Dann einige Windungen, rechts Felsformationen. Nach einem flacheren Abschnitt zum oberen Törl und weiter zum unteren Törl. Dann auf 1700 m die Ausläufer des Grabens. Nun leicht links halten (wichtig bei Nebel, Gelände ab hier unübersichtlich!) in eine Mulde, von links Einmündung des Schneegrabens. Dann wieder eher rechts haltend in eine Nachbarmulde. Auf 1560 m links etwas verdeckt die Heinrich-Krempel-Hütte. Weitere Abfahrt wie Aufstieg. Bei der flotten Abfahrt auf der Forststraße Achtung auf wintertouristischen Gegenverkehr! Auf 1250 m alternativ statt der Gegensteigung zur ehemaligen Sparbacherhütte weiter der gelben Markierung folgen in den Wald. Anfangs flach, dann fallend, dann auch hier mit geringer Gegensteigung zur Sparbacherhütte. Weitere Abfahrt auf der Piste zurück zum Ausgangspunkt.

Einkehr unterwegs Edelweisshütte, 1235 m, knapp oberhalb der Bergstation des Sessellifts. Im Winter und Frühjahr bewirtschaftet, Di Ruhetag. Heinrich-Krempel-Hütte, 1561 m (an Wochenenden beaufsichtigte Bergrettungshütte, keine Bewirtschaftung). Fischerhütte, 2049 m, beim Kaiserstein, offener Aufenthaltsraum, bewirtschaftet erst ab Ende April.

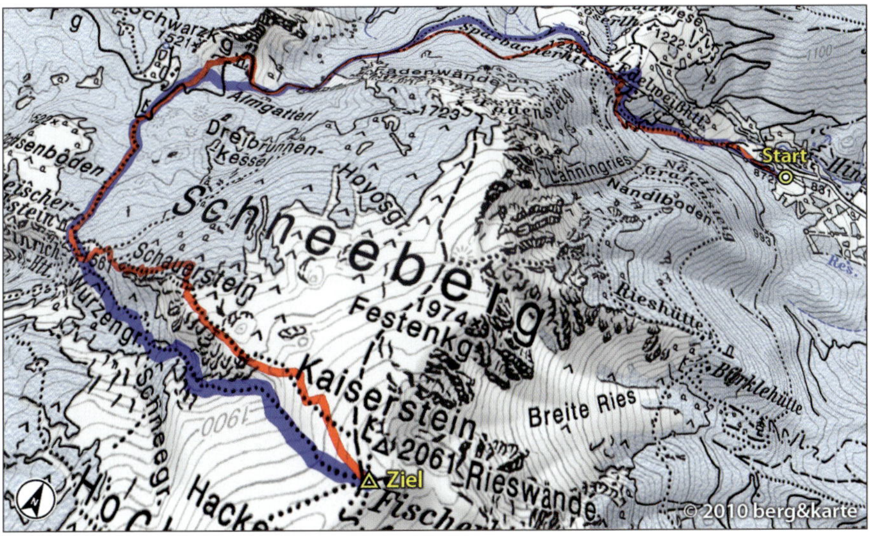

▬ *Aufstieg* ▬ *Abfahrt* *Kartenperspektive*

Karten ÖK 25 Schneeberg und Rax, ÖK 50 UTM 4212 (BMN 74)
Après Tour GH Forellenhof in Losenheim ▪ Gastronomie in Puchberg am Schneeberg
Infos www.zauberberge.at

6.15 Salvisgraben

Zu unrecht vernachlässigte, dabei sehr genussvolle, anfangs muldenartige Grabenabfahrt

Ausgangspunkt Losenheim, Talstation Sessellift

Starthöhe	872 m	**Gipfelhöhe**	2061 m	**Exposition**	Nord
Höhenmeter	1200 hm	**Aufstiegszeit**	3 ½ h	**Einkehr**	✓
Aufstiegslänge	5.8 km	**Steilheit**	sehr steil	**Anspruch**	III

Einstimmung Stark vernachlässigte Abfahrt zwischen Wurzengraben und Hoyosgraben, mit einer steilen Engstelle, der ausgewichen werden muss. Für Sammler unbekannter Abfahrten und Freunde ruhigerer Gegenden gerade die richtige Wahl abseits des Schneeberg-Trubels. Für den Aufstieg drängt sich der Hoyosgraben auf.

Lawinen Auf dem Fadenweg ist auf 1260 m eine Stelle nicht lawinensicher. Der Salvisgraben ist in seinem steilen Mittelteil bei der Engstelle und danach mitunter gefährdet.

Orientierung Der untere waldige Teil des Hoyosgrabens ist unübersichtlich und im Aufstieg bei fehlender Spur nicht eindeutig zu finden. Ab der Baumgrenze bei schlechter Sicht unangenehm und im Bereich der Schneelöcher auch gefährlich. Danach geduldig weiter, bis man auf die Stangen des Fadensteigs stößt.

Zufahrt A2 Ausfahrt Wiener Neustadt West, B26 über Grünbach nach Puchberg am Schneeberg und weiter nach Losenheim. Bis zum GH Forellenhof flach, dann eine steile Rampe zum Straßenende bei der Talstation des Sessellifts, Parkplätze. Alternativ auch A2 Ausfahrt Wöllersdorf, B21 ins Piestingtal bis Reichental und über den Ascher nach Puchberg oder S6 Ausfahrt Neunkirchen und von Neunkirchen B26 nach Puchberg.

Aufstieg Bis zur Fischerhütte siehe Tour 6.16. 3 ¾ Std.

Variante Wurzengraben, Tour 6.11; Schauerstein-Rücken, Tour 6.13.

Abfahrt Von der Fischerhütte wie beim Aufstieg den Stangen des Fadensteigs folgen. Vorbei an den nach links abzweigenden grünen Stangen des Schauerstein-Rückens und bald darauf nach NW ausscheren. Zwischen zwei markanten Schneelöchern durch und im sich allmählich ausbildenden Salvisgraben in schöner Fahrt tiefer. Ab 1700 m verengt sich der Graben, auf 1600 m eine steile Engstelle (2 m breit, Latschen, Felsen). Spätestens hier links aus dem Graben in die schütter bewaldete Flanke. Über den schönen Steilhang auf den Waldboden. Dort vor den Kögerln rechts und nach N auf eine Lichtung (Blick zum felsdurchsetzten Dreibrunnenkessel). Weiter im Wald nach N, Einmündung in den Zustieg durch den

Im Mittelteil des Salvisgrabens

Hoyosgraben und wie beim Aufstieg zum Fadenweg. Dort bei der flotten Abfahrt auf der Forststraße Achtung auf wintertouristischen Gegenverkehr! Auf 1250 m alternativ statt der Gegensteigung zur ehemaligen Sparbacherhütte weiter der gelben Markierung folgen in den Wald. Anfangs flach, dann fallend, dann auch hier mit geringer Gegensteigung zur Sparbacherhütte. Weitere Abfahrt auf der Piste zurück zum Ausgangspunkt.

Einfahrt in die Steilstufe im Salvisgraben

Einkehr unterwegs Edelweisshütte, 1235 m, knapp oberhalb der Bergstation des Sessellifts. Im Winter und Frühjahr bewirtschaftet, Di Ruhetag. Fischerhütte, 2049 m, beim Kaiserstein, offener Aufenthaltsraum, bewirtschaftet erst ab Ende April.

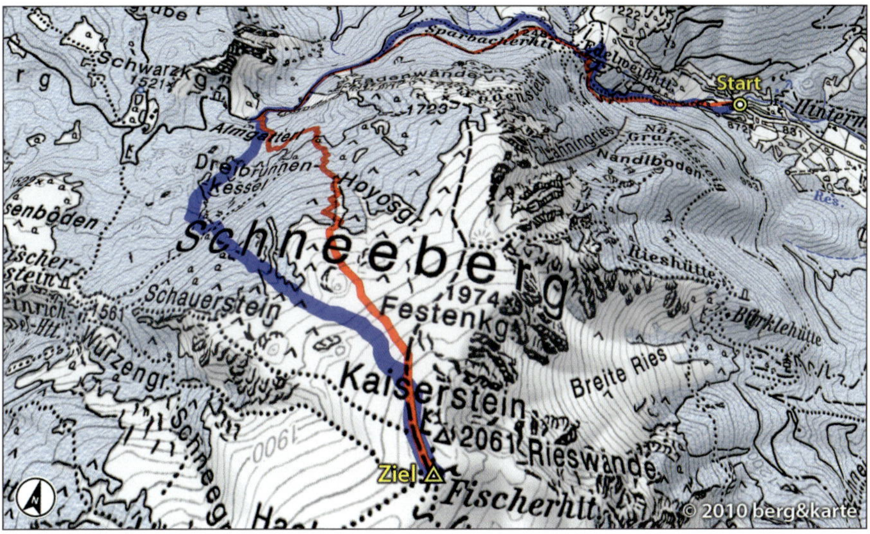

Aufstieg *Abfahrt* *Kartenperspektive*

Karten ÖK 25 Schneeberg und Rax, ÖK 50 UTM 4212 (BMN 74)
Après Tour GH Forellenhof in Losenheim ▪ Gastronomie in Puchberg am Schneeberg
Infos www.zauberberge.at

6.16 Hoyosgraben

Zunehmend beliebte Alternative zum Wurzengraben. Sowohl für den Aufstieg als auch für die Abfahrt sehr empfehlenswert

Ausgangspunkt Losenheim, Talstation Sessellift

Starthöhe	872 m	**Gipfelhöhe**	2061 m	**Exposition**	Nord
Höhenmeter	1200 hm	**Aufstiegszeit**	3 ½ h	**Einkehr**	✓
Aufstiegslänge	5.8 km	**Steilheit**	steil	**Anspruch**	II

Einstimmung Neuerdings immer mehr in Mode gekommener Aufstieg von Losenheim auf den Kaiserstein, weil direkter und daher kürzer als z.B. der Wurzengraben. Für die Abfahrt im Hochwinter meist perfekter Pulverschnee in den drei nach N bis NW blickenden Ästen des Grabens. Der westliche Ast bildet die Standardroute, wobei für den Aufstieg der rechte Begrenzungsrücken vorzuziehen ist. Vorsicht bei Nebel im Bereich der Schneelöcher!

Lawinen Auf dem Fadenweg ist auf 1260 m eine Stelle nicht lawinensicher. Auch im Hoyosgraben müssen Einwehungen kritisch beurteilt werden.

Orientierung Der untere waldige Teil des Hoyosgrabens ist unübersichtlich und im Aufstieg bei fehlender Spur nicht eindeutig zu finden. Ab der Baumgrenze bei schlechter Sicht unangenehm und im Bereich der Schneelöcher auch gefährlich. Danach geduldig weiter, bis man auf die Stangen des Fadensteigs stößt.

Zufahrt A2 Ausfahrt Wiener Neustadt West, B26 über Grünbach nach Puchberg am Schneeberg und weiter nach Losenheim. Bis zum GH Forellenhof flach, dann eine steile Rampe zum Straßenende bei der Talstation des Sessellifts, Parkplätze. Alternativ auch A2 Ausfahrt Wöllersdorf, B21 ins Piestingtal bis Reichental und über den Ascher nach Puchberg oder S6 Ausfahrt Neunkirchen und von Neunkirchen B26 nach Puchberg.

Im obersten Teil des Hoyosgraben

Aufstieg Von der Talstation des Sessellifts entweder mit dem Lift hinauf oder im Bereich der Piste (Möglichkeiten: entweder ganz am linken schattigen Pistenrand oder mehr rechts über einen vormittags sonnseitigen baumfreien Rücken, teils auch auf Pistenschneisen) zur Edelweisshütte, 1235 m, zu Fuß 1 Std.

An der nun privaten ehem. Sparbacherhütte rechts vorbei auf einem Fahrweg in den Wald (unterwegs eine Passage mit geringem Höhenverlust) bis 1300 m. Dann ein Flachstück und ab einer Linkskurve flotte Fellabfahrt auf dem Fahrweg zur Einmündung in eine Forststraße, 1250 m. Ab hier der gelben Markierung folgend sanft ansteigende Querung unter den Fadenwänden (eine Stelle nicht lawinensicher). Dann eine Felsformation, die bis zum Weg reicht und nach dem folgenden Linksknick kurz weiter bis 1350 m. ¾ Std.

Nun scharf links abzweigen und kurze steile Hangquerung in den Wald (einzige mögliche Stelle). Kurz in einer Mulde, dann in östlicher Richtung (unübersichtliches Gelände) zunächst flach, dann mittelsteil weiter und auf einem stumpfen Waldrücken in Kehren aufwärts zum Hoyosgraben, 1520 m. Rechts von diesem allmählich aus dem Waldbereich heraus und über den gleichmäßig geneigten Hang höher. Auf 1860 m eine deutliche Abflachung und zwischen mächtigen Dolinen durch (Achtung stark verwechtet). Weitere ansteigende Querung genau nach SO zu den Stangen des Fadensteigs und rechts in Kürze zur nahen Fischerhütte. 1 ¾ Std.

Variante Wurzengraben, Tour 6.11; Schauerstein-Rücken, Tour 6.13.

Abfahrt Wie Aufstieg. In einem der drei Äste des Hoyosgrabens bis 1520 m, dann entweder links in den Wald oder weiter bis zu einer Engstelle, die bei guter Schneelage befahren werden kann. Dort in einen Graben und im flacheren Teil linkshaltend zurück zur Aufstiegsspur und zum Fadenweg. Bei der flotten Abfahrt auf der Forststraße Achtung auf wintertouristischen Gegenverkehr! Auf 1250 m alternativ statt der Gegensteigung zur ehemaligen Sparbacherhütte weiter der gelben Markierung folgen in den Wald. Anfangs flach, dann fallend, dann auch hier mit geringer Gegensteigung zur Sparbacherhütte. Weitere Abfahrt auf der Piste zurück zum Ausgangspunkt.

Einkehr unterwegs Edelweisshütte, 1235 m, knapp oberhalb der Bergstation des Sessellifts. Im Winter und Frühjahr bewirtschaftet, Di Ruhetag. Fischerhütte, 2049 m, beim Kaiserstein, offener Aufenthaltsraum, bewirtschaftet erst ab Ende April.

▬ *Aufstieg* ▬ *Abfahrt* *Kartenperspektive*

Karten ÖK 25 Schneeberg und Rax, ÖK 50 UTM 4212 (BMN 74)
Après Tour GH Forellenhof in Losenheim ▪ Gastronomie in Puchberg am Schneeberg
Infos www.zauberberge.at

6.17 Tränkwiesenabfahrt

Langer, im unteren Abschnitt einsamer Hochwinter-Aufstieg und eine sehr abwechslungsreiche Abfahrt

Ausgangspunkt Klostertal, Wegscheidhof

Starthöhe	713 m	**Gipfelhöhe**	2061 m	**Exposition**	N-W
Höhenmeter	1350 hm	**Aufstiegszeit**	4 ¼ h	**Einkehr**	✓
Aufstiegslänge	7.4 km	**Steilheit**	steil	**Anspruch**	III

Einstimmung Langer, einst klassischer Anstieg zum Schneeberg, der seit dem Bau des Sessellifts in Losenheim stark an Bedeutung verloren hat. Durchwegs lohnend und landschaftlich sehr abwechslungsreich, skitechnisch ansprechend, primär als Powder-Hochwintertour. Großer Höhenunterschied und eine flotte Abfahrt ohne Gegensteigungen: Das hat schon was!

Lawinen Der steile Abschnitt vor Erreichen des Fadenwegs ist kritisch zu beurteilen. Der Wurzengraben hat mitunter heikle Passagen im gewundenen Mittelteil zwischen 1700 und 1900 m.

Orientierung Zwischen Almgatterl und Heinrich-Krempel-Hütte genau auf Wegverlauf achten. Auf dem Rücken des Schauersteins bei schlechter Sicht Achtung auf Abbrüche nach W und die verwechteten Schneelöcher auf 1880 m. Am Beginn der Abfahrt von der Fischerhütte in den Wurzengraben genau nach W losfahren! Im unteren Grabenabschnitt, wo sich dieser öffnet, bei Nebel sehr unübersichtliches Gelände bis zur Heinrich-Krempel-Hütte.

Zufahrt A2 Ausfahrt Wöllersdorf, B21 durch das Piestingtal nach Gutenstein. Danach bald links abzweigen und über das Klostertaler Gscheid zum Start beim Wegscheidhof, Pkt 713 m, begrenzte Parkmöglichkeit an der Straße. Oder A2, dann S6 bis Ausfahrt Gloggnitz, B27 über Reichenau an der Rax durchs Höllental. Bald nach der Singerin rechts abzweigen Richtung Gutenstein und durch die Vois zum Ausgangspunkt.

Aufstieg Auf der rot markierten Forststraße (Weg Nr. 206) über die Lichtung, dann im Wald weiter nach O und bei der ersten Kehre gerade weiter. Auf dem Karrenweg zwei Kehren, dann auf einem Ziehweg zu einer Forststraße und zum nahen Pkt. 900 m (Bach, kleine Lichtung). Weiter auf der Forststraße oberhalb der Wiese nach S. Auf 960 m (Rechtskurve) genau nach S im Wald nun deutlicher ansteigen in einer Mulde. Dann wieder eine Forststraße und auf dieser im Kaltwassergraben zu einer Kehre, Jagdhütte, 1100 m. Nun nach SW ansteigen, zwischen einem Geröllfeld und einer Grabenmulde aufwärts und zu einem auffälligen, stark überhängenden Felsen. An diesem vorbei weiter nach S und leicht links haltend durch eine Mulde, dann steiler hinauf zum Fadenweg, 1300 m (gelbe Markierung). 2 Std.

Felsformation beim Aufstieg zum Fadenweg

Rechts weiter, nach einem Linksknick vorbei an der Abzweigung in den Hoyosgraben, dann ein langer Rechtsbogen und nach einer Linkskurve hinaus auf eine Lichtung (Almgatterl, Schranken). Auf der Straße (oder eine Kehre abkürzen) im Wald zu einer Kurve, 1470 m (Wegweiser, Bergrettungshäuschen mit Schlitten). Dort genau nach S kaum ansteigend durch den romantischen Nadelwald, (gelbe Markierung je nach Schneelage an den Bäumen mitunter nicht gut sichtbar). Über einige Lichtungen zu derjenigen mit dem Fleischer-Gedenkstein. Dort links einschwenken in eine Mulde nach SO und in dieser aufwärts. Bald taucht rechterhand die Heinrich-Krempel-Hütte auf. ¾ Std.

An dieser Stelle, 1550 m, aus der Mulde nach links ausscheren und den sich ausbildenden Schauerstein-Rücken (Latschen) entlang in Kehren aufwärts genau nach O. Ab 1840 m wird das Gelände flacher: rechts die Flanken und Abbrüche in den Wurzengraben, links verwechtete Dolinen ("Schneelöcher", Vorsicht bei Nebel!). Ab 1900 m (grüne Markierung, Stangen) wieder deutlicher ansteigen zu den Fadensteig-Stangen und rechts in Kürze zur Fischerhütte bzw. direkt nördlich davon auf den ganz nahen Kaiserstein (Denkmal, Tiefblick ins Puchberger Becken, Vorsicht auf Wechten). 1 ½ Std.

Variante Vom Fadenweg durch den Hoyosgraben, Tour 6.16, zur Fischerhütte. ▪ Von der Heinrich-Krempel-Hütte durch den Wurzengraben, Tour 6.11, zur Fischerhütte.

Abfahrt Von der Fischerhütte genau (!) nach W (anfangs Stangen und orangefarbene Boje) in den sich zögernd ausbildenden, zunächst eher muldenartigen Graben. Dann einige Windungen, rechts Felsformationen. Nach einem flacheren Abschnitt zum oberen Törl und weiter zum unteren Törl. Dann auf 1700 m die Ausläufer des Grabens. Nun leicht links halten (wichtig bei Nebel, Gelände ab hier unübersichtlich!) in eine Mulde, von links Einmündung des Schneegrabens. Dann wieder eher rechts haltend in eine Nachbarmulde. Auf 1560 m links etwas verdeckt die Heinrich-Krempel-Hütte. Weitere Abfahrt wie Aufstieg. Nach dem Almgatterl direkte Einfahrt nach NO in eine schöne Powdermulde, dann weitere schöne Hänge und im Schuss hinaus auf die ebene Tränkwiese, nach N zum Pkt. 900 m und zurück zum Ausgangspunkt.

▬ *Aufstieg* ▬ *Abfahrt*

Kartenperspektive (Ausschnitt Tränkwiesen - Kaisterstein)

Einkehr unterwegs Heinrich-Krempel-Hütte, 1561 m (an Wochenenden beaufsichtigte Bergrettungshütte, keine Bewirtschaftung). Fischerhütte, 2049 m, beim Kaiserstein, offener Aufenthaltsraum, bewirtschaftet erst ab Ende April.

Karten ÖK 25 Schneeberg und Rax, ÖK 50 UTM 4206 + 4212 (BMN 74)
Après Tour Gutensteiner Hof in Gutenstein
Infos www.gutenstein.at

6.18 Hoher Hengst

Powdertour mit überraschend guten Momenten beim Aufstieg, eindrucksvollem Schneeberg-Panorama und schönen Abfahrtshängen

Ausgangspunkt Rohrbachgraben, Rohrbach im Graben

Starthöhe	630 m	**Gipfelhöhe**	1450 m	**Exposition**	S-O
Höhenmeter	820 hm	**Aufstiegszeit**	2 ¾ h	**Einkehr**	✓
Aufstiegslänge	5.3 km	**Steilheit**	steil	**Anspruch**	II

Einstimmung Ausgefallene Tour auf einen Logenplatz mit ungewohntem Ausblick auf die Schneeberg-Ostseite. Besonders schön natürlich bei Tiefschnee! Da die Schläge stark der Sonneneinstrahlung ausgesetzt sind, sind die Schneeverhältnisse selten optimal und müssen daher bei Gelegenheit rasch genutzt werden. Trotz des moderaten Höhenunterschiedes bietet sich ein überraschend abwechslungsreiches Gelände mit interessanten Passagen zu Beginn und nach der Adolf-Kögler-Hütte. Der Forststraßenanteil im Aufstieg stört nicht und auch bei der Abfahrt hat die Schussfahrt der Zahnradbahn entlang durchaus ihren Reiz!

Lawinen Bei vernünftiger Spuranlage keine kritischen Bereiche.

Orientierung Der erste Abschnitt nach der Adolf-Kögler-Hütte erfordert Aufmerksamkeit bei der Spuranlage.

Zufahrt A2 Ausfahrt Wiener Neustadt West, B26 über Grünbach nach Puchberg am Schneeberg und Richtung Ternitz. Beim GH Edenhof abzweigen nach Rohrbach im Graben und dort am Straßenende parken. Alternativ auch A2 Ausfahrt Wöllersdorf, B21 ins Piestingtal bis Reichental und über den Ascher nach Puchberg oder S6 Ausfahrt Neunkirchen und von Neunkirchen B26 Richtung Puchberg zum GH Edenhof und nach Rohrbach im Graben.

Blick vom Hohen Hengst zum Schneeberg

Aufstieg Bis zur Adolf-Kögler-Hütte siehe Tour 6.8. 2 ¼ Std.

Hinter der Hütte nach NO steil aufwärts in engen Kehren, dann nach links raus auf einen Rücken. Um diesen herum, unter einem Wandl queren und durch eine schwach ausgeprägte Mulde (Lerchen) wieder nach rechts hinauf in den dichten Wald. Auf dem Rücken weiter (ganz schmaler begehbarer Streifen) und nach leichtem Höhenverlust zu einer Forststraßenkehre. Sanft ansteigend (rechts baumfrei, links Wald) zum höchsten Punkt (kein Gipfelzeichen). ½ Std.

Variante Von der Lichtung, 950 m, nach N zur Hengsthütte und über die Abfahrtsstrecke auf den Hohen Hengst: technisch einfacher als der Aufstieg über den Kaltwassersattel.

Abfahrt Zunächst in NO-Richtung über den freien Rücken (kaum Gefälle), dann leicht rechts abdriften zum Beginn eines Schlages und diesen abwärts (anfangs eher links halten, Aufforstungen beachten!). Einige Forststraßen kreuzen und zuletzt am rechten Rand des Schlages zu einem Forstweg knapp oberhalb der Zahnradbahn und links in Kürze zur Hengsthütte, 1012 m. Auf der geräumten Rodelstrecke links der Zahnradbahntrasse in zügiger Fahrt zu einer Gabelung (Kreuz, 880 m). Bald nach dem folgenden Linksknick bei der Hst. Hauslitzsattel rechts ab, die Zahnradbahntrasse kreuzen und auf dem folgenden Weg nach S in den Hauslitzsattel. Weiter nach S und nach einem Linksbogen am Waldhang sanft abwärts zu einer Wiese. Nach der Kehre durch eine Lücke im Zaun auf der Wiese zum Arbestaler Hof. Auf der Zufahrt flach zurück nach Rohrbach im Graben und rechts zu Fuß in Kürze zurück zum Start.

Einkehr unterwegs Hengsthütte: im Winter an Wochenenden, Feiertagen und in den Ferienwochen bewirtschaftet.

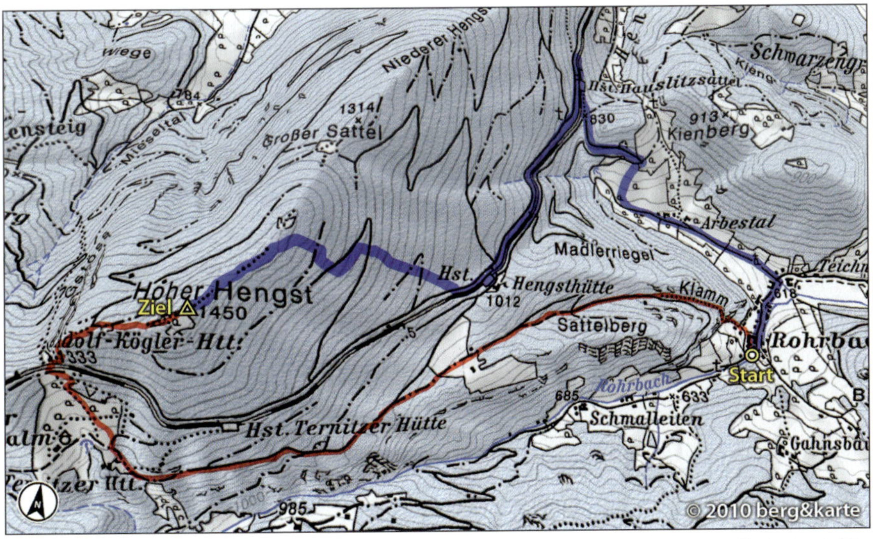

Aufstieg Abfahrt

Kartenperspektive

Karten	ÖK 25 Schneeberg und Rax, ÖK 50 UTM 4212 (BMN 75)
Après Tour	Marias-Land-Stüberl in Rohrbach im Graben • GH Edenhof bei der Abzweigung von der B26 nach Rohrbach im Graben
Infos	www.zauberberge.at

6.19 Krummbachstein

Feine Hochwintertour auf einen Trabanten des Schneebergs: Schöne Gipfelschau, genussvolles Waldgelände und ein rasantes Forststraßenfinale

Ausgangspunkt Rohrbachgraben, Rohrbach im Graben

Starthöhe	630 m	**Gipfelhöhe**	1602 m	**Exposition**	Ost
Höhenmeter	980 hm	**Aufstiegszeit**	3 ¼ h	**Einkehr**	nein
Aufstiegslänge	6.8 km	**Steilheit**	steil	**Anspruch**	II

Einstimmung Weitgehend unbekannte und zu Unrecht vernachlässigte Tour mit eindrucksvollen Einblicken in die Schneeberg-Südseite und zur Rax. Der sehr schöne, abwechslungsreiche Aufstieg und eine abschnittsweise herrliche Waldpowderabfahrt belohnen den Mut zu einer ausgefallenen Tour, die eine gute Länge hat, aber skitechnisch keine allzu großen Ansprüche stellt.

Lawinen Bei vernünftiger Spuranlage keine kritischen Bereiche.

Orientierung Bei Beachtung der Beschreibung keine besonderen Anforderungen.

Zufahrt A2 Ausfahrt Wiener Neustadt West, B26 über Grünbach nach Puchberg am Schneeberg und Richtung Ternitz. Beim GH Edenhof abzweigen nach Rohrbach im Graben und dort am Straßenende parken. Alternativ auch A2 Ausfahrt Wöllersdorf, B21 ins Piestingtal bis Reichental und über den Ascher nach Puchberg oder S6 Ausfahrt Neunkirchen und von Neunkirchen B26 Richtung Puchberg zum GH Edenhof und nach Rohrbach im Graben.

Bei der Alpenfreundehütte, das Gipfelkreuz zum Greifen nah!

Aufstieg Im Rohrbachgraben talein mit der roten Markierung Richtung Himberger Haus (Straße geräumt, eventuell Ski tragen) zum Schmalleiten-Hof, 685 m. Bald danach am Wiesenrand ansteigen, dann im Wald zu einer Forststraße, 820 m. Der Markierung folgend weiter nach W zum unteren Rand einer Lichtung und nach einem Waldzwickel zum Himberger Haus, 985 m. Auf der Straße weiter flach talein und dort, wo die Markierung auf die Waldwiesen führt, 1000 m, schräg links in den Wald abdriften. Anstieg über die Waldleiten nach SW zu einer Forststraße, 1180 m. Diese kreuzen, steiler zu einer Lichtung an der nächsten Forststraße, Pkt. 1270 m, und weiter auf den Waldrücken westlich vom Alpleck. 2 ¼ Std.

Über den Rücken (rote Markierung) aufwärts, dann auf 1340 m nach links auf die gelbe Markierung wechseln und raus auf eine Lichtung, 1500 m, Hütte. Weiter nach W in eine seichte Mulde und in einen Sattel südwestlich vom Alpl, 1578 m. Auf dem breiten, nun recht aussichtsreichen Rücken nach W zur Waldfreundehütte, 1568 m, und über den letzten Aufschwung zum Gipfelkreuz. 1 Std.

Aufstieg über die Waldleiten

Abfahrt Im Allgemeinen wie Aufstieg. Varianten durch die Mulde südlich vom Alpl, dann im Wald auf 1360 m nach links zurück zur Aufstiegsspur. Vom Rücken steile Einfahrt in die Waldleiten und beliebig äußerst genussvoll zu den Waldwiesen, dann entweder am Waldrand zum Himberger Haus oder weiter hinab auf die Waldwiesen, im Talboden auf einem Weg wieder in den Wald und auf 950 m rechts rausqueren auf eine Lichtung (kurz schieben). Weiter am besten mit der roten Markierung auf dem Waldweg (oder auf der Forststraße mit Kehren) zum Schmalleiten-Hof und zurück zum Ausgangspunkt.

Tipp Bei wirklich guter Schneelage kommt auch der Aufstieg von Reichenau an der Rax durch die Eng zum Friedrich-Haller-Haus und weiter zum Krummbachstein infrage.

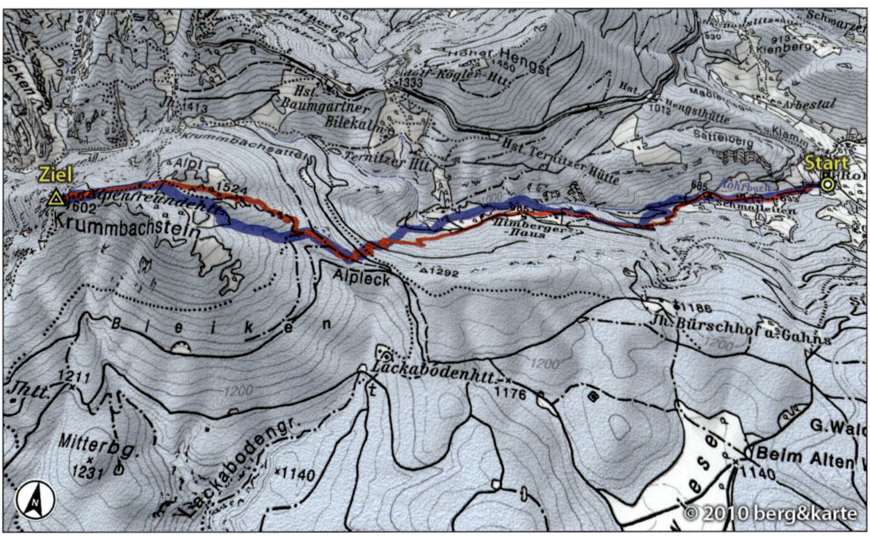

— *Aufstieg* **—** *Abfahrt*

Kartenperspektive

Karten	ÖK 25 Schneeberg und Rax, ÖK 50 UTM 4212 (BMN 75 + 105)
Après Tour	Marias-Land-Stüberl in Rohrbach im Graben ▪ GH Edenhof bei der Abzweigung von der B26 nach Rohrbach im Graben
Infos	www.zauberberge.at

Ein Gebirge mit Tradition und großer Vielfalt

Wer aus der Tatsache, dass die Rax in der schneefreien Zeit ein unerschöpfliches Potential an Wanderungen, leichten Bergtouren und alpinen Klettersteigen bietet, darauf schließen möchte, dass auch im Winter die Möglichkeiten vielfältigst sein müssen, der wird eine Ernüchterung erleben. Natürlich gibt es viele lohnende Skitouren, aber die Klassiker für jedermann sind handverlesen: Karlgraben und Kesselgraben sind in aller Munde, alles andere ist mit der einen oder anderen Ausnahme anspruchsvoller, weil steiler und daher auch lawinengefährlicher. Also ein Gebiet für den Spezialisten! Speziell sind auch die Möglichkeiten, die sich durch die Raxseilbahn ergeben: Ski plus am östlichen Alpenrand mit einer Handvoll steiler 1000-Höhenmeter-Abfahrten, die in Summe ganz schön konditionsfordernd sein können. Jede für sich ist bereits bei - leider selten vorkommenden - guten Verhältnissen eine Auffahrt wert! Auch auf der Nordseite der Rax warten einige richtige Leckerbissen. Speziell das Große Wolfstal und der Große Grieß sind sowohl landschaftlich, als auch skitechnisch einsame Spitze! Wenn im Tal schon der Frühling einkehrt, beginnt auf der Hochfläche die Zeit der Firntouren, z.B. zwischen Heukuppe und Predigtstuhl, im Langermanngraben oder in der Bärengrube.

Die Hochfläche verdient im Winter besondere Beachtung, wenn es wetterbedingt raxig-rau wird. Der Wind pfeift mächtig um die Ohren, die Sicht ist gleich null und der Schnee vom Winde verweht. Kein idealer Aufenthaltsort also für eine genussorientierte Tour!

Aber zurück zu den Vorzügen: leichte Erreichbarkeit mit PKW über die S6, große landschaftliche Tourenvielfalt durch Ausgangspunkte in allen Himmelsrichtungen, ein umfassendes Panorama mit Aussicht bis zum Dachstein und wie schon oben angesprochen eine Reihe rassiger Frühjahrstouren, die primär erfahrene SkitourengeherInnen positiv ansprechen.

Aufstieg zur Heukuppe

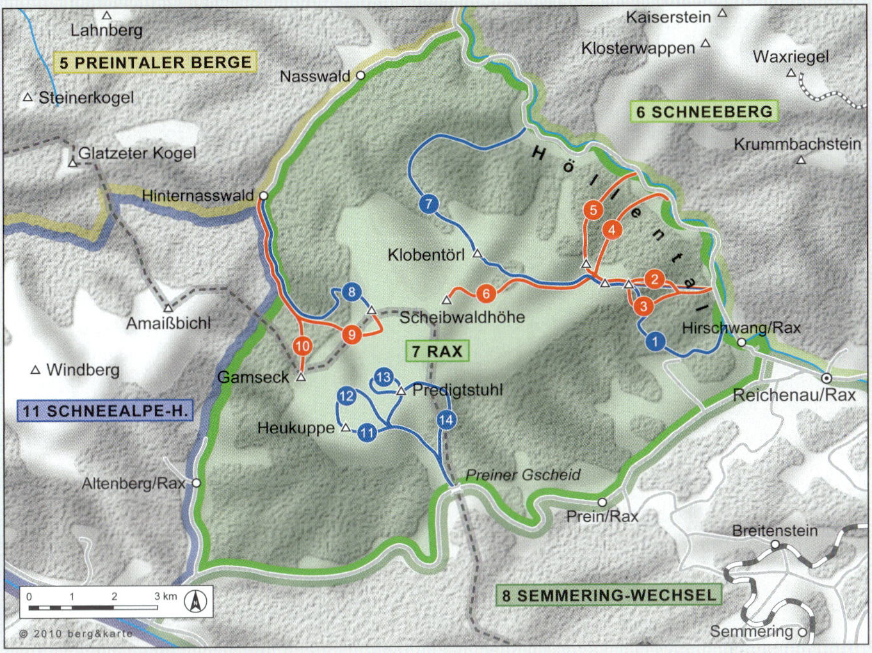

Anspruch: *leicht* *mittel* *schwierig* *sehr schwierig*

Regionskarte Rax

Nr	Skitour	Gipfelhöhe	Höhenmeter	Aufstiegszeit	Exposition	Anspruch	Seite
1	Schöller-Abfahrt	1547 m	0 hm	0 h	S-O	II	176
2	Seilbahngraben	1547 m	0 hm	0 h	O	III	178
3	Maschingraben	1547 m	90 hm	¼ h	S-O	III	180
4	Großes Wolfstal	1600 m	0 hm	0 h	N-O	III	182
5	Staudengraben	1600 m	80 hm	½ h	N-O	III	184
6	Scheibwaldhöhe-Bärengrube	1943 m	820 hm	4 h	O	III	186
7	Großer Kesselgraben	1648 m	300 hm	1 ½ h	N-O	II	188
8	Kaisersteig-Habsburghaus	1786 m	1100 hm	3 ½ h	N-W	II	190
9	Großer Grieß	1786 m	1100 hm	3 ½ h	S-W	III	192
10	Gamseckrinne	1680 m	990 hm	3 ¼ h	N	III	194
11	Heukuppe-Karlgraben	2007 m	940 hm	2 ¾ h	S-O	II	196
12	Heukuppe-Nordkar	2007 m	1070 hm	3 ¼ h	N-O-S	II	198
13	Predigtstuhl-Westrinnen	1902 m	1200 hm	3 ¾ h	W-S-O	II	200
14	Predigtstuhl-Langermanngraben	1902 m	860 hm	2 ½ h	S-O	II	202

7.1 Schöller-Abfahrt

Lange und sehr schöne Ski plus-Naturpiste wie anno dazumal, teilweise auch auf Wegen und Forststraßen

Ausgangspunkt Hirschwang, Talstation Rax-Seilbahn

Starthöhe	1547 m	**Gipfelhöhe**	1547 m	**Exposition**	S-O
Höhenmeter	0 hm	**Aufstiegszeit**	0 h	**Einkehr**	✓
Aufstiegslänge	0 km	**Steilheit**	steil	**Anspruch**	II

Einstimmung Die klassische und auch leichteste Talabfahrt von der Bergstation: trotzdem eine anspruchsvolle Naturpiste, landschaftlich abwechslungsreich und auch skitechnisch interessant, mit buckelpistenähnlichen Passagen, aber auch längeren, teils exponierten Querungen. Die 1000 hm bekommt man Schwung für Schwung immer mehr zu spüren, Passagen zum Ausrasten gibt's keine! Da die Abfahrt bis ins Tal nicht in jedem Winter selbstverständlich ist, sollte man bei guter Schneelage gleich wissen, was zu tun ist!

Lawinen Vorsicht bei der Querung des Seilbahngrabens. Die Querung der Steilwälder nach dem Geländeeck, 1450 m, kann bei ungünstigen Verhältnissen heikel sein.

Orientierung Teils nostalgische Beschilderung und Markierung, allerdings nicht immer ausreichend gut. Daher Beschreibung beachten.

Zufahrt A2, dann S6 bis Ausfahrt Gloggnitz, B27 über Gloggnitz, Reichenau an der Rax und Hirschwang zur Talstation der Rax-Seilbahn, Parkplätze.

Aufstieg Auffahrt mit der Rax-Seilbahn.

Blick aus der Bergstation nach SO, links der Mittagstein, rechts das Reichenauer Becken und in der Ferne die Bucklige Welt

Abfahrt Von der Terrasse der Bergstation rechts um den Gebäudekomplex und nach N auf der Piste durch eine Mulde zur Talstation des Schlepplifts. Dort rechts haltend nach O Waldquerung zu einem Geländeeck, 1450 m (Lichtung). Scharf rechts dem blau markierten Gsolhirnsteig folgend Querung (links Fangzäune) unter der Seilbahn. Dann hinab zu einem Rücken und über diesen tiefer zur Gsolwiese, 1180 m, im Sattel nördlich vom Sengerkogel. Weiter rechts hinab zu einem Fahrweg und auf diesem zu einer Forststraße, Pkt. 944 m. Kurz links, der Markierung folgen, einen Graben auf 880 m kreuzen und Traverse zum Knappenberg (Wiesen) und weiter zum Hotel Knappenhof. Östlich die Wiese hinab und links zu einem Bauernhof. Weiter nach O (bei ausreichend Schnee noch über zwei Wiesen) zum Waldrand, 600 m (Andacht). Links auf einem Waldweg nach Hirschwang und auf dem Gehsteig links 1 km zurück zur Talstation.

Variante Auf der Gsolwiese nach O durch Wald, dann im Lahngraben (Tour 7.3) genussvoll zur Talstation.

Einkehr unterwegs Raxalpen-Berggasthof in der Bergstation der Rax-Seilbahn, Hotel Knappenhof am Knappenberg.

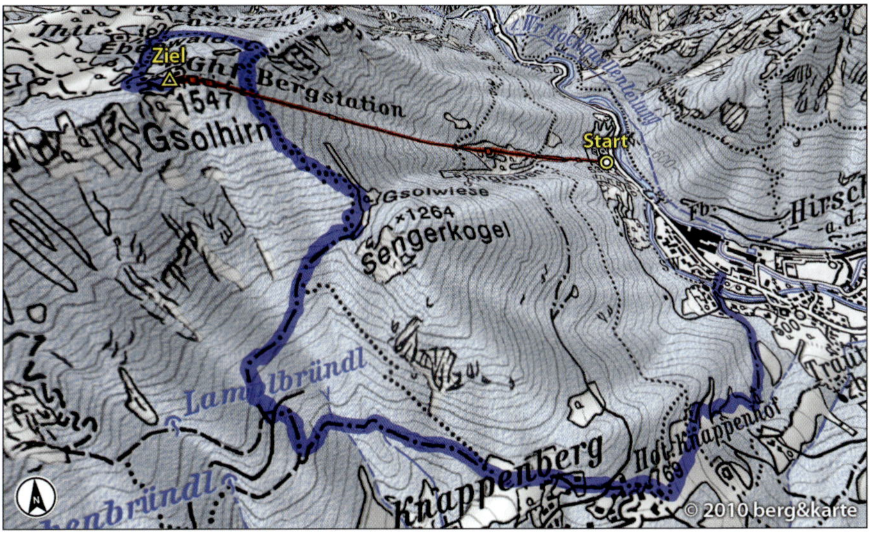

— *Aufstieg* — *Abfahrt* *Kartenperspektive*

Karten ÖK 25 Schneeberg und Rax, ÖK 50 UTM 4212 (BMN 104)
Après Tour Gastronomie in Hirschwang, Reichenau an der Rax und Payerbach
Infos www.raxalpe.com

7.2 Seilbahngraben

Spektakuläre Ski plus-Direttissima parallel zur Seilbahntrasse. Schön zum Abfahren und interessant für Zuschauer in der Gondel!

Ausgangspunkt Hirschwang, Talstation Rax-Seilbahn

Starthöhe	1547 m	**Gipfelhöhe**	1547 m	**Exposition**	Ost
Höhenmeter	0 hm	**Aufstiegszeit**	0 h	**Einkehr**	✓
Aufstiegslänge	0 km	**Steilheit**	sehr steil	**Anspruch**	III

Einstimmung Die klassische Steilabfahrt im unmittelbaren Bereich der Rax-Seilbahn: 1000 hm in einem Zug vom Berg ins Tal, wo gibt es das noch? Dementsprechend bei guten Verhältnissen von Freeride-Feinspitzen bald buckelpistenartig ausgefahren. Gleichmäßige Neigung, die auf Dauer ganz schön konditionsfordernd ist! Nach Neuschneefall bei Schönwetter bald gute und sichere Verhältnisse. Bei guter Schneelage die Gelegenheit sofort nutzen, wer weiß, wann sie sich wieder bietet! Und nach dem Abschwingen wieder rauf zu neuen Taten!

Lawinen Der gesamte Seilbahngraben und der untere Lahngraben sind kritisch zu beurteilen und erfordern sichere Verhältnisse.

Orientierung Keine besonderen Kriterien, sobald der Start geglückt ist. Auf 880 m nicht versäumen, unter der Seilbahn nach rechts in den Lahngraben hinüber zu wechseln!

Zufahrt A2, dann S6 bis Ausfahrt Gloggnitz, B27 über Gloggnitz, Reichenau an der Rax und Hirschwang zur Talstation der Rax-Seilbahn, Parkplätze.

Blick aus dem Einfahrtsbereich in den Seilbahngraben

Im Mittelteil des Seilbahngrabens, im Hintergrund das Reichenauer Becken, links der Mittagstein

Aufstieg Auffahrt mit der Rax-Seilbahn.

Abfahrt Von der Terrasse der Bergstation rechts um den Gebäudekomplex zur Einfahrt nach O. Abfahrt immer knapp links der Seilbahnschneise, dabei einige Lawinenverbauungen (Mauern) umfahren. Nach der Kreuzung der Schöller-Abfahrt bildet sich der Graben allmählich deutlicher aus. Auf 880 m rechts unter der Seilbahn rausqueren in den Lahngraben (nicht gerade weiter, Abbrüche!) und in diesem etwas weniger steil genussvoll zur Talstation ausschwingen.

Einkehr unterwegs Raxalpen-Berggasthof in der Bergstation der Rax-Seilbahn.

Aufstieg *Abfahrt* *Kartenperspektive*

Karten ÖK 25 Schneeberg und Rax, ÖK 50 UTM 4212 (BMN 104)
Après Tour Gastronomie in Hirschwang, Reichenau an der Rax und Payerbach
Infos www.raxalpe.com

7.3 Maschingraben

Ski plus-Steilabfahrt mit fotogenem Start direkt von der Bergstation. Unterwegs kurze Gegensteigung, dann Einmündung in den Lahngraben

Ausgangspunkt Hirschwang, Talstation Rax-Seilbahn

Starthöhe	1547 m	**Gipfelhöhe**	1547 m	**Exposition**	S-O
Höhenmeter	90 hm	**Aufstiegszeit**	¼ h	**Einkehr**	✓
Aufstiegslänge	0.3 km	**Steilheit**	sehr steil	**Anspruch**	III

Einstimmung Die rassigste Steilabfahrt im unmittelbaren Bereich der Rax-Seilbahn: überaus eindrucksvoll mit applausträchtiger Einfahrt. Weit weniger bekannt als der Seilbahngraben, Tour 7.2. Gut 400 hm Abfahrt durch eine enge Rinne. Dann kurzer Gegenanstieg und Fortsetzung durch den ebenfalls genussvollen Lahngraben zurück zur Talstation. Nach Neuschneefall bei Schönwetter wegen der Südlage bald gute und sichere Verhältnisse.

Lawinen Der gesamte Maschingraben und der Lahngraben sind kritisch zu beurteilen und erfordern sichere Verhältnisse.

Orientierung Keine besonderen Kriterien, sobald der Start geglückt ist.

Zufahrt A2, dann S6 bis Ausfahrt Gloggnitz, B27 über Gloggnitz, Reichenau an der Rax und Hirschwang zur Talstation der Rax-Seilbahn, Parkplätze.

Aufstieg Auffahrt mit der Rax-Seilbahn.

Es geht gleich sehr steil zur Sache!

Abfahrt Beim Austritt aus der Bergstation auf der Terrasse an geeigneter Stelle über das Geländer und runter zum Schnee. Geschickt anschnallen und spektakulär schräg links queren in den linken Graben (nicht direkt einfahren!). Im eindrucksvollen, steilen Graben tiefer, eine Felsinsel rechts umfahren, dann eine Engstelle überwinden, einige Felsen links umfahren und bis 1100 m. Nun Traverse nach links zur Schöller-Abfahrt, Tour 7.1, und nach dem Anfellen kurze Gegensteigung in einen Sattel, 1180 m (Gsolwiese), nördlich vom Sengerkogel, 1264 m. Jenseits Abfahrt nach O anfangs durch Wald, dann durch eine baumfreie Mulde in den Lahngraben und zurück zur Talstation.

Blick in den unteren Teil der Rinne, unten Edlach an der Rax

Variante Statt der Gegensteigung zur Gsolwiese: weiter auf der Schöllerabfahrt, Tour 7.1, nach Hirschwang und auf der Straße links 1 km zurück zur Talstation.

Einkehr unterwegs Raxalpen-Berggasthof in der Bergstation der Rax-Seilbahn.

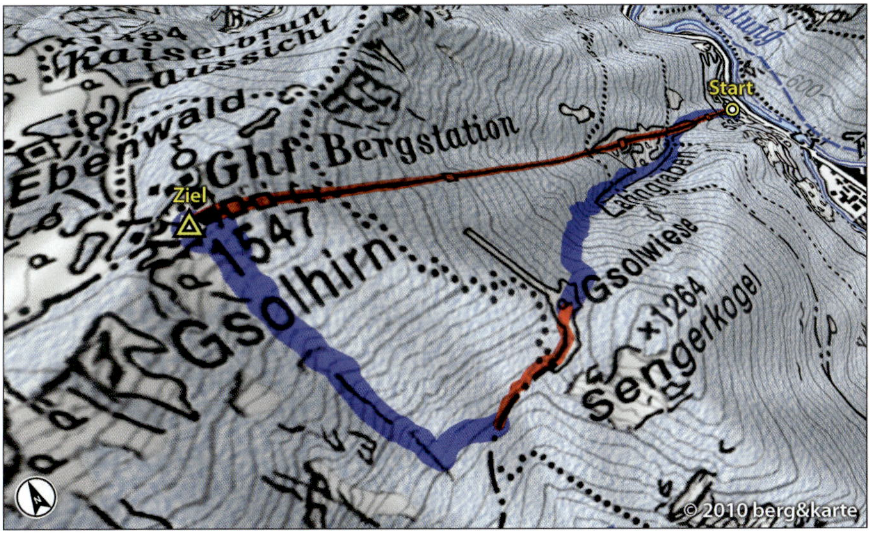

Aufstieg *Abfahrt* *Kartenperspektive*

Karten ÖK 25 Schneeberg und Rax, ÖK 50 UTM 4212 (BMN 104)
Après Tour Gastronomie in Hirschwang, Reichenau an der Rax und Payerbach
Infos www.raxalpe.com

7.4 Großes Wolfstal

Abenteuerliche, mit einigen Hindernissen gewürzte Ski plus-Steilabfahrt für gute SkibergsteigerInnen

Ausgangspunkt Hirschwang, Talstation Rax-Seilbahn

Starthöhe	1547 m	**Gipfelhöhe**	1600 m	**Exposition**	N-O
Höhenmeter	0 hm	**Aufstiegszeit**	0 h	**Einkehr**	✓
Aufstiegslänge	0 km	**Steilheit**	sehr steil	**Anspruch**	III

Einstimmung Eine der absoluten Toptouren auf der Rax in einem recht ernsten, alpinen Ambiente. Sehr eindrucksvolle, abenteuerliche immersteile Abfahrt durch einen 1000 hm-Graben, die den Vergleich mit weit bekannteren Kalibern in den Alpen nicht zu scheuen braucht. Im Mittelteil meist eine alpinistische Einlage an einer kurzen Leiter. Bei Benutzung des kleinen Schlepplifts sind keine Felle erforderlich. Der untere Teil der Abfahrt ist nur bei sehr guter Schneelage befahrbar. Daher sollten auch bei dieser von der Seilbahn-Bergstation ausgehenden Tour die optimalen Bedingungen rasch genutzt werden, wobei hier besonders der Lawinensituation erhöhte Aufmerksamkeit zu schenken ist! Im Höllental unbedingt selber für Rückkehr zur Talstation der Seilbahn vorsorgen, Autostopp ist im Höllentalwinter meist eine längere und kalte Geduldsprobe!

Lawinen Stabile Verhältnisse abwarten, das gesamte Wolfstal ist eine Lawinenbahn! Bedrohung durch die Seitenflanken, vor allem von W.

Orientierung Die kurze Traverse von der Bergstation des Schlepplifts in die Einfahrtsmulde ins Wolfstal erfordert bei Nebel erhöhte Aufmerksamkeit.

Zufahrt A2, dann S6 bis Ausfahrt Gloggnitz, B27 über Gloggnitz, Reichenau an der Rax und Hirschwang zur Talstation der Rax-Seilbahn, Parkplätze.

Aufstieg Auffahrt mit der Rax-Seilbahn

Die zwingend zu bewältigende zweite Steilstufe, 850 m, hier bei sehr guter Schneelage

Abfahrt Von der Terrasse der Bergstation rechts um den Gebäudekomplex, nach N auf der Piste durch eine Mulde zur Talstation des Schlepplifts und mit diesem hinauf. Vom Ausstieg, 1620 m, nach N ebene Querung zum Gatterlkreuz, weiter leicht links in eine Mulde, in dieser zunächst ganz gemütlich nach N, dann rechts raus auf einen Waldrücken, 1540 m (oder gerade weiter, dann aber bald recht eng und unangenehm). Über den Rücken ein Stück hinab zum Beginn der Steilabfahrt: nach rechts Einfahrt in einen steilen baumfreien Hang, dann im Grabengrund in wildromantisch-schöner Fahrt den besten Möglichkeiten folgend dahin (links Lawinenflanken, vorne immer schöner Blick zum Schneeberg). Auf 1250 m rechtzeitig und großzügig nach links rausqueren (enge Steilstufe unterhalb nicht befahrbar!). Dann zurück in den Grabengrund und nach einiger Zeit zu einer zweiten engen felsigen Steilstufe, 850 m, mit einer Leiter. Durch diese zwingend durch (bei sehr guter Schneelage abrutschen), ansonsten abschnallen (Steigeisen vorteilhaft) und vorsichtig am Stahlseil zur rustikalen steilen Leiter, rechts hängt bei Bedarf ein Eishammer zum Stufen schlagen. Dann aus der großen Halbhöhle wieder ungehinderte Fahrt in der Talsohle zu einem Fahrweg und vorbei an einem Wintergatter ins Höllental. Auf der Straße rechts in Kürze zu Fuß nach Kaiserbrunn. Für Rückkehr zur Seilbahn vorsorgen (2. Pkw)!

Einkehr unterwegs Raxalpen-Berggasthof in der Bergstation der Rax-Seilbahn.

Tipp Steigeisen vorteilhaft für die untere Steilstufe auf 850 m.

Aufstieg Abfahrt *Kartenperspektive*

Karten ÖK 25 Schneeberg und Rax, ÖK 50 UTM 4212 (BMN 104)
Après Tour Gastronomie in Hirschwang, Reichenau an der Rax und Payerbach
Infos www.raxalpe.com

7.5 Staudengraben

Abenteuerliche, aber im Abseits stehende Ski plus-Steilabfahrt für gute SkibergsteigerInnen

Ausgangspunkt Hirschwang, Talstation Rax-Seilbahn

Starthöhe	1547 m	**Gipfelhöhe**	1600 m	**Exposition**	N-O
Höhenmeter	80 hm	**Aufstiegszeit**	½ h	**Einkehr**	✓
Aufstiegslänge	1.3 km	**Steilheit**	sehr steil	**Anspruch**	III

Einstimmung Ein etwas in Vergessenheit geratener Leckerbissen für Freeride-Abenteurer, mit mehreren Unterbrecherstellen, die auf unterschiedliche Art bewältigt werden können. Zunächst sehr schön über Lichtungen des oberen Wachthüttlkamms, dann herrliches Waldpowdergelände und freie Windbruchflanken und unten raus wildromantisches felsdurchsetztes Waldgrabenambiente. Weit schöner als sein Ruf und Stauden sind auch kein Thema! Dafür ist die Lawinengefahr gewissenhaft zu beurteilen. Im Höllental unbedingt selber für Rückkehr zur Talstation der Seilbahn vorsorgen, Autostopp ist im Höllentalwinter meist eine längere und kalte Geduldsprobe!

Lawinen Immer zu beachten ab 1400 m bis ins Höllental, im Grabengrund selbst und aus den steilen Seitenflanken und -gräben.

Orientierung Bei schlechter Sicht erfordert der Übergang von der Bergstation zum Beginn der Abfahrt auf der Lichtung, 1600 m, erhöhte Aufmerksamkeit.

Zufahrt A2, dann S6 bis Ausfahrt Gloggnitz, B27 über Gloggnitz, Reichenau an der Rax und Hirschwang zur Talstation der Rax-Seilbahn, Parkplätze.

Aufstieg Von der Bergstation zunächst durch ein Wäldchen eben nach W und in einem weiten Rechtsbogen über eine Lichtung ansteigend die Schlepplifttrasse kreuzen. Dann unter dem Gatterlkreuz um einen Rücken und nach W in eine Mulde, 1575 m (dort rechts die Einfahrt ins Große Wolfstal). Aus der Mulde nach N kurze Gegensteigung auf einen Rücken und weiter auf eine Lichtung, 1600 m.

Beim Gatterlkreuz, Blick nach N, ganz rechts die Reisalpe, ganz in der Ferne das Waldviertel

Abfahrt Von der Lichtung, 1600 m, genau nach N über den sich allmählich senkenden Rücken (lichter Baumbestand). Links bald Ausblicke ins Große Höllental. Auf 1470 m am Ende einer Lichtung gerade weiter genau nach N. Anfangs etwas dichter Nadelwald, der sich aber bald lichtet und in einen Graben überleitet. Im sehr schönem Waldpowder tiefer, und raus in eine Windbruchzone. Der Graben dreht nach rechts ein und führt zur ersten Unterbrecherstelle bei der Einmündung eines Seitengrabens, 1150 m. Bei sehr guter Schneelage ist die Stelle befahrbar, ansonsten links umfahren (Vorsicht steile Schrofen). Dann genussvoll weiter in der Grabensohle bis zum Waldrand und damit zu einem gröberen Hindernis, 1000 m. Über den Felsabbruch entweder von einem Baum abseilen (30 m Seil erforderlich), oder besser 50 m oberhalb des Abbruchs links in den Wald (links Baum mit neonpinkfarbenem Pfeil). Zunächst mehr oder weniger waagrechte Querung zu einem Rücken, dann über diesen steil hinab und nach rechts zurück unter dem Abbruch. Nun ein sehr steiler Abschnitt unter einer Felszone, dann wieder in schöner Fahrt zu einer Stelle mit quer liegenden störenden Bäumen, und danach folgen zwei felsbegrenzte Engstellen. Der Graben lichtet sich allmählich (Blick zum Hochgang), runter in einen Boden, dann eine engere Waldpassage und der letzte Felsabbruch: Bei guter Schneelage problemlos hindurch, ansonsten abschnallen und mithilfe der Kette über die Stelle hinweg. Dann letzte Schwünge auf einer Wiese ins Höllental bei der Hochstegbrücke, Pkt. 535 m. Für Rückkehr zur Seilbahn vorsorgen (2. Pkw)!

Einkehr unterwegs Raxalpen-Berggasthof in der Bergstation der Rax-Seilbahn.

Aufstieg   Abfahrt

Kartenperspektive

Karten ÖK 25 Schneeberg und Rax, ÖK 50 UTM 4212 (BMN 104)
Après Tour Gastronomie in Hirschwang, Reichenau an der Rax und Payerbach
Infos www.raxalpe.com

7.6 Scheibwaldhöhe-Bärengrube

Landschaftlich sehr reizvolle Ski plus-Frühjahrstour, unter Umständen mit spektakulärem Wechtensprung und mit einigen Gegensteigungen

Ausgangspunkt Hirschwang, Talstation Rax-Seilbahn

Starthöhe	1547 m	**Gipfelhöhe**	1943 m	**Exposition**	Ost
Höhenmeter	820 hm	**Aufstiegszeit**	4 h	**Einkehr**	✓
Aufstiegslänge	7.7 km	**Steilheit**	sehr steil	**Anspruch**	III

Einstimmung Klassische, steile Frühjahrsfirntour mit landschaftlich schönem Zugang von der Bergstation der Rax-Seilbahn, gespickt mit einer Gegensteigung. Je nach Schneelage können manche Passagen aber auch schon aper sein, z.B. der Aufstieg von der Dirnbacher-Hütte Richtung Klobentörl. Mitunter anspruchsvoller Start (Wechtensprung?) in die Bärengrube, danach aber Firngenuss in Perfektion. Wegen der ostseitigen Ausrichtung zeitige Einfahrt erforderlich. Im späten Frühjahr (Mai) auch als Firngleitertour sehr empfehlenswert, aber mit längeren Geh-/ Tragepassagen im Zu- und Abstieg.

Lawinen Die stark überwechtete Bärengrube erfordert sichere Firnverhältnisse.

Orientierung Bei Nebel ist ein Großteil der Strecke unangenehm zu begehen und zu befahren und zum Teil an der Wechtenkante der Bärengrube sogar gefährlich.

Zufahrt A2, dann S6 bis Ausfahrt Gloggnitz, B27 über Gloggnitz, Reichenau an der Rax und Hirschwang zur Talstation der Rax-Seilbahn, Parkplätze.

Aufstieg Auffahrt mit der Rax-Seilbahn. Von der Bergstation zunächst durch ein Wäldchen eben nach W, dann in einem weiten Rechtsbogen über eine Lichtung ansteigend die Schlepplifttrasse kreuzen und zum Gatterlkreuz. Nach SW flach durch eine Latschengasse zu einer überwechteten Senke mit Blick zum nahen Otto-Schutzhaus und in Kürze zum Praterstern (Wegweiser). Dort genau nach W (ab hier gute Stangenmarkierung) leicht ansteigen in einen Sattel, 1660 m, südlich des Kerschböndls, Pkt. 1688 m. Abfellen.

Blick vom Sattel, 1660 m, beim Kerschböndl, zur Bärengrube. Rechts der Aufstieg vom Klobentörl zur Scheibwaldhöhe

Abfahrt den Stangen nach durch eine seichte Mulde auf eine Lichtung. Dann in eine enge Schneise, dort ein Knick nach links und Schrägfahrt dem Sommerweg folgend in eine Mulde mit der Abzweigung nach rechts ins Geißloch. Anfellen.

Kurzer Anstieg raus auf die Lichtung mit der Dirnbacher-Hütte, 1477 m. Weiter nach NW Richtung Klobentörl durch bald steilen Wald, dann Querung nach rechts unter Felswänden durch eine Latschengasse. Über eine gesicherte Rampe (wohl zu Fuß) zu einem Eck. Links in eine Mulde und in Kürze zu einem Wegweiser, 1635 m. 1 ½ Std.

Nach SW in eine ganz seichte Mulde (anfangs Latschen) und hinauf an den Rand der Bärengrube, 1800 m. An der stark überwechteten Geländekante entlang und hinauf auf die nahe Scheibwaldhöhe. 1 Std.

Variante Etwas weiter ausholend vom Praterstern zur Höllental-Aussicht und von dort zur Dirnbacher-Hütte. ▪ Im späten Frühjahr ist als Firngleitertour auch ein Aufstieg zu Fuß, z.B. vom Preiner Gscheid über den Waxriegel, interessant.

Abfahrt Von der Scheibwaldhöhe nach N in Kürze zum langen, überwechteten oberen Rand der Bärengrube. An geeigneter Stelle (event. sogar mit Wechtensprung) in die breite Flanke und immer eher etwas rechts haltend unter den hohen Felswänden der Südlichen Lechnermauern tiefer. Allmählich rechts eines sich ausbildenden Mittelrückens in eine Mulde und in diese nach O durch Latschenfelder zum Wald. Flach nach NO zur Lichtung mit der Dirnbacher-Hütte. Anfellen.

Wie beim Hinweg zurück zum Sattel, 1660 m, beim Kerschböndl, Fellabfahrt zum Praterstern und weiter zum Gatterlkreuz. Abfellen.

Kurze Abfahrt zurück zur Bergstation.

Einkehr unterwegs Raxalpen-Berggasthof in der Bergstation der Rax-Seilbahn. Otto-Schutzhaus, 1642 m, im Winter und Frühjahr an schönen Wochenenden bewirtschaftet.

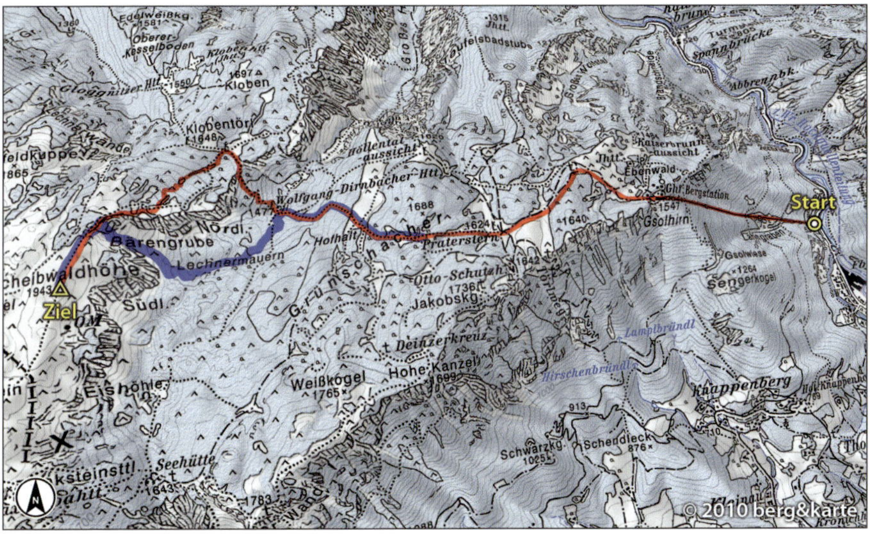

▬ *Aufstieg* ▬ *Abfahrt* *Kartenperspektive*

Karten ÖK 25 Schneeberg und Rax, ÖK 50 UTM 4212 (BMN 104)
Après Tour Gastronomie in Hirschwang, Reichenau an der Rax und Payerbach
Infos www.raxalpe.com

7.7 Großer Kesselgraben

Beliebter Ski plus-Klassiker mit sehr langer Grabenabfahrt in einmaliger Felskulisse

Ausgangspunkt Hirschwang, Talstation Rax-Seilbahn

Starthöhe	1547 m	**Gipfelhöhe**	1648 m	**Exposition**	N-O
Höhenmeter	300 hm	**Aufstiegszeit**	1 ½ h	**Einkehr**	✓
Aufstiegslänge	3.1 km	**Steilheit**	mäßig steil	**Anspruch**	II

Einstimmung Landschaftlich einmalige, teilweise canyonartige, lange Grabenabfahrt ins Höllental mit großem Höhenunterschied. Nur ein einziges kurzes Steilstück, ansonsten durchwegs leichtes und genussvolles Gelände mit langen Schussstrecken. Bei guter Schneelage sehr beliebte Ski-Plus-Hochwintertour ab der Bergstation der Rax-Seilbahn, daher häufig pistenartig ausgefahren. Im Hochwinter ist es im Höllental bitterkalt. Dort für Rückkehr zur Rax-Seilbahn mit zweitem Pkw vorsorgen. Autostopp kann langwierig und vor allem sehr kalt sein!

Ideale und sehr empfehlenswerte Erweiterung durch Aufstieg zur Scheibwaldhöhe und Abfahrt durch den Steinigen Graben in den Kesselgraben. Dann gut 1400 hm ungehinderte Abfahrt ins Höllental.

Lawinen Der Steinige Graben ist mitunter etwas heikel (Einwehungen bald nach der Einfahrt). Im Großen Kesselgraben Schneerutschgefahr auf den Grabenflanken. Also nicht während und direkt nach starkem Neuschneefall und plötzlicher Erwärmung befahren! Die Verhältnisse bessern sich aber meist rasch.

Orientierung Bei Nebel abschnittsweise unangenehm zu begehen und zu befahren bis zur Gloggnitzer Hütte. Im Großen Kesselgraben keine Schwierigkeiten. Dafür verursacht die Variante Scheibwaldhöhe - Steiniger Graben bei schlechter Sicht ganz sicher Probleme!

Zufahrt A2, dann S6 bis Ausfahrt Gloggnitz, B27 über Gloggnitz, Reichenau an der Rax und Hirschwang zur Talstation der Rax-Seilbahn, Parkplätze.

Aufstieg Bis zum Wegweiser, 1635 m, siehe Tour 7.6. Die Richtung beibehaltend weiter über eine Lichtung zum nächsten Wegweiser im Klobentörl, 1648 m. 1 ½ Std.

Variante Natürlich ist auch ein Aufstieg durch den Großen Kesselgraben selbst sehr empfehlenswert! Für die 1000 hm bis zur Gloggnitzer Hütte 3 Std. Gehzeit einplanen.

Abfahrt Vom Klobentörl feine, wenn auch kurze Abfahrt durch ein Tälchen zur Gloggnitzer Hütte, 1550 m. Nach W der grünen Markierung folgend im Wald durch einen seichten Graben in einen Boden und in flacher Fahrt zur Kehre einer Forststraße, Pkt. 1360 m. Weiter durch den hier noch unscheinbaren Großen Kesselgraben, entweder im Grabengrund oder auf dem Fahrweg. Dieser endet auf 1250 m. Kurz darauf das Gatterl (links Bergrettungsschlitten). Durch die steilere

Firngenuss im mittleren Abschnitt des Steinigen Grabens

Engstelle hindurch, dann nach einem Boden wieder in lichterem Gelände gemütlich dahin über einige Schwellen. Immer wieder bieten harmlose Schussstrecken Zeit, um sich die Umgebung anzuschauen. Die Grabenumrahmung wird zunehmend steil, höher, canyonartig felsiger und damit spektakulär. Auf 780 m ein Linksknick, dadurch öffnet sich der Blick zum Schneeberg, danach wieder etwas deutlicher abwärts und unvermittelt der Zielschuss ins Höllental, Pkt. 559 m.

Variante Aufstieg vom Klobentörl zur Scheibwaldhöhe siehe Tour 7.6. Vom Gipfel nach NW in einen schwach ausgeprägten Sattel, 1870 m, und kurze Gegensteigung hart östlich am Waxriegel entlang. Abfahrt nach NW, dann nach N durch eine Mulde auf einem Boden (links zwei kleine Hütten, diese sowie die unscheinbare Kuppe der Weißen Wand sind bereits vom Waxriegel zu sehen). Über den Boden genau nach N zur Einfahrt in den Steinigen Graben östlich der Weißen Wand. Zunächst eine Mulde, dann eine verwechtete Stufe und weiter im schön gewundenen Graben. Dieser dreht nach NO ein und wird enger. Genussvolle schwungvolle Abfahrt in die Waldzone. Auf 1450 m einer Aufforstung rechts ausweichen, dann am Waldrand durch eine Mulde runter zu einer Forststraße und rechts in Kürze zur Kehre, Pkt. 1360 m, und damit zur Einmündung in die Standardabfahrt in den Großen Kesselgraben. Weiter wie oben.

Einkehr unterwegs Raxalpen-Berggasthof in der Bergstation der Rax-Seilbahn. Otto-Schutzhaus, 1642 m, im Winter und Frühjahr an schönen Wochenenden bewirtschaftet. Gloggnitzer Hütte, 1550 m, ab Jänner an Wochenenden ab Samstag 14:00 bewirtschaftet.

Tipp Lohnender Abstecher von der Gloggnitzer Hütte nach N über den Oberen Kesselboden auf den nahen Edelweißkogel, 1581 m, mit ungewohntem Rax- und Schneeberg-Panorama.

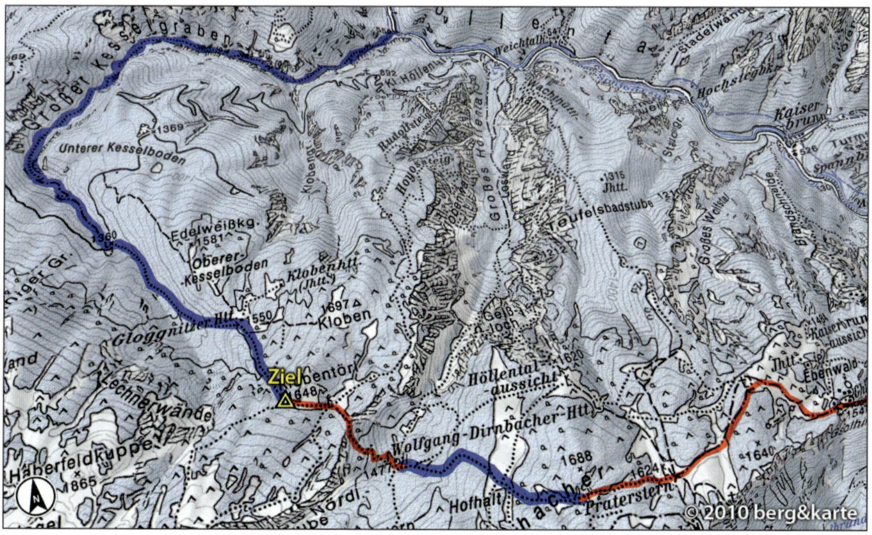

Aufstieg *Abfahrt*

Kartenperspektive (Ausschnitt Bergstation Rax-Seilbahn - Klobentörl - Großer Kesselgraben)

Karten	ÖK 25 Schneeberg und Rax, ÖK 50 UTM 4212 (BMN 74 + 104)
Après Tour	Gastronomie in Hirschwang, Reichenau an der Rax und Payerbach
Infos	www.raxalpe.com

7.8 Kaisersteig-Habsburghaus

Landschaftlich reizvoller, zunehmend aussichtsreicher Wald- und Grabenaufstieg mit kurzer Skitragepassage und schöner Abfahrt

Ausgangspunkt Hinternasswald, Parkplatz

Starthöhe	712 m	**Gipfelhöhe**	1786 m	**Exposition**	N-W
Höhenmeter	1100 hm	**Aufstiegszeit**	3 ½ h	**Einkehr**	nein
Aufstiegslänge	6.6 km	**Steilheit**	steil	**Anspruch**	II

Einstimmung Landschaftlich sehr schöne, dabei recht wenig begangene Hochwinter- bis Frühjahrstour. Das unmittelbare Ziel ist nicht ein Gipfel, sondern eine wunderbar gelegene, allerdings nicht bewirtschaftete Hütte. Anfangs ein flacher Zustieg zum Aufwärmen, zunächst durch eine Klamm, dann mit schönem Blick zu den eindrucksvollen Kahlmäuern. Im Bereich des Steigers eine felsige Schlüsselstelle, an der die Ski kurz getragen werden müssen. Vom Habsburghaus schöne Einblicke in die Ostseite der Heukuppe und freie Sicht nach N und W. Bei gutem Pulverschnee, aber auch bei Frühjahrsfirn, ist die Abfahrt sehr genussvoll.

Lawinen Bei vernünftiger Spuranlage kaum heikle Bereiche, aber direkt unter dem Habsburghaus bei ungünstigen Verhältnissen kritisch.

Orientierung Im steilen Waldaufstieg zum Steiger nach den roten Markierungen Ausschau halten und Querung ab 1300 m beachten. Nach dem Steiger bei Nebel zunehmend unangenehm und im Nahbereich des Habsburghauses problematisch.

Zufahrt A2, dann S6 bis Ausfahrt Gloggnitz. B27 über Reichenau an der Rax durch das Höllental bis zum ehemaligen GH Singerin. Dort abzweigen und über Nasswald nach Hinternasswald, geräumter Parkplatz.

Aufstieg über den ausgeprägten Rücken, 1670 m: im Hintergrund rechts der Göller, dann der Ötscher. Links die Schneealpe mit dem Amaißbichl

Aufstieg Vom Parkplatz einige Schritte auf der Straße weiter, dann links über die Brücke (rote Markierung, Wegweiser) Richtung Habsburghaus. Auf der anfangs geräumten Forststraße durch die romantische Reißtalklamm und weiter mit Blick zu den Kahlmäuern zur Talstation der Materialseilbahn des Habsburghauses auf einer Lichtung, Pkt. 852 m. Dort links zu einer Forststraße und auf dieser über den Rehboden im Wald nach SO zum felsüberragten Talschluss. Linkshaltend anfangs über freie Flächen, dann im schönen Hochwald (Windbruchschäden) steil nach NO in Kehren aufwärts, der roten Markierung (Weg Nr. 44) folgend. Auf 1300 m nach links ansteigende Querung zu einem Waldrücken, diesen links umgehen, dann hinauf unter die Felswände, dort schöner Blick zum Habsburghaus. Nun zu Fuß am gesicherten Felsband entlang (Seil mitunter unter Schnee, Steigeisen vorteilhaft) und Ausstieg auf das Waldplateau beim Steiger, Pkt. 1495 m, guter Rastplatz. 2 ½ Std.

Weiter nach SO über die Lichtung, nicht zum Zikafahnlgraben, sondern südlich davon den stumpfen Waldrücken empor. Der Wald lichtet sich, ab 1670 m über einen nun ausgeprägten Rücken und an geeigneter Stelle (nicht zu früh!) rechts in den Grabengrund. In diesem genussvoll weiter, zuletzt über einen steilen Hang oder weiter links ausholend auf die Kuppe mit dem bereits seit einiger Zeit sichtbaren Habsburghaus (offener einfacher Winterraum auf der Südseite). 1 Std.

Abfahrt Allgemein wie Aufstieg. Den Grabengrund spätestens auf 1710 m nach rechts verlassen. Nach der Unterbrecherstelle genussvolle Abfahrt zurück in den Rehboden und in entspannter Schussfahrt zurück nach Hinternasswald.

Variante Auf 1670 m bei sicheren Verhältnissen auch steile Einfahrt nach N in den Zikafahnlgraben möglich, dann durch diesen zum Steiger.

Aufstieg Abfahrt Kartenperspektive

Tipp Steigeisen für die kurze Tragepassage beim Steiger sicherheitshalber mitnehmen. ▪ Gipfeloptionen vom Habsburghaus: Scheibwaldhöhe, 1943 m, Dreimarkstein, 1948 m.

Karten ÖK 25 Schneeberg und Rax, ÖK 50 UTM 4211 + 4212 (BMN 104)
Après Tour WH Zum Raxkönig in Nasswald
Infos www.schwarzauimgebirge.at

7.9 Großer Grieß

Eine der ganz großen, trotzdem vernachlässigten Rax-Abfahrten. Grandiose Felsumrahmung und eine knifflige Unterbrecherstelle

Ausgangspunkt Hinternasswald, Parkplatz

Starthöhe	712 m	**Gipfelhöhe**	1786 m	**Exposition**	S-W
Höhenmeter	1100 hm	**Aufstiegszeit**	3 ½ h	**Einkehr**	nein
Aufstiegslänge	6.5 km	**Steilheit**	sehr steil	**Anspruch**	III

Einstimmung Landschaftlich einmalige und deshalb zu Unrecht vernachlässigte Steilabfahrt, die jedem Vergleich mit bekannten Dolomiten-Szenerien standhält. Eine der absoluten Toptouren in der Rax-Schneeberg-Region! Schon der Aufstieg über den Kaisersteig zum Habsburghaus vermittelt sehr schöne Eindrücke und ist mit einer kurzen Tragepassage beim Steiger gespickt. Bei der Abfahrt dann ein echtes Kriterium, das nur bei guter Schneelage befahrbar ist. Ansonsten ist diese Stelle ziemlich unangenehm (Abseilstelle eingerichtet, großer Torstahlbügel an der linken Begrenzungswand). Der Rest ist pure Abfahrtsfreude im westseitigen Frühjahrsfirn, der daher keinen allzu zeitigen Aufbruch erfordert.

Blick in den Großen Grieß, im Hintergrund die Schneealpe

Lawinen Im Aufstieg bei vernünftiger Spuranlage kaum heikle Bereiche, aber direkt unter dem Habsburghaus bei ungünstigen Verhältnissen kritisch. Der Große Grieß selbst ist kritisch zu beurteilen und erfordert sichere Firnverhältnisse.

Orientierung Im steilen Waldaufstieg zum Steiger nach den roten Markierungen Ausschau halten und Querung ab 1300 m beachten. Nach dem Steiger bei Nebel zunehmend unangenehm und im Nahbereich des Habsburghauses problematisch. Auch die Einfahrt in den Großen Grieß ist schwierig zu finden.

Zufahrt A2, dann S6 bis Ausfahrt Gloggnitz. B27 über Reichenau an der Rax durch das Höllental bis zum ehemaligen GH Singerin. Dort abzweigen und über Nasswald nach Hinternasswald, geräumter Parkplatz.

Aufstieg Zum Habsburghaus wie bei Tour 7.8. 3 ½ Std.

Variante Auch ein Aufstieg durch den Großen Grieß ist skitechnisch möglich, meist verbunden mit Abschnallen an der Steilstufe.

Abfahrt Vom Habsburghaus nach SO leicht fallende Querung zur Einfahrt nach W in den ersten markanten Graben (direkte Einfahrt von der Hütte bei guten Verhältnissen möglich). Im Graben genussvoll bis zur sehr steilen Engstelle auf 1500 m. Durch diese seitlich abrutschen und nach links unter einen großen rötlichen Felsausbruch. Dann wieder ungehinderte Fahrt in einzigartig spektakulärer Felskulisse. Auf 1220 m eintauchen in den Wald, dann ein letzter Rechtsknick und neben einer Bogenhöhle zum Waldweg und wie beim Aufstieg in entspannter Schussfahrt zurück nach Hinternasswald.

Im Mittelteil des Großen Grießes

Tipp Steigeisen für die kurze Tragepassage beim Steiger sicherheitshalber mitnehmen. • Gipfeloptionen vom Habsburghaus: Scheibwaldhöhe, 1943 m, Dreimarkstein, 1948 m.

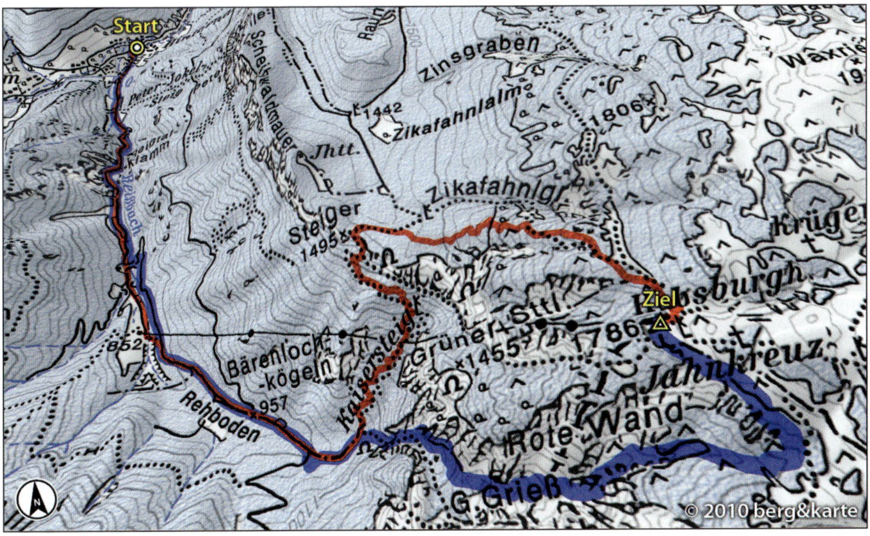

Aufstieg *Abfahrt*

Kartenperspektive

Karten ÖK 25 Schneeberg und Rax, ÖK 50 UTM 4211 + 4212 (BMN 104)
Après Tour WH Zum Raxkönig in Nasswald
Infos www.schwarzauimgebirge.at

7.10 Gamseckrinne

Zu Unrecht wenig bekannte, aber sehr eindrucksvolle Frühjahrssteilabfahrt in grandioser Umgebung

Ausgangspunkt Hinternasswald, Parkplatz

Starthöhe	712 m	**Gipfelhöhe**	1680 m	**Exposition**	Nord
Höhenmeter	990 hm	**Aufstiegszeit**	3 ¼ h	**Einkehr**	nein
Aufstiegslänge	5.8 km	**Steilheit**	sehr steil	**Anspruch**	III

Einstimmung Landschaftlich wunderbare Steilabfahrt auf der stillen Nordseite der Rax. Schaut aus der Frontalansicht, z.B. vom Aufstieg über den Kaisersteig zum Habsburghaus viel schauriger aus, als sie ist. Wohl wegen der räumlichen Abgelegenheit stark vernachlässigt, dabei im Frühjahr ein absolut lohnendes Ziel. Sehr schönes Abfahrtsgelände ohne Tücken, aufgrund der Nordlage anhaltend gute Schneeverhältnisse. Optional für routinierte SkibergsteigerInnen mit einer Kletterei über das Wilde Gamseck auf's aussichtsreiche Gamseck kombinierbar.

Lawinen Die gesamte Gamseckrinne erfordert sichere Firnverhältnisse und ist entsprechend kritisch zu beurteilen.

Orientierung Selbst bei schlechter Sicht keine speziellen Schwierigkeiten.

Zufahrt A2, dann S6 bis Ausfahrt Gloggnitz. B27 über Reichenau an der Rax durch das Höllental bis zum ehemaligen GH Singerin. Dort abzweigen und über Nasswald nach Hinternasswald, geräumter Parkplatz.

Blick vom Kaisersteig zu den Kahlmäuern, in der Bildmitte im Schatten die Gamseckrinne

Aufstieg Vom Parkplatz einige Schritte auf der Straße weiter, dann links über die Brücke (rote Markierung, Wegweiser) Richtung Habsburghaus. Auf der anfangs geräumten Forststraße durch die romantische Reißtalklamm und weiter mit Blick zu den Kahlmäuern zur Talstation der Materialseilbahn des Habsburghauses auf einer Lichtung, Pkt. 852 m. Nun rechts zum Waldrand und Beginn des Anstiegs auf dem rot markierten Weg über den Nassriegel. Zunächst längere Zeit in gleichmäßiger Steigung über den Rücken, dann eine Linksquerung zu einer Quelle (Schusterbründl) und durch die sehr steile Wandflanke auf den Nasskamm, 1210 m, Wegweiser. 1 ¾ Std.

Nach O der Forststraße ein Stück folgen, an ihrem Ende auf gutem Weg im Wald ansteigen, dann waagrecht hinüber nach S eindrehend zur Zimmermannhütte (offener muffiger Unterstand) und zur Gamseckerhütte (privat). Nach S höher, zunächst im Wald, dann durch eine steilere Rinne in einen Sattel, 1485 m, östlich vom Grabnergupf. Weiter genau nach O über einen teilweise felsigen Rücken (bei Bedarf immer links ausweichen), bald in der Latschenzone auf eine Schulter, 1680 m, vor dem Felsaufbau des Gamsecks. 1 ½ Std.

Variante Von Süden aus dem Altenberger Tal zum obersten Parkplatz, 981 m, und auf den Nasskamm. Weiter wie oben. Nach der Abfahrt Gegenanstieg über den Nassriegel und zurück ins Altenberger Tal.

Abfahrt Einfahrt beliebig nach NO, dann bald genau nach N durch freies Skigelände in der Haupt- oder der Nebenrinne. Ab 1300 m wird's enger (Lawinenaltschnee), es bleibt aber im Grabengrund hindernisfrei. Bei ausreichend Schnee bis zu einer Forststraßenkehre, 1020 m. Der untere Graben verläuft sich, besser etwas rechts im lichten Wald raus zu Pkt. 957 m auf dem Rehboden und links auf der Forststraße zurück nach Hinternasswald.

Tipp Bei guten Verhältnissen (aperer Fels) von der Einfahrt Kletterei über das Wilde Gamseck (II-, rote Punkte) auf's Gamseck, 1857 m, und wieder runter. Vorsicht auf einige Schneeflecken, Steigeisen sicherheitshalber mitnehmen!

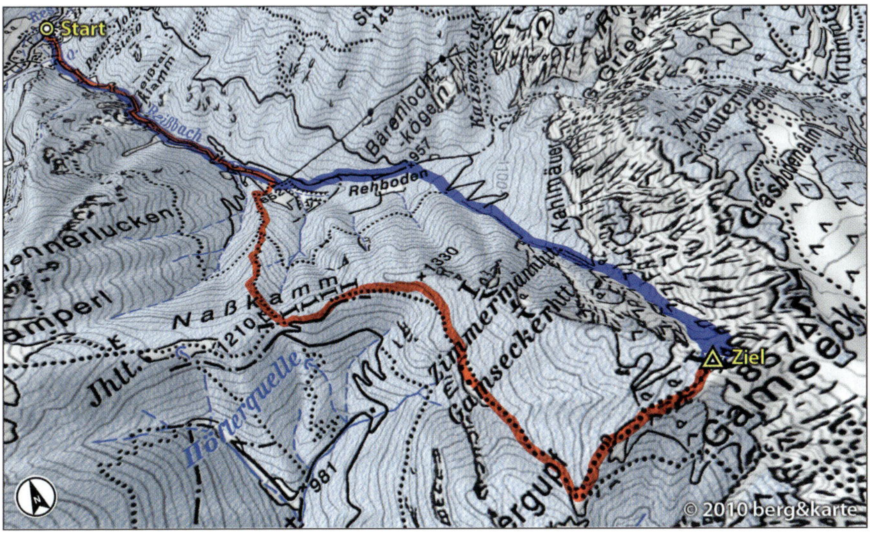

— Aufstieg — Abfahrt

Kartenperspektive

Karten ÖK 25 Schneeberg und Rax, ÖK 50 UTM 4211 + 4212 (BMN 104)
Après Tour WH Zum Raxkönig in Nasswald
Infos www.schwarzauimgebirge.at

7.11 Heukuppe-Karlgraben

Eine der beliebtesten Skitouren am östlichen Alpenrand, mit allem, was zu einem Klassiker eben dazugehört

Ausgangspunkt Preiner Gscheid, Parkplatz

Starthöhe	1070 m	**Gipfelhöhe**	2007 m	**Exposition**	S-O
Höhenmeter	940 hm	**Aufstiegszeit**	2 ¾ h	**Einkehr**	✓
Aufstiegslänge	4.4 km	**Steilheit**	steil	**Anspruch**	II

Einstimmung Die Standard-Skitour schlechthin auf der Rax, häufig befahren und daher meist gut gespurt und mit teilweise pistenartigen Verhältnissen im Karlgraben. Der hoch gelegene Ausgangspunkt garantiert im Hochwinter wie im Frühjahr Schneesicherheit. Abwechslungsreiche Tour, anfangs auf einer ehemaligen Piste, dann in einem eindrucksvollen Kessel und durch den steilen Karlgraben, schließlich über einen gutmütigen Rücken auf die Heukuppe, wo sich ein fantastisches Panorama vom Neusiedler See bis zum Dachstein entfaltet! Obwohl die Tour sehr beliebt ist, wird sie gerne unterschätzt hinsichtlich der Lawinengefahr im gesamten Siebenbrunnenkessel und vor allem hinsichtlich des oft grimmigen Wetters (Nebel, Kälte und Sturm) auf der Hochfläche. Auch das Karl-Ludwig-Haus ist leider im Winter nur noch selten bewirtschaftet, was die Lage zusätzlich verschärft. Vorsicht bei Nebel im Bereich des stark überwechteten Schneegrabens.

Lawinen Der gesamte Siebenbrunnenkessel ist bedroht und muss kritisch beurteilt werden. Die im Sinne der Abfahrt linke Nebenrinne des Karlgrabens ist wegen darüber hängenden Wechten heikler als der Karlgraben selbst.

Orientierung Ab dem oberen Karlgraben bei Nebel und Sturm stark erschwert. Vor allem die Wechtensituation im Schneegraben ist dann komplett unberechenbar, diesen daher dann besser meiden!

Zufahrt A2, dann S6 bis Ausfahrt Gloggnitz, B27 über Gloggnitz nach Reichenau an der Rax, beim Kreisverkehr nach Edlach und Prein an der Rax, dann Bergstrecke aufs Preiner Gscheid, Parkplätze.

Aufstieg Vom Preiner Gscheid auf der ehemaligen Piste aufwärts zur Gflötzhütte (eine Forststraße kreuzt mehrmals, meist Ratracspur und Rodelbetrieb vom Waxriegelhaus). Rechts flacher zu den Almflächen im Siebenbrunnenkessel (rechts Abstecher zum nahen Waxriegelhaus). Im hinteren Kessel durch den markanten Karlgraben oder besser rechts davon im Bereich des Schlangenwegs aufwärts. Auf 1700 m links aus dem Graben raus zu den großen Ketten und an diesen entlang über den oft abgeblasenen Rücken (dann zu Fuß) zum nahen Karl-Ludwig-Haus, 1804 m. 2 ¼ Std.

Aufstieg über den komplett zugewehten Schlangenweg

Weiter über einen ebenen Boden und nach W gleichmäßig ansteigend diesseits des mächtig überwechteten Schneegrabens in eine seichte Einsattelung, 1940 m, Wegweiser, daneben eine verwechtete Doline. Nun flacher nach NW (oft sturmbedingt wenig Schnee) über den stumpfen Rücken zum Gipfel mit dem Windschutz bietenden Steindenkmal. ½ Std.

Variante Der Ausstieg aus dem Karlgraben durch das so genannte Törl, 1765 m (Lücke zwischen Karl-Ludwig-Haus und Predigtstuhl) ist steiler und nicht lawinensicher.

Abfahrt Noch vor dem Wegweiser, 1940 m, links auf den weiten Flächen des Schneegrabens in schöner Fahrt nach O. Achtung bei diffuser Sicht: nicht zu weit rechts in den Bereich der mächtigen Wechten geraten! Im unteren Teil des Schneegrabens rechts und wieder neben einer überwechteten Mulde fast eben hinüber zum Karl-Ludwig-Haus. An den Ketten entlang, dann links zur Einfahrt in den Karlgraben und in diesem (oder in der im Sinne der Abfahrt linken Nebenrinne) in den Siebenbrunnenkessel und auf der Piste zurück zum Start.

Variante Nach der Abfahrt links vom Schneegraben auf 1800 m genau nach N und durch die so genannte Blutrinne in den oberen Bärengraben, 1700 m, und Gegensteigung ins Törl. Von dort direkte Einfahrt (Achtung mitunter lawinengefährdet, anfangs rechts halten unter Felsen) in den Karlgraben. ▪ Auch eine Abfahrt direkt im Schneegraben unter der Wechtenkrone kann sehr genussvoll sein! ▪ Abfahrt zurück zum Karl-Ludwig-Haus auch im Bereich der Aufstiegsspur möglich.

Einkehr unterwegs Karl-Ludwig-Haus, 1804 m, im Winter an Wochenenden und Feiertagen fallweise bei Schönwetter und lawinensicheren Verhältnissen geöffnet (Info: Tel. 0676/ 6413883); Waxriegelhaus, 1361 m, ganzjährig bewirtschaftet.

▬ *Aufstieg* ▬ *Abfahrt* *Kartenperspektive*

Karten ÖK 25 Schneeberg und Rax, ÖK 50 UTM 4212 (BMN 104)

Après Tour Gastronomie in Prein an der Rax, Hirschwang, Reichenau an der Rax und Payerbach

Infos www.zauberberge.at

7.12 Heukuppe-Nordkar

Kaum bekannte, lohnende Karabfahrt mit Almhüttenromantik als Zugabe zum klassischen Karlgraben

Ausgangspunkt Preiner Gscheid, Parkplatz

Starthöhe	1070 m	**Gipfelhöhe**	2007 m	**Exposition**	N-O-S
Höhenmeter	1070 hm	**Aufstiegszeit**	3 ¼ h	**Einkehr**	✓
Aufstiegslänge	5.4 km	**Steilheit**	steil	**Anspruch**	II

Einstimmung Landschaftlich reiz- und genussvolle Frühjahrsabfahrt abseits des Rax-Mainstreams mit einer harmlosen gemütlichen Gegensteigung, bevor man sich wieder in den ausgefahrenen Karlgraben einklinkt.

Lawinen Der gesamte Siebenbrunnenkessel ist bedroht und muss kritisch beurteilt werden. Die im Sinne der Abfahrt linke Nebenrinne des Karlgrabens ist wegen darüber hängenden Wechten heikler als der Karlgraben selbst. Das stark überwechtete Nordkar erfordert sichere Verhältnisse (Ausweichen über Pkt. 1895 m und den nördlichen Begrenzungsrücken möglich). Auch die direkte Einfahrt aus dem Törl in den Karlgraben ist mitunter heikel.

Orientierung Ab dem oberen Karlgraben bei Nebel und Sturm stark erschwert. Auch die Einfahrt in das Nordkar ist bei schlechter Sicht schwierig zu treffen.

Zufahrt A2, dann S6 bis Ausfahrt Gloggnitz, B27 über Gloggnitz nach Reichenau an der Rax, beim Kreisverkehr nach Edlach und Prein an der Rax, dann Bergstrecke aufs Preiner Gscheid, Parkplätze.

Blick von der Ebnerhütte ins Nordkar

Aufstieg Zur Heukuppe wie bei Tour 7.11. 2 ¾ Std.

Variante Der Ausstieg aus dem Karlgraben durch das so genannte Törl, 1765 m (Lücke zwischen Karl-Ludwig-Haus und Predigtstuhl) ist steiler und nicht lawinensicher.

Abfahrt Von der Heukuppe genau nach N zunehmend steil zur Einfahrt in die schöne Karmulde. Dort etwas links ausholen, dann genussvoll in den nach rechts drehenden Karboden und im Schuss in eine Mulde mit der Ebnerhütte, 1621 m. Sanfte Gegensteigung (anfellen) nach SO durch den teilweise verwechteten oberen Bärengraben ins Törl, 1765 m (von dort eventuell kurzer Abstecher nach S zum nahen Karl-Ludwig-Haus). Vom Törl direkte Einfahrt anfangs rechts unter Felsen, dann die steile Flanke in den obersten Karlgraben. Im Karlgraben oder in der im Sinne der Abfahrt linken Nebenrinne in den Siebenbrunnenkessel und auf der Piste zurück zum Start.

Variante Im Karlgraben auf 1550 m rechts ausscheren, im lichten Lerchenwald zurück zur Aufstiegsspur und auf die Piste.

Einkehr unterwegs Karl-Ludwig-Haus, 1804 m, im Winter an Wochenenden und Feiertagen fallweise bei Schönwetter und lawinensicheren Verhältnissen (Info: Tel. 0676/ 6413883); Waxriegelhaus, 1361 m, ganzjährig bewirtschaftet.

Tipp Kombination mit den Predigtstuhl-Westrinnen, Tour 7.13, oder mit dem Langermanngraben, Tour 7.14.

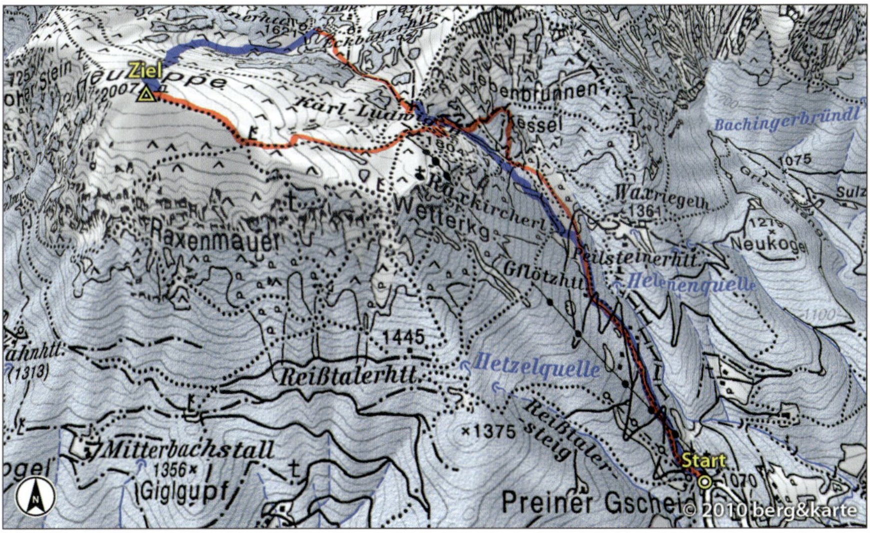

Aufstieg *Abfahrt* *Kartenperspektive*

Karten	ÖK 25 Schneeberg und Rax, ÖK 50 UTM 4212 (BMN 104)
Après Tour	Gastronomie in Prein an der Rax, Hirschwang, Reichenau an der Rax und Payerbach
Infos	www.zauberberge.at

7.13 Predigtstuhl-Westrinnen

Typische Frühjahrsfirntour auf der Suche nach dem letzten Schnee, mit mehreren Wiederanstiegen. Auch mit Kurzski reizvoll!

Ausgangspunkt Preiner Gscheid, Parkplatz

Starthöhe	1070 m	**Gipfelhöhe**	1902 m	**Exposition**	W-S-O
Höhenmeter	1200 hm	**Aufstiegszeit**	3 ¾ h	**Einkehr**	✓
Aufstiegslänge	5.9 km	**Steilheit**	steil	**Anspruch**	II

Einstimmung Zwei gutmütige Frühjahrs-Firnrinnen auf dem Plateaugipfel vis à vis der Heukuppe. Besonders interessant, wenn im Tal kein Schnee mehr liegt und man Abfahrtsmeter sammeln will und dafür auch Gegenanstiege in Kauf nimmt. Auch im Hochwinter möglich, dann aber meist weniger gute Schneeverhältnisse, da die Rinnen Wind und Wetter stark ausgesetzt sind.

Lawinen Der gesamte Siebenbrunnenkessel ist bedroht und muss kritisch beurteilt werden. Die im Sinne der Abfahrt linke Nebenrinne des Karlgrabens ist wegen darüber hängenden Wechten heikler als der Karlgraben selbst. Auch die direkte Einfahrt aus dem Törl in den Karlgraben ist mitunter heikel. Die Predigtstuhl-Westrinnen hingegen sind wenig gefährdet.

Orientierung Ab dem oberen Karlgraben bei Nebel und Sturm stark erschwert. Vorsicht beim Aufstieg zum Predigtstuhl auf Wechten nach O in den Karlgraben.

Zufahrt A2, dann S6 bis Ausfahrt Gloggnitz, B27 über Gloggnitz nach Reichenau an der Rax, beim Kreisverkehr nach Edlach und Prein an der Rax, dann Bergstrecke aufs Preiner Gscheid, Parkplätze.

Aufstieg Vom Preiner Gscheid zum Karl-Ludwig-Haus siehe Tour 7.11. 2 ¼ Std.

Von der Hütte nach N in Kürze mit etwas Höhenverlust ins Törl, 1765 m, Wegweiser. Die Richtung beibehaltend gemächlicher Aufstieg über einen Rücken (Vorsicht Wechten nach O!) auf die Hochfläche des Predigtstuhls. Der höchste Punkt befindet sich etwas links. ¼ Std.

Variante Der Ausstieg aus dem Karlgraben durch das so genannte Törl, 1765 m (Lücke zwischen Karl-Ludwig-Haus und Predigtstuhl) ist steiler und nicht lawinensicher.

Abfahrt durch die südliche Westrinne, rechts die Eckbauerhütte

Aufstieg durch die nördliche Westrinne, in der Ferne im Schatten Göller und Ötscher

Abfahrt Vom Gipfel nach N zum Beginn des Trinksteinbodens und links Einfahrt in die nördliche Westrinne. Unbeschwert hinab durch die flache auslaufende Rinne zu den Hütten der Taupentalalm. Anfellen.

Gegenanstieg auf gleicher Strecke auf den Predigtstuhl. ¾ Std. Abfellen.

Nun vom Gipfel genau nach S auf einen Boden und nach W Einfahrt in die südliche Westrinne und wieder sehr genussvoll (eingewehte Mulden) zur Eckbauerhütte. Anfellen.

Sanfte Gegensteigung nach SO durch den teilweise verwechteten oberen Bärengraben ins Törl, 1765 m (von dort eventuell kurzer Abstecher nach S zum nahen Karl-Ludwig-Haus). Vom Törl direkte Einfahrt anfangs rechts unter Felsen, dann die steile Flanke in den obersten Karlgraben. Im Karlgraben oder in der im Sinne der Abfahrt linken Nebenrinne in den Siebenbrunnenkessel und auf der Piste zurück zum Start.

Variante Im Karlgraben auf 1550 m rechts ausscheren, im lichten Lerchenwald zurück zur Aufstiegsspur und auf die Piste.

Einkehr unterwegs Karl-Ludwig-Haus, 1804 m, im Winter an Wochenenden und Feiertagen fallweise bei Schönwetter und lawinensicheren Verhältnissen (Info: Tel. 0676/ 6413883); Waxriegelhaus, 1361 m, ganzjährig bewirtschaftet.

Tipp Kombination mit dem Heukuppe-Nordkar, Tour 7.12, oder mit dem Langermanngraben, Tour 7.14.

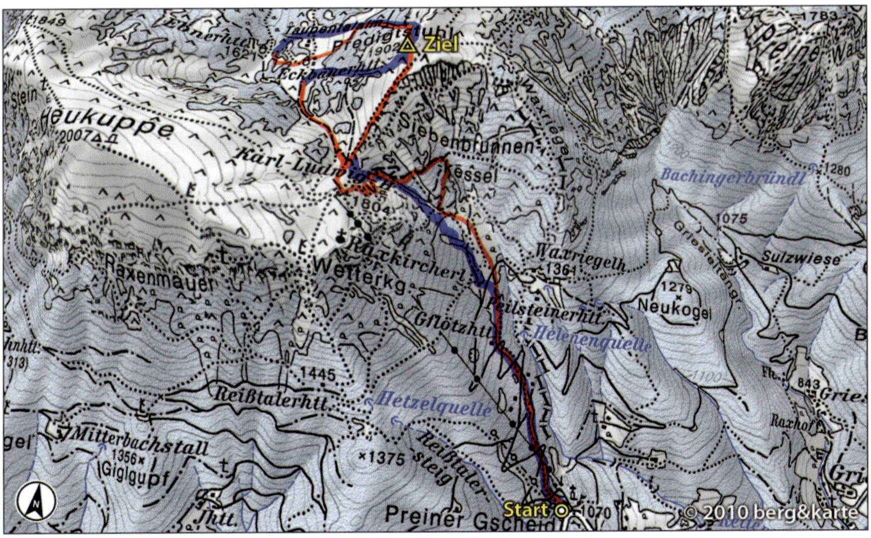

Aufstieg ▬ Abfahrt — *Kartenperspektive*

Karten ÖK 25 Schneeberg und Rax, ÖK 50 UTM 4212 (BMN 104)
Après Tour Gastronomie in Prein an der Rax, Hirschwang, Reichenau an der Rax und Payerbach
Infos www.zauberberge.at

7.14 Predigtstuhl-Langermanngraben

Sehr beliebte Kurzski-Tour in einer im Frühjahr lange schneegefüllten Rinne. Der nahtlose Übergang vom Skiwinter in den Wanderfrühling!

Ausgangspunkt Preiner Gscheid, Parkplatz

Starthöhe	1070 m	**Gipfelhöhe**	1902 m	**Exposition**	S-O
Höhenmeter	860 hm	**Aufstiegszeit**	2 ½ h	**Einkehr**	✓
Aufstiegslänge	4 km	**Steilheit**	steil	**Anspruch**	II

Einstimmung Der Firnklassiker für das späte Frühjahr, dann oft auch mit Firngleitern befahren. Lange Schnee bis in den Mai hinein. Sehr beliebt und entsprechend ausgefahren, aber mehr Rinne als Graben. Interessant auch in Kombination mit den ersten Wanderungen oder sogar mit einer Klettersteigtour auf dem Haidsteig. Der Fantasie sind keine Grenzen gesetzt! Der Langemanngraben bricht unten in einer Felszone steil ab und muss daher rechtzeitig nach S zum Göbl-Kühn-Steig verlassen werden.

Lawinen Der gesamte Siebenbrunnenkessel ist bedroht und muss kritisch beurteilt werden. Der Langermanngraben ist auch nicht sicher bei viel Neuschnee und Wind, im Frühjahr herrschen aber meist gute Verhältnisse. Keine Hochwintertour!

Orientierung Ab dem oberen Karlgraben bei Nebel und Sturm stark erschwert. Vorsicht beim Aufstieg zum Predigtstuhl auf Wechten nach O in den Karlgraben.

Zufahrt A2, dann S6 bis Ausfahrt Gloggnitz, B27 über Gloggnitz nach Reichenau an der Rax, beim Kreisverkehr nach Edlach und Prein an der Rax, dann Bergstrecke aufs Preiner Gscheid, Parkplätze.

Einfahrt in den Langermanngraben, links die Preinerwand

Aufstieg Vom Preiner Gscheid zum Karl-Ludwig-Haus siehe Tour 7.11. 2 ¼ Std.

Von der Hütte nach N in Kürze mit etwas Höhenverlust ins Törl, 1765 m, Wegweiser. Die Richtung beibehaltend gemächlicher Aufstieg über einen Rücken (Vorsicht Wechten nach O!) auf die Hochfläche des Predigtstuhls. Der höchste Punkt befindet sich etwas links. ¼ Std.

Variante Der Ausstieg aus dem Karlgraben durch das so genannte Törl, 1765 m (Lücke zwischen Karl-Ludwig-Haus und Predigtstuhl) ist steiler und nicht lawinensicher.

Auch ein Aufstieg zu Fuß über den Waxriegel zum Predigtstuhl ist empfehlenswert.

Abfahrt Vom Predigtstuhl nach NO zum Beginn des Trinksteinbodens und rechts zur schönen Einfahrtsmulde. Diese bildet sich allmählich zur Steilrinne aus und kreuzt auf 1570 m den Göbl-Kühn-Steig. Weiter durch die Rinne je nach Schneelage bis 1470 m. Dort rechts auf einem Steiglein durch Latschenfelder, eine Nachbarrinne kreuzen (Vorsicht) und im Wald weiter zum Göbl-Kühn-Steig (gelbe Markierung). Auf diesem nach S zum Waxriegelhaus, 1361 m, und entweder über den unteren Siebenbrunnenkessel oder direkt nach S auf dem Wanderweg zur Helenenquelle und auf der Piste zurück zum Preiner Gscheid.

Einkehr unterwegs Karl-Ludwig-Haus, 1804 m, im Winter an Wochenenden und Feiertagen fallweise bei Schönwetter und lawinensicheren Verhältnissen (Info: Tel. 0676/ 6413883); Waxriegelhaus, 1361 m, ganzjährig bewirtschaftet.

Tipp Kombination mit dem Heukuppe-Nordkar, Tour 7.12, oder mit den Predigtstuhl-Westrinnen, Tour 7.13. ▪ Nazrinne: beliebte steile schmale Firnrinne in den Siebenbrunnenkessel. Einfahrt zwischen Predigtstuhl und Waxriegelsteig, östlich von Pkt. 1807 m. Mehrere Varianten möglich, je nach Schneelage und Ausaperungsgrad der Latschenfelder.

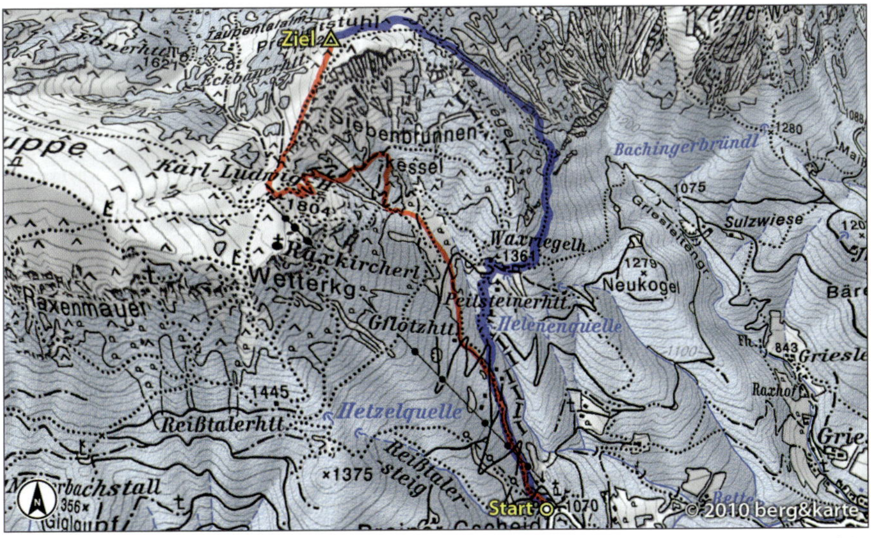

▬ *Aufstieg* ▬ *Abfahrt* *Kartenperspektive*

Karten	ÖK 25 Schneeberg und Rax, ÖK 50 UTM 4212 (BMN 104)
Après Tour	Gastronomie in Prein an der Rax, Hirschwang, Reichenau an der Rax und Payerbach
Infos	www.zauberberge.at

8 Semmering-Wechsel

Weite Almflächen und weite Aussichten

Nördlich und südlich vom Semmering sprechen einige lohnende Hochwinterskitouren primär ein genussorientiertes Publikum an. Der Aufstieg führt meist durch schöne Wälder, die Aussicht bleibt auf die Gipfelregion beschränkt. Am Hochwechsel bewegt man sich bereits in baumfreien und daher wetterschutzlosen Hochlagen. Ansonsten ist schlechtes Wetter an sich noch kein Hinderungsgrund bei diesen Touren. Natürlich wird man dann Abstriche machen müssen punkto himmelblaue Winterlandschaft und weit reichender Aussicht. Am Sonnwendstein und am Kampstein kann man sich gipfelnah in eine gemütliche bewirtschaftete Hütte setzen, aufwärmen und laben. Hervorzuheben ist der Sonnwendstein auch deshalb, weil er nordseitig bei knietiefem Powder hochsportliche Steilwald-Varianten aufweist, die in die stillgelegte Piste einmünden. Die Touren sind natürlich bei hochwinterlichen Verhältnissen am schönsten und können FreundInnen von Lighttouren empfohlen werden, da sie wenig steil, nicht allzu lang und auch hinsichtlich Lawinengefahr weitgehend unbedenklich sind.

Unterwegs zum Kampstein

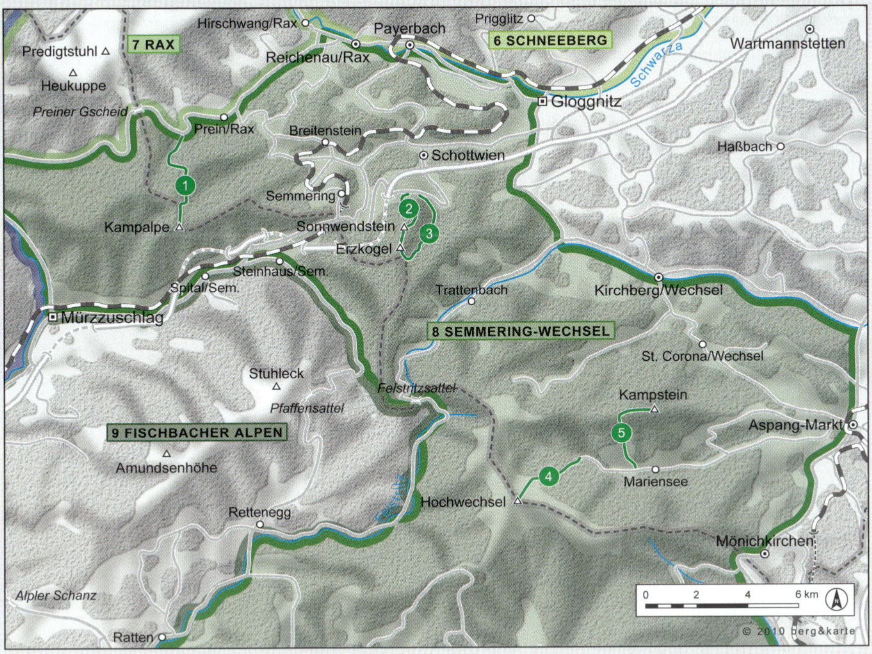

Anspruch: *leicht* *mittel* *schwierig* *sehr schwierig*

Regionskarte Semmering-Wechsel

Nr	Skitour	Gipfelhöhe	Höhenmeter	Aufstiegszeit	Exposition	Anspruch	Seite
1	Kampalpe	1535 m	720 hm	2 ½ h	N-W	I	206
2	Sonnwendstein	1523 m	760 hm	2 ¼ h	N-O	I	208
3	Erzkogel-Sonnwendstein	1504 m	850 hm	3 h	S-O	I	210
4	Hochwechsel	1743 m	765 hm	2 ½ h	N-O	I	212
5	Kampstein	1467 m	670 hm	2 h	S-W	I	214

8.1 Kampalpe

Schöne ruhige Hochwintertour in einem einfachen Waldgelände und daher genau richtig für EinsteigerInnen

Ausgangspunkt Preiner Gscheid, Straße aufs Preiner Gscheid, Kehre Pkt. 916 m

Starthöhe	916 m	**Gipfelhöhe**	1535 m	**Exposition**	N-W
Höhenmeter	720 hm	**Aufstiegszeit**	2 ½ h	**Einkehr**	nein
Aufstiegslänge	6.1 km	**Steilheit**	mäßig steil	**Anspruch**	I

Einstimmung Ausgefallene, gemütliche Waldtour, meist sanft geneigter gut fahrbarer Hochwald, ideal also bei nicht allzu viel Neuschnee, sonst geht nichts weiter! Lawinensicher und sehr gut geeignet für AnfängerInnen und aufstiegsorientierte GenießerInnen von kürzeren Touren. Im Gipfelbereich gute Aussicht, bei der Abfahrt eine reizvolle Passage unter einer Felswand.

Blick über die Gipfelwiesen zur Rax

Lawinen Auf dieser Route kein Thema.

Orientierung Bei Nebel im Gipfelbereich an den Waldrand halten.

Zufahrt A2, dann S6 bis Ausfahrt Gloggnitz, B27 über Gloggnitz nach Reichenau an der Rax, dann links Richtung Preiner Gscheid, durch Edlach und Prein an der Rax, dann Bergstrecke bis zur Kehre, Pkt. 916 m, begrenzte Parkmöglichkeit.

Aufstieg Auf der Hofzufahrt (Fahrverbot) mit leichtem Höhenverlust zum nahen Bauernhof Hollenstein, dann über den seichten Graben und auf einem Waldweg rechts haltend rauf zu einer Forststraße. Dem Schild zum Talhof folgen (gelbe Markierung), bald in einem Graben zur Stiegerinhütte. Weiter auf der Forststraße in Kehren, dann nach O in einen Sattel, 1150 m. 1 Std.

Dort rechts ab auf einem Waldweg und in einem weiten Rechtsbogen über den Rücken. Dann auf diesem nach S (lichter Hochwald, "Hinterkaltenberg"), um einen dichten Nadelbestand links herum und immer auf dem sanft geneigten Rücken beschaulich höher zu einer Forststraße, 1400 m. Auf dieser rechts zum NW-Rücken des Windmantels, Sattel, 1470 m. Nun links mit roter Markierung auf den Windmantel, 1535 m. Weiter über den Waldrücken (erste gute Aussichtspunkte), dann runter in eine Mulde und am Waldrand ansteigend Übergang zum Gipfelbereich der Kampalpe. Links zum höchsten Punkt. Kreuz und Denkmal befinden sich tiefer und etwas weiter östlich an der Geländekante. 1 ½ Std.

Blick über die Gipfelwiesen zum Stuhleck

Abfahrt Zunächst zurück Richtung Windmantel. Von der Kuppe nach der Mulde aber rechts über freie Flächen zum Wald und in diesem linkshaltend zu einem Waldweg, 1420 m. Auf diesem links flach, dann nach einem Rücken rechts ab im Wald genussvolle, unbeschwerte Waldabfahrt (immer etwas links halten) zum Sattel, 1150 m. Nun genau nach W in den Graben, unter Felsen links rausqueren zu einer Lücke und wieder unter plattigen Felsen zur Stiegerinhütte. Weiter wie beim Aufstieg zurück zum Start.

Variante Bei ausreichend Schnee durch den Hollensteingraben im Schuss bis Prein an der Rax (kann auch als Anstieg benutzt werden).

Tipp Großzügige Runde: Semmering - Pinkenkogel - Ochnerhöhe - Kampalpe - Abfahrt nach Prein: sehr schöne Skiwanderung, dann genussvolle sanfte Abfahrt. Transfer zurück zum Start organisieren!

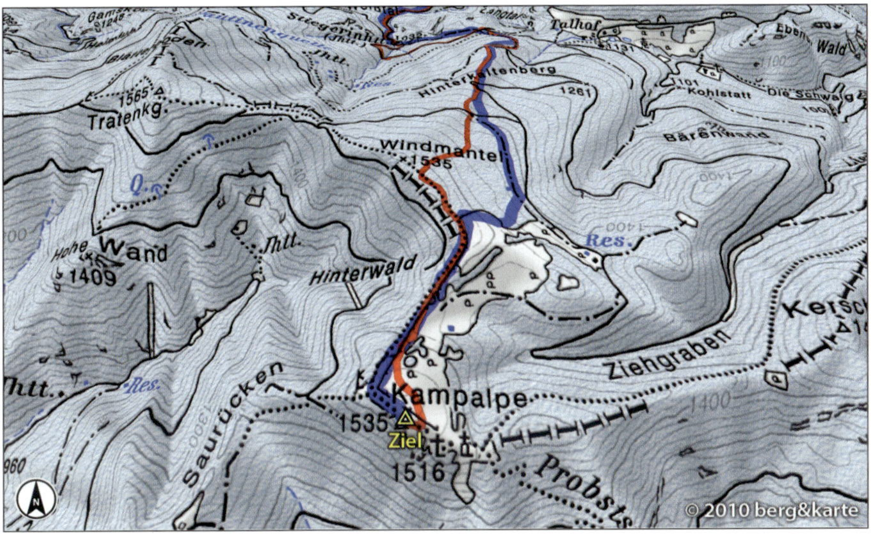

— Aufstieg — Abfahrt

Kartenperspektive (Ausschnitt Stiegerinhütte - Kampalpe)

Karten	ÖK 50 UTM 4212 (BMN 104)
Après Tour	Gastronomie in Prein an der Rax, Hirschwang, Reichenau an der Rax und Payerbach
Infos	www.zauberberge.at

8.2 Sonnwendstein

Beliebte Hochwinter-Tour über eine ehemalige Skipiste und mit sehr schöner Gipfelschau

Ausgangspunkt Semmering, Maria Schutz

Starthöhe	765 m	**Gipfelhöhe**	1523 m	**Exposition**	N-O
Höhenmeter	760 hm	**Aufstiegszeit**	2 ¼ h	**Einkehr**	✓
Aufstiegslänge	3.6 km	**Steilheit**	mäßig steil	**Anspruch**	I

Einstimmung Das weiße Pistenband zwischen Maria Schutz und den Sonnwendstein ist auf der niederösterreichischen Seite des Semmerings nicht zu übersehen. Und gar nicht so selten ziehen dort kleine Gestalten ihre Spuren bergwärts. Dann sollten auch Sie die Gelegenheit nutzen, um den Sonnwendstein zu besteigen. Denn die Schneeverhältnisse sind zumeist nicht anhaltend optimal, und bei den steilen Variantenabfahrten muss man sich manchmal Jahre gedulden! Die leichte Erreichbarkeit mit direkter Autobahnabfahrt spricht für sich, weitere Vorzüge sind die relative Kürze der Tour, die im Winter bewirtschaftete Pollereshütte, die schöne Gipfelschau und die gute kulinarische Versorgung in Maria Schutz. Für EinsteigerInnen und GenießerInnen bieten sich einige reizvolle Forststraßenaufstiege und Abfahrten zurück nach Maria Schutz, aber auch zum Hirschenkogel und nach Semmering-Ort an. Der Klassiker ist aber sicher die Abfahrt auf der ehemaligen Piste, die auch gehobeneren skifahrerischen Ansprüchen gerecht werden kann.

Wegweiser bei der Pollereshütte

Lawinen Auf der Pistenabfahrt kein Thema, auf den steilen Variantenabfahrten Verhältnisse kritisch beurteilen!

Orientierung Keine Schwierigkeiten, selbst bei Nebel.

Zufahrt A2, dann S6 bis Ausfahrt Semmering und in Kürze nach Maria Schutz.

Aufstieg Vom Parkplatz an der Talstation des ehemaligen Sessellifts rechts entlang und auf schmalem Streifen zum unteren Rand der Piste. Auf dieser nach S zu einer querenden Forststraße, 1030 m. Nun weiter auf der Piste in einer großzügigen Diagonale, dann mit einigen Richtungsänderungen zu einem Absatz, 1390 m. Nun deutlich flacher weiter nach SW zum unteren Rand der Hüttenwiese und in einem Rechtsbogen zur Pollereshütte. 2 Std.

Auf einer Straße nach W ausholend zum Gipfelbereich (zwei Sender, Kapelle, kleine Panoramaterrasse). ¼ Std.

Abfahrt Wie Aufstieg

Variante Steilabfahrten für Waldpowderfreaks, nur bei absolut sicheren Verhältnissen: ▪ Sesselliftschneise (hängt im Sinne der Abfahrt teilweise stark nach links): Einfahrt direkt von der Pollereshütte neben der Bergstation. Anfangs einige Felsen, die umfahren werden müssen, dann recht lichter Wald. ▪ Nordrinne: Einfahrt auf 1300 m von der Sesselliftschneise und viel lohnender als diese! Mündet bei der Forststraße auf 1030 m in die Piste. ▪ Gipfelrinne: Direkt vom höchsten Punkt nach N, dann auf 1100 m allmählich rechts halten zur Piste. Sehr rassig, nur selten ideale Verhältnisse!

Einkehr unterwegs Pollereshütte, 1482 m.

Tipp Übergang zum Erzkogel, 1504 m, Kreuz, Aussicht. Eventuell in Kombination mit der Schwarzenbergabfahrt (Dürriegellift, siehe Tour 8.3) zurück nach Maria Schutz.

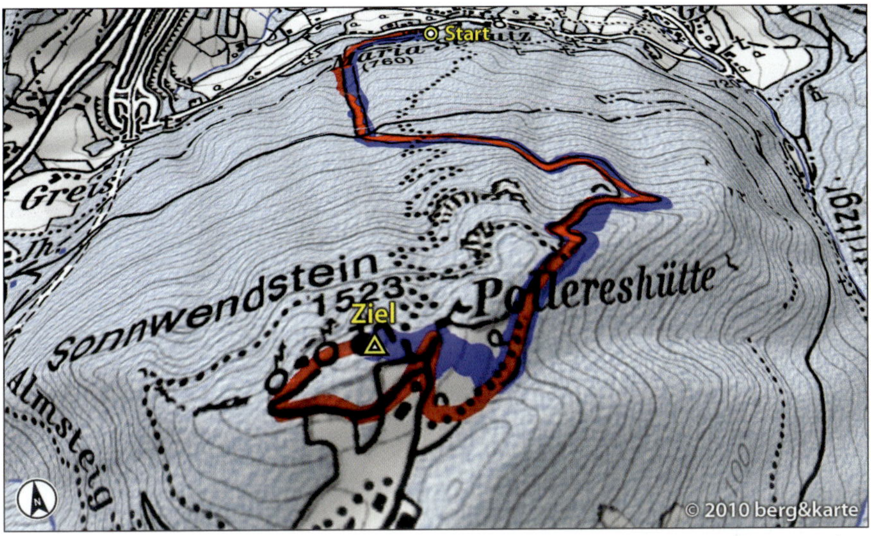

Aufstieg *Abfahrt* *Kartenperspektive*

Karten ÖK 50 UTM 4212 (BMN 105)
Après Tour Kirchenwirt und GH Zum Auerhahn in Maria Schutz
Infos www.zauberberge.at

8.3 Erzkogel-Sonnwendstein

Gemütliche längere Tour mit zwei Aussichtsgipfeln, phantastischem Panorama und Einkehr unterwegs

Ausgangspunkt Semmering, Maria Schutz

Starthöhe	765 m	**Gipfelhöhe**	1504 m	**Exposition**	S-O
Höhenmeter	850 hm	**Aufstiegszeit**	3 h	**Einkehr**	✓
Aufstiegslänge	6.3 km	**Steilheit**	mäßig steil	**Anspruch**	I

Einstimmung Wer eine gemütliche, jedoch etwas längere Unternehmung mit zwei Aussichtsgipfel und Einkehrhütte unterwegs sucht, liegt mit dieser Tour genau richtig. Während der schnellere, sportlichere Zustieg über die ehemalige Piste (siehe Tour 8.2) verläuft, ist diese Variante die schneesicherere. Dies liegt an der vorsorglichen Präparierung des Forstwegs, der an schönen Wochenenden auch von Wanderern und Rodlern benutzt wird. Die Tour ist ideal für AnfängerInnen und diejenigen, die im Aufstieg Gelegenheit zum Plaudern mit Freunden und bei der Abfahrt freies unbeschwertes schwingen im mäßig steilen Gelände schätzen. Die grandiose Aussicht in die Bergwelt und ins Tiefland sowie die Einkehrmöglichkeit in der Pollereshütte geben dieser Tour ihre besondere Note. Wer danach noch Gusto auf Riesenkrapfen verspürt, muss unbedingt beim Kirchenwirt in Maria Schutz vorbeischauen!

Lawinen Geländebedingt nur geringe Gefährdung.

Start in Maria Schutz

Aufstieg zum Erzkogel, links am Horizont der Schneeberg, in der Bildmitte der Sonnwendstein

Orientierung Einfach.

Zufahrt A2, dann S6 bis Ausfahrt Semmering und in Kürze nach Maria Schutz. Vorbei an der Kirche und bald auf der linken Seite Parkmöglichkeiten.

Aufstieg Vom Parkplatz kurz die Ski zur Forststraße tragen und auf dieser (grüne Markierung) stetig gemütlich leicht bergauf für gut 3 km in einem großen Rechtsbogen um den Berg. 200 m nach Überquerung des Grabens auf 1050 m, öffnet sich rechts die Piste des ehemaligen Schwarzenberglifts. Auf der Piste zum Kamm zwischen Alpkogel und Erzkogel, wo auf der rechten Seite eine Bergrettungshütte steht. Nach rechts (ab hier rote Markierung) und vorbei an der ehemaligen Bergstation des Schleppliftes Richtung Ausläufer des Dürrriegels. Östlich um den Erzkogel und aus einer Senke in Kürze zur Pollereshütte und kurz steil nach W zur Kapelle am Sonnwendstein. Abfahrt direkt nach S zum Übergang zwischen Sonnwendstein und Erzkogel. Wieder anfellen und in Kürze direkt auf den Erzkogel. 3 Std.

Abfahrt Vom Erzkogel am Kamm nach S Richtung Dürrriegel, Vorsicht bei Nebel, Wechten nach O. In schönen, weiten Schwüngen nach SO über den Gipfelhang hinunter zur Bergrettungshütte. Schon früh im Jahr gibt es an diesen südexponierten Stellen oft herrlichen Firn. Weiter auf der Piste zur Forststraße und in flotter Fahrt zurück zum Ausgangspunkt.

Einkehr unterwegs Pollereshütte, 1482 m.

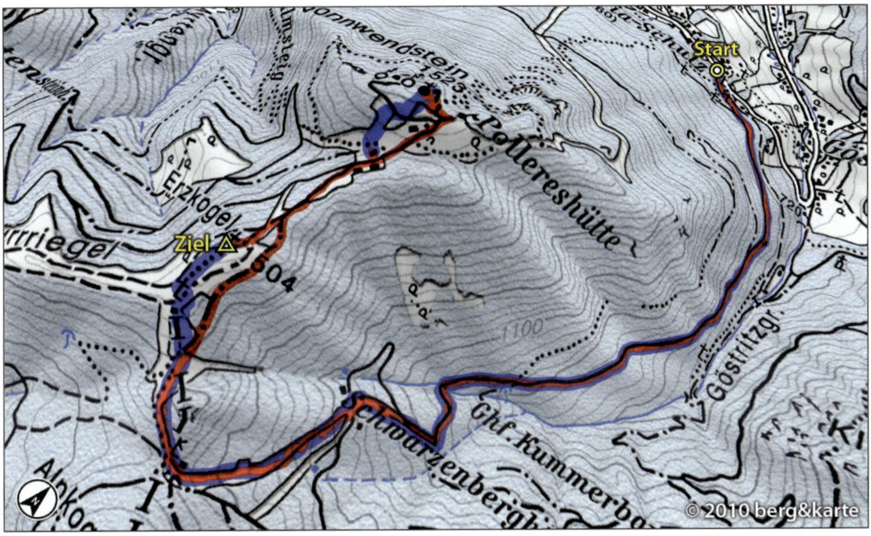

Aufstieg *Abfahrt*

Kartenperspektive

Karten ÖK 50 UTM 4212 (BMN 105)
Après Tour Kirchenwirt und GH Zum Auerhahn in Maria Schutz
Infos www.zauberberg.at

8.4 Hochwechsel

Kürzere schöne Wald- und Almwiesentour mit toller Gipfelschau zwischen Hochschwab und ungarischer Tiefebene

Ausgangspunkt Mariensee, Parkplatz Talschluss

Starthöhe	980 m	**Gipfelhöhe**	1743 m	**Exposition**	N-O
Höhenmeter	765 hm	**Aufstiegszeit**	2 ½ h	**Einkehr**	✓
Aufstiegslänge	4.1 km	**Steilheit**	mäßig steil	**Anspruch**	I

Einstimmung Schöne Wald- und Almwiesentour im Nahbereich der A2 im südlichen Niederösterreich mit fantastischer Gipfelschau und attraktiven Waldabfahrtsvarianten. Die Tour eignet sich besonders nach größerem Neuschneefall, um im unteren Teil der Abfahrt den Hochwald in vollen Zügen genießen zu können. Fallweise unterwegs Einkehrmöglichkeit auf dem Gipfel im Wetterkoglerhaus und des Öfteren nahe der Baumgrenze auf der Marienseer Schwaig im Bereich der Hochwechsel-Loipe. Diese urige Hütte ist ein Ort der Begegnung für Skitourengeher, Schneeschuhwanderer und Langläufer. Alles zusammen, falls der Wind nicht allzu stark bläst, eine aussichtsreiche sowie abwechslungsreiche, nicht allzu lange Tour.

Lawinen Aufstieg und Abfahrt im Wald und oberhalb der Baumgrenze nur mäßig steil und daher auch nur geringe Gefahr durch Lawinen. Vorsicht bei Varianten im steileren Bereich des Schneegrabens, allen voran bei der Einfahrt (Wechten) südwestlich der Marienseer Schwaig.

Orientierung Im Wald und bis zur Marienseer Schwaig problemlos, ab der Baumgrenze wird die Orientierung bei Nebel problematisch.

Zufahrt A2 Ausfahrt Aspang-Edlitz, B54 nach Aspang und abzweigen nach Mariensee. Durch den Ort bis zum Talschluss, Parkmöglichkeit auf der linken Straßenseite.

Aufstieg von der Marienseer Schwaig zum Hochwechsel

Aufstieg Vom Parkplatz die Ski entweder kurz steil auf der Straße bis zur Wiese tragen oder bei ausreichendem und nicht gestreutem Untergrund angeschnallt starten. Auf der Wiese (Drehkreuz, Wegweiser, rote Markierung) rechtshaltend bis zum höchsten Punkt und im Wald auf dem Karrenweg nach W bis zur Forststraße. Nach Kreuzen einer weiteren Forststraße öffnet sich ein markanter Weg, den man fast 1 km lang hinauf geht. Auf ca. 1250 m wird wieder eine Forststraße erreicht. Hier ein markanter Linksknick nach SO und der Markierung folgen bis zum Rücken auf 1340 m. Aufstieg nach SW zur Marienseer Schwaig. Oberhalb der Hütte auf dem runden Rücken höher und in einem weiten Linksbogen zum Gipfel. 2 ½ Std.

Variante Etwas steiler und direkter nach der Startwiese durch den Hochwald am Waldrücken entlang zur Marienseer Schwaig.

Abfahrt Vom Gipfel bei schlechter Sicht am sichersten etwas links der Aufstiegsspur zurück zur Waldbegrenzung oberhalb der Marienseer Schwaig. Vorsicht vor der steilen Einfahrt rechts der Aufstiegsspur in den Schneegraben! Nach der Hütte der Aufstiegsspur folgen und entlang vom Rücken im Hochwald hinunterfahren. Auf 1200 m einer steileren felsdurchsetzten Passage links ausweichen. Schließlich über die Startwiese zurück zum Ausgangspunkt.

Variante Unter der Marienseer Schwaig im Hochwald viele Möglichkeiten nördlich des Aufstiegsrückens, dann knapp unter 1200 m auf der Forststraße rechts zur Aufstiegsspur und zur Startwiese.

Einkehr unterwegs Marienseer Schwaig 1478 m: bei Loipenbetrieb täglich außer Mo + Mi bewirtschaftet. Wetterkoglerhaus: bewirtschaftet über die Weihnachtsfeiertage bis Dreikönig, ansonsten offener Winterraum.

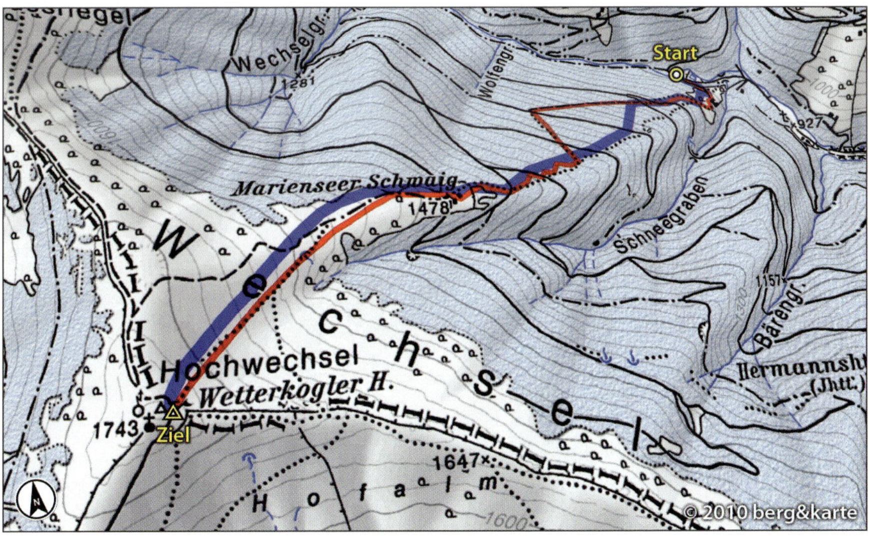

Aufstieg *Abfahrt* *Kartenperspektive*

Karten ÖK 50 UTM 4218 (BMN 105)
Après Tour Gastronomie in Mariensee
Infos www.wechselland.cc ▪ www.hochwechsel.at

8.5 Kampstein

Beschauliche Hochwinter-Tiefschneetour auf zwei Gipfel und zu einer gemütlichen Einkehr

Ausgangspunkt Mariensee, Ort

Starthöhe	860 m	**Gipfelhöhe**	1467 m	**Exposition**	S-W
Höhenmeter	670 hm	**Aufstiegszeit**	2 h	**Einkehr**	✓
Aufstiegslänge	4 km	**Steilheit**	mäßig steil	**Anspruch**	I

Einstimmung Wald und Wiesen und die Seele baumeln lassen. Auch das können Skitourenfreuden sein! Alpine Gefahren nein danke, dafür ein gemütliches Auf- und Abfahrtsgelände und eine Hütte genau an der richtigen Stelle. Der Kampstein und die Kampsteiner Schwaig bieten genau diese Zutaten. Eine Tour ideal bei oder gleich nach Neuschneefall. Dann aber nichts wie hin, denn wenn die Sonne auf die Hänge scheint und der Schnee danach wieder auszukühlen beginnt, dann ist es rasch vorbei mit dem Tiefschneegenuss.

Lawinen Auf dieser Route kein Thema.

Orientierung Im Wald die Himmelsrichtungen des Wegverlaufs beachten.

Zufahrt A2 Ausfahrt Aspang-Edlitz, B54 nach Aspang und abzweigen nach Mariensee. 10 km talein zum Busumkehrplatz in Mariensee, parken an der Straße.

Im Hochwinterwald

Aufstieg Auf der Zufahrt zum Almbauer und hinter dem Haus links den ersten Wiesenhang aufwärts zum linken oberen Rand. Dort links durch einen kurzen Waldstreifen und über die folgende Wiese bis 1120 m zur zweiten Kapelle bei einem Hof. Weiter nach N, bald durch eine Baumreihe zum Waldrand. Im Wald leicht rechtshaltend auf einem Weg nach NO zu einer Kehre, 1300 m. Kurz darauf wieder rechts abzweigen, weitere Querung und zuletzt in Begleitung der roten Markierung hinaus auf den baumfreien weiten Sattel mit der Kampsteiner Schwaig. 1 ¾ Std.

Zum Kampstein gemütlich genau nach O über den idyllischen Rücken zum höchsten Punkt.

Abfahrt Fellabfahrt zurück zur Kampsteiner Schwaig und leichter Gegenanstieg auf die wenig ausgeprägte Waldkuppe der Frauenalpe, 1457 m. Abfellen, dann sanfte Abfahrt genau nach S über den Rücken bis zu einem Waldweg auf 1350 m. Auf diesen in Kehren zurück zur Aufstiegsspur und bald über die herrlichen Wiesen nach Mariensee.

Einkehr unterwegs Kampsteiner Schwaig, 1400 m, im Winter bei guter Schneelage bewirtschaftet.

Tipp Großzügige Panorama-Überschreitung von der Frauenalpe nach W über den Arabichl zum Hochwechsel, mit anschließender Abfahrt nach Mariensee wie bei Tour 8.4.

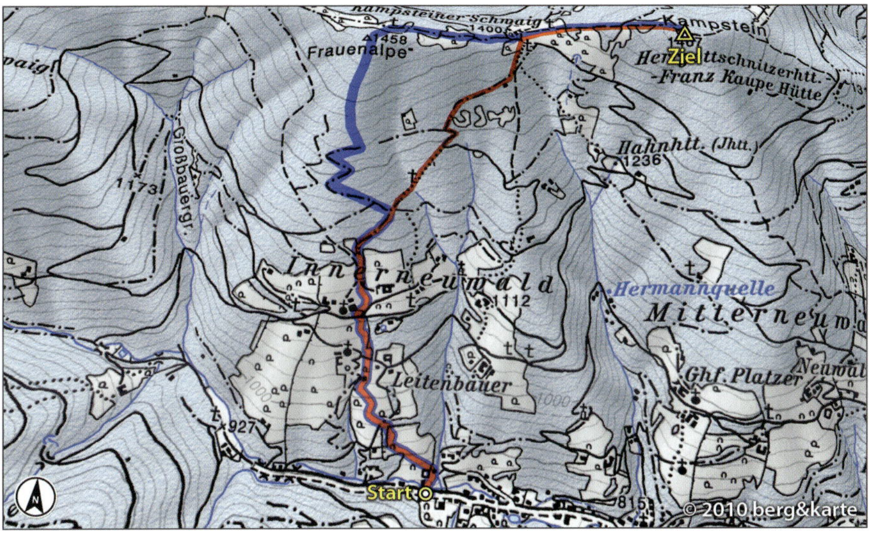

— *Aufstieg* — *Abfahrt* *Kartenperspektive*

Karten ÖK 50 UTM 4218 (BMN 105)
Après Tour GH Grüne Wiese in Aspangberg-St. Peter
Infos www.wechselland.cc

9 Fischbacher Alpen

An der Waldgrenze, aber oho!

Die Bezeichnung dieser Gebirgsgruppen ist nicht jedem geläufig, meist weiß man/ frau erst dann, wenn die Namen Stuhleck und Pretul fallen, wo's lang geht. Nämlich - am Besten im Hochwinter - durch Wald und über Wiesenflächen auf baumfreie weitläufige runde Höhenrücken, auf denen der Wind im wahren Sinn des Wortes umwerfend sein kann. Dazu kommt natürlich noch die Winterkälte, und mit dieser Kombination ist nicht zu spaßen. Es gilt also, sich rechtzeitig vor ihr zu schützen. Vor allem das Stuhleck, ein bei Tag und Nacht und bei jedem Wetter sehr beliebtes Ziel mit gemütlicher Gipfelhütte, in der man viel Gutes zu essen bekommt, darf bezüglich Wetter keinesfalls unterschätzt werden. Zum leidigen Sturm im Aufstieg gesellen sich bei Verlassen der Hütte bei Nebel die banalen Fragen: welche Richtung soll ich einschlagen? Welchen Stangen, welcher Piste soll ich folgen? So harmlos der Berg erscheinen mag, bei genauer Betrachtung der Karte erkennt man sowohl nach Norden als auch nach Süden lawinengefährliche Steilflanken, denen man tunlichst ausweichen soll.

Die Pretul ist die kleine Schwester des Stuhlecks, ohne Lifterschließung, aber ebenfalls mit beliebten Hütten, und der Ebenschlag ist bei ausreichender Schneelage ein Wald- und Wiesen-Kleinod mit einigen auch sportlich ansprechenden steileren Passagen.

Allen Touren in den Fischbacher Alpen ist eines gemein: Bei vernünftiger Spuranlage (aber nur dann!) hat man die Lawinengefahr im Griff, und das verschafft ein gutes Gefühl auf Tour!

Alois-Günther-Haus auf dem Stuhleck

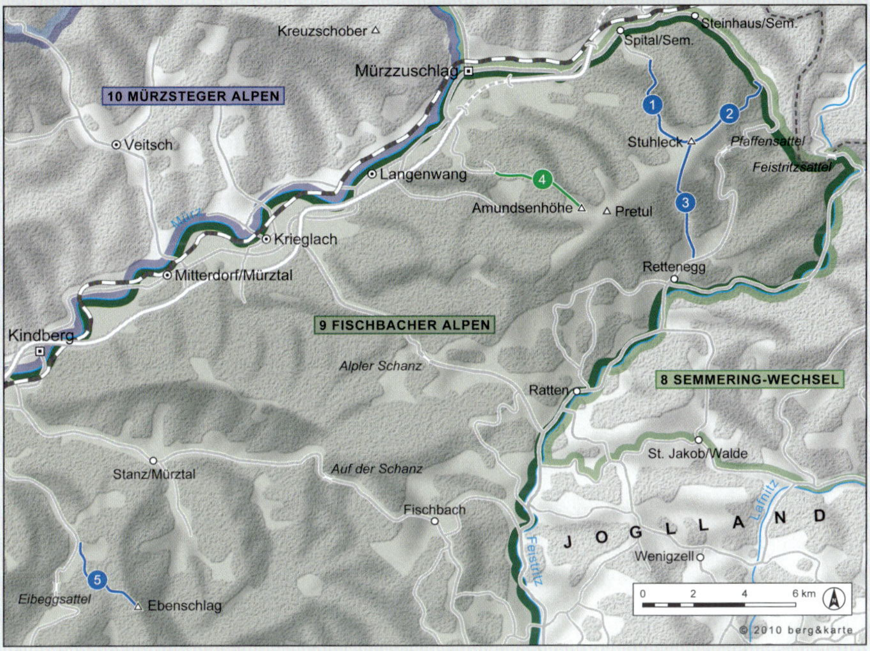

Anspruch: *leicht* *mittel* *schwierig* *sehr schwierig*

Regionskarte Fischbacher Alpen

Nr	Skitour	Gipfelhöhe	Höhenmeter	Aufstiegszeit	Exposition	Anspruch	Seite
1	Stuhleck-Kaltenbachgraben	1782 m	910 hm	2 ¾ h	W-N-O	II	218
2	Stuhleck-Fröschnitz	1782 m	825 hm	2 ½ h	N-O	II	220
3	Stuhleck-Rettenegg	1782 m	910 hm	2 ¾ h	S	II	222
4	Amundsenhöhe-Pretul	1666 m	600 hm	2 h	N-W	I	224
5	Ebenschlag	1547 m	820 hm	2 ½ h	N-W	II	226

9.1 Stuhleck-Kaltenbachgraben

Beliebte Hochwintertour mit super Gipfel-Panorama, Gipfelhütte und anschließender Pistenabfahrt

Ausgangspunkt Spital am Semmering, Kaltenbachgraben

Starthöhe	874 m	**Gipfelhöhe**	1782 m	**Exposition**	W-N-O
Höhenmeter	910 hm	**Aufstiegszeit**	2 ¾ h	**Einkehr**	✓
Aufstiegslänge	5.1 km	**Steilheit**	mäßig steil	**Anspruch**	II

Einstimmung In den letzten Jahren hat das Stuhleck ein beachtliches Skitourenrevival erlebt, obwohl es heute mit Liftanlagen bis zum Gipfel erschlossen ist und obwohl es immer schon einen Ruf hatte als kalter, sturm- und nebelanfälliger Berg. Die Erklärung: die leichte Erreichbarkeit mit direktem Autobahn-Anschluss, dank der Pistenpräparierung die Schneesicherheit auch bei schlechter Schneelage, das direkt auf dem Gipfel bestens geführte gemütlich-warme Alois-Günther-Haus, das viel dazu beiträgt, dass die Touren aus allen Himmelsrichtungen auch bei Schlechtwetter erträglich werden, die weitestgehend lawinensicheren Standardabfahrten sowie die fantastische Aussicht auf ein Drittel von Österreich! Was bleibt: bei Schlechtwetter und starkem Wind ab der Baumgrenze die zuweilen extremen Bedingungen, die keinesfalls zu unterschätzen sind (rechtzeitig warm anziehen: Anorak, Handschuhe, Haube, Gesichtsmaske).

Der Anstieg durch den Kaltenbachgraben ist die nordseitige Standardtour und diejenige, bei der man am kürzesten dem Sturm ausgesetzt ist. Die Abfahrt erfolgt meist auf der Piste, weil der untere Teil des Kaltenbachgrabens geräumt und daher für eine belagschonende Abfahrt wenig geeignet ist.

Lawinen Auf dieser Route außer bei ganz extremen Verhältnissen (Ausläufer des Lyragrabens!) kein Thema.

Orientierung Nach dem Karl-Lechner-Haus auf Wegverlauf achten. Ab der Baumgrenze bei Nebel und Sturm unangenehm, obgleich es nur gilt, immer aufwärts zu gehen bis zum Gipfel. Durchaus anspruchsvoll ist bei Nebel das himmelsrichtige Verlassen der Hütte, da die vielen Zäune und Pistenhinweise verwirren können (nicht unterschätzen!).

Zufahrt A2, dann S6 bis Ausfahrt Spital am Semmering. B306 nach Spital und abzweigen durch den Ort zur Talstation der "Promibahn" im Kaltenbachgraben (Parkplatz 4, Straßenende, Pkt. 874 m).

Zwischen Waldgrenze und Gipfel, links der Schneeberg und rechts der Sonnwendstein

Aufstieg Am Ende des Parkplatzes (links WC-Anlage) auf der Forststraße in den Kaltenbachgraben (rote Markierung). Vorbei an einer alten Mühlenanlage, Pkt. 955 m. Weiter gemütlich talein, erst ab 1020 m endlich deutlicher ansteigen zu einer Jagdhütte und weiter zu einer Linkskehre der Forststraße, 1180 m. Gerade weiter im Graben auf einem guten Weg zum nahen baumfreien Ausläufer des Lyragrabens. Auf der Lichtung an zwei markanten Fichten vorbei, dann auf Höhe von zwei kleineren Fichten links über einen kleinen Wasserlauf in den Wald (Stelle nicht ganz leicht zu finden). Im Wald in einigen Kehren höher auf dem rot markierten Sommerweg. Dann über eine längere recht steile Rampe zu einer Forststraße, 1380 m. Auf dieser kurz links (nicht rechts dem roten Pfeil folgen!), alsbald schräg rechts ab und mittelsteil wieder mit der roten Markierung auf dem engen Waldweg in Kehren auf die idyllische Lichtung mit dem Karl-Lechner-Haus, 1449 m, offener Vorraum. 1 ¾ Std.

Weiter im schönen Hochwald nach SO (gelber Wegweiser). Bald über eine markante Lichtung, an ihrem oberen Rand (Schild auf Baum) rechts und ansteigende Querung auf eine Lichtung, 1600 m. Bereits hier sollte man gegen Kälte und Wind vorsorgen. Nun weiter nach SW in schräg ansteigender Traverse an die Waldgrenze, 1660 m (rechts Wasserreservoir) und zunehmend baumfreier, aussichtsreicher und oft stürmischer, aber sanfter Anstieg zum bereits längst sichtbaren Alois-Günther-Haus auf dem Gipfel. Dort zwei mögliche Eingänge an den beiden Längsseiten der Hütte. 1 Std.

Variante Nach dem Karl-Lechner-Haus nach der Querung auf die Lichtung, 1600 m, durch einen zwischendurch auch steileren freien Streifen nach S an die Baumgrenze und rechts einschwenkend über den weitläufigen stumpfen Rücken zum Alois-Günther-Haus. ▪ Bei wenig Schnee auf 1180 m besser auf der Forststraße bleiben und in Kehren zu einer Jagdhütte, 1350 m, und rechts flach zur Einmündung in den direkten Waldaufstieg bei einem Graben, 1380 m. Weiter wie oben zum Karl-Lechner-Haus.

Abfahrt Abfahrt auf der Piste: Über die Gipfelfläche rechts am Kreuz vorbei und leicht links zur Bergstation des Sessellifts. Bei der folgenden Pistengabelung rechts halten und mit wenigen Schwüngen, meist aber im Schuss auf der Piste auf die ganz ebene Ganzeben und an der ersten Baumgruppe links vorbei zur Bergstation Weißenelf mit dem Panorama-Restaurant. Weitere Abfahrt auf dem breiten Pistenband, im Bereich des Hühnerkogels rechts halten und auf einer der beiden Pisten hinab in den Kaltenbachgraben.

Variante Abfahrt wie Aufstieg zum Karl-Lechner-Haus, mit schönen Momenten im Waldpowder, dann ab 1380 auf der Forststraße zurück in den Kaltenbachgraben. ▪ Lyragraben: bei sicheren Verhältnissen eine interessante nordseitige Steilabfahrt. Zumeist mit Gegenanstieg zurück zum Stuhleck verbunden, da im Frühjahr der Kaltenbachgraben nicht mehr durchgehend befahrbar sein wird.

Einkehr unterwegs Alois-Günther-Haus auf dem Stuhleck-Gipfel (im Winter täglich bewirtschaftet).

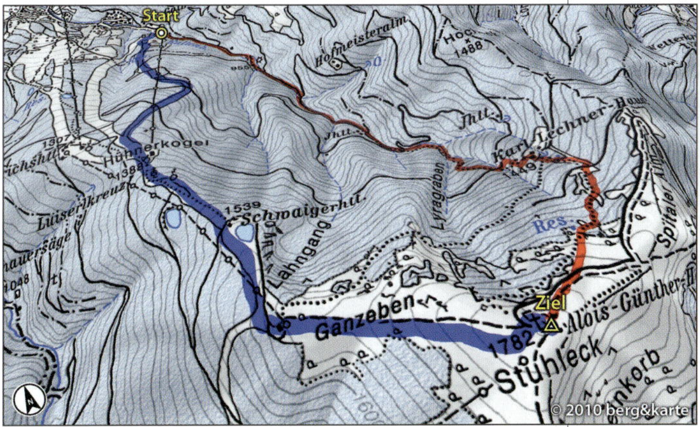

Aufstieg *Abfahrt* *Kartenperspektive*

Tipp Aufstieg über das Hocheck, 1488 m: großzügige Alternative östlich des Kaltenbachgrabens über einen schönen Waldrücken, Weg Nr. 743. Start in Spital am Semmering bei einer Gabelung südlich der Kirche.

Karten ÖK 50 UTM 4212 + 4218 (BMN 104)
Après Tour Gastronomie in Spital am Semmering
Infos www.spitalamsemmering.com

9.2 Stuhleck-Fröschnitz

Wenig bekannte Tour mit super Gipfel-Panorama und Gipfelhütte. Schöne Hochwinter-Waldabfahrt mit Pistenfinale

Ausgangspunkt Spital am Semmering, Fröschnitz

Starthöhe	960 m	**Gipfelhöhe**	1782 m	**Exposition**	N-O
Höhenmeter	825 hm	**Aufstiegszeit**	2 ½ h	**Einkehr**	✓
Aufstiegslänge	4.1 km	**Steilheit**	steil	**Anspruch**	II

Einstimmung Auch das beliebte Ski(touren)ziel Stuhleck/Alois-Günther-Haus hat seine ruhigeren Seiten: Von O aus der Fröschnitz gibt es einen im Hochwinter lohnenden, wenig bekannten Aufstieg, der auch abfahrtstechnisch recht abwechslungsreich ist. Vorher bietet er aber (natürlich nur bei Schönwetter) eine ausgiebige, aussichtsreiche Annäherung zum Gipfel.

Lawinen Auf dieser Route kein Thema.

Orientierung Ab 1580 m auf der Spitaler Alm bei Nebel und Sturm Schritt für Schritt ungemütlicher. An sich gilt es, immer aufwärts zu gehen bis zum Gipfel. Durchaus anspruchsvoll ist bei Nebel das himmelsrichtige Verlassen der Hütte, da die vielen Zäune und Pistenhinweise verwirren können (nicht unterschätzen!).

Zufahrt A2, dann S6 bis Ausfahrt Spital am Semmering. B306 Richtung Spital und bald links abzweigen nach Steinhaus. Durch den Ort und talein in die Fröschnitz bis zum GH Postl (in der ÖK nicht bezeichnet), kurz vor einer Brücke, Pkt. 960 m.

Aufstieg im unteren Waldabschnitt

Aufstieg Vom GH Postl über die Wiese aufwärts, dann über den Rücken im Hochwald bis 1160 m zu einer Forststraßenkehre. Weiter linkshaltend auf einem engen Hohlweg teils recht steil aufwärts und an den Rand einer Lichtung, 1370 m. Links neben der Lichtung höher und auf dem Waldrücken zu einer Forststraßenkehre, 1440 m. Über den Rücken, zuletzt durch lichtere Bereiche nach SW zu einer Kehre der Sommerzufahrt zum Alois-Günther-Haus, am Beginn der Spitaler Alm. Hier sollte man gegen Kälte und Wind vorsorgen. 2 Std.

Über die freien Flächen zur bereits sichtbaren Gipfelhütte, zunächst auf der Straße, dann direkt über den Rücken, dort zuletzt noch ein kleiner Aufschwung. ½ Std.

Abfahrt Wie beim Aufstieg zur Lichtung auf 1370 m. Dort rechts halten und auf dem freien Rücken nach O in einen Sattel vor dem Wetterkreuz. Flach hinüber zum Wetterkreuz. Dann nach N über schöne freie Flächen zu einer Forststraße (zuletzt Vorsicht wegen Aufforstung). Auf der Forststraße rechts in Kürze zur Bergstation der ehemaligen Gruber-Lifte, auf der Piste in schönen Schwüngen ins Tal und auf der Straße links in Kürze zurück zum Start.

Variante Die weitere Abfahrt ab der Lichtung auf 1370 m der Aufstiegsspur entlang ist aufgrund des engen Hohlwegs im Mittelteil nicht wirklich empfehlenswert.

Einkehr unterwegs Alois-Günther-Haus auf dem Stuhleck-Gipfel (im Winter täglich bewirtschaftet).

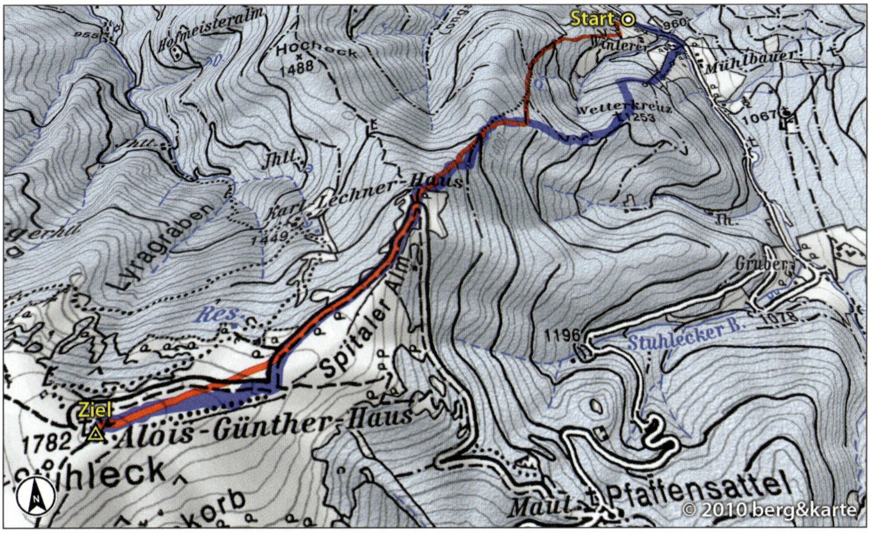

Aufstieg *Abfahrt* *Kartenperspektive*

Karten	ÖK 50 UTM 4218 (BMN 104)
Après Tour	GH Postl in der Fröschnitz ▪ GH Gesslbauer in Steinhaus
Infos	www.spitalamsemmering.com

9.3 Stuhleck-Rettenegg

Beliebte sonnseitige Hochwintertour, meist über Wiesen und freie Almflächen. Super Gipfel-Panorama und Gipfelhütte

Ausgangspunkt Rettenegg, Forellengasthof Joglland

Starthöhe	872 m	**Gipfelhöhe**	1782 m	**Exposition**	Süd
Höhenmeter	910 hm	**Aufstiegszeit**	2 ¾ h	**Einkehr**	✓
Aufstiegslänge	5.3 km	**Steilheit**	mäßig steil	**Anspruch**	II

Einstimmung Das ist das Schöne am Stuhleck: Wenn es von N stürmt, kann man von der Südseite über die sonnigen Zwieselbauerwiesen zunächst einmal entspannt dem Berg näherrücken. Erst beim Verlassen des Windschattens an der Baumgrenze wird's auch hier stuhlecktypisch ungemütlich und es kommen jene Effekte zum Tragen, die bei Tour 9.1 beschrieben sind. Den besten Schnee gibt's natürlich nach Neuschneefall, aber auch da muss man an Sonnentagen schnell sein, denn die Wiesen sind erstens rasch verspurt und zweitens verharscht der Schnee im Schatten bald und dann ist's vorbei mit dem Powderfun!

Lawinen Die kurze Steilstufe nördlich der Ebene auf 1470 m ist meist stark überwechtet, kann aber westlich problemlos umgangen werden (Vorsicht bei Nebel, Stangen beachten!).

Orientierung Ab dem Verlassen der Waldgrenze bei Nebel und Sturm keine Freude, obgleich es nur gilt, immer mit leichtem Zug nach rechts (Stangen) aufwärts zu gehen bis zum Gipfel. Durchaus anspruchsvoll ist bei Nebel das himmelsrichtige Verlassen der Hütte, da die vielen Zäune und Pistenhinweise verwirren können (nicht unterschätzen!).

Zufahrt A2, dann S6 bis Ausfahrt Spital am Semmering. B306 Richtung Spital und bald links abzweigen nach Steinhaus. Durch den Ort und talein in die Fröschnitz und auf Bergstrecke über den Pfaffensattel (eventuell Schneeketten erforderlich) nach Rettenegg zum Forellengasthof Joglland, Pkt. 872 m., Parkplatz.

Abfahrt im Bereich der kritischen Steilstufe an der Baumgrenze

Aufstieg Beim Gasthaus nach der Brücke rechts (Schild) und flach über eine schöne Wiesenfläche nach N zum Waldrand. Dort auf einem Forstweg in den Wald talein. Dann ein kurzer Anstieg neben einem Wildbachverbau (links gelbmoosige Felsen). Weiter im Grabengrund zu einer kleinen Brücke (Wegweiser), dann auf einem steileren Hang zur Zufahrt zum Zwieselbauer. Über die Straße, dann rechts am Zwieselbauer vorbei zu einem Wald-Durchschlupf. Weiter über die lang gezogene Wiese zum Waldrand, 1340 m. Nun im Wald auf gut ausgeprägtem Ziehweg aufwärts (oft buckelpistenartig ausgefahren) und nach einem Linksknick bald raus auf erste Lichtungen und weiter auf eine Ebene, 1470 m (ab hier Stangen und hier sollte man gegen Kälte und Wind vorsorgen). 1 ¾ Std.

Sogleich schräg links nach NW halten (rechts Wechten, Schneebrettgefahr!) und über einen kurzen Aufschwung an die Baumgrenze. Nun in NNO-Richtung den Stangen nach zunehmend flach dahin und auf 1670 m zu einem Zaun (Wegweiser). Weiter den Stangen nach (nicht dem Zaun folgen) in Richtung der sichtbaren Bergstation des Sessellifts und nach letztem Anstieg an dieser rechts vorbei auf die Gipfelfläche (Kreuz) und mit wenigen Schritten zum Alois-Günther-Haus. 1 Std.

Abfahrt Im Allgemeinen wie Aufstieg. Orientierung bei Sturm und Nebel erschwert! Der Zaundurchschlupf auf 1670 m muss getroffen werden, dann den Stangen nach und nicht zu früh nach links einfahren zum Boden auf 1470 m.

Einkehr unterwegs Alois-Günther-Haus auf dem Stuhleck-Gipfel (im Winter täglich bewirtschaftet).

Tipp Für FreundInnen kürzerer Anstiege besteht die Möglichkeit, sich vom Forellengasthof mit einem Taxibus auf den Pfaffensattel fahren zu lassen und von dort im Bereich des Sommerweges oder weiter ausholend auf der Zufahrt (im Winter meist Ratracspur) zum Alois-Günther-Haus aufzusteigen. Natürlich ist diese Strecke auch als Abfahrt eine Überlegung wert. Achtung: wegen Lawinengefahr nicht zu früh nach S in den Steinkorb einfahren und auch nicht in die östliche Nachbarflanke!

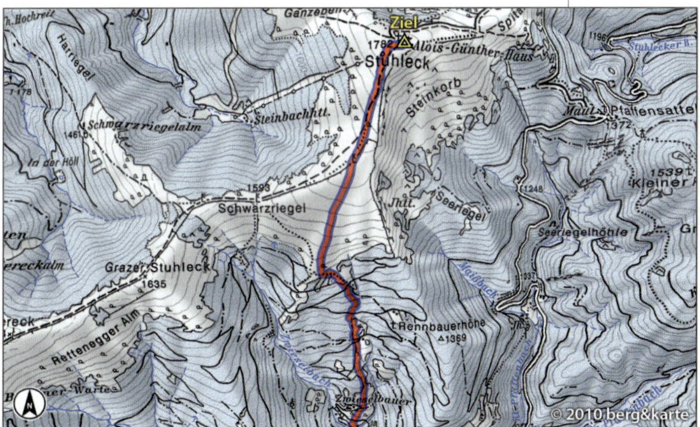

— Aufstieg — Abfahrt

Kartenperspektive (Ausschnitt Zwieselbauer - Stuhleck)

Karten	ÖK 50 UTM 4218 (BMN 104)
Après Tour	Forellengasthof Joglland in Rettenegg
Infos	www.joglland-waldheimat.at

9.4 Amundsenhöhe-Pretul

Gemütliche, beliebte Waldtour mit Kammanstieg, herrlicher Aussicht und Hütteneinkehr

Ausgangspunkt Mürzzuschlag, Parkplatz unterhalb Bärenkogel

Starthöhe	1080 m	**Gipfelhöhe**	1666 m	**Exposition**	N-W
Höhenmeter	600 hm	**Aufstiegszeit**	2 h	**Einkehr**	✓
Aufstiegslänge	4.3 km	**Steilheit**	mäßig steil	**Anspruch**	I

Einstimmung Etwas im Schatten des skitouristisch bekannten Stuhlecks liegt der um 122 m niedrigere, beliebte Berg unweit von Mürzzuschlag. Durch die relativ hohe Ausgangslage ist die Tour auf die nach dem Südpolforscher benannte Anhöhe schneesicher und ein heißer Tipp für die erste Eingehtour der Saison. Der gemütliche Waldweg zur bewirtschafteten Ganzalmhütte und danach der lange aussichtsreiche Kammanstieg geben Zeit zum Nachdenken und Genießen. Kommt auf dem Gipfel Lust nach mehr auf, dann bietet sich der Abstecher auf die benachbarte, geringfügig niedrigere Pretul, 1656 m, an. Falls jedoch der Nebel zu dicht ist, der Wind zu stark bläst, dann ist der Einkehrschwung in die Ganzalmhütte vorzuziehen. Die Tour eignet sich auch hervorragend für Jugendliche und EinsteigerInnen, die hier die Begeisterung für das Skitourengehen entdecken wollen und ihre Motivation unter anderem in einem kulinarischen Zwischenstopp holen können.

Ausblick zu Schneealpe und Rax, oberhalb der Ganzalmhütte

Lawinen Auf der gesamten Tour entweder auf der Forststraße, dann später am Kamm unterwegs und daher praktisch keine Lawinengefahr.

Orientierung Einfach.

Zufahrt Von Norden: A2, dann S6 bis Ausfahrt Mürzzuschlag-West gleich nach dem Ganzsteintunnel. Rechts abbiegen, unter der Autobahn durch bis zur Abzweigung Bärenkogelhaus und wieder rechts abbiegen. Nach guten 4,5 km über mehrere steilere Kurven (eventuell Ketten erforderlich) zum Parkplatz knapp vor dem Bärenkogelhaus.

Aufstieg Direkt vom Parkplatz gemütlich auf der Forststraße höher (rote Markierung, Weg Nr. 742, Achtung Rodelbahn). Beim Pkt. 1224 m den Forstweg verlassen und ge-

Auch für junge SkitourengeherInnen eine lösbare Aufgabe

rade weiter nach O im lichten Hochwald mäßig steil bis zur Ganzalmhütte (längerer sowie flacherer Aufstieg auch auf der Forststraße möglich). Nach der Alm nach SO über offene Schläge immer auf dem Rücken und über die Baumgrenze hinaus auf die Amundsenhöhe. 2 Std.

Abfahrt Der Aufstiegsspur folgend in flotter Fahrt zurück zur Ganzalmhütte. Bei guter Schneelage ist eine direkte Einfahrt über die Wiese nach W und dann über Schläge sowie kurz durch den Hochwald zur Forststraße möglich. Ansonsten die Forststraße benutzen und diese bis zum Ausgangspunkt ausfahren.

Einkehr unterwegs Ganzalmhütte, 1381 m: im Winter an schönen Wochenenden bewirtschaftet Auskunft: Tel. 03852/30813. Abstecher von der Amundsenhöhe zum nahen Roseggerhaus, 1586 m, (immer bewirtschaftet).

Tipp Als sportliche, konditionell anspruchsvolle Variante bietet sich eine Überschreitung in Kombination mit dem Stuhleck an. Diese führt über die Pretul zum Geiereck, 1644 m und weiter über Grazer Stuhleck, 1635 m, und Schwarzriegel, 1593 m, zum Stuhleck, 1782 m.

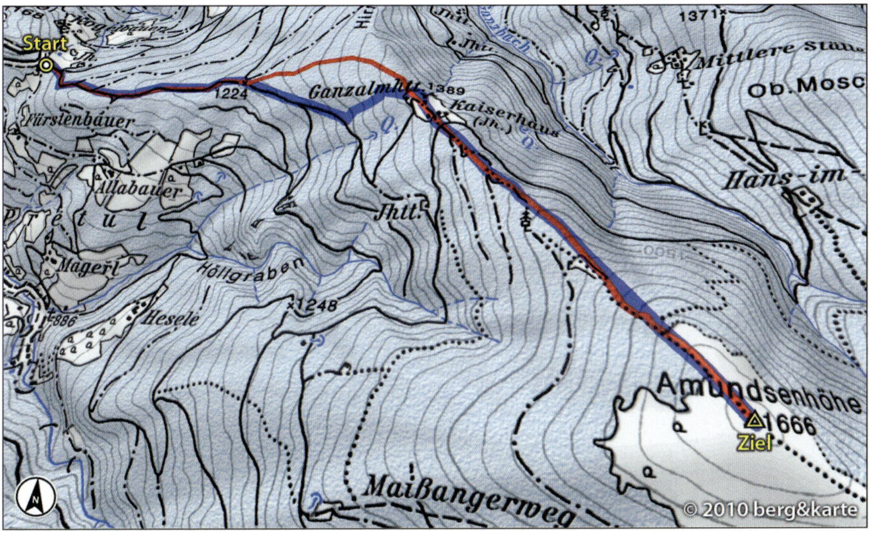

Aufstieg *Abfahrt* *Kartenperspektive*

Karten	ÖK 50 UTM 4218 (BMN 104)
Après Tour	Gastronomie in Mürzzuschlag
Infos	www.muerzzuschlag.at

9.5 Ebenschlag

Aussichtsreiche Hochwintertour, meist über ideal geneigte Wiesen. Hüttenoption in Gipfelnähe und Einkehr direkt beim Ausgangspunkt

Ausgangspunkt Jasnitztal, Eibeggwirt

Starthöhe	750 m	**Gipfelhöhe**	1547 m	**Exposition**	N-W
Höhenmeter	820 hm	**Aufstiegszeit**	2 ½ h	**Einkehr**	✓
Aufstiegslänge	5 km	**Steilheit**	steil	**Anspruch**	II

Einstimmung Perfekte Wald- und Wiesentour für den schneereichen Hochwinter, mit sehr idyllischem parkähnlichem Flair. Einige herrliche, auch höheren Ansprüchen gerecht werdende Hänge, die natürlich bei Pulver (das gibt's aber leider auf den westseitigen Sonnenhängen eher selten!) am schönsten sind. Also bei oder nach ergiebigen Neuschneefällen zuschlagen! Die vielen Zäune sind skitourenfreundlich mit offenem Durchschlupf versehen und die Rasenflächen sind auch bei wenig Schneeauflage ganz gut befahrbar. Im Gipfelbereich sehr schönes Kalkalpenpanorama vom Hochschwab bis zum Schneeberg und wenn die Hofbauerhütte geöffnet ist, gibt's auch eine Hüttengaudi!

Lawinen Das teilweise steile Wiesengelände kann bei durchfeuchtetem schwerem Schnee mitunter heikel sein. Also trotz des lieblichen Charakters auch hier aufpassen!

Orientierung Keine besonderen Kriterien, sofern man sich bei Nebel an die Rücken hält.

Zufahrt A2, dann S6 bis Ausfahrt Mürzhofen/ Allerheiligen. Nach Allerheiligen, weiter nach Jasnitz und im Jasnitztal bis zum Eibeggwirt, Parkplatz.

Blick auf die freien Flächen des Ebenschlags

Aufstieg Zunächst auf der Straße zum Eibeggsattel nach SW noch ein Stück talein, dann vor der Brücke auf einem Feldweg links ansteigen zum Beginn der Wiesenfläche. Zügig hinauf zum Miesel-Hof und leicht rechts haltend weiter zum Waldrand. Nach dem Zaun links nach SO weiter ansteigen durch eine parkähnlich idyllische Landschaft und beliebig über den mittelsteilen Rücken (links oder rechts einer Bauminsel) auf eine Kuppe, 1280 m (Aussicht). 1 ½ Std.

Über den anfangs flachen, dann ansteigenden schönen Bergkamm Übergang zum Aibel, 1394 m. Abfahrtspuristen fellen schon hier ab! Für Gipfelfreunde kurze Fellabfahrt nach O zur Hofbauerhütte, 1352 m, in einem weiten Sattel. Jenseits Gegenanstieg vorbei an einem Stallgebäude, über den Waldrücken zu einem Kreuz, 1500 m, und weiter zum höchsten Punkt des Ebenschlags. 1 Std.

Variante Der Übergang vom Ebenschlag über den Bergkamm nach SO zum etwas höheren Hochschlag, 1580 m, bringt skifahrerisch nichts, ist also primär für Gipfelsammler von Interesse: aufgrund von Gegensteigungen hin- und zurück 200 hm Mehraufwand.

Abfahrt Im Allgemeinen wie Aufstieg, mit kurzem Gegenanstieg (Ski tragen) von der Hofbauerhütte zum Aibel.

Variante Vom Kreuz auf 1500 m nach W in eine schöne Mulde bis 1270 m und Gegenanstieg zum Aibel.

Einkehr unterwegs Hofbauerhütte, 1352 m, im Winter am Wochenenden bei Schönwetter und guter Schneelage bewirtschaftet.

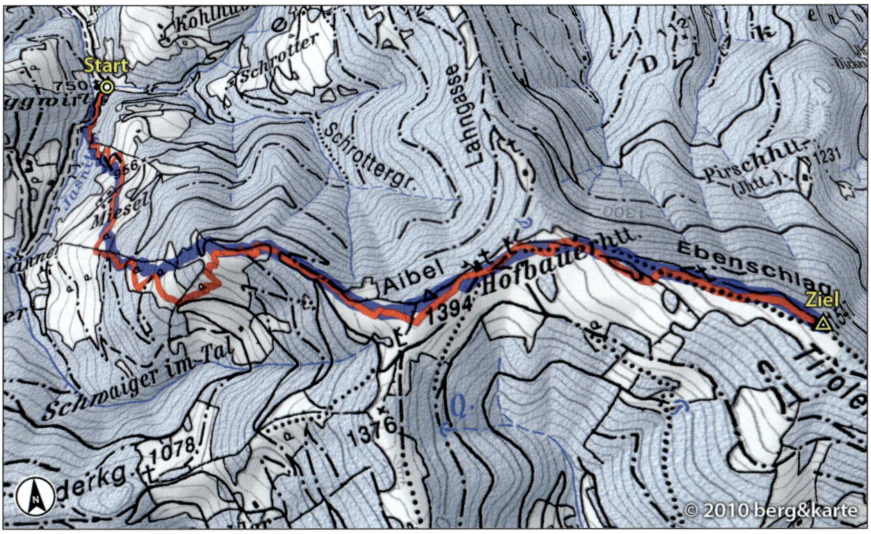

— Aufstieg — Abfahrt

Kartenperspektive

Karten ÖK 50 UTM 4217 (BMN 134)
Après Tour Eibeggwirt nördlich vom Eibeggsattel
Infos www.allerheiligen-im-muerztal.at

10 Mürzsteger Alpen

Pulverträume dies- und jenseits der Baumgrenze

Mürzsteger Alpen: Eine Bezeichnung, die als Markenzeichen gelten kann für Skitouren mit lang anhaltender Tiefschneelage und idealem Gelände im Wald und darüber hinaus. Beeindruckend und verlockend zugleich ist die Vielfalt an Touren auf engstem Raum. Wobei der Raum selbst ja alles andere als eng ist! Genau genommen gehören nämlich zu den Mürzsteger Alpen auch die von uns aufgrund ihrer Eigenständigkeit separat behandelten Bereiche der Schneealpe, der Veitsch, des Göllers und der Preintaler Berge.

Das hochsteirische Skitourenparadies hinter dem Semmering ist ein Hotspot vom ersten Schnee bis zum letzten Firn. Hervorzuheben ist besonders das Gebiet rund um Frein an der Mürz, wo zusätzlich zu den Tagestouren gemäßigter Länge auch der Freinerhof als kulinarische Anlaufstelle großen Anklang findet. Gleiches muss man auch von den beiden Holzers in Neuberg an der Mürz sagen, von denen sich einer sogar mit Hauben schmücken darf! Das mag zwar bei einer Skitour nicht unmittelbar von Bedeutung sein, aber zur Abrundung eines gelungenen Freizeittages hat es für viele sicher einen hohen Stellenwert!

Das Tourengebiet trägt auch den Namen "Steirisch-Sibirien". In Frein sind nach klarer Nacht im Hochwinter auch -30° möglich! Da heißt es rasch rauf in die Sonne und den ganzen Tag auf Anzeichen einer Erfrierung an Zehen, Fingern und im Gesicht achten. Bereits ein Lüfterl oder eine längere schattige Schussfahrt auf einer Forststraße können Schlimmes anrichten!

Wenn's nicht gar zu kalt ist, sind die Touren natürlich purer Genuss. Die Auswahl reicht von einfacheren Waldtouren bis hin zu steilen nord- und südseitigen Pulver- und Firntouren. Diese können durchaus lawinenkritisch sein, selbst wenn die absoluten Gipfelhöhen nicht überragend sind.

Und zu guter Letzt ist die Freiner Reib'n für Freunde einer extensiven Mischung aus landschafts- und abfahrtsorientierten Zutaten eine einmalige konditionelle Herausforderung!

Blick von der Tonion nach Osten

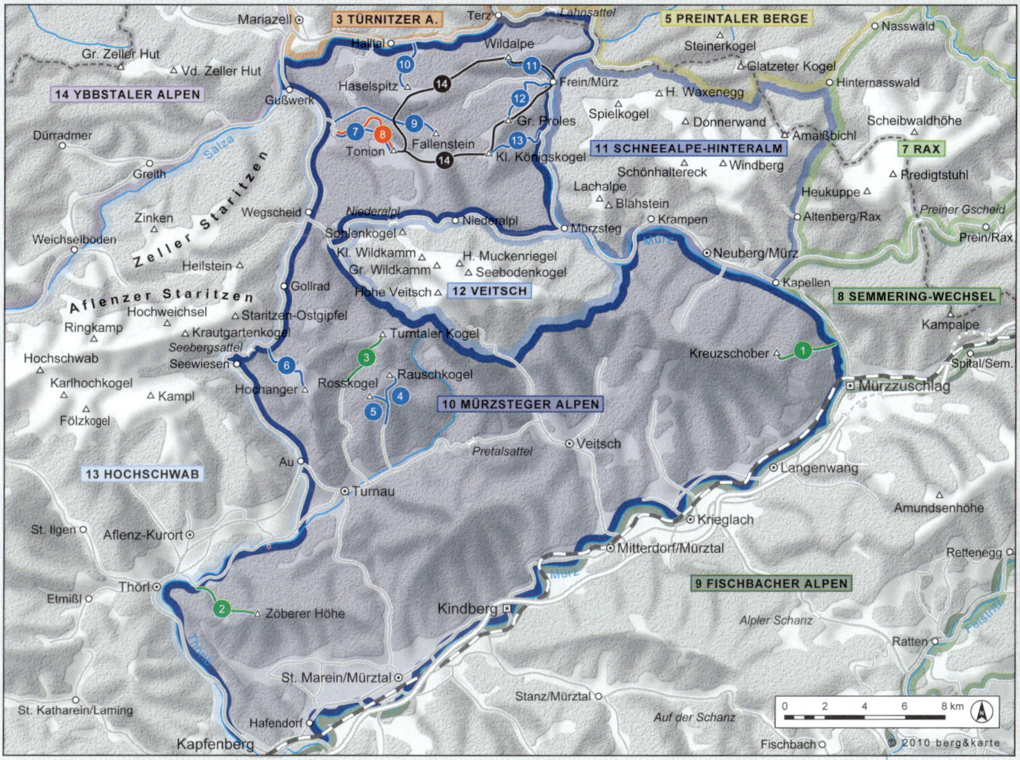

Anspruch: ● *leicht* ● *mittel* ● *schwierig* ● *sehr schwierig*

Regionskarte Mürzsteger Alpen

Nr	Skitour	Gipfelhöhe	Höhenmeter	Aufstiegszeit	Exposition	Anspruch	Seite
1	Kreuzschober	1410 m	720 hm	2 ¼ h	O	I	230
2	Zöberer Höhe	1486 m	840 hm	2 ½ h	N-W	I	232
3	Turntaler Kogel	1610 m	650 hm	2 ½ h	S-W	I	234
4	Rauschkogel	1720 m	720 hm	2 ¼ h	S-W	II	236
5	Rosskogel	1522 m	525 hm	1 ½ h	O	II	238
6	Hochanger	1682 m	550 hm	2 h	N	II	240
7	Tonion-West	1699 m	840 hm	2 ½ h	N-W	II	242
8	Tonion-Nord	1699 m	1160 hm	3 ½ h	N-W	III	244
9	Fallenstein	1536 m	780 hm	3 h	N-W	II	246
10	Hohe Student	1539 m	750 hm	2 ½ h	N-W	II	248
11	Wildalpe	1523 m	660 hm	2 ¼ h	S-O	II	250
12	Große Proles	1565 m	740 hm	2 ½ h	N-O	II	252
13	Großer Königskogel	1574 m	800 hm	2 ½ h	O	II	254
14	Freiner Reib'n	1699 m	2400 hm	8 h	alle	IV	256

10.1 Kreuzschober

Beliebte Hochwinter-Waldtour mit Gipfelerlebnis, Aussicht und uriger Einkehrmöglichkeit

Ausgangspunkt Mürzzuschlag, Gehöft Hofbauer

Starthöhe	690 m	**Gipfelhöhe**	1410 m	**Exposition**	Ost
Höhenmeter	720 hm	**Aufstiegszeit**	2 ¼ h	**Einkehr**	✓
Aufstiegslänge	3.7 km	**Steilheit**	mäßig steil	**Anspruch**	I

Einstimmung Der Hausberg der Mürzzuschlager ist ein beliebter Treffpunkt für Bergbegeisterte, die nicht nur bei Sturm, Schlechtwetter oder hoher Lawinengefahr eine attraktive, nicht allzu lange Skitour in verkehrsgünstiger Lage suchen. Die Tour führt über Wiesen, Waldpassagen, Forststraßen und eine aufgelassene Piste, bietet unterwegs eine hervorragende Einkehrmöglichkeit und schließt mit einem Gipfelerlebnis mit Kreuz und Aussicht ab: viel Abwechslung auf engem Raum! Besonders empfehlenswert nach Neuschneefall und zum Saisonstart zur Gewöhnung ans Gerät.

Lawinen Geländebedingt nur geringe Gefährdung.

Orientierung Einfach.

Zufahrt A2, dann S6 bis Ausfahrt Mürzzuschlag (West oder Ost - je nach Zufahrt). Durch den Ort auf die B23 Richtung Neuberg an der Mürz. Nach 1 km am Ortsende nach einer Rechtskurve links ab auf einer Brücke über die Mürz, gleich rechts, dann bald über die alte Bahntrasse und hinauf zum Hofbauer, geringe Parkgebühr.

Oberhalb der Kaarlhütte

Aufstieg Direkt vom Parkplatz mit den Skiern der Straße ins Eichhorntal folgen bis zur scharfen Rechtskurve. Nach der Bachüberquerung links steiler hinauf über Wiesen nach W, an zwei Gehöften vorbei und zum alten Skilift. Die Piste hinauf und auf einem Karrenweg in Bälde zur Kaarlhütte. Weiter nach N, dann leicht links haltend die Gipfelschneise hinauf zum höchsten Punkt. 2 ¼ Std.

Forststraßenimpression am Kreuzschober

Abfahrt Vom Gipfel entweder die Gipfelschneise zur Kaarlhütte abfahren oder, zuerst etwas mühsamer am Kamm nach O zu einer Lichtung, und rechts hinunter zur Aufstiegsspur, knapp unterhalb der Kaarlhütte. Danach wie beim Aufstieg in schöner Fahrt zurück zum Ausgangspunkt.

Einkehr unterwegs Kaarlhütte: im Winter Sa, So, feiertags ab 10 Uhr bewirtschaftet.

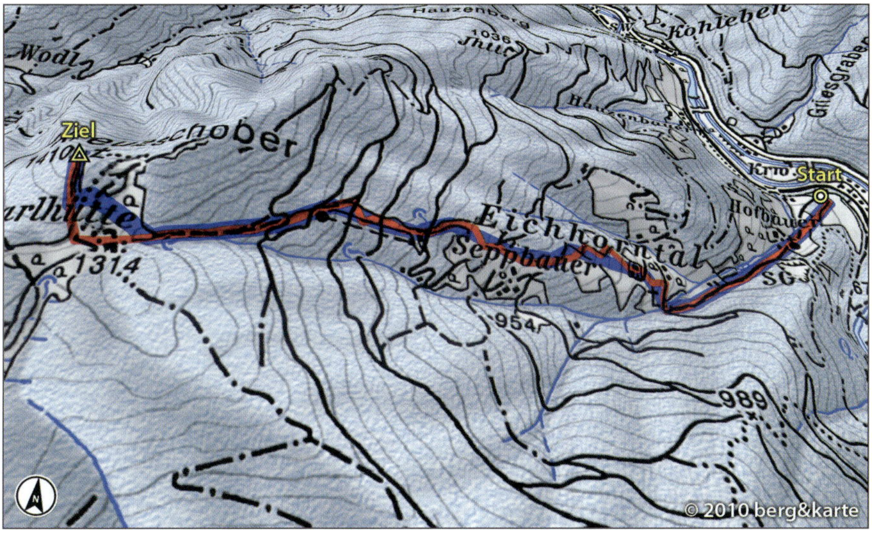

Aufstieg *Abfahrt*

Kartenperspektive

Karten ÖK 50 UTM 4211 (BMN 104)
Après Tour Gastronomie in Mürzzuschlag
Infos www.muerzzuschlag.at

10.2 Zöberer Höhe

Wenig bekannte Hochwinter-Waldgrabentour mit viel Forststraßenanteil, aber auch schönen Wiesen und einem aussichtsreichen Gipfel

Ausgangspunkt Aflenz, Thörl

Starthöhe	650 m	**Gipfelhöhe**	1486 m	**Exposition**	N-W
Höhenmeter	840 hm	**Aufstiegszeit**	2 ½ h	**Einkehr**	nein
Aufstiegslänge	4.2 km	**Steilheit**	mäßig steil	**Anspruch**	I

Einstimmung Verstaubte Hochwintertour aus vergangenen Zeiten, als man zum Skitourengehen noch Schneeschuhlaufen sagte. Einem durchaus ansprechenden Grabenaufstieg folgt eine wirklich schöne Aussicht, vor allem auf die Hochschwab-Breitseite. Bei ausreichend Schnee bis ins Tal gleich zuschlagen, dann werden die gipfelnahen Wiesen und Lichtungen zum Genuss und der flotte Ausklang durch den unteren Graben viel Spaß machen!

Lawinen So gut wie lawinensicher!

Orientierung Bei Nebel auf der Gipfelwiese auf die Himmelsrichtung achten.

Zufahrt Von Kapfenberg (S6) auf der B20 nach Thörl, romantisches Ensemble im Bereich der Ruine Schachenstein. Dann nach der Linkskurve rechts ab (vor der zweiten Kirche) und wieder rechts. An einem Werksgelände entlang zu einer Parkmöglichkeit nach der Brücke über den Stübmingbach (anschließend Fahrverbot).

Hochschwabblick von der Gipfelwiese

Aufstieg Auf der Wiese aufwärts, dann oberhalb eines Hofes schräg links zum Wald. Dort weiter auf einer Forststraße um den unteren Hammerlriegel und mit wenig Höhenverlust zum Zöberer Graben. In diesem auf einem Waldweg aufwärts und im gewundenen, von steilen Flanken begrenzten Graben zur Haugalm, 1000 m. 1 Std.

Abfahrt über die oberen Wiesen

Der Graben dreht nach O ein, rechts vom Grabengrund geht es auf einem Waldweg zur Zöberer Alm, 1200 m. Bald danach durch ein kurzes Waldstück, dann raus auf eine langgestreckte schöne Lichtung. Über diese (rechts schöner Lärchenbestand) zur breiten Gipfelwiese (ab hier gute Aussicht) und nach SO zum höchsten Punkt (kein Kreuz). 1 Std.

Abfahrt Im Allgemeinen wie Aufstieg. Zwischen Zöberer Alm und Haugalm auch schöne Wiesen rechts des Grabengrundes. Der Waldweg im unteren Grabenabschnitt kann ganz schön schnell werden!

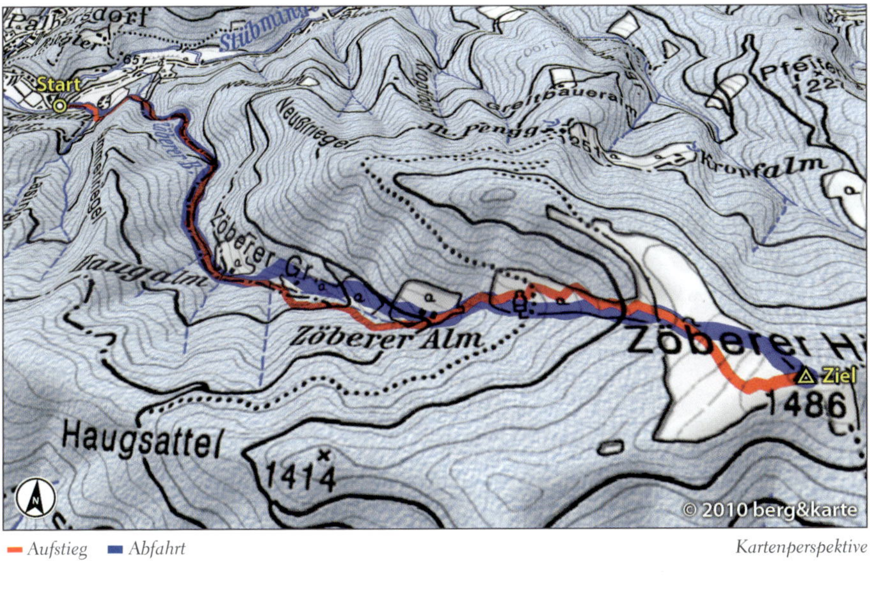

Aufstieg *Abfahrt* *Kartenperspektive*

Karten ÖK 50 UTM 4216 (BMN 102)
Après Tour GH Zum Hochschwab in Thörl
Infos www.hochsteiermark.at

10.3 Turntaler Kogel

Gemütliche, längere Wald- und Almwiesentour mit toller Gipfelschau zwischen Hochschwab und Veitsch

Ausgangspunkt Turnau, Greith

Starthöhe	960 m	**Gipfelhöhe**	1610 m	**Exposition**	S-W
Höhenmeter	650 hm	**Aufstiegszeit**	2 ½ h	**Einkehr**	nein
Aufstiegslänge	4.2 km	**Steilheit**	mäßig steil	**Anspruch**	I

Einstimmung Etwas versteckt gelegen zwischen Veitsch und Rauschkogel, bietet der Turntaler Kogel eine gemütliche, längere Wald- und Almwiesentour mit toller Gipfelschau. Die Tour ist nicht wegen der - im unteren Teil forststraßenlastigen - Abfahrt interessant, sondern wegen der lieblichen, offenen Almlandschaft und der tollen Aussicht auf Hochschwab und Veitsch. Nach stärkeren Neuschneefällen oder bei unsicheren Verhältnissen ist die Unternehmung den Nachbartouren der Umgebung (Tour 10.4 Rauschkogel, Tour 10.5 Rosskogel und Tour 10.6 Hochanger) vorzuziehen. Hoffentlich ist dann die Zufahrt zum Ausgangspunkt schon geräumt!

Lawinen Geländebedingt nur geringe Gefährdung.

Orientierung Im Grunde einfach, lediglich im unteren Teil ist auf das richtige Abzweigen bei den Forststraßen zu achten. Bei schlechter Sicht im oberen Teil mitunter etwas schwierig.

Blick vom Rauschkogel zum Turntaler Kogel und zur Turnauer Alm

Zufahrt Von O A2, dann S6 bis Ausfahrt Mitterdorf-Veitsch. Über Veitsch und den Pretalsattel Richtung Turnau. In der Stübming 1 km vor Turnau in einer Kurve, Pkt. 768 m, rechts über eine Brücke in den Brücklergraben (zwischen Hochanger und Rauschkogel) und 5 km bis Greith, 963 m, Parkmöglichkeit. Von S S6 nach Kapfenberg, B20 nach Thörl. Bald abzweigen nach Turnau, durch den Ort Richtung Veitsch und nach 1 km links in den Brücklergraben und weiter wie oben. Von N von Mariazell B20 über den Seebergsattel nach Turnau und weiter wie oben.

Aufstieg Direkt vom Parkplatz nach NO der Forststraße folgend vorbei an den Häusern von Greith und über mehrere Lichtungen talein. Nach der letzten Lichtung kann eine Abkürzung durch den Wald benutzt werden, danach weiter auf der Forststraße und bei Gabelungen immer rechts halten. Auf 1180 m eine scharfe Rechtskurve und vor einem Steinbruch wieder links. Weiter bergauf, auf 1240 m einen Graben kreuzen und zur Rosenfeldalm, 1330 m. Dort zunächst leicht rechts halten durch eine Mulde, dann nach N auf freien Flächen und schönen Almwiesen mit Baumgruppen und einzeln stehenden Bäumen zum Gipfel. 2 ½ Std.

Abfahrt Im Allgemeinen wie Aufstieg. Oder lohnend vom Gipfel nach S, dann Abfahrt links vom Aufstieg. Vor dem Wald auf ca. 1380 m sollte jedoch mit der Querung zurück zur Aufstiegsspur begonnen werden, um nicht im Wald stecken zu bleiben. Ab der Rosenfeldalm in flotter Fahrt der Aufstiegsspur entlang zurück zum Ausgangspunkt.

Ausgangspunkt in Greith

Variante Abfahrt direkt zur Turnauer Alm: vom Gipfel zunächst am Kamm nach W, dann nach SW über eine Steilstufe (Achtung auf Einwehungen) direkt zum idyllischen Almhüttendorf mit dem Alpengasthof, 1385 m (im Winter an Sa + So sowie über die Weihnachtsfeiertage bewirtschaftet). Weiter auf dem stumpfen Rücken bis 1360 m, dann links die flache Forststraße über den Graben zur Rosenfeldalm und wie beim Aufstieg zurück zum Ausgangspunkt.

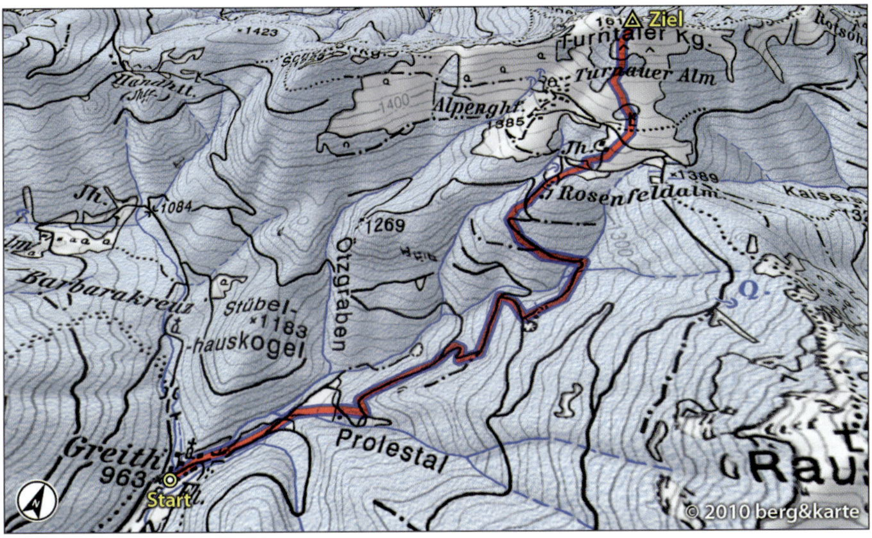

Aufstieg Abfahrt

Kartenperspektive

Karten ÖK 50 UTM 4211 (BMN 103)
Après Tour GH Steirereck am Pogusch ▪ Gastronomie in Turnau
Infos www.turnau.at

Schöne sonnseitige Hochwintertour mit vielen nachhaltigen Impressionen im Aufstieg und bei der Abfahrt

Ausgangspunkt Turnau, Räuschinggraben

Starthöhe	1000 m	**Gipfelhöhe**	1720 m	**Exposition**	S-W
Höhenmeter	720 hm	**Aufstiegszeit**	2 ¼ h	**Einkehr**	✓
Aufstiegslänge	3.4 km	**Steilheit**	steil	**Anspruch**	II

Einstimmung Kürzerer Hochwinter- bis Frühjahrsklassiker mit landschaftlich schönem Aufstieg und sehr lohnender Aussicht. Auch bei kritischen Verhältnissen ist bei guter Spuranlage der Aufstieg unbedenklich, die Einfahrten ins Südkar müssen aber bei der Abfahrt wohlüberlegt sein. Die Kombination mit dem wenig bekannten Rosskogel drängt sich auf, um einen ausgefüllten Tourentag zu realisieren.

Lawinen Das Südkar ist anfällig für Schneerutsche, Schneemäuler und Grundlawinen. Die direkten Einfahrten erfordern absolut sichere Firnverhältnisse. Auch in den steilen Aufstiegspassagen Spur gut anlegen, kleine Fallen lauern!

Orientierung Auf der weitläufigen Gipfelfläche bei Nebel schwierig.

Zufahrt A2, dann S6 bis Ausfahrt Mitterdorf-Veitsch. Über Veitsch und den Pretalsattel Richtung Turnau. In der Stübming bei der Kapelle, Pkt. 808 m, abzweigen und im Räuschinggraben bis zur Abzweigung zu den Höfen Krenn und Fladl. Begrenzte Parkmöglichkeit. Alternativ von S über Kapfenberg (S6) oder von N über Mariazell jeweils auf der B20 nach Turnau und Richtung Veitsch bis zur Kapelle, Pkt. 808 m, und weiter wie oben.

Aufstieg Talein auf der Straße ansteigend in den Wald (Abkürzer laut Schild vermeiden). Nach einer Rechtskehre durch einen Graben nach O auf die Wiesen der Krennalm und zum oberen Waldrand. Im Wald nach NO, dann nach N eindrehend durchaus steil über teils lichte Flächen (der Sattel mit der Rauschalm bleibt rechts). Auf dem allmählich baumfreien flacheren Rücken höher, dann mit geringem Höhenverlust über eine mitunter abgewehte Kuppe in einen Sattel, 1530 m. 1 ½ Std.

Blick vom Start zum Rauschkogel

Nun in Spitzkehren den folgenden schmalen Rücken hinauf und durch Baumgruppen in einem weiten Linksbogen zum höchsten Punkt. Das Kreuz steht südwestlich etwas tiefer. ¾ Std.

Variante Nicht zur Krennalm, sondern im Graben weiter nach N, dann nach NO eindrehend am Waldrand in den Sattel, 1530 m, und weiter wie oben.

Abfahrt Je nach Schnee- und Lawinensituation direkte Einfahrt in die Südflanke oder zunächst der Aufstiegsspur folgen und an geeigneter Stelle (mehrere mögliche Rinnen) einfahren, am sichersten erst aus dem Sattel, 1530 m. Dort nach W genussvoll ins flach auslaufende Kar und im Graben auf der Forststraße in flotter Fahrt zurück zum Start. Bei ganz ungünstigen Verhältnissen Abfahrt dem Aufstieg entlang über die Krennalm.

Abfahrt ins Südkar

Variante Rauschkogel SO-Flanke: in den Rauschgraben bis 1230 m und Wiederaufstieg zur Rauschalm (170 hm). Sehr lohnend bei sicherem Firn, ansonsten lahnig!

Einkehr unterwegs Die Rauschalm, 1393 m, ist im Winter an Wochenenden bewirtschaftet.

Tipp Kombination mit dem Rosskogel, Tour 10.5. ▪ Nordabfahrt zur Turnauer Alm: technisch im Bereich des Nordrückens möglich, aber wenig lohnend, da meist schlechte Schneeverhältnisse. ▪ Bei einer Einkehr in der Rauschalm ist auch ein Abstecher auf den Eibelkogel, 1487 m, drin!

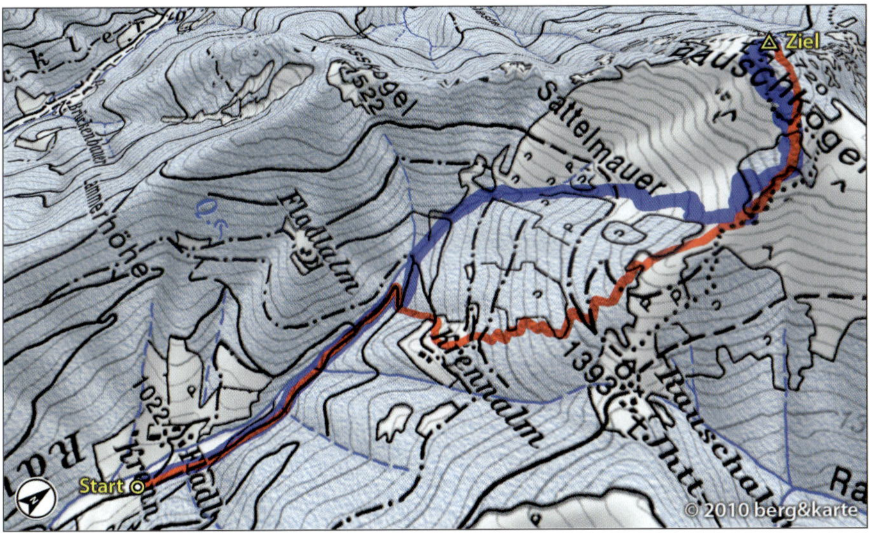

▬ Aufstieg ▬ Abfahrt

Kartenperspektive

Karten ÖK 50 UTM 4211 + 4217 (BMN 103)
Après Tour GH Hanswirt in Turnau
Infos www.turnau.at

10.5 Rosskogel

Kaum bekannte kürzere Waldtour mit herrlicher Powder-Grabenabfahrt als Zugabe zum Rauschkogel

Ausgangspunkt Turnau, Räuschinggraben

Starthöhe	1000 m	**Gipfelhöhe**	1522 m	**Exposition**	Ost
Höhenmeter	525 hm	**Aufstiegszeit**	1 ½ h	**Einkehr**	nein
Aufstiegslänge	2.7 km	**Steilheit**	steil	**Anspruch**	II

Einstimmung Das geschulte Auge erkennt beim Aufstieg auf den Rauschkogel auf seinem südwestlichen Nachbarn, dem Rosskogel, eine markante ostseitige Waldrinne. Und der Schein trügt nicht: eine fantastische Powderrinne, die durch einen etwas mühsamen Waldaufstieg verdient werden muss. Die Kombination mit dem Rauschkogel ist aufgelegt, die Verwertung für ambitionierte Freerider ein Muss!

Lawinen Aufstieg im Steilwald bei Durchfeuchtung kritisch. In der Ostrinne bis zur ersten Forststraßenquerung, 1380 m, auf den Lichtungen mitunter heikel.

Orientierung Keine speziellen Anforderungen.

Zufahrt A2, dann S6 bis Ausfahrt Mitterdorf-Veitsch. Über Veitsch und den Pretalsattel Richtung Turnau. In der Stübming bei der Kapelle, Pkt. 808 m, abzweigen und im Räuschinggraben bis zur Abzweigung zu den Höfen Krenn und Fladl. Begrenzte Parkmöglichkeit. Alternativ von S über Kapfenberg (S6) oder von N über Mariazell jeweils auf der B20 nach Turnau und Richtung Veitsch bis zur Kapelle, Pkt. 808 m, und weiter wie oben.

Blick vom Rosskogel zum Rauschkogel

Aufstieg Talein auf der Straße ansteigend in den Wald. Nach einer Doppelkehre weiter nach N ins sich öffnende Südkar, 1250 m. ¾ Std.

Nun nach W im steilen Wald bei mitunter mühsamer Spurarbeit auf den Gipfelkamm (Verwehungen) und links über den teils freien Rücken zum höchsten Punkt (kein Zeichen, etwas eingeschränkte Aussicht). ¾ Std.

Abfahrt Vom Gipfel genau nach O, zunächst Bäume und Lichtungen, dann in der sich ausbildenden baumfreien Rinne höchst genussvoll tiefer, dabei einige Forststraßen kreuzen. Im Hauptgraben auf der Forststraße in flotter Fahrt zurück zum Start.

Im Mittelteil der Ostrinne

Tipp Kombination mit dem Rauschkogel, Tour 10.4.

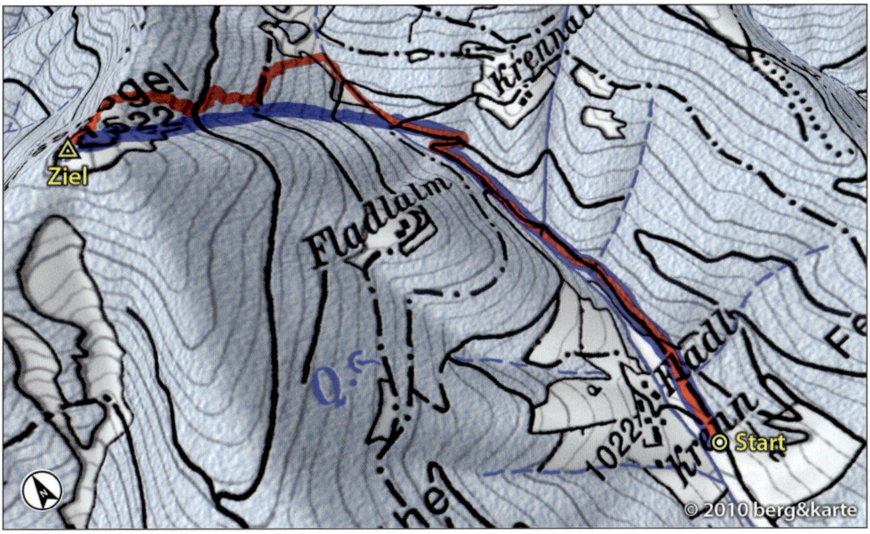

— Aufstieg — Abfahrt

Kartenperspektive

Karten ÖK 50 UTM 4211 + 4217 (BMN 103)
Après Tour GH Hanswirt in Turnau
Infos www.turnau.at

10.6 Hochanger

Sehr lohnende Hochwinter-Powdertour mit aussichtsreichem Aufstieg und vielen Abfahrtsvarianten

Ausgangspunkt Seebergsattel, Seebergalm

Starthöhe	1150 m	**Gipfelhöhe**	1682 m	**Exposition**	Nord
Höhenmeter	550 hm	**Aufstiegszeit**	2 h	**Einkehr**	nein
Aufstiegslänge	3.5 km	**Steilheit**	mäßig steil	**Anspruch**	II

Einstimmung Die perfekte nordseitige Waldpowdertour mit viel Platz für alle und unzähligen Möglichkeiten zum Austoben. Nach einem schönen Waldrückenaufstieg gibt's auf dem Gipfel eine herrliche Aussicht und dann die Qual der Wahl der besten Abfahrt. Da die Tour relativ kurz ist, ist natürlich auch Wiederanfellen erlaubt und oft angesagt! Es lohnt sich bestimmt!

Lawinen Einige der weitgehend baumfreien steilen Abfahrtsvarianten vom Hochanger ins Lappental erfordern sichere Verhältnisse. Nicht unterschätzen! Den kritischen Bereichen kann aber gut ausgewichen werden.

Orientierung Bei Nebel kann das unübersichtliche Gipfelplateau Schwierigkeiten bereiten. Himmelsrichtung beachten!

Zufahrt B20 von S (Kapfenberg/ S6) über den Seebergsattel oder von N (Mariazell, Niederalpl) über Wegscheid zur Seebergalm, Abzweigung knapp östlich unter dem Seebergsattel. Liftparkplatz nur für Skifahrer, Tourengeher parken direkt beim GH Seebergalm, 1150 m.

Blick zum Hochanger vom Aufstieg zum Staritzen-Ostgipfel, links hinten der Rauschkogel

Aufstieg Von der Seebergalm entweder auf der Straße oder hinter dem Gasthaus über den parallel verlaufenden Rücken zum nahen Liftparkplatz. Dann gemütlich talein (rote Markierung, Weg Nr. 401, 405) über die freie Fläche ins Lappental. Nach der Engstelle (links Felswand) rechts ausscheren in einen steilen Graben. Dann auf dem linken Begrenzungsrücken raus auf den Hauptrücken, 1370 m. Auf diesem links weiter, bald über eine kleine Kuppe, 1430 m, und auf das Karlkögerl, 1521 m. 1 ¼ Std.

Kurze Fellabfahrt nach S in den Wiesensattel und wieder bergauf im Wald. Der Rücken dreht allmählich nach O ein (ab hier Wechten nach S!), die Aussicht verbessert sich, und nach einem Flachstück geht's hinauf auf die weitläufige Gipfelfläche (Kreuz und weiter südlich ein Denkmal). ¾ Std.

Variante Im gewundenen Lappental weiter bis 1320 m. Dort scharf links nach N (nicht versäumen!) und über gut angelegte Kehren durch den steilen Wald in den Sattel (Wegweiser) mit den idyllisch verteilten Hütten der Göriacher Alm. Nun genau nach S über den zunehmend aussichtsreichen Rücken (anfangs sehr flach) zum Gipfel. 1 ¾ Std.

Abfahrt Vom Gipfel allgemein nach N über den runden Rücken anfangs über freie Flächen, dann am Waldrand zur Göriacher Alm. Aus dem Sattel, Pkt. 1429 m, nach W durch den steilen, recht engen Graben zum Straßenbeginn auf 1300 m (bei ungünstiger Schneelage besser den Kehren des markierten Sommerweges folgen). Dann entspannte Schussfahrt durchs gesamte Lappental zur Seebergalm.

Variante Zwischen Hochanger und Karlkögerl unzählige mehr oder weniger steile Abfahrtsmöglichkeiten im Hochwald ins Lappental. Auch nach dem Karlkögerl (Gegenanstieg) im Bereich der Aufstiegsspur genug Varianten. ▪ Zwischen Hochanger und Missitulkogel locken herrliche Nordmulden, anschließend kurzer steiler Gegenanstieg (Vorsicht!) zur Göriacher Alm.

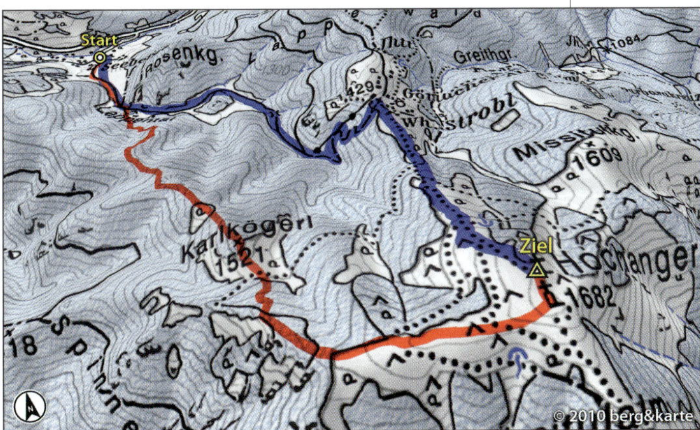

Aufstieg *Abfahrt* *Kartenperspektive*

Tipp Kombination mit der ebenfalls kurzen Tour auf den Heilstein, Tour 13.2. ▪ Kombination mit einigen Abfahrten im kleinen, aber recht steile Hänge aufweisenden Skigebiet der Seebergalm.

Karten ÖK 50 UTM 4210 (BMN 102)
Après Tour GH Seebergalm
Infos www.turnau.at

10.7 Tonion-West

Beliebte Hochwintertour mit super Gipfelaussicht. Ein toller Abfahrtshang, dann Schussstrecken und ein Forststraßenfinale

Ausgangspunkt Gusswerk, Lechnerbauer

Starthöhe	865 m	**Gipfelhöhe**	1699 m	**Exposition**	N-W
Höhenmeter	840 hm	**Aufstiegszeit**	2 ½ h	**Einkehr**	nein
Aufstiegslänge	4.2 km	**Steilheit**	mäßig steil	**Anspruch**	II

Einstimmung Klassische, kürzere Hochwinter-Tiefschneetour mit tollen freien Hängen oberhalb der Tonionalm. Auf dem Gipfelplateau super Aussicht. Landschaftlich sehr schöne Tour, allerdings einige Abstriche wegen relativ hohem Forststraßen-Anteil.

Auf der Tonion: Blick auf Mariazell und zum Ötscher

Lawinen Bei vernünftiger Routenwahl keine Gefährdung.

Orientierung Ab der Geländekante beim Knochenschacht Wegverlauf bei Nebel nicht evident, aber auch nicht sonderlich schwierig, wenn man die Himmelsrichtung beachtet.

Zufahrt Von N A1 Ausfahrt St. Pölten, B20 nach Mariazell und südlich von Gusswerk bis zum GH Eder. Oder von S S6 bis Mürzzuschlag, B23 bis Mürzsteg, dann über das Niederalpl zur B20 und Richtung Mariazell zum GH Eder. Abzweigen auf geräumter Straße Richtung Tonion (gelbe Wegweiser). Auffahrt (eventuell Schneeketten erforderlich) zum Lechnerbauer und dort wegen Parken fragen.

Aufstieg Vom Lechnerbauer genau nach O zwischen zwei markanten Zaunreihen zum Waldrand, dort gerade weiter und auf dem zweiten Forstweg rechts ansteigen, rote Markierung, Weg Nr. 428. Hinauf zu einer Forststraße und auf dieser zur folgenden Kehre. Durch den steilen Hochwald (mühsam, nur bei genügend Schnee, Wegverlauf nicht immer evident), oder angenehmer auf der Forststraße um den Schopfriegel herum, bis zur Vereinigung der beiden Varianten, 1215 m. Weiter hinauf in einen Sattel, 1320 m, und auf den idyllischen Langboden (Bergahornbestand). 1 ¼ Std.

Mit geringem Höhengewinn in einem weiten Rechtsbogen Übergang nach O zur Tonionalm, Tonionhütte, 1429 m, zuletzt mit etwas Höhenverlust. Dort nach links ausholen über lichte Flächen, dann wieder rechtshaltend auf eine Anhöhe, 1660 m, beim Knochenschacht, Blick zum Gipfelaufbau. Über eine Ebene (ganz wenig Höhenverlust), dann der finale Anstieg auf die weitläufige Gipfelkuppe, Kreuz. 1 ¼ Std.

Abfahrt Im Allgemeinen wie Aufstieg. Nach der Anhöhe auf 1660 m auf einer pistenartigen Schneise herrliche Hänge zur Tonionalm (Achtung links Felsabbrüche). Nach der Tonionalm kurze Gegensteigung, dann nach dem Sattel beim Langboden besser auf der Forststraße bleiben (einmal abschneiden sinnvoll). Danach nicht zu schnell werden auf dem engen Forstweg zurück zum Ausgangspunkt!

Variante Durch den Lechnergraben (siehe Tour 10.8).

Tipp Kombination mit der Abfahrt durch das Jodelloch, Tour 10.14, dann talaus durch den Freingraben, Tour 10.9. ▪ Auch vom Niederalpl besteht die Möglichkeit, über den Herrenboden zur Tonion aufzusteigen.

▬ *Aufstieg* ▬ *Abfahrt* *Kartenperspektive*

Karten ÖK 50 UTM 4211 (BMN 103)
Après Tour GH Eder in Fallenstein
Infos www.mariazell.at

10.8 Tonion-Nord

Nach der super Gipfelaussicht: wenig bekannte, steile nordseitige Waldhänge, ein Gegenanstieg, dann eine schöne Grabenabfahrt

Ausgangspunkt Gusswerk, Lechnerbauer

Starthöhe	865 m	**Gipfelhöhe**	1699 m	**Exposition**	N-W
Höhenmeter	1160 hm	**Aufstiegszeit**	3 ½ h	**Einkehr**	nein
Aufstiegslänge	6.3 km	**Steilheit**	steil	**Anspruch**	III

Einstimmung Der Tonion-Klassiker vom Lechnerbauer lässt sich durch eine kaum bekannte, abenteuerliche steile Waldpowdervariante von der Tonionalm ordentlich aufwerten. Die Gegensteigung ist da durchaus zu verkraften und die folgende Genussabfahrt durch den Lechnergraben rundet das großartige Gesamtpaket ab.

Lawinen Mitunter heikel ist der Beginn der Nordabfahrt im Bereich des Durchschlupfs zwischen den Felsen.

Orientierung Ab der Geländekante beim Knochenschacht Wegverlauf bei Nebel nicht evident, aber auch nicht sonderlich schwierig, wenn man die Himmelsrichtung beachtet. Die steile Einfahrt in die Nordabfahrt ist unübersichtlich und erfordert im Wald Gespür für das Finden des geeigneten Durchschlupfs zwischen den Felsen.

Zufahrt Von N A1 Ausfahrt St. Pölten, B20 nach Mariazell und südlich von Gusswerk bis zum GH Eder. Oder von S S6 bis Mürzzuschlag, B23 bis Mürzsteg, dann über das Niederalpl zur B20 und Richtung Mariazell zum GH Eder. Abzweigen auf geräumter Straße Richtung Tonion (gelbe Wegweiser). Auffahrt (eventuell Schneeketten erforderlich) zum Lechnerbauer und dort wegen Parken fragen.

Felsige Durchfahrt in den Nordgraben

Aufstieg Wie bei Tour 10.7 zum Gipfelkreuz. 1 ¼ Std.

Abfahrt Zurück zur Anhöhe auf 1660 m und auf einer pistenartigen Schneise herrliche Hänge zur Tonionalm (Achtung links Felsabbrüche). Nach der Tonionalm kurze Gegensteigung zum Waldrand. Dort nach NW durch den lichten, bald steilen Wald. Durch eine steile Rinne in den Waldgraben (rechts Felsen). Nun im herrlich-steilen Waldpowder zu einer Forststraße, 1100 m, zuletzt etwas beeinträchtigt durch Windbruchschäden. Auf der Forststraße kurz rechts, dann links in einen lichteren Streifen zu einem Waldweg, 1000 m.

Aufstieg zurück zum Langboden: Gegenanstieg im Bereich der Abfahrt zur Forststraße, 1100 m. Auf dieser rechts zur Abzweigung eines Waldweges, 1145 m. Scharf rechts und ganz schön steil hinauf mit einer Kehre zum Langboden und nach S zum Sattel, 1320 m. 1 Std. Abfellen.

Zunächst der Aufstiegsspur vom Lechnerbauer folgen, dann in dem sich ausbildenden muldenartigen Waldgraben in sehr schöner Fahrt zu einer Forststraße, 960 m. Auf dieser, oder bei guter Schneelage weiter im Graben (einem Wasserbehälter links ausweichen), dann ab 870 m auf der Forststraße links zum Waldrand und zurück zum Lechnerbauer.

Tipp Im Interesse des unverspurten Abfahrtsschnees nicht durch den Lechnergraben aufsteigen!

Aufstieg   Abfahrt   *Kartenperspektive*

Karten ÖK 50 UTM 4211 (BMN 103)
Après Tour GH Eder in Fallenstein
Infos www.mariazell.at

10.9 Fallenstein

Selten ausgeführte Hochwintertour mit langem Zustieg und schöner Nordabfahrt vom aussichtsreichen Gipfel

Ausgangspunkt Gusswerk, Freingraben

Starthöhe	800 m	**Gipfelhöhe**	1536 m	**Exposition**	N-W
Höhenmeter	780 hm	**Aufstiegszeit**	3 h	**Einkehr**	nein
Aufstiegslänge	7.2 km	**Steilheit**	steil	**Anspruch**	II

Einstimmung Der Fallenstein ist das Paradebeispiel für eine sehr interessante Skitour, die aber so abgelegen liegt, dass sie nur von wenigen Insidern besucht wird. Haken an der Sache ist primär der weite Zugang, dem ein nicht gerade langes Abfahrtsvergnügen gegenübersteht. Wer dieses steigern will, sollte auch die Ostabfahrt ins Auge fassen. Mit Gegensteigung wird dann die Tour tagesfüllend und zu einer Rarität in der Sammlung, und bei gutem Schnee sowie sicheren Verhältnissen außerdem zu einem echten Leckerbissen!

Blick von der Hohen Student zur Nordflanke des Fallensteins

Lawinen Nord- und Ostabfahrt vom Fallenstein verlangen sichere Verhältnisse.

Orientierung Bei schlechter Sicht ist der letzte Aufschwung auf den Fallenstein anspruchsvoll.

Zufahrt Von N A1 Ausfahrt St. Pölten, B20 nach Mariazell und südlich von Gusswerk bis zum GH Eder. Oder von S S6 bis Mürzzuschlag, B23 bis Mürzsteg, dann über das Niederalpl zur B20 und Richtung Mariazell zum GH Eder. Abzweigen auf geräumter Straße und parken bei der nahen Gabelung im finsteren Waldgraben.

Aufstieg Auf der Forststraße (rote Markierung, Weg Nr. 429) in den anfangs klammartigen Freingraben und zu einer kleinen Lichtung. Dort rechts auf einen ansteigenden Waldweg abzweigen und zu einer größeren Lichtung. Von ihrem oberen Rand wieder in den Wald und mit geringer Steigung zu einem Graben, dann mit etwas Höhenverlust zur Einmündung in eine Forststraße bei einer Kehre, 1000m. Weiter talein zur Lichtung mit der Jagdhütte Schöneben, Wegweiser bei einer Gabelung. 1 ½ Std.

Nach SO im Talboden sanft ansteigen zur Falbersbachalm. Auf der Lichtung links halten und bald nach zwei Hütten links im Wald mittelsteil in Kehren durch eine Waldmulde nach NO in einen Sattel, 1410 m, zwischen Geisterstein und Fallenstein. Dort links über kurze Aufschwünge, zuletzt aus einer kleinen Einsattelung etwas steiler und exponierter zum Gipfelplateau, Kreuz. 1 ½ Std.

Abfahrt Nach NW über die Gipfelkuppe auf eine Terrasse. Dort nicht direkt nach N weiter (bald schlechter dichter Wald). Besser nach links über eine schräge Rampe, dann hinab in eine seichte Rinne und rechts eines Absatzes weiter. Zuletzt über den lichten Waldboden auf die Höhenreithalm, 1169 m. Links über den weiten Sattel und nach einigen Schwüngen hinab zur Schöneben-Jagdhütte. Weitere Abfahrt auf der Forststraße durch den Freingraben zurück zum Ausgangspunkt.

Variante Ostabfahrt vom Fallenstein in den Schwaboden: Im Aufstieg aus der kleinen Einsattelung kurz vor dem Gipfel rechts hinab in eine steile Mulde, dann ein Rechtsknick und unter Felsen weiter durch die steile Rinne in den Schwaboden, 1180 m. Gegensteigung nach S über den Waldrücken, dann linkshaltend auf der Lichtung eine ansteigende Querung um den Geisterstein auf die Dürrieglalm, 1353 m. Von dort nach WNW hinab zur Falbersbachalm und weiter zur Schöneben-Jagdhütte. Weitere Abfahrt wie oben.

Tipp Großzügige Kombination mit der Abfahrt durch das Jodelloch, Tour 10.14. ▪ Alternativer Zugang in den Freingraben von Mooshuben, Zufahrt aus dem Halltal (B21).

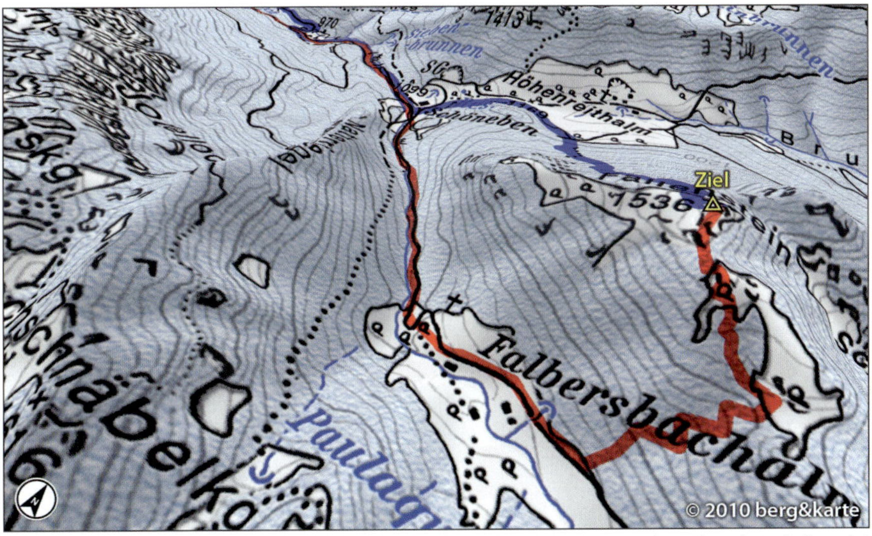

Aufstieg *Abfahrt*

Kartenperspektive (Ausschnitt Fallenstein)

Karten	ÖK 50 UTM 4211 (BMN 103)
Après Tour	GH Eder in Fallenstein
Infos	www.mariazell.at

10.10 Hohe Student

Lohnende, abwechslungsreiche Waldpowdertour mit malerischen Momenten auf dem Gipfelplateau

Ausgangspunkt Halltal, Hönbichler

Starthöhe	820 m	**Gipfelhöhe**	1539 m	**Exposition**	N-W
Höhenmeter	750 hm	**Aufstiegszeit**	2 ½ h	**Einkehr**	nein
Aufstiegslänge	5.2 km	**Steilheit**	mäßig steil	**Anspruch**	II

Einstimmung Interessante, zu Unrecht relativ selten besuchte kürzere Hochwintertour mit schöner Aussicht. Besonders lohnend natürlich bei ausreichend Tiefschnee. Im Gipfelbereich mehrere Optionen und kurze Zusatzhänge, wodurch sich das Tagespensum steigern lässt. Primärer direkter Skigipfel ist der Haselspitz. Dort auch ein großes Kreuz. Auf der Studentleiten (Variante) kein Kreuz, auf der Hohen Student nur ein mickriges Eigenbau-Provisorium.

Lawinen Bei vernünftiger Routenwahl keine Gefährdung.

Orientierung Im Gipfelbereich ab 1450 m unübersichtliches Gelände, das bei Nebel einige Schwierigkeiten bereiten kann.

Zufahrt Von N A1 Ausfahrt St. Pölten, B20 bis Freiland, dann B214 und B21 über das Gscheid ins obere Halltal. Oder vom S A2, dann S6 bis Ausfahrt Mürzzuschlag, B23 über Mürzsteg und den Lahnsattel ins obere Halltal. 2 km östlich der Siedlung Halltal abzweigen zum Hönbichler. Nach der Brücke begrenzte Parkmöglichkeit (nicht bis zum Hönbichler, dort kein Parken).

Aufstieg Auf der Zufahrt zum Hönbichler zur nahen Linkskurve, dort gerade raus auf die Wiese und bald auf einem Feldweg am Bach entlang. An einer Ruine vorbei, dann in den Waldgraben hinein ansteigend zu einem Waldweg (oder vorher rechts zu diesem rauf). Im Hochwald zu einer nahen Lichtung, dann Anstieg in Kehren über den mittelsteilen, teilweise recht dicht bewachsenen Waldrücken. Ab 1100 m wieder etwas weniger steil auf eine kleine Lichtung. Nun schöner Aufstieg über eine Serie von Lichtungen (unterwegs Einmündung der roten Markierung von Halltal-Ort) zu einer Forststraße, 1250 m. Auf dieser oder weiter über den sanften Rücken zum Fuß des steilen baumfreien Gipfelaufbaus des Hochkampls, Kehre, 1300 m. 1 ½ Std.

Auf der Hohen Student, Blick nach S zur Veitsch

Um diesen auf der Forststraße rechts herum und bald links der roten Markierung folgend auf einem Waldweg aufwärts in ein Tälchen. Durch die Schneise nach O auf eine Kuppe (1475 m, zuletzt baumfrei). Waagrechte Querung nach SO im lichten Wald, dann von einer Lichtung links rauf auf die nahe Hohe Student (Aussicht). Übergang zum Haselspitz: nach NW in eine Mulde, jenseits nach N auf einen Rücken und diesen folgend zum Haselspitz. 1 Std.

Variante Knapp vor der Kuppe, 1475 m, nach NO direkter Aufstieg auf den Haselspitz.

Abfahrt Vom Haselspitz nach NW durch lichten Wald am Rücken entlang zum Hochkampl (zuletzt kleine Gegensteigung). Nach W die freien Hänge hinab zur Forststraße. Auf dieser oder abkürzend wie beim Aufstieg bis 1250 m. Nun weiter auf der Forststraße in die Nordseite, dann bald links ab in den Hochwald zu einer Lichtung. Links eines schwach ausgeprägten breiten Waldrückens gemütlich weiter zu einer Holzfällerhütte und im sich ausbildenden Graben (zwei Parallelgräben) beliebig zu einem Waldweg, 950 m. Nun wie beim Aufstieg zurück oder besser auf dem Waldweg kurz rechts, dann links auf die sanft geneigte Wiese und im entspannten Schuss zurück zum Start.

Variante Von der Kehre auf 1250 m wie beim Aufstieg weiter über die Lichtungen. Wo der Wald dichter und steiler wird, steil rechts über lichte Hänge in den Graben und wie oben zurück zum Start.

Tipp Variante Studentleiten, 1511 m: Nach der Umgehung des Hochkampls von der Forststraße am Beginn des Tälchens rechts kurz runter, jenseits rechtshaltend rauf an den Rand des Schlages und diesen hinauf. Über den Rücken (teils dichter bewachsen) nach SW auf die Studentleiten (schöner Gipfelbereich, schöne Aussicht). Abfahrt zunächst nach SO über den lichten Rücken, dann durch eine genussvolle Schneise in den Talgrund bei einer markanten Grube. Auf dem Gegenhang in ein Tälchen empor und wie oben auf Haselspitz oder Hohe Student.

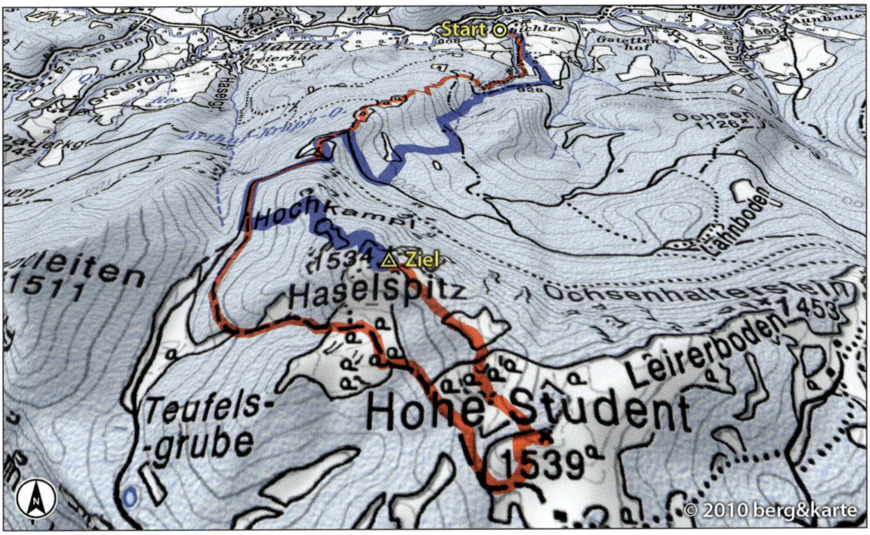

Aufstieg Abfahrt *Kartenperspektive*

Karten ÖK 50 UTM 4211 (BMN 73 + 103)

Après Tour GH Zur Österr. Grenze in Terz ▪ GH Freinerhof in Frein an der Mürz ▪ Gastronomie in Mariazell und Gscheid ▪ GH Gnedt in Kernhof

Infos www.mariazell.at

10.11 Wildalpe

Sehr beliebte Hochwintertour mit direktem Waldaufstieg, dann mit schöner baumfreier Höhenwanderung. Abfahrt am besten bei Pulver!

Ausgangspunkt Frein an der Mürz, GH Freinerhof

Starthöhe	864 m	**Gipfelhöhe**	1523 m	**Exposition**	S-O
Höhenmeter	660 hm	**Aufstiegszeit**	2 ¼ h	**Einkehr**	nein
Aufstiegslänge	4.1 km	**Steilheit**	mäßig steil	**Anspruch**	II

Einstimmung Der Frein-Klassiker par excellence: fast immer gespurter, landschaftlich schöner sonnseitiger Aufstieg und zahlreiche Abfahrtsvarianten, anfangs über freie Flächen, dann im Wald, wo der Schnee auch meist besser ist! Der baumfreie Gipfelbereich mit seinen beiden markanten Sendemasten bietet eine wunderbare Aussicht, außer wenn er vernebelt und sturmumtost ist. Dann gibt's nur eins: gleich zurück nach Frein zum guten Essen und Trinken!

Lawinen Die SO-Flanke (von Frein deutlich sichtbares ausgeprägtes Dreieck) ist stark eingeweht und daher kritisch zu beurteilen. Umfahrungen sind aber gut möglich.

Orientierung Bei Nebel auf dem Ostrücken bis zum Gipfelbereich erschwert. Bei der Abfahrt Vorsicht auf mächtige Wechten oberhalb der SO-Flanke.

Zufahrt Von S A2, dann S6 bis Ausfahrt Mürzzuschlag. B23 nach Mürzsteg. Dort rechts abzweigen und weiter bis Frein an der Mürz. Parken beim GH Freinerhof. Alternativ von N aus dem Raum Mariazell (B21) oder St. Pölten (B20-B214-B21) jeweils über den Lahnsattel.

Unterwegs zur Hochalm

Kurz vor Erreichen der beiden Sendemasten

Aufstieg Vom Freinerhof auf einer geräumten Straße nach NNW durch die Siedlung sanft aufwärts zum oberen Waldrand. Die Richtung beibehaltend durch einen engen Waldgraben zu einer Forststraße, 1010 m. Weiter dem Graben folgen (oder besser im Wald rechts) zur nächsten Forststraße, 1150 m. Wiederum etwas rechts vom Graben im Wald aufwärts in den Bereich eines weiten Sattels, 1340 m, westlich der Kuppe, Pkt. 1356 m. 1 ½ Std.

Nun nach W leicht ansteigend zu einer Waldenge (Jagdhütte) und raus auf die aussichtsreiche

Ebene der Hochalm. Dann ein kurzer Aufschwung (links Wechten!) und über den weitläufigen Rücken hinüber zu den beiden Sendemasten (Windschutz) und weiter zum höchsten Punkt mit dem Kreuz. ¾ Std.

Variante Weiter ausholend: Ab 1010 m auf der Forststraße (Kehren) zur Sulzriegelalm. Dann nach W in Spitzkehren über den steilen Rücken und weiter wie oben.

Abfahrt Vom Kreuz sanft fallende Querung nach OSO bis unter den Sender. Nun genau nach S über den stumpfen Rücken zum Wald und weiter über eine Lichtung zu einer Forststraße, 1330 m. Auf dieser in langsamer Fahrt nach O bis zu einem weiten Linksbogen. Dort rechts abdriften in den Wald und nach O zu einer Forststraße, 1120 m. Weiter in den schönen Graben, auf der nächsten Forststraße rechts und mit zwei Kehren zurück nach Frein.

Variante Südostrinne: Vom Kreuz sanft fallende Querung nach OSO bis unter den Sender und weiter, bis oberhalb die Wechten der Südostflanke auftauchen. Nun nicht in die Flanke, sondern zunächst über den Rücken hinab. Im lichten Powderwald mit Linksdrall in die Mulde. Durch diese in schöner Fahrt genussvoll zu einer ersten Forststraße, 1250 m. Auch die nächste (1130 m) kreuzen und zur dritten (980 m). Auf dieser rechts mit zwei Kehren zurück nach Frein.

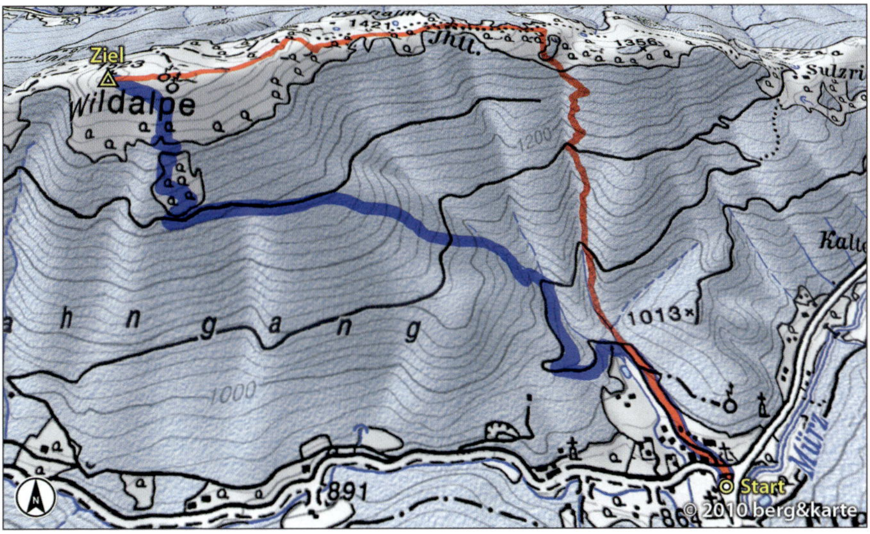

Aufstieg *Abfahrt* *Kartenperspektive*

Karten ÖK 50 UTM 4211 (BMN 73 + 103)
Après Tour GH Freinerhof in Frein an der Mürz
Infos www.hochsteiermark.at ▪ www.freinerhof.at

Hochwinter-Klassiker mit abwechslungsreichem Waldaufstieg und vielen Abfahrtsvarianten

Ausgangspunkt Frein an der Mürz, GH Freinerhof

Starthöhe	864 m	**Gipfelhöhe**	1565 m	**Exposition**	N-O
Höhenmeter	740 hm	**Aufstiegszeit**	2 ½ h	**Einkehr**	nein
Aufstiegslänge	4.1 km	**Steilheit**	steil	**Anspruch**	II

Einstimmung Eine klassische Freiner Waldtour, gut machbar auch bei Schlechtwetter und daher immer beliebt und meist ge- und verspurt. Die Orientierung ist nicht immer einfach, auch die vielen Abfahrtsvarianten können Ortsunkundige verwirren. Es gibt eben keine ausgesprochene Hauptabfahrt. Im Gipfelbereich (Achtung auf Wechten!) überraschend schöne Aussicht. Auch der kurze lohnende Übergang zur geringfügig höheren Kleinen Proles eröffnet interessante neue Einblicke.

Lawinen Die baumfreie Flanke unter der Nordrinne muss kritisch beurteilt werden.

Orientierung Das etwas unübersichtliche Waldgelände und der Gipfelbereich erlauben so manchen Verhauer. Daher genau auf die Beschreibung achten. An der Geländekante bei Nebel Vorsicht wegen Wechten nach Süden.

Zufahrt Von S A2, dann S6 bis Ausfahrt Mürzzuschlag. B23 nach Mürzsteg. Dort rechts abzweigen und weiter bis Frein an der Mürz. Parken beim GH Freinerhof. Alternativ von N aus dem Raum Mariazell (B21) oder St. Pölten (B20-B214-B21) jeweils über den Lahnsattel.

Übergang an der Geländekante zum Gipfelkamm, links der Kleine und der Große Königskogel, dahinter die Veitsch

Aufstieg Vom Freinerhof an der Kapelle vorbei zur Bundesstraße und auf ihr zum Waldrand. Rechts abzweigen auf die Forststraße und (nur bei ausreichend Schnee) bald links im Wald beliebig nach S höher, die Forststraße mehrfach kreuzend. Auf 1010 m auf der Forststraße rechts zum Hammergraben und an einem Felsen vorbei weiter nach W um einen Rücken. Beim folgenden Rechtsbogen, 1100 m, links ab in eine schlanke Schneise, die sich zunehmend aufsteilt und verengt. Daher links ausweichen und hinauf zur Forststraße, 1200 m. Die folgende Kehre abschneiden und zum folgenden Rechtsknick, 1250 m. 1 ½ Std.

Bald darauf links ab in den Hochwald. Durch diesen nach SW, nördlich am Pkt. 1406 m vorbei, und hinab auf eine große flache Lichtung, 1375 m. Gleich vis à vis in einer markanten Schneise, die sich allmählich öffnet, wieder aufwärts. Dann nach rechts ausholend kurz steiler auf einen Rücken und links an die Geländekante (Aussicht, Felsabstürze!). Rechts durch ein lästig-dichtes Wäldchen mit geringem Höhenverlust in eine Mulde (Einfahrt in die Nordrinne). Jenseits anfangs noch im Wald hinauf zum wenig ausgeprägten Gipfelkamm mit dem kleinen Eigenbau-Kreuz. 1 Std.

Abfahrt Zurück in die erste Mulde und in dieser genussvoll nach N durch die Waldrinne zu einer Forststraße auf 1300 m. Auf dieser rechts um einen scharfen Rücken und gleich danach links in den Graben. In diesem bei zwischenzeitlich zunehmender Steilheit zu einer Forststraße. Diese kreuzen, dann flacher raus auf eine Wiese mit Haus. Auf der Brücke, Pkt. 891 m, über den Freiner Bach und rechts talaus auf der geräumten, aber gut fahrbaren Straße zurück zum Freinerhof.

Variante Bei sehr guter Schneelage: von der Forststraße auf 1300 m etwas links zu den großen steilen Windbruchschlägen. Dann im Bereich des Hochbodenkogels, 1170 m, rechts in einen Sattel und nach NO (abschnittsweise steiler dichter Wald) zu einer Forststraße, 1040 m. Dieser nach rechts folgend, im nächsten Graben links und wie oben zur Wiese mit Haus bei der Brücke, Pkt. 891 m. Wie oben zurück zum Freinerhof.

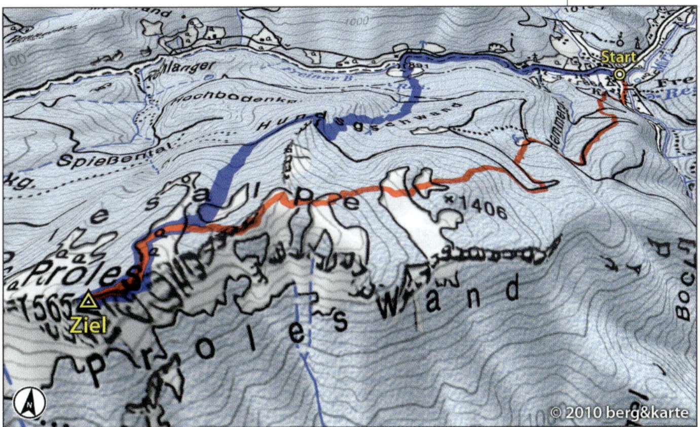

▬ *Aufstieg* ▬ *Abfahrt* *Kartenperspektive*

Tipp Schöner Übergang zur Kleinen Proles: Von der Großen Proles nach W etwas rechts der Geländekante durch Latschenfelder in einen Sattel, 1500 m, und jenseits deutlicher ansteigend auf den Gipfel.

Karten ÖK 50 UTM 4211 (BMN 103)
Après Tour GH Freinerhof in Frein an der Mürz
Infos www.hochsteiermark.at ▪ www.freinerhof.at

Hochwinter-Klassiker mit schönem Aufstieg über einen Waldrücken und baumfreien Gipfelhängen

Ausgangspunkt Frein an der Mürz, B23 südlich von Frein

Starthöhe	830 m	**Gipfelhöhe**	1574 m	**Exposition**	Ost
Höhenmeter	800 hm	**Aufstiegszeit**	2 ½ h	**Einkehr**	nein
Aufstiegslänge	4.5 km	**Steilheit**	steil	**Anspruch**	II

Einstimmung Der Große und der Kleine Königskogel bilden eine der beliebtesten und landschaftlich lohnendsten mittellangen Hochwinter-Waldtouren rund um Frein an der Mürz. Die Forststraße vom Start weg ist gerade richtig zum Aufwärmen, dann geht es bald mit gutem Zug nach oben über einen schönen, zunehmend aussichtsreichen Waldrücken auf den freien Gipfelkegel. Dort drängt sich der Übergang zum Kleinen Königskogel auf, aber auch die Abfahrt der Aufstiegsspur entlang hat ihren Reiz!

Lawinen Die ostseitige Gipfelflanke des Kleines Königskogels verlangt sichere Verhältnisse!

Orientierung Im Aufstieg einfach, bis auf den Gipfelbereich, der bei Nebel Probleme bereiten kann. Das gilt auch für den Übergang zum Kleinen Königskogel.

Zufahrt Von S A2, dann S6 bis Ausfahrt Mürzzuschlag. B23 nach Mürzsteg. Dort rechts abzweigen und weiter Richtung Frein an der Mürz. Nach einer markanten Geraden (links bunte Häusergruppe) ein weiter Rechtsbogen, dort links geräumter Parkplatz an der Straße (kurz vor Pkt. 837 m). Alternativ von N aus dem Raum Mariazell (B21) oder St. Pölten (B20-B214-B21) jeweils über den Lahnsattel.

Aufstieg Auf der Bundesstraße Richtung Mürzsteg zurück bis zu einer ersten nahen Forststraße, die nach NW abzweigt. Auf dieser gemütlich talein, vorbei an einer Lichtung mit Hütte (Blick zu Kleiner und Großer Proles). Auf 940 m eine markante Gabelung (Kehre). Dort links abzweigen und genau nach S in einen Graben und im Wald in Kehren hinauf in einen weiten Sattel auf dem Alten Salzriegel (Aussicht, schöner Rastplatz, 1090 m). 1 Std.

Schlussanstieg auf den Großen Königskogel

Rechts weiter und in Kürze zu einer Forststraße. Diese kreuzen und über den Rücken in gleichmäßig angenehmer Steigung weiter. Ab 1350 m weniger dichter Waldbestand und bald auch einige Lichtungen. Ab 1450 m wird das Gelände etwas komplexer, eine mitunter heikle Steilstufe rechts umgehen (Felsen), dann entweder direkt zum oft abgeblasenen Gipfel oder etwas rechts in die Nordflanke ausweichend dorthin. 1 ¼ Std.

Übergang zum Kleinen Königskogel: Vom Gipfel konzentrierte Fellabfahrt nach NW in den Sattel, 1500 m, und kurzer Gegenanstieg in Kehren über den runden Rücken auf den Kleinen Königskogel, 1552 m, Gipfelkreuz. ¼ Std.

Variante Wer gleich zum Kleinen Königskogel will, kann auch durch die Nordflanke des Großen Königskogels direkt in den Sattel traversieren.

Beginn der Abfahrt vom Kleinen Königskogel

Abfahrt Aus dem Sattel zwischen Kleinem und Großem Königskogel (oder bei sicheren Verhältnissen direkt vom Kleinen Königskogel) in die markante NO-Mulde einfahren. Diese läuft in einen flachen Boden aus. Nun nicht weiter im Graben, sondern rechts hinausqueren und im Wald zu einer Forststraße, 1150 m. Auf dieser rechts, dann an geeigneter Stelle nach 500 m links ab und durch den steilen lichten Wald in den Graben des Schwarzenbachs. Auf der Forststraße in Kürze zurück zur Aufstiegsspur und in lockerer Schussfahrt zurück zur Bundesstraße.

Variante Vom Großen Königskogel über die Lichtungen des Aufstiegsrückens, dann nach N abdriftend zur Forststraße und weiter wie oben.

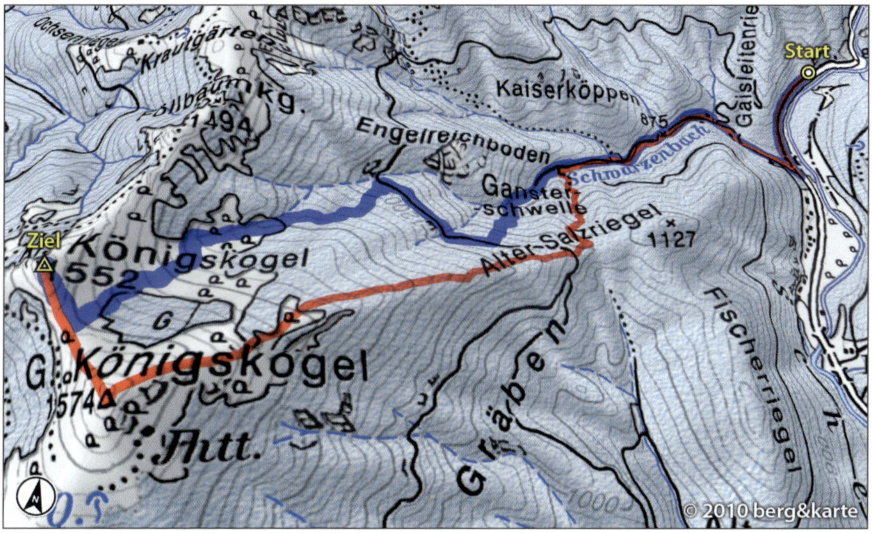

— *Aufstieg* — *Abfahrt* *Kartenperspektive*

Karten ÖK 50 UTM 4211 (BMN 103)
Après Tour GH Freinerhof in Frein an der Mürz
Infos www.hochsteiermark.at ■ www.freinerhof.at

10.14 Freiner Reib'n

Landschaftlicher und skifahrischer Leckerbissen für extrem ausdauernde nimmersatte Skitourenfreaks

Ausgangspunkt Frein, GH Freinerhof

Starthöhe	864 m	**Gipfelhöhe**	1699 m	**Exposition**	alle
Höhenmeter	2400 hm	**Aufstiegszeit**	8 h	**Einkehr**	nein
Aufstiegslänge	16 km	**Steilheit**	steil	**Anspruch**	IV

Einstimmung Wer wie der Autor zum wiederholten Mal das wunderbare Hochwinter-Skitourenrevier rund um Frein an der Mürz besucht hat, dem können schon ausgefallene Gedanken kommen, die neue Dimensionen eröffnen. Wie wär's zum Beispiel mit einer großzügigen Aneinanderreihung mehrerer Gipfel zu einer tagesfüllenden Runde mit Start und Ziel beim Freinerhof? Geht das? Der Blick in die Karte und die Kenntnis von Teilabschnitten sind der erste Schritt, der zweite die Recherche vor Ort, und den Dritten lesen Sie hier! Den nächsten können Sie setzen, indem Sie diese einzigartige Marathontour mit 2400 Aufstiegsmetern selber durchführen. Sie bietet unendlich viele wunderbare Landschaftseindrücke und technisch interessante und anspruchsvolle Abfahrten, insbesonders von der Tonion durchs Jodelloch und von der Hohen Student in den Freinsattel.

Die Strecke: Frein - Große Proles - Kleine Proles - Kleiner Königskogel - Tonion - Hohe Student - Wildalpe - Frein. Entferntester und gleichzeitig höchster Punkt ist die Tonion.

Aufstieg zum Kleinen Königskogel

Anforderungen und Voraussetzungen: Wichtig sind sichere und gute Schneeverhältnisse (schwere Spurarbeit ist tabu!), sehr gute Kondition und Ausdauer, gute Skitechnik im Aufstieg und bei der Abfahrt (auch bei den eingestreuten kurzen Fellabfahrten!) sowie ausreichend Verpflegung und natürlich Schönwetter. Der Plan verlangt morgens einen zeitigen Start (6:00 ist gut!), dann braucht man sich auf der Strecke nicht zu stressen, sollte aber auch nicht trödeln und vor allem beim wiederholten An- und Abfellen keine wertvolle Zeit liegen lassen. Der beste Monat ist wohl der März, wenn der Schnee noch bis ins Tal liegt und bei den Nordabfahrten von Tonion und Hoher Student mit Pulverschnee zu rechnen ist. Von der letzten Abfahrt von der Wildalpe zurück nach Frein sollte man sich nicht zu viel erwarten, da wird der Schnee schon ziemlich knusprig sein. Aber zu diesem Zeitpunkt dürften sich sowieso bereits die schönsten Finisher-Gefühle entfalten und das verdiente Après im Freinerhof im Vordergrund stehen!

Lawinen Heikel sind die Abfahrt von der Kleinen Proles, der steile Anstieg nach dem Buchalpenkreuz, die Abfahrt durchs Jodelloch, der Aufstieg auf die Hohe Student und die Abfahrt von dieser in den Freinsattel. Allerdings sind jeweils immer nur kurze Passagen kritisch.

Orientierung Die Komplexität des Geländes erfordert gute Sichtverhältnisse auf vielen Teilabschnitten. Außerdem würde man bei Nebel durch die Suche nach dem besten Weiterweg kostbare Zeit verlieren.

Zufahrt Von S A2, dann S6 bis Ausfahrt Mürzzuschlag. B23 nach Mürzsteg. Dort rechts abzweigen und weiter bis Frein an der Mürz. Parken beim GH Freinerhof. Alternativ von N aus dem Raum Mariazell (B21) oder St. Pölten (B20-B214-B21) jeweils über den Lahnsattel.

Aufstieg **Auf die Große Proles:** Vom Freinerhof an der Kapelle vorbei zur Bundesstraße und auf ihr zum Waldrand. Rechts abzweigen auf die Forststraße und (nur bei ausreichend Schnee) bald links im Wald beliebig nach S höher, die Forststraßen mehrfach kreuzend. Auf 1010 m auf der Forststraße rechts zum Hammergraben und an einem Felsen vorbei weiter nach W um einen Rücken. Beim folgenden Rechtsbogen, 1100 m, links ab in eine schlanke Schneise, die sich zunehmend aufsteilt und verengt. Daher links ausweichen und hinauf zur Forststraße, 1200 m. Die folgende Kehre abschneiden und zum folgenden Rechtsknick, 1250 m. 1 ½ Std.

Bald darauf links ab in den Hochwald. Durch diesen nach SW, nördlich am Pkt. 1406 m vorbei, und hinab auf eine große flache Lichtung, 1375 m. Gleich vis à vis in einer markanten Schneise, die sich allmählich öffnet, wieder aufwärts. Dann nach rechts ausholend kurz steiler auf einen Rücken und links an die Geländekante (Aussicht, Felsabstürze!). Rechts durch ein lästig-dichtes Wäldchen mit geringem Höhenverlust in eine Mulde (Einfahrt in die Nordrinne). Jenseits anfangs noch im Wald hinauf zum wenig ausgeprägten Gipfelkamm mit dem einfachen kleinen Eigenbau-Kreuz. 1 Std.

Zur Kleinen Proles: Von der Großen Proles nach W etwas rechts der Geländekante Fellabfahrt durch Latschenfelder in einen Sattel, 1500 m, und jenseits deutlicher ansteigend auf den nahen Gipfel. ¼ Std. Abfellen.

Zum Kleinen Königskogel: Von der Kleinen Proles kurz nach N, dann links hinab in eine steile Rinne (Vorsicht), unter dem Gipfelfels rausqueren nach S durch lichten Wald und im Schuss in einen weiten Sattel, 1425 m. Anfellen.

Nach S auf eine Kuppe, dann um den Föllbaumkogel auf 1450 m teils im Wald westlich herum, links zurück zum Rücken und in einen Sattel. Nun über den schönen, teilweise felsdurchsetzten Rücken zunehmend steil auf den Kleinen Königskogel. ¾ Std. Abfellen.

Zur Tonion: Vom Kleinen Königskogel zunächst kurz steil nach W, dann auf dem flachen Rücken weiter, leicht links hinab zur Königsalm und im Wald auf einem Forstweg in einen Sattel, 1340 m. Anfellen.

Nach W über eine Kuppe, dann auf eine zweite südlich der Dürrrieglalm. Jenseits flotte Fellabfahrt in einen Sattel (links große Wechten) und leicht ansteigend zum Buchalpenkreuz, 1402 m. Dort bald steiler Anstieg (Vorsicht!) auf einen Rücken. Auf diesem zunächst nach N, dann Fellabfahrt nach W auf den schönen Herrenboden. Vorbei an einer modernen Landmarke und hinauf durch eine seichte Mulde ins Hochschnäbeltörl, 1580 m. Wieder zunächst nach N, und mit möglichst geringem Höhenverlust Querung nach NW unter den Hochschnäbelkogel in einen Sattel, 1550 m. Jenseits nach W steiler ansteigen auf die Hochfläche, dann links um den Sonntagskogel in einen Sattel und hinauf auf die Tonion (Kreuz, Gipfelbuch etwas abseits beim originellen Wegweiser). 2 Std. Abfellen.

Zur Hohen Student: Wie beim Aufstieg zurück um den Sonntagskogel und gleich darauf linkshaltend in einer schönen Mulde nach NO zur Einfahrt ins Jodelloch. Durch die steile Engstelle (oder etwas rechts ausweichen) in eine Mulde unter der Felswand. Weiter durch recht dichten Steilwald (eher links halten, eingelagerte Felsen), dann zunehmend genussvoll im Hochwald in einen Boden, 1150 m. Nach der Schwelle (Lichtung) hinab zu einer Forststraße. Auf dieser zum Falbersbach, 1025 m. Anfellen.

Schöne Mulde zur Einfahrt ins Jodelloch

Auf der Forststraße nach SO zu einer nahen Brücke, gleich darauf links kurzer Anstieg zu einer kleinen Lichtung beim Siebenbrunnen. Auf dem Fahrweg links weiter. Nach dem Linksbogen rechts ab auf den Rücken und diesem im Hochwald nach ONO folgen. Allmählich links in den Arzgraben ausweichen. Unter Felsen in Kehren einen freien Hang hinauf (Vorsicht!), dann im Graben zu einem Felsturm. Links um den Turm, dann allmählich auf eine Lichtung. Weiter nach O zum Beginn des Buchalpenbodens. Links hinauf zu einer Forststraße, weiter nach N und auf einem Fahrweg hinauf zur Studentalm. Über die flachen Lichtungen genau nach N und hinauf zum Gipfel (einfaches Kreuz). 2 Std. Abfellen.

Zur Wildalpe: Nach NW genussvoll über die Flächen des Leirerbodens. Vor dem Ochsenhalterstein rechts zu einer Jagdhütte auf einer Lichtung. Über diese nach NO und in den Wald in ein schwach ausgeprägtes Tälchen. Zunehmend steil weiter zu einer Engstelle (Felsen), dann weiterhin steil hinab zu einer Forststraße, 1170 m. Rechts im Schuss in den Freinsattel und nach N zu einer Gabelung, 1075 m, Kreuz. Anfellen.

Dort rechts zunächst flach, dann ansteigend auf eine Lichtung und in einen zunehmend steilen baumfreien Graben. Nach N hinauf zum Waldrand und leicht rechtshaltend auf den Hauptrücken, 1340 m. Nun auf dem schönen Rücken nach O, abwechselnd im Wald und über Lichtungen zu einer Jagdhütte, 1412 m. Über eine Kuppe, dann mit etwas Höhenverlust in einen Sattel und ein letzter zweistufiger Schlussanstieg auf die Wildalpe zum Kreuz. 2 Std. Abfellen.

Abfahrt nach Frein: Vom Kreuz sanft fallende Querung nach OSO unter den Sender und weiter, bis oberhalb die Wechten der Südostflanke auftauchen. Nun nicht in die Flanke, sondern zunächst über den Rücken hinab. Im lichten Wald mit Linksdrall in die Mulde. Durch diese zu einer ersten Forststraße, 1250 m. Auch die nächste kreuzen und zur dritten (980 m). Auf dieser rechts mit zwei Kehren zurück nach Frein.

Tipp Abbruchmöglichkeiten nach Frein: mehrfach zwischen Königskogel und Tonion nach Norden (Brunntal bzw. Tal des Freiner Bachs). Weiters aus dem Freinsattel zum Freiner Bach. Andere Abbruchmöglichkeiten sind mit zum Teil erheblichem Transferaufwand zurück nach Frein verbunden.

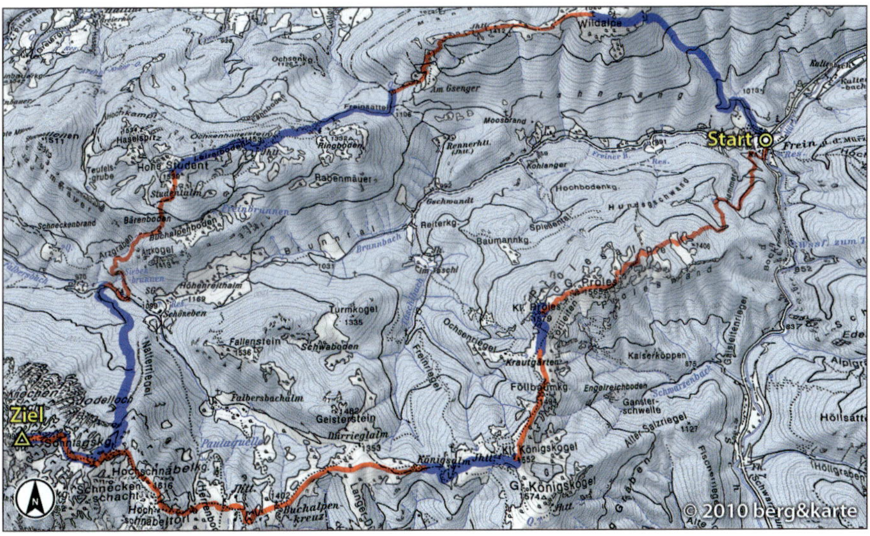

— Aufstieg — Abfahrt *Kartenperspektive*

Karten ÖK 50 UTM 4211 (BMN 73 + 103)
Après Tour GH Freinerhof in Frein an der Mürz
Infos www.hochsteiermark.at ▪ www.freinerhof.at

11 Schneealpe-Hinteralm

Almidylle und große Touren

Die Schneealpe ist das vollsteirische Pendant zur Rax, welche ja großteils auf niederösterreichischem Boden liegt. Der Kalkstock mit seinen steil abfallenden Felsfluchten weist einige Lücken und tiefe Gräben auf, die Raum bieten für teils überraschend alpin anmutende Skitouren. Und wer auf die Idee käme, hier eine ganze Woche lang Skitouren zu machen, würde sich alles andere als langweilen! Aus allen Himmelsrichtungen geht es landschaftlich sehr reizvoll bergwärts, meist ist das große Gipfelkreuz auf dem Windberg das Ziel. Keiner der Anstiege dorthin kann als lawinenharmlos bezeichnet werden, und auch keiner als kurz! Und das bei Schlechtwetter auf der baumfreien ungegliederten Hochfläche keine Freude aufkommen wird, liegt in der Natur der Sache!

Der Schneealpe im Nordwesten vorgelagert liegen Lachalpe und Hinteralm und ihre umliegenden Gipfel, die durch die Bank als Skitourenziele infrage kommen. Manche sind auf der mehr beschaulichen Seite, andere sind echte Pulverschneeattraktionen, andere wiederum fallen recht sportlich aus, wie etwa das Hohe Waxenegg oder die Donnerwand.

Und dann gibt's da noch eine Haute Route im Kleinformat, die sehr viele der guten Eigenschaften von Schneealpe und Hinteralm vereint und daher für FreundInnen von längeren skitouristischen Sightseeing-Unternehmungen eine echte Bereicherung darstellt.

Zum Gipfelkreuz auf dem Windberg

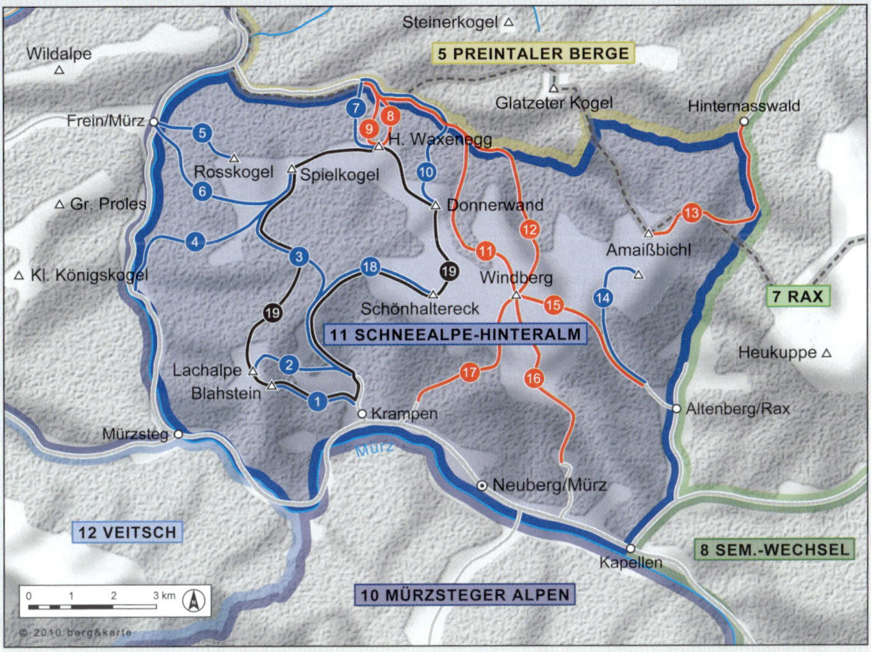

Anspruch: *leicht* *mittel* *schwierig* *sehr schwierig*

Regionskarte Schneealpe-Hinteralm

Nr	Skitour	Gipfelhöhe	Höhenmeter	Aufstiegszeit	Exposition	Anspruch	Seite
1	Blahstein	1563 m	800 hm	2 ¼ h	S-O	II	262
2	Lachalpe	1590 m	790 hm	2 ½ h	O	II	264
3	Hinteralm-Tirol-Spielkogel	1599 m	880 hm	3 ½ h	S-O	II	266
4	Hinteralm-Alplgraben-Spielkogel	1599 m	810 hm	3 h	W	II	268
5	Hinteralm-Frein-Rosskogel	1524 m	750 hm	2 ¾ h	N-W	II	270
6	Hinteralm-Frein-Spielkogel	1524 m	780 hm	3 h	N-W	II	272
7	Hohes Waxenegg	1647 m	725 hm	2 h	N	II	274
8	Hohes Waxenegg-Östl. Nordrinne	1647 m	725 hm	2 h	N	III	276
9	Hohes Waxenegg-Westl. Nordrinne	1647 m	725 hm	2 h	N	III	278
10	Donnerwand	1799 m	880 hm	3 h	N	II	280
11	Windberg-Kleinbodengraben	1903 m	1000 hm	4 h	N-W	III	282
12	Windberg-Dirtlerschlucht	1903 m	990 hm	4 h	N	III	284
13	Amaißbichl	1828 m	1200 hm	3 ¾ h	O	III	286
14	Lohmgraben	1812 m	965 hm	3 h	S	II	288
15	Windberg-Blarergraben	1903 m	1055 hm	3 ½ h	S-O	III	290
16	Windberg-Kampl	1903 m	1100 hm	3 ½ h	S	III	292
17	Windberg-Karlgraben	1903 m	1120 hm	3 ½ h	S-W	III	294
18	Schönhaltereck	1860 m	1060 hm	3 ¼ h	W	II	296
19	Haute Route der Hinteralm	1860 m	2150 hm	7 ½ h	alle	IV	298

11.1 Blahstein

Schöne, mittelsteile Wald- und Wiesentour. Sehr begehrt nach Neuschneezuwachs und dann leider bald durchgeackert

Ausgangspunkt Krampen, Eingang Krampengraben

Starthöhe	770 m	**Gipfelhöhe**	1563 m	**Exposition**	S-O
Höhenmeter	800 hm	**Aufstiegszeit**	2 ¼ h	**Einkehr**	nein
Aufstiegslänge	2.7 km	**Steilheit**	steil	**Anspruch**	II

Einstimmung Für viele SkitourengeherInnen im näheren und weiteren Einzugsgebiet hat der Blahstein bei guter Schneelage den Ruf einer idealen Schlechtwetter-Waldpowdertour, die auch bei größerer Lawinengefahr weitestgehend unbedenklich ist. Gerade deshalb heißt es da, die Gelegenheit beim Schopf zu packen und ja nicht zu zögern. Denn sonst sind im Nu die besten Waldflächen und Wiesen total verspurt (von der Bundesstraße bei Neuberg an der Mürz gut einsehbar!). Es sei aber betont, dass der Steilwald unter dem Gipfelbereich skitechnisch durchaus anspruchsvoll ist und daher weniger guten SkifahrerInnen nicht empfohlen werden kann. Der landschaftliche Genuss ist bei dieser Tour sekundär, die Aussicht durch höhere Nachbarn und Wald beeinträchtigt. Trotzdem: Am schönsten ist auch der Blahstein natürlich bei traumhaftem Hochwinter-Sonnenschein!

Lawinen Bei sehr ungünstigen Verhältnissen kann der kurze, baumfreie Gipfelhang heikel sein, eine Umgehung ist aber möglich.

Orientierung Im Aufstieg im dichten Steilwald auf die Himmelsrichtung achten. Dies gilt mehr noch bei der Abfahrt, um nicht links oder rechts zu sehr ins Neuland abzudriften.

Zufahrt Von S A2, dann S6 bis Ausfahrt Mürzzuschlag. B23 Richtung Mürzsteg und nach Neuberg an der Mürz in Krampen rechts abzweigen (Wegweiser) Richtung Hinteralm. Am Ende der Siedlung links geräumter Parkplatz. Alternativ von N aus dem Raum Mariazell (B21) oder St. Pölten (B20-B214-B21) jeweils über den Lahnsattel.

Aufstieg Wenige Schritte auf der Straße weiter und links auf einer Wiese nach W. Dann rechts durch einen Waldgraben (links Felsformationen) und wieder auf einer Wiese zum Wald, 880 m. Nun nach W über den schwach ausgeprägten Hochwaldrücken, dabei bald eine Forststraße kreuzen. Nach der nächsten Forststraße, 1080 m, durch dichteren Baumbestand, bis ein breiter Weg neben einem Zaun schräg rechts hinaufführt zum Wiesenrand. Über die Wiese zu ihrem oberen Rand, 1260 m. 1 ½ Std.

Idyllische Wiese am Beginn des Aufstiegs

Im Wald weiter aufwärts und nach einer weiteren Forststraße zunehmend steil in Spitzkehren höher. Zuletzt über eine kleine Lichtung zum höchsten Punkt (kein Gipfelzeichen, eingeschränkte Aussicht). ¾ Std.

Abfahrt mit Aussicht nach Krampen und Neuberg

Abfahrt Im Allgemeinen wie Aufstieg (der dichte Wald braucht Neuschnee mit guter Unterlage). Generelle Abfahrtsrichtung nach SO beachten, nicht zu weit rechts abdriften. Auf der schönen Wiese unterhalb von 1260 m genussvoll hinab bis 980 m, dort links halten und auf einem Waldweg in einen Sattel. Jenseits nach O hinab zu einer Forststraße und flache Querung nach N (schieben), dann rechts auf eine Wiese und zurück zum Start (Varianten im Wald möglich).

Variante Vom Gipfel mehr nach O gibt es lohnende steilere Möglichkeiten. Danach auf einer Forststraße zurück zur schönen Wiese, 1180 m.

Tipp Aussichtsreicher Übergang zur Lachalpe: Nach W durch dichten Wald hinab zu einer idyllischen Lichtung und in einem Rechtsbogen in einen Sattel. Jenseits nach NW in Kürze auf die unbezeichnete Gipfelkuppe der Lachalpe. ¼ Std. Bei einer Abfahrt in den Lachalpengraben, Tour 11.2, im Tirol auf der geräumten, aber im Hochwinter meist gut fahrbaren Straße (Vorsicht Gegenverkehr!) in Kürze durch die romantische Klamm zurück zum Start.

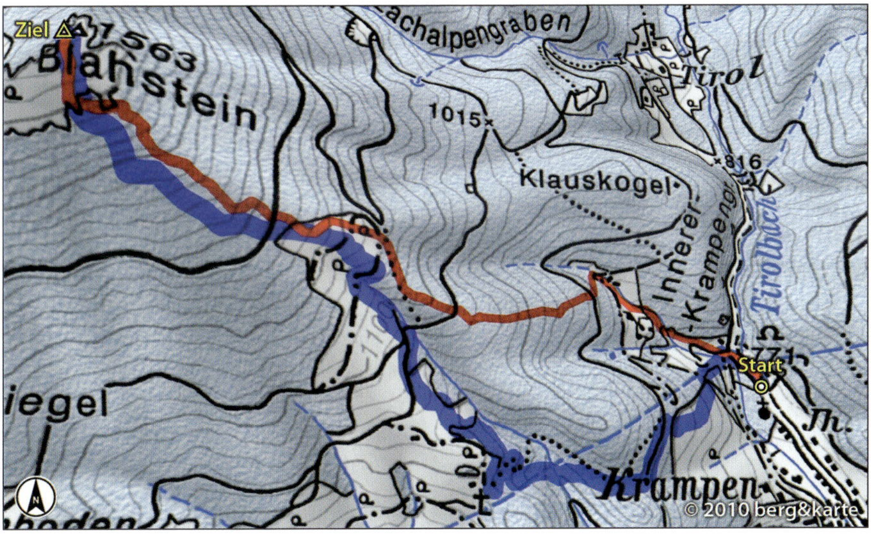

Aufstieg Abfahrt

Kartenperspektive

Karten ÖK 50 UTM 4211 (BMN 103)
Après Tour GH Holzer und GH Anni Holzer in Neuberg an der Mürz
Infos www.hochsteiermark.at

11.2 Lachalpe

Lohnende, wenig begangene Grabentour durch Wald, dann über idyllische Almflächen auf einen Gipfel mit mittelprächtiger Aussicht

Ausgangspunkt Krampen, Tirol

Starthöhe	815 m	**Gipfelhöhe**	1590 m	**Exposition**	Ost
Höhenmeter	790 hm	**Aufstiegszeit**	2 ½ h	**Einkehr**	nein
Aufstiegslänge	3.9 km	**Steilheit**	mäßig steil	**Anspruch**	II

Einstimmung Die Lachalpe steht im Winter eindeutig im touristischen Schatten des benachbarten Blahsteins. Und das, obwohl sie etwas höher und landschaftlich bedeutend reizvoller ist. Aber der Blahstein ist leichter einzuschätzen und hat den besseren Tiefschneeruf. Soll sein! Somit geht es auf der Lachalpe ruhiger zu, und wer es sportlicher mag, kann sogar eine rassige, aber auch mitunter heikle direkte Einfahrt ins Auge fassen.

Lawinen Der Lachalpengraben ist bei ungünstigen Verhältnissen in seinem oberen Abschnitt gefährdet. Die direkte Einfahrtsvariante ist besonders kritisch zu beurteilen!

Orientierung Bis zur Lachalm einfach, dann bei Nebel guter Orientierungssinn vorteilhaft.

Zufahrt Von S A2, dann S6 bis Ausfahrt Mürzzuschlag. B23 Richtung Mürzsteg und nach Neuberg an der Mürz in Krampen rechts abzweigen (Wegweiser) Richtung Hinteralm. Am Ende der Siedlung rechts auf schmaler geräumter Straße ins Tirol durch einen engen klammartigen Graben. Im Tirol bezeichneter geräumter Parkplatz. Alternativ von N aus dem Raum Mariazell (B21) oder St. Pölten (B20-B214-B21) jeweils über den Lahnsattel.

Auf der Lachalpe, im Hintergrund Hohes Waxenegg, Donnerwand und ganz rechts in der Wolke die Schneealpe

Aufstieg Auf der Lichtung neben der Straße leicht linkshaltend zum Waldrand bei einer Kehre. Weiter auf der Straße zum unteren Lachalpengraben. Bei der Gabelung in den Graben (Schild Winterweg) und auf 1050 m rechts am Waldhang steiler hinauf zur Forststraße. Links in Kürze zurück zum Lachalpengraben, 1110 m. 1 Std.

Durch diesen nach W anfangs etwas eingeengt, dann sehr genussvoll höher. Ab 1350 m baumfrei und damit zunehmend aussichtsreich weiter (rechts steile überwechtete Felsflanken) und hinaus auf die Hochfläche bei der Lachalm, 1500 m, Ausstieg teilweise überwechtet. Nun genau nach S Anstieg am Waldrand auf eine Ebene und nach einem schwach ausgeprägten Sattel auf die Gipfelkuppe (kein Gipfelzeichen). 1 ½ Std.

Abfahrt Im Allgemeinen wie Aufstieg bis 1110 m im Lachalpengraben. Dann auf der Forststraße zurück zum Ausgangspunkt. Bei guter Schneelage sind aber je nach Geschmack und Einschätzung Abkürzer möglich.

Variante Von der Gipfelkuppe nach N hinab in den nahen Sattel, 1570 m, dort rechts und in sanfter Fahrt über die Lichtung nach O zur Geländekante. Unvermittelt sehr steile, mitunter heikle Einfahrt in die Rinne. Dann in dieser genussvoll hinab, zuletzt Jungwald ausweichend, in den Hauptgraben. Weiter wie oben.

Blick vom Karlgraben zu Blahstein und Lachalpe, ganz rechts der Lachalpengraben, im Hintergrund links die Veitsch

Tipp Aussichtsreicher Übergang zum Blahstein: Nach SO in einen Sattel und jenseits in einem weiten Linksbogen über die idyllische Lichtung zum oberen Waldrand. Durch den dichten Wald in Kürze auf den Blahstein (kein Gipfelzeichen). ¼ Std.

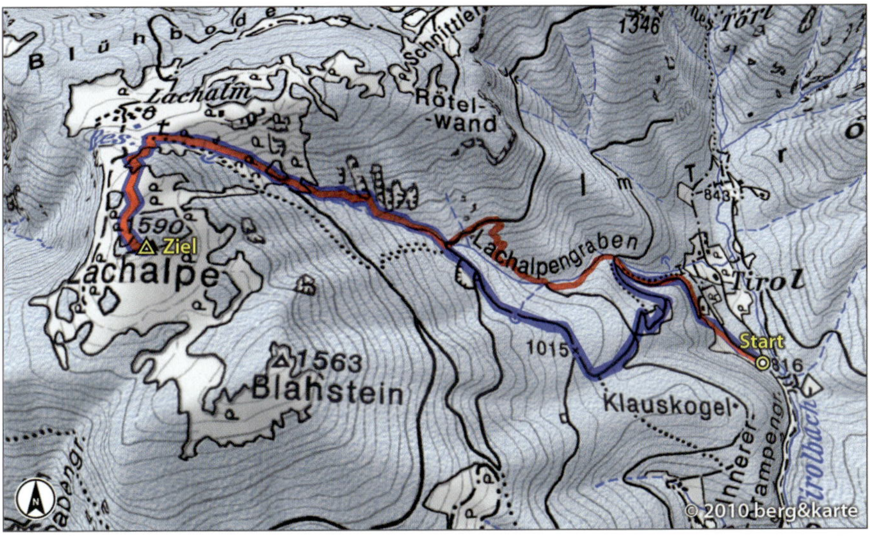

Aufstieg *Abfahrt*

Kartenperspektive

Karten ÖK 50 UTM 4211 (BMN 103)
Après Tour GH Holzer und GH Anni Holzer in Neuberg an der Mürz
Infos www.hochsteiermark.at

11.3 Hinteralm-Tirol-Spielkogel

Beliebte Hochwintertour in ein idyllisches Almhüttendorf, mit Gipfeloption. Abfahrt großteils Forststraße mit sportlichen Varianten

Ausgangspunkt Krampen, Tirol

Starthöhe	815 m	**Gipfelhöhe**	1599 m	**Exposition**	S-O
Höhenmeter	880 hm	**Aufstiegszeit**	3 ½ h	**Einkehr**	nein
Aufstiegslänge	8.3 km	**Steilheit**	mäßig steil	**Anspruch**	II

Einstimmung Aus dem Tirol führt der einfachste, weil praktisch durchgehend auf der Forststraße verlaufende Aufstieg auf das Wald- und Wiesenplateau der Hinteralm. Der monotone Schritt kann nach einer harten Arbeitswoche für ein entspanntes und kontemplatives Wintererlebnis sorgen. Oft wird die Tour auch bei Sauwetter, wenn sonst nichts geht, unternommen, und bei der Abfahrt ergeben sich nach dem Eisernen Törl einige Möglichkeiten für steilere Varianten als Ergänzung zum Forststraßenschuss.

Lawinen Bei vernünftiger Spuranlage unbedenklich.

Orientierung Aus dem Oberen Haselboden nicht mehr dem Sommerweg folgen. Beim Übergang vom Kerpenstein zum Hinteralmhaus bei Nebel Stangen beachten! Der Aufstieg von der Hinteralm zum Spielkogel ist bei schlechter Sicht anspruchsvoll.

Zufahrt Von S A2, dann S6 bis Ausfahrt Mürzzuschlag. B23 Richtung Mürzsteg und nach Neuberg an der Mürz in Krampen rechts abzweigen (Wegweiser) Richtung Hinteralm. Am Ende der Siedlung rechts auf schmaler geräumter Straße ins Tirol durch einen engen klammartigen Graben. Im Tirol bezeichneter geräumter Parkplatz. Alternativ von N aus dem Raum Mariazell (B21) oder St. Pölten (B20-B214-B21) jeweils über den Lahnsattel.

Unterwegs Richtung Eisernes Törl

Aufstieg Auf der Lichtung neben der Straße leicht linkshaltend zum Waldrand bei einer Kehre. Weiter auf der Straße zum unteren Lachalpengraben. Bei der Gabelung in den Graben (Schild Winterweg) und auf 1050 m rechts am Waldhang steiler hinauf zur Forststraße, 1120 m. Nun auf dieser gemütlich dahin mit ersten guten Ausblicken zum Schönhaltereck. Im Eisernen Törl meist eine ausgeblasene Straßenkurve, 1305 m, gleich danach links ein stattliches Jagdhaus. 1 ¾ Std.

Beim folgenden Wegweiser gerade weiter (Weg Nr. 401) mit längerem leichten Höhenverlust in den Unteren Haselboden, 1250 m, Wegweiser. Nun wieder sanft ansteigend in den Oberen Haselboden. Nach einem Rechtsknick nach N (Schild) auf dem Winterweg (nicht mehr der Forststraße folgen, Lawinengefahr!) im Wald, dann über einen lichten Rücken zur Kapelle auf dem Kerpenstein. Über die ebene Almfläche (Stangen) zu den Hütten der Hinteralm. 1 ¼ Std.

Vom Hinteralmhaus nach NO die Lichtung rauf zu einer Waldkuppe. Entweder über diese hinweg (besser), oder an ihr hart rechts am oberen Rand eines Hanges vorbei (Stangen). Dann weiter sanft ansteigend am Plateaurand entlang (rechts mitunter stark verwechtet, Vorsicht: Abstürze in die Klobenwände!). Zuletzt in einem Linksbogen auf den Spielkogel (Kreuz). ½ Std.

Abfahrt Zunächst wie beim Aufstieg zurück zur Hinteralm und über den Kerpenstein (bei Nebel Stangen und Südrichtung beachten, nicht nach SW in den Alplgraben abdriften!) in den Oberen Haselboden. Die sanfte Gegensteigung zum Eisernen Törl geht danach auch ohne anfellen. Nach dem Eisernen Törl bei ausreichend Schnee zahlreiche direkte Waldpowdervarianten (Jagdsperren beachten!), ansonsten durchgehend auf der Forststraße in gemütlicher Schussfahrt ins Tirol.

Tipp Vom Hinteralmhaus bei schönem Wetter lohnende Skiwanderrunde über Spielkogel und Rosskogel zurück zur Hinteralm (Orientierungssinn notwendig!).

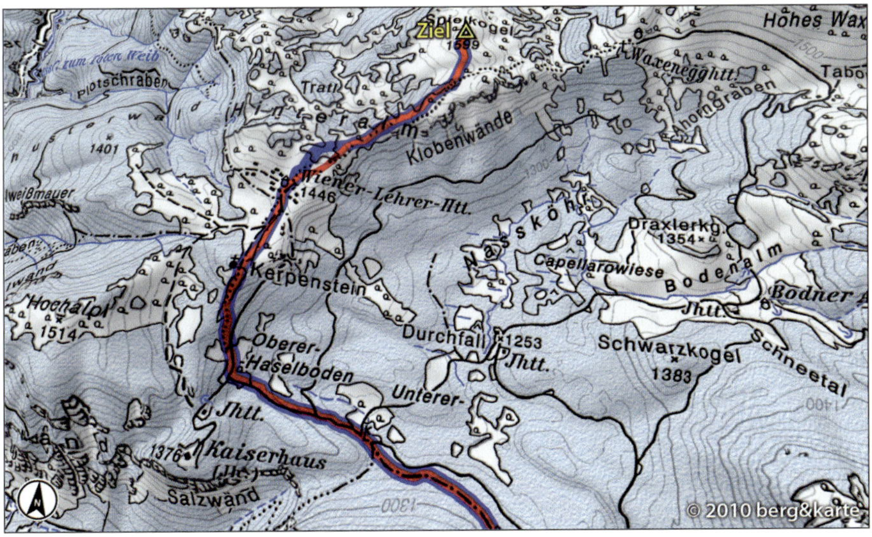

Aufstieg *Abfahrt*

Kartenperspektive (Ausschnitt Kerpenstein - Spielkogel)

Karten	ÖK 50 UTM 4211 (BMN 103)
Après Tour	GH Holzer und GH Anni Holzer in Neuberg an der Mürz
Infos	www.hochsteiermark.at

11.4 Hinteralm-Alplgraben-Spielkogel

Beliebte Hochwintertour in ein idyllisches Almhüttendorf, mit Gipfeloption. Abfahrtshochgenuss bei Pulver!

Ausgangspunkt Scheiterboden, Schwarzbrunnau

Starthöhe	815 m	**Gipfelhöhe**	1599 m	**Exposition**	West
Höhenmeter	810 hm	**Aufstiegszeit**	3 h	**Einkehr**	nein
Aufstiegslänge	7.1 km	**Steilheit**	steil	**Anspruch**	II

Einstimmung Der Aufstieg durch den Alplgraben bietet den kürzesten, weil direktesten Zugang zur Hinteralm. Er verläuft zum Teil auf Forststraßen, gewinnt dann aber deutlich an Höhe und schärft dabei den Blick auf einige Tiefschneehänge, die den folgenden Abfahrtsgenuss hoch halten werden!

Lawinen Bei vernünftiger Spuranlage unbedenklich.

Orientierung Auf der Hinteralm im Übergang zum Hinteralmhaus bei Nebel Stangen beachten! Der Aufstieg von der Hinteralm zum Spielkogel ist bei schlechter Sicht anspruchsvoll.

Zufahrt Von S A2, dann S6 bis Ausfahrt Mürzzuschlag. B23 nach Mürzsteg, dort rechts Richtung Frein an der Mürz. Nach 4 km rechts geräumter Parkplatz, Wanderwegweiser. Alternativ von N aus dem Raum Mariazell (B21) oder St. Pölten (B20-B214-B21) jeweils über den Lahnsattel.

Aufstieg Vom Parkplatz weiter entlang der Straße, mit wenigen Schritten zu einer Brücke und gleich darauf rechts abzweigen (rote Markierung, Weg Nr. 436) zu einem Forsthaus. Gleich danach links (nicht weiter in den Höllgraben, Sperre!), auf der Forststraße einige Zeit eben dahin, dann ab einer Gabelung rechts ansteigend zu einer Kehre im Alplgraben, 950 m. Je nach Schneeverhältnissen auf der Forststraße oder (besser!) der Markierung folgend höher. Auf 1070 m vor einem Jungwald rechts auf der aussichtsreichen Forststraße weit ausholend zum Höllsattel (schöne Ausblicke zu Edelweißmauer, Proles und Königskogel) und wieder ganz zurück zum Alplgraben, 1250 m. 1 ¾ Std.

Letzte Schritte zum Hinteralmhaus

Kurz noch auf der Straße weiter, dann rechts ansteigend zurück in den schönen Waldgraben. Genau nach O beschaulich höher, auf 1400 m allmählich hinaus auf die baumfreien Almflächen und den Stangen folgend nach NO zum Hinteralmhaus. ¾ Std.

Vom Hinteralmhaus nach NO die Lichtung rauf zu einer Waldkuppe. Entweder über diese hinweg (besser), oder an ihr hart rechts am oberen Rand eines Hanges vorbei (Stangen). Dann weiter sanft ansteigend am Plateaurand entlang (rechts mitunter stark verwechtet, Vorsicht: Abstürze in die Klobenwände!). Zuletzt in einem Linksbogen auf den Spielkogel (Kreuz). ½ Std.

Abfahrt Zunächst wie beim Aufstieg zurück zur Hinteralm. Nun nach SW über die Almebene (bei Nebel Stangen und Richtung beachten, nicht nach S zur Kerpenstein-Kapelle!) zum sich ausbildenden Graben. In diesem bis 1250 m. Nun links auf der Forststraße, bei Gelegenheit über schöne baumfreie Flächen zur Forststraße auf 950 m und wie beim Aufstieg zurück zum Ausgangspunkt.

Abfahrtsfreuden im Alplgraben

Tipp Vom Hinteralmhaus bei schönem Wetter lohnende Skiwanderrunde über Spielkogel und Rosskogel zurück zur Hinteralm (Orientierungssinn notwendig!).

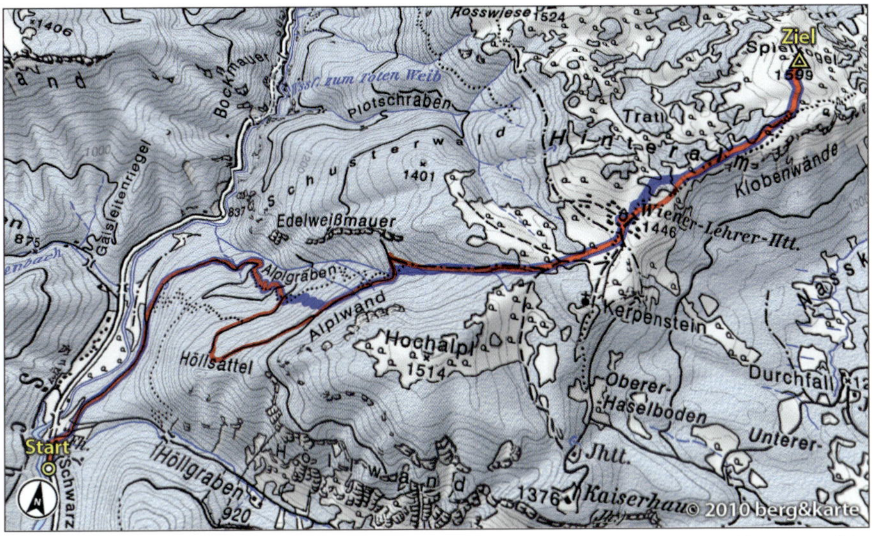

Aufstieg ■ Abfahrt

Kartenperspektive

Karten	ÖK 50 UTM 4211 (BMN 103)
Après Tour	GH Freinerhof in Frein an der Mürz ▪ GH Holzer und GH Anni Holzer in Neuberg an der Mürz
Infos	www.hochsteiermark.at

11.5 Hinteralm-Frein-Rosskogel

Hochwintertour mit optionaler Plateauwanderung in ein idyllisches Almhüttendorf. Abfahrtshochgenuss bei Pulver!

Ausgangspunkt Frein an der Mürz, GH Freinerhof

Starthöhe	864 m	**Gipfelhöhe**	1524 m	**Exposition**	N-W
Höhenmeter	750 hm	**Aufstiegszeit**	2 ¾ h	**Einkehr**	nein
Aufstiegslänge	5.4 km	**Steilheit**	steil	**Anspruch**	II

Einstimmung Der Aufstieg von Frein an der Mürz über die Rosswiese zur Hinteralm ist technisch durchaus anspruchsvoll und das Spuren im Steilwald und auf dem folgenden steilen Rücken kann sich ganz schön schweißtreibend gestalten. Den Übergang von der Rosswiese zur Hinteralm geben sich primär landschaftsorientierte SkitourengeherInnen. Wer mehr abfahrtsorientiert tickt, fellt schon auf dem Vorgipfel des Rosskogels auf 1460 m ab und gönnt sich gleich die rasante Powderabfahrt zurück zum Ausgangspunkt.

Lawinen Aufstieg bei vernünftiger Spuranlage unbedenklich. Die Nordabfahrt von der Waldkuppe, 1460 m, über die freien Schläge erfordert sichere Verhältnisse.

Orientierung Ab der Rosswiese beim Übergang zum Hinteralmhaus bei Nebel Stangen beachten! Der Übergang von der Hinteralm zum Rosskogel ist bei schlechter Sicht anspruchsvoll, erfordert aber auch bei guter Sicht einen ausgeprägten Orientierungssinn.

Zufahrt Von S A2, dann S6 bis Ausfahrt Mürzzuschlag. B23 nach Mürzsteg, dort rechts abzweigen und weiter bis Frein an der Mürz. Parken beim GH Freinerhof. Alternativ von N aus dem Raum Mariazell (B21) oder St. Pölten (B20-B214-B21) jeweils über den Lahnsattel.

Aufstieg Vom Freinerhof an der Kapelle vorbei zur Bundesstraße und über die Brücke zu einem kleinen Parkplatz, Wegweiser. Schräg rechts auf eine Forststraße (rote Markierung, Weg Nr. 435). Bald links ab und im zunächst dichten Wald vorbei an einem Reservoir, dann im steilen Hochwald mühsam zu einer Forststraße, 1060 m. Weiter über den Hochriegel nach O, Forststraßen mehrfach kreuzend, zu einer aussichtsreichen Kehre auf 1270 m. Bald darauf auf 1320 m rechts auf den Rücken (ohne Markierung) und hinauf auf eine Waldkuppe, 1460 m. Hier beginnt die eigentliche Abfahrt. 1 ¾ Std.

Blick von der Wildalpe nach SO, unten Frein, darüber der Hochriegel und dahinter die Schneealpe

Übergang zur Hinteralm: Von der Kuppe kurze Fellabfahrt nach SO auf die Rosswiese (von dort alternativ kurzer Anstieg nach SO auf den Rosskogel möglich). Von der Rosswiese Stangen folgend über die Almfläche und mit geringem Höhenverlust in den Wald. Auf einem breiten Weg die steilen Waldhänge queren nach S zu den Almhütten der Hinteralm. ½ Std.

Übergang von der Hinteralm zum Rosskogel: Vom Hinteralmhaus nach N in einen seichten Waldsattel (dort links eine Grube). Dann etwas linkshaltend zu einer Lichtung westlich vom Tratl. An diesem entlang und nach NW auf die folgende Kuppe, 1530 m. Kurze Fellabfahrt nach N in einen Sattel und kurze Gegensteigung auf den Rosskogel. Neuerlich kurze Fellabfahrt nach W hinaus auf die Rosswiese und kurze Gegensteigung nach NW auf die Waldkuppe, 1460 m. ¾ Std.

Variante Im Aufstieg über den Hochriegel kann ab 1060 m der weitere Anstieg auf Forststraßen und Waldwegen ökonomischer gestaltet werden.

Abfahrt Von der Waldkuppe, 1460 m, nach N anfangs durch Wald, dann über den Schlag im Bereich einer seichten Mulde sehr genussvoll hinab zu einem Waldweg, 1300 m. Weiter durch eine schmale Schneise. Wo sie sich verengt links in der Parallelschneise wieder zum Waldweg, 1180 m. Diesem nach W folgen zum Hochriegel, 1110 m. Auf der Forststraße weiter nach S und gleich nach der nächsten Kehre bei ausreichend Powder links ab. Im Steilwald in eine Mulde. Allmählich aus dem Graben rechts rausqueren (unterhalb Felsen), jenseits des Rückens zu einer Forststraße hinab und zurück zum Ausgangspunkt.

Variante Sollte unterhalb von 1110 m die Schneelage schlecht sein, dann zunächst besser auf der Forststraße bleiben bis 1020 m. Dort durch weniger steiles Waldgelände nach NW in den Talboden und links auf der Forststraße zurück zum Ausgangspunkt.

Tipp Vom Hinteralmhaus bei schönem Wetter lohnende großzügige Skiwanderung über den Spielkogel zum Rosskogel (Orientierungssinn notwendig!).

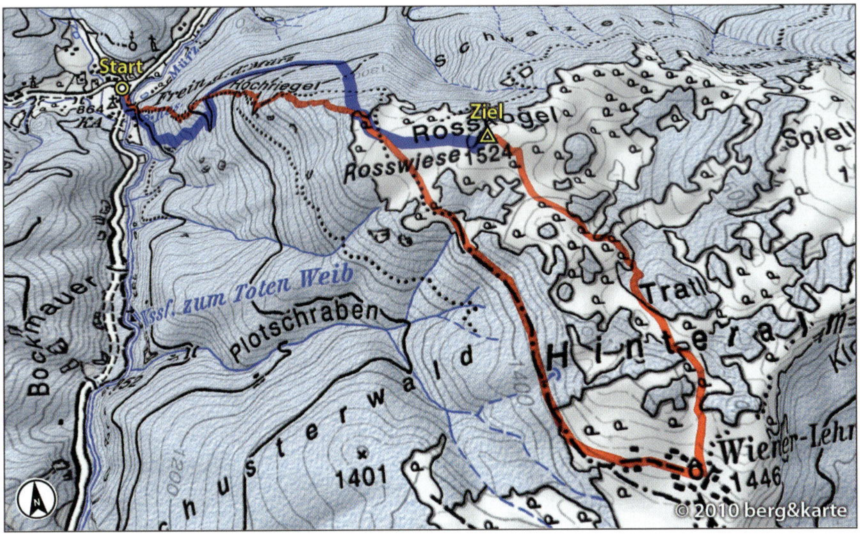

▬ *Aufstieg* ▬ *Abfahrt* *Kartenperspektive*

Karten ÖK 50 UTM 4211 (BMN 103)
Après Tour GH Freinerhof in Frein an der Mürz
Infos www.hochsteiermark.at • www.freinerhof.at

11.6 Hinteralm-Frein-Spielkogel

Weniger bekannte aber schöne Hochwinter-Waldtour in ein idyllisches Almhüttendorf, mit Gipfeloption

Ausgangspunkt Frein an der Mürz, GH Freinerhof

Starthöhe	864 m	**Gipfelhöhe**	1524 m	**Exposition**	N-W
Höhenmeter	780 hm	**Aufstiegszeit**	3 h	**Einkehr**	nein
Aufstiegslänge	7.1 km	**Steilheit**	mäßig steil	**Anspruch**	II

Einstimmung Der Aufstieg von Frein an der Mürz durch den Plotschgraben auf die Hinteralm ist wenig bekannt, wenngleich landschaftlich lohnend und technisch einfach. Bei guter Tiefschneelage werden sich auch erfreulich viele Powderschwünge im Hochwald ausgehen.

Lawinen Bei vernünftiger Spuranlage unbedenklich.

Orientierung Nach der Kuppe, Pkt. 1401 m, ist der Übergang über die Almflächen zur Hinteralm bei Nebel unangenehm! Der weitere Aufstieg von der Hinteralm zum Spielkogel ist bei schlechter Sicht anspruchsvoll.

Zufahrt Von S A2, dann S6 bis Ausfahrt Mürzzuschlag. B23 nach Mürzsteg, dort rechts abzweigen und weiter bis Frein an der Mürz. Parken beim GH Freinerhof. Alternativ von N aus dem Raum Mariazell (B21) oder St. Pölten (B20-B214-B21) jeweils über den Lahnsattel.

Blick vom Spielkogel nach NW, vorne links der Rosskogel, dahinter der Dürrenstein, rechts der Ötscher, davor die Wildalpe

Aufstieg Vom Freinerhof an der Kapelle vorbei zur Bundesstraße und über die Brücke zu einem kleinen Parkplatz, Wegweiser. Rechts auf der Forststraße leicht ansteigen bis zum dritten Graben. In diesem zunächst etwas mühsam aufwärts, dann auf 1000 m nach rechts ausscheren und im Hochwald (rechts eine Felsformation) höher. Auf den Rücken und in einem weiten Linksbogen zunehmend flach zu einer Forststraße. Auf dieser gemütlich weiter zum Plotschgraben zu einer markanten Kehre, 1260 m. 1 ½ Std.

Am Gegenhang (schöne Ausblicke zur Veitsch und Proles) um ein ausgeblasenes Eck unter Felsen. Um den Bergrücken herum, bis auf 1300 m die Forststraße leicht abfällt. Dort links abzweigen und nach O einem schwach ausgeprägten Graben entlang und zuletzt durch dichtere Baumbestände hinauf zum Pkt. 1401 m. Nach SO in Kürze hinaus auf die Almfläche. Zunächst die Richtung beibehalten, dann nach O durch eine seichte Mulde und weiter auf die Hinteralm. 1 Std.

Vom Hinteralmhaus nach NO die Lichtung rauf zu einer Waldkuppe. Entweder über diese hinweg (besser), oder an ihr hart rechts am oberen Rand eines Hanges vorbei (Stangen). Dann weiter sanft ansteigend am Plateaurand entlang (rechts mitunter stark verwechtet, Vorsicht: Abstürze in die Klobenwände!). Zuletzt in einem Linksbogen auf den Spielkogel (Kreuz). ½ Std.

Variante Bei guten Schneeverhältnissen kann man aus dem Plotschgraben auch direkt zur Hinteralm aufsteigen.

Abfahrt Zunächst wie beim Aufstieg zurück zur Hinteralm. Dort nach NO den Stangen nach an Almhütten vorbei zu einem Rechtsknick bei einem Rücken. Kurz darauf links abzweigen und im steileren Wald in den Graben. Durch diesen zur Forststraßenkehre auf 1260 m. Weitere Abfahrt im Bereich der Aufstiegsspur zurück nach Frein an der Mürz.

Tipp Vom Hinteralmhaus bei schönem Wetter lohnende großzügige Skiwanderung über den Spielkogel zum Rosskogel (Orientierungssinn notwendig!).

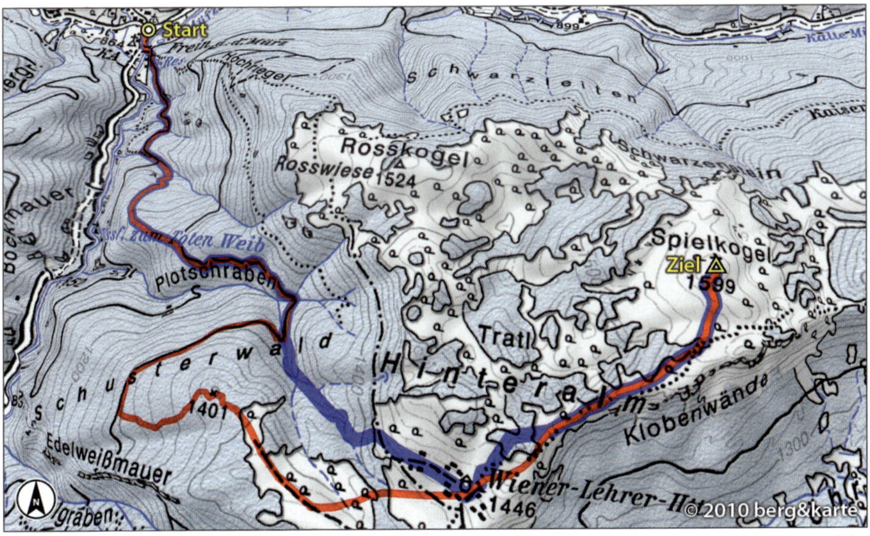

▬ Aufstieg ▬ Abfahrt *Kartenperspektive*

Karten ÖK 50 UTM 4211 (BMN 103)
Après Tour GH Freinerhof in Frein an der Mürz
Infos www.hochsteiermark.at · www.freinerhof.at

11.7 Hohes Waxenegg

Beliebte nordseitige Hochwintertour durch einige Windbruchzonen und mit schönem Gipfelpanorama

Ausgangspunkt Neuwald, Jausenstation Leitner

Starthöhe	926 m	**Gipfelhöhe**	1647 m	**Exposition**	Nord
Höhenmeter	725 hm	**Aufstiegszeit**	2 h	**Einkehr**	nein
Aufstiegslänge	2.6 km	**Steilheit**	steil	**Anspruch**	II

Auf der Hohen Schneid, rechts hinten der Dürrenstein

Einstimmung Das Hohe Waxenegg genießt zu Recht einen hervorragenden Ruf unter ambitionierten Powderfans: einem kurzweiligen, weil schnörkellosem steilen Aufstieg, der im Gipfelbereich auch eine fantastische Aussicht bietet, folgt eine schattseitige und daher anhaltend pulverschneeträchtige Steilabfahrt, die reinen Genuss garantiert. Leider haben auch am Waxenegg einige üble Herbst- und Winterstürme große Waldschäden hinterlassen. Die Schneeverhältnisse sind daher in den baumfreien Bereichen nicht mehr immer perfekt, und auch die Lawinensituation ist kritischer zu beurteilen.

Lawinen In den nordseitigen baumfreien Steilhängen mitunter heikel. Vorsicht auch in den Rinnen!

Orientierung Ab der Baumgrenze auf 1550 m bei schlechter Sicht unangenehm, aber nicht unmöglich! Vorsicht auf Wechten nach S.

Der Wald lichtet sich und gibt den Blick zum Schneeberg frei

Zufahrt Von S A2, dann S6 bis Ausfahrt Mürzzuschlag. B23 über Mürzsteg nach Frein an der Mürz. Dann nach 2.5 km rechts abzweigen nach Neuwald und im Tal bis zum Straßenende bei der Jausenstation Leitner, Pkt. 926 m. Geräumter Parkplatz nach der Brücke über die Kalte Mürz. Alternativ von N aus dem Raum Mariazell (B21) oder St. Pölten (B20-B214-B21) jeweils über den Lahnsattel.

Aufstieg Vom Parkplatz nach der Brücke rechts auf der Forststraße kurz nach W, dann links ab in den Hochwald. Bald raus auf eine freie Fläche (Windbruchschäden) und in gleichmäßigen Kehren hinauf zu einer Forststraße, 1160 m, bei einem Felsen. Weiter ansteigen wieder im steilen Hochwald rechts neben einem dichteren Fichtenforst. Ab 1500 m lichtet sich der Wald allmählich, bald darauf nach links und hinausqueren in einen kleinen Sattel links einer Kuppe. Über die aussichtsreiche Hohe Schneid (Wechten nach S!) auf den nahen Gipfel (kurz davor kleines Gedenkkreuz). 2 Std.

Abfahrt Im Allgemeinen wie Aufstieg, je nach Verspurungsgrad ergeben sich Möglichkeiten zum Ausweichen (Aufforstungen beachten!).

Aufstieg Abfahrt *Kartenperspektive*

Karten	ÖK 50 UTM 4211 (BMN 103)
Après Tour	Jausenstation Leitner in Neuwald ▪ GH Freinerhof in Frein an der Mürz
Infos	www.hochsteiermark.at

11.8 Hohes Waxenegg-Östl. Nordrinne

Sehr lohnende rassige Steilabfahrt durch eine teils enge und felsbegrenzte Grabenmulde. Gut einsehbare Einfahrt direkt vom Gipfelkamm

Ausgangspunkt Neuwald, Jausenstation Leitner

Starthöhe	926 m	**Gipfelhöhe**	1647 m	**Exposition**	Nord
Höhenmeter	725 hm	**Aufstiegszeit**	2 h	**Einkehr**	nein
Aufstiegslänge	2.6 km	**Steilheit**	sehr steil	**Anspruch**	III

Einstimmung Neben der bekannten und oft befahrenen Standardabfahrt im Bereich der Aufstiegsspur bietet das Hohe Waxenegg auf seiner Nordseite auch zwei sportlich-anspruchsvolle Steilabfahrten. Diese verlangen absolut sichere Lawinenverhältnisse und sind daher nicht über den ganzen Winter hinweg befahrbar. Wenn die Lage aber günstig ist, kann sich in den zum Teil recht engen, muldenartigen Rinnen, die hie und da auch von Felsen begrenzt sind, der große Abfahrtsgenuss entfalten. Die östliche Rinne ist eine Spur steiler als die westliche und weist auch die weit spektakulärere Einfahrt, die direkt vom Gipfel ansetzt, auf. Nach den ersten Schwüngen ergibt sich die Route von selber, unterwegs muss einmal eine Engstelle überwunden werden, dann geht's wieder ungehindert weiter ins Tal der Kalten Mürz.

Lawinen Die Nordrinnen verlangen absolut sichere Verhältnisse!

Orientierung Ab der Baumgrenze auf 1550 m bei schlechter Sicht unangenehm, aber nicht unmöglich! Vorsicht auf Wechten nach S.

Zufahrt Von S A2, dann S6 bis Ausfahrt Mürzzuschlag. B23 über Mürzsteg nach Frein an der Mürz. Dann nach 2.5 km rechts abzweigen nach Neuwald und im Tal bis zum Straßenende bei der Jausenstation Leitner, Pkt. 926 m. Geräumter Parkplatz nach der Brücke über die Kalte Mürz. Alternativ von N aus dem Raum Mariazell (B21) oder St. Pölten (B20-B214-B21) jeweils über den Lahnsattel.

Im Mittelteil der östlichen Nordrinne

Aufstieg Wie bei Tour 11.7. 2 Std.

Abfahrt Vom höchsten Punkt oder von etwas weiter östlich aus dem nahen Sattel nach N in die offene Flanke. Allmählich bildet sich diese als steile und enge Rinne aus. Auf 1250 m in dieser mehr links halten (rechts Felsabbrüche), und nach einer Engstelle (Vorsicht!) zu einer Forststraße, 1120 m. Anschließend in der Mulde ein flacherer Boden und auf 980 m an einem Felsen links vorbei (etwas verwachsen) in den Talboden. Auf der geräumten flachen Forststraße links in Kürze zurück zum Start.

Blick hinauf zum Gipfel aus der Mulde unter der Forststraße

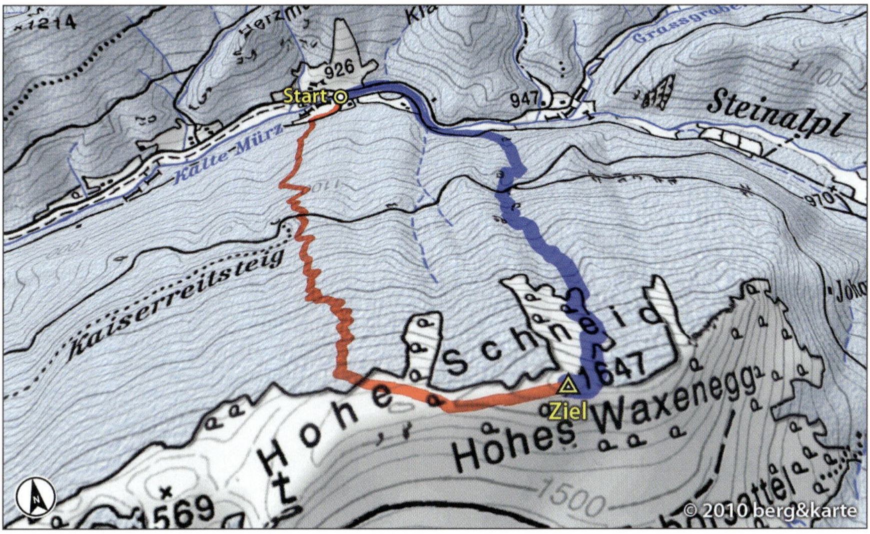

Aufstieg *Abfahrt* *Kartenperspektive*

Karten ÖK 50 UTM 4211 (BMN 103)
Après Tour Jausenstation Leitner in Neuwald ▪ GH Freinerhof in Frein an der Mürz
Infos www.hochsteiermark.at

11.9 Hohes Waxenegg-Westl. Nordrinne

Interessante, aber wenig bekannte Steilabfahrt, anfangs im Steilwald, dann in einer Grabenmulde

Ausgangspunkt Neuwald, Jausenstation Leitner

Starthöhe	926 m	**Gipfelhöhe**	1647 m	**Exposition**	Nord
Höhenmeter	725 hm	**Aufstiegszeit**	2 h	**Einkehr**	nein
Aufstiegslänge	2.6 km	**Steilheit**	sehr steil	**Anspruch**	III

Einstimmung Neben der bekannten und oft befahrenen Standardabfahrt im Bereich der Aufstiegsspur bietet das Hohe Waxenegg auf seiner Nordseite auch zwei sportlich-anspruchsvolle Steilabfahrten. Diese verlangen absolut sichere Lawinenverhältnisse und sind daher nicht über den ganzen Winter hinweg befahrbar. Wenn die Lage aber günstig ist, kann sich in den zum Teil recht engen, muldenartigen Rinnen, die hie und da auch von Felsen begrenzt sind, der große Abfahrtsgenuss entfalten. Die westliche Rinne ist eine Spur weniger steil als die östliche, und zur Einfahrt folgt man zunächst kurz der Aufstiegsspur. Dann geht's durch lichten Wald in die sich allmählich ausbildende Rinne, der man bis ins Tal der Kalten Mürz folgt.

Lawinen Die Nordrinnen verlangen absolut sichere Verhältnisse!

Orientierung Ab der Baumgrenze auf 1550 m bei schlechter Sicht unangenehm, aber nicht unmöglich! Vorsicht auf Wechten nach S.

Beginn der Abfahrt vom Hohen Waxenegg zur Einfahrt in die westliche Nordrinne, im Hintergrund rechts der Dürrenstein

Zufahrt Von S A2, dann S6 bis Ausfahrt Mürzzuschlag. B23 über Mürzsteg nach Frein an der Mürz. Dann nach 2.5 km rechts abzweigen nach Neuwald und im Tal bis zum Straßenende bei der Jausenstation Leitner, Pkt. 926 m. Geräumter Parkplatz nach der Brücke über die Kalte Mürz. Alternativ von N aus dem Raum Mariazell (B21) oder St. Pölten (B20-B214-B21) jeweils über den Lahnsattel.

Aufstieg Wie bei Tour 11.7. 2 Std.

Abfahrt Vom Gipfel über den Rücken nach W zurück in den unscheinbaren Sattel, 1600 m, vor der ebenso unscheinbaren Kuppe. Nach N einfahren in die Flanke, teils durch lockeren Baumbestand. Allmählich bildet sich die Steilrinne deutlicher aus und wird enger. In schöner Fahrt tiefer (Ausweichmöglichkeit in die begrenzenden Waldhänge). Nach der Forststraße, 1150 m, im Graben weiter (Achtung bei weniger Schnee: Wasserlauf!) und raus zur Forststraße im Talboden. Links in Kürze zurück zum Start.

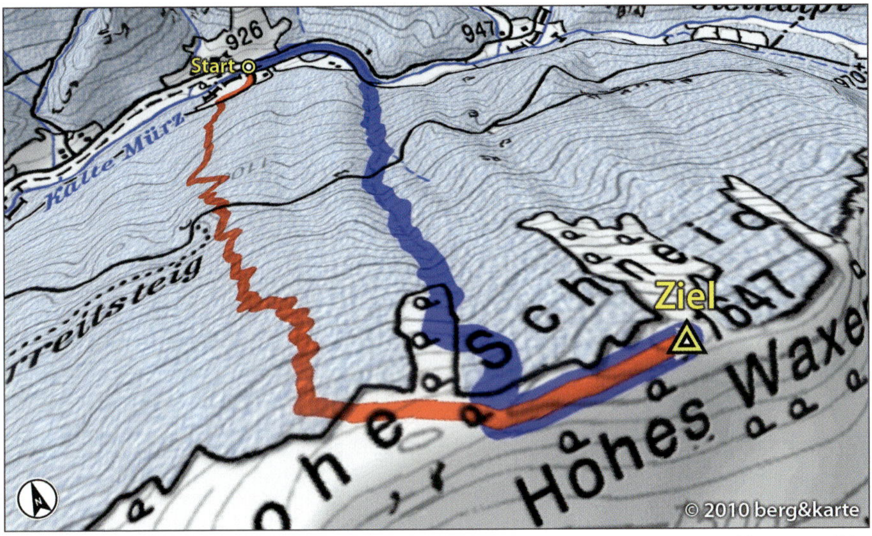

Aufstieg *Abfahrt* *Kartenperspektive*

Karten ÖK 50 UTM 4211 (BMN 103)
Après Tour Jausenstation Leitner in Neuwald • GH Freinerhof in Frein an der Mürz
Infos www.hochsteiermark.at

11.10 Donnerwand

Landschaftlich sehr lohnender Aufstieg mit längerem Forststraßenauftakt. Super Gipfelaussicht und sehr genussvolle Powderabfahrt

Ausgangspunkt Neuwald, Jausenstation Leitner

Starthöhe	926 m	**Gipfelhöhe**	1799 m	**Exposition**	Nord
Höhenmeter	880 hm	**Aufstiegszeit**	3 h	**Einkehr**	nein
Aufstiegslänge	6.2 km	**Steilheit**	steil	**Anspruch**	II

Einstimmung Die etwas abseits stehende Donnerwand bildet das höchste Nahziel des Tourengebiets bei der Jausenstation Leitner. Bekannt und begehrt ist vor allem die markante Nordrinne, während die Waldvariante noch genug Fanpotential hat! Beide Abfahrten sind herrliche Hochwinter-Powdertouren, denen ab dem Taborsattel ein anhaltend aussichtsreicher Aufstieg vorangeht. Der kleine Wermutstropfen des morgendlich-kalten Talzustiegs ist vertretbar, lässt sich aber, zumindest beim Aufstieg, durch die Kombination mit dem Hohen Waxenegg vermeiden.

Blick vom Steinerkogel zur Donnerwand, Nordwaldabfahrt direkt vom Gipfel, Nordrinne diagonal nach rechts unten

Lawinen Die Nordrinne ist mitunter heikel, auch die Abfahrtsspur vom Hohen Waxenegg in den Taborsattel will richtig gewählt sein.

Orientierung Ab dem Taborsattel bei schlechter Sicht unangenehm, aber erträglich. Vorsicht auf Wechten nach S und vor allem auf dem Gipfel nach O.

Zufahrt Von S A2, dann S6 bis Ausfahrt Mürzzuschlag. B23 über Mürzsteg nach Frein an der Mürz. Dann nach 2.5 km rechts abzweigen nach Neuwald und im Tal bis zum Straßenende bei der Jausenstation Leitner, Pkt. 926 m. Geräumter Parkplatz nach der Brücke über die Kalte Mürz. Alternativ von N aus dem Raum Mariazell (B21) oder St. Pölten (B20-B214-B21) jeweils über den Lahnsattel.

Aufstieg Auf der meist geräumten Forststraße rechts der Kalten Mürz 2.5 km talein bis zu einer Gabelung, Pkt. 970 m. Dort rechts und in Kürze zur nächsten Forststraße. Rechts im Wald neben einem dichten Forst durch eine Mulde, dann linkshaltend steiler in Kehren zu einer weiteren Forststraße bei der Johannesjagdhütte. Auf der Straße links und kurz vor einem markanten Graben rechts über einen Rücken aufwärts (die Hütte bleibt links) in einen schönen Waldboden (Bergahorne). Durch die offene Mulde hinauf in den Taborsattel. 2 Std.

Nun genau nach S über den stumpfen, anfangs noch baumfreien Rücken auf das Kleine Waxenegg, 1682 m. Dann nach einem Sattel zunehmend aussichtsreicher Übergang über den Latschenkamm (bei Nordwind auch rechts im Windschatten) Richtung Donnerwand. Nach einer Kuppe, 1750 m, ein kleiner Sattel, dann hinauf zum höchsten Punkt. Vorsicht: gleich nach dem Kreuz gut 500 m Steilabfall in den Kleinbodengraben, im gesamten Gipfelbereich gefährliche Wechten nach O! 1 Std.

Variante Reizvolle Kombination mit einem Aufstieg auf das Hohe Waxenegg, Tour 10.12. Von dort im Bereich des lichten Wäldchens durch die kurze Südflanke in den Taborsattel (oder bei sicheren Verhältnissen über die steilere Südostflanke tiefer hinab) und weiterer Anstieg wie oben.

Abfahrt Nordrinne: vom Gipfel retour in den kleinen Sattel und auf den Vorgipfel, 1750 m. Kurz danach rechts in die breite steile Schneise. Durch diese äußerst genussvoll bis 1400 m, dann weiter im Wald und raus auf eine große Windbruchzone. Links in den Graben traversieren und durch diesen zur Forststraße. Weitere Abfahrt anfangs knapp links des Grabens auf einem schwach ausgeprägten Rücken, dann rechts in die Nachbarrinne wechseln und nach einer kurzen Steilstufe raus zur Forststraße im Talboden. Links zu einer nahen Gabelung, rechts zum Pkt. 970 m und im Tal zurück zum Ausgangspunkt.

Variante Nordwald: Direkt vom Gipfel nach N über den lichten Hang (Vorsicht rechts Abbrüche) in einen Sattel 1600 m, toller Rückblick zur Donnerwand! Links um eine Kuppe (eventuell ganz kurze Gegensteigung), dann über schöne Blößen und im super Hochwald genau nach N. Auf 1350 m an geeigneter Stelle (Windbruch) aus dem Wald und steil hinab zu einem querenden Weg, 1290 m. Auf diesem links zum Graben weiter wie oben bei der Nordrinne.

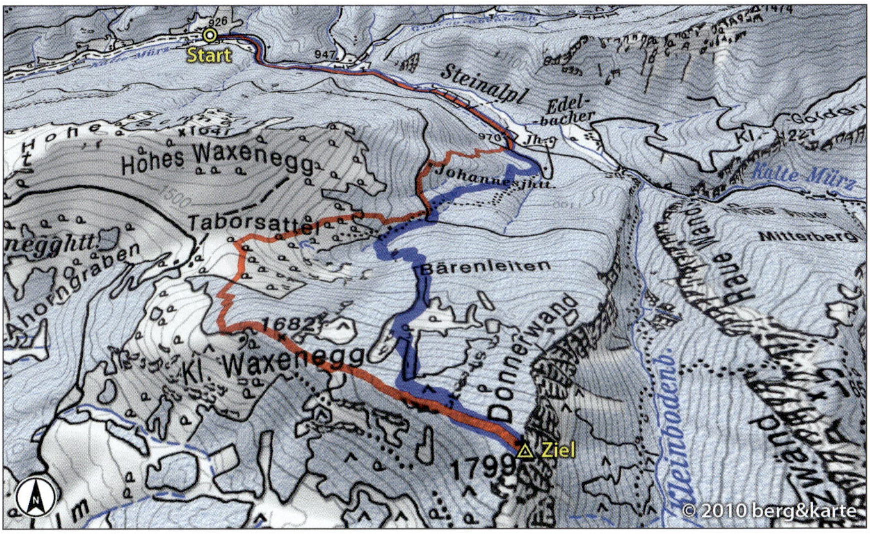

Aufstieg *Abfahrt* *Kartenperspektive*

Karten ÖK 50 UTM 4211 (BMN 103)
Après Tour Jausenstation Leitner in Neuwald • GH Freinerhof in Frein an der Mürz
Infos www.hochsteiermark.at

11.11 Windberg-Kleinbodengraben

Nach einem flachen Forststraßenzustieg eine landschaftlich einmalige Grabentour in ein sich öffnendes Hochkar

Ausgangspunkt Neuwald, Jausenstation Leitner

Starthöhe	926 m	**Gipfelhöhe**	1903 m	**Exposition**	N-W
Höhenmeter	1000 hm	**Aufstiegszeit**	4 h	**Einkehr**	nein
Aufstiegslänge	9.1 km	**Steilheit**	steil	**Anspruch**	III

Einstimmung Auf ihrer Nordseite präsentiert sich die Schneealpe mit einem überraschend alpinen Charakter mit langen, tief eingeschnittenen Gräben und eindrucksvollen Felswänden. Der Kleinbodengraben bildet den idealen Aufstieg, der bei sicheren Verhältnissen auch im Hochwinter möglich ist. Der konditionelle Einsatz für das Betreten und Erleben dieser faszinierenden Landschaft ist beträchtlich und eine längere Annäherung durch ein flaches Tal muss auch hingenommen werden. Skitourentechnisch sind die Anforderungen hoch, obwohl sich der Abfahrtsgenuss in engerem Rahmen bewegt.

Im Kleinbodengraben, 1350 m

Lawinen Im Kleinbodengraben große Gefahr aus den steilen eingewehten Hängen unter der Donnerwand. Aber auch andere Flanken schauen bedrohlich aus! Der steile Anstieg auf die Mitterbergschneid erfordert sichere Verhältnisse.

Orientierung Im Grabengrund einfach, ab dem Anstieg auf die Mitterbergschneid bei Nebel keine Freude!

Zufahrt Von S A2, dann S6 bis Ausfahrt Mürzzuschlag. B23 über Mürzsteg nach Frein an der Mürz. Dann nach 2.5 km rechts abzweigen nach Neuwald und im Tal bis zum Straßenende bei der Jausenstation Leitner, Pkt. 926 m. Geräumter Parkplatz nach der Brücke über die Kalte Mürz. Alternativ von N aus dem Raum Mariazell (B21) oder St. Pölten (B20-B214-B21) jeweils über den Lahnsattel.

Aufstieg Auf der meist geräumten Forststraße rechts der Kalten Mürz 3 km talein vor den Beginn einer Schlucht, 990 m. ¾ Std.

Rechts abzweigen (Wegweiser, Weg Nr. 443) und über einen Rücken mit kleinen Bäumen empor. Nach 40 m links durch dichten Baumbestand um den Rücken herum und ebene Querung eines steilen Waldhangs unter Felsen (Vorsicht!) hinein in den wildromantischen Grabengrund. Dort genau nach S im Graben beliebig im Bereich der roten Markierung talein. Zwischendurch ein Wechsel auf die andere Bachseite, dann wieder zurück und am Hang ansteigend auf einen Boden, 1400 m, und in einem Linksbogen weiter auf den Melkboden, 1500 m. 1 ¾ Std.

Nun linkshaltend Beginn des anhaltend steilen Anstiegs zwischen zwei Rinnen zum Rücken der Mitterbergschneid, 1800 m. Über diesen rechts weiter (oft abgeblasen, der Schusterstuhl kann westseitig umgangen werden) in einen weiten Sattel und nach SW auf den Windberg. 1 ½ Std.

Abfahrt Im Allgemeinen wie Aufstieg. In der Flanke von der Mitterbergschneid in den Melkboden sind natürlich Varianten möglich, aber wegen Felszonen nicht zu früh einfahren!

Tipp Kombination mit einer Abfahrt durch die Dirtlerschlucht, Tour 11.12.

— Aufstieg — Abfahrt *Kartenperspektive (Ausschnitt Kleinbodengraben - Windberg)*

Karten ÖK 50 UTM 4211 (BMN 103 + 104)
Après Tour Jausenstation Leitner in Neuwald ▪ GH Freinerhof in Frein an der Mürz
Infos www.hochsteiermark.at

Landschaftlich zunächst etwas monotone Grabentour nach einem längeren flachen Forststraßenzustieg. Im Gipfelbereich sehr schöne Rundumschau

Ausgangspunkt Neuwald, Jausenstation Leitner

Starthöhe	926 m	**Gipfelhöhe**	1903 m	**Exposition**	Nord
Höhenmeter	990 hm	**Aufstiegszeit**	4 h	**Einkehr**	nein
Aufstiegslänge	9.1 km	**Steilheit**	steil	**Anspruch**	III

Einstimmung Die Bezeichnung Dirtlerschlucht täuscht: Mehr als ein gewöhnlicher Graben ist das nicht! Der große Reiz besteht bei diesem östlichen Nachbarn des Kleinbodengrabens in der idealen Kombination dieser beiden nordseitigen Schneealpentouren: Den einen, landschaftlich sehr schönen, rauf, den anderen, abfahrtstechnisch besseren, runter. Perfekt! Daher müssen sich hier alle Aussagen wiederholen, die schon bei Tour 11.11 getroffen worden sind. Nur dass der Abfahrtsgenuss nun auch zur großen Tourenfreude beiträgt!

Blick von der Mitterbergschneid nach O, hinten die Rax, davor das Plateau der Schneealpe mit der Einfahrt in die Dirtlerschlucht im Licht-Schatten-Übergang

Lawinen Im Kleinbodengraben große Gefahr aus den steilen eingewehten Hängen unter der Donnerwand. Aber auch andere Flanken schauen bedrohlich aus! Der steile Anstieg auf die Mitterbergschneid erfordert sichere Verhältnisse, ebenso wie die direkte Einfahrtsrinne in die Dirtlerschlucht.

Orientierung Im Grabengrund einfach, ab dem Anstieg auf die Mitterbergschneid bei Nebel keine Freude! Auch das Finden der Einfahrt in die Dirtlerschlucht kann bei schlechter Sicht Nerven kosten!

Zufahrt Von S A2, dann S6 bis Ausfahrt Mürzzuschlag. B23 über Mürzsteg nach Frein an der Mürz. Dann nach 2.5 km rechts abzweigen nach Neuwald und im Tal bis zum Straßenende bei der Jausenstation Leitner, Pkt. 926 m. Geräumter Parkplatz nach der Brücke über die Kalte Mürz. Alternativ von N aus dem Raum Mariazell (B21) oder St. Pölten (B20-B214-B21) jeweils über den Lahnsattel.

Aufstieg Wie bei Tour 11.11. 4 Std.

Variante Ein Anstieg durch die Dirtlerschlucht ist natürlich auch möglich, aber etwas eintönig und daher nicht so empfehlenswert wie der Weg durch den Kleinbodengraben. Auf 1600 m behält man dabei im Graben die SO-Richtung bei und folgt dem Grabenbogen raus auf die Hochfläche. Dann südlich am Schusterstuhl entlang und nach SW auf den Windberg.

Abfahrt Vom Gipfel zurück in den weiten Sattel, dann rechts in eine Senke südlich des Schusterstuhls. Dort flach nach O um die Geländekante zur direkten steilen Einfahrt, 1800 m. In einer sehr steilen Rinne 200 hm in den Grabengrund. Dann ungehindert abwechslungsreich über Schwellen, kurze Hänge und Böden in schöner Fahrt dahin. Der Graben wird immer sanfter mit vielen unbeschwerten Schussfahrten. Einmündung in das Tal der Kalten Mürz auf 1050 m. Talaus durch eine wilde Felsklamm, dann auf der geräumten Forststraße, auf der man bei harter Unterlage recht flott vorankommt, zurück zum Ausgangspunkt.

Variante Von der direkten Einfahrt weiter nach O in eine sich allmählich ausbildende Mulde, die nach N eindreht, 1750 m. In dieser hinab in den Graben der Dirtlerschlucht. Wesentlich gutmütiger als die direkte, sehr steile Einfahrt!

— *Aufstieg* — *Abfahrt* *Kartenperspektive (Ausschnitt Kleinbodengraben - Windberg - Dirtlerschlucht)*

Karten	ÖK 50 UTM 4211 (BMN 103 + 104)
Après Tour	Jausenstation Leitner in Neuwald ▪ GH Freinerhof in Frein an der Mürz
Infos	www.hochsteiermark.at

11.13 Amaißbichl

Wenig bekannte, anspruchsvolle Tour mit steilem Waldaufstieg und einer knackigen Passage, gefolgt von sehr schönen Landschaftseindrücken

Ausgangspunkt Hinternasswald, Parkplatz

Starthöhe	712 m	**Gipfelhöhe**	1828 m	**Exposition**	Ost
Höhenmeter	1200 hm	**Aufstiegszeit**	3 ¾ h	**Einkehr**	nein
Aufstiegslänge	5.8 km	**Steilheit**	sehr steil	**Anspruch**	III

Einstimmung Praktisch unbekannte, dabei sowohl skitechnisch als auch landschaftlich sehr reizvolle Tour auf den östlichen Eckpfeiler der Schneealpen-Hochfläche. Eine heikle Passage bei der Schennerlucken und ein schon ordentlicher Höhenunterschied gehören dazu. Oberhalb der Schennerlucken schöne lichte Wälder, dann freie Hänge, unterhalb Powderwald vom Feinsten, der aber viel Schnee braucht.

Lawinen Die Passage unter der Schennerlucken ist nach Neuschnee und Windverfrachtung sowie bei Durchfeuchtung stark gefährdet. Die vom Kamperl nach O hinabziehende Rinne ist sehr lawinengefährdet.

Orientierung Die Schennerlucke muss richtig getroffen werden. Ab der Baumgrenze auf 1600 m bei Nebel sehr ungemütlich.

Zufahrt A2, dann S6 bis Ausfahrt Gloggnitz. B27 über Reichenau an der Rax durch das Höllental bis zum ehemaligen GH Singerin. Dort abzweigen und über Nasswald nach Hinternasswald, geräumter Parkplatz.

Blick von der Kuppe östlich vom Sattel, 1609 m, zum weiteren Gipfelanstieg, links das Abfahrtsgelände

Aufstieg Einige Schritte auf der Straße weiter, dann links über die Brücke (rote Markierung, Wegweiser) Richtung Habsburghaus. Auf der Forststraße durch die romantische Reißtalklamm und weiter mit Blick zu den Kahlmäuern. Bald nach einer Scheune bei einer Gabelung rechts ab auf einen Fahrweg. Diesem vier Kehren folgen, dann nach einem Graben rechts hinauf in den Wald im Bereich einer schmalen Schneise, 920 m. Beliebig im lichten Wald aufwärts, allmählich etwas links neben einem Schlag. Dann auf 1200 m links abdriften und oberhalb eines Fichtenforstes über den stumpfen Waldrücken weiter steil aufwärts bis unter Felsen (Windbruchschäden). Direkt unter einem vorgelagerten Felsen (rote Markierung) waagrecht nach rechts queren (mitunter heikel!) und leicht ansteigen auf einen Rücken (darunter Felsabbruch). Jenseits des Rückens weiter queren (weiterhin heikel) zum nächsten Rücken. Dahinter links rauf an die Geländekante, guter Rastplatz mit Aussicht am Rand der Lichtung, 1408 m. 2 ¼ Std.

Dann links über die Lichtung und im lichten Wald aufwärts. Allmählich raus ins baumfreie Gelände und über den teilweise schmalen und mitunter verwechteten Rücken auf eine Kuppe (schöner Blick zum Amaißbichl) und jenseits kurz hinab in einen Sattel, Pkt. 1609 m, Wegweiser. Weiter über den Rücken bzw. leicht links davon und nach einem flachen Abschnitt auf 1700 m über den runden Rücken auf die Gipfelkuppe (kein Gipfelzeichen). 1 ¼ Std.

Variante Lohnende großzügige Rundtour: Hinternasswald - Kreuzsattel - Grenzriegel (Eisenkogel, 1513 m) - Amaißbichl

Abfahrt Vom Gipfel direkt nach O über einen Idealhang in eine schöne Mulde, dann durch ein feines Tälchen bis 1570 m. Auf keinen Fall weiter durch das Tälchen, bald Felsabbruch! Gegensteigung (besser anfellen!) zurück in den Sattel, 1609 m und weiter auf die nahe Kuppe östlich davon. Weitere Abfahrt wie Aufstieg. Vorsicht bei der Einfahrt unter der Schennerlucken. Danach herrlicher Waldpowdergenuss (oder Traverse zur Kamperl-Ostrinne) und auf der Forststraße (Abkürzer bei den vier Kehren möglich) durch die Reißtalklamm zurück zum Start.

Variante Die Ostrinne des Kamperls bietet eine sportlich-lohnende Abfahrt, erfordert aber absolut sichere Verhältnisse. Unten wird der Graben sehr eng: Ausscheren nach links zurück zur Forststraße.

— *Aufstieg* — *Abfahrt* *Kartenperspektive*

Karten ÖK 25 Schneeberg und Rax, ÖK 50 UTM 4211 + 4212 (BMN 104)
Après Tour WH Zum Raxkönig in Nasswald
Infos www.schwarzauimgebirge.at

11.14 Lohmgraben

Wunderbare, sonnseitige Frühjahrstour in eindrucksvoller Grabenlandschaft und mit tollem Gipfelpanorama

Ausgangspunkt Altenberg an der Rax, Lohmgraben

Starthöhe	850 m	**Gipfelhöhe**	1812 m	**Exposition**	Süd
Höhenmeter	965 hm	**Aufstiegszeit**	3 h	**Einkehr**	nein
Aufstiegslänge	4.3 km	**Steilheit**	steil	**Anspruch**	II

Einstimmung Der Lohmgraben bietet die schönste südseitige Grabenabfahrt am östlichen Alpenrand! Die wiederholten Grabenwindungen sorgen für immer neue Eindrücke und für Kurzweil. Am beliebtesten ist die Tour im Frühjahr bei guten Verhältnissen, nach längerem Schönwetter, wird sie aber auch im Hochwinter gerne begangen. Die Schauerwand ist das logische Gipfelziel, ein Übergang zum Windberg und/oder zum Schneealpenhaus (im Winter nicht bewirtschaftet) ist möglich, stellt aber einen wenig lohnenden Mehraufwand dar, außer bei einer Abfahrt durch den Blarergraben, Tour 11.15.

Lawinen Praktisch im gesamten Graben große Gefahr aus den Seitenflanken. Besonders die möglichen Grundlawinen aus den südseitigen Flanken sind gefährlich und müssen richtig eingeschätzt werden. Wenn sie abgegangen sind, können sie leider die Abfahrt durch den Graben abschnittsweise behindern.

Orientierung Im Graben einfach, auf der Hochfläche ab 1600 m bei Nebel schwierig.

Zufahrt A2, dann S6 bis Ausfahrt Mürzzuschlag. B23 nach Kapellen, rechts Richtung Preiner Gscheid und nach 1.5 km links nach Altenberg an der Rax. Beim GH Paier links und Auffahrt zum Lurgbauer, 850 m, Parkmöglichkeit erfragen!

Eintritt in den Lohmgraben auf ca. 1050 m

Letzte Schritte auf die Schauerwand, hinten links der Ötscher, rechts der Göller

Aufstieg Auf der Forststraße weiter talein, bald im Wald zur Kurve, Pkt. 924 m (bis hierher meist geräumt). Weiter nach N (rote Markierung, Weg Nr. 446) und bei 1054 m Eintritt in den offenen Graben mit ersten guten Landschaftseindrücken. In der Grabenmulde ein erster Aufschwung (rechts Felswand), dann auf 1150 m eine eingelagerte Grabenteilung. Im linken, zunehmend steilen und engen Ast weiter. Nach einigen engen Spitzkehren rechts raus auf den Mittelrücken. Jenseits mit geringem Höhenverlust zurück in den Hauptgraben. In diesem zu einem markanten Schwenk nach O auf 1450 m, dort guter Rastplatz. 1 ¾ Std.

Weiter im Graben, bald wieder nach N bis zu einer Teilung auf 1580 m. Im rechten Ast in NO-Richtung höher und raus auf die Hochfläche (Wegweiser, 1710 m). Nach rechts abbiegen und in SO-Richtung über einen breiten Rundrücken zur Gipfelkuppe und zum höchsten Punkt. Das Kreuz steht etwas tiefer in SO-Richtung. 1 ¼ Std.

Variante Wenn der Windberg oder das Schneealpenhaus das Ziel sind, kann im Lohmgraben bei der Gabelung auf 1580 m der linke Ast benutzt werden. Einmündung auf 1700 m auf die Hochfläche, siehe Tour 11.15.

Abfahrt Kurz der Aufstiegsspur folgen, aber bald genau nach W zu einem Grabenansatz. Achtung auf verwechtete Seitenflanken! An geeigneter Stelle in die Mulde und genussvoll hinab zum Hauptgraben, 1630 m. Weiter entlang der Aufstiegsspur, auch durch die Engstelle auf 1200 m. Auf 1054 m bei guter Schneelage gerade weiter nach S im Geröllbett des Grabens, dann Einmündung bei Pkt. 924 m in die Forststraße und Schussfahrt (eventuell Gegenverkehr!) zurück zum Lurgbauer.

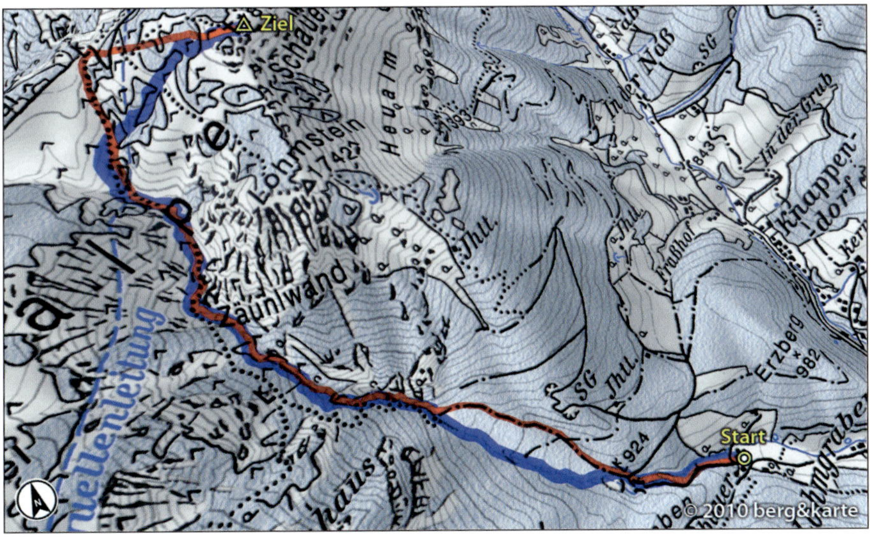

— Aufstieg — Abfahrt *Kartenperspektive*

Karten ÖK 25 Schneeberg und Rax, ÖK 50 UTM 4211 (BMN 104)
Après Tour GH Paier (Altenberger Hof) in Altenberg an der Rax
Infos www.altenberg-rax.com

11.15 Windberg-Blarergraben

Wunderbare, sonnseitige Frühjahrstour in eindrucksvoller Grabenlandschaft und mit tollem Gipfelpanorama

Ausgangspunkt Altenberg an der Rax, Lohmgraben

Starthöhe	850 m	**Gipfelhöhe**	1903 m	**Exposition**	S-O
Höhenmeter	1055 hm	**Aufstiegszeit**	3 ½ h	**Einkehr**	nein
Aufstiegslänge	6.3 km	**Steilheit**	steil	**Anspruch**	III

Einstimmung Nach einer Besteigung des Windbergs aus dem Altenberger Tal bildet der Blarergraben eine besonders im Frühjahr beliebte, steile Direktabfahrt in den unteren Lohmgraben. Dadurch ergibt sich eine interessante sportlichere Alternative zu einer Abfahrt durch den oberen Lohmgraben. Aufgrund der ostseitigen Lage ist der untere Abschnitt des Blarergrabens leider nicht besonders schneesicher. Vor diesem lauert außerdem ein gefährlicher Felsabbruch, dem es gilt, rechtzeitig links auszuweichen!

Lawinen Praktisch im gesamten Lohmgraben große Gefahr aus den Seitenflanken. Besonders die möglichen Grundlawinen aus den südseitigen Flanken sind gefährlich und müssen richtig eingeschätzt werden. Auch die Abfahrt durch den Blarergraben ist nur bei sicheren Firnverhältnissen ratsam.

Orientierung Im Lohmgraben einfach, auf der Hochfläche ab 1600 m bei Nebel sehr unangenehm. Dort vereinzelt Markierungspflöcke, die aber bei schlechter Sicht nicht ausreichen. Auch die Einfahrt in den Blarergraben ist schwierig zu treffen.

Zufahrt A2, dann S6 bis Ausfahrt Mürzzuschlag. B23 nach Kapellen, rechts Richtung Preiner Gscheid und nach 1.5 km links nach Altenberg an der Rax. Beim GH Paier links und Auffahrt zum Lurgbauer, 850 m, Parkmöglichkeit erfragen!

Letzte Schritte auf den Windberg, links unten die Almhütten mit der Michlbauerhütte

Aufstieg Aufstieg bis zum Rastplatz auf 1450 m siehe Tour 11.14. 1 ¾ Std.

Weiter im Graben, bald wieder nach N bis zu einer Teilung auf 1580 m. Im linken Ast nach NW, bei der nächsten Teilung wieder links und in einem Linksbogen raus auf die Hochfläche, 1720 m. Auf dem meist abgeblasenen Almweg sanft ansteigend um die Kuppe, Pkt. 1785 m, in einen Sattel nördlich des Mooskogels, 1788 m. Nun nach SW über die schneearme ebene Fläche an der Einfahrt in die Dirtlerschlucht, Tour 11.8, entlang. Dann über den Rücken nach NW hinauf Richtung Schusterstuhl und links eindrehend der kurze Schlussanstieg zum Kreuz auf dem Windberg. 1 ¾ Std.

Einfahrt in den Blarergraben, dahinter die Rax

Abfahrt Kurz über den Südrücken, dann nach O in schönen Schwüngen, dann in optimaler Hocke im Schuss zu den Almhütten (Michlbauerhütte) auf die "Brettlebene" und über diese nach OSO zur Einfahrt nördlich vom Schneealpenhaus. Dort sanft in den sich ausbildenden Graben, dann steiler weiter, anfangs etwas rechts haltend in die Rinne. Dann den schönen Steilhang hinab in einen Boden, 1440 m. Bald darauf aus dem engen Graben links rausqueren unter eine Felswand und zu einem Wegweiser. Rechts dem Verlauf des Sommerwegs folgend im steilen Wald hinab in den Lohmgraben und zurück zum Lurgbauer.

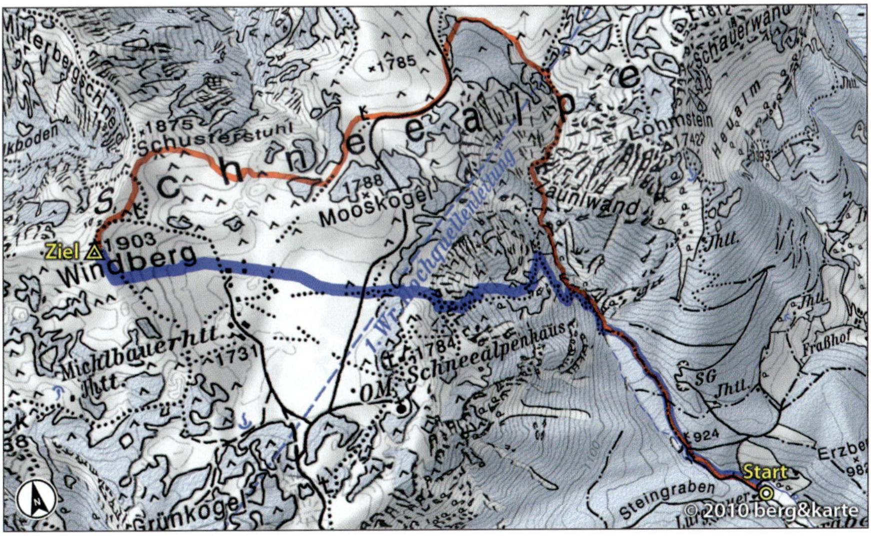

Aufstieg Abfahrt

Kartenperspektive

Karten	ÖK 50 UTM 4211 (BMN 104)
Après Tour	GH Paier (Altenberger Hof) in Altenberg an der Rax
Infos	www.altenberg-rax.com

11.16 Windberg-Kampl

Beliebte Tour mit schönem Hochflächenerlebnis, tollem Gipfelpanorama und mit einer sportlichen Abfahrtsvariante durch Steilwald

Ausgangspunkt Kapellen, Michlbauer

Starthöhe	860 m	**Gipfelhöhe**	1903 m	**Exposition**	Süd
Höhenmeter	1100 hm	**Aufstiegszeit**	3 ½ h	**Einkehr**	nein
Aufstiegslänge	6.5 km	**Steilheit**	steil	**Anspruch**	III

Einstimmung Der im Sommer dank der Mautstraße beliebteste Anstieg auf die Schneealpe ist im Winter zu Unrecht als wenig attraktiv verrufen. Die Tour ist landschaftlich sehr schön, hat auch eine gute Länge und das Gipfelpanorama ist einmalig. Und bergab kommen auch ambitionierte Abfahrer im Powderhochwald voll auf ihre Rechnung. Leider ist das Schneealpenhaus im Winter nicht geöffnet, dafür ist im Tal für das kulinarische Après bestens vorgesorgt!

Blick vom Windberg nach S zum Almboden, links die Rax, in der Ferne das Stuhleck

Lawinen Im Bereich des Kampls ist auf Einwehungen zu achten.

Orientierung Bei Sturm und vor allem Nebel ab dem Kampl heikel. Bis zum Schneealpenhaus gute Stangenmarkierung, abseits dieser Strecke aber anspruchsvoll und gefährlich.

Zufahrt A2, dann S6 bis Ausfahrt Mürzzuschlag. B23 Richtung Neuberg an der Mürz. Nach Kapellen bei der Freizeitanlage Urani, Pkt. 714 m, rechts abzweigen zum Michlbauer (Schild). Auffahrt auf gut geräumter Straße. Beim Michlbauer Parkmöglichkeit erfragen.

Aufstieg Über die Wiese (zu Beginn neben dem Hauslift) zum Waldrand. Dort auf Waldweg (nicht auf der neuen Forststraße) im Wald in NO-Richtung ansteigen (Gabelungen!) zum Pkt. 1104 m, auf der Öd. Nun nach N weiterhin rot markierter Anstieg (Weg Nr. 447), zunächst flach, dann in gut angelegten Kehren im zunehmend lichten Wald. Dann raus zur Straße und Kehren abkürzend zum Sommerparkplatz am Kohlebnerstand, 1410 m. Auf der Straße weiter unter dem steilen Bergrücken des Kampls hindurch, sobald wie möglich aber links rauf auf den Rücken (nicht die Kehren der Straße ausgehen!). Nach einem flachen Abschnitt über den zuletzt schmalen Bergrücken zum Sender, 1660 m, Vorsicht auf Einwehungen! 2 ½ Std.

Kurze Fellabfahrt nach N zur Kutatschhütte (offener Unterstand). Ab hier Stangenmarkierung: zunächst nach NW hinab in eine Mulde (nicht auf dem Sommerweg zum Schneealpenhaus), in einem weiten Rechtsbogen ansteigen auf eine Anhöhe und in Kürze weiter auf eine Schwelle, 1760 m. Jenseits hinab auf den Almboden und die Richtung beibehaltend (ab hier keine Stangen mehr!) genau nach N zu den Almhütten. Nach der Michlbauerhütte Linksbogen oberhalb einer eingewehten Mulde (ab hier einige wenige kurze Holzpflöcke). Dann unter einem Rücken rechtshaltend auf einer Rampe in einen seichten Sattel und die letzten Meter hinauf auf die Gipfelkuppe und zum Kreuz. 1 Std.

Abfahrt Vom Gipfel sind bei sicheren Verhältnissen steilere Einfahrten nach SO zur Michlbauerhütte möglich. Dann weiter wie beim Aufstieg am Sender vorbei bis zur obersten Kehre, 1465 m, südöstlich vom Kampl. Nun am rassigsten direkt nach S in den perfekten, anfangs ordentlich steilen Powderhochwald, dabei mehrfach Forststraßen kreuzend bis 1040 m. Dort links kurz auf dem Weg zur Aufstiegsspur und rechts in Kürze raus auf die Wiese und gemütlich zurückschwingen zum Start.

Variante Abfahrten vom Sender nach NO durch anfangs lichten Wald, dann weiter bis zu einer Forststraße auf 1150 m. Auf dieser rechts bis 1100 m und Gegenanstieg nach S auf die Öd. Weiter wie beim Aufstieg zurück zum Michlbauer. Für Powderfreaks bei sicheren Verhältnissen sehr lohnend!

Tipp Bei der Abfahrt unter dem Kohlebnerstand die Aufstiegsspur meiden, das Gelände ist ungeeignet! ▪ Bei der Abfahrt bei wenig Schnee besser alles auf der Forststraße ausfahren. ▪ Zustieg vom Tatscherhof, 940 m, ebenfalls möglich: Zufahrt am NW-Ortsende von Kapellen. Vom Tatscherhof nach N auf die Öd und weiter wie oben. Etwas kürzere Aufstiegszeit, aber Einbußen bei der Abfahrt.

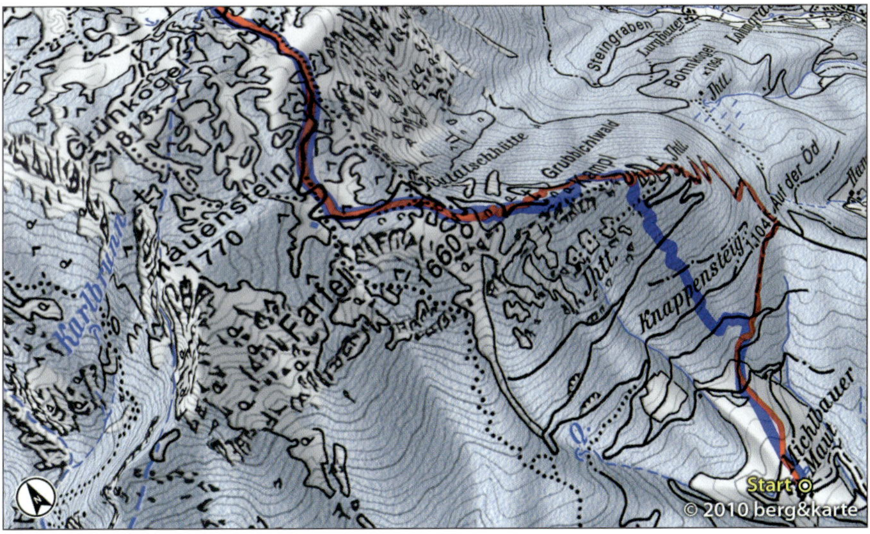

▬ *Aufstieg* ▬ *Abfahrt*

Kartenperspektive (Ausschnitt Kampl)

Karten	ÖK 50 UTM 4211 (BMN 104)
Après Tour	Michlbauer, Teichwirt Urani, GH Holzer und GH Anni Holzer in Neuberg an der Mürz
Infos	www.hochsteiermark.at

11.17 Windberg-Karlgraben

Anspruchsvolle Frühjahrstour in eindrucksvoller Grabenlandschaft und mit tollem Gipfelpanorama

Ausgangspunkt Krampen, Karlgraben

Starthöhe	790 m	**Gipfelhöhe**	1903 m	**Exposition**	S-W
Höhenmeter	1120 hm	**Aufstiegszeit**	3 ½ h	**Einkehr**	nein
Aufstiegslänge	5 km	**Steilheit**	steil	**Anspruch**	III

Einstimmung Auf der Westseite der Schneealpe bildet der Anstieg durch den Karlgraben eine ansprechende Tour in eindrucksvoller Umgebung. Der Aufstieg ist technisch fordernd (Spitzkehren, Querungen, Steilwald) und auch die Abfahrt hat einige lohnende Varianten zu bieten, aber auch Geländefallen, die es zu vermeiden gilt. Bei guten und sicheren Verhältnissen ist die Tour auch im Hochwinter beliebt, obwohl sie dann sehr kalt ist. Aber dafür wartet nach dem Genuss des einmaligen Gipfelpanoramas eine Powderabfahrt bis zum Ausgangspunkt.

Lawinen Zwischen 1450 m und 1700 m sind die Westhänge unter dem Grünkogel kritisch zu beurteilen.

Orientierung Wenn keine gute Spur vorhanden ist, erfordert der untere Grabenabschnitt bis 1450 m gutes Gespür für die beste Lösung. Ab 1600 m dann bei schlechter Sicht die üblichen unerwünschten Nebeneffekte auf der Hochfläche!

Zufahrt A2, dann S6 bis Ausfahrt Mürzzuschlag. B23 Richtung Mürzsteg. Zwischen Neuberg an der Mürz und Krampen rechts abzweigen (Wegweiser). Durch die Siedlung Karlgraben bis zum letzten Haus (Brücke), geräumter Parkplatz links an der Straße.

Genussschwingen im Karl

Letzte Schritte auf den Windberg, im Hintergrund von links Seckauer Alpen, Gößeck, Veitsch, Hochschwab, Gesäuse und Totes Gebirge

Aufstieg Auf der Forststraße talein (rote Markierung, Weg Nr. 441) zu einer Kapelle. Dann über den Bach, vorbei an einer Wildbachverbauung und in den Karlgraben nach O einschwenken. Über eine schöne Lichtung in den sich verengenden Graben. Der roten Markierung rechts am Hang folgen und im zunehmend steilen Wald in vielen Kehren aufwärts. Auf 1160 m unter einer Felsformation Beginn einer längeren ansteigenden Linksquerung, teilweise abseits der Markierung. Unter dem Rauenstein auf 1360 m ein Schwenk nach N und Traverse in eine lichtere Zone auf einen Absatz, 1480 m, guter Rastplatz. 2 Std.

Nun durch das schöne weite Kar (das "Karl") in einer Flankenquerung über dem Karboden nach N zur sich verengenden Mulde östlich vom Karleck. Durch diese Lücke auf die Hochfläche, leicht rechts in einen Boden (die Jagdhütte bleibt rechts) und nach N durch eine seichte Mulde. Dann nach O einschwenken und hinauf auf den Windberg. 1 ½ Std.

Variante Die Tour kann auch das Karleck, 1768 m, als Gipfelziel bzw. Umkehrpunkt haben. Sinnvoll auch bei schlechter Sicht auf der Hochfläche!

Abfahrt Großteils wie Aufstieg, einzelne kleine Varianten je nach Gusto auf der Hochfläche, im Kar und im Steilwald möglich. Achtung: auf 1530 m links in die Mulde queren, nicht in den steilen Graben nach S einfahren: Steilabbrüche! Auf 1250 m kann bei guter Schneelage in den unteren Graben direkt abgefahren werden. Zwischen 1080 m und 1020 m wird's aber etwas felsig verblockt! Danach beschaulicher Ausklang zurück zum Start.

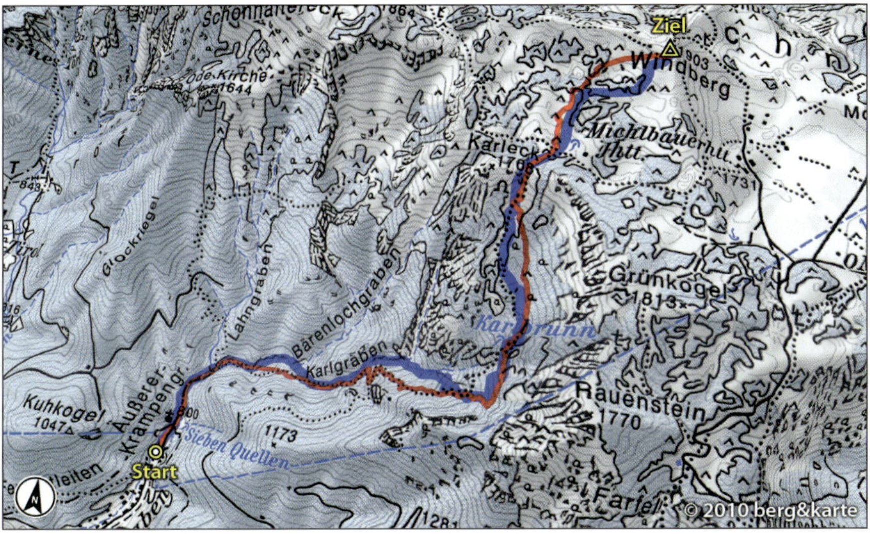

— *Aufstieg* — *Abfahrt* *Kartenperspektive*

Karten ÖK 50 UTM 4211 (BMN 103 + 104)
Après Tour GH Holzer und GH Anni Holzer in Neuberg an der Mürz
Infos www.hochsteiermark.at

11.18 Schönhaltereck

Beliebte Hochwintertour mit schöner Gipfelschau, genussvollen Tiefschneehängen und einem Forststraßenfinale

Ausgangspunkt Krampen, Tirol

Starthöhe	810 m	**Gipfelhöhe**	1860 m	**Exposition**	West
Höhenmeter	1060 hm	**Aufstiegszeit**	3 ¼ h	**Einkehr**	nein
Aufstiegslänge	7 km	**Steilheit**	steil	**Anspruch**	II

Einstimmung Am westlichen Rand der Schneealpen-Hochfläche gelegen, ist das Schönhaltereck eine beliebte Hochwintertour mit ausgezeichneter Gipfelschau und genussvollen Tiefschneehängen. Der Forststraßenanteil ist hinzunehmen, kann aber erfahrungsgemäß bei Schneemangel sogar von Vorteil sein, und eine lockere Schussfahrt zum Ausklang hat ja auch was für sich. Allerdings ist die Tour im Hochwinter in den schattigen Gräben unterhalb des Eisernen Törls sehr kalt, also bitte warm anziehen!

Lawinen Die Hänge der Ramleiten sind bei ungünstigen Verhältnissen kritisch zu beurteilen.

Orientierung Ab der Lichtung auf 1285 m im Wald Himmelsrichtung genau beachten (auch bei der Abfahrt!). Im baumfreien Gelände ab 1500 m sind bei schlechter Sicht unangenehme Situationen vorprogrammiert.

Zufahrt A2, dann S6 bis Ausfahrt Mürzzuschlag. B23 Richtung Mürzsteg und nach Neuberg an der Mürz in Krampen rechts abzweigen (Wegweiser) Richtung Hinteralm. Am Ende der Siedlung rechts auf schmaler geräumter Straße ins Tirol durch einen engen klammartigen Graben. Im Tirol bezeichneter geräumter Parkplatz.

Im Aufstieg kurz vor dem Eisernen Törl

Aufstieg Auf der Lichtung neben der Straße leicht linkshaltend zum Waldrand bei einer Kehre. Weiter auf der Straße zum unteren Lachalpengraben. Bei der Gabelung in den Graben (Schild Winterweg) und auf 1050 m rechts am Waldhang steiler hinauf zur Forststraße, 1120 m. Nun auf dieser gemütlich dahin mit ersten guten Ausblicken zum Schönhaltereck. Im Eisernen Törl eine meist ausgeblasene Straßenkurve, 1305 m, gleich danach links ein stattliches Jagdhaus. 1 ¾ Std.

Weiter auf der Forststraße bis zum nahen Wegweiser. Dort rechts (also nicht mehr zur Hinteralm!) und auf Weg Nr. 437 nach einigen Windungen zu einem zweiten Wegweiser. Bald darauf eine Lichtung, 1285 m. Dort von der Forststraße rechts ab und in NO-Richtung auf schmalen Wegstreifen sanft steigend zum Rand einer Aufforstung. Nun rechts und bald deutlich ansteigend nach SO zu den unteren Lichtungen der Ramleiten. Über den meist recht abgewehten Hang nördlich der Jausensteinwand auf einen Rücken (links eine seichte Mulde) und schöner Übergang zum Gipfelkreuz. 1 ½ Std.

Abfahrt Im Allgemeinen wie Aufstieg. Zu Beginn schöner in der seichten Mulde nördlich neben dem Aufstiegsrücken dahin, dann einige landschaftlich reizvolle Windungen. Die Mulde mutiert zum engeren Graben und dreht nach W ein. Vor einem Abbruch links oder rechts ausweichen und weitere genussvolle Abfahrt über die Ramleiten. Ab 1400 m tendenziell nach rechts halten, um wieder die Lichtung zu treffen. Dann nach dem Eisernen Törl bei ausreichend Schnee zahlreiche direkte Waldvarianten (Jagdsperren beachten!), ansonsten durchgehend auf der Forststraße in gemütlicher Schussfahrt ins Tirol.

Variante Vom Gipfel nach NW auf einem aussichtsreichen Rücken über den Seichstein zum Hirscheck, 1688 m, und integrale Befahrung der Ramleiten (nicht immer lawinensicher!).

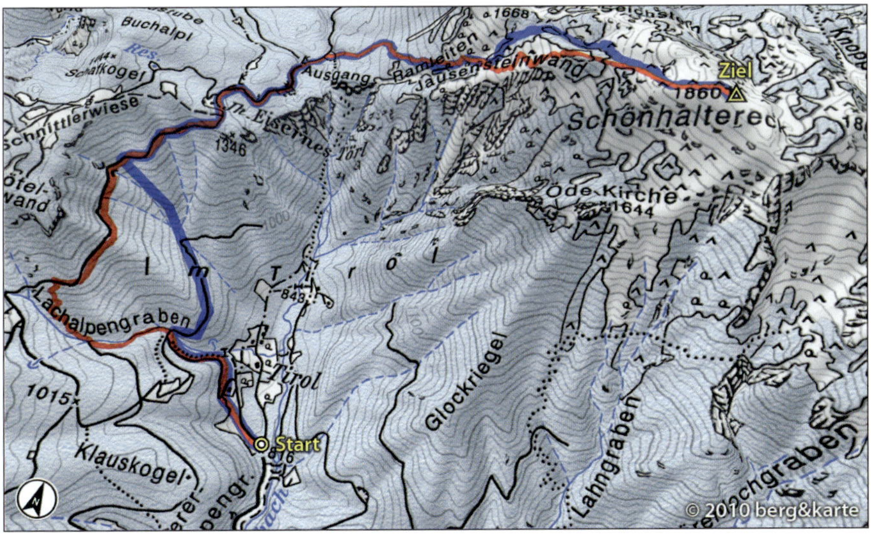

— Aufstieg — Abfahrt *Kartenperspektive*

Karten	ÖK 50 UTM 4211 (BMN 103)
Après Tour	GH Holzer und GH Anni Holzer in Neuberg an der Mürz
Infos	www.hochsteiermark.at

Landschaftlich hervorragende, ultralange Runde mit hoher Dividende für den investierten Schweißeinsatz

Ausgangspunkt Krampen, Eingang Krampengraben

Starthöhe	770 m	**Gipfelhöhe**	1860 m	**Exposition**	alle
Höhenmeter	2150 hm	**Aufstiegszeit**	7 ½ h	**Einkehr**	nein
Aufstiegslänge	16.2 km	**Steilheit**	steil	**Anspruch**	IV

Einstimmung Mit etwas Fantasie lässt sich im Bereich zwischen Hinteralm und Schneealpe eine betont landschaftsorientierte, wunderbare Marathonrunde durchführen, auf der viele bekannte Skitourenziele der näheren Umgebung besucht und durch Verbindungsstücke zu einer großartigen Überschreitung zusammengefügt werden können. Das Gelände stellt keine allzu hohen skitechnischen Anforderungen, wird aber im Verlauf der Route zunehmend spektakulär. Mehrmaliges An- und Abfellen steht auf dem Programm und manchmal macht es auch Sinn, kurze Fellabfahrten vorzuziehen, um flotter voran zu kommen. Die konditionellen Anforderungen bestimmen den Charakter der Tour. Wer trödelt oder die landschaftlichen Eindrücke in zu vielen Fotopausen festhalten will, riskiert einen Sonnenuntergang auf Tour!

Lawinen Speziell zu beachten sind die Abfahrten vom Hohen Waxenegg, von der Donnerwand und vom Schönhaltereck. Bei vernünftiger Spuranlage können aber die kritischen Bereiche vermieden werden.

Orientierung Bis zur Hinteralm bei Beachtung der Beschreibung keine speziellen Anforderungen. Danach sind gute Sichtverhältnisse absolute Voraussetzung für ein problemloses weiterkommen.

Aufstieg auf die Donnerwand, rechts hinten der Göller, davor das Hohe Waxenegg und nach links der Spielkogel

Zufahrt A2, dann S6 bis Ausfahrt Mürzzuschlag. B23 Richtung Mürzsteg und nach Neuberg an der Mürz in Krampen rechts abzweigen (Wegweiser) Richtung Hinteralm. Am Ende der Siedlung links geräumter Parkplatz.

Aufstieg Auf den Blahstein: Wenige Schritte auf der Straße weiter und links auf einer Wiese nach W. Dann rechts durch einen Waldgraben (links Felsformationen) und wieder auf einer Wiese zum Wald, 880 m. Nun nach W über den schwach ausgeprägten Hochwaldrücken, dabei bald eine Forststraße kreuzen. Nach der nächsten Forststraße, 1080 m, durch dichteren Baumbestand, bis ein breiter Weg neben einem Zaun schräg rechts hinaufführt zum Wiesenrand. Über die Wiese zu ihrem oberen Rand, 1260 m. 1 ½ Std.

Im Wald weiter aufwärts und nach einer weiteren Forststraße zunehmend steil in Spitzkehren höher. Zuletzt über eine kleine Lichtung zum höchsten Punkt (kein Gipfelzeichen, eingeschränkte Aussicht). ¾ Std.

Übergang zur Hinteralm: Vom Blahstein nach W durch dichten Wald hinab zu einer idyllischen Lichtung und in einem Rechtsbogen in einen Sattel. Jenseits nach NW in Kürze auf die unbezeichnete Gipfelkuppe der Lachalpe. Nach NW in den nahen Sattel, über die folgende Kuppe (alter Baum), an der Waldinsel rechts vorbei auf einen Boden und über die Geländekante hinab zu den Hütten der Lachalm. Nach N weitere Fellabfahrt in eine kleine Mulde und rechts am Waldrand auf einem Weg leicht fallende Querung im Wald und über Lichtungen. Nach einer Flachpassage östlich hinab zur weitläufigen Schnittlerwiese. Mit leichter Linksdrift über die Ebene, dann nach N auf den nahen Schafkogel, 1444 m. Den höchsten Punkt (Hochstand) zunächst rechts umgehen und dann von N betreten. Aussichtsreiche Rast im Hochstand! Nach N weiter im Wald auf das unscheinbare Buchalpl. Abfellen.

Abfahrt rechts eines markanten Schlags (Aufforstung) zum rot markierten Weg Nr. 401, 1260 m. Auf diesem links weiter in den Unteren Haselboden. Anfellen.

Sanft ansteigend in den Oberen Haselboden. Nach einem Rechtsknick nach N (Schild) auf dem Winterweg (nicht mehr der Forststraße folgen, Lawinengefahr!) im Wald, dann über einen lichten Rücken zur Kapelle auf dem Kerpenstein. Über die ebene Almfläche (Stangen) zu den Hütten der Hinteralm. 2 Std.

Auf das Hohe Waxenegg: Vom Hinteralmhaus nach NO die Lichtung hinauf zu einer Waldkuppe. Entweder über diese hinweg (besser), oder an ihr hart rechts am oberen Rand eines Hanges vorbei (Stangen). Dann weiter sanft ansteigend am Plateaurand entlang (rechts mitunter stark verwechtet, Vorsicht: Abstürze in die Klobenwände!). Zuletzt in einem Linksbogen auf den Spielkogel, 1599 m (Kreuz). Nach NO Fellabfahrt in einen Boden, 1450 m, und über den Rücken nach O (Pkt. 1569 m wird überschritten, das Kreuz bleibt rechts) in einen Sattel. Über eine Kuppe Übergang auf das Hohe Waxenegg, 1647 m (Achtung auf Wechten nach S, kleines Kreuz knapp unter dem höchsten Punkt). 1 ½ Std. Abfellen.

Zur Donnerwand: Kurz weiter nach O (schmale Schneide, Vorsicht), dann steilere Abfahrt nach S durch lichten Wald in den weitläufigen Taborsattel,1480 m. Anfellen.

Jenseits nach SO über den runden Rücken auf das Kleine Waxenegg und aussichtsreicher Übergang auf die Donnerwand, 1799 m (Kreuz, Achtung: überwechtete Felsabstürze nach O, schauriger Tiefblick in den Kleinbodengraben). 1 ¼ Std. Abfellen.

Zum Schönhaltereck: Abfahrt nach S rechts neben der Geländekante. Auf 1650 m ein Absatz, dann links eines überwechteten Hanges in den Griesleitensattel, 1530 m. Anfellen.

Nach S weiter und eine Kuppe rechts umgehend in einen weiteren Sattel. Nun den Nordhang des Gläserkogels hinauf (Rückblick zur Donnerwand!), zuletzt links über eine Art Rampe am Gipfel vorbei in einen Sattel (Abstecher auf den Gläserkogel, 1746 m). Weiter nach S in eine Senke und rechts ansteigend über einen Rücken in eine offene Mulde (Knopperwiese) und vor einer mächtigen Grube rechts über den Hang auf einen Rücken (rundum starke Verwechtungen). Jenseits nach SW kurze Fellabfahrt in eine Senke westlich von Pkt. 1864 m. Nach W finaler Gegenanstieg auf das Schönhaltereck, 1860 m (Kreuz). 1 ½ Std.

Im Aufstieg zum Gläserkogel: rechts die Donnerwand und die Abfahrt in den Griesleitensattel. Hinten der Göller, ganz links der Ötscher

Abfahrt Vom Schönhaltereck nach NW durch eine schöne seichte Mulde, dann einige landschaftlich reizvolle Windungen. Die Mulde mutiert zum engeren Graben und dreht nach W ein. Vor einem Abbruch links oder rechts ausweichen und weitere genussvolle Abfahrt über die Ramleiten. Ab 1400 m tendenziell nach rechts halten zum Rand einer Aufforstung, 1330 m. Nun auf schmalem Wegstreifen nach SW, dann nach W zu einer Forststraße auf einer Lichtung, 1285 m. Auf der gewundenen Forststraße links ins Eiserne Törl. Dann nach dem Eisernen Törl bei ausreichend Schnee zahlreiche direkte Waldpowdervarianten (Jagdsperren beachten!), ansonsten durchgehend auf der Forststraße in gemütlicher Schussfahrt ins Tirol. Auf der geräumten, aber im Hochwinter meist gut fahrbaren Straße (Vorsicht Gegenverkehr!) in Kürze durch die romantische Klamm zurück zum Ausgangspunkt in Krampen.

Variante Das Hinteralmhaus steht leider bis auf weiteres im Winter als Stützpunkt nicht zur Verfügung. Empfehlung daher für diejenigen, denen die Monstertour an einem Tag zu viel ist: von der Hinteralm Abfahrt auf Tour 11.6 nach Frein an der Mürz und Übernachtung im komfortablen GH Freinerhof. Am nächsten Tag auf Tour 11.5 auf den Rosskogel, Übergang zum Spielkogel und weiter auf der Originalroute.

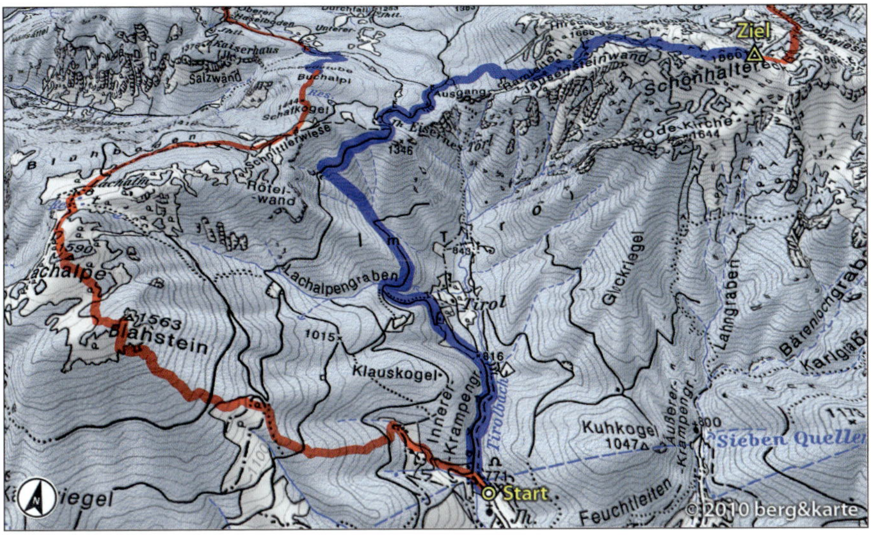

— *Aufstieg* — *Abfahrt* *Kartenperspektive (Ausschnitt Tirol - Lachalpe - Schönhaltereck)*

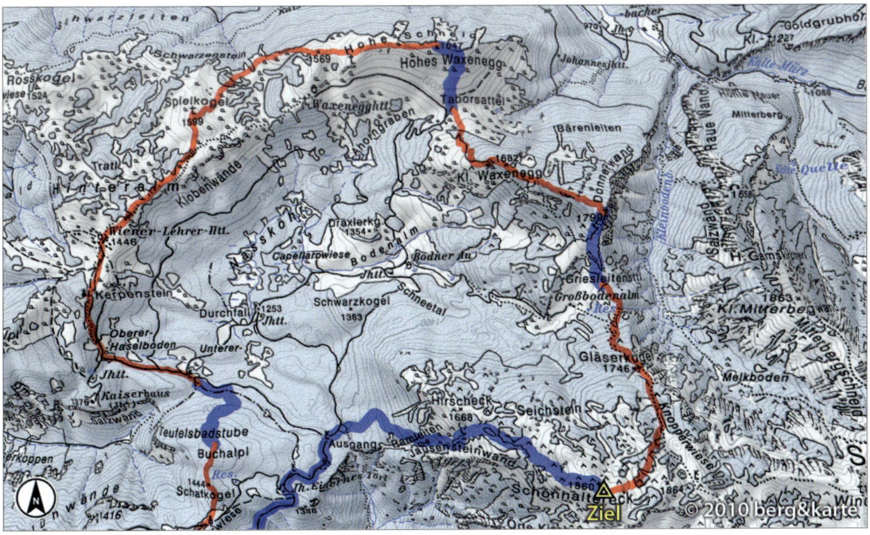

— *Aufstieg* — *Abfahrt* *Kartenperspektive (Ausschnitt Buchalpl - Spielkogel - Waxenegg - Schönhaltereck)*

Karten	ÖK 50 UTM 4211 (BMN 103)
Après Tour	GH Holzer und GH Anni Holzer in Neuberg an der Mürz
Infos	www.hochsteiermark.at

12 Veitsch

Klassiker und Neuland für gehobene Ansprüche

Zwischen Hochschwab und Schneealpe kratzt die Veitsch hart an der Zweitausendermarke und überragt damit ebenfalls bedeutend ihre nähere Umgebung. Also gibt's wieder umfassende Aussichten zu genießen und, wie bei einem Kalkstock üblich, bieten sich nach allen Seiten lohnende, meist anspruchsvollere längere Abfahrten, die auch hinsichtlich der Lawinengefahr gewissenhaft beurteilt werden müssen. Einige davon sind beliebte Ganzwinterklassiker, wie Schallerrinne, Rodel und Bärental, andere reine Frühjahrs-Steilfirntouren, wie Goassteig und Hundschupfen, andere wiederum neu entdeckte Raritäten wie der Kohlgraben und der extrem steile Weitengrund. Macht in Summe eine bunte Tourenvielfalt mit dem oft dick reifgepanzerten Gipfelkreuz auf der Hohen Veitsch als zentraler Anlaufstelle. Ein zweiter Treffpunkt befindet sich unweit davon im an Winterwochenenden bewirtschafteten Graf-Meran-Haus. Die Abfahrt vom Gipfel zu ihm mag kurz sein, bei Nebel kann sie aber zur Irrfahrt werden. Dort und auf der gesamten Hochfläche gibt's zwar Stangenmarkierungen, die bei Nebel die Orientierung erleichtern, aber bei weitem nicht alle Probleme lösen können!

Unbedingt zu erwähnen ist noch der Wildkamm, der dank dem schneesicheren, hoch gelegenen Ausgangspunkt am Niederalpl ein steiles Powderrevier der Sonderklasse darstellt. Da geht's primär um das maximierte Abfahrtsvergnügen, weshalb meist mindestens zweimal aufgestiegen wird!

Und wer den Tag von früh bis spät auskosten und lange oben am Berg bleiben möchte, der sollte die vor allem landschaftlich großartige Veitsch-Überschreitung vom Seebergsattel nach Mürzsteg ins Auge fassen!

Aufstieg durchs Bärental

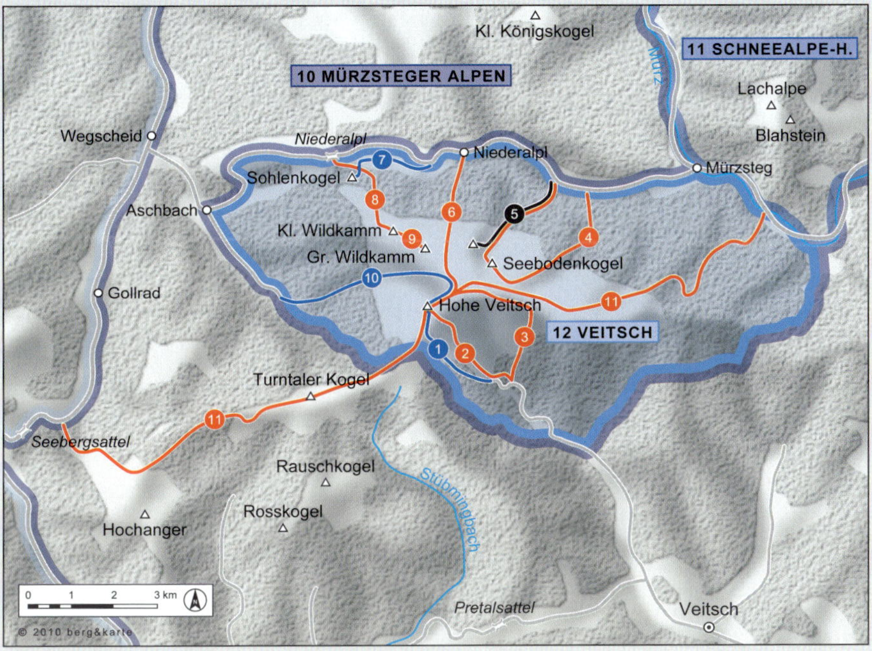

Anspruch: *leicht* *mittel* *schwierig* *sehr schwierig*

Regionskarte Veitsch

Nr	Skitour	Gipfelhöhe	Höhenmeter	Aufstiegszeit	Exposition	Anspruch	Seite
1	Schallerrinne	1981 m	830 hm	2 ½ h	S	II	304
2	Hundsschupfenloch	1981 m	940 hm	2 ¾ h	S-O	III	306
3	Goassteig	1981 m	940 hm	2 ¾ h	S	III	308
4	Seebodenkogel-Kohlgraben	1850 m	1030 hm	3 h	N-O	III	310
5	Hoher Muckenriegel-Weitengrund	1835 m	1020 hm	3 h	N	IV	312
6	Rodel	1981 m	1060 hm	3 ½ h	N	III	314
7	Sohlenkogel	1474 m	500 hm	2 h	N-O	II	316
8	Kleiner Wildkamm-Nordrinnen	1757 m	560 hm	1 ¾ h	N	III	318
9	Großer Wildkamm-Sohlenlahn	1874 m	710 hm	2 ¼ h	N	III	320
10	Bärental	1981 m	1170 hm	3 ½ h	N-W	II	322
11	Veitsch-Überschreitung	1981 m	1220 hm	5 h	W-S-O	III	324

12.1 Schallerrinne

Überaus beliebte, sonnseitige Tour mit Ski plus-Option, Hütteneinkehr und umfassendem Gipfelpanorama

Ausgangspunkt Brunnalm, GH Scheikl

Starthöhe	1154 m	**Gipfelhöhe**	1981 m	**Exposition**	Süd
Höhenmeter	830 hm	**Aufstiegszeit**	2 ½ h	**Einkehr**	✓
Aufstiegslänge	3.6 km	**Steilheit**	steil	**Anspruch**	II

Einstimmung Die Schallerabfahrt ist die klassische, überaus beliebte Standardtour für Hochwinter bis Frühjahr auf der Südseite der Veitsch. Dazu tragen die sonnseitige Lage, die moderate Länge des Aufstiegs, die meist gute ausgetretene Spur, das an Wochenenden geöffnete Graf-Meran-Haus sowie die anhaltend schöne Aussicht bis hin zum fantastischen Gipfelpanorama bei. Ist wirklich alles perfekt? Nein: Am Berg kann's auch sehr stürmisch sein, manchmal sind es der Menschen zu viele, der durchaus steile Aufstieg kann harscheisenträchtig hart sein. Wer im Hochwinter ungeduldig ist, der wird sogar zu früh einfahren und dann in einer der durchaus steilen und daher nicht zu unterschätzenden Schallerrinnen dem Firngenuss leider vorausschwingen.

Lawinen Die steilen Schallerrinnen erfordern sichere Verhältnisse. Auch Grundlawinen sind nicht ausgeschlossen. Bei kritischen Verhältnissen besser über die Aufstiegsflanke abfahren, allerdings ist diese auch nicht immer sicher!

Orientierung Schon beim Aufstieg zum Graf-Meran-Haus bei Nebel zunehmend unangenehm. Ab der Hütte bei schlechter Sicht Richtung Gipfel möglich, aber Vorsicht im Gipfelbereich (Wechten nach NW). Schwieriger sind dann die Orientierung vom Gipfel zurück zum Graf-Meran-Haus und das Finden der gewünschten Einfahrt!

Zufahrt A2, dann S6 Abfahrt Mitterdorf-Veitsch. Weiter durch Veitsch und durch das Großveitschtal über eine Bergstrecke auf die Brunnalm zum Parkplatz beim GH Scheikl (eventuell Schneeketten erforderlich).

Aufstieg Am GH Scheikl rechts vorbei, die Piste kreuzen und auf einer Forststraße nach S (Schild "Tour Einstieg", blaue Punkte bezeichnen in der Folge den Skitourenaufstieg). Bei der Kehre rechts, dann bald links ab und über den Waldrücken zu einer weiteren Forststraße hinauf. Auf dieser rechts bis zur nächsten Kehre. Kurz darauf nach W einen lichten Hang hinauf auf den Rücken des Sonnkogels. Nun flacher nach N an einer Jagdhütte vorbei und aus dem Wald zur Bergstation des Schlepplifts

Blick von der Bergstation des Sonnkogellifts zur Aufstiegsflanke

(guter Einblick in die breite felsdurchsetzte Südflanke der Veitsch). Weiter über den lichten, zunehmend steilen Waldrücken nach NW (Weg Nr. 465). Dann in der baumfreien Flanke in zahlreichen Spitzkehren (keine Scheu vor Harscheisen!) höher, zuletzt etwas links ausholend auf's Plateau (nicht rechts zur Stütze der Materialseilbahn) und in Kürze rechts zum erst jetzt sichtbaren Graf-Meran-Haus. 2 Std.

Von der Hütte genau nach NW über einen breiten Rücken zum Gipfelkamm und rechts in Kürze zum weithin sichtbaren großen Kreuz. ½ Std.

Variante Der Aufstieg kann auch 100 hm tiefer bei der Pflanzlhütte begonnen werden. ▪ Liftunterstützt kann der Aufstieg vom GH Scheikl um 300 hm verringert werden.

Abfahrt Vom Gipfelkreuz direkt nach SO in einer weiten Mulde genussvoll abwärts. Bald im flacheren Bereich (1850 m) leicht rechts haltend zum Graf-Meran-Haus. Querung nach W zur Einfahrt in eine der meist gut ausgefahrenen, steilen Schallerrinnen. Dann durch eine von Nadelwald flankierte Mulde zur Schalleralm, 1332 m. Weiter in den engen Schallergraben bis 1250 m. Dort links rausqueren und in Kürze zu einer Forststraße. Auf dieser nach einem Linksbogen sanft gleitend zurück zum Start.

Variante Alternativ aus der Schallerrinne schon auf 1450 m nach links rausqueren zur Bergstation des Sonnkogellifts und auf der Piste weiter.

Einkehr unterwegs Graf-Meran-Haus, 1836 m, im Winter und Frühjahr von Fr bis So bei entsprechender Witterung bewirtschaftet (vorher Anfragen: Tel. 0664/1513220).

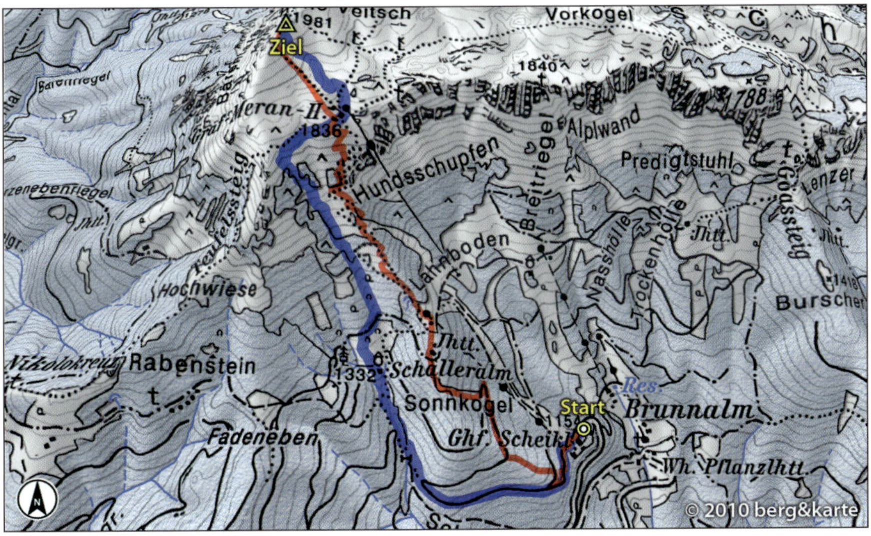

▬ *Aufstieg* ▬ *Abfahrt* *Kartenperspektive*

Karten ÖK 50 UTM 4211 (BMN 103)
Après Tour GH Scheikl und Pflanzlhütte auf der Brunnalm
Infos www.skiveitsch.at

12.2 Hundsschupfenloch

Rassige, sonnige Steilrinnentour mit Ski plus-Option, Hütteneinkehr und umfassendem Gipfelpanorama

Ausgangspunkt Brunnalm, Pflanzlhütte

Starthöhe	1050 m	**Gipfelhöhe**	1981 m	**Exposition**	S-O
Höhenmeter	940 hm	**Aufstiegszeit**	2 ¾ h	**Einkehr**	✓
Aufstiegslänge	4.2 km	**Steilheit**	sehr steil	**Anspruch**	III

Einstimmung Als Hundsschupfen wird das felsgekrönte Steilkar zwischen Breitriegel und dem Rücken bezeichnet, über den der Aufstieg zum Graf-Meran-Haus verläuft. Direkt von der Hütte führt das Hundsschupfenloch, eine beliebte rassige Steilrinne, in die breite Flanke, aus der es in beschwingter Fahrt weiter zur Brunnalm geht. Damit bietet sie eine betont sportliche Variante zu den Schallerrinnen und ist im Frühjahr ein heißer Tipp für Könner, die einen zeitigen Aufbruch nicht scheuen.

Lawinen Im Hochwinter erhebliche Schneebrettgefahr, im Frühjahr mit Tageserwärmung Gefahr von Grundlawinen.

Orientierung Schon beim Aufstieg zum Graf-Meran-Haus bei Nebel zunehmend unangenehm. Ab der Hütte bei schlechter Sicht Richtung Gipfel möglich, aber Vorsicht im Gipfelbereich (Wechten nach NW). Schwieriger sind dann die Orientierung vom Gipfel zurück zum Graf-Meran-Haus und das Finden der richtigen Einfahrt!

Zufahrt A2, dann S6 Abfahrt Mitterdorf-Veitsch. Weiter durch Veitsch und durch das Großveitschtal über eine Bergstrecke auf die Brunnalm zum Parkplatz beim GH Scheikl (eventuell Schneeketten erforderlich).

Blick von der Pflanzlhütte: links die Schallerrinnen, rechts der Hundsschupfen (die Einfahrt ist verdeckt)

Aufstieg Von der Pflanzlhütte auf der Piste nach NW und links hinauf zum GH Scheikl. Weiterer Aufstieg über das Graf-Meran-Haus zur Hohen Veitsch siehe Tour 12.1. 2 ¾ Std.

Variante Der Aufstieg kann auch je nach Schneelage beim GH Scheikl begonnen werden. ▪ Liftunterstützt kann der Aufstieg vom GH Scheikl um 300 hm verringert werden.

Abfahrt Vom Gipfelkreuz direkt nach SO in einer weiten Mulde genussvoll abwärts. Im flacheren Bereich (1850 m) nicht rechts zum Graf-Meran-Haus, sondern links unter der Materialseilbahn in die Einfahrtsmulde. Nach O hinab in die sehr steile felsbegrenzte Rinne. Dann nach einer Engstelle rechts eindrehen und raus in die genialen Firnhänge der Hundsschupfen. Auf 1500 m leicht rechts haltend zur Piste und zurück zum GH Scheikl und weiter zur Pflanzlhütte.

Einkehr unterwegs Graf-Meran-Haus, 1836 m, im Winter und Frühjahr von Fr bis So bei entsprechender Witterung bewirtschaftet (vorher Anfragen: Tel. 0664/1513220).

Tipp Hundsschupfenrinne: Weitere lohnende Steilabfahrt im zentralen Teil der Hundsschupfen. Einfahrt ziemlich genau auf halber Strecke zwischen Graf-Meran-Haus und Pkt. 1840 m an der Geländekante. Zufahrt vom Gipfel schwierig zu finden. Am besten zunächst nach NO bis zur Wegkreuzung (Wegweiser, 1915 m). Nun nach S durch eine Mulde zur Geländekante und damit zur sogleich sehr steilen Einfahrtsrinne. ▪ Breitriegel: An der Geländekante oberhalb des Breitriegels beim Pkt. 1840 m zwei Kreuze. Dort zwischen Felsen durchschwingen zum Beginn des stumpfen steilen Rückens. Über diesen abwärts, bevorzugt entweder nach SO oder nach SW in die Flanke und beliebig hinab zur Pflanzlhütte.

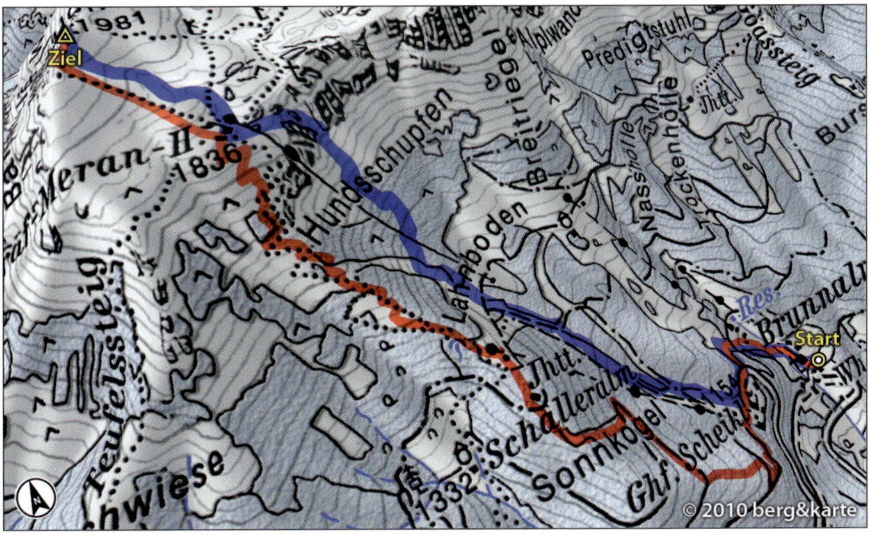

▬ *Aufstieg* ▬ *Abfahrt* *Kartenperspektive*

Karten ÖK 50 UTM 4211 (BMN 103)
Après Tour GH Scheikl und Pflanzlhütte auf der Brunnalm
Infos www.skiveitsch.at

Sehr schöne, aber nicht allzu häufig befahrene Steilabfahrt. Im Aufstieg technisch recht anspruchsvoll und eine gute Spitzkehren-Übungstour

Ausgangspunkt Brunnalm, Pflanzlhütte

Starthöhe	1050 m	**Gipfelhöhe**	1981 m	**Exposition**	Süd
Höhenmeter	940 hm	**Aufstiegszeit**	2 ¾ h	**Einkehr**	✓
Aufstiegslänge	4.2 km	**Steilheit**	sehr steil	**Anspruch**	III

Einstimmung Der Goassteig bietet eine der lohnendsten, sehr steilen südseitigen Veitsch-Firnabfahrten, der vom Gipfel weg ein schönes Hochplateau-Erlebnis vorausgeht. Nach der Flanke geht es in beschwingter Fahrt zurück zur Brunnalm. Die Einfahrt firnt nicht zu früh auf, der Zeitdruck hält sich also bei günstigen Verhältnissen in Grenzen.

Lawinen Im Hochwinter erhebliche Schneebrettgefahr, im Frühjahr mit Tageserwärmung Gefahr von Grundlawinen.

Orientierung Schon beim Aufstieg zum Graf-Meran-Haus bei Nebel zunehmend unangenehm. Ab der Hütte bei schlechter Sicht Richtung Gipfel möglich, aber Vorsicht im Gipfelbereich (Wechten nach NW). Echt schwierig ist dann die Orientierung vom Gipfel über die Hochfläche bis zur Einfahrt!

Zufahrt A2, dann S6 Abfahrt Mitterdorf-Veitsch. Weiter durch Veitsch und durch das Großveitschtal über eine Bergstrecke auf die Brunnalm zum Parkplatz beim GH Scheikl (eventuell Schneeketten erforderlich).

Blick vom Aufstieg zum Graf-Meran-Haus nach O zur Steilflanke des Goassteigs, rechts der Sperrkogel

Aufstieg Von der Pflanzlhütte auf der Piste nach NW und links hinauf zum GH Scheikl. Weiterer Aufstieg über das Graf-Meran-Haus zur Hohen Veitsch siehe Tour 12.1. 2 ¾ Std.

Variante Liftunterstützt kann der Aufstieg vom GH Scheikl um 300 hm verringert werden.

Abfahrt Vom Gipfel nach NO, am Vorgipfel (Messstation) entlang und nach einer Mulde um den Rücken rechts vorbei (kurz schieben, Wegweiser). Dann mit Stangen ganz kurz nach O zur verwechteten Einfahrtsmulde nach links in die Rodel. Dort schräg rechts abdriften und harmloser Anstieg auf eine stumpfe Kuppe. Auf dieser weiter und aus einem seichten Sattel nach SO auf den Vorkogel, 1900 m. Über einen Rücken nach O auf einen Boden und kurz rauf auf eine Kuppe, Pkt. 1788 m. Hier beginnt die eigentliche Abfahrt: nach O hinab auf einen Boden und rechts einschwenken in die schöne gleichmäßig steile Flanke. In dieser links an einem markanten Felsen vorbei und in schöner Fahrt über den Almboden tiefer. Immer etwas rechtslastig im Wald und über freie Flächen weiter, teilweise auch auf Forstwegen, zurück zur Pflanzlhütte.

Variante Kürzer ist der direkte Übergang vom Graf-Meran-Haus zum Vorkogel.

Einkehr unterwegs Graf-Meran-Haus, 1836 m, im Winter und Frühjahr von Fr bis So bei entsprechender Witterung bewirtschaftet (vorher Anfragen: Tel. 0664/1513220)

Tipp Ein Aufstieg über den Goassteig ist möglich, aber wegen der Steilheit nicht wirklich empfehlenswert. Wer aber seine Spitzkehrentechnik auf hartgefrorener Harschunterlage perfektionieren will, ist hier genau richtig!

— *Aufstieg* — *Abfahrt*

Kartenperspektive

Karten	ÖK 50 UTM 4211 (BMN 103)
Après Tour	GH Scheikl und Pflanzlhütte auf der Brunnalm
Infos	www.skiveitsch.at

12.4 Seebodenkogel-Kohlgraben

Abfahrt über eine markante Steilflanke, der ein landschaftlich wunderschöner und anspruchsvoller Aufstieg vorangeht

Ausgangspunkt Dobrein, Kompek

Starthöhe	838 m	**Gipfelhöhe**	1850 m	**Exposition**	N-O
Höhenmeter	1030 hm	**Aufstiegszeit**	3 h	**Einkehr**	nein
Aufstiegslänge	3.8 km	**Steilheit**	sehr steil	**Anspruch**	III

Einstimmung Bei der Fahrt von Mürzsteg aufs Niederalpl richten sich zunächst alle Blicke auf ein klassisch geformtes Steilflanken-Dreieck, welches hier den primären Veitsch-Blickfang bildet. Und natürlich lockt dieses Gelände den Spezialisten. Trotzdem ist die Frühjahrstour ein Geheimtipp: kaum bekannt, obwohl echt super! Als günstiger Aufstieg bietet sich Tour 12.5 an. Dadurch ergibt sich eine landschaftlich einzigartige Runde, die an Abwechslung auf der Veitsch kaum zu überbieten ist.

Lawinen Im Aufstieg durch den Weitengrund sind der Steilwald zwischen 1100 m und 1200 m sowie die extrem steile Ausstiegsflanke kritisch zu beurteilen. Die gesamte Steilabfahrt bis tief in den Kohlgraben hinein erfordert sichere Verhältnisse. Durch die ostseitige Lage firnt die Flanke bald auf, zeitige Einfahrt ist daher Pflicht!

Orientierung Ab dem Verlassen der Forststraße auf 960 m erfordert der folgende Waldbereich bis 1180 m Gespür für den richtigen Wegverlauf, und ab dem Ausstieg aus dem Weitengrund hört sich bei Nebel der Spaß auf!

Zufahrt A2, dann S6 bis Abfahrt Mürzzuschlag. B23 über Neuberg an der Mürz nach Mürzsteg. Dort Richtung "Mariazell über Niederalpl" bis zum Schild Dobrein. Noch ein Stück weiter und links parken bei Haus Nr. 53, Pkt. 838 m (Kompek).

Aufstieg Auf der Straße wenige Schritte Richtung Mürzsteg, dann rechts auf einer Brücke über den Dobreinbach und auf einem Waldweg nach S zu einer nahen Forststraße. Auf dieser immer dem Graben folgen, unterwegs eine Lichtung, dann auf 960 m eine Kehre, Holzlagerplatz. Nun gerade weiter im Graben, dann am Waldrand bei einer Schneisengabelung links aufwärts (blauer Pfeil auf einem Stein) Richtung Schütt. Auf 1000 m nach W eindrehen und in den Hochwald. Dort zunehmend steil neben einem tief eingeschnittenen Graben höher und allmählich rechts hinausqueren zum Ende einer Forststraße, 1180 m. 1 Std.

Dieser ein kurzes Stück folgen mit minimalem Höhenverlust, nach einem Linksbogen links ab durch eine Waldschneise. Nach einer Steilstufe allmählich hinaus zur wildromantischen Felsumrahmung im Weitengrund. Im schönen Talboden aufwärts, und bald öffnet sich im Talschluss der Blick zur felsumrahmten schattigen Steilflanke. In diese soweit wie möglich mit Ski hinauf, dann besser abschnallen und zu Fuß (Steigeisen!) 100 hm rauf an den Rand der Hochfläche bei kleinen Felsen.

Firngenuss im Kohlgraben

Zunächst noch in der Mulde weiter, dann allmählich nach links ausscheren und nach O auf die unscheinbare Kuppe des Seebodenkogels. 2 Std.

Variante Infrage kommt auch ein Aufstieg durch die Rodel, Tour 12.6: Nach der Unterbrecherstelle auf 1600 m weiter durch die Mulde und nach der kurzen Steilstufe links den Hang hinauf. Dann Übergang nach O zum Seebodenkogel. Für den Transfer zurück zum Start nach der Abfahrt ist vorzusorgen!

Abfahrt Nach SO auf den Seeboden und mit möglichst viel Schwung rüber zur Seebodenhütte, 1810 m. Den nahen Hasenkogel rechts umrunden, dann links neben einer überwechteten Mulde (Vorsicht!) genussvolles Einschwingen und Traverse hinüber zum Rücken rechts eines ausgeprägten Felsgrates, 1700 m. Jenseits des Rückens die Einfahrt in den Kohlgraben: beliebig in die breite Steilflanke, die sich allmählich zu einem Graben verengt. Auf 1250 m ein Felsabbruch: rechtzeitig vorher links auf einen begrenzenden Rücken und jenseits in eine Sekundärrinne. Auch diese hat eine Steilstufe, die aber seitlich abgerutscht werden kann. Dann weiter im zunächst noch felsbegrenzten Graben, der flacher zu einer Forststraße ausläuft. Diese kreuzen und im Wald weiter abwärts, dann am Rand einer Schottergrube hinab zu einer Forststraße und durch den Großen Lahngraben talaus zum Pöltl.

Tipp Übergang zur Hohen Veitsch: Vom Ausstieg aus dem Weitengrund in der Mulde bleibend zunächst ein Rechtsbogen, dann ein ebener Übergang genau nach S zur Stangenmarkierung (Sommerweg). Dieser nach rechts folgen, an der verwechteten Einfahrt in die Rodel vorbei und weiter auf den Gipfel.

– *Aufstieg* – *Abfahrt* *Kartenperspektive*

Karten ÖK 50 UTM 4211 (BMN 103)
Après Tour GH Holzer und GH Anni Holzer in Neuberg an der Mürz
Infos www.hochsteiermark.at

12.5 Hoher Muckenriegel-Weitengrund

Nordseitige Extremtour. Ein Geheimtipp in faszinierender Landschaft, mit anspruchsvollem Aufstieg und genaues Timing erfordernder Abfahrt

Ausgangspunkt Dobrein, Kompek

Starthöhe	838 m	**Gipfelhöhe**	1835 m	**Exposition**	Nord
Höhenmeter	1020 hm	**Aufstiegszeit**	3 h	**Einkehr**	nein
Aufstiegslänge	3.6 km	**Steilheit**	extrem steil	**Anspruch**	IV

Blick von der Einfahrt in den Weitengrund nach N, hinten links der Göller, rechts die Schneealpe

Einstimmung Auf der Nordseite der Veitsch gibt es nicht nur die weithin bekannte Rodel als lohnende Abfahrt, sondern auch noch andere Leckerbissen. Einer davon ist diese Geheimtipp-Tour für routinierte SkibergsteigerInnen in die wildromantische Felsenwelt der Burg. Der im Frühjahr lange schneesichere Weitengrund schließt mit einer extrem steilen Flanke ab, die im Aufstieg mit Steigeisen begangen werden muss. Und nach dem einsamen Gipfelerlebnis auf dem Hohen Muckenriegel wird bei der Abfahrt das Timing eine große Rolle spielen, denn es gilt geduldig das Auffirnen abzuwarten!

Lawinen Kritisch zu beurteilen sind der Steilwald zwischen 1100 m und 1200 m sowie die extrem steile Ausstiegsflanke aus dem Weitengrund.

Orientierung Ab dem Verlassen der Forststraße auf 960 m erfordert der folgende Waldbereich bis 1180 m Gespür für den richtigen Wegverlauf, und ab dem Ausstieg aus dem Weitengrund hört sich bei Nebel der Spaß auf!

Firnrausch im flacheren Mittelteil des Weitengrunds

Zufahrt A2, dann S6 bis Abfahrt Mürzzuschlag. B23 über Neuberg an der Mürz nach Mürzsteg. Dort Richtung "Mariazell über Niederalpl" bis zum Schild Dobrein. Noch ein Stück weiter und links parken bei Haus Nr. 53, Pkt. 838 m (Kompek).

Aufstieg Wie bei Tour 12.4. 3 Std.

Variante In Frage kommt auch ein Aufstieg durch die Rodel, Tour 12.6: Nach der Unterbrecherstelle auf 1600 m weiter durch die Mulde und nach der kurzen Steilstufe links den Hang hinauf. Dann Übergang nach N zum Hohen Muckenriegel. Für den Transfer zurück zum Start nach der Abfahrt durch den Weitengrund ist vorzusorgen!

Abfahrt Vom Gipfel direkt nach O in eine sich ausbildende Mulde. In dieser kurz hinab, dann aber links raus auf einen Rücken (Blick in den Weitengrund). Nun mit wenigen Schwüngen hinab in die breite Mulde. Vorsichtige Einfahrt in die extrem steile Flanke, dann weitere Abfahrt wie Aufstieg. Zuletzt auf der Forststraße auf 860 m die Abzweigung nach links zurück zum Start nicht verpassen!

Tipp Übergang zur Hohen Veitsch: Vom Ausstieg aus dem Weitengrund in der Mulde bleibend zunächst ein Rechtsbogen, dann ein ebener Übergang genau nach S zur Stangenmarkierung (Sommerweg). Dieser nach rechts folgen, an der verwechteten Einfahrt in die Rodel vorbei und weiter auf den Gipfel.

Aufstieg *Abfahrt* *Kartenperspektive*

Karten ÖK 50 UTM 4211 (BMN 103)
Après Tour GH Holzer und GH Anni Holzer in Neuberg an der Mürz
Infos www.hochsteiermark.at

Beliebter, längerer nordseitiger Klassiker mit berühmter kurzer Unterbrecherstelle und tollem Gipfelpanorama

Ausgangspunkt Niederalpl, Ort

Starthöhe	921 m	**Gipfelhöhe**	1981 m	**Exposition**	Nord
Höhenmeter	1060 hm	**Aufstiegszeit**	3 ½ h	**Einkehr**	nein
Aufstiegslänge	4.8 km	**Steilheit**	steil	**Anspruch**	III

Einstimmung Auf der Nordseite der Veitsch bildet die Rodel eine der zu Recht beliebtesten Frühjahrsskitouren in der näheren und weiteren Umgebung. Das Ambiente ist durchaus alpin und die berühmte, bei normalen Verhältnissen einfach zu begehende Unterbrecherstelle verleiht der Tour eine besondere Note. Das Gelände ist sehr abwechslungsreich und durch die Nordlage lange schnee-, aber nicht lawinensicher. Die Tour wird auch oft im Hochwinter gemacht, dann ist sie allerdings wegen der langen Schattlage sehr kalt! Auf dem Gipfel wartet eine fantastische Aussicht. Optional kann man von dort auch in Kürze auf einen Sprung im Graf-Meran-Haus vorbeischauen.

Blick vom Großen Schwarzkogel nach S, links der Hohe Muckenriegel, rechts der Große Wildkamm, dahinter die Hohe Veitsch, in der Mitte die Rodel

Lawinen Gefahr aus den Flanken vom Großen Wildkamm und vom Hohen Muckenriegel in die Rodel. Auch nach der Unterbrecherstelle erfordert der kurze steile Aufstieg zur Gingatzwiese sichere Verhältnisse.

Orientierung Ab der Gingatzwiese bei Nebel sehr unangenehm und wegen der Verwechtungen auch nicht ungefährlich! Die auf der Hochfläche vorhandenen Stangenmarkierungen reichen dann nicht aus! Vorsicht im Gipfelbereich (Wechten nach NW).

Zufahrt A2, dann S6 bis Abfahrt Mürzzuschlag. B23 über Neuberg an der Mürz nach Mürzsteg. Dort Richtung "Mariazell über Niederalpl" bis zum Ort Niederalpl, 921 m. Parken an der Straße oder beim ehemaligen GH Gamsjäger neben der Kapelle (fragen!).

Aufstieg Vom Gamsjäger die Straße kurz weiter, dann links auf einer kleinen Holzbrücke über das Bacherl und am Waldrand neben einer Lichtung flach talein. Bei einer Wildfütterung auf eine Forststraße, diese kurz weiter, dann gerade nach S durch eine Aufforstung wieder zur Straße. Diese links zurück in den Graben folgen und auf Waldweg (Weg Nr. 465) weiter zum Pkt. 1086 m. Nun im Wald der roten Markierung folgen. Der Anstieg wird zunehmend steil, auf 1300 m aus dem Wald hinaus in ein plötzlich ernsteres Ambiente. Im sich ausbildenden steilen Graben der Rodel in einen Boden auf 1500 m, mit gutem Blick zur Unterbrecherstelle. Flacher weiter, dann die kurze steile Flanke hinauf zur Unterbrecherstelle (1600 m). Mit Ski am Rucksack das Geländerseil entlang zur angelehnten Stahlleiter, diese empor und wieder einem Seil folgend zum nahen Ausstieg am Beginn einer Mulde. 2 Std.

Durch die Mulde ein Stück höher und rechts einen steilen Hang in den weiten Sattel der Gingatzwiese, 1740 m, unter dem Wildkamm SO-Grat. Weiter nach S anfangs durch schütteren kleinwüchsigen Fichtenbestand, dann ansteigend den zunächst flachen und stumpfen Rücken höher zu einem Wegweiser, 1880 m. Nach SW auf eine weitläufige Kuppe, danach leichter Höhenverlust und links um den Vorgipfel (Messstation) zum großen Gipfelkreuz. 1 ½ Std.

Variante Nach der Unterbrecherstelle kann man natürlich auch in der Mulde bleiben und durch diese die Hochfläche erreichen. Dort Stangen folgend nach W zum Gipfel.

Abfahrt Wie Aufstieg oder von der ersten weitläufigen Kuppe weiter den Stangen folgend genau nach O und an einem ansetzenden verwechteten Graben rechts herum. Bald darauf von den Stangen links ab (nicht weiter zur Seebodenhütte) und nach N Einfahrt in den anfangs wenig steilen Graben. Dieser verengt sich und es folgt auf 1700 m eine steile Engstelle (Vorsicht, mitunter nach N überwechtet!). Um die Wechte rechts herum und im Graben in schöner Fahrt zur Unterbrecherstelle. Nach dieser durch die Mulde bis 1350 m. An dieser Stelle alternativ links hinausqueren zu einem freien Hang. Dort auf 1200 m durch teils dichten Wald zurück zur Straße bei Pkt. 1086 m und wie beim Aufstieg zurück zum Start.

Aufstieg Abfahrt *Kartenperspektive*

Tipp Anmerkungen zur Unterbrecherstelle auf 1600 m: Bei ungünstigen Verhältnissen (harter Schnee, Vereisung) können Steigeisen erforderlich sein. Diese daher sicherheitshalber immer mitnehmen! In besonders schneereichen Wintern kann die Leiter und die felsige Steilstufe zugeschneit sein. Dann ist unter Umständen für Könner auch eine Befahrung mit Ski möglich bzw. kann seitlich abgerutscht werden (Vorsicht!). ▪ Wildkamm Ostflanke: Aufstieg von der Gingatzwiese großteils zu Fuß über den schneidigen SO-Grat oder vom Niederalpl (Tour 12.9). Vom Großen Wildkamm kurz über den Rücken nach NO, dann rechts in die sehr steile Flanke und links oder besser rechts eines Felsrückens in den flachen Boden, 1500 m, unter der Unterbrecherstelle. Lohnende Frühjahrs-Kombination mit der Rodel, da die Ostflanke bald auffirnt.

Karten ÖK 50 UTM 4211 (BMN 103)
Après Tour GH Holzer und GH Anni Holzer in Neuberg an der Mürz
Infos www.hochsteiermark.at

12.7 Sohlenkogel

Sehr schöne, kurze Powder-Waldtour im unmittelbaren Bereich eines kleinen Skigebietes

Ausgangspunkt Niederalpl, erste Rechtskurve nach Niederalpl-Ort

Starthöhe	980 m	**Gipfelhöhe**	1474 m	**Exposition**	N-O
Höhenmeter	500 hm	**Aufstiegszeit**	2 h	**Einkehr**	nein
Aufstiegslänge	4 km	**Steilheit**	steil	**Anspruch**	II

Einstimmung Am Niederalpl liegt fast immer mehr Schnee als in der näheren Umgebung! Oft früh in der Saison bekommt das Schneeloch die ersten großen Schneeladungen und konserviert sie nicht selten bis Anfang Mai. Begünstigt durch die Ausgangshöhe und die nordexponierte Lage sind die Touren dieser Region (12.4 - 12.10) immer wieder ein schneesicherer (Insider)Tipp. Der Sohlenkogel ist dabei eine interessante Mischung zwischen gemütlichem Aufstieg und sportlicher Abfahrt. Die Tour beginnt im unmittelbaren Bereich eines Skigebietes und entwickelt sich rasch zu einer sehr abwechslungsreichen Unternehmung. Ständig im Bann des Kleinen Wildkamms, wird der Gipfel von S erreicht. Die direkte, steile und durchaus anspruchsvolle Nordabfahrt durch den lichten Hochwald ist bei Canadian Powder ein pures Vergnügen!

Lawinen Geländebedingt nur geringe Gefährdung.

Orientierung Generell kein Problem.

Zufahrt Von S A2, dann S6 bis Ausfahrt Mürzzuschlag, B20 über Neuberg nach Mürzsteg. Dort Richtung "Mariazell über Niederalpl" zum Ort Niederalpl. Bald danach zwei mitunter kreative Parkraumbewirtschaftung verlangende Parkmöglichkeiten an der linken Straßenseite. Von Seewiesen oder Gusswerk kommend B20 nach Wegscheid, abzweigen nach Mürzsteg und über das Niederalpl, 1221 m, (eventuell Ketten erforderlich) zum Ausgangspunkt (siehe oben). Von N B20 über Frein nach Mürzsteg, dann rechts abbiegen und weiter wie oben.

Im Aufstieg zum Sohlenkogel

Am Kamm kurz vor dem Gipfel, im Hintergrund der Wildkamm

Aufstieg Von der Straße aufs Niederalpl auf 980 m die Forststraße schräg links zum Niederalplbach, diesen überqueren, und weiter zum Skigebiet. Am rechten Pistenrand der Forststraße folgen. Der Weg umgeht rechts eine Steilstufe der Piste, 1100 m, und kreuzt dann diese (Achtung auf Skifahrer!) auf 1150 m. Auf der Forststraße zum Sohlengraben,1220 m. Diesen überqueren und in Kürze rechts über eine freie Fläche hinaufsteigen und anschließend rechtshaltend auf einen Weg weiter. Danach den Graben wieder queren und im Hochwald nach SW in Kehren über eine Steilstufe zur Sohlenalm. Über die freie Fläche nach N Richtung Wegkreuz, in den Wald und nach Umgehung einer Steilstufe auf den Kamm und zum höchsten Punkt. 2 Std.

Variante Von der Piste auf 1170 m nach S im Hochwald steil hinauf zum Kamm und weiter zum höchsten Punkt (sportlich-anstrengende Variante).

Abfahrt Vom Gipfel zuerst am Kamm nach O und nach 150 m nach N steil in den Hochwald und auf die Lichtung hinunterstechen. Je nach Schnee und Eigenkönnen mehr links (steiler) oder rechts in der Falllinie zur Piste. Über diese gemütlich ausschwingen und in flotter Fahrt zum Ausgangspunkt zurück.

Tipp Optimale Kombination mit Tour 12.8 mit Wiederaufstieg vom Sohlengraben.

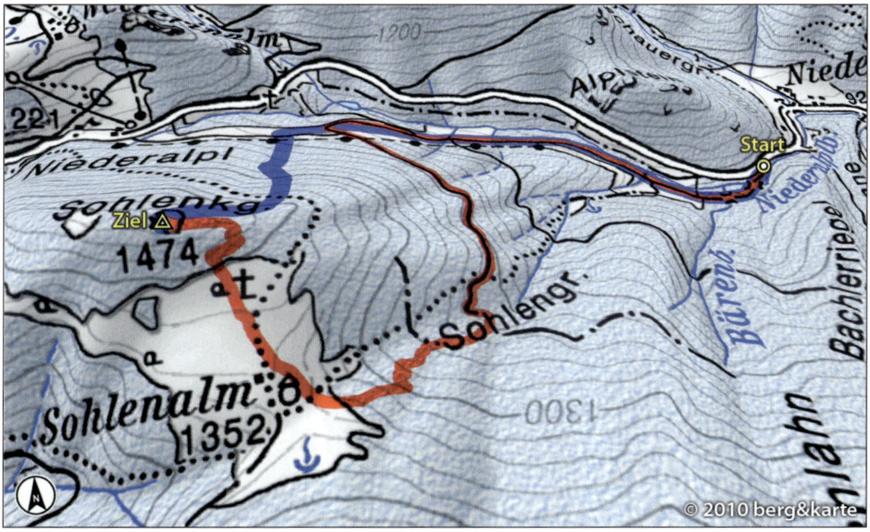

Aufstieg *Abfahrt* *Kartenperspektive*

Karten ÖK 50 UTM 4211 (BMN 103)
Après Tour GH Plodererhof und Holzbox auf dem Niederalpl · GH Holzer und GH Anni Holzer in Neuberg an der Mürz
Infos www.snowpark.at · www.muerzsteg.at

Zunehmend beliebte Powder-Rinnen mit kurzem Zustieg und Schlepplifthilfe nach der Abfahrt

Ausgangspunkt Niederalpl, Pass

Starthöhe	1221 m	**Gipfelhöhe**	1757 m	**Exposition**	Nord
Höhenmeter	560 hm	**Aufstiegszeit**	1 ¾ h	**Einkehr**	nein
Aufstiegslänge	3.1 km	**Steilheit**	steil	**Anspruch**	III

Einstimmung Der Kleine Wildkamm bildet ein zunehmend beliebtes, sehr schneesicheres Powderrevier für sportlich orientierte Genießer. Die Abfahrt ist das Ziel, der Gipfel Nebensache! Mehrere nordseitige Steilrinnen und dazwischen liegende Waldhänge ergeben ein abwechslungsreiches Angebot, das viele Varianten und Kombinationen (auch unter Einbeziehung des Sohlenkogels) ermöglicht. Wer auf mehr Abfahrtsmeter kommen will, wird daher auch mehrmals aufsteigen! Die Rinnen sind nicht extrem steil, also gerade richtig für den sportlich interpretierten reinen Skigenuss. Sie sind aber auch alles andere als harmlos, und müssen daher gewissenhaft eingeschätzt werden. Heiklen Bereichen kann aber bei entsprechender Erfahrung oft ganz gut ausgewichen werden.

Lawinen In den nordseitigen Rinnen ein ernstes Thema, vor allem bei viel Neuschnee und starken Einwehungen!

Orientierung Bei schlechter Sicht kann im Gipfelbereich das Finden der richtigen Einfahrt zum Problem werden.

Zufahrt A2, dann S6 bis Abfahrt Mürzzuschlag. B23 über Neuberg an der Mürz nach Mürzsteg. Dort Richtung "Mariazell über Niederalpl" und über Niederalpl-Ort auf die Passhöhe, 1221 m. Parken an der Straße nach dem GH Plodererhof.

Aufstieg Jenseits der Straße setzt eine Forststraße an. Von dieser sofort links ab und den roten Markierungen (soweit erkennbar) des Wegs Nr. 405 folgend schräg ansteigende Querung des teils recht steilen Waldhanges. Dann über einen Kahlschlag zum Ostrücken des Sohlenkogels auf 1400 m und nach S mit etwas Höhenverlust in flotter Fellabfahrt auf die Sohlenalm und zu den Almhütten, 1352 m. ¾ Std.

Blick vom Schlussanstieg auf den Kleinen Wildkamm nach W, hinten der Dürrenstein und die Zeller Hüte

Weiterer Anstieg nach S über den stumpfen Rücken, zunächst im lichten Wald (dort eher nach links halten), dann wieder rechts auf den Rücken. Auf 1600 m dreht dieser nach O ein und wird bald flacher. Nun der finale Anstieg, zuletzt etwas auf der Nordseite ausweichend, zum Gipfelkamm. Dort einige Schritte zu Fuß hinauf zum erst jetzt sichtbaren ganz kleinen Gipfelkreuz. 1 Std.

Variante Wiederaufstieg von der Forststraße auf 1230 m zur Sohlenalm und zum Sohlenkogel: im steilen Wald in allgemein SW-Richtung zur Sohlenalm. Von dort weiterer Aufstieg zum Kleinen Wildkamm wie oben. Oder nach N über die Lichtung zum Ostrücken des Sohlenkogels auf 1400 m und nach W auf den Sohlenkogel.

Abfahrt Vom Kleinen Wildkamm der Aufstiegsspur entlang zurück bis 1700 m und rechts Einfahrt in eine baumfreie markante Steilrinne. Durch diese genussvoll hinab, und allmählich in einen Waldgraben hinein. Auf 1350 m wegen Aufforstung besser etwas links in den Begrenzungswald ausweichen, dann über eine Lichtung zu einer Forststraße auf 1230 m. Auf dieser links in schöner Schussfahrt im Wald zur Piste und mit dem Schlepplift zurück zur Passhöhe.

Variante Abfahrt nach Niederalpl-Ort: Von der Forststraße auf 1230 m in zum Teil lustiger Fahrt durch den Sohlengraben, unterwegs eine Forststraße kreuzend, zu einer Lichtung. Dann rechts raus zu einer Forststraße, auf dieser zur Landstraße und nach Niederalpl-Ort. ▪ Westliche Nordrinne: Vom Westrücken des Kleinen Wildkamms auf 1600 m nach N in die anfangs wenig ausgeprägte Rinne, dabei aber Achtung auf eine eingewehte steile Mulde! Dann im lichten Hochwald durch die stumpfe Rinne im Powderrausch hinab zur Forststraße auf 1230 m und weiter wie oben. ▪ Vom Sohlenkogel direkt nach N zunächst eine baumfreie Fläche, dann im Hochwald runter zum Lift und links in Kürze zurück auf's Niederalpl.

Tipp Talaufstieg von Niederalpl-Ort auf die Sohlenalm siehe Tour 12.7

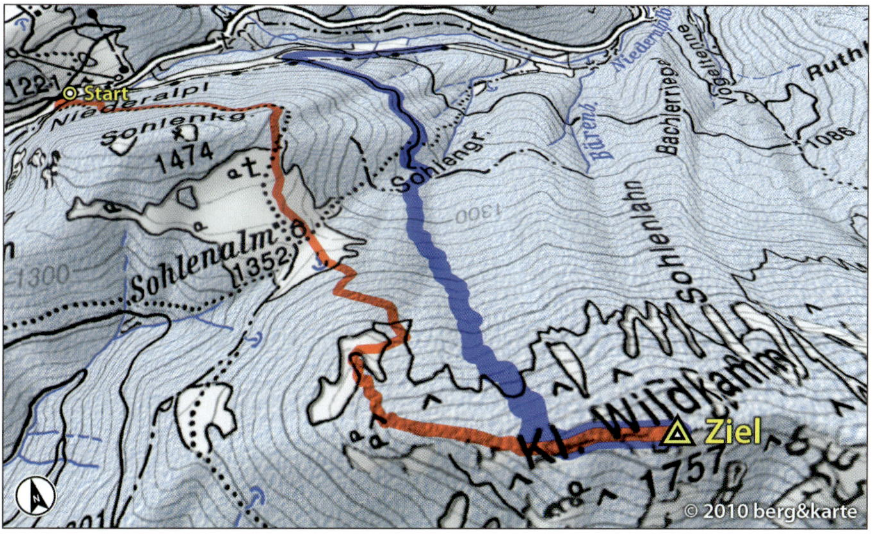

Aufstieg Abfahrt *Kartenperspektive*

Karten	ÖK 50 UTM 4211 (BMN 103)
Après Tour	GH Ploderhof und Holzbox auf dem Niederalpl ▪ GH Holzer und GH Anni Holzer in Neuberg an der Mürz
Infos	www.hochsteiermark.at

Steilste Wildkamm-Nordrinne, mit spannendem Übergang vom Kleinen zum Großen Wildkamm

Ausgangspunkt Niederalpl, Pass

Starthöhe	1221 m	**Gipfelhöhe**	1874 m	**Exposition**	Nord
Höhenmeter	710 hm	**Aufstiegszeit**	2 ¼ h	**Einkehr**	nein
Aufstiegslänge	4 km	**Steilheit**	sehr steil	**Anspruch**	III

Einstimmung Wir wiederholen hier nicht, was bei Tour 12.8 geschrieben steht, unterstreichen aber die Gültigkeit der Aussagen auch für diese Tour. Denn im Grunde ist der Übergang zum Großen Wildkamm eine sehr lohnende Fleißaufgabe, aber für die Befahrung der Sohlenlahnrinne an sich nicht erforderlich. Diese Abfahrt ist die steilste und skitechnisch anspruchsvollste Alternative unter den Nordrinnen vom Kleinen Wildkamm. Wer die vielfältigen Möglichkeiten am Wildkamm zu schätzen weiß, wird also auch diese östliche Rinne ins Auge fassen und damit sein Repertoire erweitern.

Lawinen In den nordseitigen Rinnen ein ernstes Thema, vor allem bei viel Neuschnee und starken Einwehungen!

Orientierung Bei schlechter Sicht kann im Gipfelbereich das Finden der richtigen Einfahrt zum Problem werden. Auch der Übergang vom Kleinen zum Großen Wildkamm ist dann kein Honiglecken.

Zufahrt A2, dann S6 bis Abfahrt Mürzzuschlag. B23 über Neuberg an der Mürz nach Mürzsteg. Dort Richtung "Mariazell über Niederalpl" und über Niederalpl-Ort auf die Passhöhe, 1221 m. Parken an der Straße nach dem GH Plodererhof.

Flankenquerung im Übergang vom Kleinen zum Großen Wildkamm

Aufstieg Zum Kleinen Wildkamm siehe Tour 12.8. 1 ¾ Std.

Weiter hinab in eine Scharte, dann links in der steilen Flanke (Vorsicht!) den felsigen Rücken in einer längeren Traverse umgehen, rechts in einen Sattel und über den breiten Gipfelaufbau auf den Großen Wildkamm (Kreuz). ½ Std.

Variante Siehe Tour 12.8.

Abfahrt Vom Großen Wildkamm zurück bis zur Scharte vor dem Kleinen Wildkamm. Nun in die Flanke queren, bis eine Einfahrt in die sehr steile Sohlenlahn-Rinne möglich wird (Vorsicht auf eingelagerte Felsstufen). Die Rinne taucht allmählich in lichten Baumbestand ein. Nach einer engeren Passage endet die Abfahrt bei einer Forststraße, 1200 m. Auf dieser links um einen Waldrücken herum zum Sohlengraben, 1230 m, und weitere Abfahrt wie bei Tour 12.8.

Variante Siehe Tour 12.8.

Tipp Vom Kleinen Wildkamm ist bei guter Schneelage eine direkte Einfahrt in die Sohlenlahn-Rinne möglich.

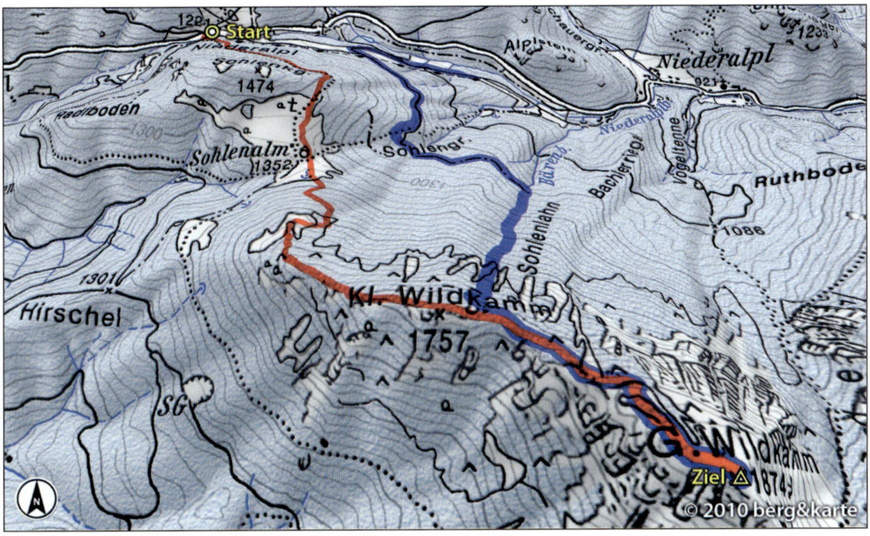

Aufstieg Abfahrt

Kartenperspektive

Karten ÖK 50 UTM 4211 (BMN 103)

Après Tour GH Plodererhof und Holzbox auf dem Niederalpl • GH Holzer und GH Anni Holzer in Neuberg an der Mürz

Infos www.hochsteiermark.at

Beliebte, landschaftlich hervorragende Grabentour mit wildfütterungsbedingtem, kurzem Umweg samt Gegensteigung

Ausgangspunkt Aschbach, Rotsohl

Starthöhe	910 m	**Gipfelhöhe**	1981 m	**Exposition**	N-W
Höhenmeter	1170 hm	**Aufstiegszeit**	3 ½ h	**Einkehr**	nein
Aufstiegslänge	7 km	**Steilheit**	mäßig steil	**Anspruch**	II

Einstimmung Von ihrer etwas abgelegenen Westseite führt der skitechnisch leichteste Aufstieg auf die Hochflächen der Veitsch. Die Tour ist also zu Recht beliebt, im Hochwinter (da ist sie allerdings sehr schattenkalt!) genauso wie im Frühjahr (Nachmittagssonne). Allerdings hat sie nichts zu verschenken: der Höhenunterschied ist beachtlich und unterwegs wartet eine kurze Gegensteigung, bedingt durch ein Wintergatter, das umgangen werden muss. Der Lohn: eine schon im Aufstieg sehr schöne Aussicht, die natürlich auf dem Gipfel ihren Höhepunkt erreicht. Optional kann man von dort auch in Kürze auf einen Sprung im Graf-Meran-Haus vorbeischauen. Die Abfahrt ist abwechslungsreich, aber nicht allzu steil, und spricht daher auch weniger gute GeländeskifahrerInnen an.

Lawinen Bei ungünstigen Verhältnissen im Bärengraben Bedrohung aus den Steilflanken des Großen Wildkamms und der Hohen Veitsch.

Orientierung Bei schlechter Sicht spätestens ab der Gingatzwiese sehr unangenehm und wegen der Verwechtungen auch nicht ungefährlich! Die auf der Hochfläche vorhandenen Markierungsstangen reichen dann nicht aus! Vorsicht im Gipfelbereich (Wechten nach N).

Zufahrt A2, dann S6 bis Abfahrt Mürzzuschlag. B23 über Neuberg an der Mürz nach Mürzsteg. Dort Richtung "Mariazell über Niederalpl" und über das Niederalpl, 1221 m nach Aschbach und links abzweigen nach Rotsohl. Im Rotsohlgraben nach dem Gehöft Sommerauer parken an der Straße bei einer Brücke, 910 m. Oder aus dem Raum Mariazell bzw. Aflenz auf der B20 bis Wegscheid, abzweigen Richtung Mürzsteg/ Niederalpl und in Aschbach weiter wie oben.

Aufstieg Auf der geräumten Forststraße noch kurz weiter im Waldgraben, dann bei einem Schild "Ausweiche Wintergatter" links auf einen steilen Forstweg zu einer Forststraße auf 1070 m. Auf dieser rechts flach um den Rücken des Gupfs (schöner Blick zu Wildkamm und Hoher Veitsch). Dann mit geringem Höhenverlust am Zaun entlang zurück in den Grabengrund, 1090 m. Auf der unter Umständen wieder geräumten Forststraße links höher und nach einigen Kehren, zuletzt links abzweigend, auf eine Lichtung mit einer Jagdhütte, 1278 m. 1 ½ Std.

Blick von der Umgehungsforststraße zu Großem Wildkamm und Hoher Veitsch, dazwischen das Bärental

Über die Lichtung aufwärts, dann kurz im Wald und bei einem Jägerstand raus auf eine weitere Lichtung. Nun immer im gewundenen Grabengrund höher. Auf 1700 m durch eine felsige Engstelle und bald darauf dort, wo der Graben nach rechts eindreht, links raus auf den weiten Sattel der Gingatzwiese. Weiter nach S anfangs durch schütteren kleinwüchsigen Fichtenbestand, dann ansteigend den zunächst flachen und stumpfen Rücken höher zu einem Wegweiser, 1880 m. Nach SW auf eine weitläufige Kuppe, danach leichter Höhenverlust und links um den Vorgipfel (Messstation) zum großen Gipfelkreuz. 2 Std.

Abfahrt ins Bärental, Blick zum Hochschwab

Abfahrt Großteils wie Aufstieg. Nach der Jagdhütte im Grabengrund die Abzweigung auf 1090 m nicht versäumen. Nach der Gegensteigung kann die Abfahrt auf dem Forstweg ziemlich rasant werden, Vorsicht!

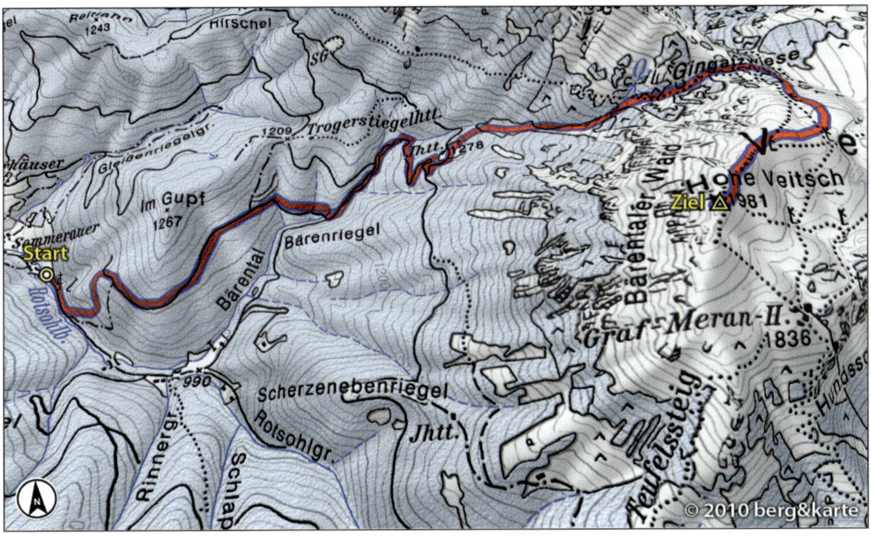

▬ *Aufstieg* ▬ *Abfahrt* *Kartenperspektive*

Karten ÖK 50 UTM 4211 (BMN 103)

Après Tour GH Plodererhof und Holzbox auf dem Niederalpl ▪ GH Holzer und GH Anni Holzer in Neuberg an der Mürz

Infos www.hochsteiermark.at

12.11 Veitsch-Überschreitung

West-Ost-Traverse mit vielfältigen Eindrücken, umfassendem Gipfelpanorama und einer abwechslungsreichen Abfahrt mit Forststraßenfinale

Ausgangspunkt Seebergsattel, Seebergalm

Starthöhe	1150 m	**Gipfelhöhe**	1981 m	**Exposition**	W-S-O
Höhenmeter	1220 hm	**Aufstiegszeit**	5 h	**Einkehr**	✓
Aufstiegslänge	12.1 km	**Steilheit**	steil	**Anspruch**	III

Einstimmung Eine Bilderbuch-Überschreitung der Extraklasse, landschaftlich einmalig, überaus lohnend, trotzdem praktisch unbekannt. Wie gibt's das? Die Tour ist insgesamt weniger abfahrtsorientiert, obwohl mehrere schöne Hänge eingestreut sind und es von der Hohen Veitsch mit kurzen Unterbrechungen immer (und das lange!) abwärts geht, zum Teil auch auf Forststraßen. Als Tagestour ist die Traverse bei guter Kondition, und wenn nicht zuviel gespurt werden muss, durchaus realistisch. Bei einer Aufteilung auf zwei Tage mit Übernachtung im Graf-Meran-Haus kann sie durch Varianten aufgebessert werden. Ein Knackpunkt ist die Überbrückung zwischen Start und Ziel, dieser Transfer muss logistisch wohl überlegt sein (zweiter PKW oder Taxi). Alternative mit Öffis: Bus von Bhf. Bruck/Mur zur Seebergalm, Taxi von Lanau nach Bhf. Mürzzuschlag. Eines ist sicher: der Aufwand lohnt sich, das Haute-Route-Erlebnis ist großartig!

Lawinen Mitunter Schneerutsche in einem steileren Waldabschnitt nach der Göriacher Alm. Kritisch zu beurteilen sind der südseitige Aufstieg im Bereich des Teufelssteigs zum Graf-Meran-Haus sowie der enge Graben westlich der Ebenhütte. Ansonsten ist die Strecke kaum gefährdet.

Orientierung Insgesamt durchaus anspruchsvoll. Bei Nebel unangenehm zwischen Schottenkogel und Rotsohlalm, dann im Aufstieg zur Hohen Veitsch und natürlich auf dem Hochplateau bis zur Ebenhütte. Die auf der Hochfläche vorhandene Stangenmarkierung reicht bei Nebel nicht aus!

Zufahrt Von S S6 bis Kapfenberg, dann B20 über den Seebergsattel oder von N (Mariazell, Niederalpl) über Wegscheid zur Seebergalm, Abzweigung knapp östlich unter dem Seebergsattel. Liftparkplatz nur für Skifahrer, Tourengeher parken direkt beim GH Seebergalm, 1150 m.

Aufstieg Von der Seebergalm entweder auf der Straße oder hinter dem Gasthaus über den parallel verlaufenden Rücken zum nahen Liftparkplatz. Dann gemütlich talein (rote Markierung, Weg Nr. 401, 405) über freie Flächen ins anfangs breite und flache, gewundene Lappental. Bei einer Forststraßenkehre weiter nach SO und bald darauf auf 1320 m aus dem Graben scharf links nach N (nicht versäumen!) und über gut angelegte Kehren durch den steilen Wald in den Sattel (Wegweiser) mit den idyllisch verteilten Hütten der Göriacher Alm. 1 Std.

Nach NO über die freie Fläche und mit geringem Höhenverlust zum Waldrand (Quelle). Im Wald flach weiter und nach einem steilen Rücken kurze Fellabfahrt (Vorsicht Schneerutsche vom oberhalb befindlichen Hang) zu einer Lichtung. Auf der Forststraße gemütlich weiter in einen Sattel (Handhütte). Nach O mit ein wenig Höhenverlust zu einer Gabelung und auf dem linken Ast (Wegweiser) auf einer Forststraße südlich um den Schottenkogel ansteigen. Bald nach einer langen Linkskurve links ab und durch lichten Wald nach N auf den Schottenkogel. Dort schöne Aussicht (vor allem nach W) und guter Rastplatz. 1 ¼ Std.

Über den meist ordentlich verwechteten Kamm nach O weiter mit geringem Höhenverlust, dann sanft ansteigend (Vorsicht Verwechtungen) über den aussichtsreichen Rücken hinüber zum Turntaler Kogel. Rechts unterhalb das Hüttendorf der Turnauer Alm mit dem an Wochenenden bewirtschafteten Alpengasthaus. Vom Turntaler Kogel, 1610 m, (Achtung Felsabstürze nach N) weiter genau nach O zunächst sanft mit Fellen abfahren, dann über den Rücken durch einen dichteren Baumbestand und weiter auf eine freie Kuppe, 1590 m. Dort abfellen und über den stark nach S verwechteten Kamm (kann bei der Abfahrt sehr lustig sein, aber Vorsicht!) zur Rotsohlalm, 1413 m, mit den Nikolokreuz (im Winter oft zugeschneit). 1 Std.

Nun wieder mit Fellen zunächst eben nach SO am Waldrand entlang, dann über eine Lichtung schräg links aufwärts. Hart unter den Felsen des Rabensteins (eigenartige Felslandschaft) zurück zum Kamm und weiter auf die Hochwiese (zuletzt leichter Höhenverlust). Über den breiten Rücken nach NO aufwärts (Teufelssteig, mitunter wenig Schnee) und auf 1650 m rechts um die Felsen an den Rand der steilen Südostflanke oberhalb der Schalleralm (westliche Schallerrinne). In engen Spitzkehren an den Rand der Hochfläche. Auf 1830 m waagrechte kurze Querung nach O zum Graf-Meran-Haus (bei Nebel schwierig zu treffen). Von der Hütte genau nach NW über einen sehr stumpfen Rücken zum Gipfelkamm und rechts in Kürze zum weithin sichtbaren großen Kreuz auf der Hohen Veitsch. 1 ¾ Std.

Blick vom Schottenkogel nach W, hinten der Hochschwab, davor die Göriacher Alm und links der Hochanger

Variante Von der Rotsohlalm nach O auf der Nordseite des Rückens auf rot markiertem Waldweg Nr. 406 eben dahin und vor der großen freien Fläche unter der Südwestflanke der Hohen Veitsch rechts über lichte Flächen hinauf zur Hochwiese. Dann weiter wie oben.

Abfahrt Vom Gipfel nach NO, am Vorgipfel (Messstation) entlang und nach einer Mulde um den Rücken rechts vorbei (kurz schieben, Wegweiser). Dann mit Stangen nach O, vorbei an der verwechteten Einfahrtsmulde in die Rodel. Weiter flach zu einem weiten Sattel und sanft abfahren zur Seebodenhütte. Nach O (der Hasenkogel bleibt links) und Abfahrt (Stangen verlassen) rechts neben einer eingewehten Mulde und mit Schwung auf die folgende Kuppe, 1765 m. Von dort Blick nach O hinab zum Nahziel Ebenhütte. Nun genussvolle Abfahrt, zunächst mäßig geneigt, dann steiler hinab in ein enges Tälchen südlich des Schwarzkogels (Schneerutsche von N, also besser am rechten Hang bleiben) und durch dieses zur Ebenhütte. Dort zunächst leicht links über einen Rücken (kurze Gegensteigung), dann vor einer Kuppe rechts über einen schönen steilen Hang in eine Mulde und zu einer Forststraße. Auf dieser rechts sanft ansteigend weiter. Vom zweiten Rücken geht's wieder abwärts auf der Forststraße. Bei einer nahen Gabelung rechts weiter, dann ab der Lücke beim Geierwandl (eindrucksvoller abgesetzter Felsturm) hinein in den unteren Scheibengraben (schluchtartig-steiler Waldgraben, felsdurchsetzt, eng, finster). Im Graben einige Schusspassagen, aber auch flache Strecken. Nach einer Engstelle unter der Klammerwand raus zum Lippbauer in Lanau (Brücke, Bushalt).

Abfahrt zur Rotsohlalm, links die Veitsch

Variante Von der Seebodenhütte gleich nach SO in das sich ausbildende enge Tälchen und durch dieses (Verwechtungen), damit auf 1700 m die Stangen verlassend, zur Ebenhütte. ▪ Vorkogel (+ 100 hm): Von der Hohen Veitsch wie bei Tour 12.3 auf den Vorkogel, 1900 m. Schöne Abfahrt nach NO, dann nach der Seebodenhütte weiter wie oben. ▪ Wenn die Traverse als Zwei-Tage-Tour durchgeführt wird: Sperrkogel, 1716 m (+ 300 hm): Von der Ebenhütte nach S in eine Mulde, von dort Anstieg in den Sattel zwischen Ramkogel und Sperrkogel und nach W auf den Gipfel. Abfahrt nach NO über schöne mittelsteile Hänge zurück zur Ebenhütte. Weiter wie oben.

Einkehr unterwegs Eventuell Abstecher zwischen Schottenkogel und Turntaler Kogel nach S zum Alpengasthaus Turnauer Alm, 1385 m (an Wochenenden bewirtschaftet). ▪ Graf-Meran-Haus, 1836 m, im Winter und Frühjahr von Fr bis So bei entsprechender Witterung bewirtschaftet (vorher Anfragen: Tel. 0664/1513220).

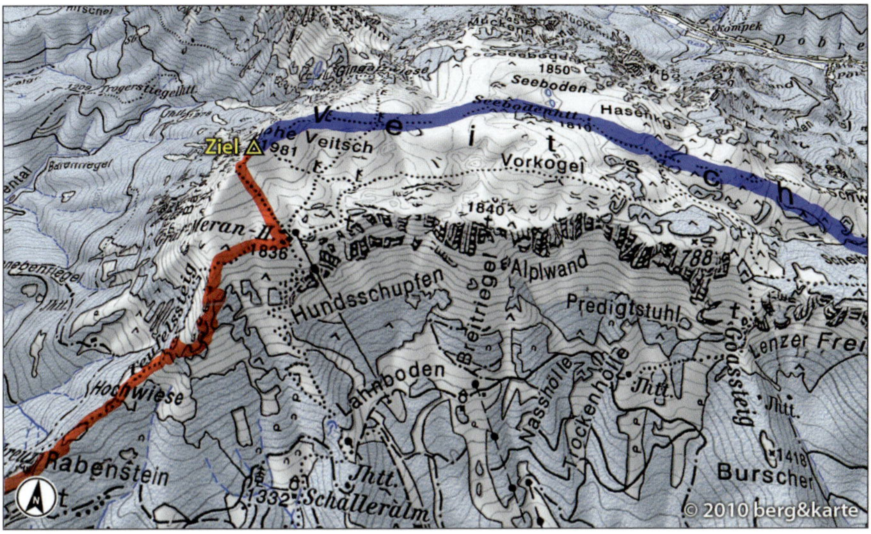

Aufstieg Abfahrt

Kartenperspektive (Ausschnitt Veitsch)

Aufstieg Abfahrt

Kartenperspektive (Ausschnitt Veitsch - Lanau)

Karten	ÖK 50 UTM 4210 + 4211 (BMN 102 + 103)
Après Tour	GH Holzer und GH Anni Holzer in Neuberg an der Mürz ▪ GH Seebergalm östlich vom Seebergsattel
Infos	www.hochsteiermark.at

13 Hochschwab

Für jeden Geschmack Skitouren zum Verlieben

Bei Betrachtung der niederösterreichisch-steirischen Kalkalpen ist der Schneeberg die östlichste Erhebung, gefolgt von vergleichbaren Kalkstöcken der Rax, der Schneealpe und der Veitsch. Und dann kommt der Hochschwab und da entfaltet sich auf einer West-Ost-Breite von gut 40 km erstmals ein wirklich großes Gebirge, welches auch für SkitourengeherInnen eine unglaubliche Bandbreite an einfacheren, klassischen und extremen Touren bietet. Die technische Erschließung dieses landschaftlich ungemein abwechslungsreichen und vielfältigen Gebiets hält sich in engen Grenzen und auch die Einkehrmöglichkeiten sind im Hochwinter auf Randbereiche beschränkt.

Einfahrt ins Rauchtal

Die Gipfelziele sind zahlreich, bei weitem nicht jede Hochschwab-Tour hat ihren Kulminationspunkt auf dem namensgleichen höchsten Punkt. Ganz im Gegenteil: Wer den Hochschwab kennen lernen will, der wird ganz unterschiedliche Seiten einer Gebirgsgruppe erleben und sich wohl auch mehrfach in sie verlieben! Es wird dabei nicht nur um die ungehinderte Aussicht zwischen Wienerwald und Dachstein und zwischen Mühlviertel und Julischen Alpen gehen, sondern auch um die vielfältigen Einblicke in die Felswände, Rinnen, Kare und Waldböden.

Beachten muss man generell, dass die Touren meist eher auf der langen Seite liegen und mit einigen Ausnahmen auch skitechnisch anspruchsvoll sind. Auf der Hochfläche können Wind oder Nebel sehr unfreundliche Begleiter sein, bei den Abfahrten ins Tal wird man sich genau mit der herrschenden Lawinensituation auseinandersetzen müssen, sowohl im Hochwinter als auch in der Frühjahrssaison, die bis in den Mai hineinreicht.

Im Einzelnen fällt es schwer, Touren hervorzuheben, weil alle ihren außergewöhnlichen Reiz und Wert haben: von der Eingehtour auf die Zeller Staritzen über die gut 1600 hm-Touren auf der Nordseite bis hin zu den sehr steilen südseitigen Firnabfahrten ausgehend vom GH Bodenbauer und der exklusiven Hochschwab-Überschreitung. Und dann gibt es noch die weniger bekannten Ziele, die oft genauso schöne Erlebnisse bescheren wie die Klassiker, von denen jeder spricht.

Nr	Skitour	Gipfelhöhe	Höhenmeter	Aufstiegszeit	Exposition	Anspruch	Seite
1	Zeller Staritzen-Zinken	1619 m	850 hm	3 h	O	II	330
2	Heilstein	1503 m	615 hm	1 ¾ h	S-O	II	332
3	Staritzen-Ostgipfel-Bachbauerrinne	1810 m	950 hm	3 h	N-O	III	334
4	Staritzen-Ostgipfel-Mischenriegel	1810 m	750 hm	2 h	N-O	II	336
5	Hochweichsel	2006 m	1300 hm	4 h	N-O	III	338
6	Krautgartenkogel	1988 m	820 hm	3 h	S-O	III	340
7	Aflenzer Staritzen	2038 m	1200 hm	5 h	S-O	III	342

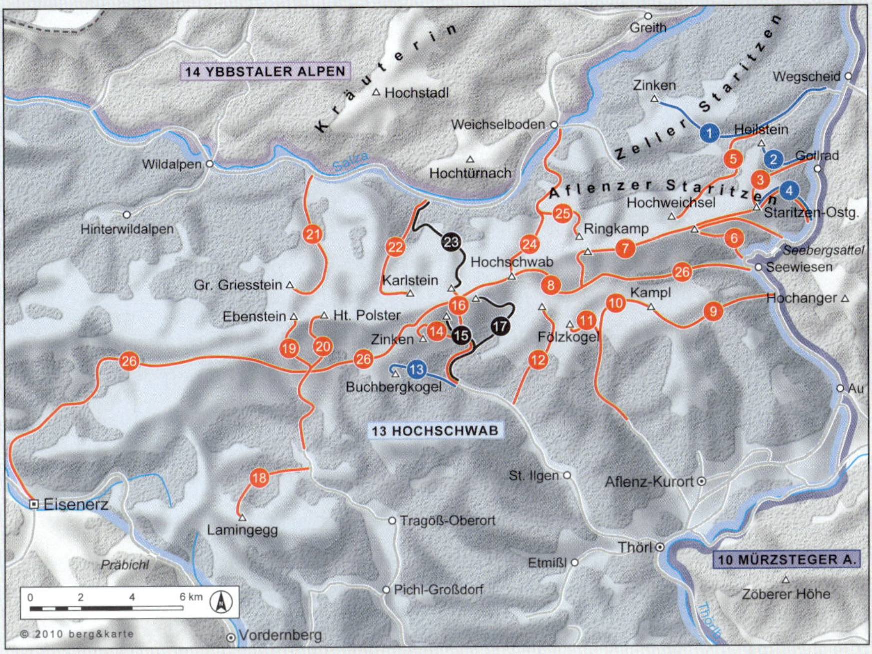

Anspruch: leicht · mittel · schwierig · sehr schwierig

Regionskarte Hochschwab

Nr	Skitour	Gipfelhöhe	Höhenmeter	Aufstiegszeit	Exposition	Anspruch	Seite
8	Dullwitz	2277 m	1450 hm	5 ¼ h	S-O	III	344
9	Mitteralm-Kampl-Ost	1990 m	1100 hm	3 ½ h	S-O	III	346
10	Mitteralm-Kampl-West	1990 m	1250 hm	4 h	S-W	III	348
11	Fölzkogel	2022 m	1255 hm	4 h	N-O	III	350
12	Karlhochkogel	2096 m	1250 hm	4 h	S	III	352
13	Buchbergkogel	1700 m	880 hm	2 ¾ h	N-O	II	354
14	Zinken-Schönbergkar	1926 m	1050 hm	3 ¼ h	O	III	356
15	Salzleiten	2046 m	1200 hm	3 ¾ h	S	IV	358
16	Hochwart-Rauchtal	2210 m	1330 hm	4 h	S	III	360
17	Zagelkogel-Zagelkar	2255 m	1375 hm	4 h	S	IV	362
18	Lamingegg-Nordflanke	2010 m	1130 hm	3 ½ h	N	III	364
19	Ebenstein	2123 m	1300 hm	4 ¼ h	S	III	366
20	Hinterer Polster	2057 m	1320 hm	4 ¼ h	S	III	368
21	Gr. Griesstein-Lang Eibel Schlucht	2023 m	1400 hm	4 ½ h	S-O	III	370
22	Karlstein-Stadurzrinne	2016 m	1370 hm	4 ¼ h	N-W	III	372
23	Hochwart-Weittal	2210 m	1560 hm	5 h	N	IV	374
24	Gschöderer Kar	2277 m	1650 hm	5 ½ h	N	III	376
25	Ringkamp-Nordflanke	2153 m	1500 hm	4 ¾ h	N	III	380
26	Hochschwab-Überschreitung	2277 m	2300 hm	11 ½ h	S-O	III	382

13.1 Zeller Staritzen-Zinken

Wunderbares Sightseeingerlebnis über welliges, einsames Plateaugelände. Längere Forststraßenanteile zu Beginn und am Ende der Tour

Ausgangspunkt Wegscheid, Ramertal

Starthöhe	835 m	**Gipfelhöhe**	1619 m	**Exposition**	Ost
Höhenmeter	850 hm	**Aufstiegszeit**	3 h	**Einkehr**	nein
Aufstiegslänge	7.9 km	**Steilheit**	steil	**Anspruch**	II

Einstimmung Vor allem landschaftlich sehr schöne und interessante Tour. Mehrere Flachstrecken, die zeitaufreibend sein können, wenn Spuren erforderlich ist. Skifahrerisch gibt die Tour nicht viel her, die Abfahrt Richtung Kastenriegel ist aber bis 1200 m ansprechend. Vom Gipfel weite und interessante Aussicht zum Hochschwab und zu den Ybbstaler Alpen.

Lawinen Vorsicht im Talschluss des Türntales und an der Geländestufe westlich des Ochsenbühels. Sonst weitgehend lawinensicher.

Orientierung Auf der Hochfläche selbst im Wald, aber vor allem auf den freien Flächen anspruchsvoll und bei Nebel sehr kritisch.

Zufahrt Von S S6 bis Kapfenberg, dann B20 über den Seebergsattel oder von N (Mariazell, Niederalpl) nach Wegscheid. Ca. 1 km südwestlich von Wegscheid Abzweigung ins Ramertal (Pkt. 830 m, Kastenriegelstraße). Auf der Straße nach W 700 m talein zur Straßengabelung. Dort meist geräumte Parkmöglichkeit.

Westwärts auf der Kuhalm

Aufstieg Von der Straßengabelung auf dem rechten, meist geräumten Ast talein, vorbei an einer Schottergrube und danach an der Abzweigung zum Kastenriegel (Straße gesperrt wegen Wildfütterung). Bei der nächsten Lichtung links ab auf der Forststraße ins Türntal. Diese windet sich zunächst um einen Bergrücken talein, verläuft dann nach WSW (Blick zum Peterlstein). Erst nach einer kleinen Jagdhütte geht es deutlicher aufwärts (Doppelkehre). Auf 1100 m entweder weiter auf der Straße (dann bald eine heikle Schneerutschzone mit meist verlegter Straße), oder weiter im Talboden, anfangs über freies schönes Gelände, dann grabenartig enger und etwas abenteuerlich mit kleinen Steilstufen. Auch diese Variante ist nicht lawinensicher (links steile Waldflanken). Beide Varianten vereinigen sich auf der Forststraße auf 1220 m. Dann flach weiter auf dieser zu einem Bildstock links am Beginn einer Lichtung. 1 ½ Std.

Ab hier ist die Orientierung anspruchsvoller. Nach W flach über die Lichtung, dann im Tälchen nach SW und immer dem schwach ausgeprägten Saugraben folgend durch lichten Wald und über kleine Lichtungen. Zuletzt genau nach W etwas steiler raus auf die Kuhalm. Über die freie Fläche weiter nach W, dabei an der Gredlhöhe knapp südlich vorbei und kurze Fellabfahrt in einen Sattel.

Jenseits sanft steigend auf den Ochsenbühel und auf einen teils überwechteten Rücken zu. Davor noch ein kleines Wäldchen. Dann ein kurzer Steilhang zwischen zwei Wechtenzonen. Diesen Hang rauf (mitunter heikel), über die Kuppe weiter, nochmals mit geringem Höhenverlust. Dann der finale Anstieg etwas nach NW einschwenkend zur Gipfelkuppe mit dem großen Kreuz. 1 ½ Std.

Variante Man kann auch über den Kastenriegel (siehe Abfahrt) aufsteigen, dann ist aber das idyllische Hochflächenerlebnis weniger ausgiebig.

Abfahrt Zurück bis zum Wäldchen nach der kleinen Steilstufe. Dort nach SO abdriften über den Waldrücken und auf 1400 m mehr nach O durch eine steilere Mulde hinab zu einer Lichtung. Nun weiter im sich ausbildenden Graben zu einer Forststraße auf 1200 m. Auf dieser bald sehr flach (schieben), dann doch in langsamer Abfahrt zum Kastenriegel. Der Sattel wird nicht direkt erreicht, sondern es geht auf der Forststraße oder parallel zu ihr auf einem rot markierten Waldweg im Ramertal talaus. Die ca. 4 km lange Fahrt zurück zum Start kann bei ungünstigen Schneeverhältnissen langwierig sein.

Variante Abfahrt wie Aufstieg auch möglich, allerdings mit Gegensteigung zur Gredlhöhe und danach größtenteils Schussstrecken. Bei der Einfahrt ins Türntal besser auf der Straße bleiben, nicht rechts in den Graben.

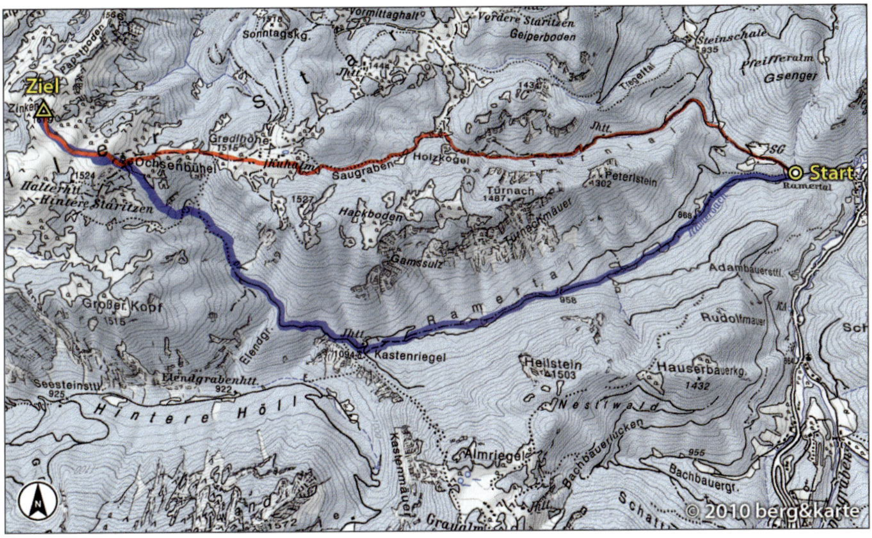

▬ *Aufstieg* ▬ *Abfahrt* *Kartenperspektive*

Karten ÖK 50 UTM 4210 (BMN 102)
Après Tour GH Egger in Gollrad ▪ GH Seebergalm östlich vom Seebergsattel ▪ Hotel Seeberghof in Seewiesen
Infos www.mariazell.at ▪ www.hochsteiermark.at

13.2 Heilstein

Kurze, steile Waldpowdertour auf einen abgelegenen Vorgipfel der Aflenzer Staritzen. Eine echte Rarität inmitten bekannterer Nachbarschaft

Ausgangspunkt Gollrad, Bachbauergraben

Starthöhe	890 m	**Gipfelhöhe**	1503 m	**Exposition**	S-O
Höhenmeter	615 hm	**Aufstiegszeit**	1 ¾ h	**Einkehr**	nein
Aufstiegslänge	3.9 km	**Steilheit**	steil	**Anspruch**	II

Einstimmung Der Heilstein ist Hauptgipfel eines den Aflenzer Staritzen nordöstlich vorgelagerten Kalkstocks. Als Tourenziel ist er - zu Unrecht - weitgehend unbekannt, aber er bietet eine lohnende Halbtagstour mit einer netten Gipfelaussicht und einer zügigen Waldpowderabfahrt. Die Tour ist ideal bei Zeitmangel, oder wenn das Wetter nicht mehr zulässt, oder auch in Kombination mit dem Hochanger (Tour 10.9).

Lawinen Bei vernünftiger Spuranlage nur geringe Gefährdung. Die Steilabfahrt durch den seichten Waldgraben verlangt sichere Verhältnisse.

Orientierung Keine besonderen Anforderungen, abgesehen davon, dass die Tour nicht immer gespurt sein wird!

Zufahrt Von S S6 bis Kapfenberg, dann B20 über den Seebergsattel oder von N (Mariazell, Niederalpl) über Wegscheid. 1 km nördlich von Gollrad nach W abzweigen zu einer Häusergruppe. Parkerlaubnis vor Ort einholen!

Steilaufstieg im Hochwald *Auf dem Heilstein*

Aufstieg Auf der Forststraße talein in den Bachbauergraben, zunächst am Rand der Lichtung, dann im Wald zu einem Wildzaun (Gatter offen). Nach zwei Kehren weiter nach W, immer im Talboden bleibend bei den folgenden Gabelungen. Auf 1160 m ein weiter Rechtsbogen und auf der Forststraße weiter bis zu ihrem Ende, 1220 m. 1 Std.

Nun links über den Rücken aufwärts, bald über eine Lichtung zu einer weiteren Forststraße (in der ÖK nicht eingezeichnet, 1300 m). Dieser kurz rechts zum Rücken folgen. Dort links und den steilen Waldhang in Spitzkehren rauf (umgestürzte Bäume behindern leicht). Linkshaltend zu einem seichten Graben (für Abfahrt merken!) und flacher raus auf einen schönen Boden, 1450 m. Allgemein nach N über Lichtungen und durch Wald zum nahen Gipfel, zuletzt einige Felsen (Abstürze nach N, Vorsicht!). Schöner Aussichtsplatz. ¾ Std.

Abfahrt Im Wesentlichen wie Aufstieg. Im steilen Wald kann man direkt durch den Graben abfahren. Danach die beiden Forststraßen kreuzen und ungehindert bis 1120 m. Weiter mehr oder weniger der Aufstiegsspur folgen und dann die Forststraße im Schuss talaus.

Tipp Der Aufstieg kann auch als interessante, weitgehend lawinensichere Variante für den Zugang zu den Aflenzer Staritzen dienen. Ab dem Boden, 1450 m, knapp südlich des Heilsteins, Beschreibung Tour 13.3. ▪ Auch als Rundtour mit Abfahrt vom Staritzen-Ostgipfel durch die steile Bachbauerrinne interessant, siehe Tour 13.3.

Aufstieg *Abfahrt* *Kartenperspektive*

Karten ÖK 50 UTM 4210 (BMN 102)

Après Tour GH Egger in Gollrad ▪ GH Seebergalm östlich vom Seebergsattel ▪ Hotel Seeberghof in Seewiesen

Infos www.mariazell.at ▪ www.hochsteiermark.at

13.3 Staritzen-Ostgipfel-Bachbauerrinne

Interessante Tour für den Feinspitz mit viel Abwechslung im Aufstieg und überraschend rassiger Abfahrt

Ausgangspunkt Gollrad, Bachbauergraben

Starthöhe	890 m	**Gipfelhöhe**	1810 m	**Exposition**	N-O
Höhenmeter	950 hm	**Aufstiegszeit**	3 h	**Einkehr**	nein
Aufstiegslänge	7 km	**Steilheit**	sehr steil	**Anspruch**	III

Einstimmung Landschaftlich schöne und abwechslungsreiche Tour auf den östlichen Eckpfeiler der Aflenzer Staritzen. Nach einem Steilwaldaufstieg entfaltet sich ab der Graualm das Panorama-Erlebnis. Die rassige Abfahrt durch die Bachbauerrinne ist weitgehend unbekannt, aber sehr interessant und lohnend. Sind dort die Verhältnisse heikel, ergibt sich eine Reihe von Alternativen.

Lawinen Die sehr steile und teilweise enge Durchfahrt durch die Bachbauerrinne erfordert sichere Verhältnisse (Bedrohung von den Seitenflanken).

Orientierung Bis zur Graualm nach der Beschreibung einfach, danach bei Nebel rasch nervend und unerfreulich.

Zufahrt Von S S6 bis Kapfenberg, dann B20 über den Seebergsattel oder von N (Mariazell, Niederalpl) über Wegscheid. 1 km nördlich von Gollrad nach W abzweigen zu einer Häusergruppe. Parkerlaubnis vor Ort einholen!

Prinzensteig auf 1700 m

Aufstieg Bis zum Boden, 1450 m, südlich des Heilsteins siehe Tour 13.2. 1 ½ Std.

Nun ein Linksschwenk nach S, zunächst rechts um eine Kuppe und mit geringem Höhenverlust in eine Mulde. Gegenanstieg nach W über einen lichten Hang zum Almriegel. Dann über die verträumte Almfläche in einem weiten Linksbogen zu den ersten Hütten der Graualm. Nach S über eine sanfte Schwelle zu weiteren Hütten, dann immer dem Sommerwegverlauf nach (Prinzensteig) sanft ansteigen bei zunehmend toller Aussicht (Hochweichsel). Ab 1630 m rechts ein tiefer Graben. An diesem oberhalb entlang und auf 1700 m nach O eindrehend auf den Staritzen-Ostgipfel. 1 ½ Std.

Variante Von der Graualm kann man auch in direkter Linie zum Staritzen-Ostgipfel aufsteigen.

Abfahrt Von der Gipfelkuppe nach N in eine seichte Mulde und durch das folgende schöne Tälchen hinab zur Graualm. Vor den Hütten nach NO einschwenken und in den sich ausbildenden Graben. Bald wird's steil und eng (Bachbauerrinne), über die Steilstufe (Vorsicht Schneerutsche) hinaus in einen Boden und in schöner Fahrt weiter im bewaldeten Grabengrund zu einer Forststraße (1130 m). Auf dieser rechts halten, dann eine längere Traverse und auf 1020 m links ab (vor einem Wildzaun) zurück in den Bachbauergraben (offenes Gatter) und hinausgleiten zum Ausgangspunkt.

Variante Erscheint die Bachbauerrinne zu gefährlich, kommen die Abfahrt von Tour 13.2 (selber Ausgangspunkt) oder Tour 13.4 (Rückkehr per Autostopp) in Frage.

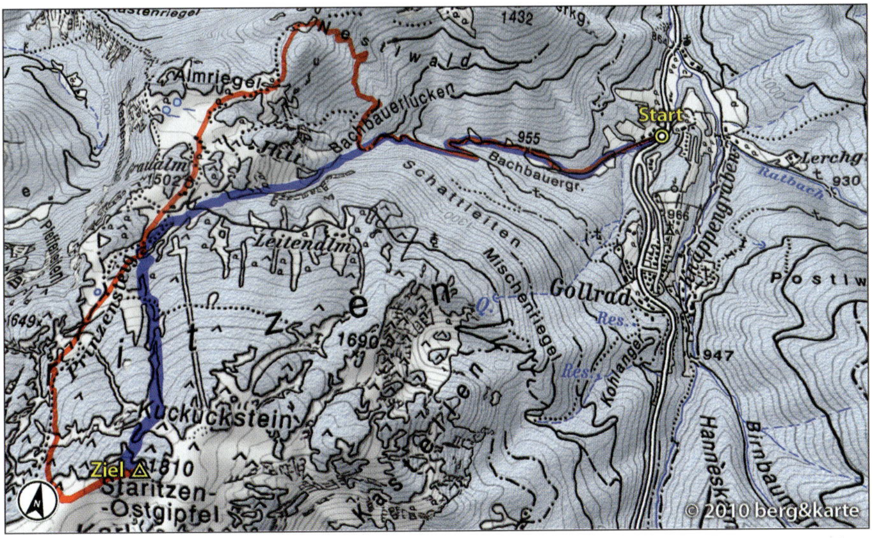

Aufstieg Abfahrt *Kartenperspektive*

Karten	ÖK 50 UTM 4210 (BMN 102)
Après Tour	GH Egger in Gollrad ▪ GH Seebergalm östlich vom Seebergsattel ▪ Hotel Seeberghof in Seewiesen
Infos	www.mariazell.at ▪ www.hochsteiermark.at

Wenig bekannte Hochwintertour mit schönem Aufstieg und weitreichender Aussicht am Hochschwab-Ostrand

Ausgangspunkt Gollrad, Schloss Brandhof

Starthöhe	1080 m	**Gipfelhöhe**	1810 m	**Exposition**	N-O
Höhenmeter	750 hm	**Aufstiegszeit**	2 h	**Einkehr**	nein
Aufstiegslänge	4.5 km	**Steilheit**	steil	**Anspruch**	II

Einstimmung Landschaftlich sehr schöne Tour auf dem östlichen Eckpfeiler der Aflenzer Staritzen mit tollem Hochflächen-Erlebnis im Gipfelbereich. Auch bei heiklen Verhältnisse weitgehend lawinensicher. Bei Nebel wird's ab der Baumgrenze nicht nur im wahren Sinn des Wortes aussichtslos!

Lawinen Vorsicht bei der kurzen Steilstufe auf 1550 m.

Orientierung Ab 1550 m bei Nebel sehr problematisch.

Zufahrt Von S S6 bis Kapfenberg dann B20 über den Seebergsattel oder von N (Mariazell, Niederalpl) über Wegscheid zum Schloss Brandhof (zwischen Seebergsattel und Gollrad). Nördlich der Straßenbrücke abzweigen und kurze Zufahrt Richtung Schloss, davor rechts einfache Parkmöglichkeit.

Ausblick vom Gipfel: im Hintergrund links das Tote Gebirge, in der Mitte der Dürrenstein

Karbereich östlich von Pkt. 1690 m

Aufstieg Vom Brandhof auf der Forststraße nach N (rote Markierung, Wegweiser zur Graualm, bald ein Schranken) zu einer Kreuzung und durch die Mitte sanft ansteigend weiter (rechts sehr schöne alte Bergahorne). An bezeichneter Stelle links ab (anfangs etwas eng) und auf schmälerem Weg zur nächsten Forststraße. Dort rechts und mit leichtem Höhenverlust zu einer Gabelung.

Gerade weiter und bald darauf zur Einmündung des Anstiegs von Gollrad, 1210 m (Wildzaun mit Durchschlupf). Nun in Kehren zu einem eindrucksvollen Karabschluss. Nicht ganz zu diesem hin, sondern rechts auf dem Karrenweg raus auf den Rücken des Mischenriegels. 1 Std.

Weiter auf der Forststraße und im Bereich einer Querung (1440 m, schöner Blick zur Veitsch) von dieser links ab und am Rand einer Lichtung auf den Rücken. Nach einem Flachstück eine mitunter heikle Steilstufe, dann raus auf die aussichtsreiche Hochfläche (ab hier bei Nebel erschwerte Orientierung). Nun etwas rechts halten (Jägerstand), am rechten Rand eines Dolinensystems auf den Kuckuckstein und Übergang zum weitläufigen Staritzen-Ostgipfel. 1 Std.

Variante Steilaufstieg vom Seebergsattel: siehe Tour 13.6.

Abfahrt Im Wesentlichen wie Aufstieg. Bei schlechter Sicht muss die Einfahrt zur Steilstufe unterhalb 1600 m genau getroffen werden! Die kurzen, sanften Gegensteigungen auf der Forststraße unterbrechen den Abfahrtsfluss kaum.

Variante Über die Seeleiten zum Seebergpass: Oberer Teil sehr steil und verwinkelt (firnt zeitig auf), dann steil und schön, zuletzt Piste. Eher unüblich, da zumeist der Weiterweg über die Aflenzer Staritzen folgt (z.B. zu Krautgartenkogel oder Hochweichsel), mit anderer Abfahrt. Siehe Tour 13.6 in Gegenrichtung.

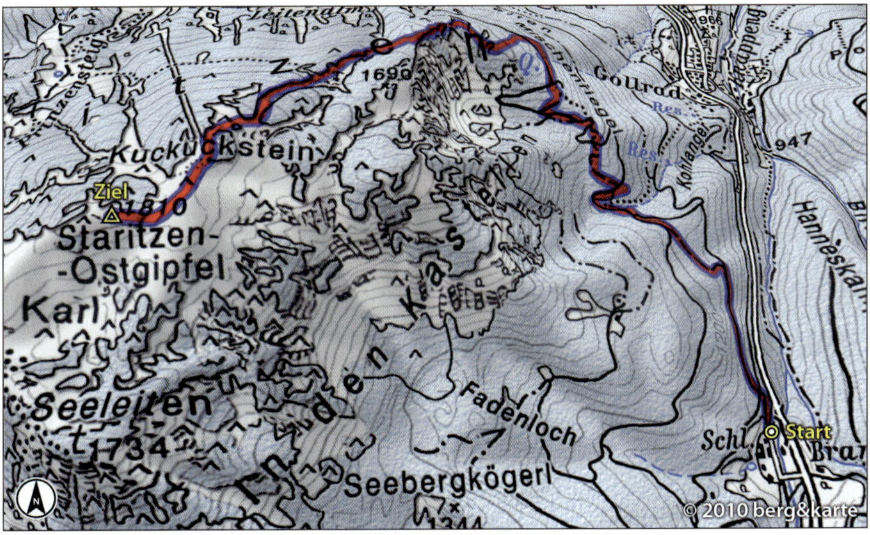

Aufstieg *Abfahrt* *Kartenperspektive*

Karten ÖK 50 UTM 4210 (BMN 102)
Après Tour GH Egger in Gollrad ▪ GH Seebergalm östlich vom Seebergsattel ▪ Hotel Seeberghof in Seewiesen
Infos www.mariazell.at ▪ www.hochsteiermark.at

13.5 Hochweichsel

Landschaftlich hervorragende, lange und etwas umständliche Tour (Gegensteigung) mit einer überaus lohnenden, sehr steilen Nordrinne

Ausgangspunkt Wegscheid, Ramertal

Starthöhe	950 m	**Gipfelhöhe**	2006 m	**Exposition**	N-O
Höhenmeter	1300 hm	**Aufstiegszeit**	4 h	**Einkehr**	nein
Aufstiegslänge	8.9 km	**Steilheit**	steil	**Anspruch**	III

Einstimmung Die Hochweichsel ist die bedeutendste Gipfelerscheinung der Aflenzer Staritzen, wenngleich sie sich etwas nördlich vom Hauptzug befindet. Markant ist ihre dreieckige Wandflucht, die steil nach O abbricht.

Der Gipfel wird auch gerne von S als kurzer Abstecher von der Hochfläche bestiegen. Die besseren Touren bietet die Nordseite, mit landschaftlich sehr schönen, sehr einsamen, weil recht langen und etwas umständlichen Anstiegen. Eine Schlüsselstelle kann dabei die Überwindung des überwechteten kurzen Osthangs unter dem Weichselbödenle darstellen.

Der Zugang über den Kastenriegel ist im Frühjahr günstig, weil man auf der Kastenriegelstraße meist schon einige Kilometer ins Ramertal fahren kann (bis Pkt. 958 m oder noch weiter). Auf dem Rückweg warten allerdings lästige 150 hm Gegensteigung. Der Zugang von Weichselboden hat einen tiefer liegenden Ausgangspunkt und ist bedeutend länger.

Die Abfahrt durch die Nordrinne ist kaum bekannt, aber skifahrerisch sehr empfehlenswert und auch landschaftlich eindrucksvoll.

Abfahrt durch die Nordrinne

Lawinen Heikel kann bei Schneelage der Abschnitt westlich unter dem Kastenriegel sein, weiters ist der Aufstieg auf das Weichselbödenle richtig einzuschätzen. Die Abfahrt durch die Nordrinne geht nur bei sicheren Firnverhältnissen.

Orientierung Bei Nebel Vorsicht zwischen Weichselbödenle und Gipfel wegen der starken Überwechtung nach O. Abfahrt durch die Nordrinne nur bei guter Sicht!

Zufahrt Von S S6 bis Kapfenberg, dann B20 über den Seebergsattel, von N über Mariazell oder Niederalpl jeweils nach Wegscheid. Südwestlich vom Ort bei einer Häusergruppe (Pkt. 830 m) nach W abzweigen auf die öffentliche Fahrstraße (Wegweiser, kein Winterdienst) und soweit wie möglich (bei einer ersten Gabelung geradeaus) ins Ramertal.

Aufstieg Auf der Kastenriegelstraße talein sanft ansteigend auf den Kastenriegel, Pkt. 1094 m. Jenseits auf Steig (meist aper, Trittsicherheit erforderlich, bei Schneelage anfangs heikel!) steile Querung eines Rasenhanges in eine romantische Waldmulde und durch diese in den Talboden, 950 m. Dort links, dann schräg rechts hinauf zu einer weiteren Forststraße und auf dieser (Kehren) auf eine Lichtung, 1100 m (im SO die Pfefferleiten). 1 ¾ Std.

Weiter zu einer Jagdhütte und auf einem Waldweg durch die bewaldete Talmulde am Fuße der Dippelwand. Beliebig durch die eindrucksvolle Rosshölle auf einen kleinen Absatz, dann durch eine baumfreie Mulde (nicht links in den lichten Steilwald ausweichen) und zuletzt recht steil auf einen Boden. Die kurze, steile und mitunter überwechtete Flanke nach W auf das Weichselbödenle, 1630 m, zwischen Dippelwand und Hochweichsel. Der Ausstieg kann je nach Verhältnissen Probleme bereiten! 1 ¼ Std.

Weiter nach SW zunächst flach, dann über die zunehmend baumfreie Flanke (links an der Geländekante spektakuläre mächtige Wechtenreihe bis zum Gipfel) himmelwärts auf die weitläufige Gipfelkuppe. Das Gipfelkreuz steckt oft bis zum Querbalken im Schnee! Achtung mächtige Wechten nach O, ausreichend Abstand halten! 1 Std.

Variante Von Weichselboden im Salzatal (Zufahrt siehe Tour 13.24): flach auf der Forststraße durch die Vordere Höll, dann nach O über den Seesteinsattel in die Hintere Höll (minimaler Höhenverlust). Unter dem Kastenriegel nach S (bis hierher 2 Std.) und weiter wie oben.

Abfahrt Vom Gipfel genussvoll nach SW in einen Sattel, 1860 m. Dort links halten in ein Tälchen. Sehr steile Einfahrt in die Nordrinne, dann in schöner Fahrt über den breiten Hang und über eine Schwelle in eine Grube, tiefster Pkt. 1540 m. Aus ihr nach NO Gegensteigung auf einen Rücken (70 hm). Auf diesem weiter und nach N sanft hinab zu einem verfallenen kleinen Steinbau. An diesem links vorbei zurück zur Aufstiegsspur (knapp unter der Steilstufe auf das Weichselbödenle) und weiter in die Rosshölle. Oder am Steinbau rechts vorbei und die schöne Flanke (schütterer Baumbestand) hinab in die Rosshölle. Weiter wie Aufstieg (150 hm Gegensteigung zu Fuß auf den Kastenriegel!).

Variante Abfahrt im Wesentlichen wie Aufstieg. Vom Gipfel abfahrend Achtung auf die Wechtenreihe rechterhand, aber auch nicht zu weit links abdriften (Steilabbrüche ins Grübelkar). Einfahrt vom Weichselbödenle in die Rosshölle eventuell mit Wechtensprung (oder abschnallen).

Aufstieg *Abfahrt*

Kartenperspektive (Ausschnitt Rosshölle - Hochweichsel)

Tipp Zugang zur Hochweichsel von den Aflenzer Staritzen (vom Krautgartenkogel nahe liegender Gipfelabstecher, skifahrerisch aber wenig lohnend): hart am Krautgartenkogel (siehe Touren 13.6 und 13.7) nördlich vorbei durch einen seichten Sattel (Steinernes Hüttl, 1940 m, nördlich davon der schwach ausgeprägte Höllstein, 1964 m). Danach Fellabfahrt nach W (die große Dolinengrube bleibt links) und leicht rechts haltend steigende Querung in einen Sattel, 1860 m. Von dort nach NO auf die Hochweichsel. Hin und zurück 1 ¼ Std.

Karten	ÖK 50 UTM 4210 (BMN 102)
Après Tour	GH Egger in Gollrad ▪ GH Seebergalm östlich vom Seebergsattel ▪ Hotel Seeberghof in Seewiesen
Infos	www.mariazell.at ▪ www.hochsteiermark.at

13.6 Krautgartenkogel

Ideale Kombination aus steilem Aufstieg, Landschaftserlebnis auf der Hochfläche und sehr steiler Firnabfahrt

Ausgangspunkt Seebergsattel, Pass

Starthöhe	1215 m	**Gipfelhöhe**	1988 m	**Exposition**	S-O
Höhenmeter	820 hm	**Aufstiegszeit**	3 h	**Einkehr**	nein
Aufstiegslänge	4.5 km	**Steilheit**	sehr steil	**Anspruch**	III

Einstimmung Landschaftlich sehr schöne und dabei eher wenig bekannte Tour auf einen der Hauptgipfel der Aflenzer Staritzen. Auf der Hochfläche im Übergang von der Seeleiten zum Krautgartenkogel extensives Panorama-Erlebnis, gefolgt von einer rassigen Abfahrt. Reine Frühjahrstour, denn das Bruchtal ist im Hochwinter sehr lawinengefährdet. Aufstieg und Abfahrt sind nach SO exponiert, verlangen also einen zeitigen Aufbruch und perfekte Firnverhältnisse.

Lawinen Aufstieg und Abfahrt erfordern stabile Frühjahrs-Firnverhältnisse.

Orientierung Der Aufstieg auf die Hochfläche ist etwas verwinkelt (Beschreibung genau beachten!). Ab der Baumgrenze ist die Orientierung bei Nebel sehr erschwert. Auf der Hochfläche Stangenmarkierung, die aber bei Nebel nicht ausreicht.

Zufahrt Von S S6 bis Kapfenberg, dann B20 oder von N (Mariazell, Niederalpl) zum Seebergsattel. Parkplatz knapp nordöstlich der Passhöhe.

Aufstieg Vom Parkplatz über die Piste zur Bergstation des Schlepplifts und die folgende Waldschneise (rote Markierung) aufwärts. Auf 1400 m zieht die Markierung nach links weg, dort den zunehmend steilen stumpfen Rücken weiter nach NW. Auf 1620 m direkt an den Fuß einer Felszone heran und links queren in ein Schartl, das durch einen abgesetzten Turm gebildet wird. Dann die Flanke oberhalb der obersten Lawinenverbauung queren. Den folgenden Rücken empor und etwas links haltend die steile Flanke hinauf an die Geländekante. Rechts in Kürze zum Kreuz der Seeleiten, 1734 m. Der letzte Abschnitt nach der Querung muss je nach Schneeverhältnissen mitunter zu Fuß bewältigt werden. 1 ½ Std.

Die letzten Meter hinauf auf die Seeleiten, dahinter das Bruchtal und rechts der Krautgartenkogel

Weiter nach NW am Rand der Hochfläche (leichter Höhenverlust), dann kurzer Anstieg zu einer Kuppe im SW des Staritzen-Ostgipfels (Abstecher dorthin möglich) und links hinab in den folgenden Sattel mit der Einmündung des Prinzensteigs (siehe Tour 13.7). Weiter auf den Mieserkogel (Stangen) und der Geländekante entlang (Wechten!) zum Ausstieg des Gamssteigs (1890 m, Blick ins Bruchtal). Von dort sanft ansteigend auf eine vorgelagerte Kuppe (Steinmann) und hinüber zum nahen Gipfel des Krautgartenkogels. 1 ½ Std.

Variante Das Bruchtal (siehe Abfahrt) kommt auch im Aufstieg in Frage, mit Ausstieg über den im oberen Teil sehr steilen und mitunter schneefrei ausgeblasenen Gamssteig (Ski tragen).

Einfahrt ins Bruchtal

Abfahrt Zurück nach ONO zur Kuppe mit dem Steinmann, von dort Blick in die sehr steile Abfahrtsflanke. Direkte Einfahrt oder kurz den Rücken nach S und dann links in die Flanke. Diese bis 1800 m hinab, dann nach links unter einer Felszone rausqueren auf den Begrenzungsrücken. Jenseits über schöne Steilhänge ins Bruchtal und im Grabengrund in beschwingter Fahrt in den lichten Wald. Das Bruchtal dreht nach S ein (Lawinenstrich). Zuletzt durch eine schmale Schneise zum Waldrand, 1050 m. Über die Wiese (meist schon aper) schräg links hinab zur untersten Kehre der Passstraße, 975 m, event. noch weiter bis zum Fahrweg ins Seetal. Zurück zur Passhöhe am einfachsten per Daumen. Alternativ vom Waldrand auf 1050 m nach O auf einem Waldweg, dann durch eine schmale Schneise 200 hm hinauf zum Pass.

Variante Einfahrt ins Bruchtal über den Gamssteig: oberer Teil sehr steil und oft wenig Schnee, weil vom Wind ausgeblasen.

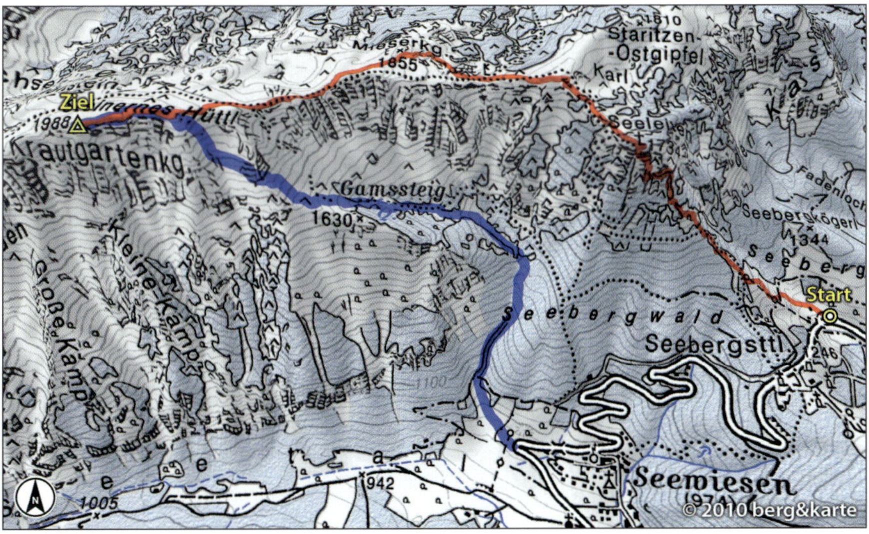

— *Aufstieg* — *Abfahrt* *Kartenperspektive*

Karten ÖK 50 UTM 4210 (BMN 102)

Après Tour GH Seebergalm östlich vom Seebergsattel ▪ GH Egger in Gollrad ▪ Hotel Seeberghof in Seewiesen ▪ GH Hanswirt in Turnau

Infos www.turnau.at ▪ www.hochsteiermark.at ▪ www.mariazell.at

13.7 Aflenzer Staritzen

Einmalig schöne und sehr lange Hochflächentour mit perfektem Panoramagenuss. Etwas inhomogene, aber eindrucksvolle Abfahrt

Ausgangspunkt Gollrad, Schloss Brandhof

Starthöhe	1080 m	**Gipfelhöhe**	2038 m	**Exposition**	S-O
Höhenmeter	1200 hm	**Aufstiegszeit**	5 h	**Einkehr**	nein
Aufstiegslänge	12.2 km	**Steilheit**	steil	**Anspruch**	III

Einstimmung Die Überschreitung der Aflenzer Staritzen ist ein Paradebeispiel für eine extensive Sightseeingtour. Hat man einmal die baumfreie Hochfläche erreicht, geht es - bei guter Sicht - unbeschwert im leichten Auf und Ab lange westwärts dahin. Die Kondition ist gefordert, trödeln ist ein Fehler! Die Aussicht ist fantastisch, die gelegentlichen Tiefblicke ins Seetal, in die Rosshölle und in die Ringe sind faszinierend. Die Tour verlangt weitestgehend windstilles nebelfreies Schönwetter, ansonsten wird's bald ungemütlich! Es bieten sich mehrere Aufstiege zur Hochfläche an, ebenso Gipfelabstecher unterwegs. Die Abfahrt ist landschaftlich einmalig, skifahrerisch aber recht inhomogen, unter anderem mit einer 50 m Gegensteigung zum Höllkampl. Bei super Kondition kann man auch bis zum Hochschwab-Gipfel weiter gehen und dann die gesamte Dullwitz-Abfahrt genießen. Jedenfalls muss vom Ziel in Seewiesen die Rückkehr zum Start überlegt werden (Daumen oder zweiter PKW).

Lawinen Auf der Hochfläche keine Gefahr. Bei der Abfahrt durchs Kühreichkar ist bei der einen oder anderen steileren Hangquerung Vorsicht geboten. In der Unteren Dullwitz und im Seetal von den hohen Bergflanken und -wänden bei ungünstigen Verhältnissen öfters Gefahr durch kleine bis größere Lawinen.

Orientierung Auf der baumfreien Hochfläche bei guter Sicht recht einfach, bei Nebel unmöglich! Die gelegentliche Stangenmarkierung reicht bei Nebel keineswegs aus! Bei der Abfahrt vom Hutkogel in die Dullwitz im abschnittsweise unübersichtlich gegliederten Kühreichkar genau aufs Gelände achten! Vor allem nicht zu früh links (nach SO) Richtung Voisthalergasse abdriften (Felsabbrüche!).

Zufahrt Von S S6 bis Kapfenberg, dann B20 über den Seebergsattel oder von N (Mariazell oder Niederalpl) von Wegscheid zum Schloss Brandhof, Parkmöglichkeit.

Aufstieg Auf den Staritzen-Ostgipfel siehe Tour 13.4, 2 Std.

Vom Staritzen-Ostgipfel nach SW über eine Kuppe und kurze Fellabfahrt (Stangen) in einen Sattel, 1750 m, Wegweiser, Einmündung der Aufstiegsvariante von N über die Graualm, siehe unten. Anstieg auf den Mieserkogel (besser rechts der Mulde), dann an der Geländekante entlang (Vorsicht, teilweise Wechten nach S!). Nach der Einmündung des Gamssteigs knapp rechts am Krautgartenkogel entlang in einen Sattel zwischen Krautgartenkogel und Höllstein (das "Steinerne Hüttl" sucht man vergebens!). 1 Std.

Sehr lohnender Abstecher auf den Höllstein, 1960 m (Blick in die Rosshölle). Dann weiter mit geringem Höhenverlust zur Niederen Scharte. Dort Abstecher auf die Hochweichsel, 2006 m, siehe Tipp zu Tour 13.5. Von der Niederen Scharte weiter nach SW sanft ansteigen auf einen Riegel. Jenseits hinab in die flachen Böden der Rotlacken. Dann ein kleiner Anstieg und rechts nach NW auf den Severinkogel, 2038 m, der höchsten Erhebung der Aflenzer Staritzen. 1 Std.

Weiter genau nach W hinab in eine Mulde und an der Geländekante entlang auf die Ringkarwand, 2014 m, mit spektakulärem Blick in die Ringe (Vorsicht!). Dann fast 100 hm Fellabfahrt in eine Einsattelung und je nach Lust entweder rechts zunächst über eine Firnschneide, oder links um eine Grube herum jeweils auf den Hutkogel, 2035 m. 1 Std.

Variante Übergang vom Heilstein über die Graualm zum Staritzen-Kammweg, Sattel auf 1750 m, siehe Tour 13.3. ▪ Steilaufstieg vom Seebergsattel: siehe Tour 13.6.

Abfahrt Zunächst nach N in den nahen Sattel, 1980 m, zwischen Hutkogel und Ringkamp (Aufstieg zum Ringkamp skitechnisch teilweise anspruchsvoll). Nun in schöner Fahrt hinab ins Ochsenreichkar und linkshaltend auf einen Riegel. Jenseits nach SO weiter, um eine Grube links herum zur nächsten Schwelle. Dann Abfahrt ins Kühreichkar (nicht zu tief halten, sondern Querung rechts der steilen Flanke (Vorsicht) in einen Boden. Kurze Gegensteigung nach S und hinab in die Obere Dullwitz. Nun in der Mulde links flach Richtung Voisthaler Hütte (diese bleibt aber rechts oberhalb). Einfahrt in die mittelsteile Voisthalergasse, dann im Schuss durch lichten Wald in eine weite Mulde unter Felswänden. Dort 50 m Gegensteigung (anfellen, staffeln oder Ski tragen) in den Sattel des Höllkampls, Pkt. 1449 m, mit dem Franzosenkreuz (mitunter zugeschneit). Weitere schöne Fahrt durch Mulden durch die Untere Dullwitz und nach einer weiteren Schusspassage zur neuen Florlhütte. Gleich danach am Ende der Lichtung rechts in den Wald (rote Markierung) und kurze Querung in ein Geröllbachbett. Durch dieses genussvoll tiefer zur Talstation der Materialseilbahn der Voisthaler Hütte, nahe Pkt. 1042 m. Weiter auf der Fahrstraße im Wald, bald sehr flach, dann in langsamer Fahrt (je nach Skibelag und Schnee) zuletzt mehr über Wiesenflächen zu einem Schranken (Sommerparkplatz, Pkt. 942 m). Auf der Zufahrt den letzten Kilometer raus zur Bundesstraße und rechts in Kürze zum Hotel Seeberghof, 930 m, Bushalt.

Variante Fortsetzung der Tour vom Hutkogel zum Hochschwab oder zumindest zum Schiestlhaus: Im Ochsenreichkar auf 1830 m (Wegweiser) wieder anfellen und nach W (die große Grube bleibt rechts) sanft ansteigen in die Weihbrunnkesselscharte, 1994 m. Von dort weiter wie bei der Aufstiegsvariante zur Tour 13.24 zum Schiestlhaus. Abfahrt in die Obere Dullwitz siehe Tour 13.8.

▬ Aufstieg ▬ Abfahrt

Kartenperspektive (Ausschnitt Hutkogel - Untere Dullwitz)

Tipp Als Zugang auf die Aflenzer Staritzen kommt auch der Anstieg von Seewiesen über den Gamssteig auf den Krautgartenkogel infrage, siehe Tour 13.6.

Karten	ÖK 50 UTM 4210 (BMN 102)
Après Tour	GH Egger in Gollrad ▪ GH Seebergalm östlich vom Seebergsattel ▪ Hotel Seeberghof in Seewiesen
Infos	www.mariazell.at ▪ www.hochsteiermark.at

Sehr lange Tour mit großem Höhenunterschied. Landschaftlich spitze, skifahrerisch abwechslungsreich und eine der Toptouren der Region

Ausgangspunkt Seebergsattel, Hotel Seeberghof

Starthöhe	930 m	**Gipfelhöhe**	2277 m	**Exposition**	S-O
Höhenmeter	1450 hm	**Aufstiegszeit**	5 ¼ h	**Einkehr**	✓
Aufstiegslänge	12.2 km	**Steilheit**	steil	**Anspruch**	III

Einstimmung Die klassische Skitour auf den Hochschwab! Landschaftlich einmalig mit Bombenaussicht vom Gipfel. Skitechnisch durchaus reizvoll, wenngleich die Abfahrt auch lange Schussstrecken aufweist, aber die kann man ja auch genießen! Der Gesamthöhenunterschied beträgt gut 1450 m, und in Kombination mit der beachtlichen Distanz ergibt sich eine ausgewachsene Tagestour, die nicht auf die leichte Schulter genommen werden darf. Bei Sturm und Nebel ist es rasch vorbei mit der Freude, aber das ist ja auf dem Hochschwab eine Binsenweisheit!

Voisthaler Hütte

Lawinen Durch große Hanglawinen können Passagen im Seetal, in der Unteren und in der Oberen Dullwitz bedroht sein.

Orientierung Bei guter Sicht einfach, da meist gespurte Route. Nach der Oberen Dullwitz Stangenmarkierung, die aber bei dichtem Nebel nicht überall ausreicht. Leicht verirren kann man sich bei Nebel zwischen Gipfelkuppe und Schiestlhaus. Aber auch die weitere Strecke bis in die Obere Dullwitz ist heikel (keine Experimente abseits der Stangen!).

Zufahrt Von S S6 bis Kapfenberg, dann B20 nach Seewiesen oder von N (Mariazell oder Niederalpl) über den Seebergsattel. Das Hotel Seeberghof befindet sich am südlichen Ortsbeginn.

Aufstieg Vom Seeberghof auf der Bundesstraße einige Meter rechts zur Abzweigung ins Seetal (große Hochschwab-Holzskulptur). Links auf dem Fahrweg flach zwischen Wiesen ins Seetal zum Pkt. 942 m (Schranken, bis hierher im Frühjahr event. Fahr- und Parkmöglichkeit). Weiter mit der roten Markierung talein auf der Forststraße zunächst über freie Flächen, dann im Wald bis zur Talstation der Materialseilbahn der Voisthaler Hütte nach dem Lettanger. Zunächst unter dem Seil, dann links durch ein zugeschneites Geröllbett höher. Auf 1250 m nach rechts ansteigende Waldquerung auf die Lichtung mit der Flörlhütte, 1284 m. 1 ¾ Std.

Weiter durch einen seichten Graben, dann über schöne lichte Waldböden und durch eine Mulde (Verwechtungen) in den Sattel des Höllkampls, 1449 m. Jenseits sanfte 50 hm Fellabfahrt in einen weiten Boden. Über die Lichtung, dann im Wald sanft ansteigen und durch die Voisthalergasse steiler aufwärts. 1 ¼ Std.

Ab 1630 m (die Voisthaler Hütte bleibt links oberhalb) flacher weiter in die weitläufige Obere Dullwitz. Auf einer Schwelle auf 1750 m (Blick zur Hochschwab-Südwand) rechts einen Hang hinauf (Beginn der Stangenmarkierung). Nach der Steilstufe durch eine Mulde weiter und links auf einen Rücken. Am Hang um den Rotgangkogel rechts herum zur Einmündung des Weges von der Weihbrunnkesselscharte (Wegweiser). Nördlich um eine Dolinengrube und nach W über einen Rücken auf einen Boden und flach hinüber zum neuen Schiestlhaus. 1 ¾ Std.

Südwestlich Richtung Hochschwab ein Dolinengraben, an diesem links oder rechts entlang aufwärts, dann rechtshaltend auf den Gipfelrücken und über diesen den Stangen nach auf die weitläufige Bergkuppe (Kreuz). Vorsicht riesige Wechten nach S! ½ Std.

Variante Von der Voisthaler Hütte nach N ins Kühreichkar, dann durch das Ochsenreichkar in die Weihbrunnkesselscharte (ab hier siehe Aufstiegsvariante der Tour 13.24) und Übergang an der Eismauer entlang zum Schiestlhaus: etwas länger, aber landschaftlich sehr lohnend. Achtung keine Stangenmarkierung, bei Nebel also unbedingt meiden! ▪ Über die Aflenzer Staritzen, siehe Tour 13.7.

Abfahrt Im Wesentlichen wie Aufstieg. Bei Nebel kann man sich zur Not den Stangen nach in die Obere Dullwitz durchtasten, aber selbst das ist bei Sturm und verwehter Spur nicht jedermanns Sache!

Variante Nach der Umfahrung des Rotgangkogels weiter nach SO und unter dem Wetterkogel direkt in die Obere Dullwitz hinab (keine Stangenmarkierung).

Einkehr unterwegs Die Voisthaler Hütte, 1653 m, ist ab Anfang Mai bewirtschaftet, der Winterraum ist offen. Das Schiestlhaus ist ab Mitte Mai bewirtschaftet, der Winterraum ist offen.

▬ *Aufstieg* ▬ *Abfahrt* — *Kartenperspektive (Ausschnitt Obere Dullwitz - Hochschwab)*

Karten ÖK 50 UTM 4210 (BMN 102)
Après Tour Hotel Seeberghof in Seewiesen
Infos www.turnau.at ▪ www.hochsteiermark.at ▪ www.seeberghof.at ▪ www.schiestlhaus.at

Abwechslungsreiche Frühjahrstour mit sehr schönem, nicht allzu steilem Abfahrtsgelände

Ausgangspunkt Seewiesen, B20, Pkt 918 m, 1 km südl. von Seewiesen

Starthöhe	918 m	**Gipfelhöhe**	1990 m	**Exposition**	S-O
Höhenmeter	1100 hm	**Aufstiegszeit**	3 ½ h	**Einkehr**	nein
Aufstiegslänge	6.8 km	**Steilheit**	steil	**Anspruch**	III

Einstimmung Die Mitteralm bildet ein felsumrandetes Plateaudreieck zwischen Aflenzer Staritzen und Aflenz. Zum Kampl, dem höchsten Punkt, führt von O eine landschaftlich sehr schöne, trotzdem wenig bekannte Frühjahrstour. Sie ist ostseitig ausgerichtet und daher lange schneesicher. Die ebene Querung zwischen Hackentörl und Baumeralm unterbricht etwas den Aufstiegs- und Abfahrtsrhythmus. Auf der Hochfläche gibt's eine super Aussicht und das Abfahrtsgelände ist anhaltend genussreich. Der Feistringtobel ist nach Neuschnee und bei stärkerer Sonneneinstrahlung (zeitig starten!) lawinengefährdet. Auf der Mitteralm hat man bei Nebel nichts verloren!

Lawinen Gefahr droht in der Querung vom Hackentörl zur Baumeralm und im Feistringtobel.

Orientierung Bei Nebel die üblichen Vorbehalte auf der Hochfläche, in diesem Fall ab 1600 m.

Zufahrt Von S S6 bis Kapfenberg, dann B20 von N über den Seebergsattel, bis 1 km südlich von Seewiesen, Abzweigung zur Hackenalm (großes Schild), Pkt. 918 m. Begrenzte Parkmöglichkeit am Beginn einer Forststraße (Schranken).

Aufstieg Auf der Forststraße zunächst eben nach NW, dann ansteigend über eine Kehre zu einer Engstelle und im Hackengraben talein. Die Hackenalm bleibt rechts, gemütlich weiter genau nach W bis 1170 m (Blick voraus zum Feistringstein). Auf dem Waldweg links am Hang aufwärts, dann nach einer Kehre an sein Ende. Nun den Waldhang nach S höher, auf 1270 m rechts über einen Graben (Abfahrtsroute) und in Kürze ins idyllisch gelegene Hackentörl, 1291 m (Blick zu Feistringtobel und Höchstein). 1 ¼ Std.

Im oberen Teil des Feistringtobels, hinten die Veitsch

An den Südosthängen des Feistringsteins teils im Wald, teils über baumfreie Rücken und Gräben möglichst flach queren. Vorsicht besonders beim letzten Graben vor der Baumeralm. Im Frühjahr in dieser sonnseitigen Querung eventuell stellenweise die Ski tragen. Von der Baumeralm waagrecht zum Feistringtobel (links alsbald eine der beiden Höchsteinrinnen) und diesen aufwärts. Über eine Engstelle (am besten von links angehen) hinweg, dann im schönen muldenartigen Graben genussvoll weiter und ohne Probleme auf den Rücken des Zlacken, etwas nördlich von Pkt. 1743 m. Ab hier Stangenmarkierung. 1 ½ Std.

Über einen stumpfen Rücken auf die Hochfläche der Mitteralm. An einem Unterstand (randvoll mit Schnee) vorbei und im unübersichtlichen Gelände (Kuppen und Dolinen) weiter. Auf 1940 m von der Stangenmarkierung rechts ab und direkt nach N aufs Kampl (kein Kreuz). ¾ Std.

Wenige Schritte nördlich der Gipfelkuppe spektakulärer Tiefblick ins Seetal und in die Untere Dullwitz (Vorsicht auf Wechten!).

Variante Von Aflenz auf der Forststraße langer Zustieg durch den Feistringgraben.

Abfahrt Im Wesentlichen wie Aufstieg, wobei sich vom Gipfel bis zum Unterstand eine schöne Variante aufdrängt. Bei schlechter Sicht aber Aufstiegsspur besser nicht verlassen!

Von der Baumeralm lohnender: weitere Abfahrt durch den Tobel bis 1120 m und Wiederaufstieg nach N ins Hackentörl. Von dort bei guter Schneelage abenteuerlich angehauchte Abfahrt nach NO direkt durch den Graben.

Variante ▪ Höchstein-Rinnen (N, NO): siehe Karte. Die Rinnen verlangen gute Ortskenntnis und richtige Einschätzung der herrschenden Schnee- und Lawinenverhältnisse! ▪ Ski plus: Von der Bürgeralm oder der Windgrube auf den Höchstein bzw. Zlacken, Abfahrt durch den Feistringtobel und weiter talaus auf Forststraße durch den Feistringgraben zurück nach Aflenz.

Tipp Interessante Kombination mit Tour 13.10 als Mitteralm-Überschreitung: Skifahrerisch lohnender in West-Ost-Richtung. Transfer zurück zum Start gut überlegen.

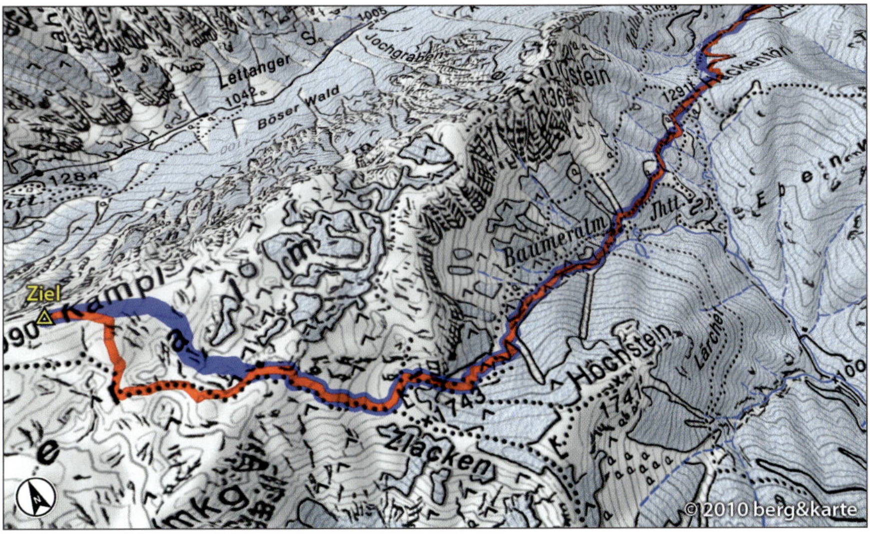

▬ *Aufstieg* ▬ *Abfahrt* *Kartenperspektive (Ausschnitt Baumeralm - Kampl)*

Karten	ÖK 50 UTM 4210 + 4216 (BMN 102)
Après Tour	Hotel Seeberghof in Seewiesen ▪ Hanswirt in Turnau
Infos	www.turnau.at ▪ www.hochsteiermark.at

Schöne Frühjahrstour durch gestuftes Plateau- und Grabengelände. Eine Hochschwab-Rarität!

Ausgangspunkt Aflenz, Parkplatz Fölzgraben

Starthöhe	770 m	**Gipfelhöhe**	1990 m	**Exposition**	S-W
Höhenmeter	1250 hm	**Aufstiegszeit**	4 h	**Einkehr**	nein
Aufstiegslänge	8 km	**Steilheit**	steil	**Anspruch**	III

Einstimmung Außer bei Einheimischen wenig bekannte sehr schöne Frühjahrstour mit guter Länge und beachtlichem Höhenunterschied. Skitechnisch weniger fordernd als die Nachbartour auf den Fölzkogel Tour 13.11 (Kombinationsmöglichkeit).

Lawinen Schneerutsche möglich gleich nach der Fölzklamm, Lawinengefährdung ab 1250 m im Aufstieg zur Fölzalm und mitunter auch im Hofertal.

Orientierung Ab 1250 m (Beginn des baumfreien Geländes) bei Nebel erschwert, insbesondere nach der Fölzalm. Bei der Abfahrt erfordert der meist schon schneefreie, untere Abschnitt zwischen Verlassen des Grabens und Einmündung in den Sommerweg etwas Spürsinn für den besten Weg.

Zufahrt S6 bis Kapfenberg, dann B20 nach Thörl. Nach der Ortsdurchfahrt links abzweigen Richtung Fölz (grüner Wegweiser). Durch eine Siedlung (30er-Zone), dann weiter talein in den sich verengenden Graben. Auf der Staubstraße zum großen Parkplatz (im Winter keine Gebühr) kurz nach dem ehem. historischen Hotel Fölz (Pkt. 765 m).

Blick vom Fölzkogel zur Mitteralm mit dem Hofertal, im Hintergrund die Veitsch, links die Aflenzer Staritzen

Aufstieg Vom Parkplatz auf der Straße weiter talein und kurz vor dem Schwabenbartl (Jausenstation, im Winter nicht bewirtschaftet) bei der Gabelung links (Weg Nr. 861) und durch die kurze Fölzklamm. Dann am Fuß eines steilen Bergwalds (Schneerutsche von links) in den Fölzboden. Beim Pkt. 834 m über den Bach, weiter mit der roten Markierung genau nach N, ab ca. 900 m deutlicher ansteigend. Auf 1030 m eine Lichtung (Lawinenschaden), dort ein weiter Linksbogen und steiler zur Einmündung des Steiges über den Fölzriegel, Pkt. 1168 m. Bald darauf aus dem schützenden Wald auf freie Flächen unter den steilen Felsabstürzen von Mitteralmturm und Schartenspitze. Hangquerung zurück in den Graben und durch diesen über eine teilweise verwechtete Steilstufe in eine Mulde und zur nahen Fölzalm mit ihren beiden Almhütten. 2 ½ Std.

Weiter nach N über eine Schwelle in einen flachen Boden und sanft ansteigen (einzelne Bäume). Unter dem Fölzsattel rechts ins markante muldenartige Hofertal (links verwechtet). Gleichmäßig steil aufwärts in eine Scharte (eindrucksvoller Tiefblick ins Seetal). Dort genau nach S einschwenken und ansteigende Querung zu einem Rücken. Über diesen links aufwärts (Stangenmarkierung) auf die Hochfläche. Eine Grube rechts umgehend auf eine Schwelle und schräg links hinauf zum höchsten Punkt (kein Kreuz). 1 ½ Std.

Wenige Schritte nördlich der Gipfelkuppe spektakulärer Tiefblick ins Seetal und in die Untere Dullwitz (Vorsicht auf Wechten!).

Abfahrt Bis zur Fölzalm wie Aufstieg. Weitere Abfahrt nach S über mehrere Geländestufen im Grabengrund (Abfahrt über den Aufstiegsweg nicht lohnend). Im Frühjahr bei guten Verhältnissen Schnee bis 1100 m, dort eine kleine Steilstufe mit felsiger Unterbrecherstelle. Zu Fuß weiter im Bachbett (ein Hauch von Canyoning!), bis sich der Graben vor einer Steilstufe verengt, 1060 m. Auf Steigspuren links raus und waagrechte Querung des steilen Waldhangs zur Einmündung in den Zustiegsweg bei der Lawinenlichtung auf 1030 m. Weiterer Abstieg wie Aufstieg.

Tipp Kombination mit Tour 13.11. ▪ Interessante Kombination mit Tour 13.09 als Mitteralm-Überschreitung: Skifahrerisch lohnender in West-Ost-Richtung. Transfer zurück zum Start gut überlegen.

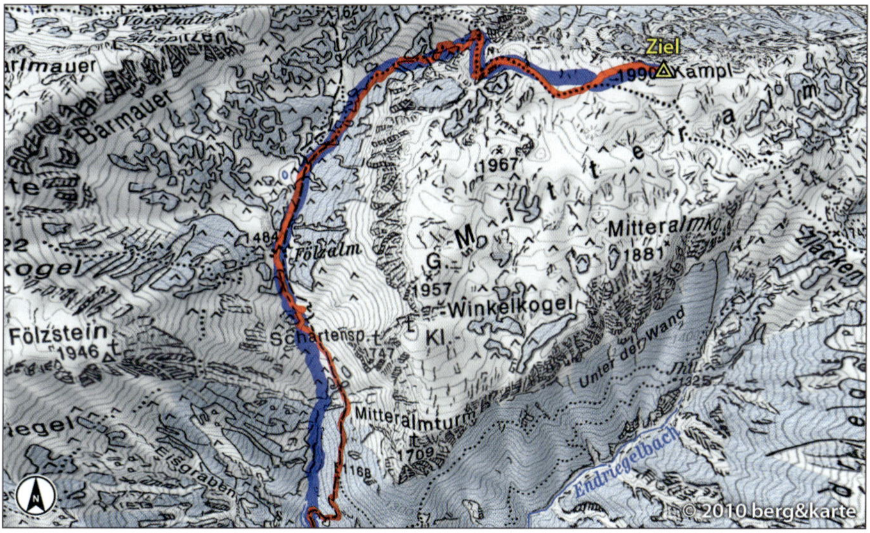

▬ *Aufstieg* ▬ *Abfahrt* *Kartenperspektive (Ausschnitt Fölzalm - Kampl)*

Karten ÖK 50 UTM 4210 + 4216 (BMN 102)
Après Tour GH Zum Hochschwab in Thörl
Infos www.hochsteiermark.at

13.11 Fölzkogel

Kompakte Frühjahrstour, landschatlich sehr schön und skifahrerisch überaus reizvoll

Ausgangspunkt Aflenz, Parkplatz Fölzgraben

Starthöhe	770 m	**Gipfelhöhe**	2022 m	**Exposition**	N-O
Höhenmeter	1255 hm	**Aufstiegszeit**	4 h	**Einkehr**	nein
Aufstiegslänge	6.8 km	**Steilheit**	sehr steil	**Anspruch**	III

Einstimmung Sehr interessante Frühjahrstour auf einen kleinen Hochschwab-2000er, trotzdem mit beachtlichem Höhenunterschied. Die Tour lebt einerseits von der Felsszenerie rund um die Fölzalm, andererseits von der langen, in ihrer Art einzigartigen Flankenquerung in die Windscharte. Bei der Abfahrt warten schöne, sehr steile Firnhänge durch die Fölzsteinrinne. Für Nimmersatte gibt's die Kombinationsmöglichkeit mit der Mitteralm, Tour 13.10, durch das gutmütige Hofertal.

Blick vom Fölzkogel über den Karlhochkogel hinweg zum Hochschwab, rechts im Sattel das Schiestlhaus

Lawinen Schneerutsche möglich gleich nach der Fölzklamm, Lawinengefährdung ab 1250 m im Aufstieg zur Fölzalm, in der Traverse in die Windscharte und in der sehr steilen Fölzstein-Ostrinne.

Orientierung Ab 1250 m (Beginn des baumfreien Geländes) bei Nebel erschwert, insbesondere nach der Fölzalm. Bei der Abfahrt erfordert der meist schon schneefreie untere Abschnitt zwischen Verlassen des Grabens und Einmündung in den Sommerweg etwas Spürsinn für den besten Weg.

Zufahrt S6 bis Kapfenberg, dann B20 nach Thörl. Nach der Ortsdurchfahrt links abzweigen Richtung Fölz (grüner Wegweiser). Durch eine Siedlung (30er-Zone), dann weiter talein in den sich verengenden Graben. Auf der Staubstraße zum großen Parkplatz (im Winter keine Gebühr) kurz nach dem ehem. historischen Hotel Fölz (Pkt. 765 m).

Aufstieg Auf die Fölzalm siehe Tour 13.10. 2 ½ Std.

Nun nach W über den steilen, stumpfen Rücken höher, dann auf 1700 m Beginn der langen, eindrucksvollen und zunehmend aussichtsreichen Diagonale hinüber zur Windscharte (Harscheisen!). Nicht zum tiefsten Punkt der Scharte hin, sondern etwas vorher raus auf den Nordrücken des Fölzkogels und über diesen zum Gipfel (kein Kreuz, aber Gipfelbuch auf dem höchsten Punkt). 1 ½ Std.

Abfahrt Nach SO Richtung Fölzstein abfahren auf einen Boden (event. abgeblasen) und an der linken Geländekante entlang weiter bis zum tiefsten Punkt vor dem Fölzstein. Nach links Einfahrt in die wunderschöne freie Steilflanke der Fölzstein-Ostrinne. Weiträumig hinab genau in Falllinie (dabei die Aufstiegsspur kreuzend) bis in den Karboden und in einem Rechtsbogen über eine kleine Schwelle zurück zur Fölzalm.

Weitere Abfahrt nach S über mehrere Geländestufen im Grabengrund (Abfahrt über den Aufstiegsweg nicht lohnend). Im Frühjahr bei guten Verhältnissen Schnee bis 1100 m, dort eine kleine Steilstufe mit felsiger Unterbrecherstelle. Zu Fuß weiter im Bachbett (ein Hauch von Canyoning!), bis sich der Graben vor einer Steilstufe verengt, 1060 m. Auf Steigspuren links raus und waagrechte Querung des steilen Waldhangs zur Einmündung in den Zustiegsweg bei der Lawinenlichtung auf 1030 m. Weiterer Abstieg wie Aufstieg.

Variante Vom Fölzkogel zunächst Richtung Fölzstein, dann links eine erste Einfahrtsmöglichkeit: oben steil, dann nach Kreuzung der Aufstiegspur aber etwas eingeschränkte Fortsetzung wegen enger Rinnen und aperer Zwischenrücken (können schon beim Aufstieg gut eingesehen werden).

Tipp Abfahrt vom Gipfel der Aufstiegsspur entlang: nicht besonders lohnend, da in der Diagonale viele wertvolle Abfahrtsmeter hergeschenkt werden. ▪ Direkte Abfahrt aus der Windscharte in den Karboden wegen Felsabbrüchen nicht möglich! ▪ Diverse Abfahrtsmöglichkeiten vom Fölzkogel nach W in den Karlgraben, siehe Tour 13.12.

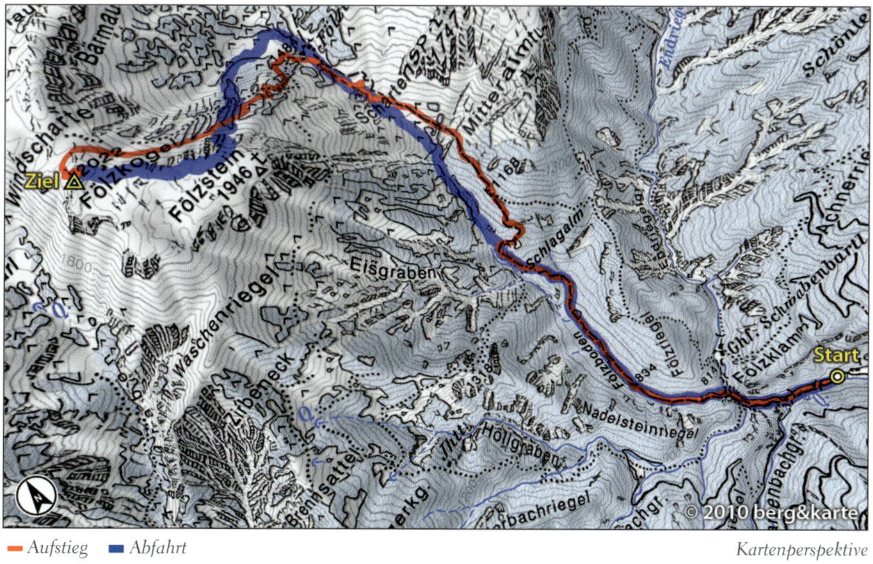

▬ *Aufstieg* ▬ *Abfahrt* *Kartenperspektive*

Karten	ÖK 50 UTM 4210 + 4216 (BMN 102)
Après Tour	GH Zum Hochschwab in Thörl
Infos	www.hochsteiermark.at

13.12 Karlhochkogel

Landschaftlich und skifahrerisch herrliche Frühjahrstour durch eine sehr urtümliche, felsige Grabenlandschaft

Ausgangspunkt GH Bodenbauer, Festlau

Starthöhe	850 m	**Gipfelhöhe**	2096 m	**Exposition**	Süd
Höhenmeter	1250 hm	**Aufstiegszeit**	4 h	**Einkehr**	nein
Aufstiegslänge	5.9 km	**Steilheit**	steil	**Anspruch**	III

Blick vom Karlhochkogel nach W, ganz rechts die Hochschwab-Südwand, dann der G'hacktkogel und der Zagelkogel

Einstimmung Dem Hochschwab-Hauptkamm südlich vorgelagerte Plateaulandschaft mit sehr schöner Frontalansicht der Hochschwab-Südwand und sehr guten Einblicken ins Zagelkar und zum G'hackten. Der recht lange Anstieg führt durch einen wildromantischen, gewundenen Graben mit steiler Flankenkulisse. Sehr lohnende Frühjahrstour, die wegen des großen Höhenunterschieds und vor allem wegen der südseitigen Lage einen rechtzeitigen Start erfordert. Direkt nach stärkeren Neuschneefällen unbedingt meiden!

Lawinen Der gesamte Karlgraben bis zur Karlhochalm ist lawinenbedroht, auch die direkte Abfahrt vom Gipfel bis zur Karlalm verlangt sichere Verhältnisse.

Orientierung Zustieg bis 1300 m in den Karlgraben etwas komplex. Genau auf Beschreibung achten, vor allem, wenn keine verlässliche Spur vorhanden ist! Ab der Karlalm ist bei Nebel Schluss mit lustig!

Zufahrt S6 bis Kapfenberg, dann B20 bis Thörl. Links abzweigen und über St. Ilgen Richtung Bodenbauer. Durch Innerzwain, dann nach einer markanten Senke (Querung der Ausläufer der Karlschütt) zu einem Parkplatz am Scheitelpunkt der Straße (am Fuße einer Felswand), Pkt. 850 m.

Aufstieg Vom Parkplatz nach NNO auf gutem Waldweg (wenn aper, dann stark wurzelig) eben an den Rand der Karlschütt. An dieser entlang und dort wo der Graben enger wird in das Geröllbett hinab. Ein Stück durch dieses weiter, dann aber vor Felsstufen auf 950 m (im Frühjahr schöne Wasserfallkaskaden) links und im Wald einen nicht markierten Steig in gut angelegten Kehren folgen. Dann weniger steil weiter, einige kleine Seitengräben überqueren und auf 1100 m wieder ganz nah an den Hauptgraben heran. Spätestens hier muss bei der Abfahrt der Graben verlassen werden!

Nun bei ausreichend Schnee im felsdurchsetzten Graben (einige kleine Steilstufen) oder (angenehmer) weiter auf dem Steig in ein Latschenfeld, dann eine Rinne kreuzen und durch die Latschen zurück zum Graben, 1300 m. Bis hierher im Frühjahr meist ausreichend Schnee für die Abfahrt. Nun im Grabengrund zunächst gemütlich aufwärts, dann bei einer Gabelung links über eine Steilstufe in einen Boden und über den folgenden Aufschwung zum Beginn des Karlbodens. Links in einem Bogen in Kürze hinauf zur erst jetzt sichtbaren neuen Karlalmhütte, 1680 m (versperrt). 2 ¾ Std.

Weiter nach NW über schöne Hänge zum oberen Rand eines Latschenfeldes auf 1850 m. Dort rechts um einen stumpfen steileren Rücken und wieder flacher in den weiten Sattel südlich des

Gipfels (erster Hochschwabblick). Den Gipfelrücken empor, zuletzt Felsen links ausweichend zum höchsten Punkt (Kreuz). 1 ¼ Std.

Variante Vom Ende des Latschenfeldes auf 1850 m nicht rechts, sondern nach W weniger steil weiter, dann unter dem Mühlbachkogel rechts durch eine Mulde auf die Hochfläche und über diese nach N zum Karlhochkogel, zuletzt wie oben (bietet früher und daher länger Aussicht!).

Abfahrt Im Wesentlichen wie Aufstieg. Rassiger vom Gipfel direkt nach S (anfangs sehr steil, kann umfahren werden), dann weiter genau nach SO über Idealhänge zu einer Geländestufe. Durch die Rinne auf einen Absatz und über den folgenden Steilhang ins Karl. Nach S über eine kleine Schwelle, dann Beginn der Grabenabfahrt wie beim Aufstieg. Auf 1300 m entscheiden, ob sich die Weiterfahrt im Graben lohnt (bei ausreichend Schnee), ansonsten besser auf dem Steig zu Fuß weiter. Bei Weiterfahrt im Graben diesen auf 1100 m rechts verlassen. An dieser Stelle links ein deutlicher gelber Felsausbruch und rechts schöne grüne Wasserspiele.

Variante Vom Gipfel nach NO, dann nach O über den Kamm und nach S an geeigneter Stelle Einfahrt ins Karl (vom Gipfel einsehbar). ▪ Kombination mit dem Fölzkogel und über eine der gut einsehbaren steilen westseitigen Fölzkogelrinnen (firnen später auf!) ins Karl.

Tipp Aufstieg vom Bodenbauer durchs Trawiestal: Wie beim Aufstieg zum G'hackten (siehe Tour 13.17) zum Kreuz, Pkt. 1785 m. Weiter nach O kurze sanfte Fellabfahrt um eine Doline herum, dann ein kurzer steilerer Aufschwung (Stangen) und über eine sanft ansteigende Rampe (wieder abseits der Stangen) nach O auf die weitläufige Ebene der Hinterwiesen. Nun nach SO zum Gipfelaufbau und hinauf zum höchsten Punkt. Sehr schön in beiden Richtungen als Überschreitung, wobei die Transferfrage zwischen Start und Ziel bedacht werden muss.

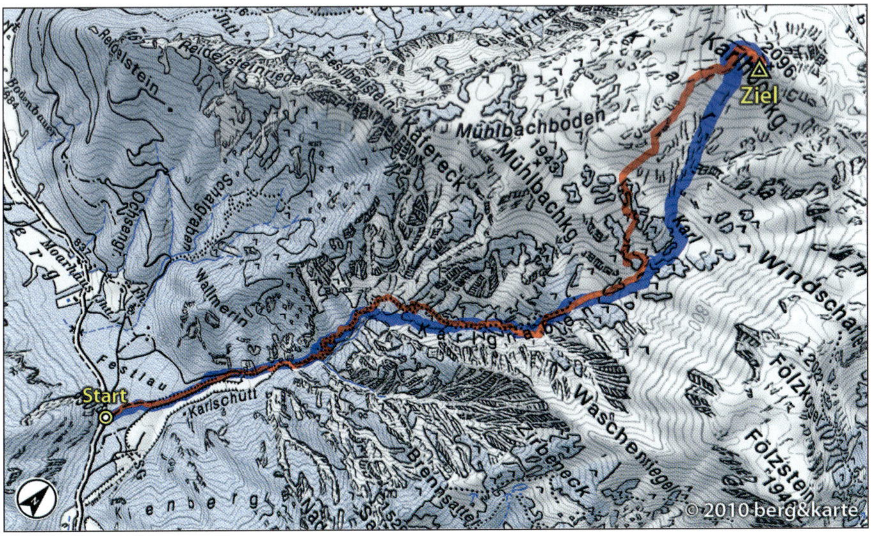

▬ *Aufstieg* ▬ *Abfahrt* *Kartenperspektive*

Karten ÖK 50 UTM 4210 + 4216 (BMN 102)
Après Tour GH Bodenbauer: im Winter und Frühjahr Fr-So bew. ▪ GH Hubinger in Etmißl
Infos www.hochsteiermark.at

13.13 Buchbergkogel

Beliebte Schlechtwetter-Powdertour mit Hüttenoption, aber natürlich auch bei Schönwetter ein Genuss!

Ausgangspunkt GH Bodenbauer, Parkplatz

Starthöhe	884 m	**Gipfelhöhe**	1700 m	**Exposition**	N-O
Höhenmeter	880 hm	**Aufstiegszeit**	2 ¾ h	**Einkehr**	✓
Aufstiegslänge	4.8 km	**Steilheit**	mäßig steil	**Anspruch**	II

Einstimmung Reizvolle und beliebte Tiefschneetour (nicht nur bei Schlechtwetter!) hoch über dem Bodenbauer mit ideal gelegener Einkehrmöglichkeit auf der Häuselalm (am Wochenende). Aufgrund der vorgeschobenen Lage des Gipfels instruktive Aussicht auf die westliche Hochschwab-Hochfläche und nach O auf die felsgepanzerte Umrahmung des Trawiestales. Der Gipfelhang lohnt einen zweiten Aufstieg, und die Waldabfahrt zurück ins Tal ist bei Powder eine wahre Freude!

Lawinen Im Aufstieg zur Häuselalm ab der Baumgrenze (1300 m) im Talboden mitunter Gefahr aus den Nordostflanken des Buchbergkogels.

Orientierung Bei Nebel im Gipfelbereich Vorsicht auf Wechten (Felsabbrüche!).

Zufahrt S6 bis Kapfenberg, dann B20 nach Thörl. Links abzweigen und über St. Ilgen und Innerzwain flach talein in den eindrucksvollen Talschluss zum GH Bodenbauer. Großer Parkplatz.

Aufstieg Vom Bodenbauer über die ebene Lichtung nach NW talein und am Waldrand bei einer Gabelung links Richtung Häuselalm/Sonnschienhütte (Weg Nr. 840). Flach bis zum Ende der Lichtung, dann auf dem gut gangbaren Sommerweg (rote Markierung) im Wald aufwärts. Der Weg kreuzt zweimal eine Forststraße (diese kommt auch als Aufstieg in Frage) und erreicht sie wieder auf 1200 m. Nun auf der Forststraße rechts bis an ihr nahes Ende. Links mit ganz wenig Höhenverlust in eine Mulde und weiter nach W allmählich steiler ins Baumfreie. Durch den Talboden über einige kleine Geländestufen (von links mitunter Lawinengefahr) sanft ansteigen zur Häuselalm, 1526 m. 2 Std.

Aufstieg zur Häuselalm, darüber der Buchbergkogel und rechts der heikle Lawinenhang

Weiter zum Gipfel nach S, zunächst durch eine seichte Mulde und jenseits im anfangs steilen Wald rechts nach SW aufwärts. Dann mehr links haltend steil in einen kleinen Sattel, 1640 m, und über den zunehmend flachen und baumfreien Rücken höher. Dieser wird schmäler und ist teilweise abgeblasen. Im Gipfelbereich (Kreuz) auf Felsabbrüche nach N und O achten! ¾ Std.

Variante Gemütlicher, aber etwas länger: von der Häuselalm nach W hinab in den Boden der Sackwiesenalm, dort flach nach SW und nach links zunächst durch lichten Wald, dann über den freien Rücken zum Gipfel.

Abfahrt Zunächst vom Gipfel genau nach W, dann in allgemeiner NW-Richtung am besten über lichte Flächen und durch Wald auf die Sackwiesenalm. Rechtshaltend kurzer Wiederaufstieg zur Häuselalm, oder - weil's so schön war - noch einmal die 250 hm rauf!

Weitere Abfahrt von der Häuselalm durch die Aufstiegsmulde. In der Waldmulde beim Ende der Forststraße zu dieser hin, ja nicht gerade weiter, dort lauern Abbrüche, siehe Karte. Auf der Forststraße kurz abwärts, dann links und je nach Lust und Laune und Verhältnissen im Hochwald tiefer. Zuletzt im Talboden wieder zurück zum Bodenbauer.

Variante Rückkehr zur Häuselalm auch der Aufstiegsspur entlang möglich, aber weniger Abfahrtsgenuss.

Einkehr unterwegs Häuselalm: im Winter und Frühjahr Sa+So bewirtschaftet.

Tipp Häuselberg, 1836 m: zweiter Hausberg im N der Häuselalm, mit schönen Firnhängen nach O bis S in den Häuseltrog. Vom Gipfel nach SW zwei Vorgipfel, 1815 m und 1780 m. Über diese führt von der Häuselalm kommend der sicherste Aufstieg zum höchsten Punkt (einfaches Gipfelzeichen) mit informativer Aussicht auf die westliche Hochfläche. Schöne Abfahrt auch nach SW zwischen Seemauer und Allakogel hindurch zum Sackwiesensee. Von dort weiter (jeweils mit Gegenanstieg) zur Sonnschienhütte oder zurück zur Häuselalm.

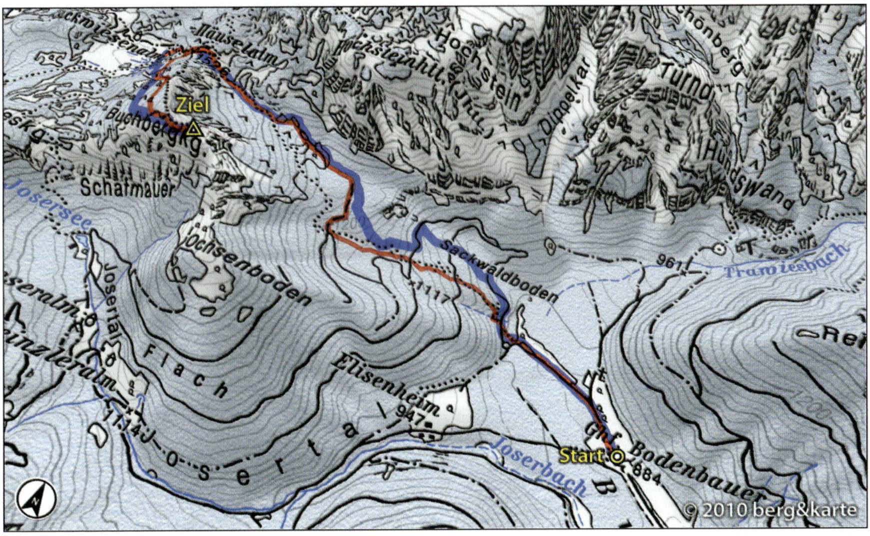

Aufstieg *Abfahrt*

Kartenperspektive

Karten ÖK 50 UTM 4216 (BMN 101 + 102)

Après Tour GH Bodenbauer: im Winter und Frühjahr Fr-So bewirtschaftet

Infos www.hochsteiermark.at

Sehr schöne, mittelsteile Frühjahrs-Karabfahrt. Der ideale Einstieg in die Welt der Steilabfahrten hoch über dem Bodenbauer

Ausgangspunkt GH Bodenbauer, Parkplatz

Starthöhe	884 m	**Gipfelhöhe**	1926 m	**Exposition**	Ost
Höhenmeter	1050 hm	**Aufstiegszeit**	3 ¼ h	**Einkehr**	✓
Aufstiegslänge	6.4 km	**Steilheit**	steil	**Anspruch**	III

Einstimmung Der Zinken (nomen est omen!) ist die markanteste Gipfelerscheinung im Talschluss beim Bodenbauer. Das Schönbergkar bildet eine der großen südseitigen Karabfahrten im Hochschwab. Es wird zweifellos zu unrecht etwas vernachlässigt, kann aber mit dem benachbarten Rauchtal (Tour 13.16) landschaftlich nicht ganz mithalten. In Kombination mit dem Aufstieg über die Häuselalm ergibt sich eine überaus lohnende Runde, die bei sicheren Verhältnissen auch im Hochwinter machbar ist. Aufgrund der Südost-Exposition ist der untere Abschnitt im Frühjahr nicht so schneesicher. Der Schnee firnt bald auf, Abfahrtsbeginn mittags ist daher ratsam. Natürlich kann aber auch wieder zur Häuselalm abgefahren bzw. auch umgekehrt durchs Schönbergkar selbst aufgestiegen werden.

Lawinen Vorsicht bei der Einfahrt ins Kar, teilweise starke Überwechtung und Triebschnee. Aus der Salzleiten (westlich vom Gr. Beilstein) mächtige Lawinen, die über die Hundswand bis in den Talboden auslaufen können.

Orientierung Ab der Häuselalm bei Nebel sehr erschwert. Auf der Strecke über den Sommerweg Stangenmarkierung, die zunächst bei Nebel nicht ausreicht. Erst ab 1850 m dichter gesetzte Stangen, die auch direkt zum Zinken leiten. Bei der Abfahrt vom Zinken Achtung: ja nicht ins erste Kar (Dippelkar) einfahren, bald überwechteter Steilabbruch, Lebensgefahr!

Zufahrt S6 bis Kapfenberg, dann B20 nach Thörl. Links abzweigen und über St. Ilgen und Innerzwain flach talein in den eindrucksvollen Talschluss zum GH Bodenbauer. Großer Parkplatz.

Aufstieg Wie bei Tour 13.13 zur Häuselalm, 1526 m. 2 Std.

Nach N (Stangenmarkierungen beachten!) Anstieg über anfangs etwas unübersichtliches Gelände. Dann rechts am Hang oberhalb des Häuseltrogs Querung zu einer Schwelle. Nach einem flacheren Abschnitt schräg rechts ansteigend um einen Rücken zu einer kurzen unangenehm-abschüssigen Passage oberhalb einer Felszone (kann links oberhalb umgangen werden, aber auch rechts unten direkt durch die Mulde). Danach gemütlich weiter durch ein flaches Tälchen. Aus dem Boden schräg rechts rauf (Stangen beachten!) und in einem weiten Rechtsbogen in die Hirschgrube. Dort auf 1850 m Beginn der guten Stangenmarkierung (trotzdem bei Nebel diese genau beachten!). Nun nicht dem weiten Linksbogen folgen, sondern nach SO (ebenfalls Stangen) in den nahen Sattel und über einen stumpfen Rücken auf den Gipfelkamm. Das Kreuz steht nicht auf dem höchsten Punkt, sondern nach OSO etwas tiefer am Beginn der Gipfelschneide (Vorsicht). 1 ¼ Std.

Genusshänge im Schönbergkar

Variante Aus dem Häuseltrog auf dem Riegel auf 1670 m nach SO in eine Mulde (geringer Höhenverlust) und nach O (die Hochsteinhütte bleibt rechts), dann über einen Rücken nach NO aufwärts. Entweder direkt (steiler) oder über links ausholend (Mulde) zum Gipfel. Nur lohnend (weil kürzer) bei ausreichend Schnee, das Gelände apert rasch aus bzw. ist oft abgeweht. ▪ Nach der Häuselalm kurz vor der Steilstelle auf 1700 m (siehe oben) rechts 30 hm hinab in eine Mulde und jenseits über einen steileren Hang (Latschen) in eine oberhalb ansetzende Mulde, 1750 m. Durch diese nach O, dann nach NO in einen Sattel und rechts in Kürze auf den Zinken. Zeitersparnis! ▪ Das Schönbergkar kann auch im Aufstieg begangen werden: Nach der Steilstufe unter der Hundswand (siehe Tour 13.16) auf 1140 m (kleiner Steinmann) links in den anfangs flachen Wald. Nach NO bis 1270 m, dann links in ein kleines Kar und wieder links um einen Rücken ins Schönbergkar (bis dahin unübersichtliches Gelände). Weiterer Aufstieg siehe Abfahrt in Gegenrichtung.

Abfahrt Vom höchsten Punkt nach N in den nahen Sattel und ebene Querung nach O auf 1770 m oberhalb des Dippelkars. Links eines Felsens Einfahrt ins Schönbergkar (Achtung mitunter überwechtet, ganz rechts halten). Nach einer Steilstufe in schöner Fahrt tiefer. Zwei Hauptrouten links oder rechts eines Mittelrückens. Dann auf 1600 m von links oben Einmündung der Salzleiten, im Karboden große Felsblöcke. Nach einer Geländestufe auf 1400 m (links Baumgruppe) allmählich mehr nach links halten, spätestens auf einem Boden auf 1300 m links raus aus dem Kar, unterhalb folgt der Steilabbruch der Hundswand! Ab hier im späteren Frühjahr mitunter schon aper. Unter einem Felsrücken (Steigspuren) entlang und links in ein kleines Nachbarkar. Durch dieses hinab, nach einer teilweise felsigen Steilstufe in den Hochwald und in Kürze zum markierten Wanderweg, 1140 m, kleiner Steinmann. Auf dem Weg rechts, dann am Fuße einer Felswand hinab in den Boden unter der Hundswand. Auf einem guten Weg über den Trawiesbach (eventuell abschnallen) und auf der Forststraße in langsamer Fahrt zum Bodenbauer.

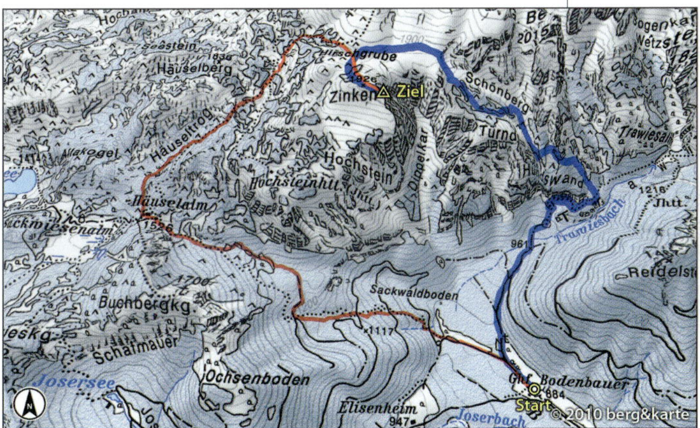

▬ *Aufstieg* ▬ *Abfahrt* *Kartenperspektive*

Variante Einfahrt ins Schönbergkar von N: Von den Hundsböden auf 2050 m (genau südlich von Pkt. 2093 m) nach S über einen Rücken, dann eine schöne Steilflanke abfahren und schräg links ins Schönbergkar. Nicht gerade weiter ins Dippelkar, Absturzgefahr!

Einkehr unterwegs Häuselalm: Winter-Frühjahr Sa+So bewirtschaftet.

Tipp Super Kombination: Schönbergkar rauf, Rauchtal runter (siehe Tour 13.16).

Karten	ÖK 50 UTM 4210 + 4216 (BMN 101 + 102)
Après Tour	GH Bodenbauer: Winter-Frühjahr Fr-So bewirtschaftet
Infos	www.regionhochschwab.at ▪ www.hochsteiermark.at ▪ www.bodenbauer.at

Landschaftlich reizvoller Aufstieg über die Hochfläche und eine wenig bekannte Extremabfahrt ins Schönbergkar

Ausgangspunkt GH Bodenbauer, Parkplatz

Starthöhe	884 m	**Gipfelhöhe**	2046 m	**Exposition**	Süd
Höhenmeter	1200 hm	**Aufstiegszeit**	3 ¾ h	**Einkehr**	✓
Aufstiegslänge	7.7 km	**Steilheit**	extrem steil	**Anspruch**	IV

Einstimmung Sehr lohnende, etwas im Abseits stehende südseitige Extremsteilabfahrt, die ins Schönbergkar mündet. Die Einfahrt befindet sich beim Kloben (westlich des Großen Beilsteins, in der ÖK nicht benannt) und ist von der Hochfläche nicht leicht zu finden, da sie sich praktisch nicht hervorhebt. Vom Bodenbauer ist sie aber deutlich sichtbar.

Lawinen Aus der Salzleiten mächtige Lawinen, die über die Hundswand bis in den Talboden auslaufen können.

Orientierung Ab der Häuselalm bei Nebel sehr erschwert. Auf der Strecke über die Sommerweg-Stangenmarkierung, die zunächst bei Nebel nicht ausreicht. Erst ab 1850 m dicht gesetzte Stangen. Nach dem Verlassen der Stangen ist die Einfahrt bei Nebel sehr schwierig zu finden.

Zufahrt S6 bis Kapfenberg, dann B20 nach Thörl. Links abzweigen und über St. Ilgen und Innerzwain flach talein in den eindrucksvollen Talschluss zum GH Bodenbauer. Großer Parkplatz.

Blick aus dem Schönbergkar zur Salzleiten, rechts der Große Beilstein

Aufstieg Wie bei Tour 13.13 zur Häuselalm, 1526 m. 2 Std.

Nach N (Stangenmarkierungen beachten!) Anstieg über anfangs etwas unübersichtliches Gelände. Dann rechts am Hang oberhalb des Häuseltrogs Querung zu einer Schwelle. Nach einem flacheren Abschnitt schräg rechts ansteigend um einen Rücken zu einer kurzen, unangenehm-abschüssigen Passage oberhalb einer Felszone (kann links oberhalb umgangen werden, aber auch rechts unten direkt durch die Mulde). Danach gemütlich weiter durch ein flaches Tälchen. Aus dem Boden schräg rechts rauf (Stange beachten!) und in einem weiten Rechtsbogen in die Hirschgrube. Dort auf 1850 m Beginn der guten Stangenmarkierung (trotzdem bei Nebel diese genau beachten!). Linksbogen (nicht anderen Stangen nach SO zum Zinken folgen!) und über den stumpfen Rücken nach N. Bei zunehmend guter Rundumsicht auf die weitläufige Hochfläche (Schild "Speikboden") südlich vorbei am Pkt. 2093 m. Auf 2070 m im Bereich eines flachen Abschnitts von den Stangen rechts ab und kurze Fellabfahrt am oberen Rand einer Mulde zum gegenüber liegenden flachen Rücken (im Frühjahr unter Umständen aper). Diesem Rücken nach S folgen und kurz hinauf auf den quer verlaufenden Kamm. Jenseits die unter Umständen überwechtete Einfahrt in die Salzleiten, 2043 m. 1 ¾ Std.

Der in der ÖK unbenannte und nicht kotierte, leicht felsige Gipfel des Klobens steht 200 m südwestlich.

Variante Ebenfalls in Frage kommen der Aufstieg durchs Schönbergkar Tour 13.14 oder durchs Rauchtal Tour 13.16.

Abfahrt Vom Kamm direkt oder etwas links ausweichend in die extrem steile Flanke und hinab zu einer kleinen Geländestufe. Dann einer Felsinsel links oder rechts ausweichend weiter. Die Flanke verengt sich trichterförmig und wird wieder extrem steil. Durch die Engstelle und hinaus auf die Böden des Schönbergkars (markante Felsbrocken), 1600 m. Weitere Abfahrt durchs Schönbergkar siehe Tour 13.14.

Einkehr unterwegs Häuselalm: Winter-Frühjahr Sa+So bewirtschaftet

Tipp Gipfeloption Hochwart, 2210 m: In den Hundsböden weiter den Stangen folgen. Nach einer Dolinengrube zunächst genau nach N, dann von den Stangen links abdriften in einen Sattel und nach NO auf den Hochwart, kleines Kreuz.

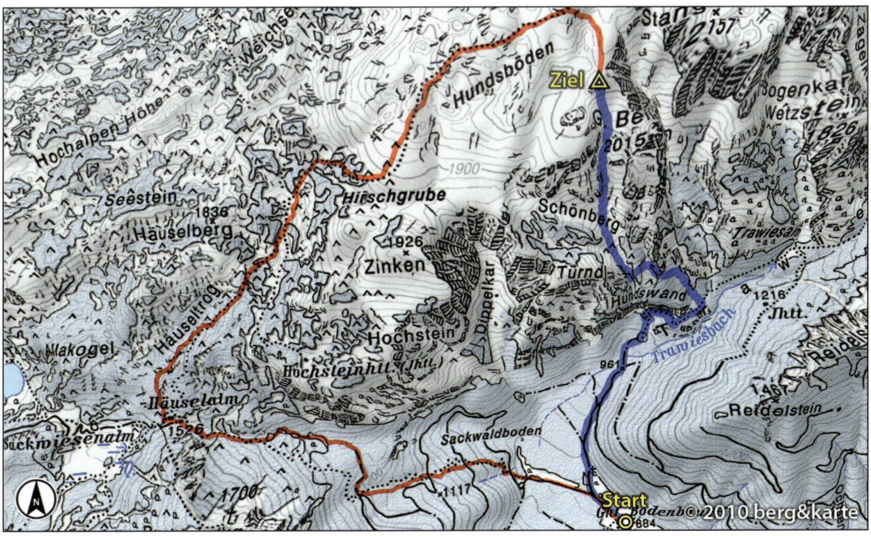

Aufstieg   Abfahrt   *Kartenperspektive*

Karten ÖK 50 UTM 4210 + 4216 (BMN 101 + 102)
Après Tour GH Bodenbauer: Winter-Frühjahr Fr-So bewirtschaftet
Infos www.regionhochschwab.at ▪ www.hochsteiermark.at ▪ www.bodenbauer.at

13.16 Hochwart-Rauchtal

Klassische Steilabfahrt in einmaliger Felsszenerie. Absolute Top-Tour und weit über den Hochschwab hinaus bekannt!

Ausgangspunkt GH Bodenbauer, Parkplatz

Starthöhe	884 m	**Gipfelhöhe**	2210 m	**Exposition**	Süd
Höhenmeter	1330 hm	**Aufstiegszeit**	4 h	**Einkehr**	nein
Aufstiegslänge	5.6 km	**Steilheit**	sehr steil	**Anspruch**	III

Einstimmung Im Frühjahr eines der absoluten Hochschwab-Highlights, zu recht entsprechend beliebte und häufig befahrene Steilabfahrt, die auch im Aufstieg begangen wird. Landschaftlich ein Traum, der jedem Vergleich mit den Dolomiten standhält und skifahrerisch einen herrlichen Steilhang nach dem anderen serviert! Zeitig starten, da wegen Südost- bis Südexposition bald in der Sonne.

Lawinen Das gesamte Rauchtal ist gefährdet, die Verhältnisse müssen also überall passen!

Orientierung Der erste Abschnitt nach der Abzweigung aus dem Trawiestal ist etwas unübersichtlich. Ab dem oberen Rauchtal (ab 2000 m) wird's bei Nebel bis zum Hochwart alles andere als einfach.

Zufahrt S6 bis Kapfenberg, dann B20 nach Thörl. Links abzweigen und über St. Ilgen und Innerzwain flach talein in den eindrucksvollen Talschluss zum GH Bodenbauer. Großer Parkplatz.

Im Rauchtal auf 1500 m, vor dem Jausenstein, Blick zur Stangenwand

Aufstieg Vom Bodenbauer über die ebene Lichtung talein und am Waldrand bei der Gabelung rechts Richtung Schiestlhaus (Weg Nr. 839). Zunächst flach auf der Forststraße, bei Pkt. 961 m über den Trawiesbach (Ski event. abschnallen) und auf eine Lichtung unter der Hundswand (Lawinen aus dem Schönbergkar!). Direkt zur Wand und am Wandfuß steil hinauf zu einem Waldrücken. Links über diesen bald flacher hinaus in einen lichten Bereich (Lawinen aus dem Rauchtal!). 1 Std.

Nach einem kleinen Graben, 1160 m, wieder zum Wald und dort vom rot markierten Weg links abzweigen (1180 m) in den Hochwald. Im Anstieg eher links halten, unter einer steilen Schrofenflanke links und ins zunehmend baumfreie Rauchtal hinein. Auf 1350 m links hinüber zum jenseitigen Rücken, diesen steil höher, dann in einer ansteigenden Querung zurück ins Kar und zum sogenannten Jausenstein, 1570 m, Rastplatz in toller Felsszenerie mit Eiswasserfall. 1 Std.

Nun im sich schluchtartigen verengenden Tal steil hinauf (links tolle ausgebauchte Plattenwand, rechts Abstürze der Stangenwand). Auf 1780 m je nach Schneelage event. glatte Felsplatten mit kurzer Unterbrecherstelle. Danach in der Karmulde in einem langen Rechtsbogen auf eine Schwelle, 2020 m. Die folgende Grube links umgehen, links in eine seichte Mulde und zu den Stangen des Hochschwab-Höhenweges. Nun etwas links ausholend auf den nahen Hochwart-Gipfel (kleines Kreuz). 2 Std.

Abfahrt Im Wesentlichen wie Aufstieg. Im Kar nach dem Jausenstein Variante nach links möglich. Wichtig: auf 1350 m nicht weiter durchs Kar, sondern links in den Wald und durch diesen hinab zur Einmündung in den Weg durchs Trawiestal. Bei guten Verhältnissen kann man nachher im lichten Wald auch direkt durch den Graben zum Boden unter der Hundswand abfahren und spart sich dadurch die Traverse am Wandfuß.

Tipp Gipfelvariante Zagelkogel, 2255 m: Nach der Karschwelle auf 2020 m links an der Grube entlang und rechts steil nach O zum Gipfel. Oder weiter in den Rauchtalsattel und über den stumpfen Rücken nach SO zum Gipfel. ▪ Auch die Stangenwand, 2157 m, ist nach der Karschwelle nach rechts einfach erreichbar. ▪ Kombinationsmöglichkeit mit einer Abfahrt über die Salzleiten, Tour 13.15 oder durch das Zagelkar, Tour 13.17.

— *Aufstieg* — *Abfahrt*

Kartenperspektive (Ausschnitt Rauchtal - Hochwart)

Karten ÖK 50 UTM 4210 + 4216 (BMN 102)
Après Tour GH Bodenbauer: Winter-Frühjahr Fr-So bewirtschaftet
Infos www.regionhochschwab.at ▪ www.hochsteiermark.at ▪ www.bodenbauer.at

13.17 Zagelkogel-Zagelkar

Der Hochschwab-Extremklassiker und ein Muss für jeden Steilhangfan. Entsprechend beliebt und häufig befahren

Ausgangspunkt GH Bodenbauer, Parkplatz

Starthöhe	884 m	**Gipfelhöhe**	2255 m	**Exposition**	Süd
Höhenmeter	1375 hm	**Aufstiegszeit**	4 h	**Einkehr**	nein
Aufstiegslänge	5.7 km	**Steilheit**	extrem steil	**Anspruch**	IV

Einstimmung Der Hochschwab-Extremklassiker par excellence und eine absolute Top-Tour, landschaftlich super und skifahrerisch Weltklasse. Im Frühjahr für Steilhang-Fans der heißeste Tipp unter den Hochschwab-Südkaren, sehr begehrt und häufig befahren. 600 hm Superflanke mit extrem steiler direkter Einfahrt (bis 45°). Firnt bald auf (Südostlage), daher zeitiger Aufbruch vom Bodenbauer ratsam! Üblicher Aufstieg durchs Rauchtal, die Variante über's G'hackte ist ein zusätzliches Gustostückerl.

Lawinen Das gesamte Zageltal ist gefährdet, die Verhältnisse müssen also überall passen. Im Zustieg drohen aus dem Schönbergkar und dem Rauchtal, bei der Abfahrt im Trawiestal zusätzlich aus dem Bogenkar Lawinen.

Tiefblick ins Zagelkar

Orientierung Aufstieg durchs Rauchtal: Der erste Abschnitt nach der Abzweigung aus dem Trawiestal ist etwas unübersichtlich. Ab dem oberen Rauchtal (ab 2000 m) wird's bei Nebel alles andere als einfach. Aufstieg übers G'hackte: Bei Nebel kann der Zustieg in den Sattel, 1785 m, schwierig sein, ab dem Ausstieg aus dem G'hackten auf die Hochfläche wird's ohne Sicht unangenehm, aber nicht unmöglich (teilweise Stangen).

Zufahrt S6 bis Kapfenberg, dann B20 nach Thörl. Links abzweigen und über St. Ilgen und Innerzwain flach talein in den eindrucksvollen Talschluss zum GH Bodenbauer. Großer Parkplatz.

Aufstieg Üblicherweise durchs Rauchtal: Zum Jausenstein, 1570 m, Rastplatz in toller Felsszenerie mit Eiswasserfall siehe Tour 13.16. 2 Std.

Weiter im sich schluchtartigen verengenden Tal steil hinauf (links tolle ausgebauchte Plattenwand, rechts Abstürze der Stangenwand). Auf 1780 m je nach Schneelage event. glatte Felsplatten mit kurzer Unterbrecherstelle. Danach in der Karmulde in einem langen Rechtsbogen auf eine Schwelle, 2020 m. An der Grube links entlang und nach O über den mittelsteilen Hang zum Gipfel. 2 Std.

Variante Übers G'hackte: Wie beim Rauchtal über den kleinen Graben, dann auf 1180 m im Wald nicht links abzweigen, sondern weiter talein mit der roten Markierung (Weg Nr. 839) ins Trawiestal auf die nahe Lichtung der ehem. Trawiesalm. Im zunehmend eindrucksvollen weltabgeschiedenen hinteren Trawiestal bis 1520 m. Nun aus dem Talschluss nach links und genau nach W kurze ansteigende Querung. Dann steiler Anstieg nach N unterhalb einer Felswand und mitunter heikle Querung nach NO auf einen Riegel vor den Eisgruben (Kreuz, Pkt. 1785 m, darunter der G'hacktbrunn). Das kleine Kreuz wird erst zuletzt sichtbar, dort schöner Blick zur Hochschwab-Südwand. Weiter nach W in die anfangs breite, dann zunehmend enge und steile Rinne. Unter Umständen sind an der rechten Begrenzungsrippe die Sicherungen des Steiges sichtbar. Je nach Lust und Können bei zunehmender Steilheit der Rinne früher oder später abschnallen (eventuell Steigeisen!) und unter die überhängenden Felsen des G'hacktsteins zu einer Nische. Bald darauf aus der Rinne rechts raus (Stangen) in eine Mulde und nach links zur nahen Osteinfahrt ins Zagelkar. Hinauf auf den G'hacktkogel (oder südlich an diesem entlang in einen weiten Sattel, rechts Stangen) und jenseits nach SW auf den Zagelkogel. ▪ Aufstieg durchs Zagelkar: unüblich, aber machbar: Im Talschluss des Trawiestals bei 1520 m nach W ansteigende Traverse auf eine Geländestufe im Zagelkar, 1620 m, guter Rastplatz. Nun im weiten Kar höher, besser über den etwas weniger steilen rechten Ast (event. Ski tragen, Steigeisen!) zur Osteinfahrt beim G'hacktkogel und nach SW hinüber zum Zagelkogel.

Abfahrt Von der Gipfelkuppe kurz nach NO hinab und direkt unter dem Gipfelfels zur mitunter überwechteten Einfahrt. Unter die Wechte von links einfahren und beliebig in das sich allmählich öffnende Kar auf eine Geländestufe, 1620 m. Nun eine Art Rampe genau nach O in leichter Schrägfahrt ins obere Trawiestal, 1520 m, und in schöner Fahrt durch lichten Wald und Latschenfelder tiefer. Auf 1300 m nicht weiter durchs Bachbett, sondern rechts (rote Markierung beachten) zur nahen Trawiesalm. Am Ende der Lichtung wieder rechts in den Wald und bald zur Abzweigung ins Rauchtal (siehe Aufstieg) und zurück zum Bodenbauer.

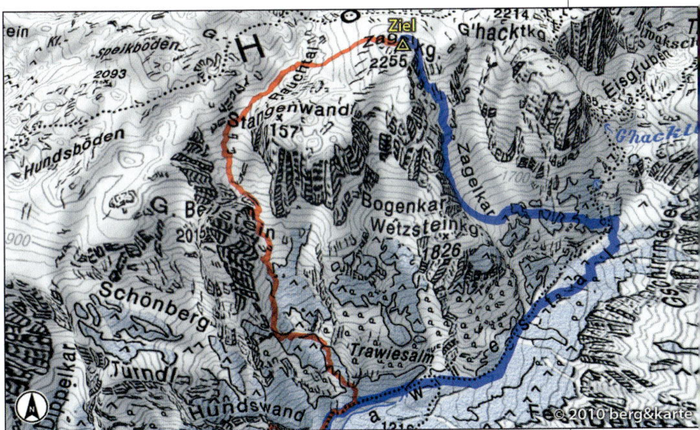

▬ *Aufstieg* ▬ *Abfahrt*

Kartenperspektive (Ausschnitt Rauchtal - Zagelkogel - Zagelkar)

Variante Osteinfahrt ins Zagelkar: Knapp südöstlich vom G'hacktkogel in einen Sattel (der G'hackstein steht südlich). Dort Einfahrt nach SW in die weite Mulde (anfangs oft abgeblasen und daher wenig Schnee) und durch diese zur Vereinigung, (1800 m), mit der direkten Einfahrt. Weiter wie oben. Etwas weniger steil als die direkte Einfahrt, aber nicht minder lohnend. ▪ Direkte Abfahrt ins Trawiestal: Von der Geländestufe auf 1620 m nach S (Einfahrt ganz rechts) durch eine zwischendurch sehr steile enge Rinne ins Trawiestal, 1340 m. Weiter wie oben. Schneeverhältnisse vorher klären, die Rinne apert zeitig aus und ist dann nicht mehr befahrbar und auch unangenehm bis gefährlich zu begehen. ▪ Das G'hackte kommt für abenteuerlustige Extrem-Feinspitze auch als Abfahrt in Frage!

Karten	ÖK 50 UTM 4210 + 4216 (BMN 102)
Après Tour	GH Bodenbauer: Winter-Frühjahr Fr-So bewirtschaftet
Infos	www.regionhochschwab.at ▪ www.hochsteiermark.at ▪ www.bodenbauer.at

Fantastische 800 hm-Nordflanke, derzeit (noch) ein Geheimtipp für Steilhang-Spezialisten

Ausgangspunkt Tragöß, Parkplatz Pfarreralm

Starthöhe	880 m	**Gipfelhöhe**	2010 m	**Exposition**	Nord
Höhenmeter	1130 hm	**Aufstiegszeit**	3 ½ h	**Einkehr**	nein
Aufstiegslänge	6.3 km	**Steilheit**	sehr steil	**Anspruch**	III

Einstimmung Von S, aus dem Rötzgraben, oder von Präbichl wird das Lamingegg oft und gerne bestiegen. Weniger bekannt ist seine fantastische Nordflanke. Sie bietet eine Frühjahrsfirntour vom Feinsten, ausgehend von der Pfarreralm bei Tragöß. Den Ausklang der Genussabfahrt bildet ein abenteuerlich-enger, gestufter Graben zur Lamingalm. Die Flanke, die bis in den Mai guten Schnee hat, verlangt unbedingt lawinensichere Verhältnisse!

Lawinen Im finalen Aufstieg zum Lamingsattel eine heikle Steilstufe, nach dem Lamingsattel auch eine kurze heikle Querung. Die Nordflanke verlangt absolut sichere (Firn-)Verhältnisse!

Orientierung Bei guter Sicht keine speziellen Schwierigkeiten, lediglich die Einfahrt in die Nordflanke ist bei Nebel schwierig zu treffen.

Zufahrt S6 Abfahrt Bruck/Mur oder Kapfenberg und über die B116 beim Krankenhaus abzweigen und jeweils Richtung Tragöß weiter. Im Tal der Laming geduldig bis Oberort und links zum Parkplatz kurz vor dem Pfarrerteich, (Mautstelle, Münzautomat). Die Straße wird im Winter geräumt, außer bei Lawinengefahr: auf der schmalen Fahrstraße vorbei am Grünen See, dann hinauf auf einen Riegel. Jenseits in Kürze hinab zur Pfarrerlacke und zum nahen Parkplatz zwischen Pfarrerlacke und Pfarreralm.

Aufstieg Vom Parkplatz links auf der Fahrstraße nach W (rote Markierung), vorbei an einem Ferienheim, dann Einmündung in eine weitere Straße und auf dieser links (Weg Nr. 872). Bald leicht aufwärts, dann in einer Kehre gerade weiter auf dem Sommerweg. Kurz auf der Straße, dann wieder gerade zu einer Jagdhütte, Pkt. 1081 m, und weiterer Anstieg zur Lamingalm, 1263 m, mit erstem guten Blick in die Nordflanke. 1 ¼ Std.

Aufstieg zum unbenannten Gipfel auf 2010 m, im Hintergrund die Griesmauer, davor das schneefreie Lamingegg, rechts die Einfahrt in die Nordflanke

Weiter talein, mehr oder weniger den Markierungen folgend durch schönen, zunehmend lichten Föhrenwald in eine Mulde unter dem Lamingsattel. Über eine mitunter lawinengefährdete kurze Flanke in den Sattel, 1677 m. 1 ¼ Std.

Nun (Wegweiser) nach SO zunächst direkt über den Latschenrücken (event. Wechten), dann kurz steil schräg rechts durch eine heikle Flanke (Vorsicht!) zu einem weiteren Rücken. Dahinter bequem über das Wildfeld aufs Lamingegg. Lohnender Übergang nach SO auf einen markanten unbenannten Gipfel, knapp 2010 m, zuletzt meist kurz zu Fuß. 1 Std.

Variante Zustieg vom Präbichl, ausgehend von der Handlalm, 1195 m: Durch den Handlgraben Richtung Lamingsattel, kurz davor rechts steil durch eine enge Rinne aufs Wildfeld und weiter aufs Lamingegg. Nach der Abfahrt durch die Nordflanke von der Lamingalm Gegenanstieg auf den Lamingsattel und zurück zum Start (gesamt 1200 hm).

Abfahrt Zum Einschwingen zurück in den nahen Sattel östlich vom Lamingegg. Aus diesem rechts in die Nordflanke und genussvoll in die sich allmählich ausbildende Rinne. Durch diese tiefer, eventuell Wechsel in die linke Nebenrinne. Die Rinne verengt sich, wird teils felsbegrenzt, ist aber durchgehend befahrbar. Im späten Frühjahr bei wenig Schnee Unterbrecherstellen bei den Geländestufen. Zuletzt lockere Schussfahrt zur Lamingalm. Weitere Abfahrt wie Aufstieg, anfangs noch im Bachbett. Ab der Jagdhütte, Pkt. 1081 m, auf der Straße bleiben, nicht weiter im Graben (Felsklamm!).

Steilabfahrt in der Nordflanke

Variante Direkt vom Lamingegg, Pkt. 1959 m, nach NO in die schöne Flanke, dann weiter wie oben in der sich ausbildenden Rinne.

Aufstieg *Abfahrt*

Kartenperspektive

Karten	ÖK 50 UTM 4215 + 4216 (BMN 101)
Après Tour	Gastronomie in Tragöß
Infos	www.tragoess-gruenersee.at ▪ www.hochsteiermark.at

13.19 Ebenstein

Lange, skitechnisch eher einfache, aber landschaftlich sehr schöne Hochflächentour auf einen Hochschwab-Hauptgipfel

Ausgangspunkt Tragöß, Parkplatz Pfarreralm

Starthöhe	900 m	**Gipfelhöhe**	2123 m	**Exposition**	Süd
Höhenmeter	1300 hm	**Aufstiegszeit**	4 ¼ h	**Einkehr**	✓
Aufstiegslänge	9.1 km	**Steilheit**	mäßig steil	**Anspruch**	III

Einstimmung Landschaftlich hervorragende Tour auf den Hauptgipfel im westlichen Hochschwab-Massiv. Fantastische Aussicht besonders nach W. Skifahrerisch einige schöne Abschnitte, aber auch viel Schussfahrt und Forststraße. Bei tiefem Pulver machen Direktvarianten im Bereich der Russenstraße sehr viel Freude!

Blick von der Sonnschienhütte zum Ebenstein

Lawinen Auf der Russenstraße vor Erreichen der Hochfläche eine kurze heikle Passage auf 1350 m. Ansonsten bei vernünftiger Spurwahl sicher.

Orientierung Wie üblich ab der Baumgrenze - also hier auch schon im Aufstieg zur Sonnschienhütte - bei Nebel sehr unangenehm.

Zufahrt S6 Abfahrt Bruck/Mur oder Kapfenberg und über die B116 beim Krankenhaus abzweigen und jeweils Richtung Tragöß weiter. Im Tal der Laming geduldig bis Oberort und links zum Parkplatz kurz vor dem Pfarrerteich, (Mautstelle, Münzautomat). Die Straße wird im Winter geräumt, außer bei Lawinengefahr: auf der schmalen Fahrstraße vorbei am Grünen See, dann hinauf auf einen Riegel. Jenseits in Kürze hinab zur Pfarrerlacke und zum nahen Parkplatz nach der Pfarreralm.

Aufstieg Vom hinteren Ende des Parkplatzes mit wenigen Schritten hinab zum Beginn der Russenstraße (Weg Nr. 836) und auf dieser durch Wald hinauf bis an den Fuß der eindrucksvollen Stallmauer. Weiter in zahlreichen Kehren (zuletzt die "Killy-Kurve") und unter der Sonnschienmauer links (kurze lawinengefährliche Passage) an den Rand der Hochfläche. Mit der Wintermarkierung weiter, auf 1470 m von der Russenstraße rechts ab nach N auf einen Riegel und in gleicher Richtung an den Rand der Sonnschienalm. Kurze Fellabfahrt und den Stangen folgend zur Sonnschienhütte, 1526 m. 2 ¼ Std.

Von der Hütte zunächst nach W, dann in allgemeiner NW-Richtung auf die sanften Ausläufer des Rückens, der vom Kleinen Ebenstein nach SO hinabzieht. Anfangs lichter Wald und Latschen, daher unübersichtliches Gelände und bei Nebel erschwerte Orientierung. Auf 1670 m eine kurze Steilstufe, dann über flacheres Gelände in eine schöne Mulde und durch diese (von links Stangen) nach N zum Kleinen Ebenstein, 1943 m. An ihm rechts vorbei und über den weiten, ebenen Sattel den Stangen nach zum felsigen Gipfelaufbau des Ebensteins. Schräg rechts empor soweit wie möglich, dann Skidepot und zu Fuß über Schrofen (Steigspuren, eventuell vereist, Vorsicht!) zum Kreuz und am Rand einer kleinen Mulde nach NW zum höchsten Punkt. 2 Std.

Variante Bei wenig Schnee kann ab dem Sonnschienbach (Schild, 1080 m) auf Steig direkt angestiegen werden. ▪ Bei ausreichend Schnee kann die zweite Kehrenserie abgekürzt werden. ▪ Nach Erreichen der Hochfläche durchgehend auf der Russenstraße zur Sonnschienhütte (die

Senkbodenalm bleibt links unten). Die Straße schlängelt sich sanft ansteigend zur Sonnschienalm, dort nach kurzer Fellabfahrt (Stangen) zur Hütte.

Abfahrt Wie Aufstieg oder besser nach der Mulde unter dem Kleinen Ebenstein auf 1700 m nach rechts queren, über eine Steilstufe in ein Tälchen hinab und durch dieses (Skimarkierung) in schöner Schussfahrt nach SO, zuletzt über eine kleine Schwelle an den Rand der Sonnschienalm und in Kürze nach O zur Hütte. Weiter den Stangen folgend über die ebene Almfläche und kurz rauf auf einen Riegel. Jenseits auf der sich hier schlängelnden Russenstraße (die Senkbodenalm bleibt rechts unterhalb) auf eine Lichtung und durch eine Mulde an den Rand der Hochfläche. Nach der heiklen Passage auf 1350 m weiter auf der Forststraße oder bei ausreichend Pulverschnee die Kehren im Wald abkürzend tiefer. Ab 1080 m auf der Russenstraße bleibend zurück zum Ausgangspunkt.

Anm.: Unter dem Kleinen Ebenstein der Skimarkierung nach SW folgen (Sommerweg) ist weniger empfehlenswert, da der Rücken oft vom Wind abgeblasen ist.

Einkehr unterwegs Sonnschienhütte, 1526 m: ab März Sa+ So bei guten Verhältnissen bewirtschaftet (vorher erfragen!).

Tipp Als Zustieg zur Sonnschienhütte kommt auch der Aufstieg vom Bodenbauer zur Häuselalm mit anschließendem Übergang zur Sonnschienalm in Frage: landschaftlich reizvoll, aber als Tagestour auf den Ebenstein noch länger und umständlich.

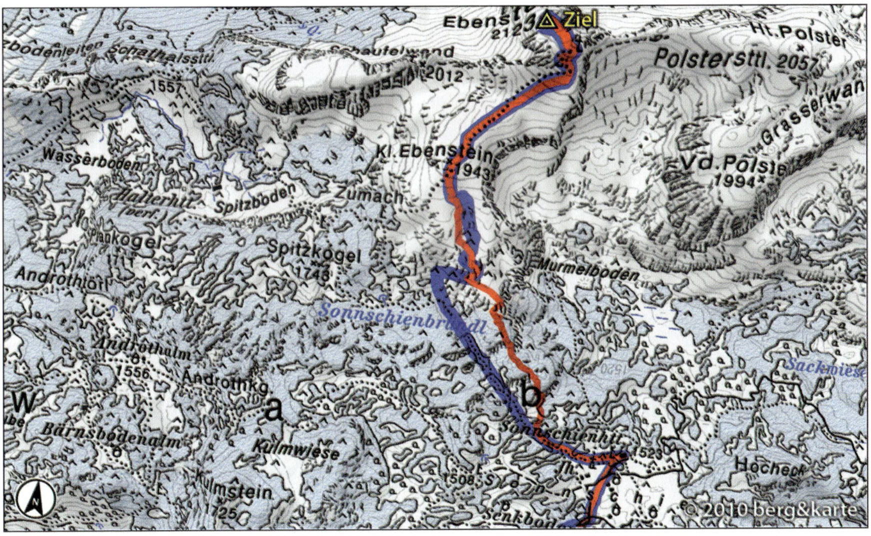

Aufstieg Abfahrt *Kartenperspektive (Ausschnitt Ebenstein)*

Karten	ÖK 50 UTM 4210 + 4216 (BMN 101)
Après Tour	Gastronomie in Tragöß
Infos	www.tragoess-gruenersee.at ▪ www.hochsteiermark.at

Lange, auch skitechnisch reizvolle Rundtour mit anhaltendem, schönem Hochflächen-Feeling

Ausgangspunkt Tragößß, Parkplatz Pfarreralm

Starthöhe	900 m	**Gipfelhöhe**	2057 m	**Exposition**	Süd
Höhenmeter	1320 hm	**Aufstiegszeit**	4 ¼ h	**Einkehr**	✓
Aufstiegslänge	11.6 km	**Steilheit**	steil	**Anspruch**	III

Einstimmung Prächtige Rundtour von der Sonnschienhütte auf einen schönen Hochschwab-Zweitausender mit typischem Hochflächen-Erlebnis, daher ist gute Sicht Pflicht, sonst reduziert sich der Genuss drastisch. Wer es mehr abfahrtsbetont liebt, steigt direkt durchs Polsterkar auf.

Lawinen Auf der Russenstraße vor Erreichen der Hochfläche eine kurze heikle Passage auf 1350 m. Östlich der Seemauer eine kurze, mitunter heikle Steilstufe. Das südseitige steile Polsterkar ist direkt nach Neuschneefällen heikel, ebenso bei zu starker Sonneneinstrahlung.

Orientierung Wie üblich ab der Baumgrenze, also auch schon im Aufstieg zur Sonnschienhütte, bei Nebel kritisch. Ab der Sonnschienhütte keine Stangenmarkierung und daher bei Nebel nicht sinnvoll.

Zufahrt S6 Abfahrt Bruck/Mur oder Kapfenberg und über die B116 beim Krankenhaus abzweigen und jeweils Richtung Tragöß weiter. Im Tal der Laming geduldig bis Oberort und links zum Parkplatz kurz vor dem Pfarrerteich, (Mautstelle, Münzautomat). Die Straße wird im Winter geräumt, außer bei Lawinengefahr: auf der schmalen Fahrstraße vorbei am Grünen See, dann hinauf auf einen Riegel. Jenseits in Kürze hinab zur Pfarrerlacke und zum nahen Parkplatz nach der Pfarreralm.

Auf der Sonnschienalm, Blick nach N, links der Ebenstein, rechts der Vordere Polster, dazwischen das Polsterkar

Aufstieg Aufstieg zur Sonnschienhütte, 1526 m, siehe Tour 13.19. 2 ¼ Std.

Von der Sonnschienhütte flach genau nach NO, um einen Geländerücken nach links und bald darauf Fellabfahrt in einen weiten Boden, 1460 m. Weiter nach NO teils über freie Flächen, teils im lichten Wald Richtung Seemauer. Auf 1520 m öffnet sich der Blick auf die folgende kurze und mitunter heikle Steilstufe westlich der Seemauer. Diese empor (schöner Rückblick auf Hochturm, Griesmauer, Eisenerzer Alpen), dann links in eine Karmulde und durch das weite Öhlerkar auf den hintersten begrenzenden Rücken knapp westlich der Einsattelung des Öhlers. Auf 1850 m nach N zum Ostrücken und über diesen links hinauf auf eine Kuppe (in der ÖK unbenannt, 2000 m). In genau westlicher Richtung eben weiter (beiderseits tiefe Dolinen), kurz hinab in einen Sattel und auf die Kuppe des Hinteren Polsters (kein Gipfelzeichen). 2 Std.

Variante Wer der Polsterrunde nichts abgewinnen kann, steigt von der Sonnschienhütte nach der kurzen Fellabfahrt nach NW direkt durchs Polsterkar zum Hinteren Polster auf.

Abfahrt Vom Hinteren Polster genau nach W hinüber zu einer nahen Kuppe, dort eigentlicher Abfahrtsbeginn: über den Westrücken hinab, dann kurz steil hinaufstaffeln auf eine kleine Kuppe und jenseits hinab in den Sattel, 1960 m, unmittelbar unter dem Gipfelaufbau des Ebensteins.

Nun beliebig und sehr genussreich nach S ins Polsterkar. Zwei Hauptvarianten: entweder eher etwas linkshaltend in einen Boden, 1750 m, über die folgende Schwelle weiter nach S und nach einer Steilstufe im Schuss auf einen weiten Boden, 1450 m, oder etwas rechtshaltend unter den Wänden zu einer Mulde, die ab 1650 m nach SO in den weiten Boden hinabführt (im späten Frühjahr länger Schnee).

Nun anfellen! Den Boden nach SO weiter, bald Berührung mit der Aufstiegsspur der Polsterrunde und nach rechts 60 m Gegensteigung auf die Almfläche und zurück zur Sonnschienhütte.

Weitere Abfahrt siehe Tour 13.19.

Variante Aus dem Polstersattel nach N in den Fenstertrog: über den zunehmend flacheren Hang in die Mulde, 1740 m. Dann entweder auf den Großen Griesstein und/oder durch die Lang-Eibel-Schlucht (Transfer aus dem Salzatal bedenken!) weiter siehe Tour 13.21.

Einkehr unterwegs Sonnschienhütte, 1526 m: ab März Sa+ So bei guten Verhältnissen bewirtschaftet (vorher erfragen!).

Tipp Als Zustieg zur Sonnschienhütte kommt auch der Aufstieg vom Bodenbauer zur Häuselalm mit anschließendem Übergang zur Sonnschienalm in Frage: landschaftlich reizvoll, aber als Tagestour auf den Hinteren Polster noch länger und umständlich.

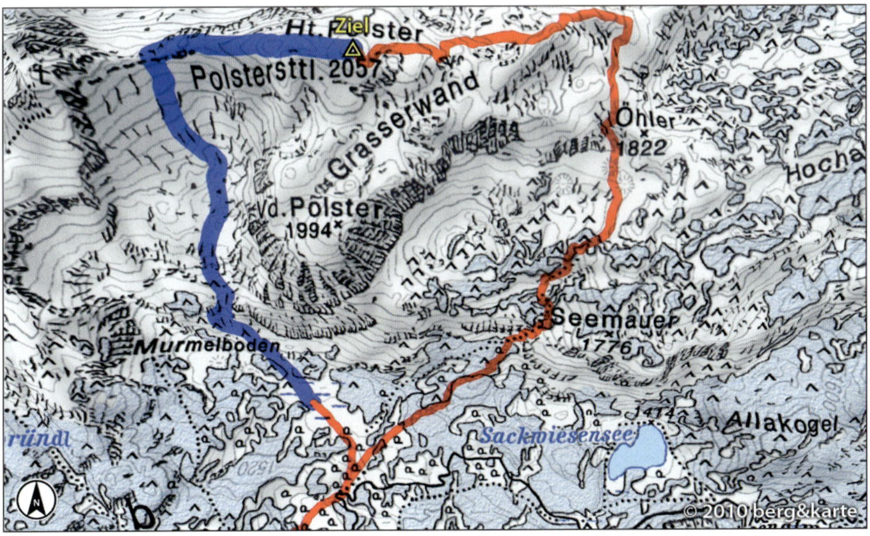

– Aufstieg – Abfahrt

Kartenperspektive (Ausschnitt Hinterer Polster)

Karten ÖK 50 UTM 4210 + 4216 (BMN 101)
Après Tour Gastronomie in Tragöß
Infos www.tragoess-gruenersee.at ▪ www.hochsteiermark.at

13.21 Gr. Griesstein-Lang Eibel Schlucht

Lange, landschaftliche und skitechnische Frühjahrstour ersten Ranges und daher einer der ganz großen Klassiker weit und breit

Ausgangspunkt Salzatal, Parkplatz Brunntal

Starthöhe	625 m	**Gipfelhöhe**	2023 m	**Exposition**	S-O
Höhenmeter	1400 hm	**Aufstiegszeit**	4 ½ h	**Einkehr**	nein
Aufstiegslänge	7.9 km	**Steilheit**	sehr steil	**Anspruch**	III

Einstimmung Der Große Griesstein liegt nördlich etwas abseits im Schatten des Ebensteins. Seine Bekanntheit verdankt er der berühmten Lang-Eibel-Schlucht, die eines der absoluten Skitouren-Highlights im Hochschwab darstellt. Der Begriff "Schlucht" ist vermessen, das Felsambiente ist aber tatsächlich mehr als eindrucksvoll (Turm, Griesgassl, Lang-Eibel-Schlucht) und der Gusto auf die perfekte Firnabfahrt wird beim Aufstieg von Spitzkehre zu Spitzkehre größer. Der einstündige Talhatsch ins Brunntal (und wieder raus) ist ein Wermutstropfen, den man dafür (je nach Schneelage) meist in Kauf nehmen muss.

Lawinen Die Lang-Eibel-Schlucht ist in ihrer gesamten Länge lawinengefährdet, Achtung auch im Aufstieg wegen Steinschlags von links (zu Beginn) und rechts (im späteren Verlauf). Das gehört aber zum Ambiente!

Orientierung Ab dem Fenstertrog, 1720 m, bei Nebel erschwert.

Zufahrt B24 (von W aus dem Ennstal oder Göstling, von O aus dem Raum Mariazell) zum Brunnsee (zwischen Wildalpen und Gschöder). Bei der Brücke, Pkt. 623 m, abzweigen und in Kürze zum Parkplatz bei einer kleinen Kapelle.

Lang-Eibel-Schlucht auf 1500 m, Blick zur Riegerin

Aufstieg Vom Parkplatz nach S am stattlichen Forsthaus Brunnjäger vorbei, dann auf der Forststraße (Schranken) neben einem Wildzaun, der den idyllischen Brunnsee sperrt, ins Brunntal. Nach guten 2 km links über ein Geröllbett und weiter auf der Straße zum Brunnboden (Blick zur Lang-Eibel-Schlucht und ins Griesgassl). 1 Std.

Nach einer Lichtung rechts ein Steinmann. Dort rechts auf Steiglein zum nahen Bachbett, durchs Wasser und jenseits in einem trockenen Geröllbett Richtung Lang-Eibel-Schlucht (rote Punktmarkierung) nach SW ansteigen. Der Steig verlässt unterwegs nach links den Graben (Blick in die Nachbarschlucht), führt aber bald wieder zurück. Dort bei guter Schneelage über die Schlucht und jenseits im Steilrasen hinauf auf 1000 m nach einer erdigen, lawinenschneegefüllten Engstelle. Ab hier meist im Schnee weiter (oder weiter auf dem Steig bis 1250 m oberhalb der Unterbrecherstelle, wo die weite Mulde beginnt). Bald eventuell eine Unterbrecherstelle mit Wasserfall. An dieser rechts vorbei, dann zu Fuß über leichten Fels wieder zum Schnee. Nun in der Mulde in weit ausholenden Kehren aufwärts in toller Szenerie. Auf 1600 m ein Geländeabsatz, von diesem über die nächste Steilstufe nicht ganz in den Sattel vor dem Fenstertrog, 1720 m. 2 ½ Std.

Dort scharf rechts nach NW den Hang hinauf und rechts um einen Rücken. Dahinter erster Blick zum Gipfelkreuz. Am Rand einer Mulde auf einen Riegel, dann an einer Dolinengrube entlang und über den letzten Hang zum höchsten Punkt. 1 Std.

Variante Auf den Hinteren Polster, 2057 m: Aus dem Fenstertrog über den zunehmend steilen Hang nach S in den Polstersattel, 1980 m, und nach O über den Kamm zum Gipfel.

Abfahrt Im Wesentlichen wie Aufstieg. Achtung auf 1830 m: nicht weiter nach W (unterhalb Abbrüche), sondern rechts um den Rücken zum Sattel beim Fenstertrog. Dann unbeschwert durch die großartige Mulde tiefer, im unteren Teil Vorsicht auf eventuelle Steinauflage.

Tipp Übernachtung in der Sonnschienhütte (ab März Sa/So bewirtschaftet): vom Polstersattel nach S, siehe Tour 13.20. Am nächsten Tag retour und durch die Lang-Eibel-Schlucht zurück ins Brunntal.

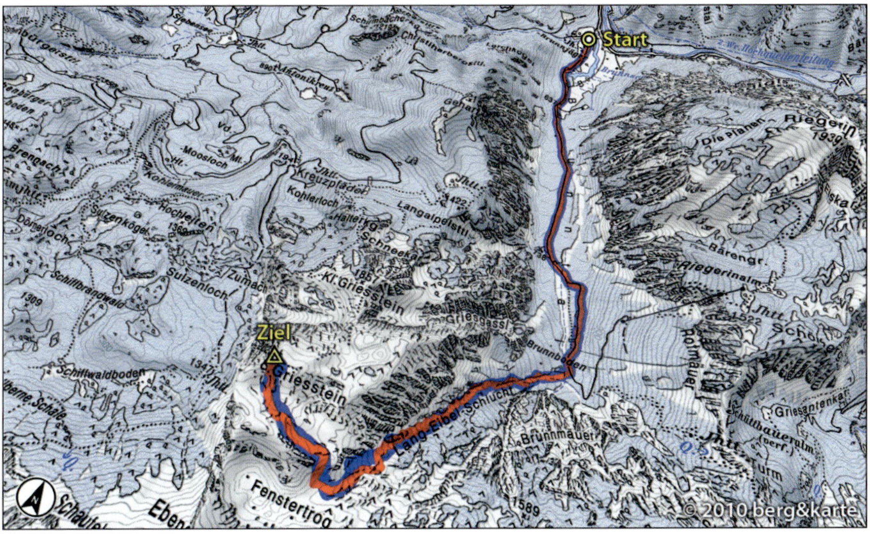

— Aufstieg — Abfahrt

Kartenperspektive

Karten	ÖK 50 UTM 4210 (BMN 101)
Après Tour	GH Krug in Hinterwildalpen ▪ GH Leitner in Greith ▪ GH Franzbauer im Salzatal (5 km vor Gusswerk)
Infos	www.wildalpen.at ▪ www.hochsteiermark.at

13.22 Karlstein-Stadurzrinne

Unverständlicherweise kaum bekannte, aber sehr lohnende Steilabfahrt in einsamer Landschaft

Ausgangspunkt Salzatal, Parkplatz Antengraben

Starthöhe	650 m	**Gipfelhöhe**	2016 m	**Exposition**	N-W
Höhenmeter	1370 hm	**Aufstiegszeit**	4 ¼ h	**Einkehr**	nein
Aufstiegslänge	6.8 km	**Steilheit**	sehr steil	**Anspruch**	III

Einstimmung Einsame Steilabfahrt auf der Hochschwab-Nordseite. Der Karlstein bekommt nur durch diese Tour Bedeutung, ansonsten fristet er ein Schattendasein westlich vom Hochwart. Die eindrucksvolle Stadurzrinne ist nicht ohne, hat aber für Könner keine wirklichen Tücken. Natürlich ist sie nichts für den Hochwinter, sondern eine typische Frühjahrstour, die mit Ski tragen beginnt!

Blick vom Karlkögerl nach W, links der Große Griesstein, dahinter Gamsstein und Hochkar

Lawinen Die Stadurzrinne, aber auch ihre Ausläufer bis 1040 m sind stark gefährdet. Vor allem die Hänge und Flanken oberhalb der Weißenbachwand sollten schon entladen sein!

Orientierung Ab dem Verlassen der Stadurzrinne auf 1600 m bei Nebel die üblichen Probleme auf der Hochfläche.

Zufahrt B24 (von W aus dem Ennstal oder Göstling, von O aus dem Raum Mariazell) nach Gschöder (zwischen Wildalpen und Weichselboden). Bei der Brücke abzweigen und in Kürze zum Parkplatz bei der Scheune.

Aufstieg Auf der Forststraße talein und bei der nahen Gabelung auf dem rechten Ast flach, dann sanft ansteigend in den Antengraben. Dabei zwei Abzweigungen ignorieren und auf eine Lichtung auf 750 m (kurz vor Pkt. 770 m). Rechts nach W eine deutliche Schneise hinauf. An ihrem Ende schräg links abdriften in den Wald, dann über einen Schlag zur Forststraße, 930 m. Auf dieser links bis zu einer nahen Kehre. Durch einen seichten Waldgraben nach W zur nächsten Kehre, weiter durch die Mulde und auf der Forststraße zur Rechtskehre auf 1030 m. Direkt nach S über einen steileren, gelichteten Lawinenschlag auf eine Geländestufe, dann leicht rechts zum Beginn der hier noch muldenartigen Stadurzrinne. 2 Std.

Die Rinne steilt sich zunehmend auf und Felsformationen treten links hervor. Auf 1400 m folgt eine potentielle Unterbrecherstelle, die bald ausapert und unter Umständen kurz zum Abschnallen zwingt. Dann weiter steil und eng (rechts halten) in der Mulde und über den folgenden Steilhang raus aus der Rinne. Nach einer Schwelle eine weite Dolinengrube, jenseits aus dieser auf einem Steiglein durch ein Latschenfeld (unter Umständen wieder kurz abschnallen). Dann nach O einschwenken, Anstieg auf einen Boden und weiter schräg rechts haltend Richtung Karlkögerl (markantes Felshorn). Steiler rauf zu seinem NW-Rücken (event. überwechtet) und zum Karlkögerl. Kurz vor dem Gipfel um diesen links herum, weiter je nach Schneelage nach O und zuletzt in einem Rechtsbogen auf die Kuppe des Karlsteins. 2 ¼ Std.

Variante Bei zu wenig Schnee ab Erreichen der Forststraße auf 930 m auf dieser bis zu ihrem Ende im Griesantenkar auf 1120 m unter den Südwänden des Schönbergs. Nun im Wald nach SW auf Steiglein rechts neben einem Wassergraben höher, dann nach O queren und um einen Waldrücken zum muldenartigen Ausläufer der Stadurzrinne auf 1200 m. Spätestens hier sollte Schnee liegen!

Abfahrt Vom Karlstein zunächst etwas nach NW, dann links ein schöner Hang auf einen Boden, 1800 m. Nicht nach W weiter Richtung Hochalm, sondern etwas rechts haltend queren und über einen steileren Hang in die Mulde vor der Karschwelle. Jenseits dieser nach N herrliche Steilabfahrt durch die Stadurzrinne. Vorsicht bei der Unterbrecherstelle, dort eher links halten! Dann hinab in die zunehmend breite Mulde. Weiter je nach Schneelage wie beim Aufstieg. Auf 920 m besser auf der Forststraße bleiben bis zur Kehre auf 780 m. Dort im Wald in allgemeiner NO-Richtung hinab in den Antengraben und zurück zum Start.

— *Aufstieg* — *Abfahrt*

Kartenperspektive (Ausschnitt Stadurzrinne - Karlstein)

Variante Aus dem Bereich der Hochalm kann auch der Stadurz, 1706 m, von S einfach bestiegen werden. Bei guten Verhältnissen ergibt sich von dort eine steile Nordabfahrt zur verfallenen Schüttbaueralm und weiter ins Griesantenkar, wo man wieder auf die Aufstiegsspur trifft.

Tipp Vom Karlstein weiter nach O auf den Hochwart, 2210 m.

Karten	ÖK 50 UTM 4210 (BMN 101 + 102)
Après Tour	GH Krug in Hinterwildalpen · GH Leitner in Greith · GH Franzbauer im Salzatal (5 km vor Gusswerk)
Infos	www.wildalpen.at · www.hochsteiermark.at

13.23 Hochwart-Weittal

Die Hochschwab-Extremtour schlechthin: lang, steil, vielfältig, mit zwei kurzen Abklettereinlagen und extensiv schönem Wanderausklang

Ausgangspunkt Salzatal, Parkplatz Antengraben

Starthöhe	650 m	**Gipfelhöhe**	2210 m	**Exposition**	Nord
Höhenmeter	1560 hm	**Aufstiegszeit**	5 h	**Einkehr**	nein
Aufstiegslänge	8.9 km	**Steilheit**	sehr steil	**Anspruch**	IV

Einstimmung Hier ist es, das letzte große Hochschwab-Abenteuer auf seiner Nordseite: sehr exklusiv, ziemlich aufwändig und mit einem riesigen Höhenunterschied von 1550 m wahrlich ein "Sturz ins Salzatal"! In der Steilabfahrt warten zwei knifflige Unterbrecherstellen, wo die Skier abgeschnallt und ganz kurze Felspassagen (Klettereinlagen bis II) überwunden werden müssen. Landschaftlich ist die Tour extraklasse und sehr abwechslungsreich, auch weil der Streckenverlauf im Aufstieg, bei der Abfahrt und beim anschließenden Bergwanderausklang via Mieskogel komplex ist. Der Kanlergraben darf nicht begangen werden (Betretungsverbot) und kommt daher auch für den Aufstieg nicht in Frage.

Lawinen Die Stadurzrinne, aber auch ihre Ausläufer bis 1030 m sind stark gefährdet. Vor allem die Hänge und Flanken oberhalb der Weißenbachwand sollten schon entladen sein! Das gesamte Steilgelände im Weittal ist nur bei stabilen Frühjahrsverhältnissen lawinensicher.

Orientierung Ab dem Verlassen der Stadurzrinne auf 1600 m bei Nebel die üblichen Probleme auf der Hochfläche.

Zufahrt B24 (von W aus dem Ennstal oder Göstling, von O aus dem Raum Mariazell) nach Gschöder (zwischen Wildalpen und Weichselboden). Bei der Brücke abzweigen und in Kürze zum Parkplatz bei der Scheune.

Aufstieg Bis zum Karlstein siehe Tour 13.22. 4 ¼ Std.

Um diesen nördlich herum in einen Sattel und nach einem Flachstück weiter nach O zu einem sich ausbildenden Graben. Durch diesen durch, dann (rechts Felsen) ein flacherer Abschnitt in einen weiteren Sattel. Dort links, um einen Rücken herum und rechts einer Doline auf die Gipfelkuppe des Hochwarts und zum Kreuz. ¾ Std.

Einfahrt ins Weittal, hinten der Ötscher

Abfahrt Vom Gipfel nach O in den nahen Rauchtalsattel. Dort nach N steiler in einen Boden und links in flacher Fahrt über eine Karschwelle. Jenseits ("Kellerbrunn") in den nächsten Boden und wieder über eine Schwelle, 1900 m. Dann in eine kleine Mulde und nach O einschwenkend Einfahrt ins eigentliche Weittal, wo sich plötzlich neue Dimensionen auftun! Sehr steil hinab im breiten Kar. Dieses dreht nach N ein, dann kommt die erste Unterbrecherstelle, 1530 m. Rechts halten und dann zu Fuß (unangenehmer Schrofen-Geröll-Mix) zu einer Rinne. In dieser absteigen zum Schnee (zuletzt je nach Schneelage über einen glatten Fels, kleinen Klemmblock nutzen!). Weiter mit wenigen Schwüngen zur zweiten Stufe, 1430 m. Rechts über Steigspuren den Rasenrücken hinab, dann rechts queren (überraschend einfache Felszone mit sehr guten Tritten, 1 m oberhalb ein Haken) zu einer Rinne. In dieser runter zum Schnee. In schöner Fahrt im sich weitenden Tal bis 1230 m (Fichten im Karboden, Verbotsschild für Weiterfahrt, Ende der Abfahrt). 1 ¼ Std.

Auf einem schwach ausgeprägten Steig links unter Felsen in ein Nebenkar. Jenseits weiter unter Felsen hindurch, und nach einem Linksbogen (Achtung: unterhalb Absturzgelände) über mehrere Rinnen queren. Allmählich wird die Traverse im Wald sanfter und die Ausblicke können entspannter genossen werden. An einem Rücken entlang, dann am Mieskogel links herum in den dahinter liegenden Sattel (lohnender Abstecher zum Grat, Aussicht!). Aus dem Sattel auf Steig in Serpentinen im Wald hinab zu einem Rücken. Von diesem auf 1060 m rechts weiter (gelbe Punkte), dann wieder zum Rücken zurück. Der Steig ist schlecht ausgeprägt (Augen auf!). Von einer baumfreien Fläche links hinab zu einem Sattel, dort steiler weiter in engen Kehren (unten Schlucht mit Wasserfall). Über einen rudimentär gesicherten Steigabschnitt auf einer Rampe (unterhalb Felswand), dann im Zickzack tiefer. Zuletzt beliebig in den Talboden des Antengrabens, rechts zu einer Forststraße und zurück zum Start. 1 ½ Std.

Tipp Theoretisch ist auch der Aufstieg via Mieskogel und durch das Weittal möglich, wegen der längeren Tragepassagen aber nicht empfehlenswert.

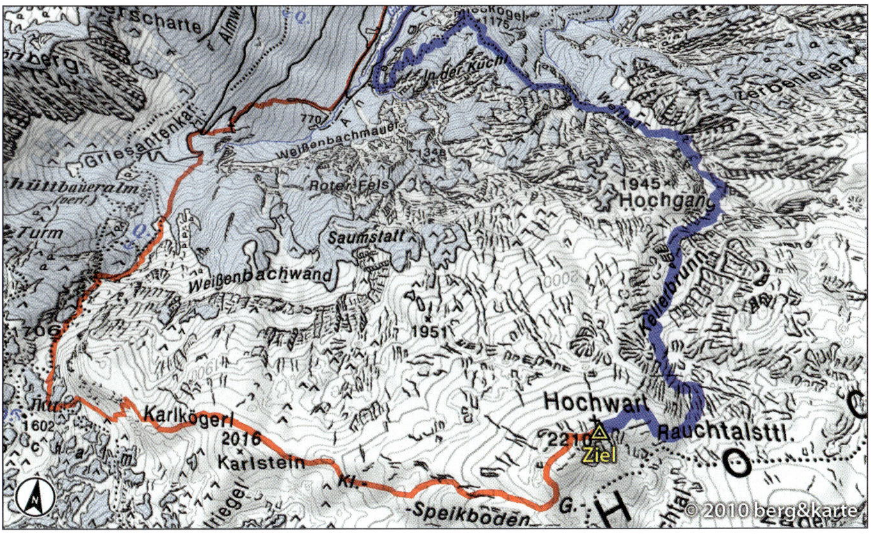

Aufstieg *Abfahrt* *Kartenperspektive (Ausschnitt Stadurzrinne - Hochwart - Weittal)*

Karten ÖK 50 UTM 4210 (BMN 101 + 102)

Après Tour GH Krug in Hinterwildalpen ▪ GH Leitner in Greith ▪ GH Franzbauer im Salzatal (5 km vor Gusswerk)

Infos www.wildalpen.at ▪ www.hochsteiermark.at

13.24 Gschöderer Kar

Sehr lange, wunderschöne Top-Tour für gehobene Ansprüche. Auch im Hochwinter machbar, dann aber wegen der Nordlage sehr kalt

Ausgangspunkt Salzatal, Weichselboden

Starthöhe	670 m	**Gipfelhöhe**	2277 m	**Exposition**	Nord
Höhenmeter	1650 hm	**Aufstiegszeit**	5 ½ h	**Einkehr**	✓
Aufstiegslänge	11.4 km	**Steilheit**	steil	**Anspruch**	III

Einstimmung Eine der absoluten Toptouren am Hochschwab, mit dem größtmöglichen Höhenunterschied (1650 m)! Nordseitig kalt, landschaftlich faszinierend und ungemein abwechslungsreich. Dabei technisch keine besonderen Schwierigkeiten und auch lawinenmäßig nicht besonders kritisch. Trotzdem in Anbetracht der Länge der Tour nur den konditionsstarken Routiniers bei guten Verhältnissen zu empfehlen. Bei Nebel und Sturm Hände weg! Der Winterraum im Schiestlhaus bietet zwar recht gemütlichen Unterstand, ist aber bei Sauwetter auch eine üble Mausefalle. Aufstieg bis zur Edelbodenalm recht eintönig, dafür aber auf der Forststraße rhythmisch und kraftschonend. Diese bietet im Hochwinter auch bei schlechter Schneelage noch ein abfahrtstaugliches Schneeband. Im Frühjahr müssen die Ski meist fast bis zur Höhe der Edelbodenalm getragen werden. Die Aufstiegsvariante Weihbrunnkesselscharte - Eismauer-Umrundung bietet für ambitionierte SkibergsteigerInnen eine reizvolle und sehr lohnende Alternative, mit originellen Passagen und vielen zusätzlichen Eindrücken.

Rückblick vom Aufstieg zum Siebenbrunner Kogel: hinten links der Ringkamp, genau über der Tourengeherin die Weihbrunnkesselscharte und die Aufstiegsrinne dorthin (Variante)

Lawinen Bei guter Spuranlage und sicheren Verhältnissen auch im Hochwinter bis auf wenige Stellen keine besondere Gefährdung. Kritisch sind unter Umständen die Querung der Saatstatt, ein kurzer Abschnitt in der Querung nach der Edelbodenalm sowie die kurze Steilstufe auf 1550 m. Im weiteren Verlauf kann im Kar den heiklen Stellen gut ausgewichen werden.

Orientierung Bis zur Edelbodenalm einfach, dann anspruchsvoll, vor allem, wenn keine brauchbare Spur vorhanden ist. Bei Nebel ab der Baumgrenze und vor allem im Gschöderer Kar kritisch und daher nicht empfehlenswert.

Zufahrt B24 (von W aus dem Ennstal oder Göstling, von O aus dem Raum Mariazell) nach Weichselboden (zwischen Gschöder und Greith). Dort abfahren in den Ort, nach O und nach der dritten Brücke (diejenige über die Salza) zur Parkmöglichkeit.

Aufstieg Von der Zufahrt in die Vordere Höll alsbald rechts ab und auf der Forststraße (Weg Nr. 852, Fahrverbot) nach flachem Start im Wald aufwärts Richtung Edelbodenalm und Hochschwab. Im Bereich der ersten Kehren kann zweimal auf dem Wanderweg abgekürzt werden (nur empfehlenswert, wenn aper). Dann die ebene Querung ("Saatstatt", unter Umständen nicht lawinensicher) unter den Abstürzen des Mieskogels in das obere Schwaigtal. Weiter auf der Forststraße über die Weichselleiten. Nach der langen Rampe und zwei Kehren zu einer Gabelung auf 1320 m. 2 ¼ Std.

Dort nicht nach O weiter auf die Edelbodenalm, sondern rechts zu einer weiteren Kehre. Kurz darauf von der Forststraße links ab und über eine kleine Lichtung ansteigend wieder in den Wald (dort rote Punkte) und zu einer kleinen Verebnung. Nun rechts, teils mit leichtem Höhenverlust, Querung im zunehmend steilen Wald (gelbe Punkte, unter Umständen nicht lawinensicher im Bereich einer kleinen Flanke). Danach auf gleicher Höhe weiter und bald aus dem Wald raus (Achtung: nicht mehr den gelben Punkten folgen!). Durch schütteren Baumbestand unter Felswänden in eine grabenartige Mulde und dieser in einem Rechtsbogen folgen (nicht links die erste Flanke hinauf!). Nach zwei Geländeschwellen in einen kesselartigen Abschluss. Dort links zu einer Steilstufe, 1550 m, (bei wenig Schnee zuletzt kleine Klettereinlage) und auf einen Riegel. Dann weiter im Tälchen auf einen Boden, 1700 m (vorne die Eismauer, im Rücken der Ötscher). Nun scharf rechts nach NW über eine kleine Schwelle auf einen weiteren Boden. Im folgenden Tälchen in einem weiten Linksbogen aufwärts, dann links auf einen Rücken und nach einer Verebnung über den Nordostrücken auf den Siebenbrunner Kogel, 2044 m. 2 ¼ Std.

Nach S kurze Fellabfahrt in einen Sattel. Jenseits über eine oft windverblasene Flanke am besten rechts einer Rinne höher, dann in einem Linksbogen an die Geländekante. Links in Kürze zum Schiestlhaus oder gleich über den meist schneearmen stumpfen Rücken nach SW zum Hochschwab-Gipfel. 1 Std.

Vom Schiestlhaus zum Hochschwab-Gipfel: in SW-Richtung links oder rechts einer verwechteten Mulde (teilweise Stangenmarkierung, meist wenig Schnee, bei Nebel unangenehm) auf den Hochschwab-Gipfel. 20 Min.

Variante Weihbrunnkesselscharte/Eismauer-Umrahmung: Im Gschöderer Kar vom oben erwähnten Boden auf 1700 m nach links durch ein Tälchen auf einen Riegel. Von diesem rechts ein Stück weiter hinauf an den Rand einer großen Grube. Nach O einen stumpfen Geröllrücken empor (bei zu wenig Schnee schon ab hier Ski tragen). Dann rechts um ein Felseck (Vorsicht) in eine Rinne und diese hinaufstapfen (event. Steigeisen erforderlich). Nach einer originellen kaminartigen Engstelle durch die folgende Mulde in die Weihbrunnkesselscharte, 1994 m (dort Stangen, rote Markierung, Blick zum Ringkamp).

Nach S den Stangen folgend oder direkt an der Geländekante entlang (eine kurze Stelle etwas ausgesetzt) auf die Eismauer (schöne Aussicht) und kurze Fellabfahrt zum Schiestlhaus. Weiter wie oben.

Blick vom Gipfel der Eismauer zum Schiestlhaus, im Hintergrund links Gesäuse und Dachstein, rechts das Tote Gebirge

Abfahrt Im Allgemeinen wie Aufstieg.

Variante Aus dem Sattel südlich des Siebenbrunner Kogels Steilabfahrt nach NO in eine Grube und nach N über einen Sattel (Gegensteigung) zurück zur Aufstiegsspur (nur im späten Frühjahr bei sicherem Firn!). ▪ Vom Siebenbrunner Kogel nach N weiter zu einer Verebnung. Rechts über eine Flanke (event. Wechten bei der Einfahrt) in eine Grube und rechts rausqueren zurück zur Aufstiegsspur.

Einkehr unterwegs offener Winterraum im Schiestlhaus.

Tipp Die Weichselleiten ist wegen grober Schlägerungen für eine Abfahrt nicht empfehlenswert und auch im Aufstieg zu Fuß (im Frühjahr) nur mühsam begehbar. Viel besser ist es also (mit oder ohne Skier, bergauf und bergab), die Forststraße zu benutzen.

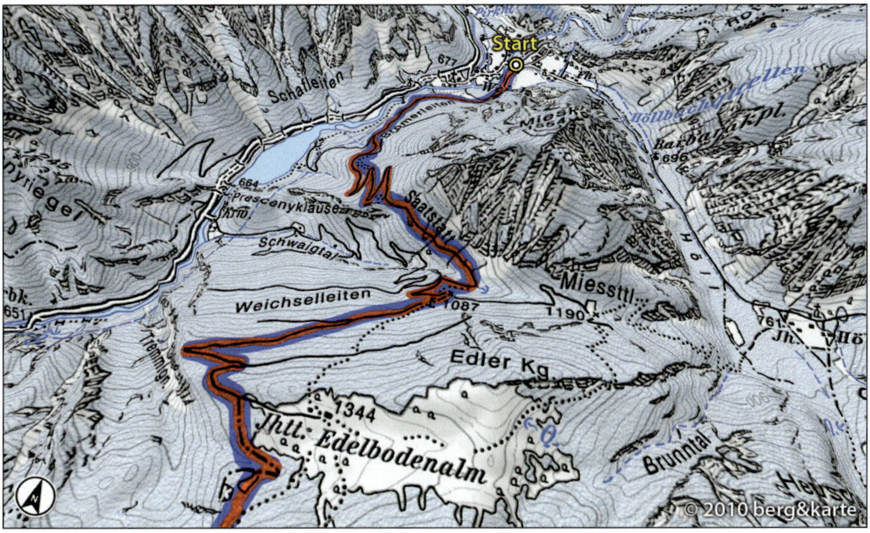

Aufstieg Abfahrt Kartenperspektive (Ausschnitt Weichselboden - Edelbodenalm)

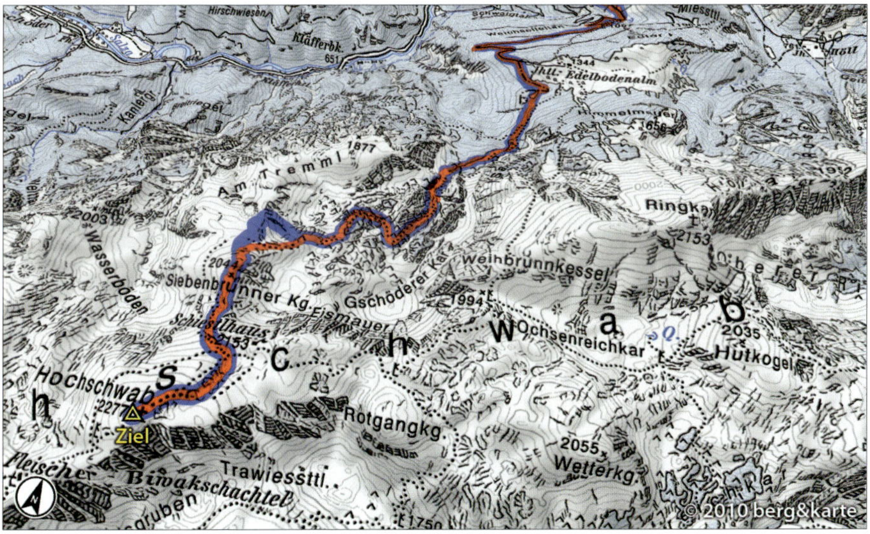

Aufstieg Abfahrt Kartenperspektive (Ausschnitt Edelbodenalm - Hochschwab)

Karten	ÖK 50 UTM 4210 (BMN 102)
Après Tour	GH Leitner in Greith ▪ GH Franzbauer im Salzatal (5 km vor Gusswerk)
Infos	www.wildalpen.at ▪ www.gusswerk.at ▪ www.hochsteiermark.at

13.25 Ringkamp-Nordflanke

Hindernisfreie Steilfirn-Paradetour mit langem Zustieg. Oft bis in den Juni gute Schneeverhältnisse

Ausgangspunkt Salzatal, Weichselboden

Starthöhe	670 m	**Gipfelhöhe**	2153 m	**Exposition**	Nord
Höhenmeter	1500 hm	**Aufstiegszeit**	4 ¾ h	**Einkehr**	nein
Aufstiegslänge	9.4 km	**Steilheit**	sehr steil	**Anspruch**	III

Einstimmung Der Ringkamp ist der höchste Gipfel im östlichen Hochschwab. Seine Nordflanke ist von N betrachtet für das geschulte Steilfirnauge ein echter Hingucker: Die zwei parallel verlaufenden weißen Gipfelrinnen verleihen ihm eine unverwechselbare Erscheinung. Vor der Befahrung gilt es aber, die Skier ein schönes Stück bergauf zu tragen, meist bis zur Edelbodenalm! Insgesamt sind gut 1500 hm zu bewältigen. Der Ringkamp ist sehr windausgesetzt, die breiten Rinnen haben daher im Frühjahr sehr lange Schnee. Sie haben von oben betrachtet eine beeindruckende optische Saugwirkung, vor allem wenn die begrenzenden Rücken schon aper sind. Der steile Waldabschnitt oberhalb der Edelbodenalm darf nicht unterschätzt werden, weder im Aufstieg noch bei der Abfahrt! Achtung dort auch auf die Felsrinnen im zentralen Bereich. Schöner ist aber sowieso die Abfahrt durch die Himmelmauer NO-Rinne!

Lawinen Bei berechenbaren Frühjahrsverhältnissen und entsprechender Zeitplanung keine große Gefährdung. Bei stark durchfeuchtetem Schnee können speziell die Himmelmauer Nordostrinne und der Steilwald zur Edelbodenalm heikel sein.

Orientierung Bis zur Edelbodenalm einfach, der folgende Abschnitt durch den Steilwald verlangt eine gute Spuranlage. Dann im baumfreien Gelände in einer der beiden Rinnen keine besonderen Schwierigkeiten, auch wenn der Nebel etwas nervend sein kann. Vorsicht auf die Gipfelwechten!

Zufahrt B24 (von W aus dem Ennstal oder Göstling, von O aus dem Raum Mariazell) nach Weichselboden (zwischen Gschöder und Greith). Dort abfahren in den Ort, nach O und nach der dritten Brücke (diejenige über die Salza) zur Parkmöglichkeit.

Aufstieg Wie bei Tour 13.24 nach der langen Rampe und zwei Kehren zu einer Gabelung auf 1320 m. 2 ¼ Std.

Dort nach O weiter und in Kürze raus auf die weite Almfläche der Edelbodenalm (guter Blick zu den beiden markanten Ringkamp-Rinnen und zum Steilwald darunter mit der eingelagerten Felszone). An der Jagdhütte vorbei über die Almböden und schräg rechts im Wald in eine markante Schneise. Diese wird zunehmend steil (teilweise steiler als die Gipfelrinnen!) und eng. An ihrem oberen Ende rechts hinausqueren auf einen Boden auf 1600 m westlich der Himmelmauer. 1 Std.

In der Himmelmauer Nordostrinne

Darüber öffnen sich die beiden hindernislosen Rinnen in der Nordflanke. Nach Belieben durch diese empor (oder zu Fuß über den Mittelrücken). Wenn man die westliche Rinne benutzt: an ihrem Ende etwas rechts halten und am Rand einer schneegefüllten Mulde zum Gipfel. Dort besonders auf die mächtigen Wechten achten, die in den sehr eindrucksvollen Oberen Ring hinausragen. 1 ½ Std.

Variante Aufstieg über die Weihbrunnkesselscharte, siehe Aufstiegsvariante von Tour 13.24: landschaftlich und skibergsteigerisch sehr lohnend! Von der Weihbrunnkesselscharte über den meist schneearmen Westrücken problemlos auf den Ringkamp.

Abfahrt Die westliche Rinne ist skifahrerisch lohnender, die Einfahrt aber unter Umständen schneearm. Die östliche Rinne hängt etwas nach rechts, kann aber vom Gipfel direkt befahren werden (zu Beginn eine kleine Doline umfahren) und wird daher meist bevorzugt. Dann zur Himmelmauer NO-Rinne auf 1670 m Traverse nach NO auf eine weite meist schneefreie Rasenfläche (geringe Gegensteigung, sehr schöner Rastplatz im Bereich der Himmelmauer, 1656 m). Südlich davon befindet sich ein nach O ausgerichtetes großes Kar mit verlockender Einfahrt (nicht befahren, Verhauer). Direkt östlich vom Pkt. 1656 m Einfahrt in eine nach NO eindrehende, anfangs steile, dann sehr steile muldenartige Rinne. Auf 1450 m links raus (rechts der Rinne auf einem Baum ein rot-weißer Punkt) in den lichten Wald und Schrägfahrt zur Edelbodenalm. Nun je nach Schneelage entweder zu Fuß auf dem Sommerweg oder bei guter Schneelage auf der Forststraße (meist bis Pkt. 1087 m möglich) und wie beim Aufstieg zurück nach Weichselboden.

Variante Abfahrt wie Aufstieg. Nach dem Boden auf 1600 m etwas rechts in den sehr steilen Wald halten, direkt durch die Mitte wird's nach unten sehr felsdurchsetzt. Auch die nicht minder steile linke Waldseite (im Bereich des markierten Sommerweges) ist befahrbar.

Tipp Auf keinen Fall vom Gipfel nach NW in die verlockende Mulde einfahren, Abbrüche folgen ab 1900 m! ▪ Die Himmelmauer NO-Rinne ist auch im Aufstieg empfehlenswert, da nicht ganz so steil wie der direkte Aufstieg von der Edelbodenalm nach S. ▪ Auch ein Aufstieg im Bereich des rot markierten Sommerwegs Nr. 852 von der Edelbodenalm Richtung Samstatt bis 1600 m mit anschließendem Wechsel zur Nordflanke ist machbar, aber sehr steil und mühsam. ▪ Der Ringkamp kann auch von SO vom Sattel nördlich des Hutkogels erreicht werden: steiler Anstieg in Kammnähe, Vorsicht auf Wechten!

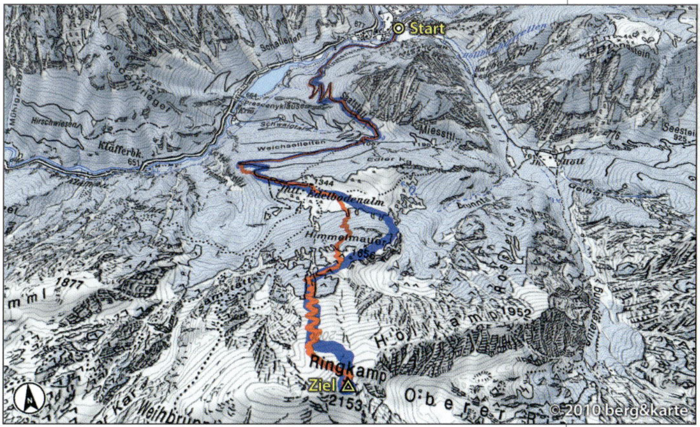

Aufstieg ▬ Abfahrt ▬ *Kartenperspektive*

Karten ÖK 50 UTM 4210 (BMN 102)
Après Tour GH Leitner in Greith ▪ GH Franzbauer im Salzatal (5 km vor Gusswerk)
Infos www.wildalpen.at ▪ www.gusswerk.at ▪ www.hochsteiermark.at

13.26 Hochschwab-Überschreitung

2-Tages-Haute Route der Extraklasse mit fantastischen landschaftlichen Eindrücken und einem furiosen Abfahrtsfinale

Ausgangspunkt Eisenerz, Busbahnhof

Starthöhe	700 m	**Gipfelhöhe**	2277 m	**Exposition**	S-O
Höhenmeter	2300 hm	**Aufstiegszeit**	11 ½ h	**Einkehr**	✓
Aufstiegslänge	29.2 km	**Steilheit**	steil	**Anspruch**	III

Einstimmung Die Überschreitung der Hochschwab-Hochfläche von W nach O, mit Hüttenübernachtung in der Sonnschienhütte und als krönendem Abschluss die Dullwitz-Abfahrt vom Hochschwab-Gipfel nach Seewiesen ist ein landschaftliches Erlebnis der Extraklasse. Skitechnisch ist sie nicht sonderlich fordernd, dafür orientierungsmäßig sehr anspruchsvoll. Das Wetter (und das ist am Hochschwab leider oft ein "Hund") muss unbedingt passen. Am ersten Tag kann der Nebel ein großer Spielverderber sein, am zweiten Tag können zusätzlich Sturm und Kälte den Genuss empfindlich stören. Die Felle werden am ersten Tag überhaupt nicht abgezogen (es gibt aber mehrere kurze Fellabfahrten), am zweiten Tag beginnt auf dem Hochschwab-Gipfel die Abfahrt. Beide Tage sind lang und daher konditionell anspruchsvoll. Extrem ausdauernde TourengeherInnen können die Überschreitung auch an einem Tag durchreißen und sind dann nicht von den Öffnungszeiten der Sonnschienhütte abhängig. Diese ist ab März an Wochenenden bewirtschaftet, ab dann ist auch bis Mitte April die beste Zeit für dieses Abenteuer. Später fehlt beim Finale nach Seewiesen meist die Schneeunterlage. Empfehlenswert ist eine Anreise mit öffentlichen Verkehrsmitteln nach Leoben. Die Weiterfahrt nach Eisenerz und die Rückreise von Seewiesen sind mit dem Bus gut möglich.

Blick vom Kleinen Feistringstein in die Dullwitz und zum Hochschwab

Lawinen Heikel sind am ersten Tag bei oder nach Starkschneefall der Zugang in die hintere Seeau sowie der Anstieg "im Schuss" bis 1100 m. Am zweiten Tag können Passagen im Seetal sowie in der Unteren und Oberen Dullwitz durch große Hanglawinen bedroht sein.

Orientierung In der Fobis ab 1200 m bei Nebel zunehmend schwierig, ab Fobistörl wegen des stark gegliederten Plateaugeländes richtig happig. Die Skimarkierung ist da bei weitem nicht ausreichend! Das gilt auch am zweiten Tag bis zum Erreichen der Hirschgrube. Ab dort gute Stangenmarkierung, die auch bei Nebel weiterhilft, aber am Schlechtwetter nichts ändern kann. Heikel ist die Abfahrt vom Hochschwab-Gipfel: Bei Nebel kann man sich zur Not den Stangen nach in die Obere Dullwitz durchtasten, aber selbst das ist bei Sturm und verwehter Spur nicht jedermanns Sache!

Zufahrt Bus von Bahnhof Leoben nach Eisenerz.

Aufstieg

1. Tag

Vom Busbahnhof auf der Bundesstraße sanft bergab nach NW bis zum Krankenhaus. Gleich darauf auf dem Oberen Prossenweg (rot markierter Weg Nr. 801, schöne Blicke zum Kaiserschild) ansteigend zum Urlaubkreuz (Waldlichtung). Von dort (eventuell abfellen) auf einem Steig nach O mit Höhenverlust zu einer Forststraße und auf dieser hinab in die hintere Seeau. Beim Pkt. 659 m ein großer Wildzaun mit Durchlass. Gleich danach rechts und bald auf der Forststraße ansteigen. Die Klamm bleibt links unten, Steinschlaggefahr von rechts oben, gleich darauf rechts ein unter Umständen lawinenkritischer Hang. Dann wieder hinab in den Talboden des Hinterseeaugrabens. Nach der dritten Brücke auf 750 m beginnt allmählich der eigentliche Anstieg. Es folgt eine Engstelle, der Waldweg wird zunehmend steil und bei ungünstigen Verhältnissen auch lawinengefährlich (steiler rasenbewachsener Waldboden "Im Schuss"). Auf 1100 m nach einem markanten Felsblock Eintritt in die Fobis und damit Ende dieses kritischen Abschnitts. 3 Std.

Weiter im Talboden (links die Wände des Kollmannstocks, vorne taucht bald der Fobisturm auf) sanft ansteigend zu einer Lichtung, 1300 m. Von dort etwas links oberhalb des Talbodens empor und zur verfallenen Fobisalm. Ab hier bei Nebel Orientierung sehr schwierig und anspruchsvoll! Weiterhin etwas links oberhalb des Talbodens durch Wald, dann über freie Flächen und nach Querung eines Latschenhangs zum Fobistörl unter dem mächtigen Brandstein. 1 ¾ Std.

Jenseits des Übergangs zunächst etwas links halten (nicht die Hänge unter den Felsen anschneiden) und Fellabfahrt auf die Brandwiese. In allgemeiner OSO-Richtung eine Abfolge von sanften Anstiegen über Rücken und kurzen Fellabfahrten in Böden, dazwischen einige Latschenfelder. Linkerhand zunehmend markant der Plankogel, 1771 m. Vom Androthtörl (oder einer Einsattelung etwas südlich) hinab in eine Mulde und über einen kleinen Riegel zur Androthalm, 1556 m. 1 Std.

Erst ab hier Richtung Sonnschienhütte Wintermarkierung und vereinzelt Stangen, die aber bei Nebel nicht ausreichen! Auch bei Sicht ist die Orientierung nicht immer eindeutig, da das Gelände stark gegliedert ist (Wald, Lichtungen, Querungen, Auf und Abs).

Weiter über den Boden nach SO, dann Anstieg auf einen Riegel, 1600 m (markant im S der Kulmstein). Flach nach O, dann ein deutlicher Bogen von NO über O nach SO, mit einigen kurzen Fellabfahrten. Schließlich aus einem engen Riegel kurze rassige Fellabfahrt zu Pkt. 1508 m (dort Blick rechts hinab zur Senkbodenalm). Ein letzter kurzer Gegenanstieg nach O an einem Hang schräg empor, dann links um einen Rücken ins Almgelände und an einer Jagdhütte vorbei nach NO zur Sonnschienhütte. 1 ¼ Std. (Gesamt 7 Std., 1300 hm)

2. Tag

Von der Sonnschienhütte (zeitig starten!) nach O, an einer nahen Almhütte vorbei und flach zu einer ersten Markierungsstange. Leicht links haltend flotte Fellabfahrt (Vorsicht bei Harsch!) in einen Boden. In einem weiten Rechtsbogen nördlich um das Hocheck herum (mehrere kurze Fellabfahrten im Wald und über Lichtungen) und auf eine Lichtung südlich des Sackwiesensees. Weiter nach O (rechts eine Wandzone) und Anstieg in einen Sattel, 1490 m, südlich des Allakogels. Zügige Fellabfahrt in den Boden der Sackwiesenalm. Dort direkt an den Almhütten vorbei und kurzer Anstieg in den Sattel mit der Häuselalm, 1526 m, (die Hütte wird erst ganz zuletzt sichtbar). 1 Std.

Nach N (Stangenmarkierung beachten!) Anstieg über anfangs etwas unübersichtliches Gelände. Dann rechts am Hang oberhalb des Häuseltrogs Querung zu einer Schwelle. Nach einem flacheren Abschnitt schräg rechts ansteigend um einen Rücken zu einer kurzen unangenehm-abschüssigen Passage oberhalb einer Felszone (kann links oberhalb umgangen werden, aber auch rechts unten direkt durch die Mulde). Danach gemütlich weiter durch ein flaches Tälchen. Aus dem Boden schräg rechts rauf (Stange beachten!) und in einem weiten Rechtsbogen Anstieg in die Hirschgrube. Dort auf 1850 m Beginn der guten Stangenmarkierung (trotzdem bei Nebel diese genau beachten!). Linksbogen (nicht den kleineren Stangen nach SO zum Zinken folgen!) und über den stumpfen

Finaler Aufstieg auf den Hochschwab. Blick nach SW über den G'hacktstein ins Nebelmeer

Rücken nach N. Bei zunehmend guter Rundumsicht auf die weitläufige Hochfläche (Schild "Speikboden"). Am Hochwart südlich entlang, dabei bei Dolinen zwei etwas schrofige Passagen (eventuell kurz Ski tragen). Dann mit geringem Höhenverlust in den Rauchtalsattel (Achtung bei Nebel: Stangenmarkierung macht einen unerwarteten Haken nach rechts!). Weiter zunächst nach O aufwärts, dann am Zagelkogel und am G'hacktkogel flach nördlich entlang und mit etwas Höhenverlust zum Fleischer-Biwak. Nun folgt endlich der Schlussanstieg auf den Hochschwab (Achtung auf Wechten nach S, Stangen beachten): zunächst flach zu einer Weggabelung auf 2200 m (links ginge es zum Schiestlhaus, Übergang im Winter gefährlich!). Zum Hochschwab-Gipfel weiter ansteigen über den runden Rücken und bald zur weitläufigen Gipfelkuppe (Kreuz, Vermessungspunkt, Achtung auf mächtige Wechten nach S). 3 ½ Std. (Gesamt 4 ½ Std., 1000 hm).

Variante Zur Sonnschienhütte: Von der Gsollkehre (B115 zwischen Präbichl und Eisenerz) durchs Bärenloch (gesicherte Felspassage, sollte unbedingt schon aper sein!) in den Bärenlochsattel und via Pfaffingalm zur Androthalm. Von dort weiter zur Sonnschienhütte wie oben: um einiges kürzer als die Route von Eisenerz und vor allem bei (zu) wenig Schnee in den Tallagen vorteilhaft.

Sollte der erste Tag wetterbedingt nicht realisierbar sein, kann die Sonnschienhütte relativ einfach vom Tal aus erreicht werden, siehe Tour 13.19.

Abfahrt Vom Gipfel kurz nach NO, dann entweder links oder rechts einer Dolinenzone (rechts meist mehr Schnee) Richtung Schiestlhaus (bei Nebel unübersichtliches Gelände!). Von der Hütte (gemütlicher offener Winterraum) nach SO um einen Rücken herum (kurz schieben) und sanfte Abfahrt links einer Doline. Wieder links um einen Rücken und um die nächste Doline links herum zu einer Gabelung nahe der Abstürze der Eismauer. Nach SO ein flacher Abschnitt am Rotgangkogel entlang, dann hinab in einen Boden. Nach S einschwenken und zur Einfahrt in die Obere Dullwitz. Genussvoll hinab in das breite Tal, Pkt. 1750 m, und in entspannter Schussfahrt (unterwegs je nach Schneebeschaffenheit auch kurze Schiebestrecken) Richtung Voisthaler Hütte (diese bleibt aber rechts oberhalb). Einfahrt in die mittelsteile Voisthalergasse, dann wieder im schnellen Schuss durch lichten Wald in einen weiten Boden (links hohe Felswände). 50 m Gegensteigung (anfellen oder staffeln oder Ski tragen) in den Sattel des Höllkampls, Pkt. 1449 m, mit dem Franzosenkreuz (mitunter zugeschneit). Weitere schöne Fahrt durch Mulden durch die Untere Dullwitz und nach einer Schussstrecke zur Florlhütte, 1284 m. Gleich nach der Lichtung rechts in den Wald (nicht gerade weiter, Grabenabbruch!) und kurze Querung in ein Geröllbachbett. Durch dieses genussvoll tiefer zur Talstation der Materialseilbahn der Voisthaler Hütte, nahe Pkt. 1042 m. Auf der Fahrstraße im Wald, bald sehr flach, dann wieder in langsamer Fahrt (je nach Ski- und Schneezustand) zuletzt mehr über Wiesenflächen zu einer Baumgruppe (Schranken, Sommerparkplatz, Pkt. 942 m). Auf der Zufahrt den letzten Kilometer zur Bundesstraße und rechts in Kürze zum Hotel Seeberghof, 930 m (Bushalt).

Variante Statt östlich des Rotgangskogels nach S in die Dullwitz einzufahren, weiter nach SO, auf 1900 m um eine Doline herum auf eine Schulter im SW des Wetterkogels. Nun steile Abfahrt durch eine Art Rinne nach S in die Obere Dullwitz und nach O Richtung Voisthaler Hütte und -gasse. Weitere Abfahrt wie oben.

Einkehr unterwegs Sonnschienhütte, 1523 m, ab März Sa+ So bei guten Verhältnissen bewirtschaftet (vorher erfragen!). Häuselalm, 1526 m: im Winter und Frühjahr Sa+So bewirtschaftet Das Schiestlhaus, 2156 m, ist ab Mitte Mai bewirtschaftet, der Winterraum ist offen. Die Voisthaler Hütte, 1653 m, ist ab Anfang Mai bewirtschaftet, der Winterraum ist offen.

Tipp Abbruchmöglichkeiten von der Sonnschienhütte nach Tragöß, Tour 13.19, von der Häuselalm zum Bodenbauer Tour 13.13.

Aufstieg Abfahrt

Kartenperspektive (Ausschnitt Hochschwab)

Karten ÖK 50 UTM 4210 + 4215 + 4216 (BMN 101 + 102)
Après Tour Hotel Seeberghof in Seewiesen
Infos www.eisenerz.at ▪ www.hochsteiermark.at ▪ www.seeberghof.at ▪ www.schiestlhaus.at

14 Ybbstaler Alpen

Große Touren zwischen Voralpen und Hochgebirge

Das südwestliche Mostviertel zwischen Mariazell und dem unteren Ennstal mag auf der Landkarte auf dem ersten Blick als Vorfeld zu den Nördlichen Kalkalpen erscheinen, seine Berge haben aber größtenteils wenig lieblich-voralpines an sich. Ganz im Gegenteil: Selbst wenn der höchste Gipfel nur knapp die 1900er-Marke überschreitet, ist die Grundcharakteristik erstaunlich anspruchsvoll. Gamsstein, Kräuterin, Hochtürnach, Dürrenstein, Gemeindealpe und der hier separat behandelte Ötscher weisen in ihren Steilrinnen sowie oberhalb der Baumgrenze ein Gelände auf, das im Winter und im Frühjahr in erster Linie erfahrene SkitourengeherInnen anspricht. Etwas gemäßigter geht es nur auf dem Tanzboden und auf den Zeller Hüten zu, wobei auch das relativ zu sehen ist und keinesfalls zu Unterschätzungen führen darf. Jedes der Ziele hat seine besonderen Kriterien, die beachtet werden müssen, wenn man hier schöne, spannende und erlebnisreiche Touren, die mit wenigen Ausnahmen, zum Beispiel auf der Kräuterin, nicht gerade zu den Publikumsmagneten zählen, kennen lernen möchte. Voraussetzung sind eine gute Kondition für die mehr als 1000 hm umfassenden Aufstiege, eine gute Abfahrtstechnik auf den meist mittelsteilen Abfahrten und ein gutes Gespür für den Schnee, wenn es darum geht, die richtige Wahl zwischen Nord- und Südlage zu treffen.

Aufstieg auf den Hochstadl

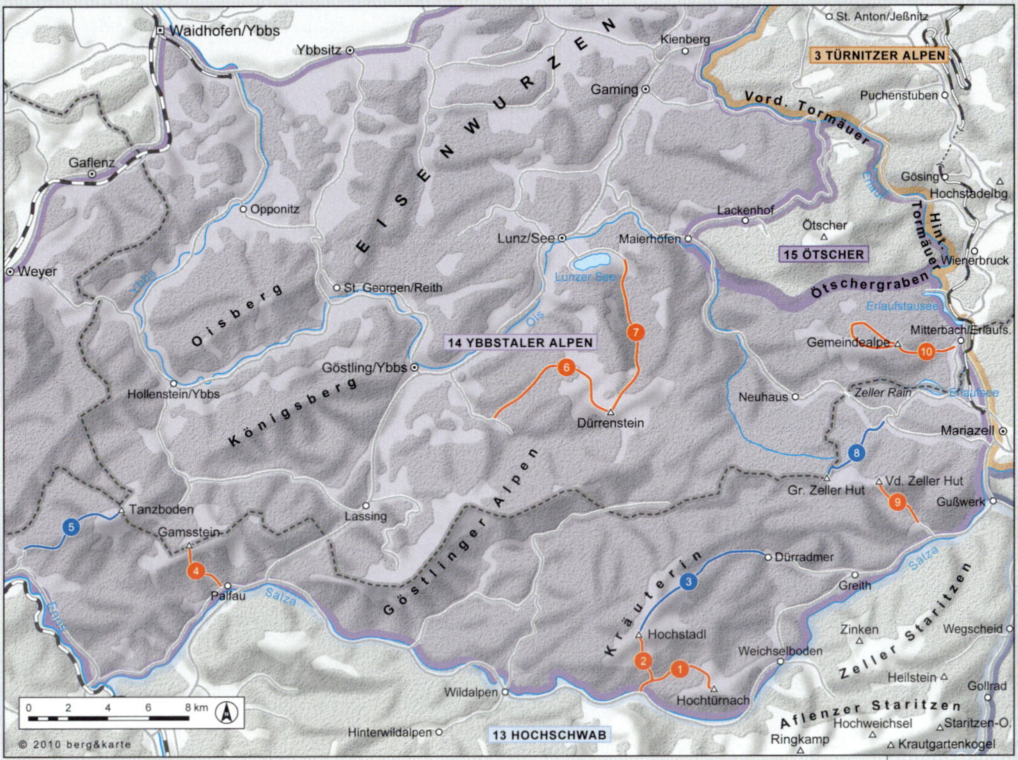

Anspruch: ● *leicht* ● *mittel* ● *schwierig* ● *sehr schwierig*

Regionskarte Ybbstaler Alpen

Nr	Skitour	Gipfelhöhe	Höhenmeter	Aufstiegszeit	Exposition	Anspruch	Seite
1	Hochtürnach	1770 m	1200 hm	4 h	N-W	III	388
2	Kräuterin-Süd	1919 m	1300 hm	4 ½ h	S	III	390
3	Kräuterin-Ost	1919 m	1260 hm	4 ½ h	N-O	II	392
4	Gamsstein	1774 m	1140 hm	3 ¼ h	S-O	III	394
5	Tanzboden	1727 m	1290 hm	4 ¼ h	W	II	396
6	Dürrenstein-West	1878 m	1350 hm	5 h	N-W	III	398
7	Dürrenstein-Nord	1878 m	1280 hm	4 ¾ h	N-O	III	400
8	Großer Zeller Hut	1639 m	785 hm	2 ¾ h	N-O	II	402
9	Vorderer Zeller Hut	1629 m	900 hm	3 h	S-O	III	404
10	Gemeindealpe-Nord	1626 m	1520 hm	5 h	N	III	406

14.1 Hochtürnach

Wunderschöne Tour mit längerem Forststraßenauftakt und aussichtsreicher Fortsetzung bishin zum herrlichen Gipfelpanorama

Ausgangspunkt Gschöder, Lawinengalerie Bärnwaagllahn

Starthöhe	632 m	**Gipfelhöhe**	1770 m	**Exposition**	N-W
Höhenmeter	1200 hm	**Aufstiegszeit**	4 h	**Einkehr**	nein
Aufstiegslänge	8.9 km	**Steilheit**	steil	**Anspruch**	III

Einstimmung Landschaftlich eindrucksvolle und auch skifahrerisch sehr lohnende Hochwintertour auf einen im Sandwich zwischen Hochschwab und Kräuterin liegenden einsamen Gipfel. Zunächst ein längerer Forststraßenzustieg, dann eine anhaltend aussichtsreiche Fortsetzung bis hin zum herrlichen Gipfelpanorama. Die Gesamtlänge (also auch die längere Anfahrt wegen des entlegenen Ausgangspunkts) darf nicht unterschätzt werden. Gegensteigungen liegen auch auf der Strecke. Der kurze felsige Gipfelaufbau (Vorsicht!) verleiht der Tour einen Hauch von alpinem Touch. Bei der Abfahrt sind mehrfach schöne Direktvarianten im Waldpowder möglich.

Lawinen Auf der Forststraße durchs Bärnbachtal stellenweise Schneerutsche aus steilen felsdurchsetzten Böschungen möglich, ansonsten keine besondere Gefährdung. Insgesamt also recht sicher bei bedachter Spuranlage.

Orientierung Zwischen Farnerwiese und Gipfel bei Nebel zunehmend erschwert und zum Teil auch gefährlich (Wechten nach S).

Zufahrt B24 (von W aus dem Ennstal oder Göstling, von O aus dem Raum Mariazell) zur Lawinengalerie Bärnwaagllahn, Pkt. 632 m, zwischen Gschöder und Brunntal, Parkmöglichkeit.

Aufstieg über den Mitterhalt, im Hintergrund die Kräuterin

Aufstieg Vom kleinen Parkplatz neben der Galerie auf geräumter Straße zur Brücke über die Salza und talein ins Bärnbachtal. Bald unter dem Aquädukt der zweiten Wiener Hochquellenwasserleitung durch und weiter bis zum Ende der Räumung auf 700 m. Dort gerade weiter, über eine Brücke und auf der Forststraße in Kehren höher. Abkürzer sind anfangs stellenweise möglich, brechen aber nur den Rhythmus und bringen nicht viel. Einzig die Kehren nördlich vom Eckstein können ausgelassen werden. Bei zunehmend guter Aussicht auf 1300 m in einen ersten Sattel mit Hütte, kurz vor dem Bärnbachsattel. 2 ¼ Std.

Dort rechts abzweigend ein kurzer Anstieg und wieder hinab auf einen Boden. Jenseits im mittelsteilen Wald mit leichter Rechtstendenz in Spitzkehren auf 1400 m und nach OSO kurze Fellabfahrt auf die Farnerwiese. Über diese die Richtung beibehalten in den Hochwald und hinauf zum Rücken des Mitterhalts. Nun Schwenk nach SSW und im gestuften Gelände bis 1600 m. Ab dort ein letzter markanter Anstieg durch lichten Baumbestand auf einen Vorgipfel auf 1730 m. Nun auf der sicheren Seite an der Geländekante entlang nach O zum Gipfelbereich und nach S zum nahen Skidepot. Flach in einen Sattel (ausgesetzt, spektakulärer Tiefblick ins Salzatal) und jenseits 10 m steil hinauf zum Gipfelkreuz (Übergang nicht schwierig, aber auch nicht ungefährlich!). 1 ¾ Std.

Abfahrt Zunächst wie Aufstieg, vom Mitterhalt kann dann direkter nach N zur Farnerwiese durch Wald abgefahren werden. Von der Farnerwiese 50 m Gegenanstieg der Spur folgend zum Scheitelpunkt, dann nach NW durch Steilwald in eine Mulde und direkt zur Forststraße, 1220 m. Weiter in der mäßig ausgeprägten Waldmulde, die Forststraße mehrfach kreuzend, bis 950 m. Dann am besten immer auf der Forststraße zurück zum Start. Weitere Abkürzer sind nur bei wirklich hoher Schneelage sinnvoll!

▬ *Aufstieg* ▬ *Abfahrt* *Kartenperspektive*

Karten ÖK 50 UTM 4210 (BMN 101 + 102)

Après Tour GH Krug in Hinterwildalpen ▪ GH Leitner in Greith ▪ GH Franzbauer im Salzatal (5 km vor Gusswerk)

Infos www.wildalpen.at ▪ www.hochsteiermark.at

Großartige Firntour mit langem Zustieg. Herrliches Gipfelpanorama, Steilabfahrt über gestufte Hänge, dann in einer weiten Grabenmulde

Ausgangspunkt Gschöder, Lawinengalerie Bärnwaagllahn

Starthöhe	632 m	**Gipfelhöhe**	1919 m	**Exposition**	Süd
Höhenmeter	1300 hm	**Aufstiegszeit**	4 ½ h	**Einkehr**	nein
Aufstiegslänge	9 km	**Steilheit**	sehr steil	**Anspruch**	III

Einstimmung Das Südkar der Kräuterin ist eine kaum frequentierte, aber perfekte Steilfirnabfahrt, die gehörig mehr Aufmerksamkeit verdient. Natürlich ist das mittlere Salzatal recht abgelegen und der nahe Hochschwab macht auch große Konkurrenz. Landschaftlich ist die Tour aber in Kombination mit dem beschaulichen, aber langen und einigen Orientierungssinn erfordernden Zustieg wunderschön und auch skifahrerisch ist für große Abwechslung und makelloses Firnvergnügen gesorgt.

Lawinen Auf der Forststraße durchs Bärnbachtal stellenweise Schneerutsche aus steilen felsdurchsetzten Böschungen möglich. Der Schlussanstieg zum Gipfelplateau kann mitunter heikel sein. Die gesamte Abfahrt ist richtig einzuschätzen, insbesondere ab der Einfahrt ins Südkar erhöhte Gefahr in der steilen Flanke und natürlich im Südkar selbst. Daher gewissenhafte Planung und richtiges Timing wegen der Tageserwärmung erforderlich.

Orientierung Ab dem Verlassen der Forststraße auf 1270 m wird es bei Nebel zunehmend heikel. Selbst bei guter Sicht ist der Abschnitt bis zur Glatzen nicht eindeutig vorgegeben und erfordert daher Spürsinn im unübersichtlichen Gelände.

Zufahrt B24 (von W aus dem Ennstal oder Göstling, von O aus dem Raum Mariazell) zur Lawinengalerie Bärnwaagllahn, Pkt. 632 m, zwischen Gschöder und Brunntal, Parkmöglichkeit.

Aufstieg Wie bei Tour 14.1 zur Kehre auf 1270 m. 2 ¼ Std.

Nun nach NW weiter zunächst auf einem Forstweg (nicht in der ÖK eingezeichnet). Das folgende kupierte Waldgelände erfordert guten Spür- und Spursinn. Knapp nördlich am Pkt. 1381 m vorbei, dann über eine größere Waldmulde und nach W zur Glatzen hinauf in einen Sattel, 1470 m. Ab hier bei guter Sicht einfachere Orientierung. Über Rücken und Böden nach NW diagonal ansteigen und hart am Tannstein links vorbei. Dann mit leichtem Höhenverslust in den Sattel zwischen Tannstein und Hochstadl, nach W über einen steileren Rücken in eine Mulde und durch diese hinauf aufs Gipfelplateau. Dort gleich rechts das Kreuz, der höchste Punkt ist um einiges weiter südlich, Vorsicht auf Wechten nach O! 2 ¼ Std.

Blick vom Hochstadl nach SW, im Hintergrund Hochschwab bis Gesäuse

Variante Auch der direkte und daher entsprechend kürzere Aufstieg durchs Südkar kommt infrage, mit der fordernden Steilstufe zwischen 1300 m und 1500 m. Landschaftlich ist aber die Runde insgesamt sicher lohnender und genussvoller.

Abfahrt Vom höchsten Punkt zurück in Richtung Kreuz, dann am Beginn der Abfahrt auf 1850 m aus der Mulde rechts auf den Rücken und nach S einschwenken. Über die schönen, freien Hänge mit ihren eingelagerten kleinen Mulden hinab in Richtung eines markanten Sattels nördlich der Brunnmauer. Auf 1500 m Einfahrt nach S in die zunehmend steile Flanke. Einer Felszone nach links ausweichen, dann weiter hinab durch eine Engstelle und ungehindert raus ins weite Südkar, 1250 m. In der Karmulde genussvoll tiefer zur Einmündung des Südostkares, 980 m. Weiter im nun flacheren Boden bis 820 m (danach Wassergraben, Abbruch!). Nun links raus (wohl schon zu Fuß) und auf einem Steiglein (weiße Punkte) zu einem Karrenweg. Auf diesem in zwei Kehren (kontrolliert fahren!) hinab ins Bärnbachtal und zurück zum Start.

Einfahrt ins Südkar

Variante Skitechnisch weniger anspruchsvoll, aber trotzdem sehr lohnend ist auch die Abfahrt zurück im Bereich der Aufstiegsspur. Ab der Forststraße auf 1270 m siehe dazu die Beschreibung der Abfahrt bei Tour 14.1.

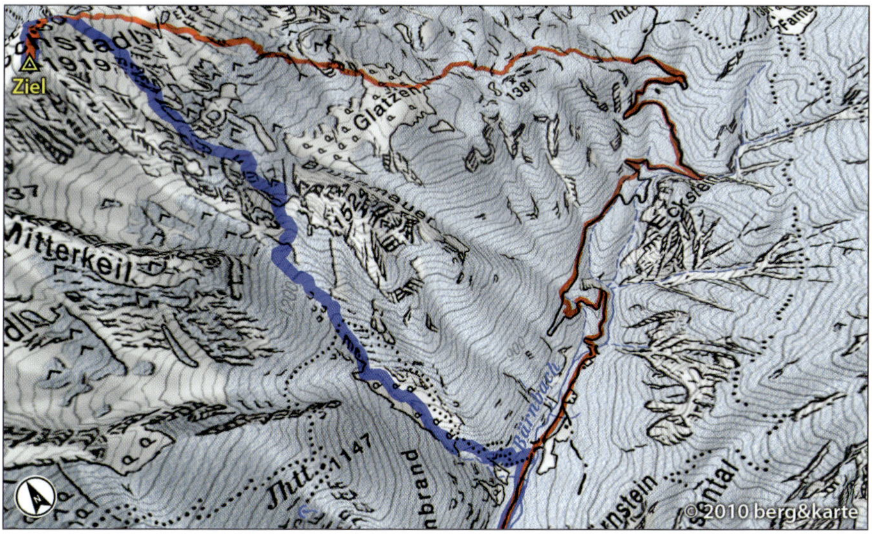

Aufstieg *Abfahrt*

Kartenperspektive (Ausschnitt Bärnbachtal - Hochstadl)

Karten	ÖK 50 UTM 4210 (BMN 101 + 102)
Après Tour	GH Krug in Hinterwildalpen ▪ GH Leitner in Greith ▪ GH Franzbauer im Salzatal (5 km vor Gusswerk)
Infos	www.wildalpen.at ▪ www.hochsteiermark.at

14.3 Kräuterin-Ost

Beliebte Hochwintertour mit höherem Forststraßenanteil und kurzen steileren Passagen. Abfahrtsvarianten reduzieren die Schussstrecken

Ausgangspunkt Salzatal, Dürradmer

Starthöhe	808 m	**Gipfelhöhe**	1919 m	**Exposition**	N-O
Höhenmeter	1260 hm	**Aufstiegszeit**	4 ½ h	**Einkehr**	nein
Aufstiegslänge	10.6 km	**Steilheit**	steil	**Anspruch**	II

Einstimmung Landschaftsorientierter, sehr beliebter Hochwinter-Klassiker auf den höchsten Gipfel der Ybbstaler Alpen, in Tuchfühlung mit der nördlichen Hochschwab-Breitseite. Der Aufstieg mag lang sein, ist aber abwechslungsreich und auch kurzweilig. Vor allem im oberen Teil nach der Kräuterinhütte ist das Gelände sehr reizvoll und auf dem Gipfelplateau die Aussicht fantastisch. Die Abfahrt der Aufstiegsspur entlang hat nette Momente, aber auch einen hohen Forststraßen- und daher Schussanteil. Sie lässt sich durch verschiedene Varianten gut aufwerten. Die Tour gilt als recht lawinensicher, selbst wenn es anderswo heikel ist.

Lawinen Nicht auszuschließen ist bei ungünstigen Verhältnissen eine Gefährdung im Anstieg zur Kräuterinhütte (kurzer steiler Hang durch lichten Wald) und im kurzen steilen Anstieg auf das Gipfelplateau.

Orientierung Ab 1500 m bei Nebel sehr erschwert.

Zufahrt B24 von Gusswerk durchs Salzatal bis Greith (GH Leitner). Bei der Brücke über den Ramsaubach abzweigen auf geräumter Straße (Wegweiser, Hinweis auf Auffahrtsberechtigung bezieht sich auf den Sommer und kann daher ignoriert werden). Auffahrt zum Sattel des Kniebichls (kurzer Tunnel), dann mit leichtem Höhenverlust hinab nach Dürradmer. Parkmöglichkeit nach der Fangbrücke, 808 m.

Blick vom Sattel nordwestlich von Pkt. 1742 m Richtung Hochstadl-Schlussanstieg

Aufstieg Auf der Forststraße (rote Markierung, Weg Nr. 289) gemütlich talein. Bei einer Gabelung rechts und Beginn eines langen, sanften Anstiegs. Bald nach einer Doppelkehre (wird üblicherweise abgekürzt) am Nappenbach entlang zu einer Hütte (hier Sommerparkplatz). Gerade weiter und kurz darauf raus auf eine schöne Lichtung, feiner Rastplatz, 1200 m. 1 ½ Std.

Nach W über den kleinen, aber scharf eingeschnittenen Graben und, den Fadenkamp vor Augen, zum Rand der Lichtung. Im bald steileren lichten Wald auf einem Rücken zur schön gelegenen Kräuterinhütte, 1394 m. Weiter wieder weniger steil talein nach SW, und allmählich aus dem Wald auf freie Flächen. Ab hier bei Nebel Orientierung sehr erschwert! Schöne Eindrücke am Fuße des Fadenkamps, dann erster Blick zum Hauptgipfel, dem Hochstadl. Über die Böden und eingelagerte Geländestufen (immer eher auf der linken Talseite halten) in einen Sattel, 1650 m, nordwestlich der unbenannten Kuppe Pkt. 1742 m (nicht mit dem Graskogel verwechseln!). Weiter nach SW mit geringem Höhenverlust, dann rechts auf den eindrucksvoll verwehten, aber unproblematischen Kamm, und durch eine seichte Mulde zum Gipfelaufbau. Über den oft harten steileren Hang (Harscheisen mitunter vorteilhaft) aufs Gipfelplateau. Dort gleich rechts das Kreuz, der höchste Punkt ist um einiges weiter südlich, Vorsicht auf Wechten nach O! 2 ½ Std.

Abfahrt Nach dem steileren Gipfelhang rechts der Aufstiegsspur in eine schöne Mulde bis 1620 m. Anfellen. Nach N in den weiten Sattel, aus diesen bald rechts abdriften und auf den Graskogel, 1742 m. Abfellen. Schöne Abfahrt nach NO in einen weiten flachen Boden, weiter auf die Kuppe und nach NO über einen freien Hang bis 1500 m. Rechts halten, dann weiter abfahren nach O, ab 1400 m wieder nach links einschwenken und beliebig durch lichten Wald nach N hinab auf die Lichtung bei der Nappenbachklause. Kurz jenseits hinauf zur Aufstiegsspur und in angenehm entspannter Schussfahrt auf der Forststraße zurück zum Start.

Variante Abfahrt wie Aufstieg: Hält man sich nach dem kurzen steilen Gipfelhang genau an die Aufstiegspur, kann man die folgende kleine Gegensteigung östlich vom Hühnerkogel leicht durchtauchen. ▪ Fadenkamp: Vom Hochstadl kommend vor dem Sattel im NW der Kuppe Pkt. 1742 m links ab und über den schönen Kamm bis 1750 m. Schöne Abfahrt nach OSO zurück zur Aufstiegsspur. ▪ Hochgruben: Gleich nach dem kurzen steileren Gipfelhang in die rechts sich ausbildende Mulde hinein nach NO, ab 1550 m im zunehmend flachen Graben nach O. Der Übergang zur Forststraße, die zur Gresserhütte führt, erfordert guten Orientierungssinn! Von der Gresserhütte auf der Forststraße nach NO und in schöner Schussfahrt hoch über dem Hochalpengraben zurück zur Aufstiegsspur, in die man sich auf 1015 m einklinkt.

— *Aufstieg* — *Abfahrt* *Kartenperspektive (Ausschnitt Hochstadl)*

Karten	ÖK 50 UTM 4210 (BMN 101 + 102)
Après Tour	GH Leitner in Greith ▪ GH Franzbauer im Salzatal (5 km vor Gusswerk)
Infos	www.gusswerk.at ▪ www.hochsteiermark.at

14.4 Gamsstein

Großartige Firntour mit Aufstieg über einen aussichtsreichen Rücken und herrlicher Muldenabfahrt

Ausgangspunkt Palfau, Bergbauer

Starthöhe	635 m	**Gipfelhöhe**	1774 m	**Exposition**	S-O
Höhenmeter	1140 hm	**Aufstiegszeit**	3 ¼ h	**Einkehr**	nein
Aufstiegslänge	3.2 km	**Steilheit**	steil	**Anspruch**	III

Einstimmung Der Gamsstein bildet in den westlichen Ybbstaler Alpen einen breiten Höhenzug mit schönen Steilkaren aus. Durch das zentrale Südkar führt eine sehr genussvolle Firnabfahrt, die aber leider nur selten durchgehend gute Schneeverhältnisse aufweist und daher auch Glück bei der Planung erfordert. Der recht große Höhenunterschied sowie die heikle Schlusspassage zum Gipfelkamm sind nicht zu vernachlässigende Aspekte. Obwohl es sich um eine Firntour handelt, kommt bei stabilem Schönwetter auch der Hochwinter als idealer Zeitpunkt infrage!

Lawinen Gefährdet sind der steile Mittelteil des Hühnerriegels, die kurze steile Gipfelflanke und das gesamte Südkar. Im Frühjahr zeitig, also noch am Vormittag einfahren!

Orientierung Grundsätzlich einfach, ab 1550 m bei Nebel erschwert.

Zufahrt A1 bis Ybbs, B25 via Scheibbs - Göstling/ Ybbs nach Palfau. Im Ort Auffahrt Richtung Kirche (bald gute Parkmöglichkeit an der Straße) und weiter hinauf (eventuell Schneeketten erforderlich) bis zum Bergbauer. Dort wegen Parkmöglichkeit fragen!

Tiefblick vom Gipfel zum Hühnerriegel, rechts davon das Südkar

Blick zur kurzen steilen Gipfelflanke

Aufstieg Vom Bergbauer auf rot markiertem Weg (Nr. 283) über eine Wiese nach N, dann im Wald Hangquerung zu einem Graben. Diesem links folgen, bald über schöne Lichtungen hinauf zum Sattel der Bergbauernalm mit der Lackneralmhütte der Naturfreunde, 1020 m (im Winter/ Frühjahr nicht bewirtschaftet). 1 ¼ Std.

Von dort zunächst noch nach W, dann nach N einschwenken und über den Waldrücken des Hühnerriegels (Windbruchschäden) aufwärts. Ab 1250 m wird's steiler! Auf 1550 m eine Schulter mit gutem Blick zum finalen Gipfelanstieg. Weiter über den schönen, zunehmend baumfreien Rücken, der sich in eine kurze, steile Flanke verliert. Über diese (bei ungünstigen Verhältnissen heikel!) auf den Gipfelkamm. Dort können die letzten Meter nach links zum Kreuz gefährlich überwechtet sein, dann lässt man den Übergang besser bleiben! Der weitere Übergang zum geringfügig höheren Hochkogel, 1774 m, ist auf dem stark verwechteten Gipfelkamm (Vorsicht!) technisch einfach, bietet aber kaum Mehrwert. 2 Std.

Abfahrt Mit einigen Schwüngen durch die steile Gipfelflanke, dann über den Rücken bis auf 1600 m und rechts in das Südkar einfahren. Dort sehr schönes, gestuftes Skigelände, besonders bei Firn. Mit großer Freude hinab bis zur querenden Forststraße auf 1140 m. Nicht weiter abfahren, Felsabbrüche! Daher links zurück zur Bergbauernalm, einfahren nach O in die schöne Mulde und wie beim Aufstieg zurück zum Bergbauer. Oder bei ausreichend Schnee in der Mulde weiter abfahren, dann auf 700 m nach rechts Querung zurück zur Wiese und zum Ausgangspunkt.

Variante Abfahrt wie Aufstieg: Durchaus lohnend, z.B. wenn das Südkar heikel erscheint.

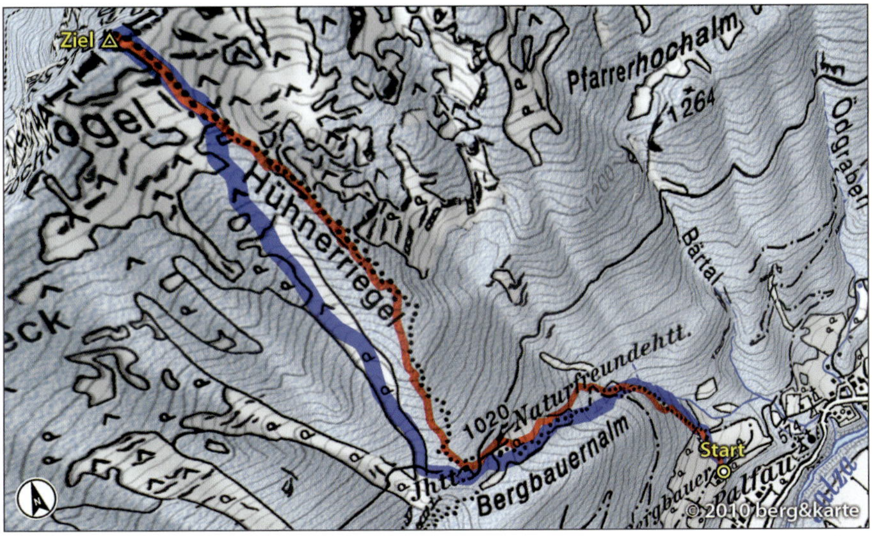

Aufstieg *Abfahrt* *Kartenperspektive*

Karten ÖK 50 UTM 4209 (BMN 100)
Après Tour GH Stiegenwirt in Palfau
Infos www.palfau.at ▪ www.gesaeuse.at

14.5 Tanzboden

Sehr schöne, wenig bekannte Tour mit höherem Forststraßenanteil, weit reichendem Gipfelpanorama und einer lohnenden Abfahrtsvariante

Ausgangspunkt Altenmarkt bei St. Gallen, Halsmoarhof

Starthöhe	570 m	**Gipfelhöhe**	1727 m	**Exposition**	West
Höhenmeter	1290 hm	**Aufstiegszeit**	4 ¼ h	**Einkehr**	nein
Aufstiegslänge	8 km	**Steilheit**	steil	**Anspruch**	II

Einstimmung Der wenig bekannte Tanzboden am Westrand der Ybbstaler Alpen bietet eine landschaftlich interessante Hochwintertour mit recht hohem Forststraßenanteil. Der darf auch positiv gesehen werden, verspricht er doch einen rhythmischen und ökonomischen Aufstieg. Die Tour ist technisch einfach und weitestgehend lawinensicher, weist aber einen beachtlichen Höhenunterschied auf. Die Gipfelschau ist in Tuchfühlung mit dem Gesäuse schon alpin und sehr eindrucksvoll. Die Abfahrt macht bei Pulverschnee viel Freude und lässt sich bei ausreichend Kondition (Gegensteigung!) noch zusätzlich aufwerten.

Lawinen Bei vernünftiger Spuranlage kaum geländebedingte Gefährdung.

Orientierung Bis zur Hinteralm einfach, dann aber bei Nebel ab dem Anstieg auf die Teufelskirche und vor allem im Übergang über den verwechteten Rücken zum Tanzboden unangenehm.

Zufahrt A1 bis Amstetten-West, B121 über Waidhofen/Ybbs nach Weyer. Weiter B115 bis Altenmarkt. Bald nach der Ortsumfahrung bei einem Werksgelände links abzweigen (gelbe Wanderwegweiser). Nach dem Werksparkplatz steilere Auffahrt (eventuell Schneeketten erforderlich), bei der ersten Gabelung links halten und hinauf zur Lichtung beim Halsmoarhof, begrenzte Parkmöglichkeit.

Blick vom Wechtenrücken der Teufelskirche nach W, im Hintergrund von links nach rechts Haller Mauern, Totes Gebirge und Sengsengebirge

Aufstieg Bei der Straßengabelung kurz unter dem Halsmoarhof rechts auf der geräumten Zufahrt Richtung Hinterhalser (rote Markierung, Weg Nr. 208). Bald links ab in einen Waldgraben und nach einer Rechtskehre wieder zur Forststraße. Von dieser an bezeichneter Stelle links auf einem Waldweg steiler (oder auf der Forststraße bleibend flacher) in die Lücke, Pkt. 990 m, südlich des Bärenkopfs. Dann ein ebener Abschnitt (nach Wildzaun mit Durchgang, auch leichter Höhenverlust). Bald wieder ansteigend in einen Sattel, 1130 m, im NO des Schneiderkogels. Weiter auf der Forststraße nach O um einen Rücken zur Halsmoaralmhütte und im Waldgraben nach NO hinaus auf die freie Fläche der Hinteralm. 2 ½ Std.

Noch unter dem abschließenden Sattel, Pkt. 1407 m, rechts durch eine Mulde höher, dann schräg links aus dem Wald auf eine Lichtung (erster eindrucksvoller Blick zur, von hier alles andere als stumpf erscheinenden, Stumpfmauer). Über die Lichtung nach S in einen Sattel im Kamm der Teufelskirche. Links über den fantastischen Wechtenrücken im lustigen Auf und Ab über die bei etwas Vorsicht eher harmlosen Wechten dahin. Kurzer Höhenverlust in einen Sattel, dann der letzte Anstieg zum Tanzboden (Kreuz). 1 ¼ Std.

Abfahrt Vom Gipfel kurz nach S und rechts in der schönen Mulde zur verfallenen Eßlingalm und weiter bis 1480 m. Gegenanstieg nach NW unter die Felsen der Teufelskirche und links raus auf den Rücken, 1600 m. Jenseits nach W zunächst sanft abfahren auf einen Boden, dann nach N über sehr schöne Hänge zurück zur Hinteralm (oder direkter nach W über Schläge zur Halsmoaralmhütte. Weitere Abfahrt wie Aufstieg. Nach der Lücke, Pkt. 990 m, sind im steilen Wald bei genügend Tiefschnee direkte Varianten nach SW auf die Wiese mit dem Hinterhalser-Hof möglich.

Variante Wer sich die Gegensteigung nach der Eßlingalm sparen will, fährt im Bereich der Aufstiegsspur zurück zur Hinteralm. Dabei kann man auf dem Wechtenkamm der Teufelskirche schon bald nach NW einfahren.

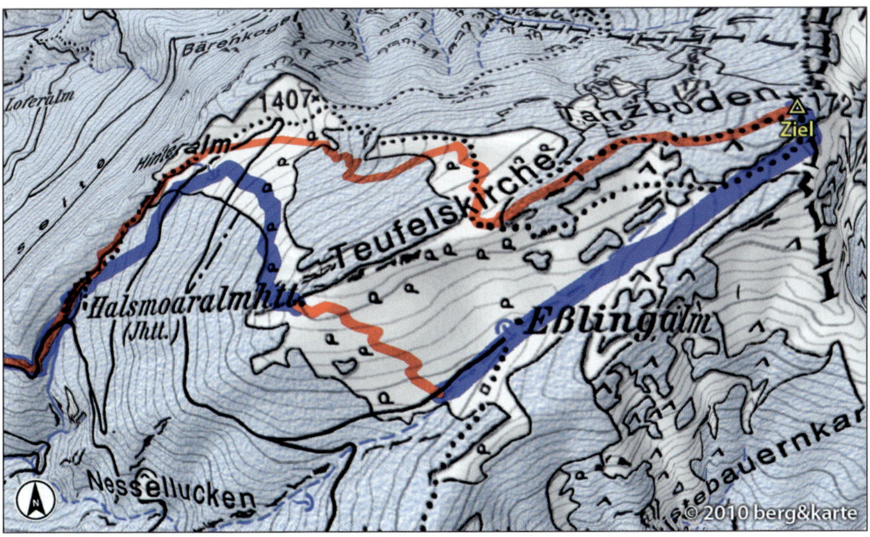

Aufstieg *Abfahrt* *Kartenperspektive (Ausschnitt Hinteralm - Tanzboden)*

Karten ÖK 50 UTM 4209 (BMN 100)
Après Tour Gastronomie in Altenmarkt und St. Gallen
Infos www.altenmarkt.istsuper.com ▪ www.gesaeuse.at

14.6 Dürrenstein-West

Lange, selten durchgeführte Tour über die Ybbstaler Hütte mit komplexem Routenverlauf. Eindrucksvolle Hochflächenlandschaft

Ausgangspunkt Göstling a.d.Ybbs, Steinbachgraben

Starthöhe	601 m	**Gipfelhöhe**	1878 m	**Exposition**	N-W
Höhenmeter	1350 hm	**Aufstiegszeit**	5 h	**Einkehr**	✓
Aufstiegslänge	10.8 km	**Steilheit**	steil	**Anspruch**	III

Einstimmung Die im Sommer bei Wanderern zu Recht sehr beliebten Karsthochflächen des Dürrensteins werden im Winter relativ selten besucht. Dabei bietet das Hochplateau dieses niederösterreichischen Bergriesen ideales Skigelände. Aber der Berg ist sehr abgelegen und seine Zustiege sind alle anspruchsvoll. Ein jeder hat seine Tücken, keiner ist absolut lawinensicher. Am günstigsten ist der Anstieg von W aus dem Steinbachtal, aber auch diese Tour weist einen komplexen Routenverlauf auf. Dafür wird der erhebliche Zeitaufwand mit einem eindrucksvollen Landschaftserlebnis und einer grandiosen Gipfelschau belohnt.

Lawinen Nach der Bärenlacke ist der erste Teil des Anstiegs über den folgenden Rücken (Winterweg, einige Wintermarkierungen) gefährdet.

Orientierung Ab der Ybbstaler Hütte bei Nebel ein Graus!

Zufahrt A1 bis Ybbs, B25 über Scheibbs nach Göstling/ Ybbs. Kurz vor dem Ort links abzweigen ins Steinbachtal. Ca. 1 km nach dem zweiten Tunnel links ein Fischteich, kurz darauf links der Parkplatz, Pkt. 601 m.

Blick vom Aufstieg über den Gipfelrücken nach N, im Hintergrund der Noten

Aufstieg Auf dem rot markierten Fahrweg Nr. 14 über die Brücke und im Wald aufwärts. Ab 750 m auf einfacherem Weg weiter einem Waldrücken entlang. Nach einer flacheren Passage wieder ansteigend zur Jagdhütte Dürreck, 980 m. Dort die Forststraße kreuzen und schräg links aufwärts im Wald (Windbruch) genau nach N zu einer Kehre unter der Gschwendmauer. Nun die Richtung beibehaltend steiler hinauf zu einer Forststraße und auf dieser in den kleinen Sattel bei der Bärenlacke, Pkt. 1187 m. Nun nicht mehr der Sommer-, sondern der Wintermarkierung folgen: Aus dem Sattel nach O über den anfangs schlanken Rücken aufwärts, dann die steile Flanke empor und rechts um eine Kuppe herum in weniger steiles und nicht mehr heikles Waldgelände. Nach O flach weiter (Windbruch), dabei leicht links halten und mit geringem Höhenverlust in ein Tälchen (Vereinigung mit dem Sommerweg, 1300 m). Nun durch das Tälchen auf eine größere Lichtung, dieser links folgen und in einem Rechtsbogen hinauf zur Ybbstaler Hütte, 1344 m, die auf einer freien Kuppe steht (offener Winterraum). 2 ½ Std.

Weiter mit der Wintermarkierung Richtung Dürrenstein in allgemein OSO-Richtung durch eine schwach ausgeprägte Waldgasse zum Rand einer länglichen Lichtung. Durch diese Mulde, dann nach S einschwenkend über einen Riegel und jenseits kurze Fellabfahrt zur Legsteinhütte, 1440 m. Am Gegenhang hinauf zu einer zweiten Hütte. Dann ein Anstieg nach SO (Stangen) in einen Sattel auf 1600 m südlich vom Rosseck. Dort erster Blick zum Dürrenstein-Gipfel (die große Entfernung täuscht!). Nun sehr aussichtsreich genau nach S über Predigtstuhl und Springkogel (können beide knapp östlich auch umgangen werden). Ab 1700 m wieder ansteigend zunächst durch eine Mulde, dann immer über den Gipfelrücken (Wechten nach S!) über einen Vorgipfel in ein Schartl hinab und jenseits zum berühmten Töpperkreuz auf dem höchsten Punkt. 2 Std.

Variante Nach der Legsteinhütte kann man genauso gut dem Sommerwegverlauf folgend durch ein Muldensystem zum Gipfelrücken aufsteigen.

Abfahrt Genussvolle Abfahrt zurück zur Ybbstaler Hütte (kurze Gegensteigung nach der Legsteinalm). Bald nach der Hütte aus dem Tälchen auf 1300 m sanfte Gegensteigung nach links (wegen steiler, gefährlicher Waldflankenquerung nicht weiter dem Sommerweg folgen!) und wie beim Aufstieg in den Sattel bei der Bärenlacke. Auf der Forststraße unter der Gschwendmauer nach S, dann rechts auf dem Karrenweg in den Grabengrund (die rote Markierung also verlassen). Unterwegs vorbei am Pkt. 783 m und im Schuss am Almwaldbach entlang zurück zum Ausgangspunkt.

Einkehr unterwegs Nein, aber offener Winterraum in der Ybbstaler Hütte.

Tipp Sehr lohnende Kombination mit der langen Nordabfahrt nach Lunz am See, siehe Tour 14.7. Der Transfer zurück ins Steinbachtal muss gelöst werden! ▪ Kürzere Gipfeltouren von der Ybbstaler Hütte nach S auf den Noten, 1644 m, und nach O auf den Großen Hühnerkogel, 1651 m.

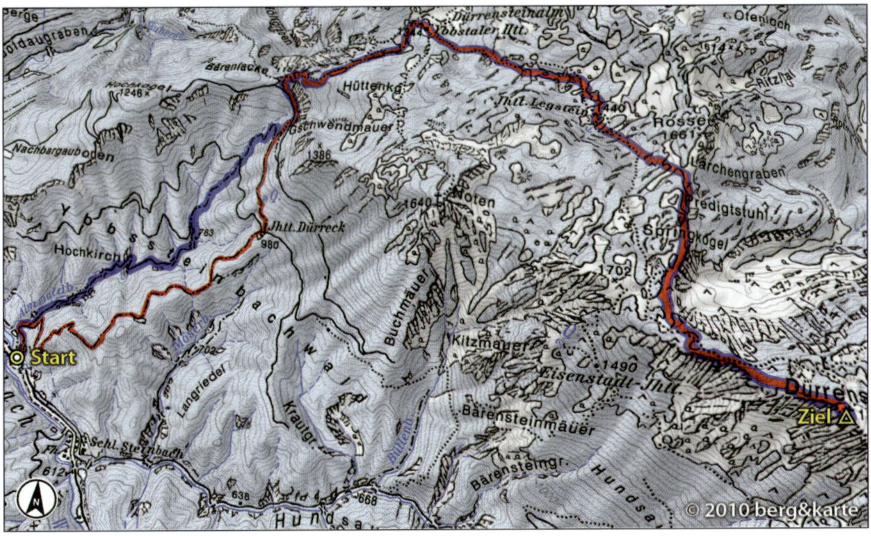

▬ *Aufstieg* ▬ *Abfahrt* *Kartenperspektive*

Karten ÖK 50 UTM 4204 + 4209 + 4210 (BMN 71)
Après Tour Gastronomie in Göstling an der Ybbs
Infos www.goestling-hochkar.at

14.7 Dürrenstein-Nord

Eindrucksvolle, lange Tour mit einigen haarigen Passagen. Hochflächenlandschaft mit grandioser Aussicht

Ausgangspunkt Lunz am See, Schloss Seehof

Starthöhe	618 m	**Gipfelhöhe**	1878 m	**Exposition**	N-O
Höhenmeter	1280 hm	**Aufstiegszeit**	4 ¾ h	**Einkehr**	nein
Aufstiegslänge	10.8 km	**Steilheit**	steil	**Anspruch**	III

Einstimmung Die lohnendste Abfahrt vom Dürrenstein führt vom Gipfel nach N durch das Seetal zum Lunzer See. Der Aufstieg von dort hat seine Schlüsselstellen vor Erreichen des Obersees und gleich danach im Aufstieg zum Leonhardkreuz. Dafür wird der erhebliche Zeitaufwand mit einem eindrucksvollen Landschaftserlebnis und einer grandiosen Gipfelschau belohnt.

Blick vom Rücken beim Leonhardkreuz zu Kleinem Dürrenstein und Dürrenstein

Lawinen Das Seetal ist mehrfach aus den steilen Flanken stark gefährdet, vor allem der Abschnitt von der Klause zum Obersee ist brisant. Auch der folgende steile Waldanstieg zum Leonhardkreuz erfordert sichere Verhältnisse. Der Weiterweg ist abgesehen von der Mulde westlich des Kleinen Dürrensteins bei vernünftiger Spuranlage unkritisch.

Orientierung Der steile Waldaufstieg vom Obersee zum Leonhardkreuz verlangt Gespür für die richtige Spurwahl. Ab dem Leonhardkreuz ist der Weiterweg bei Nebel kein Honiglecken!

Zufahrt A1 bis Ybbs, B25 über Scheibbs nach Lunz am See. Durch den Ort zum Lunzer See und an seinem Nordufer zum Schloss Seehof, Parkplatz, Pkt. 618 m.

Aufstieg Vom Schloss Seehof auf rot markierter Forststraße über eine Lichtung, dann im Wald nach S talein ins hier noch breite Seetal. Auf einer Lichtung mit Hütte eine Doppelkehre, dann wieder flacher zum Mittersee, 766 m. Weiter im nun schon bedrohlich engen Tal ansteigen zu einer Schwelle und damit zum Eintritt in die Klause. Am Hang ansteigend unter die Ellmauer (Vorsicht!) und im Bogen mit einer Doppelkehre zum imposanten Ludwigfall. Nun durch eine wildromantische Landschaft nach weiteren Kehren zum Abfluss des idyllischen Obersees, 1114 m. 2 ¼ Std.

Nach SO im zunehmend steilen Wald ansteigen, dem Sommerwegverlauf nach. Auf 1320 m heikle Querung eines kleinen Grabens nach links. Dann nach NO im weiterhin steilen Hochwald (die roten Markierungen an den Bäumen sind zum Teil vom Schnee verdeckt) auf den Bergrücken beim Leonhardkreuz, 1406 m. Auf der baumfreien Fläche nach SW und über eine kleine Kuppe hinweg (schöne, einzeln stehende Bergahorne) Richtung Kleinem Dürrenstein. Um diesen rechts ansteigend herum, dann durch eine Mulde und weniger steil über den gestuften Hauptrücken des Dürrensteins. Auf 1775 m ein Boden, von diesem nach S einschwenken und an einer riesigen Dolinengrube vorbei (Achtung mächtige Verwehungen) hinauf zum Gipfelkreuz. 2 ½ Std.

Abfahrt Wie Aufstieg: Achtung auf die gipfelnahen Dolinen und Verwechtungen. Dann über schönes Skigelände ganz an den Kleinen Dürrenstein heran (nicht in die Hänge nach N einfahren!).

Vom Leonhardkreuz im steileren Wald zunächst nach N, dann in einem Linksbogen nach S (Sommermarkierung an den Bäumen suchen, nicht nach N hinab, dort steile Abbrüche!). Nach der kurzen heiklen Passage auf 1320 m im steilen Wald zum Obersee.

Variante Lohnender Abstecher (50 m Gegensteigung) auf den Kleinen Dürrenstein, 1624 m.

Tipp Sehr lohnende Kombination mit dem Aufstieg von W, siehe Tour 14.6. Der Transfer zurück ins Steinbachtal muss gelöst werden!

– Aufstieg – Abfahrt

Kartenperspektive (Ausschnitt Obersee - Dürrenstein)

Karten ÖK 50 UTM 4204 + 4210 (BMN 71 + 72)
Après Tour Gastronomie in Lunz am See
Infos www.lunz.at

14.8 Großer Zeller Hut

Waldpowdertour mit überraschend alpinem Touch und sehr guter Gipfelschau zwischen Mariazell und Hochschwab

Ausgangspunkt Mariazell, B71 zwischen Mariazell und Zeller Rain

Starthöhe	855 m	**Gipfelhöhe**	1639 m	**Exposition**	N-O
Höhenmeter	785 hm	**Aufstiegszeit**	2 ¾ h	**Einkehr**	nein
Aufstiegslänge	5.9 km	**Steilheit**	steil	**Anspruch**	II

Einstimmung Der höchste Gipfel im Kammverlauf der Zeller Hüte bietet nach N durch den Hutgraben eine durchaus rassige Waldpowdertour, die abschnittsweise recht alpinen Charakter aufweist. Nach dem Aufstieg über den Grenzkamm zwischen Niederösterreich und Steiermark öffnet sich außerdem eine überraschend umfassende Gipfelschau.

Lawinen Mitunter heikel sind der obere Hutgraben und vor allem die freien Steilhänge und -rinnen in der Nordflanke des Gipfels.

Orientierung Obwohl der Großteil der Tour im Waldbereich verläuft, kann auf dem Grenzrücken der Nebel Probleme bereiten.

Zufahrt A1 bis St. Pölten, B20 über Lilienfeld und Annaberg nach Mitterbach. Dort rechts und bald am Erlaufsee entlang. Dann bei der folgenden Abzweigung auf der B71 Richtung Kapfenberg und bald darauf zu einer Gabelung in einem weiten Linksbogen. Dort parken. Oder von Rasing bei Mariazell auf der B71 Richtung Neuhaus und zum Parkplatz in der deutlichen Rechtskurve kurz vor der Abzweigung nach Mitterbach.

Aufstieg Zunächst auf der alten Straße über den Zeller Rain (jetzt öffentliches Fahrverbot) am Grünaubach entlang 1 km flach talein. Bei der Jagdhütte Hechtensee nach einer Brücke links ab auf eine Forststraße: bald bei einer Gabelung links (rechts bald Sperre wegen Wildfütterung) und im Hutgraben gemütlich talein. Auf einer großen Lichtung ein guter Einblick in den eindrucksvollen Talschluss. Nach einem Rechtsschwenk (minimaler Höhenverlust) zum Ende der Forststraße, 960 m. 1 Std.

Blick aus dem Hutgraben zum Großen Zeller Hut, in der Bildmitte die Baumgruppe, wo die Querung nach rechts zum Grenzrücken verläuft

Nun links im Wald endlich deutlicher ansteigen in schmalen Waldschneisen zum ernst anmutenden Felskessel unter den Hutmäuern. Dort zunächst in der Grabenmulde noch ein Stück nach S aufwärts (nicht dem westlichen Ast folgen!), dann rechts über einen steileren Latschenhang (oder bei unsicheren Verhältnissen schon vorher über den steilen Waldrücken) und ebene Querung (in diesem Abschnitt orangefarbene Punkte auf Bäumen). Dann nach einer freien Fläche den folgenden Graben überqueren und im Wald aufwärts (teils Windbruchschäden). Über den sich ausbildenden schönen Waldrücken (Grenze Niederösterreich-Steiermark) steil aufwärts, bei zunehmend guten Ausblicken. Im oberen Abschnitt rechts eine steile Mulde, links hingegen Vorsicht auf Wechten nach O. Kurz unter dem Gipfel entweder Querung nach W zum Westrücken und über diesen links in Kürze zum Gipfel oder direkt steil über den Nordrücken zum Kreuz. 1 ¾ Std.

Abfahrt Allgemein wie Aufstieg.

Variante Vom Gipfel über schöne, nordseitige freie Steilhänge und -rinnen je nach Verhältnissen abfahren (Vorsicht!) und spätestens auf 1400 m rechts rausqueren auf die Lichtung der Melkstatt. Von dort nach NO ein schöner Graben zurück zur Aufstiegsspur. ▪ Vom Gipfel über den verwechteten Rücken nach O in den ersten Sattel und links ab in die steile Flanke im Bereich eines schmalen schütteren Lärchenbestandes (nur bei absolut sicheren Verhältnissen!). Anschließend in weniger steilem Gelände in allgemein nördlicher Richtung über schöne Hänge zurück zur Aufstiegsspur im Bereich der orangefarben markierten Querung.

Tipp Ein großes Unternehmen stellt die O-W-Überschreitung der Zeller Hüte vom Köckensattel zum Großen Zeller Hut dar. Hauptkriterium dabei sind die zum Teil arg überwechteten Gipfelkämme, die mal schmäler, mal breiter ausfallen. Außerdem wartet am Beginn des Anstiegs auf den Oischingkogel ein mitunter heikler Steilaufschwung. Der Transfer zurück zum Start muss natürlich bedacht sein!

▬ *Aufstieg* ▬ *Abfahrt* *Kartenperspektive*

Karten	ÖK 50 UTM 4210 (BMN 72)
Après Tour	Gastronomie in Mitterbach und Mariazell
Infos	www.mariazell.at

14.9 Vorderer Zeller Hut

Wenig bekannte Firntour mit steilem Aufstieg, sehr guter Gipfelschau und herrlicher Flankenabfahrt

Ausgangspunkt Oisching, Gregorbauer

Starthöhe	790 m	**Gipfelhöhe**	1629 m	**Exposition**	S-O
Höhenmeter	900 hm	**Aufstiegszeit**	3 h	**Einkehr**	nein
Aufstiegslänge	4.6 km	**Steilheit**	steil	**Anspruch**	III

Einstimmung Interessanter Insider-Tipp auf den zweiten Hauptgipfel im Bergkamm der Zeller Hüte. Die Tour ist nicht makellos, stellt erhöhte Ansprüche, ist aber durchaus lohnend. Der Aufstieg ist steil, die Gipfelschau prächtig, die SO-Flankenabfahrt ebenfalls. Sie sticht bei der Fahrt von Gusswerk ins Salzatal verlockend ins Auge, die Abfahrt ist quasi "aufgelegt", aber auch lawinengefährdet. Die Verwertung ist also nicht einfach und das Timing schwierig. Bei guten Verhältnissen ist die Tour auch im Hochwinter möglich!

Lawinen Der Aufstieg über den Luxriegel ist abschnittsweise heikel und die Gipfelflanke des Vorderen Zeller Hutes erfordert sichere Firnverhältnisse!

Orientierung Der Gipfelkamm kann bei Nebel unangenehm werden.

Zufahrt Von N über Mariazell bzw. von S von Kapfenberg (S6) B20 nach Gusswerk. Weiter auf der B24 ca. 3.5 km durchs Salzatal und nach (!) der Brücke rechts ab, gelber Wanderwegweiser Richtung Köckensattel-Oisching. Auf der Privatstraße talein und bei einer Gabelung links steile Auffahrt (eventuell Schneeketten erforderlich) zum Gregorbauer, Parkmöglichkeit.

Aufstieg Auf dem Fahrweg nach N hinauf zum Wald, dort bei einer Gabelung gerade weiter in den Oischinggraben. Dann mit der Straße nach W in einen Seitengraben, wobei die Doppelkehre abgekürzt werden kann. Am Straßenende links durch lichten Wald hinauf zu einer weiteren Forststraße. Auf dieser rechts und mit geringem Höhenverlust zu einem Graben, Pkt. 1000 m. Weiter auf der Forststraße nach O, dann nach NO. Bald bietet sich eine geeignete Stelle, um nach links die steile Böschung zu überwinden. 1 Std.

Blick vom Gregorbauer zu Oischingkogel (rechts) und Vorderem Zeller Hut (links)

Somit nach W im steilen Wald aufwärts (Vorsicht!) zum Luxriegel. Dort wird das Gelände angenehmer, eine folgende Felsformation ist links zu umgehen. Dann weiter über den steilen Waldrücken, der sich ab 1400 m lichtet und mehr Aussicht bietet. Vom Oischingkogel, 1606 m, nach W kurze Fellabfahrt in einen Sattel und über den verwechteten Kamm (Vorsicht!) hinauf auf den Vorderen Zeller Hut. 2 Std.

Variante Durch den Oischinggraben: Nicht bis zum Gregorbauer rauf, sondern vorher bei der

Gabelung, Pkt. 757 m, rechts und mit roter Markierung talein zum GH Köckensattel. Weiter über den Ochsenboden in einen Sattel und westlich über das Feldhütl in den nächsten Sattel. Aus diesem über eine unangenehme Steilstufe, dann ein schöner verwechteter Kamm zum Oischingkogel und weiter wie oben.

Abfahrt Direkt vom Gipfel nach SO in die steile Flanke, die herrliches Skigelände bietet. Etwas rechts des sich ausbildenden Grabens bis 1300 m. Dann im Bereich einer Geländestufe schräg rechts queren und vor einem Rücken im Wald hinab zum Graben (etwas Windbruch). Erst knapp vor Pkt. 1000 m zum Graben, dort event. abschnallen und zu Fuß zur Straße raus. Weitere Abfahrt wie Aufstieg.

Variante Abfahrt wie Aufstieg vom Oischingkogel über den Luxriegel (ebenfalls reizvoll bei sicheren Verhältnissen!).

Tipp Pötschberg, 1506 m, Aufstieg vom GH Franzbauer und Abfahrt wie Aufstieg, oder Steilabfahrt (Vorsicht auf Lawinen!) nach O zur Forststraße, Pkt. 1000 m, siehe oben. ▪ Ein großes Unternehmen stellt die O-W-Überschreitung der Zeller Hüte vom Köckensattel zum Großen Zeller Hut dar. Hauptkriterium dabei sind die zum Teil arg überwechteten Gipfelkämme, die mal schmäler, mal breiter ausfallen. Außerdem wartet am Beginn des Anstiegs auf den Oischingkogel ein mitunter heikler Steilaufschwung. Der Transfer zurück zum Start muss natürlich bedacht sein!

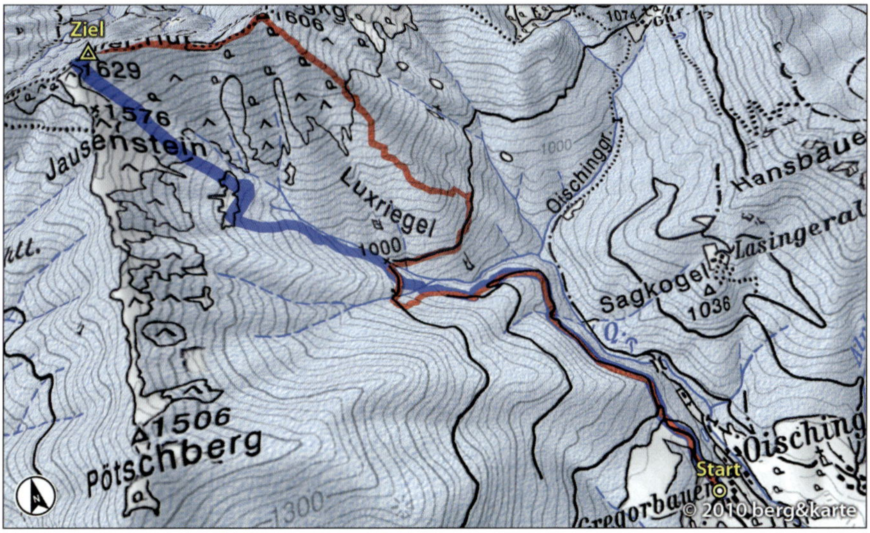

— *Aufstieg* — *Abfahrt* *Kartenperspektive*

Karten ÖK 50 UTM 4210 (BMN 72 + 102)
Après Tour GH Franzbauer im Salzatal (5 km vor Gusswerk)
Infos www.gusswerk.at ▪ www.hochsteiermark.at

Wenig bekannte Steilfirntour mit Pistenaufstieg und sehr guter Gipfelschau. Langer, landschaftlich schöner Gegenanstieg

Ausgangspunkt Mitterbach, Talstation Sessellift

Starthöhe	800 m	**Gipfelhöhe**	1626 m	**Exposition**	Nord
Höhenmeter	1520 hm	**Aufstiegszeit**	5 h	**Einkehr**	✓
Aufstiegslänge	8.9 km	**Steilheit**	sehr steil	**Anspruch**	III

Einstimmung Sehr interessante und wenig bekannte nordseitige Steilfirntour von einem skitechnisch erschlossenen Berg hoch über dem Erlaufsee. Bei sicheren Verhältnissen ist die Abfahrt auch während der Liftsaison im Frühjahr möglich, realistischer ist aber eine spätere Befahrung, was den Zeit- und Schweißaufwand in die Höhe treibt! Nach der umfassenden Gipfelschau beginnt die unvermittelt steile und herrliche Flankenabfahrt. Dann folgen ein langer, landschaftlich sehr schöner Gegenanstieg und der unbeschwerte Pistenausklang zurück nach Mitterbach.

Lawinen Die gesamte Nordflanke ist kritisch zu beurteilen und erfordert sichere Verhältnisse.

Orientierung Keine gröberen Einwände, lediglich der verwechtete Kamm vom Eisernen Herrgott zur Gemeindealpe kann bei Nebel ungut werden.

Zufahrt A1 bis St. Pölten, B20 über Lilienfeld und Annaberg nach Mitterbach. Dort abzweigen zum großen Liftparkplatz beim Sessellift.

Blick von der Gemeindealpe nach W, hinten der Dürrenstein, vorne die Einfahrt in die Nordflanke

Aufstieg Auf der Piste links vom Lift zum Wald und um den Sonnwendkogel herum zu einem Flachstück. Dann steiler weiter und entweder rauf zur Mittelstation am Bäreneck, oder besser noch ein Stück auf der Familienabfahrt und dann durch eine schmale Schneise (ehem. Schlepplifttrasse) zum Rücken. Links zunächst flach, dann steiler über den Osthang aufwärts. Dann auf der Trasse der

Familienabfahrt (Ratracspur) in Kehren zum Gipfel und zum Terzerhaus. Das Gipfelkreuz steht etwas abseits nach N vorgeschoben. 2 ½ Std.

Abfahrt Von der Postrichtfunkstelle direkt nach N in die sehr steile Flanke zwischen Mitterkeil und Windriedel. Entweder direkt im Graben, oder etwas links davon durch lichten Baumbestand tiefer. Dann im weniger steilen baumfreien Grabengrund genussvoll hinaus auf den Brunnboden (kurz davor Kreuzung einer Forststraße). Über den Brunnboden im Schuss linkshaltend zu einer Forststraße südlich von Pkt. 971 m, wo der Wiederaufstieg beginnt. Anfellen.

Auf der Forststraße flach nach W, dabei nach einem Graben den markierten Wanderweg kreuzen. Im zweiten Graben einen steilen gerodeten Hang nach SW zu einer Forststraße (bei weniger guten Schneeverhältnissen weiter großzügig ausholend auf der Forststraße) zur zweiten Kehre, 1160 m. Dort links ab auf den Sommerriedel und durch eine schöne schmale Schneise höher. Der Rücken wird nach oben stumpfer, lichter und steilt sich auf, bis man die Lichtung "In der Brach" erreicht. Links hinüber zu einem Kreuz (Eiserner Herrgott, Wegweiser). Weiter nach SO über den schmalen, verwechteten Kamm hinab (Vorsicht!) und Gegenanstieg zur Kuppe, Pkt. 1462 m. Dann über den gutmütigen Rücken zunächst eben dahin, dann ansteigend zurück auf die Gemeindealpe. 2 ½ Std.

Abfahrt nach Mitterbach: beliebig je nach Schneesituation auf den Pisten.

Einkehr unterwegs Das Terzer Haus ist bei Liftbetrieb bewirtschaftet.

Tipp Der "Ausweg" nach der Nordabfahrt vom Brunnboden zum Erlaufstausee ist möglich, aber ziemlich zeitaufwändig!

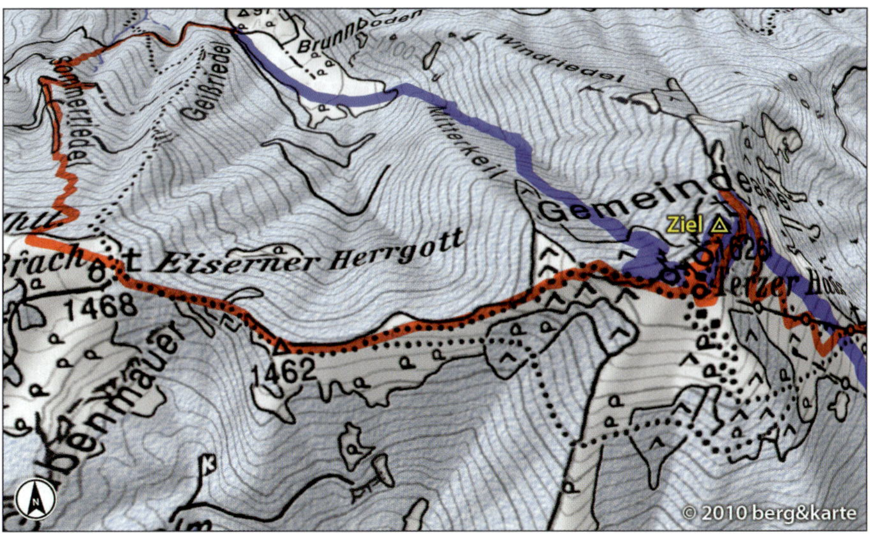

Aufstieg *Abfahrt*

Kartenperspektive (Ausschnitt Brunnboden - Gemeindealpe)

Karten	ÖK 50 UTM 4204 (BMN 72)
Après Tour	Gastronomie in Mitterbach
Infos	www.mitterbach.at ▪ www.gemeindealpe.at

15 Ötscher

Fantastische Frühjahrsabfahrten für Könner

Ein eigenes Kapitel für einen einzigen Berg. Das hat beim Ötscher gewiss seine Berechtigung. Nicht wegen seiner unverkennbaren Erscheinung, die ihm den Namen Fujiyama von Niederösterreich eingebracht hat, sondern wegen der Vielzahl an Abfahrtsmöglichkeiten, die er bietet. Die Betonung liegt bewusst auf Abfahrt, denn als Aufstieg kommen nur wenige Routen infrage, wobei die über den Rauen Kamm natürlich besondere Erwähnung verdient und für geübte SkibergsteigerInnen eine reizvolle Alternative zum wenig attraktiven Pistenaufstieg von Lackenhof über das Ötscher-Schutzhaus darstellt. Alle Wege führen zum großen Kreuz am Rand des weitläufigen Gipfelplateaus, von wo sich ein großartiges Panorama vom Weinviertel bis zum Dachstein entfaltet.

Die große Zeit des Ötschers als Skitourenberg beginnt meist erst dann, wenn die Lifte schon ihre letzten Saisontage herunterzählen. Der Anblick des Berges von Norden und von Süden offenbart eine Reihe von außerordentlichen Firnabfahrten durch Rinnen und über Flanken, die alle sehr bis extrem steil ausfallen. Da muss alles zusammenpassen: das skifahrerische Können, die idealen Schneeverhältnisse und auch das richtige Timing: Wer zu spät kommt, den bestraft der Bruchharsch! Die Skier tragen gehört am Ötscher meist zur Tagesordnung. Die Nordseite ist in Summe weniger anspruchsvoll also die Südseite, wobei die drei Planen von West nach Ost etwas steiler werden, aber ähnlichen Charakter aufweisen. Die Südabfahrten sind bedeutend spektakulärer und mit einigen Highlights garniert. Allerdings handelt man sich dabei jedes Mal auch eine zeitaufwändige Rückkehr nach Lackenhof ein, wo jede Ötscher-Skitour ihren Anfang nimmt. Auch diejenige, die wir zum Abschluss als einzige besonders hervorheben wollen: die abenteuerliche Wagnerritschen mit Abseileinlage vom Gipfelplateau, bevor die bis zu 50° steile Abfahrt beginnt.

Gipfelwechte auf dem Ötscher

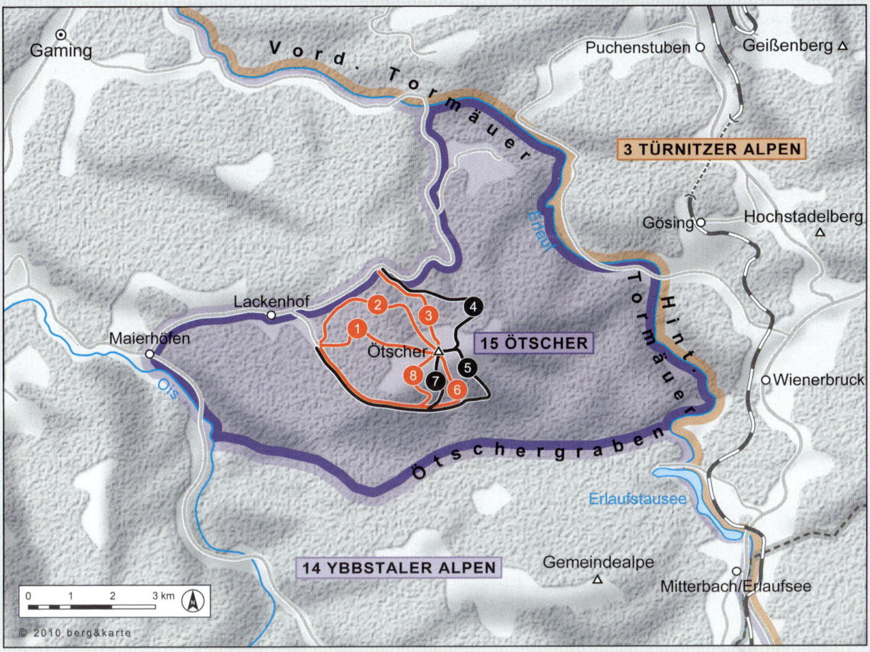

Anspruch: *leicht* *mittel* *schwierig* *sehr schwierig*

Regionskarte Ötscher

Nr	Skitour	Gipfelhöhe	Höhenmeter	Aufstiegszeit	Exposition	Anspruch	Seite
1	Fürstenplan	1893 m	1050 hm	3 h	W	III	410
2	Kreuzplan	1893 m	1050 hm	3 h	N-W	III	412
3	Juckfidelplan	1893 m	1020 hm	3 ½ h	N	III	414
4	Pfann-Himmelsleiter	1893 m	1020 hm	3 ½ h	N	IV	416
5	Wagnerritschen	1893 m	1250 hm	4 h	S-O	IV	418
6	Wurzleiten	1893 m	1200 hm	4 h	S-O	III	420
7	Südkar	1893 m	1200 hm	3 ¾ h	S	IV	422
8	Weiße-Mäuerl-Flanke	1893 m	1200 hm	3 ¾ h	S-O	III	424

15.1 Fürstenplan

Die westliche und leichteste unter den steilen Ötscher-Nordrinnen und daher die beste Tour zum Kennenlernen dieses Berges

Ausgangspunkt Lackenhof, Talstation Großer-Ötscher-Lift

Starthöhe	855 m	**Gipfelhöhe**	1893 m	**Exposition**	West
Höhenmeter	1050 hm	**Aufstiegszeit**	3 h	**Einkehr**	✓
Aufstiegslänge	4 km	**Steilheit**	steil	**Anspruch**	III

Einstimmung Von Lackenhof ist die Fürstenplan zwar gut sichtbar, macht aber keinen besonders spektakulären Eindruck. Landschaftlich überraschend reizvoll und genussvoll gestaltet sich dann aber die Abfahrt. Diese ist zu Recht sehr beliebt und häufig pistenartig ausgefahren. Die Einfahrt ist bei Nebel nicht leicht zu finden. Die Rinne selbst ist eigentlich nicht nach N, sondern nach W ausgerichtet, firnt also spät auf und verlangt kein allzu zeitiges Einfahren.

Lawinen Überall in den steilen Flanken und Rinnen ein Thema, daher gewissenhafte Planung und richtiges Timing erforderlich.

Orientierung Bis zum Ötscher-Schutzhaus einfach, dann durch die Latschenzone bis zum Erreichen des Bergrückens etwas unübersichtlich. Ab 1700 m bei Nebel erschwert, aber erträglich. Vorsicht aber auf Wechten nach S! Bei Nebel auf die "himmelsrichtige" Einfahrt in die Fürstenplan achten!

Zufahrt Von N A1 Ausfahrt Ybbs, B25 über Scheibbs und Gaming auf den Grubberg, B71 Richtung Mariazell und über Maierhöfen nach Lackenhof. Durch den Ort zur Talstation des Großen-Ötscher-Lifts, Parkplatz. Oder von S B71 über Mariazell und den Zeller Rain nach Maierhöfen und weiter wie oben.

Aufstieg Auf der Piste nach SO neben dem Sulzgraben zunächst sanft ansteigen, dann mit einem scharfen Rechtsknick zurück zur Lifttrasse und den langen, steilen Hang zum Ötscher-Schutzhaus hinauf. 1 ½ Std.

Nun genau nach O in den lichten Wald, dann durch Latschenfelder hinauf zum Bergrücken, 1700 m. Weiter über den felsdurchsetzten gestuften Rücken (Vorsicht auf Wechten nach S!). Auf 1800 m ein flacher Abschnitt, dann über den letzten Aufschwung zum Kreuz am westlichen Rand des Gipfelplateaus. 1 ½ Std.

Variante Kurz nach W die Piste rauf, dann nach S durch die Schneise in den Riffelboden und steiler auf der Piste in den Riffelsattel. Dort links und über die Familienabfahrt zum Ötscher-Schutzhaus, 1 ½ Std., und weiter wie oben.

Fürstenplan auf 1250 m, Lawine aus einer Nebenrinne

Abfahrt Vom Gipfelkreuz zunächst kurz nach SW, dann auf 1850 m leicht rechts halten in die sich anfangs nur zögernd ausbildende Mulde. Allmählich nimmt die Fürstenplan

Konturen an und wird steiler. Durch eine Engstelle, dann einmal rechts ausweichen und weiter in genussvollen Schwüngen abwärts. Auf 1250 m wegen Lawinenschnees aus einem westlichen Nebengraben ausweichen nach links auf einen Waldrücken und durch eine schöne Schneise zu einer Forststraße östlich des Bergls, 1097 m. Nach links über einen Sattel zu einer Gabelung, dort wieder links zum Ende der Forststraße. Hier im Wald zu einem Graben hinab, durch diesen raus zur Piste und zurück zum Start.

Variante Westlich der eigentlichen Fürstenplan bieten sich mehrere steile Rinnen und Flanken für unterschiedliche Einfahrtsvarianten an. ▪ Bei ausreichend Schnee kann die Abfahrt auch bis zur Ötscherwiese fortgesetzt werden. Lohnend vor allem dann, wenn der Aufstieg über den Rauen Kamm (siehe Tour 15.3) erfolgt.

Einkehr unterwegs Ötscher-Schutzhaus: Frühlings-Öffnungszeiten bis Saisonschluss des Liftbetriebs.

Aufstieg *Abfahrt* *Kartenperspektive*

Karten ÖK 50 UTM 4204 (BMN 72)
Après Tour Kirchenwirt in Lackenhof ▪ Grubbergwirt am Grubberg
Infos www.lackenhof.at

15.2 Kreuzplan

Die mittlere der steilen Ötscher-Nordrinnen. Ihren beiden Nachbarn sehr ähnlich. Qual der Wahl oder Freude über die Alternativen?

Ausgangspunkt Lackenhof, Talstation Großer-Ötscher-Lift

Starthöhe	855 m	**Gipfelhöhe**	1893 m	**Exposition**	N-W
Höhenmeter	1050 hm	**Aufstiegszeit**	3 h	**Einkehr**	✓
Aufstiegslänge	4 km	**Steilheit**	sehr steil	**Anspruch**	III

Einstimmung Die nordseitige Sandwich-Rinne nimmt auch hinsichtlich ihrer Steilheit den mittleren Rang ein. Sie ist eigentlich eine Nordwestrinne und weist unterwegs eine Unterbrecherstelle auf, der meist großzügig ausgewichen werden muss. Im unteren Abschnitt bieten sich je nach gewähltem Ausgangspunkt und Schneelage zwei Möglichkeiten zum Abschluss der Tour an.

Tiefblick in die Kreuzplan

Lawinen Überall in den steilen Flanken und Rinnen ein Thema, daher gewissenhafte Planung und richtiges Timing erforderlich.

Orientierung Bis zum Ötscher-Schutzhaus einfach, dann durch die Latschenzone bis zum Erreichen des Bergrückens etwas unübersichtlich. Ab 1700 m bei Nebel erschwert, aber erträglich. Vorsicht aber auf Wechten nach S! Bei Nebel auf die "himmelsrichtige" Einfahrt in die Kreuzplan achten!

Zufahrt Von N A1 Ausfahrt Ybbs, B25 über Scheibbs und Gaming auf den Grubberg, B71 Richtung Mariazell und über Maierhöfen nach Lackenhof. Durch den Ort zur Talstation des Großen-Ötscher-Lifts, Parkplatz. Oder von S B71 über Mariazell und den Zeller Rain nach Maierhöfen und weiter wie oben.

Im engeren Mittelteil der Kreuzplan

Aufstieg Wie bei Tour 15.1. 3 Std.

Variante Kurz nach W die Piste rauf, dann nach S durch die Schneise in den Riffelboden und steiler auf der Piste in den Riffelsattel. Dort links und über die Familienabfahrt zum Ötscher-Schutzhaus, 1 ½ Std., und weiter wie bei Tour 15.1.

Abfahrt Vom Gipfelkreuz nach NW leicht fallende Querung zum Beginn der Rinne, 1800 m. Durch diese (oder anfangs beliebig über die linke Flanke) genussvoll weiter bis zu einer ersten Engstelle. Dann auf 1300 m eine echte Unterbrecherstelle (Befahrung nur bei viel Schnee möglich). Sie kann leicht links umfahren werden, wegen Aufforstung aber besser weiter links in den Wald und erst später zurück in die Rinne. Diese verliert sich im Waldhang, der zu einer Forststraße im Sattel südlich vom Brandkogel ausläuft. Nun nach W ins Wassertal und zunehmend flach hinaus auf die Ötscherwiese. Auf der Straße abwärts, dann alsbald beim Camping links ab und im Wald (rote Markierung) Querung zurück zum Start.

Variante Aus dem Sattel vor dem Brandkogel nach NO in einen nur anfangs steilen Waldgraben (Aufforstung!) und durch diesen zu einer Forststraße und links in Kürze nach Raneck. Günstig, wenn der Aufstieg über den Rauen Kamm, Tour 15.3, erfolgt.

Einkehr unterwegs Ötscher-Schutzhaus: Frühlings-Öffnungszeiten bis Saisonschluss des Liftbetriebs.

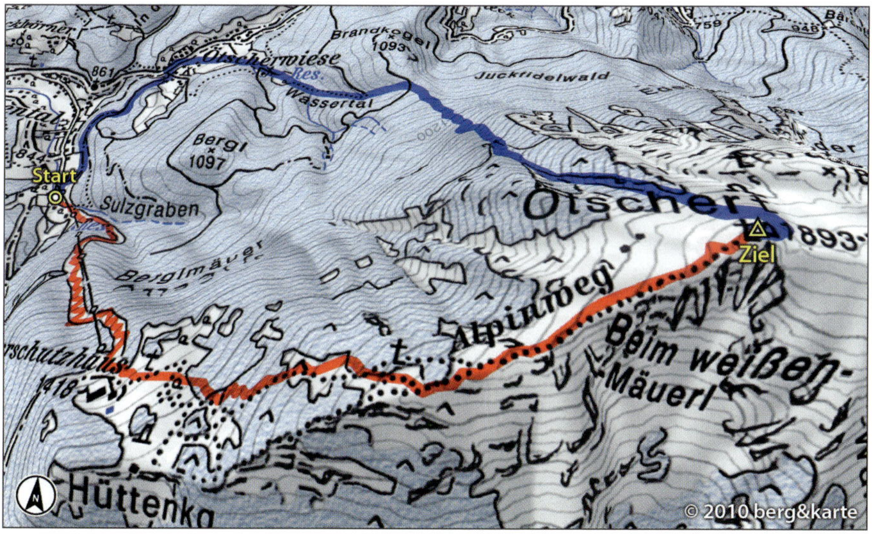

Aufstieg *Abfahrt* *Kartenperspektive*

Karten ÖK 50 UTM 4204 (BMN 72)
Après Tour Kirchenwirt in Lackenhof ▪ Grubbergwirt am Grubberg
Infos www.lackenhof.at

15.3 Juckfidelplan

Die östliche und steilste der Ötscher-Nordrinnen. Für gute Skibergsteige-rInnen ideal mit Aufstieg über den Rauen Kamm

Ausgangspunkt Lackenhof, Raneck

Starthöhe	954 m	**Gipfelhöhe**	1893 m	**Exposition**	Nord
Höhenmeter	1020 hm	**Aufstiegszeit**	3 ½ h	**Einkehr**	nein
Aufstiegslänge	6.1 km	**Steilheit**	sehr steil	**Anspruch**	III

Einstimmung Diese Plan ist nur gerinfügig steiler als ihre beiden westlichen Nachbarn und daher für jedermann/frau geeignet, der/die sich dort wohl gefühlt und an ihnen gefallen gefunden hat. Besonders lohnend ist natürlich der Aufstieg über den wunderbaren Rauen Kamm, der einen Hauch von Hochgebirge vermittelt (leichte, aber nicht ungefährliche Kraxeleinlagen, Steigeisen mitnehmen!). Abwechslungsreiche Abfahrt mit idealem Starthang. Und wenn weiter unten die Schneefelder im bereits grünenden Laubwald weniger werden, ist es nicht mehr weit zurück zum Ausgangspunkt!

Lawinen Überall in den steilen Flanken und Rinnen ein Thema, daher gewissenhafte Planung und richtiges Timing erforderlich.

Orientierung Keine besonderen Schwierigkeiten, aber bei Nebel auf die "himmelsrichtige" Einfahrt in die Juckfidelplan achten!

Zufahrt Von N A1 Ausfahrt Ybbs, B25 über Scheibbs und Gaming auf den Grubberg, B71 Richtung Mariazell und über Maierhöfen nach Lackenhof. Im Ort links halten und Auffahrt über die Ötscherwiese zum Raneck, Parkmöglichkeit im Sattel. Oder von S B71 über Mariazell und den Zeller Rain nach Maierhöfen und weiter wie oben.

Auf dem Rauen Kamm beim Pkt. 1760 m

Aufstieg Auf der Fahrstraße nach SO und alsbald bei der Gabelung rechts flach weiter. Die Forststraße windet sich am Waldhang entlang und erreicht eine Schulter. Danach mit geringem Höhenverlust unter den Edelbachmäuern durch. In der folgenden Linkskurve gerade weiter im steilen Wald auf einem Steiglein zur Einmündung in den markierten Steig von der Bärenlacken. In Kehren recht mühsam über den Waldrücken höher, auf 1380 m Querung einer freien Fläche nach links, dann steil durch eine Art Schneise raus auf die Kammhöhe, 1500 m, guter Rastplatz. 2 Std.

Nun den Rauen Kamm nach SW höher, zunächst eher nordseitig unter gestuften Felsaufschwüngen, dann auf dem Kamm selbst, mit leichten Klettereinlagen (Markierung beachten!). Es folgen einige ausgesetzte Passagen und der letzte, steilste und Konzentration erfordernde Aufschwung (eventuell mit eingelagerten Altschneeresten), Ausweichen in die Südflanke. Zuletzt in leichter Kraxelei zum Vorgipfel (kurz vorher Steigbuch) und auf dem Gipfelplateau Übergang zum Hauptgipfel mit dem großen Gipfelkreuz. 1 ½ Std.

Variante Wer den Rauen Kamm vermeiden will, kann wie bei Tour 15.1 auf der Piste zum Ötscher-Schutzhaus und weiter zum Gipfel. Der Transfer Raneck - Talstation Großer-Ötscher-Lift muss dann aber bedacht werden.

Abfahrt Vom Gipfel nach N in eine Mulde (jenseits der Taubenstein) und links in den oberen Graben hinein. In schöner Fahrt tiefer in die nach N eindrehende und deutlich steiler werdende hindernislose Rinne. Nach einer engeren, mitunter schneearmen Stelle wieder genussvoll tiefer. Auf 1200 m eine steile Verengung, wieder oft mit wenig Schnee (Vorsicht!). Alternativ links ausweichen und jenseits des Rückens weiter, dann wieder zurück und durch lichten Wald (Lawinenschäden) dahin. Im Hochwald (eventuell schon zu Fuß) zu einer kleinen Lacke, in Kürze zur Forststraße und links zurück zum Raneck.

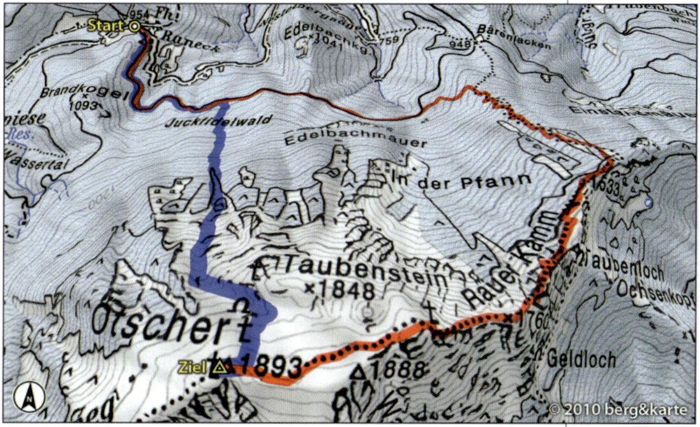

Aufstieg Abfahrt

Kartenperspektive

Tipp Bei Rückreise nach N Weiterfahrt auf der Staubstraße in den Nestelberggraben und durch die Vorderen Tormäuer (unterwegs ab Mai Einkehr in der Schindelhütte) nach Kienberg zur B25.

Karten	ÖK 50 UTM 4204 (BMN 72)
Après Tour	Kirchenwirt in Lackenhof ▪ Grubbergwirt am Grubberg ▪ Schindelhütte in den Vorderen Tormäuern
Infos	www.lackenhof.at

15.4 Pfann-Himmelsleiter

Die Extremvariante unter den nordseitigen Ötscher-Steilabfahrten. Für gute SkibergsteigerInnen ideal mit Aufstieg über den Rauen Kamm

Ausgangspunkt Lackenhof, Raneck

Starthöhe	954 m	**Gipfelhöhe**	1893 m	**Exposition**	Nord
Höhenmeter	1020 hm	**Aufstiegszeit**	3 ½ h	**Einkehr**	nein
Aufstiegslänge	6.2 km	**Steilheit**	extrem steil	**Anspruch**	IV

Einstimmung Die Hardcore-Tour auf der Ötscher-Nordseite und bei Aufstieg über den Rauen Kamm eine überkomplette Aktion, mit der man schon ein wenig angeben darf. Die Taubenstein-Nordflanke hat einen ungeheuren Zug in die Tiefe, dort wartet allerdings ein gefährlicher Felsabbruch. Also gilt es rechtzeitig durch eine enge Steilrinne in die Pfann unter die Ötscher-Nordwand einzuschwenken, bevor im Wald die letzten steilen Schwünge möglich sind oder schon die Tragepassagen beginnen.

Lawinen Überall in den steilen Flanken und Rinnen ein Thema, daher gewissenhafte Planung und richtiges Timing erforderlich. Vor allem die ostseitige Einfahrt in die Pfann ist richtig einzuschätzen.

Orientierung Keine besonderen Schwierigkeiten, aber bei Nebel auf die Einfahrt östlich vom Taubenstein achten!

Zufahrt Von N A1 Ausfahrt Ybbs, B25 über Scheibbs und Gaming auf den Grubberg, B71 Richtung Mariazell und über Maierhöfen nach Lackenhof. Im Ort links halten und Auffahrt über die Ötscherwiese zum Raneck, Parkmöglichkeit im Sattel. Oder von S B71 über Mariazell und den Zeller Rain nach Maierhöfen und weiter wie oben.

Aufstieg Wie bei Tour 15.3. 3 ½ Std.

In der Pfann, Blick zur Ötscher-Nordwand

Variante Wer den Rauen Kamm vermeiden will, kann wie bei Tour 15.1 beschrieben auf der Piste zum Ötscher-Schutzhaus und weiter zum Gipfel. Der Transfer Raneck - Talstation Großer-Ötscher-Lift muss dann aber bedacht werden.

Abfahrt Vom Gipfelkreuz nach NO 80 hm abfahren in die Mulde und jenseits in Kürze auf den nördlich vorgelagerten Taubenstein, 1848 m. Vom höchsten Punkt ist die Einfahrt nicht einsehbar. Über den Gipfelkamm kurz nach O, dann auf der ersten größeren Schneefläche links ab und im bald steileren Gelände schräg links einem Schneeband folgen, bis die Einfahrt in die offene, sehr steile Flanke möglich ist. Diese beliebig abwärts, nach einer engeren Steilstufe auf 1600 m öffnet sich der untere, weniger steile und breitere Abschnitt. Nun rechts halten an den Rand der Flanke und auf 1560 m rechts hinab in eine enge, steile Rinne. Diese leitet über eine steile Flanke hinein in die Pfann am Fuße der Ötscher-Nordwand. In schöner Fahrt bis zum Ende des Karbodens, 1200 m. Nun auf Steiglein rechtshaltend in den Wald und schräg abwärts zur Einmündung in den markierten Steig von der Bärenlacke zum Rauen Kamm. Nicht weiter auf dem Steig, sondern links auf Steigspuren hinab zur Forststraße und auf dieser links zurück zum Raneck.

Variante Nach der Steilstufe auf 1600 m bietet die Flanke noch sehr verlockende gut 300 hm Abfahrt. Dann allerdings folgt bald der breite Felsabbruch der Edelbachmäuer. Diesem muss im sehr steilen Wald nach O ausgewichen werden zum Ausläufer der Pfann. Dort auf 1200 m zu einem Steiglein und weiter wie oben zurück zum Raneck. Möglich ist es natürlich auch, die 300 hm wieder aufzusteigen und wie oben in die Pfann einzufahren.

Tipp Bei Rückreise nach N Weiterfahrt auf der Staubstraße in den Nestelberggraben und durch die Vorderen Tormäuer (unterwegs ab Mai lauschige Einkehr in der Schindelhütte) nach Kienberg zur B25.

Aufstieg Abfahrt *Kartenperspektive*

Karten	ÖK 50 UTM 4204 (BMN 72)
Après Tour	Kirchenwirt in Lackenhof ▪ Grubbergwirt am Grubberg ▪ Schindelhütte in den Vorderen Tormäuern
Infos	www.lackenhof.at

15.5 Wagnerritschen

Die südseitige Extremtour für abenteuerlustige SkibergsteigerInnen. Abseilstelle zu Beginn, ein extremes Nadelöhr und der Abfahrtsgenuss!

Ausgangspunkt Lackenhof, Talstation Großer-Ötscher-Lift

Starthöhe	855 m	**Gipfelhöhe**	1893 m	**Exposition**	S-O
Höhenmeter	1250 hm	**Aufstiegszeit**	4 h	**Einkehr**	✓
Aufstiegslänge	8.3 km	**Steilheit**	extrem steil	**Anspruch**	IV

Einstimmung Die Hardcore-Steilabfahrt auf der Ötscher-Südseite. Südostseitig ausgerichtet und daher bald aufgefirnt. Also vormittags einfahren! Spektakulärer Auftakt mit schaurigem Tiefblick und kurzer Abseilaktion über eine steile Schrofenzone zum Schnee. Das erfordert erhöhten Materialaufwand (Helm, Gurt, Seil, etc., event. auch Steigeisen). Nach der Extremabfahrt mit heiklem Nadelöhr an der steilsten Stelle wartet der lange Rückweg über die Sonnseite und den Riffelsattel nach Lackenhof.

Lawinen Überall in den steilen Flanken und Rinnen ein Thema, daher gewissenhafte Planung und richtiges Timing wegen der Tageserwärmung erforderlich.

Orientierung Bis zum Ötscher-Schutzhaus einfach, dann durch die Latschenzone bis zum Erreichen des Bergrückens etwas unübersichtlich. Ab 1700 m bei Nebel erschwert, aber erträglich. Vorsicht aber auf Wechten nach S!

Zufahrt Von N A1 Ausfahrt Ybbs, B25 über Scheibbs und Gaming auf den Grubberg, B71 Richtung Mariazell und über Maierhöfen nach Lackenhof. Durch den Ort zur Talstation des Großen-Ötscher-Lifts, Parkplatz. Oder von S B71 über Mariazell und den Zeller Rain nach Maierhöfen und weiter wie oben.

Aufstieg Wie bei Tour 15.1. 3 Std.

Abseilen in die Wagnerritschen

Abfahrt Vom Gipfelkreuz über den breiten Kamm nach O, vorbei am Pkt. 1888 m. Direkt danach ein markantes Schartl mit schaurigem Blick in die Wagnerritschen. Links am kompakteren Fels ein Bohrhaken zum Abseilen (30 m Seil erforderlich, der Fels ist nicht zuverlässig, also Helm auf!). In die Schrofenrinne abseilen, zuletzt ein kleiner Überhang. Gleich daneben guter Anschnallplatz unter der Felswand. Dann schöner Steilstart etwas rechtshaltend in eine Rinne, die sich verengt. Dort steilste Stelle (50°), Vorsicht: unter Umständen ein spaltartiges Schneemaul, dem seitlich abrutschend ausgewichen werden muss. Anschließend ungehindertes Schwingen in das sich ausbreitende, bald weniger steile Kar (eventuell Schneemäuler!). Allmählich eher rechts haltend in den Wald (Windbruchschäden). Dann ein Flachstück, anschließend wieder eher rechts im Wald zu einer Forststraße, 1100 m. Auf dieser nach W sanft ansteigen zu ihrem Ende. Den folgenden Graben waagrecht auf Steigspuren etwas mühsam überqueren, dann wieder auf einer Forststraße zu einer Gabelung und rechts ansteigend die "Sonnseite" weiter queren Richtung Riffelsattel. Zuletzt die kurze Flanke (Vorsicht bei starker Durchfeuchtung) hinauf in den Sattel, 1283 m, und auf der Piste zurück zum Start.

Firngenuss pur! Im Hintergrund das diagonale Schneeband mit der Abseilstelle darüber

Einkehr unterwegs Ötscher-Schutzhaus: Frühlings-Öffnungszeiten bis Saisonschluss des Liftbetriebs.

Tipp Vom Riffelsattel nach W über den schönen Ostrücken auf den Kleinen Ötscher, 1552 m, und Abfahrt auf der Piste zum Start.

— *Aufstieg* — *Abfahrt* *Kartenperspektive*

Karten ÖK 50 UTM 4204 (BMN 72)
Après Tour Kirchenwirt in Lackenhof • Grubbergwirt am Grubberg
Infos www.lackenhof.at

15.6 Wurzleiten

Die beliebteste südseitige Ötscher-Steilfabfahrt. Dem felsdurchsetzten Mittelteil besser über den rechten Begrenzungsrücken ausweichen!

Ausgangspunkt Lackenhof, Talstation Großer-Ötscher-Lift

Starthöhe	855 m	**Gipfelhöhe**	1893 m	**Exposition**	S-O
Höhenmeter	1200 hm	**Aufstiegszeit**	4 h	**Einkehr**	✓
Aufstiegslänge	7.1 km	**Steilheit**	sehr steil	**Anspruch**	III

Einstimmung Unter den südseitigen Steilabfahrten ist diejenige über die Wurzleiten die vergleichsweise leichteste, mit Betonung auf vergleichsweise! Natürlich ist auch sie eine anspruchsvolle Steilflanke, die entsprechendes skifahrerisches Können und Skitouren-Knowhow erfordert. Wegen der Südostlage spätestens zu Mittag, besser noch früher einfahren! Den Firn sollte man nicht zu lange warten lassen! Beim Rückweg über den Riffelsattel nach Lackenhof kann man dann die Seele wieder baumeln lassen.

Lawinen Überall in den steilen Flanken und Rinnen ein Thema, daher gewissenhafte Planung und richtiges Timing wegen der Tageserwärmung erforderlich.

Orientierung Bis zum Ötscher-Schutzhaus einfach, dann durch die Latschenzone bis zum Erreichen des Bergrückens etwas unübersichtlich. Ab 1700 m bei Nebel erschwert, aber erträglich. Vorsicht aber auf Wechten nach S!

Zufahrt Von N A1 Ausfahrt Ybbs, B25 über Scheibbs und Gaming auf den Grubberg, B71 Richtung Mariazell und über Maierhöfen nach Lackenhof. Durch den Ort zur Talstation des Großen-Ötscher-Lifts, Parkplatz. Oder von S B71 über Mariazell und den Zeller Rain nach Maierhöfen und weiter wie oben.

Aufstieg Wie bei Tour 15.1. 3 Std

Variante Kurz nach W die Piste rauf, dann nach S durch die Schneise in den Riffelboden und steiler auf der Piste in den Riffelsattel. Dort links und über die Familienabfahrt zum Ötscher-Schutzhaus, 1 ½ Std., und weiter wie oben.

Im oberen Teil der Wurzleiten

Rückblick zur Wurzleiten bei der Einfahrt in den lichten Buchenwald

Abfahrt Vom Gipfel nach O an der Geländekante (Wechten) entlang, dann ca. auf halbem Weg zu Pkt. 1888 m nach S einfahren in die breite, zunächst mäßig steile Flanke. Anschließend entweder an geeigneter Stelle (Steilrinne) in das darunter sich öffnende Kar, oder (bei heiklen Verhältnissen besser!) weiter über den Rücken, der die Wurzleiten vom Südkar trennt und erst auf 1600 m in die Wurzleiten. Genussvolle Abfahrt zunächst über die Flanke, dann im anfangs lichten, dann doch recht dichten Buchenwald zur Forststraße auf 1150 m. Auf dieser rechts mit wenigen Schritten zu ihrem Ende. Den folgenden Graben waagrecht auf Steigspuren etwas mühsam überqueren, dann wieder auf einer Forststraße zu einer Gabelung und rechts ansteigend die "Sonnseite" weiter queren Richtung Riffelsattel. Zuletzt die kurze Flanke (Vorsicht bei starker Durchfeuchtung) hinauf in den Sattel, 1283 m, und auf der Piste zurück zum Start.

Einkehr unterwegs Ötscher-Schutzhaus: Frühlings-Öffnungszeiten bis Saisonschluss des Liftbetriebs.

Tipp Die Weiße-Mäuerl-Flanke, siehe Tour 15.8, ist, wenn man rechtzeitig dran ist, im Aufstieg eine Option für die Rückkehr nach Lackenhof, z.B. mit Abfahrt durch die Fürstenplan. ▪ Vom Riffelsattel nach W über den schönen Ostrücken auf den Kleinen Ötscher, 1552 m, und Abfahrt auf der Piste zum Start.

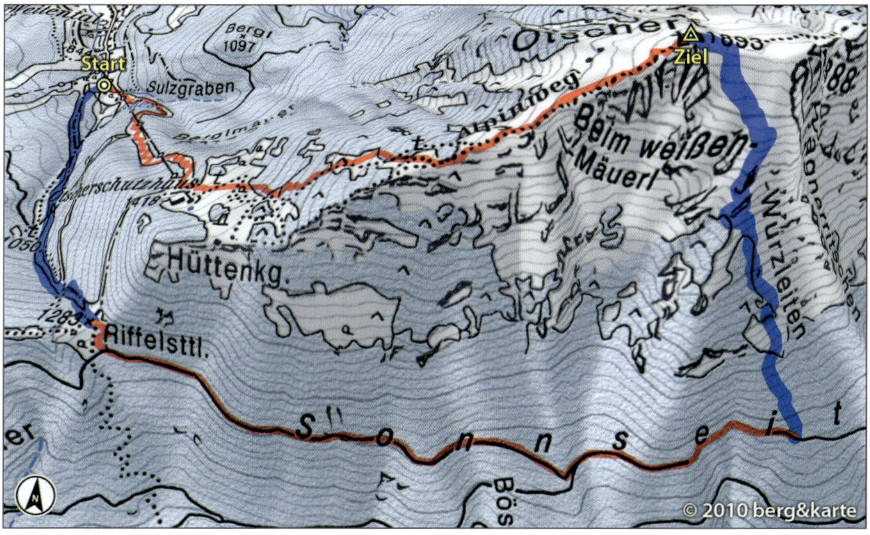

Aufstieg Abfahrt *Kartenperspektive*

Karten	ÖK 50 UTM 4204 (BMN 72)
Après Tour	Kirchenwirt in Lackenhof ▪ Grubbergwirt am Grubberg
Infos	www.lackenhof.at

15.7 Südkar

Die südseitige Extremrinne mit Start unmittelbar vom Gipfel. Atemberaubende, mental und skitechnisch fordernde Einfahrt!

Ausgangspunkt Lackenhof, Talstation Großer-Ötscher-Lift

Starthöhe	855 m	**Gipfelhöhe**	1893 m	**Exposition**	Süd
Höhenmeter	1200 hm	**Aufstiegszeit**	3 ¾ h	**Einkehr**	✓
Aufstiegslänge	6.3 km	**Steilheit**	extrem steil	**Anspruch**	IV

Einstimmung Spektakulärer geht's kaum: Direkt vom Gipfel blickt man in die überwechtete, trichterförmige felsbegrenzte Rinne. Zunächst bekommt man es mit der Angst zu tun, dann gilt es, sich zu überwinden und vorsichtig einzufahren. Schwung für Schwung beginnt die Spannung ein wenig nachzulassen, aber erst wenn sich die enge Steilrinne ins große Kar öffnet, beginnt der Genussteil der Abfahrt. Und beim Blick zurück kann man es immer noch kaum glauben, dass man da runter ist!

Lawinen Überall in den steilen Flanken und Rinnen ein Thema, daher gewissenhafte Planung und richtiges Timing wegen der Tageserwärmung erforderlich.

Orientierung Bis zum Ötscher-Schutzhaus einfach, dann durch die Latschenzone bis zum Erreichen des Bergrückens etwas unübersichtlich. Ab 1700 m bei Nebel erschwert, aber erträglich. Vorsicht aber auf Wechten nach S!

Zufahrt Von N A1 Ausfahrt Ybbs, B25 über Scheibbs und Gaming auf den Grubberg, B71 Richtung Mariazell und über Maierhöfen nach Lackenhof. Durch den Ort zur Talstation des Großen-Ötscher-Lifts, Parkplatz. Oder von S B71 über Mariazell und den Zeller Rain nach Maierhöfen und weiter wie oben.

Verengung im Südkar

Aufstieg Wie bei Tour 15.1. 3 Std.

Variante Kurz nach W die Piste rauf, dann nach S durch die Schneise in den Riffelboden und steiler auf der Piste in den Riffelsattel. Dort links und über die Familienabfahrt zum Ötscher-Schutzhaus, 1 ½ Std., und weiter wie oben.

Abfahrt Gleich östlich vom Kreuz die stellenweise überwechtete trichterförmige, direkte Einfahrt ins Südkar. Am besten am linken Rand in die sofort extrem steile Rinne hineinqueren und im Sog der Tiefe vorsichtig abwärts. Schneefurchen können das Schwingen beeinträchtigen, dann besser seitlich abrutschen! Die Rinne wird immer enger und noch etwas steiler (Vorsicht). Dann eine heikle Engstelle (event. abschnallen notwendig wegen offenem Bergschrund). Danach öffnet sich das Kar, ist zunächst noch ordentlich steil, lehnt sich dann aber allmählich doch zurück und wird zunehmend genussvoll. Auf 1140 m Ende der Abfahrt bei einer Forststraße. Auf dieser rechts mit wenigen Schritten zu einer Gabelung und rechts ansteigend die "Sonnseite" weiter queren Richtung Riffelsattel. Zuletzt die kurze Flanke (Vorsicht bei starker Durchfeuchtung) hinauf in den Sattel, 1283 m, und auf der Piste zurück zum Start.

Variante Weniger heikle Einfahrten ins Südkar: Zunächst den ersten noch nicht so steilen Hang der Wurzleiten hinab (Tour 15.6), dann mehrere seitliche Einfahrtsmöglichkeiten nach rechts ins Südkar (vom Gipfel gut einsehbar). Je tiefer die Einfahrt erfolgt, umso weniger steil ist sie.

Aufstieg Abfahrt — *Kartenperspektive*

Einkehr unterwegs Ötscher-Schutzhaus: Frühlings-Öffnungszeiten bis Saisonschluss des Liftbetriebs.

Tipp Die Weiße-Mäuerl-Flanke, siehe Tour 15.8, ist, wenn man rechtzeitig dran ist, im Aufstieg eine Option für die Rückkehr nach Lackenhof, z.B. mit Abfahrt durch die Fürstenplan. ▪ Vom Riffelsattel nach W über den schönen Ostrücken auf den Kleinen Ötscher, 1552 m, und Abfahrt auf der Piste zum Start.

Karten	ÖK 50 UTM 4204 (BMN 72)
Après Tour	Kirchenwirt in Lackenhof ▪ Grubbergwirt am Grubberg
Infos	www.lackenhof.at

15.8 Weiße-Mäuerl-Flanke

Das Mauerblümchen unter den südseitigen Steilabfahrten. Einfahrt etwas abseits vom Gipfel, dann nach der Flanke Wechsel ins Südkar

Ausgangspunkt Lackenhof, Talstation Großer-Ötscher-Lift

Starthöhe	855 m	**Gipfelhöhe**	1893 m	**Exposition**	S-O
Höhenmeter	1200 hm	**Aufstiegszeit**	3 ¾ h	**Einkehr**	✓
Aufstiegslänge	6.3 km	**Steilheit**	sehr steil	**Anspruch**	III

Einstimmung Etwas vernachlässigte Südabfahrt, was wohl daran liegt, dass die Einfahrt nicht unmittelbar vom Gipfel erfolgt. Dann aber eine sehr schöne und abwechslungsreiche Flanken- und Karabfahrt mit eingelagerten Felszonen und mitunter auch Schneemäulern. Vor der Waldzone Wechsel nach O ins benachbarte Südkar und der beschauliche, aber bei Schönwetter auch heiße Rückweg nach Lackenhof.

Lawinen Überall in den steilen Flanken und Rinnen ein Thema, daher gewissenhafte Planung und richtiges Timing wegen der Tageserwärmung erforderlich.

Orientierung Bis zum Ötscher-Schutzhaus einfach, dann durch die Latschenzone bis zum Erreichen des Bergrückens etwas unübersichtlich. Ab 1700 m bei Nebel erschwert, aber erträglich. Vorsicht aber auf Wechten nach S!

Zufahrt Von N A1 Ausfahrt Ybbs, B25 über Scheibbs und Gaming auf den Grubberg, B71 Richtung Mariazell und über Maierhöfen nach Lackenhof. Durch den Ort zur Talstation des Großen-Ötscher-Lifts, Parkplatz. Oder von S B71 über Mariazell und den Zeller Rain nach Maierhöfen und weiter wie oben.

Die Unterbrecherstelle

Aufstieg in der Weißen-Mäuerl-Flanke

Aufstieg Wie bei Tour 15.1. 3 Std.

Variante Kurz nach W die Piste rauf, dann nach Süden durch die Schneise in den Riffelboden und steiler auf der Piste in den Riffelsattel. Dort links und über die Familienabfahrt zum Ötscher-Schutzhaus, 1 ½ Std., und weiter wie oben.

Abfahrt Vom Gipfel zunächst wie beim Aufstieg zurück bis 1750 m. Dort an geeigneter Stelle (Wechten!) Einfahrt in die Flanke im Bereich eines schwach ausgeprägten stumpfen Rückens. Von diesem immer mit leichtem Linksdrall durch die felsdurchsetzte Flanke (Vorsicht Schneemäuler!) in eine Rinne. Diese abwärts zu einer steileren Engstelle: event. Ski abschnallen erforderlich, primitives Stahlseil. Dann wieder in schöner Fahrt weiter und auf 1350 m Wechsel nach links über einen Waldrücken ins benachbarte Südkar. Dort auf 1140 m Ende der Abfahrt bei einer Forststraße. Auf dieser rechts mit wenigen Schritten zu einer Gabelung und rechts ansteigend die "Sonnseite" weiter queren Richtung Riffelsattel. Zuletzt die kurze Flanke (Vorsicht bei starker Durchfeuchtung) hinauf in den Sattel, 1283 m, und auf der Piste zurück zum Start.

Einkehr unterwegs Ötscher-Schutzhaus: Frühlings-Öffnungszeiten bis Saisonschluss des Liftbetriebs.

Tipp Die Weiße-Mäuerl-Flanke ist, wenn man rechtzeitig dran ist, auch im Aufstieg eine Option für die Rückkehr nach Lackenhof, z.B. mit Abfahrt durch die Fürstenplan. ■ Vom Riffelsattel nach W über den schönen Ostrücken auf den Kleinen Ötscher, 1552 m, und Abfahrt auf der Piste zum Start.

▬ *Aufstieg* ▬ *Abfahrt* *Kartenperspektive*

Karten	ÖK 50 UTM 4204 (BMN 72)
Après Tour	Kirchenwirt in Lackenhof ■ Grubbergwirt am Grubberg
Infos	www.lackenhof.at

Stichwortverzeichnis

H

J

K

L

M

N

O

P

R

S

T

Danksagung

Die Autoren bedanken sich insbesondere bei den folgenden Personen für die gemeinsamen Recherchen auf Tour sowie für ihre Beiträge bei der Entwicklung und Erstellung dieses Werks:

Andreas Altendorfer
Eva Bachler
Daniel Bartusch
Katarina Bica
Werner Brunner
Peter Dögl
Eva Dögl
Johann Dögl
Victoria Dögl
Sophie Dögl
Elisabeth Dögl
Andreas Dögl
Josef Ertl
Michael Feuchtinger
Peter Fichte
Verena Frech
Barbara Gaisberger
Thomas Glade
Martin Gobber
Richard Goldeband
Josef Graser
Markus Graser
Erich Gräser
Sabine Gräser
Tina Gräven
Berta Haselböck
Helene Haselböck
Michael Heuberger
Stefan Heymann
Bernhard Höfer
Johann Jungwirth
Stefan Jungwirth
Franz Karlhofer
Michaela Kinberger
Alexandra Klement
Michael Koch
Jadranka Koehn
Julia Kund
Helmut Mayerhofer
Wolfgang Moser
Ben Nausner
Lukas Nebel
Daniel Nell
Birgit Noha
Helga Pirker
Christian Pöhl
Alexander Pucher
Peter Putschek
Bernhard Reiser
Stefan Requat
Andrea Riedel
Peter Riedel
Alexander Rieder
Erwin Rothleitner
Alexandra Schindelar
David Schobesberger
Wolfgang Schubert
Birgit Schuster
Armin Spitzer
Thomas Steiner
Leo Stürzer
Béla Szépfalusi
Zsolt Szépfalusi
Werner Trichtl
Erwin Umlauf
Frederik von Reumont
Jürgen Wein
Maria Welzig
Gerhard Wieninger
Susanne Wunderer

... sowie TeilnehmerInnen an Kursen und Führungstouren des Alpenvereins Edelweiss in den vergangenen Jahren.